beck'sche reihe

bsr

Das abenteuerliche Leben von Eleonore von Aquitanien liest sich wie ein gut erfundener Roman – und tatsächlich liefert es den Stoff für unzählige Geschichten, Legenden und auch Filme, aber wie so oft überbietet das wirkliche Leben das erfundene.

Eleonore stammte aus einem einflussreichen Herrschergeschlecht, das im Westen Frankreichs beheimatet war; als Erbtochter des Herzogs von Aquitanien heiratete sie mit 13 Jahren den König von Frankreich und nach der Auflösung dieser Ehe den künftigen König von England, Heinrich II. Ihre Söhne Richard Löwenherz und Johann Ohneland bestiegen nach dem Tod Heinrichs II. den englischen Thron. Sie war berühmt für ihre Schönheit, für ihre Durchsetzungskraft, für ihre Selbständigkeit. Eleonore reiste mit beim Kreuzzug ins Heilige Land, übte für Heinrich II. in seiner Abwesenheit die Regierungsgewalt aus wie auch für Richard Löwenherz, als dieser in die Gefangenschaft der Staufer geriet; sie befehligte selbst Truppen und nahm weite Reisen auch noch im hohen Alter auf sich, um ihre Töchter und Enkelinnen an die europäischen Königshöfe zu verheiraten. Ralph V. Turner, Spezialist für die europäische Geschichte des 12. Jahrhunderts, hat mit diesem Buch die definitive Biografie der berühmtesten Königin des Mittelalters geschrieben.

Ralph V. Turner lehrte als Professor für mittelalterliche Geschichte an der Florida State University. Er ist Autor zahlreicher Publikationen über die Familie der Plantagenets, die Magna Charta und andere Themen des europäischen Mittelalters. Er lebt heute in Tallahassee.

RALPH V. TURNER

ELEONORE VON AQUITANIEN

KÖNIGIN DES MITTELALTERS

Aus dem Englischen von
Karl Heinz Siber

VERLAG C.H.BECK

Mit 24 Abbildungen, 5 Karten (gezeichnet von Peter Palm) und 3 Stammtafeln

Die Originalausgabe erschien 2009 unter dem Titel «Eleanor of Aquitaine. Queen of France, Queen of England» bei Yale University Press, New Haven und London.

Leicht gekürzte, vom Verfasser autorisierte deutsche Fassung.

Die erste Auflage dieses Buches erschien erstmals 2012 in gebundener Form im Verlag C.H.Beck.

1. Auflage in der Beck'schen Reihe 2013

Für die deutsche Ausgabe:

Satz: Fotosatz Amann, Aichstetten
Druck und Bindung: Druckerei C.H.Beck, Nördlingen
Umschlaggestaltung: Geviert, München; Michaela Kneißl
Umschlagabbildung: Endilhart von Adelburg. Aus: Große Heidelberger Liederhandschrift (Codex Manesse), Detail; Buchmalerei, Zürich um 1310–1340
Printed in Germany
ISBN 978 3 406 65459 6

www.beck.de

INHALT

EINLEITUNG

Auf der Suche nach einem «wahrheitsgetreuen» Bild der Eleonore von Aquitanien

Eleonore von Aquitanien (1124–1204) ist die berühmteste Königin des gesamten Mittelalters und eine der Frauengestalten der Geschichte, um die sich die meisten Sagen ranken. Von legendärer Schönheit und mit einem willensstarken und temperamentvollen Naturell begabt, ist sie mit Kleopatra, der viel gerühmten ägyptischen Pharaonin, Königin Elisabeth I. von England und anderen Herrscherinnen verglichen worden. Eleonore war stolzer Sprössling einer erlauchten Dynastie, der Herzöge von Aquitanien, Nachfolger karolingischer Könige von Aquitanien und Herrscher über das größte Herzogtum auf dem Boden Frankreichs. Eleonores Großvater war Wilhelm IX., der «Troubadour-Herzog», dessen Versdichtungen in ganz Europa berühmt wurden. In ihren Jugendjahren bekam Eleonore den in ihrer Familie ausgeprägten Sinn für die eigene dynastische Würde als Nachfolgerin der karolingischen Könige eingeimpft, und so vergaß sie nie, dass ihre Dynastie nach der königlichen Familie die vornehmste in Frankreich war, deutlich angesehener etwa als die der Plantagenets.

In erster Ehe verheiratet mit dem König von Frankreich, in zweiter mit dem König von England und Mutter dreier englischer Könige, ist Eleonore eine überlebensgroße Figur der Geschichte, eine lebende Verkörperung der Extreme Hass und Liebe. Nach den Strapazen des Zweiten Kreuzzuges, den sie mitmachte, kehrte sie ihrer unbefriedigenden Ehe mit Ludwig VII. von Frankreich den Rücken und wählte den jungen Heinrich Plantagenet zu ihrem zweiten Mann. Der Herzog von Anjou und der Normandie war Anwärter auf die englische Krone, die ihm dann auch keine drei Jahre nach der Heirat mit Eleonore zufiel. Durch diese Heirat wurde Eleonore zu einer Schlüsselfigur für die von Heinrich betriebene Zusammenlegung der im Besitz der Familie befindlichen Territorien zum sogenannten Angevinischen Reich. Als auch diese Ehe für Eleonore zur Enttäuschung wurde, weil sich die Beziehung zu Heinrich konfliktreich und turbulent gestaltete, stiftete sie ihre Söhne zum Aufbegehren gegen ihren Vater an, wofür Heinrich sie 15 Jahre lang unter Hausarrest stellte. Nach Ablauf dieser Zeit wieder auf freiem Fuß, übernahm Eleonore eine bedeutsame politische Rolle im Regierungsapparat ihrer beiden überlebenden Söhne Richard Löwenherz und Johann Ohneland. Diese Jahre gehörten zu den schwierigsten und ereignisreichsten, aber auch befriedigendsten ihres Lebens. Ihr Leben als langjährige Ehefrau Heinrichs II. und Mutter seiner streitbaren Söhne lieferte ein Drama, das «direkt der Phantasie eines mittelalterlichen Autors von Schicksalsromanen entlehnt» hätte sein können.[1] Keine andere Königin des Mittelalters kann eine Lebensgeschichte vorweisen, die der von Eleonore an Dramatik auch nur annähernd gleichkäme, was zur Folge hatte, dass sich nicht nur in ihrer Epoche, sondern auch noch im 20. Jahrhundert zahlreiche Autoren mit ihr beschäftigten und dass in all den seit ihrem Tod 1204 verstrichenen Jahrhunderten Gerüchte und Mythen über sie ins Kraut schossen.

Auf der einen Seite steht Eleonore von Aquitanien stellvertretend für die Probleme einer ehrgeizigen und fähigen Frau in einer mittelalterlichen Gesellschaft, auf der anderen Seite hatte ihr Leben eine über ihre individuelle Geschichte hinausreichende Bedeutung. Ihre Lebensspanne von 80 Jahren schließt viele wichtige Momente der mittelalterlichen Geschichte ein, Wendungen, an die sie sich auch angesichts der Tatsache, dass sich ihre Situation des Öfteren schlagartig änderte, immer wieder anpassen musste. Die Rolle, die Eleonore ausfüllen musste, wandelte sich praktisch alle zehn Jahre. Mit 13 als Erbin eines großen Herzogtums zur Braut Ludwigs VII. von Frankreich gekürt, wurde sie bald die wichtigste Ratgeberin ihres ebenfalls noch jungen Mannes und begleitete ihn auf dem Zweiten Kreuzzug. Nachdem sie diesen haarsträubenden Gewaltmarsch durchgestanden hatte, geriet sie im Heiligen Land in den Brennpunkt eines durch Gerüchte über angebliches sexuelles Fehlverhalten angefachten Skandals. Diese bösartigen Gerüchte folgten ihr auf dem Rückweg nach Frankreich und führten zur Auflösung ihrer Ehe mit dem französischen König nach 15 Jahren. Ihre postwendende Eheschließung mit dem jungen Heinrich von Anjou gab dem Skandal neue Nahrung. Zwei Jahrzehnte lang nahm Eleonore am glanzvollen Hof des wichtigsten europäischen Monarchen des 12. Jahrhunderts, ihres zweiten Gatten, König Heinrichs II. von England, eine herausragende Stellung ein. Stets dessen eingedenk, dass sie als Erbin des Herzogtums Aquitanien eine große Macht repräsentierte, ging sie in ihren beiden Ehen, der ersten mit Ludwig VII. und der zweiten mit Heinrich Plantagenet, davon aus, dass sie Anspruch auf eine besondere Autorität als Königin und Herzogin und auf einen partnerschaftlichen Anteil an der Macht hatte. Diese willensstarke Erbin des Throns von Aquitanien fühlte sich berufen und berechtigt, ihr eigenes Herzogtum zu regieren, und war entschlossen zu verhindern, dass es seiner eigenen Identität beraubt und in das Reich ihres ersten oder das ihres zweiten Gatten eingegliedert würde.

Ihrem eigenen Anspruch nach legitimiert dazu, Macht auszuüben, kam die Königin-Herzogin diesem Ziel im Verlauf ihrer Ehe mit Heinrich II. sehr nahe. In einer Zeit, in der sie neun Schwangerschaften hinter sich brachte, amtierte sie in England als Regentin, in Vertretung Heinrichs, der in den bedeutsamen Anfangsjahren seiner Regierungszeit immer wieder für längere Zeiträume abwesend war. Danach kehrte sie für einige Jahre nach Poitiers zurück, um in Aquitanien nach dem Rechten zu sehen, bis sie sich der Rebellion ihrer Söhne gegen den Vater anschloss, ein Schritt, der ihr Negativimage noch einmal verstärkte. Hin- und hergerissen zwischen ihrem Ehegelöbnis, ihrem verletzten Stolz, ihren Ängsten um die Zukunft ihres Herzogtums und ihrer Identifizierung mit den Ambitionen ihrer Söhne, ging sie weiter als jede andere unglückliche Ehefrau aus hohem Hause, indem sie buchstäblich Krieg gegen den eigenen Ehemann führte. Nach ihrem Aufbegehren gegen Heinrich kehrte sie als Gefangene nach England zurück und musste 15 Jahre Hausarrest erdulden. Zu ihrem Glück konnte ihr Mann es nicht wagen, sie zu töten, weil seine Beteiligung an der Ermordung Thomas Beckets ihm schon schwer genug zu schaffen machte. Nach dem Tod ihres Mannes im Jahr 1189 kam Eleonore endlich frei und konnte in den Regierungszeiten ihrer beiden überlebenden Söhne noch ein aktives und einflussreiches Leben führen, in dem sie endlich die politische Bedeutung erlangte, die sie immer gewollt hatte. Sie hielt das Reich von Richard Löwenherz zusammen, während er den Dritten Kreuzzug mitmachte und als Gefangener in Deutschland saß; mit über 70 Jahren, in einer Lebensphase, in der die meisten Herrscherwitwen sich auf ein Landgut oder in ein Kloster zurückgezogen hätten, reiste sie durch halb Europa, um sich für ihren Sohn Richard einzusetzen. Nach seinem Tod kämpfte sie für die Sicherung der Thronfolge ihres letzten überlebenden Sohnes. Wenige Jahre bevor sie 1204 im Alter von 80 Jahren starb, warf sie sich noch ein letztes Mal politisch in die Bresche, um ihre Untertanen in Poitiers für den in Bedrängnis geratenen König Johann zu mobilisieren.

Die Hingabe, mit der sich Eleonore von Aquitanien als Witwe der Aufgabe verschrieb, das von ihrem gehassten Mann zusammengezimmerte Herrschaftsgebiet für ihre Söhne zusammenzuhalten, straft das Urteil vieler

Historiker Lügen, sie sei eine «wesensmäßig frivole Frau» gewesen, deren Leben aus einer Abfolge von Skandalen bestanden habe.[2] Tatsächlich verdient die Rolle, die sie ihr Leben lang auf der machtpolitischen Bühne spielte, einen herausragenden Platz in ihrer Biografie. Leider sind viele Autoren der Neuzeit dem Beispiel ihrer mittelalterlichen Vorläufer gefolgt und haben dem Handeln Eleonores persönliche, nicht politische Beweggründe unterstellt. Eleonore war eine Frau, die um die Freiheit kämpfte, die Weichen ihres Lebens selbst zu stellen wusste und die zweimal in der Erwartung heiratete, einen Partner zu gewinnen. Als sich diese Erwartung nicht erfüllte, hatte sie den Mut, aufzubegehren und ihren eigenen Weg zu gehen. Die Gesellschaften des 12. Jahrhunderts sprachen Frauen die Fähigkeit weitgehend ab, Macht auszuüben, und konnten oder wollten Eleonores Freiheitsanspruch nicht tolerieren. Ihr Verlangen nach Unabhängigkeit löste Ängste, Abscheu und Hass aus, ein Nährboden für hässliche Gerüchte über angebliche sexuelle Ungeheuerlichkeiten im Verlauf ihrer beiden turbulenten Ehen, Gerüchte, die bis heute ihren Ruf beschädigen, obwohl es ihnen an Substanz fehlt. Eleonore wagte viel, und der Preis, den sie für ihr Aufbegehren gegen Konventionen und religiöse Lehren bezahlte, war eine «schwarze Legende», die im Verlauf des Zweiten Kreuzzuges gestrickt wurde und ihr für immer anhaftete.[3] Als das 13. Jahrhundert anbrach, war der Ruf Eleonores so ruiniert, dass sich sogar die Legende verbreitete, sie habe durch einen Ehebruch auf dem Kreuzzug – vielleicht mit einem moslemischen Fürsten – den Grund für die Scheidung von Ludwig VII. geliefert. Im Verlauf der Jahrhunderte wurde sie zu einer zweiten Messalina stilisiert, einem Ebenbild jener widerlichen und intriganten römischen Kaiserin, oder gar zu noch Schlimmerem.

Mit kaum einer anderen französischen oder englischen Königin beschäftigen sich Autoren der Neuzeit lieber als mit Eleonore. Zahlreiche Schriftsteller schrieben dicke Bücher über Eleonore; ein rundes Dutzend solcher Bücher sind allein im letzten halben Jahrhundert in Großbritannien und Nordamerika erschienen, dazu viele weitere in anderen Ländern. Ihren Einzug in die Populärkultur hielt Eleonore, als sie in dem Film *Der Löwe im Winter*, in dem Katherine Hepburn sie darstellte, ihr Leinwanddebüt gab.[4] Der 1968 entstandene Film führte dem Publikum (so fehlerhaft und anachronistisch er in vielerlei Hinsicht war) immerhin anschaulich vor Augen, dass Eleonore und Heinrich II. durchaus kein idyllisches Familienleben führten. Bis zum späten 20. Jahrhundert erreichten Bücher über die Königin Ausmaße einer romantischen «Eleonore-Industrie».[5] Mit leicht verdaulichen, den Hunger nach guten Geschichten bedienenden Biografien wurde eine neue Eleonore-Legende gesponnen, in der sie zur «Königin der Troubadoure» stilisiert wurde, zu einer Gönnerin von Dichtern und Minnesängern, die in Poitiers Gerichtsurteile in Liebeshändeln sprach – viel Fiktion also und wenig Quellen.[6] Die Phantasie regte sie an, aber positiv dargestellt wurde sie meist nicht.

Die Figur der Eleonore von Aquitanien ist so sehr von Mythen und Legenden überwuchert, dass derjenige, der sich von Neuem auf die Suche nach der «wirklichen» Eleonore macht, sich mit scheinbar unüberwindlichen Hindernissen konfrontiert sieht. Um zu einem «wahrhaften Bild» von ihr zu gelangen, ist es unerlässlich, nicht nur die Eckdaten ihres Lebens zu rekonstruieren, sondern auch das Bild, das ihre Zeitgenossen an die nachfolgenden Generationen weitergaben. Ihre Untertanen erwarteten von ihr, dass sie die Rolle einer Königin auf eine bestimmte Weise ausfüllte, und sie stellten häufig Vergleiche zwischen ihr und dem Rollenverhalten ihrer Vorgängerinnen auf dem französischen und englischen Thron an.[7] Hüten müssen wir uns vor den Voreingenommenheiten unserer eigenen Ära; so sollten wir etwa der Versuchung widerstehen, Eleonore einer Freud'schen Psychoanalyse zu unterziehen oder in ihr eine Protofeministin zu entdecken.[8]

Der ergiebigste Weg zu einer «Wiederbelebung» mittelalterlicher Persönlichkeiten führt über die erhalten gebliebenen Dokumente, auch wenn fast keine schriftlichen Quellen aus dem 12. Jahrhundert erhalten sind und uns selbst über die Lebensgeschichte bedeutender Monarchen wenig mehr als einige vage Angaben vorliegen. Kein schreibender Zeitgenosse Eleonores hat uns irgendetwas hinterlassen, das einer Biografie der Königin auch nur im Entferntesten nahekäme – die einzigen Frauengestalten des Mittelalters, die eine reelle Chance hatten, einen Biografen zu finden, waren Heilige oder Anwärterinnen auf eine Heiligsprechung. Überhaupt war die Biografie im Mittelalter kein verbreitetes literarisches Genre, von Heiligenporträts einmal abgesehen. Wenn mittelalterliche Autoren Lebensläufe weltlicher Persönlichkeiten schilderten, zeigten sie wenig Interesse an deren individuellen Persönlichkeitszügen. Eingeengt durch die von der Kirche vorgegebenen Verhaltensstandards, bemühten sich mittelalterliche Autoren, den Platz des Einzelnen innerhalb der christlichen Gemeinschaft zu bestimmen.[9] Sie machten sich vor allem Gedanken darüber, wie gut ihre Protagonisten den akzeptierten Verhaltensmodellen und Typisierungen entsprachen, wie sehr sie sich als Rollenvorbilder für die Christenheit eigneten oder welche Strafen dem drohten, der sich den kirchlichen Vorgaben nicht unterwarf. Aus der

Zeit vor Eleonore sind einige wenige Lebensbeschreibungen von Königinnen erhalten geblieben; sie alle heben das Aufgehen ihrer Protagonistinnen in konventionellen weiblichen Tugenden hervor, hauptsächlich in der Erfüllung ihrer ehelichen und mütterlichen Pflichten; die «bedrohlichen und für vornehme Damen unziemlichen politischen Machenschaften ihrer Heldinnen streiften sie allenfalls am Rande».[10]

Angesichts des Mangels an schriftlichen Zeugnissen über Eleonore von Aquitanien zu ihren Lebzeiten müssen sich ihre heutigen Biografen auf andere historische Werke aus ihrer Zeit stützen, vor allem auf lateinische Chroniken. Solche Chroniken entwickelten sich aus den Annalen, die in Klöstern geführt wurden und nicht viel mehr waren als Auflistungen der wichtigsten Begebenheiten des jeweiligen Jahres; die Chroniken behielten die starre chronologische Struktur dieser Annalen bei. Zwar gab es unter den Chronisten des Mittelalters nicht wenige, die Geschichten zu erzählen versuchten, aber ihre sprunghaften Schilderungen vermitteln den Eindruck, die Geschichte sei für sie einfach nur eine Abfolge unterschiedlichster Ereignisse gewesen, «eine Sache nach der anderen», oft tatsächlich nach Jahreskapiteln geordnet.[11] Aus Chroniken des 12. Jahrhunderts Belegmaterial zu gewinnen ist nicht einfach; ihre Autoren waren Geistliche, überwiegend Mönche, mit all den Voreingenommenheiten damaliger Kirchenmänner. Ihr Interesse galt in erster Linie den Schicksalen von Päpsten und Prälaten, Königen und Fürsten; Eleonore von Aquitanien nahmen sie nur «aus den Augenwinkeln wahr, während sie sich an größere Beute heranpirschten».[12] Französische Chronisten, die nach der Scheidung Eleonores unter königlicher Ägide schrieben, berichten überraschend wenig über ihre Jahre als Königin an der Seite Ludwigs VII. Ihr Ruf hatte so gelitten, dass die Kirchenmänner offensichtlich versuchten, sie aus der geschichtlichen Erinnerung zu tilgen.[13] Aus Eleonores Herzogtum Aquitanien sind nur sehr wenige Chroniken erhalten geblieben, und die meisten von ihnen sind wenig mehr als Annalen. Sie befassen sich überwiegend mit Ereignissen aus dem Umkreis bedeutender Klöster wie der Abtei Saint-Martial in Limoges, an der das Führen von Chroniken eine hochgehaltene Tradition hatte. Saint-Martial beherbergte im 12. Jahrhundert zwei Autoren, deren Schriften die reichhaltigsten narrativen Quellen zur Geschichte Aquitaniens in jener Periode sind: die Mönche Geoffroy de Vigeois (gest. 1185) und Bernard Itier (gest. 1225). Ein dritter bedeutender Schreiber aus der Region war Richard le Poitevin, dessen Chronik in unterschiedlichen Fassungen überliefert ist (die vermutlich nicht alle vom selben Autor stammen).

Die von Eleonore-Biografen am häufigsten konsultierten Texte sind die einer Gruppe englischer Schreiber, die über das Geschehen am Hofe der Plantagenets gut informiert waren und deren Berichte aus Eleonores letzten Jahren als Königin an der Seite Heinrichs und als Königinmutter stammen. Diese Texte stehen für ein «Goldenes Zeitalter» der mittelalterlichen Geschichtsliteratur.[14] Englische Chronisten späterer Jahrhunderte bedienten sich bei diesen Chroniken und bliesen dabei deren verhüllte Andeutungen über Eleonores Tun und Lassen zu Fabuliergeschichten auf. Die Chronisten des «Goldenen Zeitalters» waren in den wenigsten Fällen Augenzeugen der das Leben ihrer Königin prägenden Vorgänge – zwischen den Ereignissen und der Niederschrift ihrer Berichte über sie lagen oft Jahrzehnte. Diese Chroniken, die zahlreiche Autoren der Neuzeit beeinflussten, lieferten die Farben für die diversen Porträts von Eleonore. Allerdings mischten spätere Autoren diesen Farben mit Gerüchten und Legenden und eigenen Vorurteilen bei, Schattierungen einer schwarzen Saga, die das Bild Eleonores bis heute mit einer Aura des Bösen tönen.

Alle diese Chronisten gehörten kirchlichen Ordensbruderschaften an. Fünf waren weltliche Schreiber mit Beziehungen zum Königshof: Roger von Howden (gest. ca. 1203), Ralph Diceto (gest. 1201), Walter Map (gest. ca. 1210), Gerald von Wales (gest. ca. 1223) und Ralph Niger (gest. ca. 1199). Vier andere schrieben in Klöstern: Gervase von Canterbury (gest. ca. 1210), Ralph von Coggeshall (gest. 1218), Richard von Devizes (gest. ca. 1200) und William von Newburgh (gest. ca. 1198).[15] Sie alle starteten ihre kirchliche Laufbahn in der zweiten Hälfte der Regierungszeit Heinrichs II., und ihre Schriften reflektieren die Nachbeben, die Thomas Beckets Ermordung Ende des Jahres 1170 auslöste. Der Tod Beckets verdüsterte das Bild von der königlichen Familie, deren unmoralische Lebensführung verurteilt wurde. Einer dieser kirchlichen Chronisten, Richard von Devizes, lieferte eine deutlich positivere Darstellung Eleonores als seine Kollegen. Er schrieb noch zu Lebzeiten der Königinmutter und bewunderte die Ausdauer und Konsequenz, mit der sie für ihren Lieblingssohn Richard kämpfte, während dieser wegen des Dritten Kreuzzuges mehrere Jahre in der Fremde weilte.

Die weltlichen Schreiber hatten alle irgendwelche Beziehungen zum königlichen Hofstaat; Howden und Diceto kann man, weil sie Zugang zu Höflingen und amtlichen Dokumenten hatten, als halbamtliche Historiker einstufen; sie waren jedoch keineswegs Propagandisten des Königshauses. Sie hatten einen mehr oder weniger neutralen Umgang mit Eleonore, konnten allerdings gewisse schwierige Episoden ihres langen Lebens nicht stillschweigend übergehen. Zwei andere, Walter Map und Gerald von Wales, waren keine Chronisten im strengen Wortsinn, sondern Höflinge, die satirische Texte schrieben, in denen häufig Rhetorik und Polemik den Sieg über die Tatsachen davontragen. Ihr maliziöser Witz machte für spätere Autoren die Versuchung, aus ihren Schriften zu zitieren, fast unwiderstehlich. Maps Buch *De Nugis Curialium* («Über die Flausen der Höflinge»), geschrieben zwischen 1181 und 1192, ist eine Sammlung von Anekdoten, mit denen er die Korruption am englischen Königshof und die Torheit der Höflinge deutlich macht. Sein Kollege Gerald von Wales, der auf der Suche nach Patronage abgeblitzt war und über ein Jahrzehnt später schrieb als Map, griff zu denkbar bösartigen Invektiven gegen Heinrich II. und seine ganze Familie. Aufbauend auf Insinuationen, die er bei Map fand, garnierte Gerald sein Buch *De instructione principis* («Über die Erziehung der Fürsten») mit hämischer Anti-Plantagenet-Propaganda und verleumdete Eleonore mitsamt Heinrich und den Söhnen der beiden. Ralph Niger war, wie auch Gerald, nach einem Studium in Paris an den englischen Königshof gekommen, hatte es aber noch weniger verstanden, Förderer zu finden. Seine Parteinahme für die Sache Thomas Beckets führte dazu, dass er aus England verbannt wurde, wohin er jedoch nach dem Tod Heinrichs II. zurückkehrte. In den beiden Chroniken, die Ralph während der Regierungszeit von Richard Löwenherz schrieb, übertrug er seine Abneigung gegen Heinrich jedoch nicht auf Eleonore, deren Bekanntschaft er womöglich in den 1160er-Jahren an den Schulen von Poitiers gemacht und die er vielleicht in den 1190er-Jahren in England wiedergesehen hatte.

Als Kirchenmänner neigten diese Chronisten dazu, bei der Deutung von Ereignissen und bei der Bewertung von Persönlichkeiten Maßstäbe christlicher Dogmatik anzulegen. Auch waren sie, was nicht weiter überrascht, von historiographischen Traditionen geprägt, wie sie von den früheren Kirchenvätern entworfen worden waren; vor allem waren sie der Überzeugung, dass es Aufgabe der Geschichtsschreibung sei, die Fortschritte der Menschheit auf dem Weg zur Erlösung aufzuzeichnen. Ihr unbedingter Glaube an einen göttlichen Zweck hinter allem, was auf Erden geschah, bewog sie dazu, die Geschichte als eine Abfolge von Gleichnissen zu sehen, die der moralischen Belehrung ihrer Leser dienen und demonstrieren sollten, dass und wie Gott die Rechtschaffenen belohnte und die Übeltäter bestrafte. Um unterhaltsam zu schreiben, übernahmen sie Dinge aus der mündlichen Überlieferung, würzten ihre Darstellungen mit Gerüchten und Unterstellungen, wälzten mit eingefügten Formulierungen wie «so wird behauptet» die Verantwortung für etwaige Unkorrektheiten von sich ab und versuchten so, sich der persönlichen Haftung etwa für ungehörige Bemerkungen über den Lebenswandel Eleonores zu entziehen. Durch eine Anhäufung von Schnörkeln bastelten diese Chronisten aus historischen Sachverhalten tendenziöse Legenden.

Es sollte uns nicht verwundern, dass fast alle Chronisten eine gehörige Portion der für Kirchenmänner des Mittelalters charakteristischen Misogynie an den Tag legten. Die religiöse Reformbewegung des 11. Jahrhunderts war mit einer verschärften Kampagne für die Durchsetzung des Zölibats für Geistliche einhergegangen und hatte Moralisten wie Theologen verstärkt zu antifeministischen Tiraden animiert. Das traditionelle Misstrauen gegenüber der Frau, das schon die Schriften der frühen Kirchenväter wie ein roter Faden durchzogen hatte – die Darstellung Evas als Verführerin Adams, als Begeherin der Erbsünde und in der Folge aller Frauen als Töchter Evas –, wurde wieder aufgewärmt. In ihren Debatten über die Ehe hoben die Theologen die Pflicht der Frau hervor, sich der Autorität des Mannes zu unterwerfen. Sie folgten damit nicht nur der Heiligen Schrift, sondern auch der klassischen «wissenschaftlichen» Lehre, die besagte, die Frau sei ein unvollständiger oder unvollkommener Mann, weniger rational, weniger fähig als der Mann, Gefühle und Leidenschaften zu beherrschen.[16]

Nicht nur religiöse Dogmen sorgten in der mittelalterlichen Gesellschaft für männliche Vorurteile gegenüber Frauen. In einer von Kriegen geprägten Umwelt, in der Rivalitäten zwischen Männern oft in gewaltsame Konfrontationen mündeten, waren Frauen der «kämpfenden Klasse» unheimlich, weil sie ähnlich wie Geistliche im Umgang mit unblutigen Waffen geübt waren und es verstanden, mithilfe von Worten und erotischen Listen Komplotte und Intrigen zu schmieden.[17] Mittelalterliche Dichter porträtierten Frauen, den Ansichten ihrer adligen Mäzene entsprechend, als Akteurinnen, die nicht die Fähigkeit besaßen, nach männlicher Manier Macht auszuüben und auf eigene Faust zu handeln – als passive Opfer männlichen Handelns. Solche Vorstellungen schufen bei Autoren des 12. Jahrhunderts ein Ressentiment gegen jede Frau, die den männlichen Monopolanspruch auf Macht herausforderte; jede Ausübung von Macht in der Öffentlichkeit durch eine Frau wurde als «unweiblich», als irgendwie unnatürlich und ungehörig geschmäht.[18] Und dass Eleonore sich an der großen Rebellion ihrer Söhne gegen Heinrich II. in den Jahren 1173/74 beteiligte, bestätigte die Chronisten in ihren Vorurteilen. So brauchen wir uns nicht darüber zu wundern, dass das Bild, das sie uns von ihr hinterlassen haben, mit Tupfern des Bösen gesprenkelt ist, die sich im Lauf der Jahrhunderte zu einer dauerhaften «schwarzen Legende» verdichteten.

Die englischen Chronisten beschränkten sich, soweit sie Eleonore überhaupt erwähnten, auf einige wenige wichtige Krisen oder Skandale im Verlauf ihres Lebens, und sie unterschieden dabei kaum zwischen der öffentlichen Rolle, die ein Herrscher spielte, und der moralischen Qualität seines persönlichen Handelns; sie erwarteten von Königen, dass sie stets und in allem die Tugenden ritterlicher Tapferkeit und Ehre an den Tag legten, und von Königinnen, dass sie ein Vorbild an persönlicher Frömmigkeit und Tugend abgaben. Kaum verwunderlich, dass in ihren Schriften vieles fehlt, das helfen könnte, die Fragen zu beantworten, die den Leser des 21. Jahrhunderts interessieren. So liefern sie nur dürftige Hinweise auf die Persönlichkeit Eleonores. Erst recht liefern sie keine brauchbaren Erkenntnisse, die Rückschlüsse auf Eleonores Beziehungsgefüge zu ihrem Mann und ihren Kindern oder auf ihren persönlichen Beitrag zur Erziehung ihrer Kinder zuließe. Wir erfahren von ihnen über ihre Rolle als Mutter wenig mehr als die Geburtsdaten und Geburtsorte ihrer Kinder oder die Namen derer, die dabei waren, als sie den Ärmelkanal überquerte. Keine Äußerung zu ihrer Stellung als «Außenseiterin» oder «Fremde», die aus ihrer angestammten südfranzösischen Kultur herausgerissen und an Königshöfen im Norden – zuerst in Paris, später in England – unfreundlich aufgenommen wurde. Vor allem gehen sie auch nicht auf ein Thema ein, das für alle Bewunderer der mittelalterlichen französischen Literatur von besonderem Interesse wäre: auf ihre wirkliche oder vermeintliche Rolle als Mäzenin der Dichtkunst sowohl in ihrem heimischen Poitou als auch in England, einer Dichtkunst, die mit Troubadour-Gesängen und Ritterromanen die höfische Liebe kultivierte. Da diese Chronisten gegen eine Macht ausübende Frau von vornherein Vorbehalte hatten, vermitteln ihre Texte kaum Einsichten in Eleonores politische Rolle an den Höfen ihrer beiden königlichen Ehemänner oder in ihre eventuellen aktiven Beiträge zum politischen Geschehen in ihrem angestammten Herzogtum Aquitanien.

Ein gewissenhafter Biograf muss über diese bruchstückhaften und tendenziösen Schriften hinausblicken und auf andere Quellen zugreifen, um sich ein umfassendes Bild zu verschaffen. Es gibt eine zweite Kategorie schriftlicher Quellen, die nur zufällig die eine oder andere biografische Information liefern: nichtnarrative Archivalien, ein buntes Sortiment erhalten gebliebener Dokumente, zumeist Nebenprodukte der Arbeit königlicher Regierungen oder kirchlicher Einrichtungen. Manche wurden durchaus zu dem Zweck erstellt, als rechtliche Urkunden dauerhaft aufbewahrt zu werden; viele andere dienten hingegen nur temporären Zwecken und sind lediglich durch Zufall erhalten geblieben. Aus diesen Materialien, so dünn sie gesät sind, lässt sich, wenn man sie zusammenführt, ein etwas klareres Bild von Eleonore in ihrer offiziellen Rolle als Königin und Herzogin gewinnen. Ohne sie würden wir über einen wesentlichen Bestandteil ihres Lebens so gut wie gar nichts erfahren, nämlich über die Rolle, die sie als Regentin ihres eigenen Herzogtums Aquitanien und der Königreiche ihrer beiden Gatten spielte. Fast 200 von Eleonore signierte Dokumente sind bekannt; davon stammen nur rund 20 aus der Zeit ihrer Ehe mit Ludwig VII., rund 160 hingegen aus ihrer Zeit als Ehefrau und Witwe Heinrichs II.[19] Bei den meisten der von Eleonore signierten Dokumente handelt es sich um Gründungs- oder Schenkungsurkunden («Charters»), also Dokumente der Art, wie sie das Gros der erhalten gebliebenen mittelalterlichen Archivalien ausmachen. Es sind feierliche Urkunden, mit denen ein Herrscher einem Untertanen Land oder Privilegien zusichert, und sie fungierten bei rechtlichen Auseinandersetzungen als letztgültige Belege für die Rechtmäßigkeit von Eigentums- oder Nutzungsrechten und wurden daher von Kirchen und Klöstern sorgfältig aufbewahrt. Diese Urkunden liefern Momentaufnahmen; nur durch eine akribische analytische Detektivarbeit, durch die Anwendung hart erarbeiteten Wissens über mittelalterliche Dokumente lässt sich ihre Bedeutung in allen ihren Facetten entziffern. Unter den auf Eleonore bezogenen Dokumenten sind auch einige wenige von ihr eigenhändig geschriebene Briefe erhalten geblieben, nicht mehr als ein halbes Dutzend. Weitere Briefe, geschrieben von anderen am königlichen Hof verkehrenden Personen und in einigen Fällen an Eleonore gerichtet, verschaffen uns ebenfalls Einblicke in ihr Leben als Königin.

Obwohl in England mehr Archivalien erhalten geblieben sind als in Frankreich, haben auch englische Dokumente aus der Lebenszeit Eleonores Seltenheitswert. Am ergiebigsten sind finanzielle Urkunden, die sogenannten *pipe rolls*, in denen die Sheriffs im jährlichen Turnus für die königliche Staatskasse die Einkünfte und Ausgaben des Königshauses verzeichneten. Die *pipe rolls*, einzigartig im Europa des 12. Jahrhunderts, verraten unschätzbare Einzelheiten über das Alltagsleben Eleonores als Königin von England, etwa über Ausgaben für erlesenes Tuch, Feinkost und Wein, über Zahlungen an ihre Domestiken und Günstlinge, durchweg Zeugnisse ihres Wohlstandes. Zu den weiteren erhalten gebliebenen öffentlichen englischen Archivalien gehören «writs», königliche Kurzbriefe, meist an die Sheriffs gerichtet, mit Anweisungen, wie sie in einer Sache vorzugehen oder zu entscheiden hätten; diese Anweisungen ergingen häufig als Reaktion auf die Eingabe eines Bittstellers. Die königliche Schreibstube produzierte unzählige «writs», von denen jedoch nur ein winziger Bruchteil erhalten blieb, weil sie in der Regel vernichtet wurden, wenn die Sache erledigt worden war. Nicht mehr als eine Handvoll «writs» aus der Zeit Eleonores sind erhalten, doch erlauben sie wichtige Rückschlüsse auf ihre Autorität als englische Königin in den Zeiten, in denen sie ihren häufig abwesenden Gatten Heinrich II. als Regentin vertrat.

Die Königin und Herzogin Eleonore von Aquitanien führte ein bewegtes Leben, schwankend zwischen triumphalen Höhepunkten und schweren Niederlagen. Im Verlauf ihrer langen Lebenszeit spielte sie politisch eine bedeutende Rolle als Frau und Witwe von König Heinrich II. von England und war in dieser Eigenschaft an der Schaffung des Angevinischen Reichs ebenso beteiligt wie an dessen Zerfall. Es ist nicht verwunderlich, dass diese Frau die Anhänger mittelalterlicher Geschichte stärker fasziniert hat als jede andere Frau des Mittelalters.[20]

Um Eleonore von Aquitanien heute gerecht zu werden, müssen wir uns mit etlichen stark gegensätzlichen Deutungsmustern auseinandersetzen. Doch Eleonore verdient es, neu erforscht und aus den wechselnden Wahrnehmungsschablonen der Jahrhunderte befreit zu werden. Ihre Geschichte gewinnt zusätzlich an Bedeutung, wenn man ihre öffentliche Rolle als Königin und ihre unerschütterliche Entschlossenheit, die Integrität ihres Herzogtums Aquitanien zu wahren, als Leitmotiv ihres Lebens würdigt. Ein bedeutsamer Aspekt ihres Naturells war das Bestreben, Macht auszuüben, insbesondere durch die Partnerschaft mit ihren Männern, ein Ehrgeiz, der allerdings häufig enttäuscht wurde. Erst als Witwe sollte sie die politische Macht erlangen, um die sie sich so lange bemüht hatte, und dann teilte sie sie mit ihren beiden Söhnen, nicht mit ihrem Mann. In einem Zeitalter, in dem Frauen durch ihre Machtlosigkeit definiert waren, entschied Eleonore von Aquitanien sich dafür, ihr Leben nach ihren eigenen Vorstellungen zu gestalten; für ihre trotzige Missachtung aristokratischer Konventionen und religiöser Lehren zahlte sie einen hohen Preis.

I.

Eleonores Kindheit am herzoglichen Hof von Aquitanien, 1124–1137

Am Karfreitag des Jahres 1137 starb Wilhelm X., Graf von Poitou und Herzog von Aquitanien, auf einer Pilgerreise nach Spanien; er hinterließ seine Tochter Eleonore, 13 Jahre alt, und deren jüngere Schwester Aélith. Während Eleonores frühe Jahre im Dunkeln bleiben, katapultierte sie der Tod ihres Vaters geradewegs ins Zentrum der europäischen Politik und Diplomatie – als wertvollste Heiratskandidatin ihres Zeitalters, würdig der Hand eines großen Fürsten. Den Preis errang Ludwig, Sohn von König Ludwig VI. von Frankreich und Erbe der französischen Krone; Eleonore brachte das größte Herzogtum innerhalb des Königreichs Frankreich in die Ehe ein. Ihre Mädchenjahre endeten am Tag ihrer Heirat, am 25. Juli 1137, in der Kathedrale von Bordeaux. Von da an sollte sie bis zu ihrem Tod im Jahr 1204 fast ununterbrochen eine Hauptrolle auf der geschichtlichen Bühne Europas spielen, zuerst als Königin von Frankreich kraft ihrer Ehe mit dem zukünftigen König Ludwig VII., dann durch den Skandal ihrer Scheidung und postwendenden Verheiratung mit Heinrich Plantagenet, dem künftigen König von England, und später als Mutter dreier englischer Könige. Als Königin an der Seite zweier bedeutender Monarchen stieg sie zu einer der berühmtesten Frauen des gesamten Mittelalters auf.

Allen zeitgenössischen Quellen zufolge war die junge Eleonore eine Schönheit; es ist jedoch kein Bild von ihr erhalten, denn das Mittelalter war keine Periode, in der die Kunst der Porträtmalerei floriert hätte. Es gibt Skulpturen und Wandgemälde aus ihrer Zeit, von denen behauptet wird, sie zeigten Eleonore als Königin, aber diese Zuschreibungen sind höchst zweifelhaft.[1] Eigentlich kann man sich auch auf zeitgenössische Beschreibungen ihrer Person nicht verlassen, denn mittelalterliche Autoren legten wenig Wert auf Genauigkeit; sie bedienten sich einfach konventioneller Beschreibungen schöner Jungfrauen, welche häufig aus der Feder von Klassikern stammten. Autoren bescheinigten den Objekten ihrer Bewunderung in ihren phantasiereichen Werken immer wieder dieselben Attribute: «Haare wie Gold, eine Stirn wie Milch, Augen wie funkelnde Sterne, ein rosiges Antlitz, flammend rote Lippen, Zähne wie Elfenbein».[2] Jedenfalls priesen Dichter und andere Schriftsteller mit diesen oder ähnlichen Worten die bezaubernden Eigenschaften Eleonores.

Eleonore von Aquitanien wuchs in einer Umgebung auf, die sich erheblich von der Lebenswelt ihrer beiden Gatten unterschied. Sie war Sprössling einer Dynastie des Südens, die über das größte Herzogtum auf französischem Boden herrschte, und es war ihr ererbtes Anrecht auf die Krone von Aquitanien, das ihr eine so gewichtige Rolle in der Geschichte ihrer Zeit verlieh. In Aquitanien, das einst Teil der römischen Provinz Gallien gewesen war, hatten sich noch bis in die Zeit Eleonores Sitten und Bräuche gehalten, die auf die römische Kultur zurückgingen und den Frauen größere Freiheiten gewährten, als es ihren Geschlechtsgenossinnen im nördlichen Europa vergönnt war. Die junge Eleonore wuchs mit Geschichten von früheren Herzoginnen von Aquitanien auf, die in den Turbulenzen des 10. und 11. Jahrhunderts gelebt und sich bemüht hatten (manchmal mit Erfolg), die Zügel der Macht zu ergreifen; Umbrüche und Verwerfungen hatten in jenen Zeiten etlichen dynamischen Frauen die Chance eröffnet, die Begrenzungen einer patriarchalischen Gesellschaft und Religion zu überwinden. Die herzoglichen Vorfahren Eleonores, die sich als Nachkommen der Karolinger betrachteten, sahen sich auf einer Stufe mit Königen; Eleonore war stolz auf ihre Herkunft und Abstammung und überzeugt, einer mindestens ebenso illustren Dynastie anzugehören wie die Männer, die sie heiratete.

In den Jahren ihres Heranwachsens wurde sich Eleonore mit Sicherheit darüber klar, dass ihre Vorfahren Grafen von Poitou gewesen waren, bevor sie Herzöge von Aquitanien wurden, und dass ihre Macht vor allem auf ihren Besitzungen im Poitou beruhte, denn aus diesen schöpften sie das Gros der Ressourcen zum Machterhalt. In der Tat fühlte Eleonore sich in erster Linie als Poitevinerin und erst in zweiter Linie als Aquitanierin. In ihrem Geburtsjahr 1124 war das von ihren Vorfahren zusammengestückelte Herzogtum nach wie vor eine verwirrende Ansammlung aus einem runden Dutzend Grafschaften. «Aquitanien» war zu Lebzeiten Eleonores und ist auch heute noch ein nicht präzise definierter geografischer Begriff, der eine weitläufige Region Frankreichs bezeichnet, die sich von knapp unterhalb der Loire im Norden bis zu den Pyrenäen im Süden und von der Atlantikküste bis ins Zentralmassiv hinein erstreckt. Die Untertanen Eleonores in den wei-

Das Fresko in der Kapelle Sainte-Radegonde in Chinon zeigt Eleonore vermutlich bei ihrem Weg in die Gefangenschaft, die Figur am Portail Royal in Chartres wurde ebenfalls mit Eleonore identifiziert, ist aber noch fragwürdiger.

ter nördlich gelegenen Königreichen ihrer beiden Männer unterschieden nicht zwischen den Bewohnern des Poitou und denen der Gascogne, Aquitaniens oder anderer Gegenden des französischen Südens. Sie gingen einfach davon aus, dass alle, die in diesem Teil Frankreichs lebten, von einem ähnlich temperamentvollen, emotionalen und vergnügungssüchtigen Naturell waren. Selbst neuzeitliche Autoren neigen dazu, in dieses Klischee zu verfallen und Eleonore als «Kind des Midi» oder als «Königin der Troubadoure» zu charakterisieren.

Eleonores Erbe, Abstammung und Land: das Herzogtum Aquitanien

Eleonore war ein Kind stolzer Herzöge. Als Eleonores direkte Vorfahren, die Grafen von Poitou, im 10. Jahrhundert ihre Herrschaft auf einen immer größeren Teil Aquitaniens ausdehnten, blieb den im Norden noch regierenden, schwachen spätkarolingischen Königen kaum etwas anderes übrig, als ihnen den Herzogstitel zuzuerkennen. Kaum hatten sich die Grafen von Poitou die Herzogswürde gesichert, gingen sie auch schon daran, ihre Herrschaft auf ganz Aquitanien auszudehnen; zuletzt verleibten sie sich das Herzogtum Gascogne ein, das südlich ans Poitou anschloss und bis zu den Pyrenäen reichte.

Die sechs Grafen-Herzöge des 11. Jahrhunderts, von Wilhelm V. dem Großen bis zu Wilhelm IX. dem Troubadour (Eleonores Großvater), brachten es allesamt fertig, das Herzogtum als Ganzes einem ihrer Söhne oder an Geschwister zu vererben. Die Herzöge eigneten sich Rechte und Aufgaben im Bereich staatlichen Handelns an, die bis dahin in den Händen der Karolinger gelegen hatten. Über Herzog Wilhelm den Großen (995–1030) wurde gesagt, man habe ihn «eher für einen König als für einen Herzog» gehalten, und Chronisten benutzten, wenn sie über ihn schrieben, Ausdrücke wie «höchst ruhmreich» und «allermächtigst».[3] Bis zur Mitte des 11. Jahrhunderts war die Gascogne ein selbstständiges Herzogtum gewesen, regiert von einer anderen Dynastie, die ihr Territorium als dem Herrschaftsbereich des französischen Königs nicht zugehörig betrachtete. Bis zur Vereinigung der beiden Herzogtümer Gascogne und Aquitanien im Jahr 1058 sprachen die gascognischen Herzöge von ihrem «Königreich» oder ihrer «Monarchie» und beriefen sich auf die Gottgegebenheit ihrer herzoglichen Autorität. Herzog Guy-Gottfried von Aquitanien, der 1058 die Herrschaft über die Gascogne übernahm, stilisierte sich in seinen amtlichen Dokumenten zum «Herzog der gesamten Monarchie von Aquitanien».[4] Ein ungefähres Gefühl der Zugehörigkeit zum französischen Königreich als Ganzem blieb jedoch bestehen, auch wenn weder die Herzöge noch ihre Vasallen von den jeweils gerade in Paris regierenden Kapetinger-Königen Notiz nahmen. Immerhin anerkannten sie, wie auch andere mächtige französische Fürsten, dass der besondere Status des Königs als gekrönter und gesalbter Nachfolger der karolingischen Kaiser ihn über sie erhob.

Ungeachtet dessen, was die Vorfahren Eleonores für sich in Anspruch nahmen, brachte ihnen ihre Herzogswürde außer einem Zuwachs an Prestige kaum zusätzliche Machtbefugnisse; sie überstrahlte einfach nur ihren bisherigen Titel als Grafen von Poitou, der aber nach wie vor die Basis ihrer tatsächlichen Macht war.[5] Eleonores Vorfahren konnten ihre Herrschaft über die Grafen und Vizegrafen ihres Herzogtums nur aufrechterhalten, indem sie die Kraft ihrer Persönlichkeit und die Aura ihrer illustren Abstammung in die Waagschale warfen.[6] Wie anderswo im westlichen Europa kam auch in Aquitanien die herzogliche Macht aus persönlichen Beziehungen oder Beziehungsgeflechten, in die die Vasallen eingebunden waren und die durch gegenseitiges Vertrauen und Freundschaft oder Ehe zusammengehalten wurden.[7] Wenn diese Bande der Freundschaft und Zuneigung zwischen dem Herzog und seinen Vasallen es nicht vermochten, einer Gesellschaft, der es an funktionierenden staatlichen Institutionen fehlte, Stabilität zu verleihen, bestand die einzige Alternative darin, sie mit militärischer Gewalt das Fürchten zu lehren. Ein Herrschaftsverhältnis durch das Beschwören von Freundschaft und Liebe zu romantisieren mag uns als eine seltsame Vermengung von persönlichen Gefühlen mit Machtpolitik erscheinen, doch zu Zeiten Eleonores war es nicht üblich, eine Abgrenzung zwischen «privaten» Gefühlen und «öffentlicher» Macht vorzunehmen, wie wir es heute tun.[8]

Obwohl Eleonore die Erbin des Herzogtums Aquitanien war, war sie eher ein Kind des Poitou als eines der weiter südlich gelegenen Gebiete Aquitaniens, auch wenn sie, so behauptet man, auf dem Schloss Belin bei Bordeaux zur Welt kam. Ihre Kindheit verbrachte sie zum größten Teil in Poitiers, und obwohl sie regelmäßig mit dem herzoglichen Hausstaat nach Bordeaux reiste, besuchte sie als Kind nie die südlich des Bordelais gelegenen Teile der Gascogne. So herausgehoben war die Stellung des Poitou als Kernland und Basis der herzoglichen Macht, dass die Ahnen Eleonores ihre Urkunden oft nur mit dem Titel «Graf von Poitou» signierten und die Bezeichnung «Herzog von Aquitanien» wegließen. Die Machtbasis der Grafen von Poitou war immer ihre direkte Herrschaft über ausgedehnte Ländereien im Poitou, obwohl nicht einmal dort gut funktionierende Verwaltungsstrukturen erhalten geblieben waren.

Es ist unmöglich, eine Landkarte des Territoriums zu rekonstruieren, das Eleonore als Herzogin von Aquitanien zufiel, doch zu dessen bedeutendsten Bestandteilen gehörten sicherlich die fruchtbaren Ländereien mit ihren üppigen Weinbergen, die sich um Poitiers herum und von da aus westwärts bis in die Regionen Sèvre Niortaise und Vendée erstreckten, dazu das Olonnais und das Talmondais entlang der Atlantikküste und weiter südwärts bis nach

Aunis und Saintonge. Obwohl immer mehr Flächen um Poitiers herum in Weingärten und Weinberge umgewandelt wurden, blieben den Herzögen doch auch weitläufige Wälder erhalten, in denen sie ihrer Jagdlust frönen konnten und die auch Einnahmen durch den Verkauf von Holz und anderen Naturschätzen hervorbrachten, nicht zu vergessen die Pachtzinsen, die die Bewohner der Waldgebiete zahlten.[9] Weniger als ein halbes Dutzend örtliche Vögte, genannt «Provoste», trieben die Einkünfte ein, die die herzoglichen Besitzungen im Poitou abwarfen; die über diese Landstriche verstreuten herzoglichen Burgen wurden von Statthaltern des herzoglichen Hauses, Kastellane genannt, verteidigt. Mit der Zeit ergab es sich, dass die Ämter der Provosten und Kastellane, wie viele andere ehedem staatliche Ämter, im 10. und 11. Jahrhundert zu erblichen Lehen wurden, was die Kontrolle der Herzöge über sie schwächte. Die Gascogne wurde gerühmt für ihren Reichtum an «Weißbrot und ausgezeichnetem Rotwein», für ihre «Wälder und Wiesen, Flüsse und reinen Quellen», doch gelang es den poitevinischen Grafen-Herzögen nie, diese Ressourcen auszubeuten.[10] Die herzoglichen Latifundien waren dort nicht sehr groß; sie lagen fast zur Gänze im Bordelais und im angrenzenden Bazadais, und die effektive Kontrolle der Herzöge darüber reichte nicht weit über die Stadt Bordeaux hinaus. Hin und wieder veranstalteten die Herzöge eine Expedition in das Hinterland der Gascogne, um Stärke zu demonstrieren und die Vasallentreue der örtlichen Grundherren einzufordern, aber sie zogen sich immer eilends wieder nach Poitiers zurück.

Aquitanien befand sich um die Mitte des 11. Jahrhunderts in einer Phase wirtschaftlicher Umwälzungen, angetrieben durch Bevölkerungswachstum und üppige Ernteerträge; in einem runden Dutzend Hafenstädten am Atlantik, die zum Herzogtum gehörten, expandierte der Seehandel, sowohl entlang der Küste als auch zu fernen Häfen.[11] In dem Maß, wie die Handelstätigkeit zunahm, stiegen die Einkünfte der Hafenstädte und die Gewinne aus der Münzprägung. Im Landesinneren hatte sich Poitiers zu einem wichtigen Standort für Handel und Gewerbe entwickelt und war schon im 11. Jahrhundert für seine Helmproduktion bekannt. In den Atlantikhäfen La Rochelle und Bordeaux florierte der Weinhandel. In einem französischen Gedicht aus dem frühen 13. Jahrhundert, «Die Schlacht der Weine», ist die Rede von über 70 auf französischem Boden erzeugten Weinen, die die Namen von Ländereien aus dem Besitz Eleonores trugen, darunter Aunis und La Rochelle, Poitiers, Saint-Jean-d'Angély, Saintes, Angoulême, Bordeaux und Saint-Émilion. Salz, essenziell für die wachsende Fischwirtschaft, wurde in den Salzgärten entlang der poitevinischen Küste gewonnen, die zu den herzoglichen Domänen gehörten, und war eine der wichtigsten Handelswaren der Region.[12] Weiter südlich spielte Bayonne an der gascognischen Küste eine wichtige Rolle sowohl bei der Salzerzeugung als auch bei der kommerziellen Fischerei.

In ihrer Kindheit hörte Eleonore sicherlich Geschichten über die Taten ihrer Vorfahren und sog sie ebenso in sich auf wie ihren Familienstammbaum. Herausragende Gestalten der Vergangenheit waren nicht nur die Herzöge, sondern auch die eigenwilligen und resoluten Herzoginnen und Herzogstöchter, die erheblichen Einfluss in politischen Angelegenheiten ausgeübt hatten. Für das Jahrhundert vor der Geburt Eleonores galt im Poitou und noch mehr in den näher am Mittelmeer gelegenen Provinzen, dass römische Rechtstraditionen noch mehrere Jahrhunderte lang nachgewirkt hatten, mit der Folge, dass Frauen hier mehr Freiheiten genossen als im nördlichen Europa. Adelige Damen und Töchter hatten es hier nicht schwer, in politisch einflussreiche Stellungen aufzusteigen, an Ständeversammlungen teilzunehmen und sich in die öffentlichen Angelegenheiten einzumischen. Bei den Patrizierfamilien des Midi brachten sich Frauen tatkräftig ein, wenn es galt, die Interessen der Familie wahrzunehmen und voranzubringen, während zur gleichen Zeit im Norden Frankreichs die aristokratische Weiblichkeit an Einfluss verlor. Zum Zeitpunkt von Eleonores Geburt begann sich die Primogenitur (der Grundsatz der Vererbung des gesamten Vermögens an den ältesten Sohn) im nördlichen Europa als Grundprinzip im aristokratischen Erbrecht durchzusetzen, wodurch sich die Stellung der Frauen verschlechterte. Weil dieses Prinzip in Aquitanien, in der Gascogne und anderswo im Midi noch nicht so weit verbreitet war, waren Väter hier eher bereit, auch Töchtern etwas von ihrem Landbesitz abzugeben, etwa als Mitgift, wenn diese heirateten, oder ihnen auch einen Anteil am Erbe zu überlassen. Manche Frauen schafften es sogar, an die Spitze ihrer Dynastie zu treten und in einigen Fällen sogar eine Grafen- oder Herzogswürde zu erben, auch wenn es dabei wahrscheinlich nicht ohne eine Kraftprobe mit männlichen Erbanwärtern oder benachbarten Fürsten abging. Eine Zeitgenossin Eleonores, Ermengard von Narbonne, folgte ihrem Vater als Vizegräfin nach und regierte Narbonne von 1143 bis 1192/93, ohne die Macht mit ihrem Mann zu teilen, der in den Chroniken und Akten des Fürstentums kaum einmal auftaucht.[13] So stellte ein Biograf Ermengards fest: «Fast jede große Dynastie in Okzitanien … konnte Namen von Matriarchen in ihrer fernen oder jüngeren Vergangenheit aufzählen, Namen von Frauen, deren

Leben eine ebenso hohe Dichte an Hofkabalen, Festlichkeiten und Kriegen aufwies wie das ihrer männlichen Zeitgenossen.»[14]

Im gesamten Europa des Mittelalters konnte es vorkommen, dass einer Aristokratin die Verfügung über Ländereien zufiel. Väter überschrieben ihren Töchtern Ländereien – bis zum 13. Jahrhundert manchmal mehrere Landgüter auf einmal – als Mitgift für ihre Ehe. Umgekehrt wurde von einem adligen Bräutigam erwartet, dass er seiner Braut Ländereien aus seinem Besitz als Witwengut (Dotalicium oder Leibgedinge) übereignete, damit sie über eigene Ressourcen verfügen konnte, sowohl während der Ehe als auch später, falls sie Witwe würde. Aristokratische Witwen hatten die Verfügungsgewalt über ihr Witwengut, und ihre Söhne mussten sich zuweilen jahrelang in Geduld üben, bis sie in den Vollbesitz der von ihrem Vater hinterlassenen Güter gelangten. Dessen ungeachtet galt im Allgemeinen – und auch im Süden Frankreichs –, dass Frauen, die politische Macht ausübten, dies in aller Regel kraft ihrer Rolle als Ehefrau und Mutter taten. Wenn ein direkter männlicher Erbe fehlte, trugen sie die Verantwortung für den Fortbestand der Dynastie, und es oblag ihnen, eine Tochter oder einen Neffen als Erben einzusetzen. Macht schöpften aristokratische Frauen auch aus ihrer Zuständigkeit für die Wirtschaft des Hauses. Wenn der Mann, was häufig vorkam, wegen Teilnahme an einem Feldzug oder einem Kreuzzug für längere Zeit abwesend war, mussten sie in seiner Vertretung auch auf öffentlicher Bühne agieren.

Die junge Eleonore hörte sicherlich Geschichten über frühere Herzoginnen von Aquitanien, zum Beispiel über ihre Großmutter Philippa von Toulouse oder noch weiter entfernte weibliche Vorfahren wie Emma, eine Herzogin des 10. Jahrhunderts, oder Herzogin Agnes von Burgund, die dritte Ehefrau von Herzog Wilhelm dem Großen aus dem 11. Jahrhundert. Diese Frauen hatten sich mit unfähigen oder untreuen Ehemännern angelegt oder diese verlassen, hatten in Vertretung schwächelnder oder abwesender Gatten oder minderjähriger Kinder regiert und auf die Herrscherwürde als ihr rechtmäßiges Erbe gepocht.[15] Agnes von Burgund ist zwar nur eine von mehreren mächtigen Frauen, deren Wirkung in Erinnerung geblieben ist, aber sie ist die herausragendste weibliche Gestalt in der Geschichte Aquitaniens vor der Zeit Eleonores.[16] Am mächtigsten wurde Agnes nach dem Tod Wilhelms V. im Jahr 1030, nach ihrer Heirat mit dem wesentlich jüngeren Grafen von Anjou, Geoffrey Martel. Im Verlauf dieser ihrer zweiten Ehe spielte Agnes in Aquitanien eine einflussreiche Rolle, während nacheinander zwei ihrer Stiefsöhne (aus früheren Ehen ihres verstorbenen Mannes) und ihr eigener Sohn als Herzöge amtierten (1030–1058). Nach dem Tod ihres älteren Sohnes im Jahr 1058 half sie ihrem jüngeren Sohn Guy-Gottfried, sich den Herzogstitel zu sichern. Den zusätzlichen Namen Gottfried hatte Agnes ihrem Sohn nach dem Scheitern ihrer zweiten Ehe in der Hoffnung gegeben, der Knabe, der am Hof seines Stiefvaters aufwuchs, werde vom Grafen von Anjou zu seinem Erben erkoren werden. Diese Hoffnung erfüllte sich nicht, und so nahm Guy-Gottfried, als er seine Thronfolge in Aquitanien antrat, den traditionellen Herrschernamen der poitevinischen Dynastie an und nannte sich Wilhelm VIII. Seine Mutter bemühte sich, seinen Erblanden das Herzogtum Gascogne hinzuzufügen, indem sie ihn mit einer Tochter aus adligem Hause verheiratete, die einen Anspruch auf die Gascogne geltend machen konnte. Es gelang Agnes auch, ihre Tochter Agnes mit dem deutschen Kaiser Heinrich III. zu verheiraten, also die Dynastie von Poitou mit den Saliern, der bedeutendsten Herrscherfamilie Europas, zu verbinden und damit ihr Ansehen zu mehren. Agnes verlor ihren Einfluss auf ihren Sohn Wilhelm VIII., als er volljährig wurde; nachdem sie die Politik und Geschichte Aquitaniens 30 Jahre lang geprägt hatte, zog sie sich in ein von ihr gegründetes Nonnenkloster in Saintes zurück.

Das von den Vorfahren Eleonores zusammengebaute Herzogtum hatte einen dualen Charakter: Das Poitou stand geografisch, gesellschaftlich und sprachlich dem von den Kapetingern beherrschten nördlichen Frankreich näher, während das übrige Aquitanien nach Sprache und Mentalität eher zum mediterranen Süden Frankreichs gehörte. Eine Folge der jahrhundertelangen Herrschaft Roms über den Süden Frankreichs war der Fortbestand einer Gewerbe- und Handelskultur, konzentriert in Städten mit römisch-gallischer Vergangenheit, die sowohl wirtschaftliche Zentren als auch fürstliche Regierungssitze waren, wobei die Fürsten häufig in alten römischen Palästen residierten. Bordeaux war zu Lebzeiten Eleonores noch mit römischen Stadt- und Festungsmauern aus dem dritten Jahrhundert ausgestattet, eine Erinnerung daran, dass die Region jahrhundertelang römische Provinz gewesen war.[17] In mancherlei Hinsicht hatten Bordeaux und andere Städte der Gascogne, in denen römische Traditionen lebendig geblieben waren, größere Ähnlichkeit mit mittelalterlichen Städten in Norditalien als mit solchen in Nordfrankreich.

Bordeaux lag in einer Gegend, in der eine Sprache vorherrschte, die früher «langue d'oc» oder «provenzalisch» genannt wurde; heute bezeichnet man sie als okzitanisch. Die erste Sprache, die Eleonore als Kind hörte, war zweifellos der poitevinische Dialekt der Dienstboten, die sich um sie kümmerten, aber dann lernte sie schnell das Okzitanische als ihre zweite Muttersprache, den Dialekt des mediterranen Südens. Okzitanien erstreckte sich im Norden bis ins Limousin, etwa 100 km südlich von Poitiers. Poitiers, südlich der Loire gelegen, war keine okzitanische Stadt, obgleich das Okzitanische die Sprache der aus dem Limousin oder aus der Gascogne stammenden Dichter und Höflinge war, die sich am Hof ihres Großvaters versammelten.[18] Das Okzitanische war kein französischer Dialekt, sondern eine Sprache für sich, dem heutigen Katalanisch oder Italienisch ähnlicher als dem Französischen. Es war denen, die die *langue d'œuil* sprachen, die Sprache in Paris und Nordfrankreich, so gut wie unverständlich, was die regionalen Abstoßungskräfte zwischen den «Südländern» und den Franken des nördlichen Frankreich zusätzlich verschärfte. Die Untertanen der beiden gekrönten Ehemänner Eleonores im Norden waren es gewöhnt, Poiteviner, Gascogner und Aquitanier als Einwohner des Midi in einen Topf zu werfen; für sie stand fest, dass die Poiteviner jenes heißblütige Temperament besaßen, das den Anwohnern des Mittelmeeres nachgesagt wurde. Eleonores Wurzeln waren jedoch keineswegs mediterran, und die Annahme, sie sei von ihrem Naturell her nicht in der Lage gewesen, sich mit der feierlichen Gestimmtheit Nordfrankreichs oder mit der Düsternis Englands anzufreunden, wird der Vielschichtigkeit ihres Milieus nicht gerecht. In Poitiers aufzuwachsen bedeutete zu Eleonores Zeit, an der Grenze zwischen zwei unterschiedlichen Sprachen und Kulturen zu leben.

Die Nordeuropäer hatten zu dieser Zeit nur Verachtung für die «Südländer» übrig, hinter der sich vielleicht eigene Minderwertigkeitsgefühle verbargen. Die vergleichsweise urbanere und weltlichere Kultur in den Regionen südlich der Garonne hatte wenig Ähnlichkeit mit dem Lebensgefühl im französischen Norden, und Besucher aus dem Norden, erst recht wenn sie Kirchenleute waren, empfanden das Midi als eine «unheimliche und beängstigende Welt». Ein im 12. Jahrhundert kursierender Reiseführer für Wallfahrer, die die berühmte Pilgerstätte im spanischen Compostella besuchen wollten, beschrieb die Gascogner als «gedankenlos in ihren Worten, redselig, Kindsköpfe, Trunkenbolde und Vielfraße». Als eine Tochter der Herzogin Agnes aus Aquitanien den deutschen Kaiser heiratete, die spätere berühmte Kaiserin Agnes, beklagte sich ein deutscher Abt über die empörenden Sitten und Gebräuche und die unanständige Kleidermode, die sie am deutschen Kaiserhof einführte.[19] Die Tatsache, dass Eleonore in Aquitanien aufgewachsen war, beeinflusste das Bild, das die Bewohner des Nordens von ihr hatten, als sie heiratete und an die Höfe ihrer beiden Ehemänner umzog. Als sie 1137 als junge Braut in Paris ankam, traf sie auf das fest verwurzelte Vorurteil der dortigen Höflinge, den Bewohnern des Südens fehle es am nötigen Ernst; sie hielten diese für verweichlicht und vergnügungssüchtig, gleichzeitig aber für unverbesserliche Streithähne. Auch die englischen Untertanen hatten vom Herzogtum Aquitanien und seinen Bewohnern ähnlich abschätzige Meinungen. Der im 12. Jahrhundert schreibende Gelehrte und Kosmopolit Johann von Salisbury empfand die Kultur des Herzogtums als so grundsätzlich verschieden von der Englands und der Normandie, dass er sich über die «seltsamen Gebräuche und befremdlichen Gesetze der Leute aus Aquitanien» mokierte.[20] In der Tat neigten sogar die Südfranzosen selbst dazu, sich als eigenes Volk oder Nation zu betrachten, mit einer abweichenden Identität und Sprache, wenn auch trotzdem irgendwie dem großen französischen Königreich zugehörig. Für die Bewohner der Gascogne und des mediterranen Südens war «Frankreich» im Wesentlichen die Île-de-France, das Kronland der Kapetinger-Könige, ein fremdes Land weit im Norden. Diese reziproken Missverständnisse sorgten dafür, dass Eleonores neue Untertanen im Norden, sowohl die Franzosen als auch die Engländer, schon bevor sie an den Höfen ihrer beiden Ehemänner Einzug hielt, ihr gegenüber mit Vorurteilen belastet waren.

Eleonores Großvater Wilhelm IX. und ihr Vater Wilhelm X.

Der Spiritus Rector am Hof von Poitiers, wo die junge Eleonore ihre prägenden Jugendjahre verbrachte, war ihr Großvater, Herzog Wilhelm IX. (1071–1126). Es ist kaum vorstellbar, dass Eleonore dem Einfluss dieser starken Persönlichkeit nicht unterlag, selbst wenn sie noch keine drei Jahre alt war, als der Herzog starb. Der frohsinnige, säkulare, ja antiklerikale Geist Wilhelms IX., den man den Troubadour-Herzog nannte, prägte die Atmosphäre am herzoglichen Hof auch noch während der gesamten Regierungszeit seines Sohnes Wilhelm X. Eleonores Großvater war ein weltlicher Mensch, ein Typus, wie es im Mittelalter nur wenige gab, unfromm und antiklerikal, unermüdlich auf der Jagd nach sexuellen Vergnügungen, ein Mann, der die moralischen Lehren der Kirche in den Wind schlug. Andererseits trug die emotionale Inbrunst, die er in einigen seiner Lieder zum Ausdruck brachte, dazu bei, den Stellenwert der Liebe zwischen Mann und Frau zu erhöhen. Gleichzeitig war er auch ein Krieger, der sich in erbitterten Kämpfen gegen rebellische adlige Vasallen und auf Kreuzzügen als Mann des Schwertes bewährte.[21]

Das Siegel von Eleonores Großvater Wilhelm IX., Herzog von Aquitanien und Graf von Poitou

Der Troubadour-Herzog ist heute seiner deftigen Verse wegen bekannt, doch zu seiner Zeit brachten ihn seine Promiskuität und seine Ehebrüche in Verruf und in Konflikt mit der Kirche. Er heiratete zweimal: Von seiner ersten Frau trennte er sich nach zwei Jahren, offenbar weil sie ihm keine Kinder gebar.[22] Herzog Wilhelm IX. lebte in einem Zeitalter, in dem die Kirche noch nicht die exklusive Hoheit über Eheschließungen erobert hatte; die Heirat war noch kein heiliges Sakrament und die Verbindung zwischen Ehefrau und Ehemann nicht unauflöslich. In Adelskreisen nahm man das Gelübde nicht allzu ernst, und abgesehen davon gab es einen probaten Vorwand für das Abservieren ungeliebter Ehepartner, nämlich die Feststellung einer zu engen Blutsverwandtschaft – die Kirche untersagte im 11. und 12. Jahrhundert Eheschließungen bis zum siebten Verwandtschaftsgrad.

Im Jahre 1094 nahm Wilhelm die hochwohlgeborene Philippa, Tochter des Grafen von Toulouse und Witwe des Königs von Aragon, zu seiner zweiten Frau – eine politische Heirat.[23] Nach dem Tod ihres ersten Mannes hatte Philippa sich aktiv um die Heirat mit Wilhelm bemüht, um größeren Rückhalt für ihren Anspruch auf die Grafschaft Toulouse zu gewinnen. Philippa war das einzige Kind des Grafen Wilhelm IV. von Toulouse (gest. ca. 1093), doch nach dessen Tod hatte ihr Onkel, Raymond von Saint-Gilles (der spätere Graf Raymond IV.), ihr das väterliche Erbe entrissen. Ab 1098 erhob Philippa den Anspruch, rechtmäßige Erbin der Grafschaft Toulouse zu sein. Wilhelm setzte sich mit Begeisterung für die Sache seiner neuen Frau ein und verlieh ihrem Anspruch tatkräftigen Nachdruck, indem er im Verlauf von 30 Jahren mehrere Feldzüge unternahm.[24] Philippa und ihr Mann konnten die Grafschaft in Besitz nehmen und eine Zeit lang halten, doch als Wilhelm 1119 nach Spanien in den Krieg zog, machten sich die Toulouser seine

Abwesenheit zunutze und bliesen zum Aufstand. Der lange Kampf des Herzogs und der Herzogin von Aquitanien um Toulouse endete schließlich 1123 mit einer Niederlage, als sich die Bürgerwehr von Toulouse zugunsten Raymonds V., eines Enkels von Raymond von Saint-Gilles, erhob und ihn zum Grafen erkor. Eleonore nahm sich das ihrer Großmutter angetane Unrecht zu Herzen, deren langer und vergeblicher Kampf um Toulouse eine offene Wunde blieb. Sie schaffte es, ihre beiden Ehemänner zu Feldzügen gegen Toulouse zu bewegen.

Eleonores Großmutter hatte die zahlreichen außerehelichen Liebschaften Wilhelms und sogar einen lang andauernden Ehebruch hingenommen, um ihren Kampf für die Rückeroberung ihres Erbes nicht zu gefährden; auch war sie im Verlauf ihrer 20 Ehejahre ihrem Gatten treu geblieben und hatte ihm sieben Kinder geboren. Im Jahre 1115 schenkte sie Wilhelm, der zu der Zeit seine skandalöse Affäre hatte, ihr letztes Kind, den in Toulouse geborenen Raymond. Was aus Philippa letztlich wurde, steht nicht fest. Manchen Berichten zufolge nahm sie Zuflucht in einer Priorei des neuen christlichen Fontevraud-Ordens, den sie selbst in ihrer alten Heimat Toulouse gegründet hatte, und verstarb dort; anderen Quellen zufolge überlebte sie ihren Mann.[25] Gleich, ob die junge Eleonore ihre Großmutter kennenlernte oder nicht, sie hörte als Heranwachsende auf jeden Fall Geschichten über die eigenwillige Philippa und über andere Frauen, bei denen Konflikte mit dem eigenen Mann häufig in Trennung und erneute Heirat gemündet hatten.

Die aufsehenerregendste seiner vielen Affären hatte Wilhelm IX. mit der Frau des Vizegrafen von Châtellerault, einer Grundherrschaft, die nördlich von Poitiers am Weg nach Tours lag. Der Dame eilte der ominöse Kosename «La Dangereuse» voraus, aber nachdem Wilhelm sie im Maubergeon-Turm des herzoglichen Schlosses in Poitiers untergebracht hatte, nannten die Stadtbewohner sie bald nur noch «La Maubergeonne». Das ehebrecherische Paar konnte nicht heiraten und hätte es selbst dann nicht gedurft, wenn Wilhelm seine Frau in die Wüste geschickt hätte, denn die Vizegräfin hatte einen noch unter den Lebenden weilenden Mann. Der Herzog musste sich damit begnügen, sie sich offen als seine Geliebte zu halten. Dass er sich mit diesem unkonventionellen Lebenswandel die schärfste Missbilligung seiner frommen Zeitgenossen einhandelte, kann nicht überraschen; sein strengster Kritiker war der Bischof von Poitiers, der ihn denn auch exkommunizierte. Hildebert von Lavardin, der urbane und gelehrte Bischof von Le Mans, ein Freund des Bischofs von Poitiers, widmete diesem Gedichte, in denen er Wilhelm verurteilte und ihn beschuldigte, er habe Poitiers vergiftet, indem er seine Frau zugunsten einer Geliebten verlassen, den sittlichen Rat seines Bischofs in den Wind geschlagen und seinen Palast mit antiklerikalen Ratgebern gefüllt habe.[26]

Eleonore war zwar kein Spross aus der ehebrecherischen Liaison ihres Großvaters, gleichwohl aber Nachkomme von La Maubergeonne, denn diese war ihre Großmutter mütterlicherseits. Eleonores Großvater hatte eine Ehe zwischen seinem legitimen Sohn, Herzog Wilhelm X., und Aénor arrangiert, einer Tochter seiner Geliebten aus deren Ehe mit dem Vizegrafen von Châtellerault. Es war zweifellos die Geliebte des Herzogs, die angesichts der Unmöglichkeit, ihren Liebhaber zu heiraten, die Verheiratung Aénors mit dessen Sohn und Erben vorantrieb, beglückt von der Aussicht, dass ihre Tochter eines Tages Herzogin sein würde, wenn sie es schon nicht werden konnte. Eleonores Stammbaum war späteren Moralisten anrüchig, und mehr als ein Autor sah in der Tatsache, dass die Vizegräfin ihren Mann für einen anderen verlassen hatte, einen Präzedenzfall für die skandalträchtige Scheidung und Wiederheirat ihrer Enkelin Eleonore.

Ein Mönch aus dem Limousin führte die Niederlage Wilhelms IX. bei seiner ersten Kreuzzugsexpedition auf seine Unfrömmigkeit und seine amourösen Abenteuer zurück: «In Wahrheit hatte er nichts von einem Christennamen an sich; er war, wie jedermann weiß, ein leidenschaftlicher Liebhaber der Frauen und deswegen labil in all seinem Tun», schrieb der Mönch.[27] Auch wenn Wilhelm, der Troubadour-Herzog, eher seiner Liebesgedichte als seiner politischen Rolle wegen in Erinnerung geblieben ist, übte er sein Herrscheramt vermutlich mit größerem Erfolg aus, als ihm zugestanden wird. Sein Problem war, dass seine auswärtigen militärischen Abenteuer – die Teilnahme an einem Kreuzzug ins Heilige Land, dann 1119/20 die Kämpfe gegen die Mauren in Spanien und schließlich der Versuch, Toulouse zu unterwerfen – ihn immer wieder von der Aufgabe ablenkten, den widerspenstigen Adel in seinem eigenen Herzogtum seiner Autorität zu unterwerfen. Sein erstes Kreuzzugsunternehmen endete in der Katastrophe, als fast seine gesamte Streitmacht in Anatolien in einen türkischen Hinterhalt geriet und massakriert wurde; dagegen war seine zweite Kreuzzugsoperation in Spanien ein großer Erfolg, mit dem er die vorausgegangene Demütigung wettmachen konnte. Ein von Eleonore heilig gehaltenes Erinnerungsstück an ihre Großmutter war eine elegante birnenförmige Bergkristallvase (heute im Louvre ausgestellt), die vermutlich persischen Ursprungs ist und die Wilhelm IX. aus Spanien mitbrachte, wo er sie offenbar von einem seiner Gefährten, einem mit den Christen verbündeten islamischen Fürsten, ge-

Die «Vase d'Aliénor», Eleonores Vase. Ein Gefäß aus Bergkristall, von Herzog Wilhelm IX. aus Spanien mitgebracht. Eleonore schenkte sie zur Hochzeit Ludwig VII., der sie später dem Abt Suger von Saint-Denis stiftete; dieser ließ den Sockel und den Hals aus Edelmetall anfertigen.

schenkt bekommen hatte. In den Besitz Eleonores könnte die Vase als Taufgeschenk von ihrem Großvater nicht lange vor dessen Tod im Jahr 1126 gekommen sein.[28]

Der Ruf, den sich Wilhelm IX. mit seinem Draufgängertum, seinem Hedonismus und seiner eigenwilligen Einstellung zur Sexualität erwarb, drang bald weit über das Poitou hinaus. Im fernen Norden, in England, wo seine Enkelin eines Tages als Königin regieren sollte, verbreiteten sich Geschichten über sein zügelloses Leben, und Autoren, die dort schrieben, nahmen sich die Freiheit, diese Geschichten immer wieder aufzuwärmen und aufzublähen. In den Augen moralisch empörter Nordeuropäer standen die Ausschweifungen des Troubadour-Herzogs stellvertretend für das sittliche Niveau Südfrankreichs, und später gingen die Untertanen Eleonores in ihrem französischen und englischen Königreich davon aus, dass sie die Charakterschwächen ihres Großvaters geerbt hatte. Es sind die Schriften zweier normannischer Mönche aus dem frühen 12. Jahrhundert, die uns am eindrücklichsten über die Persönlichkeit von Eleonores Großvater informieren. Der eine Autor beschreibt Wilhelm IX. als einen «kühnen und aufrechten Mann und so lustig, dass er mit seinen vielen Scherzen sogar die witzigsten Hofnarren ausstechen konnte». In dieser Schrift findet sich ein Bericht über das Desaster, das dem kreuzfahrenden Wilhelm 1101 widerfuhr, als bei einem Überfall der Türken fast seine gesamte Truppe vernichtet wurde. Nur knapp dem Tod entronnen, hatte sich der Herzog alleine auf christliches Gebiet durchschlagen müssen und sich dabei von allem ernährt, was der Boden hergab. Der Autor dieses Werks porträtierte den Herzog nicht als einen typischen Kreuzzügler – weder als einen Krieger, der auf militärischen Ruhm aus war, noch als einen der Buße verpflichteten Pilger. Über das Auftreten Wilhelms nach seiner Rückkehr aus Kleinasien schreibt er: «Fröhlich und leichtherzig, wie er war, schilderte er die Misslichkeiten seiner Gefangenschaft oft im Beisein von Königen und Scharen von Christen, wobei er sich rhythmischer Verse mit kunstvollen Modulationen bediente.» Ein weiterer anglo-normannischer Chronist äußerte sich zum Charakter Wilhelms IX. Nach seinen Angaben fand der unvermittelte Absturz des Herzogs aus der Höhe des Reichtums und der Macht nach seinem Kreuzzugsfiasko große Beachtung; zurück in Aquitanien, habe Wilhelm sich einem Leben der Sünde und der Ausschweifungen hingegeben, habe sich «in jeder Form des Lasters gesuhlt». Der Autor schildert Wilhelm als einen Possenreißer, der es liebte, seine Zuhörer mit grotesken Ideen zum Lachen zu bringen, wie etwa dem Plan, in Niort ein Kloster nicht für Nonnen, sondern für Nutten einzurichten.[29] Solche Geschichten wurden in England nach der Ankunft Eleonores wieder hervorgeholt und ausgeschmückt, mit der Absicht, sie zu diskreditieren; ihre Abstammung von einem so berüchtigten Schwerenöter sollte ihre Jahre als englische Königin überschatten.

Heute gründet der Ruhm von Eleonores Großvater vor allem auf seinen Gedichten über Frauen, die Liebe und die Wollust, komponiert in der Sprache des südlichen Frankreichs, der *langue d'oc*; die Literaturhistoriker sehen in ihm den ersten Troubadour. Eine im späten 13. Jahrhundert erschienene Sammlung von Troubadour-Gesängen ist mit einem Anhang versehen, der biografische Angaben über den Dichter enthält, einen nicht namentlich genannten Grafen von Poitiers, an dessen Identität mit Herzog Wilhelm IX. heute kaum mehr jemand zweifelt. Er wird darin als «einer der bedeutendsten Hofmänner der Welt und einer der größten Frauenbetrüger» beschrieben, ferner als einer, der sich «gut darauf verstand, zu komponieren und zu singen». Elf seiner Gedichte sind überliefert; bei rund der Hälfte davon handelt es sich um äußerst frivole Gesänge, die die Lehren der Kirche in Bezug auf die sexuelle Moral verspotten und stellenweise mit obszönem Humor gewürzt sind. In anderen schlägt der Dichter jedoch einen ernsthafteren Ton an und preist die erhebende Qualität der Liebe zwischen Mann und Frau. Es sind die Themen und Formulierungen dieser ernsten Gedichte, die den Nachruhm Wilhelms als Schöpfer einer Poesie der «höfischen Liebe» begründen, obwohl das sentimentale Bild eines anbetenden, sehnsuchtsvollen ritterlichen Liebenden, der einer hochgeborenen Dame den Hof macht – ein Klischee, das später zum Grundmuster der Ritterromane wurde –, in seinen Gedichten bestenfalls andeutungsweise aufscheint. Diese ersten Beispiele einer volkssprachlichen mittelalterlichen Dichtung, die sich mit säkularen Themen befasst, zeigen die Vertrautheit Wilhelms mit klassischen Rhetorikregeln und mit der lateinischen Liebesdichtung. Seine Beschlagenheit in diesen Fächern, die die der meisten anderen Aristokraten des 11. Jahrhunderts in den Schatten stellte, überrascht bei Wilhelm IX. nicht, denn schon seine unmittelbaren Vorfahren waren für ihre literarischen Interessen bekannt, und er sorgte dafür, dass auch Eleonores Vater an der Domschule in Poitiers Literaturunterricht erhielt.[30]

Nach dem Tod Wilhelms IX. im Jahr 1126 fiel die Herzogswürde an Eleonores Vater Wilhelm X. Der war zwar in vieler Beziehung ebenso unersättlich wie sein Vater und eine ähnlich imposante Erscheinung, besaß aber nicht das überlebensgroße Format des Troubadour-Herzogs. Er komponierte auch keine Gesänge in der Sprache des Volkes, was aber nicht bedeutete, dass im Palast zu Poitiers keine Minnelieder mehr erklungen wären. Die Troubadoure, die Eleonores Kindheit bevölkerten, waren unter den Unterhaltungskünstlern aller Art, die den Hof umschwirrten und die Gunst des Herzogs zu gewinnen suchten, zahlreich vertreten. Ein Mönch aus dem bedeutenden Kloster Saint-Maixent schrieb über Wilhelm X., er habe mit großer Tapferkeit «gegen seine Feinde gekämpft und all jene unter sein Joch gebeugt, die sich als Rebellen in seinem Land gebärdeten». In Wirklichkeit war er als Herzog und Graf nicht besonders erfolgreich, und seine Versuche, den poitevinischen Adel unter seine Knute zu zwingen, zeigten eher geringe Wirkung. Seine größte Leistung bestand darin, dass er sich die Herrschaft über die Küste von Aunis zurückholte, auf die die Grafen von Poitou seit Langem Anspruch erhoben hatten. Damit kam er in den Besitz der Stadt La Rochelle, die in der Amtszeit von Herzogin Eleonore rasch zu einem bedeutenden Seehafen aufstieg und einen wichtigen Beitrag zu den Einkünften Eleonores und ihrer Söhne leistete.[31]

Herzog Wilhelm X. stritt sich, wie sein Vater, mit seinen Bischöfen und setzte sie sogar ab, als sie einem Antipapst, den Wilhelm nach einer umstrittenen Papstwahl im Jahr 1130 unterstützte, die Gefolgschaft verweigerten.

Der Preis, den der Herzog für seine Unterstützung des Antipapstes – dessen Vater ein zum Christentum übergetretener Jude war –, zahlte, war seine Exkommunizierung, verbunden mit einem über seine Besitzungen verhängten Bann, der unter anderem das Abhalten öffentlicher Gottesdienste untersagte. Wilhelm ließ sich von diesen Sanktionen freilich nicht beeindrucken. Seine Hartnäckigkeit veranlasste Bernard von Clairvaux (gest. 1153), den schärfsten Widersacher des Antipapstes, sich zweimal nach Poitiers zu begeben und Stimmung gegen den Antipapst zu machen. 1135 gab Herzog Wilhelm nach einem leidenschaftlichen Streitgespräch, bei dem er den heiligen Zorn des willensstarken Zisterziensermönchs Bernard zu spüren bekam, klein bei.[32] Jahre später sollten Eleonore und ihre Schwester am französischen Königshof den noch immer höchst kämpferischen Bernard ebenfalls kennenlernen und sogar seinen Zorn auf sich ziehen. Wilhelm gelobte, für sein Aufbegehren gegen die Autorität der Kirche Sühne zu tun, indem er eine Wallfahrt zum Schrein des heiligen Jakob von Compostella im nordwestlichen Spanien unternahm – seit man dort im 9. Jahrhundert die Reliquien des Apostels Jakob entdeckt hatte, war der Ort eine beliebte Pilgerstätte für poitevinische Wallfahrer geworden. Als der Herzog nach Compostella aufbrach, nahm er seine beiden Töchter bis nach Bordeaux mit, wo er sie auf der Burg L'Ombrière einquartierte und sie anwies, dort auf seine Rückkehr zu warten.

Der herzogliche Hof in Poitiers und Bordeaux

Das Vorbild für den Hof von Poitiers, den Eleonore in ihrer Kindheit kennenlernte, war das Hofleben der karolingischen Herrscher, an dem sich der Adel überall im früheren Frankenreich orientierte.[33] Jahre später, als Königin von Frankreich und England, fand Eleonore an den Königshöfen ihrer Gatten Ludwig VII. und Heinrich II. dasselbe Grundmuster vor. Am Hofe ihres Großvaters und ihres Vaters gab es einen weitverzweigten Hofstaat, dem außer der herzoglichen Familie Gefolgsleute der verschiedensten Rangstufen angehörten. Das Spektrum der Höflinge am Hof von Poitiers reichte von adligen Freunden und Gefährten über Kaplane und andere Geistliche und Amtsträger, die für die Versorgung des Haushalts mit Lebensmitteln, Wein und anderen Notwendigkeiten verantwortlich waren, bis hin zu Domestiken, die das Kochen und Putzen besorgten. Bei festlichen Gelegenheiten stießen Unterhalter aller Art dazu, die auf Okzitanisch pauschal «*jongleurs*» oder «*joglars*» genannt wurden, gleich, ob sie Minnesänger waren oder Possenreißer, Schauspieler, Akrobaten oder Tänzer.

Die Grundsätze, nach denen die Karolinger das Gedränge bei Hofe organisiert hatten, leiteten sich von der Arbeitsteilung zwischen den Elementen des königlichen Palastes ab: der Kapelle, dem Saal, der Kammer und dem Stall. Das Personal der Kapelle bestand in jedem adligen Haushalt aus dem Kaplan und rund einem halben Dutzend nachgeordneten Geistlichen, die für den Herzog Dokumente und Briefe aufsetzten. Der Chef der geistlichen Abteilung des Hofes trug manchmal den Titel Kanzler; es ist aber nicht sicher, ob am Herzogshof von Aquitanien ein solches Amt vor der Regierungszeit Eleonores existierte. An manchen größeren Höfen fungierte einer der geistlichen Schreiber zugleich als Arzt. Das Personal des Saals, in dem Gäste begrüßt und unterhalten wurden, bestand aus diversen Beamten, zu deren Pflichten es gehörte, Speis und Trank für den herzoglichen Hofstaat bereitzustellen; so gab es etwa einen Butler, der für einen stets gut gefüllten Weinkeller sorgen musste. Die Kammer war ursprünglich das Schlafzimmer des Herzogs, doch in dem Maß, wie die Lebenshaltung der Aristokraten aufwendiger wurde, wandelte sich die Bedeutung des Begriffes Kammer und umfasste schließlich den gesamten Wohnbereich des Fürsten, in den er sich mit seiner Familie oder mit Beratern zu vertraulichen Unterredungen zurückziehen konnte. Dies war die Domäne des «chamberlain» oder Hofkämmerers, dem es ursprünglich oblag, sich um Bettwäsche und Kleider zu kümmern, der aber mit der Zeit in das Amt eines Schatzmeisters für den fürstlichen Haushalt hineinwuchs. Küche, Anrichte und Vorratskammer standen unter der Leitung des Chefkochs. Dutzende untergeordnete Bedienstete – Türhüter, Boten, Zofen, Kammerdiener, Wäscherinnen – wurden benötigt, um den herzoglichen Haushalt reibungslos am Laufen zu halten.

Ein weiterer Hausbeamter war der Stallmeister, verantwortlich für die Fütterung und Pflege der Pferde. Daraus entwickelte sich das Amt eines Aufsehers über eine Truppe berittener Kämpfer, die für den Schutz der herzoglichen Familie sorgten und die Ordnung im Palast aufrechterhielten. Aus den berittenen Kämpfern wurden Ritter, die nötigenfalls für den Herzog in die Schlacht zogen, aus ihrem Aufseher der Rittmeister oder Konstabler, der in eine wichtige militärische Rolle hineinwuchs. Zu Eleonores Jugendzeiten war das Regieren typischerweise noch eine informelle, gleichsam in Teilzeit betriebene Aktivität; die Bediensteten des herzoglichen Hausstaates verbanden ihre häuslichen Pflichten mit der Bewältigung höherer administrativer Aufgaben. Eine ähnliche Entwicklung zeigte sich beim Amt des Seneschalls: Betraut mit der allgemeinen Aufsicht über die weltlichen Dinge des Haushalts, trug er auch die Verantwortung für die Sicherheit und häusliche Geborgenheit bei Hofe. Schon in Eleonores Kindertagen fungierte der Seneschall aber auch als Amtsverweser des Fürsten, wenn dieser in kriegerischer Mission abwesend war oder sich auf einer Rundreise durch seine Besitzungen befand; auch spielte der Seneschall eine bedeutende Rolle in der Verwaltung der Grafschaft. William de Mauzé, Seneschall unter Eleonores Vater, entstammte einer Familie, die seit dem 10. Jahrhundert den Grafen von Poitou in administrativen Funktionen gedient hatte.[34] An anderen Fürstenhöfen durchlief das Amt des Seneschalls mit der Zeit einen Wandel von einem Posten mit praktischer Verantwortung zu einem reinen Ehrenamt, das der Fürst als Zeichen seiner Gunst wichtigen Aristokraten verlieh und in dem diese nur bei großen festlichen Gelegenheiten auftraten.

Der Hof Wilhelms IX. war nicht nur Familienwohnsitz und Haushalt, sondern auch Zentrale der staatlichen Machtausübung, ein Ort, an dem die wichtigen Männer des Herzogtums sich versammelten, um dem Herzog Ratschläge zu erteilen, Fragen von Krieg und Frieden zu erörtern und Streitigkeiten zu schlichten – hier wurde also bereits im juristischen Sinn Recht gesprochen. Der Begriff «Hof» bezieht sich nicht auf einen geografisch fixierten Ort, denn der Herzog und sein Hausstaat verließen Poitiers häufig für Rundreisen durch seine poitevinischen Besitzungen. In einem Zeitalter ohne technische Kommunikationsmittel und mit allenfalls rudimentären Verwaltungsstrukturen mussten der Vater und der Großvater Eleonores auf Rundreisen durch ihr Herrschaftsgebiet die Beziehungen zu den hochrangigen unter ihren adligen Vasallen pflegen und ihren Untertanen ihre Autorität demonstrieren. Der Hof ging oft mit auf Tour, machte Station in diversen Städten, auf strategisch gelegenen Burgen, an wichtigen christlichen Stätten oder in beliebten Jagdrevieren wie Talmont an der poitevinischen Küste. Dank dieser Reisen lernte die junge Eleonore die Heimat ihrer Vorfahren, Poitou und Saintonge, kennen und entwickelte eine tiefe Heimatverbundenheit. Hin und wieder wagte sich Wilhelm X. mit seinem Hofstaat über die Garonne bis nach Bordeaux, der Verwaltungshauptstadt der Gascogne; auf dem Weg zwischen den beiden Städten legte der Hof gerne längere Aufenthalte in Saintes ein.[35] Bordeaux besuchte Eleonores Vater höchstens einmal im Jahr, und nur ganz selten führte ihn sein Weg über das Bordelais hinaus in den Süden der Gascogne, wo die Adligen ihn fast nur symbolisch als ihren Herzog anerkannten. Wenn Eleonore und ihre Familie Bordeaux besuchten, residierten sie in der aus dem 11. Jahrhundert stammenden Burg L'Ombrière mit ihrem rechteckigen Turm, der aus der südöstlichen Ecke der

Die Kirche Notre-Dame-la-Grande in Poitiers.
Am Marktplatz und unweit des herzoglichen Palasts gelegen, ist die Kathedrale mit ihrer bildhauerisch gestalteten Fassade ein prachtvolles Beispiel für die romanische Baukunst des Poitou in Eleonores jungen Jahren.

antiken römischen Mauer herauswuchs, die das Flussufer beherrschte. Errichtet kurz nachdem Eleonores Vorfahren im 11. Jahrhundert die Gascogne unterworfen hatten, diente die Burg nunmehr den Herzögen von Aquitanien als Regierungssitz für ihre südlichen Besitzungen.[36]

Poitiers, wo Eleonore in ihren Kindheitsjahren die meiste Zeit residierte, lag auf einem Hügel in einer Schlaufe des Flusses Clain, ein Kontrast zur flachen Lage von Bordeaux in der Schwemmebene der Garonne. In Poitiers stand die Residenz der Grafen-Herzöge auf der höchsten Stelle des Hügels, im Zentrum der alten gallisch-römischen Stadt, die noch durch erhalten gebliebene römische Stadtmauern eingefriedet war. Der Palast in Poitiers, der aus Merowingerzeiten stammte, hatte infolge kontinuierlicher Umbauten im Lauf der Jahrhunderte das Aussehen einer mittelalterlichen Burg angenommen – im 11. Jahrhundert waren der Maubergeon-Turm und ein Burggraben hinzugekommen. Wie das ganze restliche Europa kleidete sich auch das Poitou im Verlauf des 11. und 12. Jahrhunderts «in einen weißen Umhang aus Kirchen». Steinerne Skulpturen, die sogar Dorfkirchen schmückten, zeugen von der Kunstfertigkeit der Steinmetze, die in dem damals neuen romanischen Stil arbeiteten.[37] In Poitiers war die junge Eleonore von imposanten Kirchen umgeben, die im 11. Jahrhundert erbaut worden waren. Auf dem Marktplatz unweit des Palastes ragte Notre-Dame-La-Grande mit einer prächtigen, bildhauerisch gestalteten Fassade auf. Fertiggestellt in den ersten Lebensjahren Eleonores, markiert sie die höchste Entfaltung romanischer Baukunst.

Die Schulen von Poitiers hatten ungeachtet des Niedergangs des Römischen Reiches die klassische literarische Bildung am Leben gehalten, und die frühen Herzöge von Aquitanien waren für ihre hohe Bildung bekannt. Eleonores Vater und Großvater teilten das Interesse ihrer Vorgänger an der Literatur und empfingen klassisch gebildete Leute in Poitiers mit offenen Armen. Die der Kirche von Saint-Hilaire angeschlossene Schule war im 11. Jahrhundert das wichtigste kulturelle Zentrum Frankreichs südlich der Loire, und noch Mitte des 12. Jahrhunderts lockte sowohl diese Schule als auch eine zweite, die an die Kathedrale angeschlossen war, Schüler und Studenten von weither an, auch aus anglo-normannischen Gestaden. Ein Paradebeispiel für die lateinische Bildung, die in Poitiers vermittelt wurde, ist Wilhelm von Poitiers, der Autor eines um 1077 herum fertiggestellten Buches über die Leistungen Wilhelms des Eroberers. Eigentlich normannischer Herkunft, erwarb sich Wilhelm seinen Autorennamen dadurch, dass er von ca. 1045 bis 1050 in Poitiers studierte, wonach er in die Normandie zurückkehrte, um seinem Herzog als Kaplan und Biograf zu dienen. In seinem biografischen Werk über den Eroberer stellt Wilhelm sich als einen Gelehrten vor, der «die Klassiker außerordentlich gründlich studiert hat und entschlossen ist, mit seinem Wissen zu glänzen». Seine exzellente Beherrschung des Lateinischen, seine Vertrautheit sowohl mit den Historikern als auch mit den Poeten des antiken Rom und seine Kenntnisse über die Geschichte des frühen Christentums, all dies bezeugt die hohe Qualität der in Poitiers vermittelten Bildung.[38]

Wilhelm IX. und Ebles, Vizegraf von Ventadorn und ebenfalls ein Troubadour, suchten sich mit Prachtentfaltung an ihren Höfen zu überbieten. Wir können davon ausgehen, dass das Denken Eleonores von der kultivierten Atmosphäre am Hof ihres Großvaters und Vaters geprägt wurde, die berühmt dafür waren, dass sie andere aristokratische Höfe weiter im Süden mit ihrem «verschwenderischen Glanz» in den Schatten stellten.[39] An diesem herzoglichen Hof sammelten sich Persönlichkeiten aus vielen Ständen der Gesellschaft, von hochrangigen Kirchenmännern und adligen Grundherren mit ihren Damen bis hin zu «neuen Männern» ohne illustren Stammbaum, die sich in herausragende lokale Ämter hinaufgearbeitet hatten.

Am herzoglichen Hof zu Poitiers wurde, wie an anderen Fürstenhöfen des 12. Jahrhunderts, die Ritterlichkeit als das traditionelle Wertesystem einer kriegerischen Aristokratie nach und nach von einem neuen Geist unterwandert, einem Höflingsethos, das eine neue Stufe der Kultiviertheit markierte. Zu den wichtigsten Leitideen dieser Kultur gehörte die Ausbildung des Nachwuchses nicht nur im Gebrauch von Waffen, sondern auch in einem eleganten Auftreten, höfischen Manieren und möglichst auch noch klassischer (lateinischer) Bildung. Da bei Hofe eine Überzahl unverheirateter junger Männer lebte, war das höfische Leben sexuell aufgeladen. Wie die Lieder Wilhelms IX. und Marcabrus, eines Troubadours am Hof Wilhelms X., erahnen lassen, waren Seitensprünge verheirateter Aristokratinnen keine Seltenheit.[40] Zwei berühmte Liederdichter der Gascogne, Cercamon und Marcabru, lassen sich als Mitglieder des Hofstaats von Eleonores Vater Wilhelm X. identifizieren; sie verfassten Gedichte und erledigten vermutlich auch Büroarbeiten für den Herzog. Die Lyrik Marcabrus ist voller Anspielungen und Bezugnahmen auf klassische und biblische Texte, die seine Belesenheit bezeugen, und bei beiden Autoren fällt eine «frühreife» Beschäftigung mit jenen keltischen Mythen auf, die später im 12. Jahrhundert andere Dichter zu König-Artus-Epen inspirieren sollten. Ein weiterer Troubadour, Jaufré Rudel, Herr auf Blaye in der Gironde, verbrachte möglicherweise seine Jugendjahre am Hof von Poitiers.[41]

Nach herrschender Lehre bedeutet die höfische Liebeskultur die Genese unserer neuzeitlichen Auffassung von Verliebtheit und Liebe zwischen Mann und Frau. Aber wir wissen nicht, wie stark Eleonore von dieser Bewegung beeinflusst wurde. Die Troubadour-Dichtung steckte in den Jahren vor ihrem Weggang nach Paris noch in der Entwicklung; ihr Lieblingsthema, das Liebeswerben eines jungen Ritters um eine Dame von höherem Stand, avancierte erst im späteren 12. Jahrhundert zum literarischen Topos.[42] Doch gerade weil die erwachsene Eleonore so oft mit der höfischen Liebe identifiziert wird und weil abenteuerliche Behauptungen in die Welt gesetzt wurden, wonach sie die Kultur der höfischen Liebe maßgeblich gefördert und propagiert habe, müssen wir versuchen, die Entwicklung dieses Phänomens während ihrer prägenden Jugendjahre zu verstehen.

Wir tun uns heute schwer, die Idealisierung einer höfischen Liebe nachzuvollziehen, die allem Anschein nach illegitime Beziehungen zwischen einer verheirateten adligen Dame und ihrem ritterlichen Bewunderer beinhaltete. Wir wissen auch nicht, wie Menschen, die in einer christlichen Gesellschaft lebten, die Ehebruch und Unzucht als schwere Verbrechen behandelte, damit umgingen. Das Liebesverständnis der Troubadoure war voller Widersprüche: Liebe war für sie sinnlich und zugleich spirituell, moralisch erhebend und sündig, offen und heimlich.[43] Die Idealisierung der Frau, die sie in ihren Liedern betrieben, stand im Gegensatz zu Lehren der Kirchenreformer des 11. und 12. Jahrhunderts, die alle Frauen als Nachfahrinnen von Eva porträtierten, der Verführerin und Sünderin, die alles Böse und allen Unfrieden in die Welt gebracht hat. Weil die Troubadoure den Lehren der Kirche über Liebe, Ehe und Sexualität widersprachen, unterstellte man ihnen, sie seien von Ketzern wie den Katharern verseucht oder gar von islamischen Einflüssen aus Spanien geprägt worden. Eleonores herzogliche Vorfahren verstanden etwas von arabischer Kultur, denn die Generation vor dem Ersten Kreuzzug hatte immer wieder zusammen mit anderen Kriegern aus dem Süden Frankreichs die christlichen Könige von Spanien in ihrem Abwehrkampf gegen islamische Invasoren unterstützt. Einer von denen, die an der Seite der christlichen Bataillone in Spanien gekämpft hatten, war Eleonores Großvater gewesen, und es ist nicht auszuschließen, dass arabische Einflüsse seine Lyrik durchziehen. Aus welchen Quellen auch immer die Philosophie der höfischen Liebe sich gespeist haben mag, sie ist ein schwer greifbares Konzept.

Einen Beitrag dazu, dass das Wirken von Geistlichen bei Hofe, die Courage der Ritter und die «höfische Liebe» zu einem neuen Standard des ritterlichen Verhaltens verschmolzen, leisteten im späten 12. Jahrhundert die Autoren volkssprachlich geschriebener Romane. Diese Romanautoren, von denen es im nördlichen Frankreich und im anglo-normannischen Raum mehr gab als im Süden, thematisierten in ihren Texten die Liebe, wie sie von den Troubadouren besungen wurde, und machten das Werben um die Gunst einer angebeteten vornehmen Dame zu einem konstitutiven Merkmal des vollkommenen Ritters. Sie orientierten sich an den Liedertexten der Troubadoure und kleideten die treuen Dienste, die ein Ritter seinem Herrn leistete, in die Sprache der höfischen Liebeswerbung. Ein anschauliches Beispiel dafür bieten Textpassagen des Dichters Bernard de Ventadorn, der Eleonore aus Poitiers an den Hof ihres neuen Ehemannes Heinrich Plantagenet folgen sollte und der in seinen Liedern, die späteren Minnesängern als Vorbild dienten, seiner Bewunderung für eine namenlos bleibende adlige Dame freien Lauf lässt, die manche als Eleonore identifizieren. «Gute Dame [Domna], ich erbitte nichts von dir / als dass du mich zu deinem Diener [servidor] nimmst / der dir dienen wird wie seinem guten Herrn [senhor].»[44]

Anders als die ritterlichen Helden der im Norden entstandenen Romane identifizierten okzitanische Ritter ihre «Ritterlichkeit» weiterhin mit rein kriegerischen Tugenden anstatt mit den überhöhten Idealen der Liebe; die Mäzene der Troubadoure waren mit größerer Wahrscheinlichkeit die Gatten adliger Damen als diese Damen selbst. Die Lieder des Ritters Bertrand de Born aus dem Périgord, geschrieben für die Söhne Eleonores, handeln nicht von ritterlicher Liebe zu vornehmen Damen, sondern verherrlichen das Kriegshandwerk und mokieren sich über Aristokraten, die den Kampf scheuen. In den wenigen Gedichten Bertrands, in denen es um amouröse Themen geht, zeichnet er ein entschieden romantisches Bild von der Liebe.[45]

In den Kindheits- und Jugendjahren Eleonores, zuerst in Poitiers und später als jugendliche Braut in Paris, begann das Ethos des höfischen Betragens – der Höflichkeit – gerade das kriegerische Ethos des Rittertums aufzuweichen.[46] Höflichkeit stand für neue Verhaltensnormen der adeligen Stände, für einen von antiken römischen Idealen inspirierten, kultivierten und prinzipienfesten Umgang miteinander, wie er gegen Ende des 11. Jahrhunderts zum Ideal erhoben wurde. Kultivierte Kirchenleute hatten klassische Benimmideale lebendig gehalten: Aufrichtigkeit, Eloquenz, Geschmack, gute Umgangsformen und andere Tugenden, in deren Tradition junge Römer auf die Ausübung öffentlicher Ämter vorbereitet wurden. Unter dem Einfluss von Männern, die an Fürstenhöfen wirkten, begann dieses klassische Ideal sowohl bei kirchlichen als auch bei weltlichen Höflingen neuen Anklang zu finden.[47] Nicht lange, und die beiden Konzepte der ritterlichen Kampftugend und der klerikalen «Höflichkeit» synthetisierten sich zu einem neuen Standard des ritterlichen Verhaltens, bei dem sich kriegerische Fertigkeiten mit Gelehrsamkeit und höfischen Umgangsformen verbanden. Im Verlauf des 12. Jahrhunderts setzte sich eine neue Definition von Adligkeit als Folge der Tatsache durch, dass die Ritter, die ursprünglich ungeschliffene Söldner gewesen waren, am Hof ihrer Herren mit höflichen Manieren konfrontiert wurden. In dem Maß, in dem vorbildhafte Verhaltensweisen, denen sowohl landlose Ritter als auch Angehörige altehrwürdiger Adelsgeschlechter nacheiferten, miteinander verschmolzen, wuchsen diese beiden Gruppen in der Wahrnehmung der Bevölkerung zu einer einheitlichen Klasse zusammen. Die Begriffe «Ritter» und «Adliger» wurden zu Synonymen, und das Publikum erwartete von jedem, der einem dieser Stände angehörte, ein gewisses Maß an Ritterlichkeit und «Höflichkeit», wie es sich für Angehörige einer Herrenkaste geziemte, die über dem gemeinen Volk stand.[48] Dieser Wandel in der gesellschaftlichen Struktur vollzog sich während der Lebenszeit Eleonores und war erst zu Beginn des 13. Jahrhunderts vollendet.[49]

Die Erziehung einer Prinzessin

Das Leben Eleonores als Kind im herzoglichen Haushalt zu Poitiers ist weitgehend undokumentiert. Ihr Name taucht in den Akten erstmals im Juli 1129 auf, in einer Eintragung über ihren Aufenthalt – zusammen mit ihrem Bruder und ihren Eltern – im Kloster Montierneuf bei Poitiers, wo sich das Grab ihres Urgroßvaters befand, der dieses Kloster gegründet hatte.[50] Wir wissen nicht einmal genau, wann Eleonore geboren wurde; im frühen 12. Jahrhundert machten sich erst wenige adlige Familien die Mühe, die Geburtstage ihrer Kinder schriftlich festzuhalten, und während Chronisten die Geburt eines Fürstensohnes hin und wieder vermeldeten, taten sie dies seltener, wenn eine Tochter geboren wurde. Dazu kommt, dass selbst in Fällen, in denen Geburtsdaten aufgezeichnet wurden, Unsicherheiten bestehen bleiben, denn mittelalterliche Schreiber verwendeten unterschiedliche Stichtage, um den Beginn eines neuen Jahres zu markieren – manchmal das Weihnachtsfest, manchmal Ostern, jedoch selten den 1. Januar. Der Überlieferung nach kam Eleonore während eines Aufenthalts ihrer Eltern in Bordeaux zur Welt, vielleicht auf der nahe gelegenen Burg Belin; als ihr Geburtsjahr wird in manchen Quellen 1122, in anderen 1124 angegeben, wobei das Letztere heute allgemein für das wahrscheinlichere gehalten wird.

Das früheste Zeugnis für das Geburtsjahr Eleonores ist eine aus dem späten 13. Jahrhundert stammende Genealogie ihrer Familie, in der sie im Frühjahr 1137, beim Tod ihres Vaters, als dreizehnjährige Tochter genannt wird. Wir können annehmen, dass der Autor der Genealogie um genaue Angaben bemüht war, denn ihre Heirat später im selben Jahr wäre nach den Bestimmungen der Kirche ungültig gewesen, wenn sie noch keine zwölf Jahre alt gewesen wäre. Hieraus ergibt sich, dass sie 1124 geboren sein muss.[51] Da Eleonores Todesjahr bekannt ist – 1204 –, erstreckte sich ihr Leben über 80 Jahre, ein für die damalige Zeit außerordentlich hohes Alter. Die durchschnittliche Lebenserwartung lag im Mittelalter, auch wegen der hohen Säuglings- und Kindersterblichkeit, bei nur rund 30 Jahren, wobei man bei aristokratischen Damen ohne weiteres zehn Jahre hinzufügen kann, denn sie lebten komfortabel, hatten genug zu essen und waren auch nicht verpflichtet, in den Krieg zu ziehen und ihr Leben zu riskieren. Das hohe Alter, das Eleonore erreichte, deutet auf eine gute Gesundheit während ihres ersten Lebensabschnitts hin; wir können wohl sogar davon ausgehen, dass sie ihr ganzes Leben über ungewöhnlich gesund war, immerhin gesund genug, um ein Dutzend Schwangerschaften zu überstehen. Hätte sie gekränkelt, so wäre sie als hochgestellte Dame sicherlich von Ärzten behandelt worden, und die von diesen praktizierten Therapien konnten lebensgefährlicher sein als die zu heilenden Krankheiten.

Eleonore wuchs nicht im Kreis einer Großfamilie auf, wie es bei vielen Kindern aus adligem Haus im Mittelalter der Fall war. Als ihr Großvater Wilhelm IX. 1126 starb, hinterließ er nur zwei Söhne, seinen älteren Sohn und Erben, Eleonores Vater Wilhelm X., und den jüngeren Raymond, der nur neun Jahre älter war als seine Nichte Eleonore. Raymond verließ das Poitou 1130 nach dem Tod seines Vaters als bloß nachgeborener Sohn. Er reiste nach England, um am Hof Heinrichs I. sein Glück zu versuchen, eines Königs, von dem bekannt war, dass er junge Ritter gerne bei sich aufnahm. Raymond hatte den Charme seines Vaters in die Wiege gelegt bekommen und hatte Erfolg, doch nach dem Tod des Königs machte er sich auf ins Heilige Land – er hatte von Fulk, dem König von Jerusalem und früheren Grafen von Anjou, das Angebot erhalten, dort eine Erbin zu heiraten. Anfang 1136 hatte Raymond das Königreich der Kreuzfahrer erreicht. Er blieb in Vorderasien bis zu seinem Tod im Jahre 1149 und konnte sogar ein Wiedersehen mit seiner Nichte Eleonore feiern, als diese ihren ersten Gatten Ludwig VII. von Frankreich auf dem Zweiten Kreuzzug begleitete.[52]

Eleonores Vater hatte neben seinem Bruder noch fünf Schwestern, über die wir jedoch wenig oder nichts wissen, auch nicht darüber, ob sie in der Erziehung der jungen Eleonore eine Rolle spielten. Eine dieser Tanten Eleonores, über die wir noch am meisten wissen – ihr Name wird manchmal mit Agnes, an anderen Stellen mit Mahaut angegeben –, war in erster Ehe mit dem Vizegrafen von Thouars verheiratet, einer wichtigen Grundherrschaft, die nördlich und westlich an das Poitou angrenzte. Einige Jahre nach dem Tod ihres Mannes 1127 verließ sie das Poitou und folgte einem Ruf nach Spanien, um als Ehefrau des Ramiro, des jüngeren Bruders des kurz zuvor verstorbenen Königs von Aragon, in einen neuen Lebensabschnitt einzutreten. Die Magnaten von Aragon hatten den Mönch Ramiro aus seinem Kloster geholt in der Absicht, ihn auf den Thron von Aragon zu setzen, um zu verhindern, dass dieses Königreich den Königen von Kastilien anheimfiel. 1134 krönten sie den ehemaligen Mönch zum König Ramiro II. und verheirateten ihn mit Eleonores Tante, von den Aragonesen Agnes von Aquitanien genannt; auf diese Weise sollte der Fortbestand der königlichen Linie sichergestellt werden. Eine andere Tante Eleonores, Agnes von Poitiers, trat in das Nonnenkloster Notre-Dame in Saintes ein und wurde dessen Äbtissin.[53]

Die Mutter Eleonores, Aénor, gehörte keiner der führenden Adelsfamilien Aquitaniens an. Wie wir gesehen haben, arrangierte Wilhelm IX. 1121 für seinen Sohn und Erben eine Ehe mit der Tochter seiner berüchtigten Geliebten La Maubergeonne und ihres Mannes, des Vizegrafen von Châtellerault. Die kleine Eleonore wurde, wie die Tradition es wollte, nach ihrer Mutter genannt: Ihr französischer Name Aliénor war eine Ableitung aus dem Lateinischen und bedeutet wörtlich «noch eine Aénor». Eleonores Mutter starb 1130 während eines Jagdausflugs in Begleitung ihres Mannes, und man begrub sie unweit ihres Sterbeorts bei dem Dorf Nieul-sur-l'Autise in den Marschen des niederen Poitou, wo sich der Sitz eines Chorherrenstiftes befand.[54] Sie hinterließ drei Kinder: Eleonore, zu dem Zeitpunkt um die sechs Jahre alt, eine jüngere Tochter namens Aélith, die auch Petronilla genannt wurde, und einen Sohn namens Aigret, der noch im gleichen Jahr wie seine Mutter starb. Die beiden Mädchen, noch Kinder und ohne Mutter und andere Geschwister dastehend, fanden Trost in ihrer Zweisamkeit, und wir können annehmen, dass Aélith Eleonores engste Kindheitsgefährtin war. Ihre enge Beziehung zueinander bestand auch nach der Heirat Eleonores fort, als ihre Schwester mit ihr nach Paris ging.

Als das ältere der beiden überlebenden Kinder war Eleonore erste Anwärterin auf die Nachfolge ihres Vaters auf dem Herzogsthron von Aquitanien, es sei denn, er hätte sich nach dem Tod Aénors eine neue Frau genommen, die ihm einen männlichen Erben gebären würde. Tatsächlich bemühte sich Wilhelm um die junge Witwe des verstorbenen Grundherrn von Cognac, die eine Tochter des Vizegrafen von Limoges und dessen Erbin war, doch aus diesem Heiratsplan wurde nichts. Statt Wilhelm eroberte ein Gegner und Konkurrent, der Graf von Angoulême, die Gunst der jungen Vizegräfin und erlangte die Herrschaft über die Vizegrafschaft Limoges und deren Hauptstadt, die Sitz des bedeutenden Klosters von Saint-Martial war.[55]

Es waren Eleonores mütterliche Verwandte, die Châtelleraults, die während ihres erwachsenen Lebens wichtige Rollen für sie spielen sollten. An erster Stelle zu nennen ist einer der Brüder ihrer Mutter, Ralph de Faye. Geboren als jüngerer Sohn des Vizegrafen von Châtellerault, legte er sich nach seiner Heirat mit der Erbin der Grundherrschaft Faye-la-Vineuse an der Grenze zwischen Anjou und Poitou den adelnden Namenszusatz «de Faye» zu. Weil sich in der Region noch nicht das rein patrilineare Familien- und Erbrecht durchgesetzt hatte, bestanden bei den dortigen Adelsfamilien die traditionell starken Bindungen an die mütterliche Verwandtschaft fort, insbesondere Bindungen zwischen Onkeln und Tanten und ihren Neffen oder Nichten bzw. zwischen Söhnen und ihren Cousinen. Eine Thronerbin wie Eleonore konnte sich der fürsorglichen Hilfe ihres Onkels mütterlicherseits sicher sein, und tatsächlich stand Ralph de Faye an ihrer Seite und half ihr bis 1173 als vertrauter Ratgeber und als einer ihrer wichtigsten «Minister», Aquitanien zu regieren. Als Ralph dann im Einvernehmen mit seiner Nichte die Revolte ihrer Söhne gegen ihren Vater Heinrich II. unterstützte, zog er sich damit den Zorn des englischen Königs zu.[56]

Darüber, wie Töchter aus dem Hochadel im Mittelalter erzogen wurden, ist leider wenig überliefert – weniger noch als über die Erziehung adliger Söhne. Zum Thema ernsthafter historischer Studien wurde die Kindheit erst im 20. Jahrhundert, und viele der ersten wissenschaftlichen Arbeiten über die Kindheit äußerten Zweifel daran, ob die Kernfamilie als Zuneigungsgemeinschaft, wie wir sie heute als Normalfall betrachten, stets das Maß aller Dinge war. Es herrschte ein weitgehender Konsens darüber, dass die Menschen im Mittelalter die Kindheit nicht als eine eigenständige Entwicklungsphase betrachteten und dass Kinder im Mittelalter spätestens ab ihrem sechsten Lebensjahr in das Leben (auch das Arbeitsleben) der Erwachsenen integriert waren. Die «Entdeckung der Kindheit» wurde den religiösen Reformern des 16. und 17. Jahrhunderts zugeschrieben, die dem fröhlichen Miteinander von Kindern und Erwachsenen ein Ende setzten und die Familie in eine tyrannische Einrichtung für die Disziplinierung des Nachwuchses verwandelten. Diese Autoren gingen davon aus, dass die adlige Familie im Mittelalter noch nicht vorrangig als eine «moralische und geistige» Anstalt gesehen wurde, die eine bedeutsame Rolle für die Persönlichkeitsbildung eines Kindes gespielt hätte, sondern «lediglich eine privatrechtliche Institution zum Zweck der Weitergabe von Eigentum und Namen» war.[57] In der Folge lieferte die Forschung Erkenntnisse, die zur Formulierung von Gegenpositionen führten. Bei der Durchsicht mittelalterlicher Quellen fanden sich zahlreiche Beispiele für Mütter und Väter, die ihre Kinde liebten und sie betrauerten, wenn sie starben, Belege dafür, dass die Zuneigung der Eltern zu ihren Sprösslingen eine Konstante über alle Länder und alle Zeitalter hinweg war und ist. Wie ein Autor resümiert: «So lange zurück, wie es Aufzeichnungen gibt, finden wir Eltern, die [in ihre Kinder] vernarrt sind. Die mittelalterliche Familie war nie arm an Gefühlen; sie ist nur arm an Quellen.»[58]

Ungeachtet dessen bleibt es eine Tatsache, dass bis zum Anbruch des 20. Jahrhunderts, als die Lehren Sigmund Freuds populär wurden, die emotionale Bindung zwischen Eltern und ihren Kindern kein Thema war, das sich eines breiten Interesses erfreute. Anders als westliche Mittelschichtsfamilien im 20. Jahrhundert konnten sich die meisten Familien des Mittelalters den Luxus nicht leisten, die Kindererziehung zu einer Kunstform zu erheben. Zwar stand im 12. Jahrhundert die Mutterschaft in sehr hohem Ansehen, doch wurden die Aufzucht und Erziehung der Kinder nicht der Mutter allein überlassen, wie es in modernen Gesellschaften der Fall. Um das Wohl der Kinder kümmerte sich im Mittelalter eine größere Personengruppe: die Dorfgemeinschaft bei bäuerlichen Familien, ein vielköpfiger Haushalt bei Adelsfamilien. Familien des Hochadels, zu deren Hof zahlreiche Dienstboten gehörten, hatten mit der heutigen Kleinfamilie wenig gemein. Erst recht galt dies für die Familien von Königen oder großen Magnaten. Im Lateinischen des 12. Jahrhunderts gab es in der Tat kein Äquivalent für das heutige Wort «Familie», und mehrere lateinische Bezeichnungen für Angehörige und Verwandte waren nur lose definiert und konnten sich auch auf weitläufigere Verwandte beziehen. Das lateinische Wort «*familia*» ist trügerisch; es lässt sich nämlich korrekter mit «Haushalt» übersetzen als mit «Familie».[59]

Auch wenn wir über die Erziehung und Ausbildung Eleonores fast nichts wissen, können wir aufgrund zahlreicher Belege davon ausgehen, dass Hauslehrer in fürstlichen Haushalten des 11. und 12. Jahrhunderts eine Institution waren; manche adligen Familien schickten ihre Kinder, Mädchen ebenso wie Jungen, an religiöse Erziehungseinrichtungen. Die kleine Eleonore besuchte nie eine Klosterschule, aber es gibt keinen Zweifel daran, dass sie eine solide Bildung vermittelt bekam. Es ist ziemlich sicher, dass sie von Kaplanen, die dem herzoglichen Hof angehörten, Lateinunterricht erhielt. Es könnte sein, dass der Erzbischof von Bordeaux sich um ihre Schulbildung kümmerte, derselbe, der ihr auch in den Zeiten, in denen ihr Vater auf Wallfahrt weilte, und in den Tagen nach seinem Tod zur Seite stand. Gottfried von Loroux war ein hochgebildeter Mann, der in einem früheren Stadium seiner kirchlichen Laufbahn die Kathedralschule in Angers geleitet hatte.[60]

Viele vornehme Damen, die eine Generation vor Eleonore geboren waren, hatten eine erstklassige Ausbildung erhalten; Adela von Blois, Tochter Wilhelms des Eroberers, wurde von kirchlichen Schriftstellern wegen ihrer Gelehrsamkeit gerühmt und korrespondierte mit Männern wie dem heiligen Anselm. Sie war eine Dame von geringerem adligen Stand, die um dieselbe Zeit im Norden Frankreichs lebte und Mutter eines Sohnes war, der später Mönch und Schriftsteller wurde, und gebildet genug, um ihren kleinen Sohn das ABC zu lehren.[61] In Romanen aus dem 12. Jahrhundert werden junge Damen aus adligem Haus, die über eine gute Bildung verfügen, sehr gelobt. Sie werden als fleißige Schülerinnen porträtiert, die oft Seite an Seite mit Knaben lernen. In Renauts *Galeran* wächst die weibliche Hauptfigur in einem Kloster auf, wo sie Lateinisch lesen und schreiben lernt, dazu noch nähen, singen und Harfe spielen.[62] Das mag eine idealisierende Darstellung sein, die aber doch die Vermutung nährt, dass zur schulischen Grundausbildung aristokratischer Mädchen und Jungen im Aquitanien des 12. Jahrhunderts zumindest die Vermittlung von Grundkenntnissen in Latein gehörte und in manchen Fällen wohl auch ein fortgeschrittener Unterricht. Eine hochinteressante Passage in einer englischen Chronik des 13. Jahrhunderts legt den Schluss nahe, dass Eleonore zusammen mit Knaben unterrichtet wurde. Es handelt sich um einen Bericht über die Übereignung eines Rings an das Kloster von St. Albans, wobei angedeutet wird, dass der Stifter den Ring als Geschenk von Eleonore, seiner «Mitschülerin und Gefährtin aus Kindertagen», erhalten hat, als die beiden als Jugendliche zusammen studierten.[63]

Troubadour-Gedichte aus der Feder weiblicher Troubadoure, «trobairitz», zeigen, dass junge adlige Damen nicht nur in höfischen Umgangsformen unterrichtet wurden, sondern auch die Sprache des Volkes lesen und schreiben lernten.[64] Ihre Dichtungen lassen darauf schließen, dass eine der Vergnügungen des gesellschaftlichen Lebens an den Fürstenhöfen des Südens neckische Konversationen und Flirts zwischen Frauen und Männern waren. Zwei in okzitanischer Sprache abgefasste didaktische Gedichte, die jungen Damen als Leitfaden dienen sollten, zeigen, dass Frauen sich damals lebhaft an den Aktivitäten beteiligten, die an den fürstlichen Haushalten des französischen Südens gepflegt wurden. Sie lassen den Schluss zu, dass sowohl verheiratete als auch ledige Frauen an den Höfen des Südens größere Spielräume und Mitwirkungsmöglichkeiten hatten und sich auch in männlicher Gesellschaft als Gesprächspartnerinnen Respekt zu verschaffen wussten.[65]

Eine weitere wirksame Macht war die Kirche.[66] Das Leben Eleonores und ihrer herzoglichen Familie erhielt seinen Rhythmus durch den liturgischen Kalender mit seinen Festen und Fastenperioden; und die großen Feiertage des christlichen Jahres – Weihnachten, Ostern, Pfingsten – riefen immer wieder die zentralen Lehren der Kirche in Erinnerung. Diese Feiertage boten Gelegenheit für eindrucksvolle Zusammenkünfte am herzoglichen Hof, die zugleich religiösen, geselligen und politischen Zwecken dienten.

Das Christentum hatte rund 700 Jahre vor der Geburt Eleonores im römischen Aquitanien tiefe Wurzeln geschlagen, und Poitiers war die «finsteren Jahrhunderte» hindurch stets eine wichtige Hochburg der Religion geblieben. Entlang dem Abhang, der sich vom Palast zum Ufer des Flusses zog, fand sich in Gestalt des Baptisteriums Saint-Jean ein Zeugnis für die frühe Präsenz des Christentums in der Stadt. Aus dem 4. Jahrhundert stammend, ist die Taufkapelle der älteste noch bestehende christliche Sakralbau in Frankreich. Um die alte Taufkapelle herum entstand ein christliches Viertel, beherrscht von der Kathedrale des heiligen Petrus, die in den ersten Jahren der Ehe Eleonores mit Heinrich II. von England wiederaufgebaut wurde. In demselben christlichen Viertel unterhalb der Kathedrale und unweit des Flusses befand sich die Kirche Saint-Radegonde, Grabstätte der Merowingerkönigin Radegundis, die die Abtei vom Heiligen Kreuz gegründet hatte, eines der ersten Nonnenklöster im fränkischen Königreich. Ihr Grabmal zog so große Scharen von Pilgern an, dass das Kirchengebäude im 11. Jahrhundert durch ein größeres ersetzt wurde. Auf der anderen Seite der Stadt, außerhalb ihrer römischen Mauern, befand sich eine weitere Kirche, die zur Pilgerstätte wurde, Saint-Hilaire-le-Grand. Sie beherbergte das Grab des Bischofs Hilarius aus dem 4. Jahrhundert, der einer der ersten Theologen der christlichen Kirche im westlichen Europa war. Die Grafen von Poitou unterhielten enge Beziehungen zu Saint-Hilaire; sie fungierten als Laienäbte, hatten ihre Plätze zwischen den Chorherren und ernannten die Prälaten der Kirche. Pilger, die auf dem Weg nach Spanien waren, um dem Schrein des heiligen Jakob von Compostella zu huldigen, machten Station an diesen beiden Kirchen in Poitiers, um an den Gräbern des heiligen Hilarius und der heiligen Radegundis zu beten.

Die Unterweisung in den zentralen Lehren des christlichen Glaubens dürfte in der frühen Erziehung Eleonores einen wichtigen Platz eingenommen haben; das entsprach der Norm bei Töchtern mittelalterlicher Adelsfamilien. Ein aus dem 13. Jahrhundert stammender Leitfaden für die Kindererziehung postuliert, dass das Erste, was man Kindern beibringen müsse, der Glaube an Gott sei. Man solle sie anhalten, das apostolische Glaubensbekenntnis, das Vaterunser, das Ave-Maria und die ersten beiden Gebote auswendig zu lernen.[67] Als Eleonore lesen konnte, dürfte sie dank ihrer lateinischen Grundkenntnisse in der Lage gewesen sein, fromme Breviers zu lesen. Vermutlich bekam sie einen Psalter für das persönliche Andachthalten in ruhigen Momenten des Alleinseins, und mit dem ständigen Aufsagen der Psalmen, die sie aus den öffentlichen Andachten in der Schlosskapelle kannte, konnte sie vermutlich ihr Lateinisch schrittweise verbessern.[68] Im Rahmen der religiösen Unterweisung, die sie als Kind erhielt, lernte sie vermutlich Erzählungen über das Leben der Heiligen kennen. Eine davon war die heilige Radegonde, deren Leben einen Aspekt von Eleonores Biografie vorwegnahm: eine Ehe ohne Liebe, die mit Trennung endete. Radegonde, eine thüringische Prinzessin, wurde vom Frankenkönig Clothar I. gefangen genommen und 531 gegen ihren Willen mit ihm verheiratet. Die Ehe war alles andere als glücklich, und die Königin suchte und fand Trost in religiösen Andachten. Als ihr Mann ihren Bruder umbrachte, trennte sie sich von ihm, widmete ihr Leben dem christlichen Glauben und gründete die Abtei zum Heiligen Kreuz. Nach ihrem Tod 587 wurde sie in der benachbarten, ihren Namen tragenden Kirche begraben.

Ein wichtiger Aspekt des religiösen Lebens der jungen Eleonore war der Besuch der täglichen Messe in der Schlosskapelle oder in einer der nahe gelegenen Kirchen, vor allem wohl Notre-Dame-La-Grande. Hin und wieder beichtete sie wahrscheinlich ihre Sünden einem der zum Hausstaat ihres Vaters gehörenden Kaplane. Das Beichten verbreitete sich im Laufe des 12. Jahrhunderts im kirchlichen Leben, erhielt allerdings erst 1215 den Status eines Sakraments.

Die Beichtväter hatten ein misstrauisches Verhältnis zu den körperlichen Bedürfnissen des Menschen, insbesondere zu seiner Sexualität.[69] Moralreformer und Theologen, die sich die Durchsetzung des priesterlichen Zölibats vorgenommen hatten, verschärften ihre Angriffe auf das angeblich sündige Wesen der Frau; sie ließen den Argwohn der frühen Kirchenväter gegen das weibliche Geschlecht neu und verstärkt aufleben und impften den Frauen damit Schuldgefühle ein. Ungeachtet dessen hielt die christliche Lehre den Frauen die von jeder Sünde freie Jungfrau Maria als Vorbild vor. Die Frau wurde also idealisiert und zugleich verteufelt. In ihren Diskussionen über ein christliches Eheleben wärmten Moralisten und Theologen patriarchalische Traditionen auf, die die Pflicht der Ehefrau betonten, sich willig ihrem Mann unterzuordnen, und diejenigen Frauen verurteilten, die es wagten, das männliche Machtmonopol infrage zu stellen. Passagen im Alten Testament, in denen Frauen ein Richteramt ausübten, taten sie als «das alte Gesetz» ab, das im Zeitalter des Christentums keine Bindewirkung mehr habe.[70]

Es war jedoch nicht nur die kirchliche Lehre, die die Männer in der mittelalterlichen Gesellschaft zu Vorurteilen gegenüber Frauen ermunterte und adligen Frauen Machtpotenziale raubte, die sie davor jahrhundertelang, wenn auch nie unangefochten, besessen hatten. Die klassische naturwissenschaftliche Überlieferung, wie sie an den Schulen gelehrt wurde, leistete ebenfalls dem männlichen Überlegenheitsdünkel Vorschub, ging sie doch davon aus, dass Männer die rationaleren Wesen waren, besser als Frauen in der Lage, ihre Leidenschaften zu zügeln. Ideen über die weibliche Anatomie, die an der Ärzteschule von Salerno ausgebrütet wurden, bestärkten die Geistlichen in der Vorstellung, die Frau sei ein «brodelnder Vulkan des sexuellen Verlangens», und naturwissenschaftliche Theorien knüpften an den Befund des Aristoteles an, Frauen seien unvollständige oder unvollkommene Männer.[71]

Eleonore erfuhr schon als Mädchen, dass frühere Herzöge von Aquitanien einige der wichtigsten religiösen Einrichtungen des Poitou gegründet hatten, unter anderem das Kloster Montierneuf, das außerhalb der alten römischen Stadtmauer von Poitiers lag und das Herzog Guy-Gottfried zur Buße dafür gestiftet hatte, dass er seine erste Frau zugunsten einer anderen davongeschickt hatte. Wir können davon ausgehen, dass die junge Eleonore mit ihrem Vater und seinem Hof etliche weitere Klöster besuchte, wenn man durch das Land tourte – mit Sicherheit Saint-Maixent, ein mit der Herzogsfamilie vielfach verbundenes Kloster nicht weit von Poitiers. An Feiertagen besuchte Eleonore vermutlich die kostbaren heiligen Reliquien, die in diversen Klosterkapellen aufbewahrt wurden, und hörte Berichte über Wunder, die die Heiligen den Gläubigen beschert hatten, die zu ihren Reliquien pilgerten. Daraus lernte sie, ebenso wie die anderen Christen, dass Gott in die materielle Welt hineinwirkte, und zwar auch noch im Hier und Jetzt – dass er nach wie vor mit Wundern das Leben von Menschen verändern konnte, wenn sie zu ihm oder seinen Heiligen beteten.

Für die Aristokratie des 11. und des frühen 12. Jahrhunderts war «die Erlösung eine Frage von Verhandlungen mit den irdischen Vertretern Gottes».[72] Wie andere Adlige wusste Eleonore, wie wichtig es war, sich das Wohlwollen der Heiligen mit Spenden an klösterliche Einrichtungen zu erkaufen, und ihr ganzes Leben lang zollte sie der Einsicht Tribut, dass Klöster wichtig waren, weil nur sie die Gewähr für eine Fürsprache bei Gott und den Heiligen durch das kontinuierliche Gebet boten. Als Königin achtete Eleonore peinlich genau darauf, die Klöster ihrer Wahl mit Geldmitteln zu versorgen, als Gegenleistung für Gebete um das Seelenheil ihrer Angehörigen und ihrer verstorbenen Vorfahren.

Der heranwachsenden Eleonore wurde sicherlich ein Bewusstsein für den besonderen Platz vermittelt, den frühere Herzoginnen im sakralen Bereich eingenommen hatten. Nicht wenige Aristokratinnen fanden in einem der Kirche gewidmeten Leben ein Mittel, um die Beschränkungen, die die Gesellschaft den Frauen auferlegte, zu überwinden und Kontrolle über zumindest einen Zipfel ihres Lebens zu gewinnen. In einem Zeitalter der innerfamiliären Solidarität leisteten die Frauen und Mütter von Fürsten mit ihren sakralen und liturgischen Praktiken, ihrer Freundschaft zu Männern und Frauen der Kirche und mit ihrem Mäzenatentum für klösterliche Einrichtungen einen wesentlichen Beitrag zur Seelsorge ihrer Familien. Herzoginnen von Aquitanien hatten einige der angesehensten Klöster der Region gestiftet, und auch wenn ihre Männer als Stifter aufgetreten waren, hatten sie das häufig auf Drängen der Herzoginnen getan. Die Vorfahrin Eleonores, die alle anderen Herzoginnen in dieser Beziehung übertroffen hatte, war Agnes von Burgund gewesen. Sie hatte im 11. Jahrhundert, als es im südlichen Frankreich für Frauen, die ihr Leben dem christlichen Glauben widmen wollten, erst ganz wenige Nonnenstifte gegeben hatte, die Abtei von Notre-Dame in Saintes gegründet.[73] Diese entwickelte sich bald zu einer angesehenen klösterlichen Zuflucht für adlige Damen, und ihre Äbtissin war in den Jahren von Eleonores erster Ehe wiederum eine Agnes, nämlich Eleonores Tante. Auch das Kloster Saint-Hilaire in Poitiers hatte von der Großzügigkeit der Agnes von Burgund profitiert, die die Mittel für den Bau eines großen Teils der Abtei gestiftet hatte. Ein Mönch des Klosters Saint-Maixent schrieb über Agnes im Wissen um ihre turbulente Laufbahn: «Auch wenn diese Dame den Herrn in vielen Dingen beleidigte, tat sie andererseits viel, um ihm Freude zu bereiten.»[74] Eleonores Großeltern Wilhelm IX. und Philippa von Toulouse unterstützten von Beginn an die Abtei von Fontevraud, die Anfang des 12. Jahrhunderts als Doppelkloster (für Mönche und Nonnen) gegründet und von einer Äbtissin geleitet wurde. Philippa besuchte Fontevraud und gründete in ihrer Heimatstadt Toulouse eine Priorei als Ableger davon.[75]

Die wohlbehütete Kindheit Eleonores fand ein abruptes Ende, als sie mit gerade einmal 13 Jahren ihren Vater verlor. Wilhelm X. starb mit 38 Jahren am 9. April, dem Karfreitag des Jahres 1137, zwei Tage vor seiner geplanten Ankunft am Ziel seiner Pilgerreise, dem Schrein des heiligen Jakob von Compostella. Seine Begleiter brachten seinen Leichnam zu der großen galizischen Kathedrale, und der Erzbischof von Compostella erlaubte ihnen, ihn dort vor dem Hochaltar zu beerdigen.[76] Die Pilgergefährten des Herzogs kehrten, so schnell es ging, nach Aquitanien zurück und überbrachten die Nachricht von seinem Tod dem Erzbischof von Bordeaux, Gottfried von Loroux, der es übernommen hatte, auf die beiden Töchter Wilhelms aufzupassen. Da der einzige Bruder Eleonores und Aéliths im selben Jahr wie ihre

Mutter gestorben war und ihr Onkel väterlicherseits, Raymond, weit fort im Heiligen Land weilte, konnten nur die beiden Mädchen das Erbe Wilhelms antreten. Es waren aber nicht nur die beiden minderjährigen Töchter, denen nach Wilhelms unerwartetem Tod eine ungewisse Zukunft bevorstand, sondern auch das Herzogtum Aquitanien als Ganzes. Der Troubadour Marcabru schrieb nach dem Tod des Herzogs eine Ode, in der er seine Trauer, aber auch seine Befürchtungen um den Fortbestand des Herzogtums zum Ausdruck brachte: «Antiochia, Guyenne und Poitou / weinen um Güte und Heldenmut. / Herr Gott, gib, wo Du gewaschen wurdest, Frieden der Seele des Herzogs; / und möge der Herr, der sich aus dem Grab erhob / Poitiers und Niort beschützen.»[77]

Als Kind und Heranwachsende am herzoglichen Hof zu Poitiers wurde Eleonore von Aquitanien mit ihrer Familiengeschichte vertraut gemacht und wuchs in dem Bewusstsein auf, dass ihre Vorfahren den Rang von Monarchen gehabt hatten. Sie hörte Geschichten von mächtigen Frauen aus ihrer Ahnengalerie und zog daraus Schlüsse über die Möglichkeiten, die sich einer aristokratischen Frau in der öffentlichen Sphäre boten, Schlüsse, die sich in den Jahren ihres Erwachsenwerdens zunehmend als trügerisch herausstellten. Hineingeboren in eine Gesellschaft, die es verheirateten Frauen, insbesondere solchen in den südlichen Teilen Aquitaniens, erlaubte, Land und Vermögen zu besitzen und einigermaßen selbstständig darüber zu verfügen, musste sie miterleben, wie sich die Stellung der Frauen verschlechterte.

Das Milieu, in dem Eleonore aufwuchs – als wohlbehütete Prinzessin an einem vom Naturell ihres Großvaters, des Troubadour-Herzogs, geprägten Hof –, war keine gute Vorbereitung auf ihre zukünftige Rolle als Königin zweier nordeuropäischer Reiche. Ihre neuen Untertanen, erst die in Paris und später die in England, sahen in ihr eine Südländerin und kamen zu dem Urteil, dass sie den Anforderungen, die sie an das Auftreten einer christlichen Königin stellten, nicht gerecht wurde. Sie nahmen an, Eleonore habe den Hang zur Zügellosigkeit geerbt, den der Troubadour-Herzog in seinen berüchtigten Minneliedern vorexerziert hatte; es besteht kein Zweifel daran, dass sie damit teilweise recht hatten. So konnte es wohl kaum anders kommen, als dass die junge Eleonore etwas von der urbanen und sinnlichen Atmosphäre am Hof von Poitiers in sich aufnahm, die so anders war als das fromme und gesittete Klima, dem sie nun in Paris begegnete. Dass ihr an den Königshöfen ihrer beiden Gatten im Norden Missgeschicke unterlaufen würden, war nicht schwer vorauszusehen.

II.

Braut eines Königs, Königin der Franzosen, 1137–1145

Durch den plötzlichen Tod Wilhelms X. wurde Eleonore zur begehrtesten Braut in Europa, Erbin des angesehenen Herzogtums Aquitanien und der wohlhabenden Region Poitou. Pläne, die ihr Vater vor seiner Abreise nach Compostella gemacht hatte, waren nur provisorischer Natur, und sein unerwartet schneller Tod hinterließ eine gefährdete Tochter. In Ermangelung mächtiger Verwandter, die seine junge Erbin hätten beschützen können, bestand die Gefahr, dass sie zur Beute eines ehrgeizigen Fürsten werden könnte. Wilhelm vertraute die junge Eleonore der Obhut Ludwigs VI., des Königs von Frankreich, an und setzte ihn auch als ihren Heiratsvormund ein. Der französische König, der selbst nicht mehr lange zu leben hatte, handelte schnell, um die letzten Verfügungen des Herzogs zu vollstrecken. Er traf die Entscheidung, Eleonore mit seinem eigenen Sohn und Erben zu verheiraten, dem bereits gekrönten König Ludwig dem Jüngeren. Als dieser weniger als einen Monat nach der Heirat als König Ludwig VII. (1137–1180) seinem Vater nachfolgte, war Eleonore unversehens Königin von Frankreich. Sie war die erste Königin auf dem Kapetinger-Thron, die bedeutsame territoriale Besitzungen in die Ehe brachte, nämlich das Herzogtum Aquitanien, das eine immense Erweiterung des königlichen Herrschaftsgebiets darstellte.

Die Ehe von Eleonore und Ludwig VII. sollte sich für beide als eine Prüfung erweisen und beiden wenig Glück bringen. Weder Eleonore noch ihr nur zwei Jahre älterer Gatte waren auf das Eheleben vorbereitet und auch nicht auf die große Verantwortung der Königswürde. In dem Jahrzehnt vor dem Aufbruch des Paares zum Kreuzzug im Jahr 1147 zeigte sich der junge König als ein Mann von schlechter Urteilskraft, der ungestüme Entscheidungen traf, dabei in mehreren Fällen von seiner Frau angespornt. Eleonore schlug binnen kurzer Zeit einige Rivalen am Königshof aus dem Feld und stieg zur ersten Beraterin ihres Mannes auf, und ihr Einfluss sollte sich besonders in Angelegenheiten bemerkbar machen, die mit ihrem angestammten Herzogtum Aquitanien zu tun hatten, über das Ludwig kraft seiner Heirat die Herrschaft erlangt hatte.

Wilhelm X. hatte dem Erzbischof von Bordeaux, Gottfried von Loroux (gest. 1158), einer «Persönlichkeit von großer Tugend und Selbstzucht», die Aufsicht über seine beiden Töchter anvertraut, bevor er zu seiner Wallfahrt nach Spanien aufgebrochen war; Eleonore blieb in der kurzen Zeitspanne zwischen dem Tod ihres Vaters und ihrer Heirat mit Ludwig unter der Vormundschaft des Erzbischofs. Gottfried von Loroux war ein ehemaliger Eremit, der zum Rektor der bischöflichen Schule in Angers aufgestiegen war; danach war er in ein Kloster in der Saintonge gewechselt, wo er sich mit Herzog Wilhelm X. angefreundet hatte. Von dem einflussreichen Zisterziensermönch Bernard von Clairvaux und anderen Reformern des Klosterwesens für seine vorbildliche christliche Lebensführung gerühmt, hatte Gottfried maßgeblich dazu beigetragen, dass der Herzog seinen langjährigen Streit mit den Bischöfen wegen seines zeitweiligen Eintretens für den «Antipapst» beilegen konnte. Seine Rolle beim Wiedereinrenken der Beziehungen zwischen Wilhelm und der Kirche hatte ihm so viel Kredit verschafft, dass er zum Erzbischof von Bordeaux gewählt wurde. Es ist denkbar, dass dieser lebenskluge Erzbischof schon eine Rolle in der Erziehung der jungen Eleonore spielte, bevor sie 1137 durch den Tod ihres Vaters zur Waise wurde.[1]

Wilhelm X. war sich nur zu gut der Gefahren bewusst, die sich über seinem Herzogtum zusammenbrauen würden, sollte er ohne einen volljährigen männlichen Erben sterben, der nahtlos seine Nachfolge antreten konnte. Die Grafen von Toulouse konnten gewisse Ansprüche auf das Herzogtum Gascogne anmelden, die Grafen von Anjou konnten versuchen, ihre frühere starke Stellung in der Saintonge wiederzugewinnen, und dann gab es entlang der südlichen Grenze des Poitou einige streitlustige Grundherren, die nicht zögern würden, aus jeder Schwächung der herzoglichen Autorität Kapital zu schlagen. Wilhelm hatte zweifellos vorgehabt, nach dem Tod seiner Frau wieder zu heiraten und einen männlichen Erben zu zeugen; sein 1136 unternommener erster Versuch, eine zweite Ehe zu gründen, war jedoch schiefgegangen. Bestimmt hatte er sich Gedanken über die Geschicke seiner beiden Töchter und seines Herzogtums für den Fall gemacht, dass er von der gefährlichen Pilgerreise durch Nordspanien nicht zurückkehren würde. Unsere praktisch einzige Quelle für die Vorgänge rund um Wilhelms Tod ist die Biografie des Königs Ludwig VI. aus der Feder seines Freundes, des Abtes Suger von Saint-Denis. Dessen Darstellung zufolge hatte der Herzog «vor der Abreise zur Expedition und noch einmal während der Reise, als er im Sterben lag», Verfügungen getroffen. Ein angebliches Testament blieb erhalten, das der Herzog diktiert haben soll, bevor er zu seiner Pilgerfahrt aufbrach; darin äußerte er den Wunsch, Ludwig VII. solle seine Töchter in Obhut nehmen und Eleonore mit seinem Sohn Ludwig dem Jüngeren verheiraten.[2] Die Echtheit dieses Dokuments ist indes zweifelhaft, und niemand kann mit Gewissheit sagen, welche Nachfolgeregelungen der Herzog auf dem Totenbett seinen Pilgergefährten zur Weitergabe an den Erzbischof von Bordeaux anvertraute.

Der einzige männliche Verwandte des Herzogs, der einen einigermaßen begründbaren Anspruch auf die Herrschaft über Aquitanien anmelden hätte können, war sein jüngerer Bruder Raymond, der als Jüngling von zu Hause weggegangen war, um in der Fremde sein Glück zu suchen. Selbst wenn Raymond für sich das Recht reklamiert hätte, seinem Bruder auf den Herzogsthron zu folgen, war er zum Zeitpunkt von dessen Tod viel zu weit weg, um seine Ansprüche anmelden zu können. Als die Nachricht vom Tod seines Bruders ihn im Heiligen Land erreichte, war die Nachfolgefrage bereits entschieden. Wilhelm konnte Raymond schwerlich als potenziellen Nachfolger auf dem Herzogsthron ins Auge fassen, solange dieser so weit vom Schuss war; ebenso wenig konnte er Raymond für die Rolle eines Vormunds für die beiden Herzogstöchter in Erwägung ziehen, eine Rolle, die dem Bruder, wäre er in Aquitanien geblieben, automatisch zugefallen wäre.

In Ermangelung einer Alternative gab Wilhelm X. seinen Pilgergefährten vermutlich die Anweisung mit auf den Weg, die Vormundschaft für seine Töchter dem französischen König Ludwig VI. anzutragen. Zwar anerkannten die Herzöge von Aquitanien ein gewisses Maß an Vasallentreue zum französischen König, doch ist es unwahrscheinlich, dass die Entscheidung Wilhelms, seine Töchter Ludwig VI. anzuvertrauen, von der Überzeugung getragen war, Ludwig besitze eine lehensherrliche Verfügungsgewalt über Aquitanien. Frühere Herzöge von Aquitanien hatten zwar die Kapetinger-Könige in Paris anerkannt, aber das war kaum mehr gewesen als eine formale Anerkennung ihres königlichen Status, der sie zu «Ersten unter Gleichen» im Kreis der ranghöchsten französischen Aristokraten machte. Und selbst wenn Wilhelm König Ludwig als seinen Herrn anerkannt hätte – in der ersten Hälfte des 12. Jahrhunderts hatte sich der Rechtsgrundsatz, wonach einem Lehnsherrn beim Tod eines seiner Vasallen die Vormundschaft über dessen minderjährige Kinder oder das Recht, diese nach seinem Gutdünken zu verheiraten, anheimfiel, noch nicht in ganz Frankreich durchgesetzt. Im

Süden des Landes wurden diese Angelegenheiten nach wie vor als Familiensache betrachtet. Wilhelm wagte es jedoch nicht, seine ältere Tochter und ihr Herzogtum seinem Schwiegervater, dem Vizegrafen von Châtellerault, oder gar einem anderen poitevinischen Adligen anzuvertrauen, hätte dies doch die Eifersucht anderer Anwärter geweckt. Die einzige Alternative war ein Außenstehender; und das Bild, das die Kapetinger-Könige von sich selbst zeichneten – vorbildliche christliche Könige und Friedensstifter –, stimmte ihn wohl zuversichtlich, dass König Ludwig VI. sich als würdiger Beschützer der jungen Eleonore erweisen würde.

Ludwig VI. gilt als der erste produktive Kapetinger-König, ein tatkräftiger Herrscher trotz seiner Leibesfülle, die ihm den Beinamen «der Fette» eintrug. Ludwig VI. war, wie es in einem Nachruf auf ihn hieß, «heldenhaft von Gestalt, aber kein bisschen kleiner im Handeln und Denken».[3] Seine Vorfahren hatten wenig mehr zuwege gebracht, als sich zu den Nachfolgern der karolingischen Herrscher auf dem fränkischen Königsthron krönen und salben zu lassen und regelmäßig die Söhne in die Welt zu setzen, die sie brauchten, um die französische Krone im Besitz der Familie zu halten. Eine tatsächliche Herrschaft über die aristokratischen Familien der Île-de-France konnten die frühen Kapetinger nie erlangen, deren Stammlande die Regionen Paris und Orléans waren; erst recht nicht hatten sie die Kontrolle über die mächtigen Grafen und Herzöge außerhalb der königlichen Stammlande. Ludwig VI. machte es sich zur Aufgabe, die Macht und das Ansehen der französischen Krone zu mehren, und tatsächlich hatte er 1137 die Herrschaft über die Île-de-France weitgehend erobert und adlige Vasallen unterworfen, die sich seinen Vorgängern noch widersetzt hatten. In der Folge hatte Ludwig begonnen, sich mit den Gebieten jenseits seines direkten Herrschaftsbereichs zu beschäftigen und seine königliche Autorität den angrenzenden Herzogtümern und Grafschaften aufzuzwingen. Die Chance, das Herzogtum Aquitanien durch eine Heirat seines Sohnes mit dessen Erbin für seine Familie zu vereinnahmen, würde er sich nicht entgehen lassen.

In seinem eigenen Hausstaat machte Ludwig Schluss mit dem Gewohnheitsrecht, dass bedeutende Verwaltungsämter qua Erbfolge an Vertreter bestimmter Adelsfamilien gingen; zu seinem Chefberater berief er Suger, den ehrgeizigen Abt von Saint-Denis (gest. 1151), dem ehrwürdigen Kloster unweit von Paris, das die Gräber der fränkischen Könige beherbergte. Die von Suger bewerkstelligte Stärkung der Bande zwischen der französischen Monarchie und der Kirche sollte Ludwig VI. und die ihm nachfolgenden französischen Könige mit ideologischer Munition versorgen, um die expansionistische Politik der Kapetinger zu beflügeln und ihnen zugleich eine Aura der Heiligkeit zu verleihen. Suger half nicht nur, die Idee des Königtums zu stärken, er sorgte mit seiner praktischen Arbeit als Quasi-Regierungschef Ludwigs VI. und später Ludwigs VII. auch dafür, dass das königliche Regiment über die informelle Verwaltung des königlichen Haushalts hinauswuchs und umfassendere Strukturen entstanden.[4] Darüber hinaus trug Sugers viel gelesene Biografie Ludwigs VI. erheblich dazu bei, dessen historischen Ruf, der erste wirklich fähige Kapetinger-König gewesen zu sein, zu festigen.

Während es im nördlichen Frankreich und in England mittlerweile üblich war, dass Grundherrschaften und Fürstentümer zwischen den Töchtern aufgeteilt wurden, wenn kein Sohn da war, dem das Erbe als Ganzes zufallen konnte, war stets klar, dass Aquitanien nicht zwischen Eleonore und ihrer Schwester Aélith aufgeteilt werden würde. Eleonore als die ältere Tochter würde die alleinige Thronerbin sein: Gräfin von Poitou und Herzogin von Aquitanien und der Gascogne. Es wäre nicht ungewöhnlich gewesen, wenn Eleonore das Herzogtum Aquitanien geerbt und ihre jüngere Schwester einen anderen Teil des väterlichen Fürstentums bekommen hätte, vielleicht die Gascogne, die ja erst in der Regierungszeit ihres Urgroßvaters dem Herzogtum angegliedert worden war. Wilhelm X. betrachtete seine beiden Herzogtümer Aquitanien und Gascogne vermutlich nicht als eine unteilbare Einheit, aber offenbar machte er keine Vorgaben, die auf eine Teilung zwischen den beiden Töchtern abzielten. Auf seinem Totenbett verkündete er seinen – von welchen Gedankengängen auch immer geleiteten – Wunsch, Eleonore zur Alleinerbin seines Herzogtums zu bestimmen; für seine jüngere Tochter traf er keine Festlegung. Auch König Ludwig VI. übertrug keine Vermögenswerte an Aélith, die aus ihr eine attraktivere Braut gemacht hätten. Die Thronfolge Eleonores und ihre Verheiratung mit dem Sohn und Erben Ludwigs VI. besiegelten die Unteilbarkeit der beiden Territorien Poitou und Gascogne; in diesem Sinn betitelte sich Ludwig VII. als «Herzog von Aquitanien» und machte keinen Gebrauch von den Titeln «Graf von Poitou» und «Herzog der Gascogne».[5]

Eine authentische Urkunde, die den letzten Willen Wilhelms X. dokumentieren würde, ist nicht erhalten. Auch wenn die Wünsche des Herzogs nicht schriftlich fixiert wurden, Abt Suger schrieb in seiner Biografie Ludwigs, der Herzog habe «beschlossen, dem König seine Tochter zum Zwecke der Verheiratung … und all sein Land zu übergeben, damit er es für sie aufbewahre». In dieser Aussage Sugers ist nur von einem erteilten Auftrag die

Rede, für die Verheiratung der jungen Eleonore zu sorgen. Andere Chroniken besagen jedoch, der Herzog habe vor seinem Tod die Vermählung Eleonores mit Ludwigs Sohn arrangiert und damit Aquitanien bewusst der französischen Krone zugeführt.[6] Dass Eleonore im Alter von 13 Jahren noch nicht verlobt oder verheiratet war, war nach damaligen aristokratischen Maßstäben ungewöhnlich und vielleicht ein Zeichen für die Nachlässigkeit ihres Vaters, der es versäumt hatte, frühzeitig eine Ehe für sie einzufädeln. Es ist möglich, dass Herzog Wilhelm keinen standesgemäßen Kandidaten für die Hand Eleonores fand und der Meinung war, der einzig würdige Mann für eine so bedeutende Herzogin sei der Erbe des französischen Throns.

Eine Schlüsselrolle bei der Verheiratung der jungen Eleonore mit dem Kapetinger-Erben spielte wahrscheinlich Erzbischof Gottfried von Loroux, der mit Suger verkehrte. Es waren Abgesandte des Erzbischofs, von denen Suger erfuhr, dass der Herzog gestorben war, als sie Ende Mai 1137 Ludwig VI. die Nachricht überbrachten. Auch wenn Gottfried von Loroux den Heiratsvorschlag dem französischen Monarchen nicht ausdrücklich unterbreitete, er hat ihn zumindest befürwortet.[7] Gottfried und der Klerus von Bordeaux waren an dieser Heirat sehr interessiert; sie wussten, dass die Kapetinger-Könige Förderer der Kirche waren, und fürchteten, dass es zwischen den Magnaten Aquitaniens, falls die junge Herzogin einem von ihnen zur Frau gegeben würde, zu Rivalitäten kommen könnte, die den Interessen der Kirche abträglich sein würden. Offensichtlich erhoben die weltlichen Kleinfürsten Aquitaniens keinen Widerspruch gegen die Wahl eines Kapetingers zum Ehepartner für Eleonore; ein im fernen Paris residierender Fürst war ihnen wohl lieber als einer aus ihren eigenen Reihen. Sie konnten davon ausgehen, dass ein Kapetinger-König als neuer Herrscher Aquitaniens die meiste Zeit in Abwesenheit regieren und einen rangniedrigeren Adligen aus der Region zu seinem Statthalter in Aquitanien ernennen würde. Sie waren sich sicher, einen solchen königlichen Statthalter kontrollieren zu können. Nicht alle Aquitanier begrüßten jedoch Eleonores königliche Heiratsperspektive. In einem Lied des Troubadours Marcabru, das im Herbst 1137 entstand, findet sich eine bittere Klage darüber, dass das Poitou und seine Menschen der Herrschaft eines «fremden» Fürsten unterworfen werden sollten. Nachdem Aquitanien tatsächlich an die französische Monarchie gefallen war, brachen Marcabru und ein weiterer Troubadour, Cercamon, ihre Zelte in Poitiers ab und schauten sich anderswo nach Mäzenen um.[8]

Ludwig VI., seit 1135 in schlechter gesundheitlicher Verfassung, wusste, dass seine Tage gezählt waren und dass er die ihm übertragene Aufgabe, einen Ehemann für Eleonore zu finden, schnell angehen musste. Eine Verheiratung des Mädchens mit seinem Sohn Ludwig eröffnete in seinen Augen die Chance, der französischen Krone das Herzogtum Aquitanien einzuverleiben, falls es ihm gelang, noch zu seinen Lebzeiten seinem Sohn die unangefochtene Herrschaft darüber zu sichern. Wie Abt Suger in seiner Biografie Ludwigs VI. schreibt: «Nach Beratschlagung mit seinen engsten Ratgebern nahm er das Angebot mit seiner gewohnten Herzlichkeit an und versprach [Eleonore] seinem lieben Sohn Ludwig.» Der König und seine Berater befolgten dabei keine etablierten Erbfolgeregelungen, denn die gab es in verbindlicher Form nicht; sie beeilten sich jedoch, die Erbfolge für die Herrschaftsgebiete von Herzog Wilhelm zu regeln, bevor irgendwelche Unsicherheiten zu Unruhe und Autoritätsverlusten im Herzogtum führen konnten.[9] Die Stellung des Monarchen in Frankreich würde durch den Zuwachs erheblich gestärkt, keineswegs jedoch sicherte diese Heirat auf Dauer die Zugehörigkeit Aquitaniens zu den Kronlanden des französischen Königtums. Die Vereinigung des Herzogtums mit der französischen Krone war eine rein persönliche; falls Eleonore ihrem Gatten keine Söhne gebären würde, war es ohne Weiteres denkbar, dass das Herzogtum in andere Hände übergehen konnte. Sollten aus der Ehe mehrere Kinder hervorgehen, konnte ein nachgeborener Sohn zum Erben der Herzogswürde bestimmt werden und das Herzogtum damit der unmittelbaren Kontrolle der Krone entgleiten.[10] Ludwig VI. erkannte den strategischen Nutzen einer Übernahme Aquitaniens durch die Kapetinger. Seinem Sohn würde dies helfen, die nach Expansion trachtenden Grafen von Anjou in Schach zu halten, deren Besitzungen im Tal der Loire lagen, zwischen den königlichen Kronlanden in der Île-de-France und den Besitzungen Eleonores; des Weiteren würde der Besitz Aquitaniens seine Stellung gegenüber den ebenfalls expansionistischen Herzögen der Normandie stärken, die zugleich Inhaber der englischen Königskrone waren.

Um kein Machtvakuum entstehen zu lassen, machte Ludwig sich aus Paris auf den Weg nach Süden, um Eleonore so schnell wie möglich zu heiraten. Mit ihm reiste ein Tross von 500 Rittern, eine Auswahl «der besten Männer im Königreich unter Führung mächtiger Edelleute». Diese Truppe, ergänzt um die Bediensteten der Edelleute, hatte mehr Ähnlichkeit mit einer Streitmacht, die notfalls in der Lage sein würde, Hindernisse entlang des Weges oder in Eleonores Ländern beiseitezuräumen, als mit einer «standesgemäßen Eskorte» für den jungen Bräutigam.[11] An der Spitze des königlichen Trosses ritten der Graf von Blois-Champagne, Theobald II., Graf

Ralph von Vermandois, einer der treuesten Gefolgsleute Ludwigs VI., und Abt Suger höchstselbst. Mit von der Partie war auch der Bischof von Chartres, Geoffroy de Lèves, der Aquitanien von seinen Besuchen als päpstlicher Nuntius kannte. Noch früher hatte der Bischof in seiner Funktion als Legat der Kirchenprovinz Bordeaux Herzog Wilhelm X. umgarnt, um ihn zur Aussöhnung mit seinen Prälaten zu bewegen; dabei hatte er eng mit dem künftigen Erzbischof Gottfried von Loroux zusammengearbeitet. Die beiden Männer waren Freunde geworden, und sie wirkten jetzt wieder zusammen, um den Übergang Aquitaniens an die französische Krone zu bewerkstelligen.[12]

Eleonore hätte nicht erwarten können, bei der Wahl ihres Ehegatten ein Wörtchen mitreden zu dürfen, auch nicht, wenn ihr Vater, wie geplant, 1137 aus Spanien zurückgekehrt wäre. In einer Ära, in der arrangierte Ehen innerhalb der Aristokratie der Normalfall waren, war ihr schon in jungen Jahren klar, dass das Heiraten eine Familienangelegenheit war und keine individuelle Entscheidung. Adlige sahen in der Verheiratung ihrer Kinder eine Chance, das politische oder finanzielle Wohl ihrer Familie zu fördern; es ging ihnen dabei nicht um das persönliche Lebensglück ihrer Sprösslinge. Die Braut und ihr künftiger Mann hatten nicht viel mitzuentscheiden. Eleonore, die schon seit früher Kindheit viel über ihre erlauchten Vorfahren gehört hatte, war stolz auf den von ihrer Dynastie eroberten Herzogstitel, und die Aussicht, den Erben der französischen Krone zu heiraten, dürfte ihr geschmeichelt haben. Sie machte sich wohl kaum große Hoffnungen darauf, in der Ehe mit dem jungen Ludwig, der ihr fremd war, Liebesglück zu finden, es sei denn, sie hätte sich durch Legenden oder romantische Versdichtungen, wie so manche andere junge Aristokratin, zu der unrealistischen Erwartung verleiten lassen, sie werde sich, wenn nicht sogleich, dann doch irgendwann in ihren Mann verlieben.

Eheschließungen waren in aristokratischen Kreisen zwar eine Sache der Eltern, doch tendierte die kirchliche Dogmatik in die Richtung, für eine Heirat die freiwillig erteilte Zustimmung beider Partner zu verlangen. Die Kirche knüpfte ihre Zustimmung zu Eheschließungen an weitere Bedingungen, darunter die, dass beide Eheanwärter alt genug sein mussten, um ihre Zustimmung geben zu können. Für Mädchen galten 12, für Knaben 14 Jahre als Mindestalter.[13] Adlige Familien ignorierten diese Vorgabe indes häufig genug und verheirateten ihre Kinder in einem Alter, in dem diese noch weit davon entfernt waren, eigenverantwortlich entscheiden zu können; und nur selten stießen sie dabei auf Widerstand seitens des Klerus. Die Eheschließung war im frühen 12. Jahrhundert zwar noch kein religiöses Sakrament, schuf jedoch nach damaliger Kirchenlehre eine unauflösliche Verbindung. Aristokraten waren es indes gewöhnt, sich von ihrer Frau zu trennen und sich eine neue zu nehmen, wenn es sie danach gelüstete oder wenn es ihren politischen Zielen diente; sie hatten daher ein Interesse an leicht erfüllbaren Bedingungen für die Auflösung einer Ehe, wann immer dies aus der Sicht des Mannes oder seiner Familie vorteilhaft erschien.

Eine weitere von der Kirche aufgerichtete Schranke war das Verbot von Eheschließungen zwischen Partnern, die in einem bestimmten Verwandtschaftsgrad zueinander standen. Prinzipiell waren laut kanonischem Recht Heiraten zwischen Blutsverwandten bis zum siebten Grad der Verwandtschaft untersagt, also zwischen Personen, die innerhalb der letzten sieben Generationen einen gemeinsamen Vorfahren hatten. Ein so strenges Verbot war «vielleicht einzigartig in der Geschichte der Menschheit»[14] und hätte, wäre es rigoros durchgesetzt worden, eine sehr große Zahl von Eheschließungen zwischen Aristokraten verhindert. Sprösslinge führender Familien des Hochadels konnten es schon im 11. Jahrhundert kaum vermeiden, Vettern oder Cousinen ersten Grades zu heiraten, wenn sie standesgemäße Ehepartner haben wollten. Dennoch erfüllte das gerichtliche Verbot einen nützlichen Zweck, indem es Adligen, die eine unglückliche Ehe führten, einen bequemen Vorwand an die Hand gab, sich von ihrem Partner zu trennen, denn wenn herauskam, dass die beiden im siebten Grad oder enger miteinander verwandt waren, galt die Ehe als nicht geschlossen.

In einer Hinsicht war die Eheschließung zwischen Eleonore und Ludwig ungewöhnlich, nämlich insofern als auch er, dessen Geburtsjahr zwischen 1120 und 1123 gelegen haben dürfte, noch ein Teenager war, kaum älter als seine Braut.[15] In der überwiegenden Zahl der Fälle war bei Heiraten zwischen Aristokraten die Braut erheblich jünger als der Bräutigam. Nicht selten wurden adlige Teenagerinnen mit Männern verheiratet, die bereits die 30 oder die 40 überschritten hatten. Braut und Bräutigam passten in mehrfacher Hinsicht nicht gut zusammen: Ludwig, der Überlieferung nach ein gut aussehender Junge mit langem Haar, war ruhig, ernsthaft und ausgesprochen devot. Er war der zweite Sohn von Ludwig VI. und Adelheid von Maurienne und hatte eine Erziehung genossen, die ihn auf eine geistliche Laufbahn vorbereiten sollte: Er hatte die Domschule Notre-Dame auf der Île de la Cité in Paris, nicht weit vom königlichen Palast, absolviert.[16] Sein älterer Bruder Philipp, der designierte Thronerbe, erlitt jedoch 1131 einen tödlichen Unfall, als sein Pferd «über ein teuflisches Schwein stolperte», stürzte und ihn zerquetschte. Das machte Ludwig unerwartet zum Anwärter auf den französischen Thron. In Übereinstimmung mit der vom zweiten Kapetinger-König eingeführten Gepflogenheit, den Erben des amtierenden Monarchen noch zu dessen Lebzeiten zu krönen, um eine reibungslose Thronfolge sicherzustellen, wurde Ludwig auf die Krönung vorbereitet. Zwölf Tage nach dem Tod seines Bruders, im Oktober 1131, wurde er in der Kathedrale von Reims im Beisein zahlreicher hochrangiger kirchlicher Würdenträger – an der Spitze der Papst – gekrönt und gesalbt.[17]

Nach seiner Krönung kehrte Ludwig VII. offenbar an seine Schule zurück, um seine religiöse Ausbildung fortzusetzen, die ihn allem Anschein nach für sein ganzes Leben zutiefst prägte, was etwa in seiner Vorliebe für schlichte Kleidung, seinem bescheidenen Auftreten und seiner aufrichtigen Frömmigkeit zum Ausdruck kam. Schon seine Vorgänger auf dem Kapetinger-Thron hatten sich bemüht, sich als Musterexemplare eines christlichen Königtums darzustellen, und hatten ihre engen Beziehungen zur Kirche hervorgehoben, vielleicht auch um damit die bescheidene Größe ihrer militärischen Macht wettzumachen. Der Ruf, ein frommer und spiritueller Mann zu sein, haftete dem jungen Ludwig jedoch in besonderem Maß an, mehr als seinen Vorgängern auf dem französischen Thron. Wie ein Zeitgenosse es ausdrückte: «Er war so fromm, so gerecht, so katholisch und gutartig, dass man, wenn man die Schlichtheit seines Betragens und seiner Kleidung sah, auf die Idee kommen konnte, … er sei kein König, sondern ein Mann der Religion.»[18] Tatsächlich betrachtete Ludwig das Königsein als eine religiöse Berufung und fühlte sich verpflichtet, sein Regierungsamt im Sinne christlicher Grundsätze auszuüben. In seinen ersten Jahren als König verleitete ihn seine Überzeugung, als französischer Monarch ein Werkzeug Gottes zu sein, zu einer unrealistischen Einschätzung seiner Macht; er neigte dazu, diese zu überschätzen und überehrgeizige politische Ziele zu verfolgen.[19] In seiner jugendlichen Begeisterung legte er oft eine Neigung zu spontanen Entschlüssen an den Tag, die er im Zorn und ohne gründliches Nachdenken traf. Auf der anderen Seite wirkte er manchmal träge und widmete sich seiner Aufgabe zu regieren nur lustlos, teilweise aus Abneigung gegen politische Intrige oder weil es ihm an Beharrlichkeit fehlte. Obwohl er tief überzeugt war von der Würde des Monarchen, agierte er häufig ängstlich und ließ sich von Mitgliedern seiner Entourage beeinflussen. Zu denen, die sich am meisten bemühten, Einfluss auf den jungen Mann zu nehmen, gehörte seine junge Gattin Eleonore, und tatsächlich ließ er bereitwillig zu, dass sie sich in die politischen Entscheidungsprozesse einmischte.[20]

Bei einem so sanftmütigen Mann wie Ludwig VII. war die Chance nicht sehr groß, dass er mit einer Frau wie Eleonore von Aquitanien glücklich würde. Seine junge Frau hatte mehr von der Welt und vom Leben gesehen, als seine behütete Erziehung es ihm ermöglicht hatte. Ein Mädchen, das an einem kultivierten und lebhaften Hof aufgewachsen war, wo man sich nur der Form halber an die Gebote der christlichen Frömmigkeit gehalten und wo der eigene Vater jahrelang offen mit seiner Geliebten zusammengelebt hatte, konnte die strenge und beengende Religiosität, die am Königshof der Kapetinger herrschte, nur als erstickend empfinden. Auch wenn Eleonore zu jung war, um eigene Erinnerungen an das Leben am Hofe Wilhelms des Troubadours, ihres Großvaters, zu haben, wuchs sie doch unter lauter Menschen auf, die von den vergnüglichen Früchten dieses Hofes genascht hatten und willens waren, ihr davon zu erzählen. Wenn sie nach ihrem Umzug nach Paris «durch das Prisma ihrer Vorstellungskraft» an ihre frühe Kindheit zurückdachte, verglich sie vermutlich das frugale Leben am Kapetinger-Hof mit einer idealisierten Vorstellung vom Hof ihres Großvaters.[21] Eleonore wird die vielfach zitierte Äußerung zugeschrieben, sie habe «einen Mönch geheiratet, keinen König». Dieses Zitat, wiewohl kaum authentisch, trifft vermutlich die Gefühle, die sie früher oder später für Ludwig empfand.[22] Seine Erziehung zu einem geistlichen Leben hatte ihn sicherlich nicht auf eine erfüllende eheliche Beziehung vorbereitet, aber das verhinderte nicht, dass Eleonores Schönheit und ihr Charme ihn sofort gefangen nahmen und er sich alsbald Hals über Kopf in sie verliebte. Einige Beobachter beschrieben die Liebe des jungen Königs zu seiner Frau als «fast kindlich» und als leidenschaftlich jenseits aller Vernunft. Die Intensität seiner Liebe zu seiner Braut machte ihn womöglich zu einem misstrauischen Ehemann, anfällig für die Eifersucht.[23]

Ungeachtet aller Hinweise darauf, dass Ludwig zu seiner jungen Frau aufschaute, müssen wir annehmen, dass die notorische Misogynie der Kirche und ihrer Lehren ihn denkbar schlecht auf die sexuelle Beziehung vorbereitet hatte, die Eleonore von ihrer Ehe erwartete. Aufgezogen in einem geistlichen Milieu, legte Ludwig ein prüdes und verklemmtes Verhalten an den Tag, das die Königin nicht deuten konnte.[24] Der hohe Wert, den die Kirche auf sexuelle Enthaltsamkeit legte, und die von ihr gepredigte Identifizierung des Fortpflanzungsakts mit der Erbsünde Adams und Evas dämpften im Zusammenwirken die körperlichen Leidenschaften des jungen Königs. Er hatte voll und ganz die kirchliche Lehre verinnerlicht, der zufolge das klösterliche Leben als Mönch für einen Christenmenschen das einzig Wahre sei und

Gott die Ehe lediglich als einen Notbehelf für die Befriedigung des sexuellen Verlangens geschaffen habe. Den frühen Kirchenvätern war die körperliche Liebe nicht geheuer; sie neigten eher dazu, jede sexuelle Betätigung zu verurteilen, als die sexuelle Zweisamkeit innerhalb einer legal geschlossenen Ehe zu bejahen. Eines ihrer Dogmen besagte, ein Mann, der in der geschlechtlichen Liebe zu seiner Frau zu viel Leidenschaft an den Tag lege, begehe eine Sünde, die schlimmer sei als Ehebruch.[25] Spätere, philosophisch gebildete Theologen des 12. Jahrhunderts warnten verheiratete Männer unter Berufung auf die Lehren der Stoiker vor ungezügelter ehelicher Liebe, weil durch diese die überlegenen Denkfähigkeiten des Mannes Schaden nehmen könnten.[26] Eleonore hatte dank ihrer Herkunft von einem durch das Lebensgefühl ihres hedonistischen Großvaters Wilhelm des Troubadours geprägten Hof eine eher erdgebundene und unverstellte Sicht auf Sexualität. Sehr wahrscheinlich trugen die gegensätzlichen Erwartungen, mit denen sie und ihr Gatte an die körperliche Seite ihrer ehelichen Beziehung herangingen, dazu bei, dass ihre Ehe unglücklich verlief und am Ende scheiterte.

Der königliche Bräutigam und sein heerähnliches Gefolge erreichten am 1. Juli 1137 Limoges, sie beteten am Schrein des heiligen Martial und trafen am 11. Juli in Bordeaux ein. Ihre Zeltlager bauten sie am Ufer der Garonne auf, gegenüber der Stadt, und warteten auf die Boote, die sie brauchten, um das breite Gewässer zu überwinden. Der Einzug Ludwigs, der sechs Jahre zuvor zum König gekrönt worden war, in Bordeaux markierte den ersten Besuch eines französischen Monarchen in der Stadt seit drei Jahrhunderten. Die Hochzeit fand am 25. Juli in der Kathedrale Saint-André statt, die in den letzten Jahrzehnten des 11. Jahrhunderts erbaut worden war. Heute ist von dem Gebäude nur noch eine überraschend schmucklose Fassade aus der Zeit Eleonores erhalten.[27] Eine große Zahl adliger Vasallen aller Rangstufen aus allen Teilen von Eleonores Herzogtum fand sich in der brütenden Sommerhitze ein, um der Trauung des Paares beizuwohnen. Im Rahmen der Zeremonie ließ Ludwig seine Braut «mit dem Diadem des Königreichs krönen».[28]

Um dem Ereignis noch mehr Glanz zu verleihen, hatte der junge Ludwig für seine Braut kostbare Geschenke mitgebracht; nach dem Urteil eines Chronisten hätte es der Redegewandtheit eines Cicero oder des Gedächtnisses eines Seneca bedurft, um der Welt die Üppigkeit und Mannigfaltigkeit dieser Geschenke zu verkünden.[29] Normalerweise gingen einer aristokratischen Eheschließung langwierige Verhandlungen zwischen den Familien der Brautleute über finanzielle Regelungen voraus. Im Poitou war es seit dem Jahrhundert vor der Geburt Eleonores üblich geworden, dass die Familie einer adligen Braut dieser zum Zeitpunkt ihrer Heirat eine Mitgift oder einen Erbanteil überschrieb, einen Vermögenswert, den sie in ihre Ehe einbrachte. Im Gegenzug wurde vom Bräutigam erwartet, dass er seiner Angetrauten am Hochzeitstag einen Teil seines Grundbesitzes übereignete, das sogenannte Leibgedinge, damit sie für den Fall, dass sie ihn überlebte, über eine unabhängige Einkommensquelle verfügte. In manchen Fällen erhielt die Frau unverzüglich das Verfügungsrecht über ihr Leibgedinge, im Regelfall behielt jedoch zunächst der Mann die Kontrolle darüber.[30] Da Ludwig VI. diese Ehe für Eleonore arrangiert und als ihr Vormund agiert hatte, waren Verhandlungen über finanzielle Regelungen in diesem Fall nicht nötig. Was die Mitgift der jungen Eleonore betraf, so brachte sie ein bedeutendes Herzogtum in die Ehe ein; eine darüber hinausgehende Mitgift wurde von ihr nicht erwartet. Zweifellos war dafür gesorgt, dass ihr weiterhin Einkünfte aus den Besitzungen ihrer Familie im Poitou zuflossen, sodass es wenig sinnvoll gewesen wäre, ihr einen Teil der überschaubaren Thronlande des französischen Königtums als Wittum zu übereignen. Vor dem Aufbruch des jungen Paares nach Paris machte Eleonore ihrem neuen Gatten jedoch ein weiteres prachtvolles Geschenk: eine aus einem Bergkristall gefertigte Vase, eine der wenigen Gegenstände aus dem Besitz Eleonores, die erhalten geblieben sind (Abb. S. 33). An dieser Vase hing Eleonore sehr; sie war ein Erinnerungsstück an ihren Großvater Wilhelm IX., der sie von einer militärischen Expedition nach Spanien mitgebracht hatte.[31]

Ludwig VI. belohnte die Heirat seines Sohnes und Erben mit Eleonore, indem er der Kirchenprovinz Bordeaux bedeutsame Zuwendungen und Privilegien gewährte, auch um sich das Wohlwollen der aquitanischen Bischöfe zu sichern. Noch bevor sein Sohn seine «Hochzeitsreise» nach Aquitanien antrat, verzichtete der König ausdrücklich auf alle Ansprüche, sich zum Lehnsherrn der Diözesen der Kirchenprovinz Bordeaux aufzuwerfen, und räumte dieser das Recht ein, ihre Bischöfe frei zu wählen. Dieses Zugeständnis bedeutete das Ende des traditionellen Rechtsanspruchs der Herzöge von Aquitanien, bei der Ernennung der Bischöfe der sechs Diözesen der Kirchenprovinz Bordeaux ein Wort mitzureden.[32] Nicht genug damit, dass Ludwig VI. der aquitanischen Kirche Zugeständnisse machte, auch Eleonores junger Gatte verzichtete als neuer Herzog von Aquitanien auf lehensherrliche Rechte gegenüber den neu gewählten Bischöfen sowie auf sein Gewohnheitsrecht, nach dem Tod eines Bischofs dessen Besitzungen bis zur Wahl eines Nachfolgers treuhänderisch zu verwalten.[33] Das war eine bedeutsame Prämie für den Erzbischof von Bordeaux, Gottfried von Loroux, gewährt in Anerkennung der wichtigen Rolle, die er bei der Anbahnung der Ehe mit dem jungen Ludwig und der Vormundschaft des französischen Königs über Eleonore gespielt hatte.[34] Später sicherte sich der Erzbischof vom Kapetinger-König eine weitere Vergünstigung: Ludwig VII. erlaubte Gottfried, die Probleme bereitenden Domherren seiner Kathedrale den Regeln der Augustiner zu unterstellen, die er bevorzugte, und damit seinem Domkapitel das Gepräge einer klösterlichen Einrichtung zu geben.[35]

Nach Ende der Hochzeitsfeierlichkeiten am Abend des 25. Juli verlor das frisch getraute Paar keine Zeit und machte sich auf den Weg nach Paris. Ihre erste Nacht zusammen verbrachten sie auf der Burg Taillebourg, die eindrucksvoll über dem Fluss Charente thront; ihr Gastgeber dort war der Burgherr Gottfried von Rancon. Er war der mächtigste Grundherr in der Saintonge und gebot über ein großes Territorium, das sich von seiner Burg Taillebourg ostwärts bis La Marche, im Norden bis ins Poitou hinein und im Süden bis zum Angoumois erstreckte. Gottfried von Rancon und seine Erben sollten während Eleonores gesamter Lebenszeit wichtige Akteure auf der poitevinischen Politikbühne bleiben.[36] Ob die jungen Eheleute in jener ersten Nacht auf Taillebourg ihre Ehe vollzogen, wissen wir nicht; sicherlich suchten die Bediensteten des Königshauses am Morgen nach Hinweisen darauf, denn sowohl nach kirchlichem Recht als auch nach verbreiteter Auffassung war keine Ehe ein unauflöslicher Bund, solange sie nicht körperlich vollzogen war.

Anfang August traf das Paar in Poitiers ein, wo Abt Suger eine Woche später eine förmliche Investitur des jungen Ludwig in der Kathedrale Saint-Pierre inszenierte, eine religiöse Zeremonie, die die Anerkennung seines Herzogstitels durch die Kirche signalisierte.[37] Der bereits zum König der Franzosen gekrönte und gesalbte Ludwig nahm bei seiner Heirat noch nicht die Titel «Graf von Poitou» und «Herzog der Gascogne» an; er hatte sich einzig und allein den Titel «Herzog von Aquitanien» auf sein Siegel gravieren lassen. Das bedeutete, dass das Herzogtum der Braut, auch wenn es von nun an unter der Hoheit der Kapetinger stand, nicht in den Kronlanden der französischen Könige aufgehen, sondern eine separate Identität und eigene Institutionen behalten würde.[38]

Kaum war die Zeremonie vorüber, da traf aus Paris ein Kurier mit der traurigen Nachricht ein, dass König Ludwig VI. am 1. August im Alter von knapp 60 Jahren verstorben war. Die sommerliche Hitze hatte seine unverzügliche Bestattung im Kloster von Saint-Denis erzwungen, ohne dass man auf die Rückkehr Ludwigs und seiner Braut aus dem Poitou hätte warten können.[39] Ludwig musste das Amt des Königs mit allen seinen Aufgaben unverzüglich antreten. Er ließ seine Braut in der Obhut des Bischofs Geoffroy von Chartres zurück, um sogleich eine Streitmacht nach Orléans zu führen, wo aufmüpfige Stadtbürger die Nachricht vom Tod des alten Königs zum Anlass genommen hatten, Orléans zur freien, von der Bürgerschaft selbst verwalteten Stadt zu erklären.[40]

Vom herzoglichen Hof in Poitiers zum königlichen Hof in Paris

Als Königin Eleonore gegen Ende des Sommers 1137 in Paris eintraf, zog die Stadt an der Seine in ihren Augen im Vergleich mit Poitiers oder Bordeaux sicherlich den Kürzeren. Paris bestand damals aus nicht viel mehr als der Île de la Cité und rangierte noch nicht unter den bedeutenden Städten Europas. Der Bau der Kathedrale von Notre-Dame in dem prächtigen neuen gotischen Baustil hatte noch nicht begonnen; an ihrem jetzigen Standort am westlichen Ende der Insel befand sich damals noch die aus dem 6. Jahrhundert stammende merowingische Kathedrale. Der Königspalast nahm den westlichen Zipfel der Insel ein, und er wirkte auf Eleonore sicherlich wenig imposant, wenn sie ihn mit dem herzoglichen Palast in Poitiers verglich, der den steilen Hügel krönte, an dem die Stadt sich hinaufzog. Die Île de la Cité mit ihren dicht gepackten Häuschen und engen Gassen, umgeben von einer gebrechlichen römischen Stadtmauer, war durch den «Grand Pont» mit einem anwachsenden, von Händlern und Gewerbetreibenden bevölkerten Quartier am rechten Ufer der Seine verbunden, eine von Läden gesäumte steinerne Brücke. Das Gewerbeviertel auf dem rechten Seine-Ufer war nicht durch eine Mauer geschützt, sondern lediglich durch eine hölzerne Palisadeneinfriedung. Als Eleonore und ihr Gefolge sich auf der von Orléans heranführenden Straße Paris näherten, bekamen sie am südlichen Stadtrand wohl die Ruinen einiger altrömischer Gebäude zu sehen. Verstreut zwischen Weinbergen, fanden sich auf dem linken Seine-Ufer einige Gotteshäuser: Sainte-Geneviève, Saint-Victor, Saint-Germain-des-Prés. Kleine Wohnquartiere schmiegten sich an diese Kirchenbauten, die ihr Wachstum einer zunehmenden Zahl ehrgeiziger junger Zuwanderer verdankten, die von den diesen Klöstern angegliederten Schulen angezogen wurden. Um vom Südufer der Seine auf die Île de la Cité zu gelangen, mussten die Königin und ihr

Tross den Petit Pont überschreiten, ebenfalls eine steinerne Brücke, deren Fahrbahn von Häuschen gesäumt war.[41]

In den ersten Jahrzehnten des 12. Jahrhunderts entstanden in Paris Schulen, die den älteren, aus früheren Jahrhunderten stammenden Klosterschulen den Rang abliefen; die Domschule und die neueren Schulen am linken Seine-Ufer machten Paris um diese Zeit zum führenden Zentrum für philosophische und theologische Studien im westlichen Europa. Charismatische und umstrittene Lehrer wie Peter Abaelard zogen Schüler und Studenten aus allen Teilen Europas an, und sie diffundierten von der Domschule auf der Île de la Cité zu den von den Klöstern und Kirchen auf dem linken Seine-Ufer eingerichteten Schulen. In den Wohnquartieren, die um diese Schulen herum entstanden – aus ihnen entwickelte sich das berühmte Quartier Latin –, fanden die Schüler und Studenten «einen Überfluss aller guten Sachen: fröhliche Straßen, seltene Köstlichkeiten, unvergleichliche Weine».[42]

Es waren in erster Linie theologische Abhandlungen, in lateinischer Sprache von Lehrenden an den Pariser Schulen geschrieben, die die Aufmerksamkeit der jungen Leute erregten und Diskussionen beförderten, nicht wie in Südfrankreich eine volkssprachlichen Dichtung, die weltliche Themen behandelte. Den Bürgern des französischen Nordens fehlte es am Selbstbewusstsein der Südfranzosen, die eine quicklebendige Kultur für eine säkulare Gesellschaft geschaffen hatten, die sich in ihrer Muttersprache, dem Okzitanischen, mit sich und über sich selbst verständigte. Andererseits fanden sich im Umfeld der Pariser Schulen auch «anrüchige» Studenten, die sich von der Lektüre antiker römischer Liebesdichtungen zur Abfassung freizügiger Gedichte in lateinischer Sprache inspirieren ließen. In ihrer Poesie artikulierten sie Einstellungen zur Liebe zwischen Mann und Frau außerhalb der Ehe, die verblüffende Parallelen zu den Liedern der Troubadoure des Südens aufwiesen.[43] So heißt es im Gedicht eines wandernden deutschen Studenten, der vielleicht einen Blick auf Eleonore als reife Frau hatte erhaschen können: «Wäre die ganze Welt mein / vom Meer bis zum Rhein / da würde ich gerne hungern, / wenn die Königin von England in meinen Armen läge.»[44]

Begleitet wurde Eleonore nach Paris von ihrer jüngeren Schwester Aélith, die am französischen Königshof Petronilla genannt wurde. Außerdem gehörten dem Gefolge Eleonores sehr wahrscheinlich zahlreiche Poiteviner an, von adligen Herren und Damen bis zu Knechten und Hausdienern, von denen jedoch keine Namen überliefert sind. Eleonores neue Untertanen im Norden waren darauf eingestellt, von ihr und ihren poitevinischen Begleitern das Schlimmste zu erwarten, denn schon seit langer Zeit kursierten Schriften, in denen die Südländer als verweichlicht, eitel und korrupt dargestellt wurden, jedenfalls im Vergleich zu den tatkräftigeren und tugendhaften Nordfranzosen. Bei der ersten Begegnung zwischen Eleonore und ihrem Anhang und den Parisern erlitten vermutlich alle einen gewissen «Kulturschock». Ihr Rang als Herzogin von Aquitanien bedeutete, dass sie mit einer größeren Entourage in Paris eintraf, als frühere Königinnen sie mitgebracht hatten. Allein Eleonores persönlicher Hausstaat dürfte, wie der anderer hochgestellter Aristokraten, mindestens 40 Personen umfasst haben.[45] Die junge Königin und ihre Begleiter und Begleiterinnen fielen mit ihren extravaganten Kostümen, wie man sie an den Höfen des Südens liebte, am Kapetinger-Hof ziemlich aus dem Rahmen. Sie unterhielten sich untereinander auf Okzitanisch, und ihr Mangel an Zurückhaltung verschreckte die Mitglieder des Hofstaats ihres neuen Gatten. Sie konnten kaum glauben, wie unbefangen und ungehemmt sich Eleonore und ihre Damen an den Gesprächen der Männer beteiligten. Der Umfang des Haushalts der neuen Königin, die schiere Größe dieses fremdartigen Elements mit seinem gewöhnungsbedürftigen Auftreten und die Beobachtung, dass Eleonores Gefolgsleute sich in erster Linie an den Bedürfnissen und Interessen ihres Herzogtums orientierten, all das lieferte Anlässe für Spannungen zwischen den Neuankömmlingen und den altgedienten Beamten und Höflingen am königlichen Hof.

Eleonore, die am Hof von Poitiers der gehätschelte Liebling gewesen war, erkannte vermutlich gar nicht, wie viel Befremden sie und ihre poitevinische «Sippe» mit ihrem Gebaren, das am französischen Königshof deplatziert wirkte, auslösten. Als heranwachsendes Mädchen, vergleichbar mit der jungen Marie-Antoinette rund sechs Jahrhunderte später, war sie sicherlich nicht erfahren genug, um zu wissen, dass Höflinge sich sehr plötzlich von Schmeichlern in Verleumder verwandeln konnten, wenn achtlos dahingesagte Worte oder unüberlegte Handlungen ihrerseits deren Stellung bei Hofe zu gefährden schienen.[46] Nicht lange, und es entwickelte sich eine Situation, vergleichbar mit der am englischen Hof in der Regierungszeit Heinrichs III. um die Mitte des 13. Jahrhunderts, als Heinrichs Gemahlin sich mit einer einflussreichen «Kamarilla» umgab, bestehend aus «Ausländern», nämlich Landsleuten von ihr, die sie aus Savoyen mitgebracht hatte.[47] Ebenso wie jene, die damals keinen Zugang zur Kamarilla der englischen Königin erhielten, fürchteten, es könne sich daraus eine übermächtige Ausländerfraktion entwickeln, fürchteten diejenigen am Pariser Königshof, die nicht dem poitevinischen Gefolge Eleonores angehörten, um ihren Einfluss.

Kraftproben um Privilegien und Befugnisse konnten, ebenso wie ernste politische Meinungsverschiedenheiten, zu Konflikten zwischen den Gefolgsleuten Eleonores und den altgedienten königlichen Beamten führen, mit der Gefahr, dass der Hof sich in zwei rivalisierende Hausmächte aufspaltete.[48]

Eleonore erkannte bald, dass am Hofe ihres frommen Mannes eine devote und ernste Atmosphäre vorherrschte, gleich, ob der Hof im königlichen Palast auf der Île de la Cité residierte oder sich auf Tour durch die königlichen Besitzungen befand. Wie alle fürstlichen Haushalte war auch der von Ludwig ständig in Bewegung, rotierend zwischen den königlichen Residenzen in Compiègne, Orléans oder Étampes und manchmal auch auf Stippvisite bei königlichen Klöstern oder in einer Diözese. Eleonore musste der Kontrast zwischen ihrem neuen Leben als Königin und dem lauten und fröhlichen herzoglichen Hof ihres Vaters und Großvaters in Poitiers irritieren, wo Sänger, Pantomimen, Jongleure, Komödianten und andere Unterhalter ein und aus gegangen waren. Die Kirche warf alle, die ihre Existenz als Unterhaltungskünstler fristeten, vom begabten Musiker bis zur Prostituierten, in einen Topf und warnte alle ehrbaren Menschen davor, mit diesen Leuten zu verkehren. Die Kapetinger-Könige nahmen sich diese Warnung zu Herzen, und wer einem Unterhaltungsberuf nachging, musste feststellen, dass die Chance, am französischen Königshof zu reüssieren, gering war.[49]

Die junge Königin stellte schnell fest, dass das kulturelle Leben im nördlichen Frankreich sehr viel stärker als in ihrer Heimat von der Kirche dominiert wurde. Die führenden Persönlichkeiten im politischen und geistigen Leben des Landes, über das Ludwig VII. herrschte, kamen aus der klösterlichen Welt. Am königlichen Hof war Abt Suger von Saint-Denis die dominierende Figur, sowohl als Ideengeber als auch als Politiker. Der jugendliche und unerfahrene König stützte sich in erheblichem Maß auf Suger, den Freund und Chefminister seines Vaters, und der Abt stand wie eine Vaterfigur hinter dem König. Zwei weitere religiöse Würdenträger übten ebenfalls einen weit über ihre klösterlichen Bastionen hinausgehenden Einfluss aus: Peter der Ehrwürdige (gest. 1156), Abt des angesehenen Klosters Cluny und seiner weitverzweigten Kette angeschlossener klösterlicher Einrichtungen, war ein fruchtbarer Briefschreiber und übte Einfluss mit seiner Feder aus. Er verteidigte seinen Orden gegen Angriffe des anmaßenden Zisterzienserabts Bernard von Clairvaux, der immer wieder sein Kloster verließ, um sich in politische und religiöse Auseinandersetzungen in ganz Frankreich einzumischen.[50]

Weil Eleonore von Aquitanien die Enkelin Wilhelms IX. war, des Troubadour-Herzogs, lag für viele die Vermutung nahe, sie habe dem französischen Königshof ein Stückchen Sinnlichkeit und Genussfreude eingehaucht. Ferner wurde und wird Eleonore nachgesagt, sie sei eine Mäzenin der Dichter gewesen und habe den französischen Hof erstmals mit der amourösen Lyrik der Troubadoure bekannt gemacht, die die Kunst der höfischen Liebe predigte und ein neues Ideal des Ritters als eines Bewunderers kultivierter Damen begründete. Es stimmt zwar, dass die Gesänge der Troubadoure in der Zeit, in der Eleonore dem französischen Königshof ihren Stempel aufdrückte, im Norden Frankreichs auftauchten, doch liegen kaum direkte Belege dafür vor, dass sie maßgeblich zur Förderung dieses neuen Trends beigetragen hätte. Gesänge über die höfische Liebe im Stil der Troubadoure waren im nördlichen Frankreich tatsächlich nur eine kurze, eher als fremdartig empfundene Modeerscheinung, und nur wenige nordfranzösische Autoren, die sich der Schöpfung solcher Gesänge verschrieben, waren aus der Region Paris.[51]

Nichtsdestotrotz assoziierten die Untertanen ihre neue Königin mit der Einstellung ihres Großvaters zu Liebe und Ehe, die der christlichen Lehre zuwiderlief. Alles, was geeignet war, Eleonore mit der höfischen Liebesdichtung des Südens in Verbindung zu bringen, gereichte ihr in den Augen der Frömmeren unter ihnen zur Schande. Sie übertrugen auf ihre Königin ihre tief verwurzelten Vorurteile über den Charakter und die Sitten und Gebräuche der Bewohner des mediterranen Südens, obwohl Eleonores Heimat, das Poitou, an der Grenze zwischen Nordfrankreich und dem Midi oder Languedoc lag. Umgekehrt hegte Eleonore aufgrund der Erfahrungen ihrer Kindheit unrealistische Erwartungen, was ihre Rolle am französischen Königshof betraf. Möglichkeiten, die aristokratischen Frauen im Süden noch offenstanden, verflüchtigten sich im nördlichen Frankreich des 12. Jahrhunderts rapide. Veränderungen im Erbrecht, die sich im ganzen nordwestlichen Europa durchzusetzen begannen und den ältesten Sohn begünstigten, hatten zur Folge, dass aristokratische Frauen dort, anders als ihre Geschlechtsgenossinnen weiter im Süden, kaum mehr Aussicht hatten, etwas vom väterlichen Erbe abzubekommen, was bedeutete, dass sie nicht über jenes Maß an Unabhängigkeit verfügten, das nach Überzeugung Eleonores einer Dame ihres Standes gebührte.

Als Eleonore in Paris Einzug hielt, war sie für ihre Rolle als Gemahlin eines Königs schlecht gerüstet. Da ihre Mutter früh gestorben war und sie ihre Kindheit an einem Hof ohne amtierendes weibliches Oberhaupt verbracht hatte, fehlte es ihr an einem Rollenvorbild, an dem sie sich als Königin hätte orientieren können. Andererseits waren unter ihren direkten Vorfahrinnen willensstarke Frauen gewesen, die unter den chaotischen Verhältnissen des 10. und 11. Jahrhunderts Einfluss auch auf politische Entscheidungen genommen hatten. Die wenigen Gelehrten, die in diesen aufgewühlten Zeiten geschichtliche Aufzeichnungen gemacht hatten, hatten keine Verwunderung darüber zum Ausdruck gebracht, dass Frauen gelegentlich «männliche» Führungsqualitäten an den Tag legten; sie hatten solche Frauen mit Worten und Metaphern beschrieben, die «keineswegs herabsetzend waren».[52] In Aquitanien und im gesamten Midi kam es vor, dass adlige Frauen durch Erbschaft auf Fürstenthrone gelangten, und auch dass Aristokratinnen eine Rolle im öffentlichen Leben übernahmen, war nicht ungewöhnlich. Eleonores Verständnis ihrer Rolle als französische Königin orientierte sich am Vorbild solcher bedeutenden Frauen, deren Geschichten sie als Kind gehört hatte. Die Tatsache, dass Eleonore die erste Kapetinger-Königin war, die als Mitgift ein bedeutendes Territorialfürstentum in die Ehe eingebracht hatte, nährte bei ihr die Erwartung, von ihrem Mann partnerschaftlich an der Ausübung der Regierungsgewalt über das Land ihrer Vorfahren beteiligt zu werden.[53] Aber auch am Regieren des Königreichs hoffte sie mitwirken zu können.

An Weihnachten 1137 reisten Ludwig VII. und die neue Königin nach Bourges, wo sie sich als gekrönte Häupter ihren Untertanen zeigten. Ein «großer Hof» wurde abgehalten, unter Teilnahme von «Aristokraten und Rittern aus ganz Frankreich und Aquitanien und anderen umliegenden Regionen».[54] An großen christlichen Feiertagen profilierte sich der königliche Hof als Ausrichter prachtvoller Zeremonien, symbolisches Zeugnis für den hoheitlichen Rang und die von Gott verliehene Autorität des Königtums. Die Königin trat bei diesen großen Anlässen an der Seite ihres Mannes auf und spielte ihre vorgeschriebene Rolle bei Ritualen und Zeremonien, die als wesentliche Stützen der Autorität der Monarchie galten. Dieses rituelle Zurschaustellen der Königskronen kam einer zweiten Krönung des jungen Königs und einer förmlichen Inthronisierung Eleonores als Königin von Frankreich gleich.[55]

In der Zeit vor der Thronbesteigung Eleonores hatte es am französischen Königshof die Tradition gegeben, dass die Königin als Gefährtin und Helferin ihres Mannes fungierte, als «Verbündete und Partnerin beim Regieren». Einen Höhepunkt hatte der Einfluss der Königin mit der Mutter von Ludwig erreicht, Adelheid von Maurienne. Sie hatte sich nach ihrer Heirat mit König Ludwig VI. im Jahr 1115 als dessen Partnerin im Geschäft des Regierens profiliert.[56] Symbol und Gewähr für ihre Macht war ihr Sitzplatz im großen Saal des königlichen Palastes gewesen, unmittelbar an der Seite ihres königlichen Gatten. Die Rolle einer Beraterin und Helferin ihres Mannes konnte die Königin von Frankreich freilich nur so lange innehaben, wie die königliche Regierung ein informelles Geschäft war, das durch Diskussionen im Saal des Königspalastes erledigt wurde.[57] So war es bis in die ersten Jahrzehnte des 12. Jahrhunderts hinein, einfach weil die königliche Regierung bis dahin weitgehend deckungsgleich mit dem königlichen Haushalt war. Dieser war freilich nicht auf die häusliche Sphäre beschränkt, sondern fungierte als öffentliche Institution, kaum zu unterscheiden vom königlichen Hof als dem Ort, wo Streitigkeiten geschlichtet und Entscheidungen getroffen wurden, wobei traditionell Beamte des königlichen Hausstaats staatliche Funktionen ausfüllten. Königin Adelheid hatte einen sehr wichtigen Platz in diesem Machtgefüge eingenommen, hatte sich offen an den Diskussionen über politische Fragen und an den Beschlüssen der großen Ratsgremien beteiligt; ihre Zustimmung zu königlichen Verfügungen war auf den königlichen Urkunden ausdrücklich vermerkt worden.[58]

Ludwig hatte die aktive Teilnahme seiner Mutter an den Regierungsgeschäften seines Vaters erlebt und leitete daraus die Erwartung ab, seine Braut werde sich mit ihm in gleicher Weise die Verantwortung für die Verwaltung des französischen Königreichs teilen; ebenso erwartete Eleonore vor dem Hintergrund ihrer Erfahrungen, dass ihr Mann sie zu seiner ersten Beraterin küren würde, zumal sie schnell festgestellt hatte, dass sie in dieser Ehe trotz ihrer Jugend die stärkere Persönlichkeit war. Allein, zu keiner Zeit wurde Eleonore eine ähnliche Teilhabe an den königlichen Regierungsgeschäften zugestanden wie ihrer Schwiegermutter. In amtlichen Dokumenten steht so gut wie nichts über die Aktivitäten Eleonores oder ihren Einfluss auf Ludwig VII. Nur selten taucht ihr Name in einem Atemzug mit dem seinen auf. Bei den meisten erhalten gebliebenen Dokumenten aus ihrer Zeit handelt es sich um Urkunden, in denen der König christlichen Einrichtungen bestimmte Privilegien gewährt; diese Urkunden wurden in den Klöstern sorgfältig archiviert. In Eleonores Zeit als Gemahlin von Ludwig VII. tauchte der Name der Königin in königlichen Urkunden selten und mit abnehmender Tendenz auf; nur in wenig mehr als der Hälfte der in den 15 Jahren ihrer Ehe mit Ludwig VII. ausgestellten Urkunden wird sie erwähnt, wohingegen die erhalten gebliebenen Urkunden aus der Regierungszeit Ludwigs VI. stets die Zustimmung der Königin Adelheid von Maurienne vermerken. Dort, wo Eleonore erwähnt wird, geht es zumeist um ihre Zustimmung zu Verfügungen, die Aquitanien betreffen. Von den Urkunden, die Eleonore selbst in ihrer Eigenschaft als Königin ausfertigen ließ, sind nur rund 20 erhalten; bis auf eine stammen sie alle aus der Zeit vor dem Aufbruch des Paares zum Kreuzzug; nur drei davon behandeln Angelegenheiten außerhalb ihres angestammten Herzogtums, und sie verweisen lediglich auf Verfügungen des Königs und bestätigen diese.[59]

Ohne verbriefte Machtbefugnisse gab es für Eleonore nur einen Weg, auf dem sie politischen Einfluss ausüben konnte, nämlich durch ihren persönlichen Zugang zu ihrem königlichen Gatten. Die «intime Nähe», die die eheliche Beziehung mit sich brachte, setzte Eleonore in die Lage, dem König ihre Auffassungen darzulegen und ihn zu dementsprechenden Entscheidungen zu drängen. Die Fähigkeit einer Königin, ihren privilegierten Zugang zum König zu nutzen, um auf seine Willensbildung einzuwirken, galt als potenziell segensreich für die Gemeinschaft, wenigstens wenn der König dadurch zu wohltätigem und frommem Tun animiert wurde. Diese typischerweise einer Königin zugeschriebene Einflussnahme galt nicht als rein «private» Angelegenheit, sondern als Teil der «Arbeit» einer Königin, von der erwartet wurde, dass sie der Bevölkerung das Bild eines gnädigen, wohlwollenden und gottesfürchtigen Königtums vermittelte.[60]

Eleonore hatte das Pech, dass im Zuge der religiösen Reformen des späten 11. und frühen 12. Jahrhunderts Moralisten und Theologen eine Neubewertung der Geschlechterrollen vornahmen und dabei auch die Mitwirkung der Königin an Regierungsangelegenheiten infrage stellten. Eleonores imposante Vorfahrinnen in Aquitanien waren unversehens keine geeigneten Rollenvorbilder mehr für adelige Damen, und allerorten sahen sich aristokratische Frauen um Einflussmöglichkeiten im öffentlichen Leben gebracht. Männer zeigten sich zunehmend unwilliger, einflussreiche Frauen zu akzeptieren, und bezichtigten sie der «Unweiblichkeit», wenn sie in irgendwelchen politischen Dingen öffentlich die Initiative ergriffen. Von einer französischen Königin erwarteten diese Männer, abgesehen von ihrer primären Aufgabe, königlichen Nachwuchs zu produzieren, dass sie sich mit frommen Taten begnügte, ihre Bediensteten beim Nähen von Kleidern und Talaren für die Nonnen und Mönche ihrer Lieblingsklöster beaufsichtigte, Almosen an die Armen verteilte und sich bei ihrem königlichen Gatten für einen gnädigen Umgang der Obrigkeit mit den Untertanen einsetzte. Dass Eleonore sich weigerte, sich in ein solches Korsett der Unterordnung und Bescheidenheit zwingen zu lassen, sollte sie in ihren beiden Ehen in große Schwierigkeiten bringen.

Ludwig VII. war, wie seine Frau, jung und unerfahren und wenig vorbereitet, ein Königreich zu regieren; tatsächlich zeigte er in seinen ersten eineinhalb Jahrzehnten als König einen jugendlichen Mangel an Urteilskraft. Bei einem so jungen Throninhaber war damit zu rechnen, dass sich bei Hofe Fraktionen organisieren und um Einfluss wetteifern würden. Abt Suger von Saint-Denis, der fähige Ratgeber und Vertraute seines Vaters, den Eleonore als ihren Konkurrenten bei der Einflussnahme auf den jungen König sah, behauptete seine Stellung und fungierte als wichtigster Ratgeber Ludwigs. Neben Suger musste Eleonore sich auch vor ihrer Schwiegermutter Adelheid von Maurienne in Acht nehmen, denn das Verhältnis zu ihr kühlte nach der Ankunft des Königspaares in Paris sehr schnell ab. Dass es zu Spannungen zwischen der neuen Königin und ihrer Vorgängerin kam, überraschte niemanden. Eigentlich wurde von einer Königinwitwe erwartet, dass sie sich vom Hof zurückzog und auf ihrem Altenteil eine ruhige Kugel schob; doch Adelheid hatte als Gemahlin von König Ludwig VI. Gefallen an der Macht gefunden und spekulierte darauf, auch in der Regierungszeit ihres Sohnes weiterhin Einfluss ausüben zu können.[61] In ihrem Bemühen, sich ihre Machtstellung zu bewahren, fand die Königinmutter einen Verbündeten in Graf Ralph von Vermandois, einem Vetter des Königs. Der Graf war ein treuer Vasall Ludwigs VI. gewesen und bekleidete das Amt eines Seneschalls von Frankreich. Der Titel hatte ursprünglich einen hohen Verwaltungsbeamten bezeichnet, der in fürstlichen Haushalten die Rolle eines Butlers spielte. In der Zeit Ludwigs VII. übte der königliche Seneschall im Wesentlichen nur noch ein Ehrenamt aus, ein nach wie vor angesehenes und begehrtes Amt zwar, das jedoch nur noch gelegentlich die Ausübung zeremonieller Pflichten mit sich brachte.[62]

Im Rahmen eines Machtkampfs provozierten die Königinmutter und Ralph von Vermandois eine Konfrontation mit dem jungen Ludwig wegen seiner üppigen Ausgaben. Da jedermann wusste, dass Ludwig für Prachtentfaltung nichts übrighatte, dass er sich einfach kleidete und einfach speiste, war klar, dass sich der Vorwurf eines extravaganten und teuren Lebensstils nur auf Eleonore und ihr Gefolge beziehen konnte. Adelheid machte ihrem Sohn Vorwürfe, äußerte die Befürchtung, die ihr als Königswitwe zustehenden Einkünfte würden durch seinen teuren Lebenswandel geschmälert, und als ihr Protest ignoriert wurde, forderte sie die volle Verfügungsgewalt über ihr Witwengut. Die Beschwerden der Schwiegermutter waren Teil eines Tauziehens um die Macht im Königreich: Sie, der Graf von Vermandois und Abt Suger von Saint-Denis wollten den jungen König dem Einfluss Eleonores entziehen. Doch dann ersuchte Adelheid unvermittelt um die Erlaubnis, sich aus Paris auf ihre Ländereien bei Compiègne zurückzuziehen, und auch Ralph von Vermandois bat darum, sich auf seine Güter zurückziehen zu dürfen. In den Augen Sugers bewiesen Adelheid von Maurienne und Ralph von Vermandois mit ihrem Rückzug vom Hof nur ihre «elende Feigheit». Ihr Abgang war für ihn das Eingeständnis, dass sie den Kampf um das Ohr des Königs verloren gaben.[63] Eleonore empfand sicherlich Erleichterung darüber, dass Adelheid den Hof verließ und nicht länger ihre Rivalin im Ringen um die Zuneigung Ludwigs war. Sie glaubte zuversichtlich, ihren einzigen verbliebenen Rivalen Suger im Wettbewerb um die Beeinflussung ihres Mannes ausstechen zu können.

Nach ihrem Rückzug heiratete Adelheid von Maurienne erneut, und zwar Matthias von Montmorency. Dass eine Königswitwe sich wieder verheiratete, kam in jener Zeit selten vor, und viele stellten Mutmaßungen über die Motive Adelheids an. Wenige hatten Verständnis dafür, dass eine so hochgestellte Frau, die acht Kinder geboren hatte und deren Witwengut ihr ein Leben ohne finanzielle Sorgen ermöglichte, einen Heiratswunsch verspürte, es sei denn, sie schmiedete Machtpläne und glaubte dafür einen Mann zu brauchen.[64] Offenbar war die Zuneigung Ludwigs zu seiner Mutter nicht ganz dahingeschwunden, denn nicht lange nach ihrer Heirat ernannte er 1138 ihren neuen Gatten zu seinem Konstabler.[65]

Bald nach dem Fortgang der Königinmutter vom Hof legte Ludwig VII. Unabhängigkeitsbestrebungen an den Tag, und die Vormachtstellung Sugers begann zu bröckeln, wahrscheinlich eine Folge dessen, dass Eleonore zunehmenden Einfluss auf den König gewann. Die junge Königin hatte die Fähigkeit, «einen entschlossenen politischen Standpunkt einzunehmen», wie der gefürchtete Bernard von Clairvaux feststellte, als er sie am französischen Königshof kennenlernte.[66] Der König nahm eine Reihe von Veränderungen beim Personal des königlichen Hausstaates vor; so berief er 1138 Ralph von Vermandois auf den Posten des Seneschalls zurück und ernannte einen ehrgeizigen Neuankömmling am Königshof, Cadurc, 1140 zum «Kanzler», also zum Leiter seines Schreibbüros. Suger erkannte, dass er sich seiner Rolle als Chefberater des Königs nicht mehr sicher sein konnte, er war jedoch zu vornehm, um um seinen Platz an der Seite des Königs zu kämpfen.[67] Zwar hörte der Abt von Saint-Denis nie auf, dem Kreis der königlichen Ratgeber anzugehören, doch zeigte er sich immer seltener im Palast auf der Île de le Cité. Spätestens 1140 widmete er sein Augenmerk mehr und mehr der ehrgeizigen Aufgabe, den Umbau seiner Klosterkirche voranzutreiben und sie zu einem Vorzeigeobjekt für den gotischen Baustil zu machen – mit hohen Glasmosaikfenstern, die bewirkten, dass das Kircheninnere in Licht und Farben getaucht wurde.

In den Jahren, in denen Abt Suger sich am königlichen Hof rarer machte, gab es dort niemanden mehr, der ihm an Weisheit und Erfahrung gleichgekommen und in der Lage gewesen wäre, die oft unüberlegten Reaktionen des jungen Königspaares auf Dinge, die passierten, zu moderieren.[68] Die junge Königin trug vermutlich eine erhebliche Mitverantwortung für die vielen Fehler, die Ludwig in seinen ersten 15 Jahren als König beging, als er «mit chaotischem Feuereifer versuchte, fast überall zur gleichen Zeit und mit allen Mitteln, Gewalt eingeschlossen, zur Tat zu schreiten».[69]

Eleonores poitevinische Heimat während ihrer Ehe mit Ludwig VII.

Eleonore war nicht nur die Gemahlin des Königs, sondern aus eigenem Recht auch Herzogin von Aquitanien, und ihre oberste Sorge galt ihrem territorialen Erbstück. Als Herzogin hatte sie das Recht, in Aquitanien zu intervenieren, was sie allerdings meistens im Verein mit ihrem Mann tat.[70] Ihre Erblande als Herzogin, ein weitläufiger Teil des französischen Südwestens, der ein rundes Dutzend Grafschaften umfasste, war «eher eine lose Vereinigung von Fürstentümern als ein Ganzes» – zumindest waren das Poitou und die Gascogne zwei deutlich getrennte politische Einheiten, die von Poitiers bzw. Bordeaux aus regiert wurden. Entlang dem Südrand des Poitou lagen, gleichsam als Puffer zwischen dem Poitou und der Gascogne fungierend, die Besitzungen einiger mächtiger und streitbarer Grundherren, die sich allenfalls pro forma den Grafen und Herzögen unterordneten; die Gefährlichsten unter ihnen waren die Grafen von Angoulême. Die Burgen dieser Adelsherren waren Bastionen, die die Verkehrswege zwischen den beiden Hauptstädten des Herzogtums, Poitiers und Bordeaux, jederzeit blockieren konnten.

Es war die unmittelbare Kontrolle über weitläufige Ländereien in der Grafschaft Poitou, die die Machtbasis der Herzöge von Aquitanien bildete, auch wenn in zunehmendem Maß Einkünfte aus der Wirtschaft der Städte und aus dem Handel ihren Wohlstand mehrten. Da die Ressourcen, die es ihnen ermöglichten, ihre herzogliche Autorität zu behaupten, fast zur Gänze aus ihren poitevinischen Besitzungen kamen, hatten viele von ihnen früher einfach als «Grafen von Poitou» firmiert. Die Erblande Eleonores als Gräfin von Poitou befanden sich überwiegend im mittleren und westlichen Poitou, in den Landschaften Aunis und Saintonge entlang der Atlantikküste. In der Gascogne gehörten Latifundien im Bordelais und im angrenzenden Bazadais, die ertragreiche Weinanbaugebiete waren, zum herzoglichen Besitz, aber über diese Ländereien hinaus kontrollierte das Herzogshaus dort nicht viel. Und auch in anderen Teilen von Eleonores Herzogtum hatte die Herrscherfamilie keinen nennenswerten Grundbesitz. Im Limousin zum Beispiel gehörte ihr kein Grund und Boden außerhalb der Stadt Limoges.

Ständige Kriegshändel charakterisierten die Gebiete, die Eleonore in die Ehe mit Ludwig einbrachte. Sie war in einer Region aufgewachsen, in der die Aristokraten berüchtigt dafür waren, ständig miteinander und mit ihrem Herzog zu streiten, so sehr, dass viele Historiker im Hinblick auf die damaligen Zustände in Aquitanien von einer «Feudal-Anarchie» gesprochen haben.[71] Die größten dieser Kleinfürsten hatten sich, obwohl sie formell Untertanen des Herzogs von Aquitanien waren, gegen jede Einmischung der Vorfahren Eleonores in ihre Angelegenheiten gewehrt, erkannten die Vorherrschaft der Herzöge nur widerwillig an und bezeugten ihre Demut vor ihnen allenfalls, wenn sie nach einer gescheiterten Rebellion gut Wetter machen wollten. Welche Verpflichtungen sie gegenüber den Herzögen hatten, blieb unklar, sieht man von vagen Formulierungen in Verträgen oder weniger förmlichen Vereinbarungen ab. Um die Wende zum 12. Jahrhundert konsolidierten die Grafen, Vizegrafen und Freiherren Aquitaniens ihre Macht; sie schafften es, lokale Kastellane, deren Burgen die Landschaft beherrschten, unter ihre Kuratel zu bringen und regionale Fürstentümer innerhalb des Herzogtums aufzubauen. Der Herzog musste diese Kleinfürsten entweder durch Druck oder Anreize dazu bringen, die Loyalitäts- und Dienstpflichten anzuerkennen, die er ihnen auferlegte. Eleonores Vorfahrinnen mussten, um ihre Herrschaft über die nominell der herzoglichen Autorität unterstellten Fürstentümer zu untermauern, ständig bewaffnete Expeditionen von einem Ende des Herzogtums zum anderen unternehmen.

Eine effektive Herrschaft über Eleonores Herzogtum zu sichern erwies sich als eine kräftezehrende Aufgabe für Ludwig VII.; alle militärischen Expeditionen, die er in den Anfangsjahren seiner Amtszeit unternahm, gingen in die Erblande seiner Frau. Ludwig besuchte Aquitanien in den ersten fünf Jahren seiner Ehe mit Eleonore mehrere Male. Dagegen sah sie ihre Heimat in den ersten zehn Jahren ihrer Ehe nur dreimal wieder. Im Frühjahr 1138 unternahm das Paar eine Reise in die Auvergne an der nicht scharf gezogenen Ostgrenze Aquitaniens und wohnte einer traditionellen Feier zu Ehren der Heiligen Jungfrau von Le Puy bei. Bei der Gelegenheit nahm der König die Huldigungen der regionalen Aristokratie entgegen. 1141 besuchten Eleonore und Ludwig Aquitanien ein weiteres Mal; der König schlichtete dabei einen Streit über die Nachfolge des Vizegrafen von Limoges und marschierte anschließend mit militärischer Bedeckung nach Toulouse weiter, um dem dortigen Grafen mit Waffengewalt deutlich zu machen, dass das Herzogtum Anspruch auf die Herrschaft über dieses Fürstentum erhob, wie es auch schon Eleonores Großeltern mütterlicherseits getan hatten. Zu Eleonores drittem Besuch in ihrem Herzogtum kam es im Herbst 1146, als das königliche Paar zunächst in Vézelay «das Kreuz ergriff» und danach in Poitiers Hof hielt. König und Königin absolvierten danach eine Rundreise durch Aquitanien, um Vorkehrungen für eine ordnungsgemäße Verwaltung des Herzogtums während ihrer bevorstehenden Teilnahme am Kreuzzug zu treffen und für diesen Teilnehmer aus den einheimischen Adelsfamilien zu rekrutieren.[72]

Da keiner der Besuche des Königspaares in Aquitanien von langer Dauer war, mussten sie sich auf eine Handvoll vertrauenswürdiger poitevinischer Aristokraten stützen, die die königlichen Interessen im Herzogtum vertraten. Unter diesen Poitevinern, die Aquitanien im Auftrag des Königs regieren halfen und dem königlichen Hof in der Île-de-France häufige Besuche abstatteten, waren Gottfried, Herr auf Rancon, der mächtigste Grundherr in der Saintonge, der auch über Ländereien in Angoulême und La Marche verfügte, und Wilhelm de Mauzé, Mitglied einer Familie, aus der seit dem 10. Jahrhundert Verwaltungsbeamte für die Herzöge von Aquitanien hervorgegangen waren.[73] Mauzé hatte unter Eleonores Vater als Seneschall amtiert; unter Eleonore und Ludwig stand dieser Ehrentitel wieder für ein mit administrativen Aufgaben verbundenes Amt, nämlich das eines Oberaufsehers für den alltäglichen Verwaltungsvollzug. Eine wichtige Rolle in allem, was mit kirchlichen Belangen im Herzogtum zu tun hatte, spielte Gottfried von Loroux, der Erzbischof von Bordeaux; seine Aufgaben erforderten seine gelegentliche Anwesenheit am Königshof.[74]

Eleonore rechnete damit, in den aquitanischen Regierungsgeschäften eine erhebliche Rolle zu spielen, zumal die Autorität, die König Ludwig dort genoss, zur Gänze darauf beruhte, dass er der Ehemann der rechtmäßigen Herzogin war. Für Ludwig war es wichtig, die von Eleonores männlichen Vorgängern aufgebauten Strukturen zu verifizieren; in diesem Sinne bekräftigte er die von ihnen erlassenen Gesetze und setzte damit ein symbolisches

Zeichen dafür, dass er sie nicht nur als die Vorfahren seiner Frau, sondern auch als seine Vorgänger auf dem Herzogsthron anerkannte. Dokumente aus aquitanischen Archiven, die einen allein, ohne Beteiligung seiner Frau handelnden König Ludwig VII. zeigen, machen indes deutlich, wie begrenzt Eleonores Macht war, denn die meisten davon betreffen durchaus ernst zu nehmende Angelegenheiten – etwa die Schlichtung von Streitigkeiten oder die Androhung von Zwangsmaßnahmen gegen aufsässige Aristokraten. Die Urkunden, die die Unterschrift Eleonores tragen, zeigen sie in aller Regel als Regentin an der Seite ihres Mannes und offenbaren ihre verhältnismäßig begrenzte Autorität über ihr eigenes Herzogtum.[75]

Die meisten der von Eleonore ausgestellten Urkunden verzeichnen ihre Zustimmung zu von Ludwig gewährten Fördermitteln für kirchliche Einrichtungen im Poitou. Solche Stiftungen dienten keineswegs ausschließlich religiösen Zwecken; sie ließen «Netzwerke der Lehnstreue» entstehen, indem sie die Empfänger in ein Loyalitätsverhältnis zu ihren Lehnsherren, dem Herzog und der Herzogin, einbanden. Nur vier erhalten gebliebene Urkunden zeigen eine in eigener Machtvollkommenheit handelnde Eleonore, und bei allen vieren ging es um Stiftungen für bedeutende religiöse Zentren wie das Kloster Saint-Maixent, das bedeutendste der kirchlichen Kleinfürstentümer des Poitou. Eine andere Zuwendung ging an das angesehene Nonnenkloster Notre-Dame in Saintes, dessen Äbtissin Agnes war, die Tante der Königin. Agnes war «unersättlich» in ihrem Hunger nach Privilegien für ihr Kloster, und sie wandte sich nach der Rückkehr Ludwigs und Eleonores aus Toulouse 1141 an das Königspaar mit der Bitte, ihre Abtei von allen Rechenschaftspflichten gegenüber der weltlichen Obrigkeit im Herzogtum zu befreien. Mit Zustimmung ihres Mannes und ihrer Schwester Aélith gewährte Eleonore ihrer Tante urkundlich diesen Wunsch. Später stellte Eleonore zwei weitere Urkunden aus, die ihren eigenen und einen zu einem früheren Zeitpunkt von ihrem Mann ausgestellten Freibrief für Notre-Dame in Saintes bestätigten. Ein Fazit der Rolle, die Eleonore in der Zeit ihrer Ehe mit Ludwig in den öffentlichen Angelegenheiten des Poitou spielte, könnte so lauten: Ihr Beitrag war «ganz und gar nicht vernachlässigbar, aber doch bescheidener, als oft behauptet wird».[76]

Als Herzog von Aquitanien versuchte Ludwig VII. sporadisch, seinem Herrscheramt gerecht zu werden, etwa indem er sich in Erbfolgekonflikte aquitanischer Adelsfamilien oder in Bischofswahlen einmischte. Seine Macht anfänglich überschätzend, glaubte er, die traditionellen Bindungen zwischen den Herzögen von Aquitanien und ihren ranghohen Vasallen aufkündigen zu können, Bindungen, die auf einer Basis des Vertrauens und des Konsenses zwischen annähernd Gleichen beruht hatten und denen er nun den Grundsatz des Primats der herzoglichen Macht entgegensetzte. Einige seiner Interventionen zeichneten sich durch «äußerste Brutalität» aus – möglicherweise stand da das Bestreben Pate, seiner Braut seine Männlichkeit zu beweisen. Tatsächlich erntete der junge König mit seiner ungeschickten Kraftmeierei wenig mehr als Missbilligung seitens der Dynastien, die traditionell die Stützen des herzoglichen Hauses gewesen waren, und Gleichgültigkeit seitens der niedrigeren Adelsstände.[77] Als die Bewohner von Poitiers 1138 eine freie Stadtgemeinde ausriefen, eröffneten sie damit Ludwig die erste Chance, den Untertanen Eleonores seine Macht zu demonstrieren. Er sah in ihrer Forderung nach Selbstregierung einen Affront und in ihren Versuchen, Poitiers zu befestigen und sich mit benachbarten Städten zu einem Bund zusammenzuschließen, eine Kampfansage, der er entschieden entgegentreten musste. Die Krise verschlimmerte sich, als mehrere Adlige in der Vendée, die über stark befestigte Burgen verfügten, ebenfalls zum Aufstand bliesen.[78]

Ludwig VII. ging gegen die Rebellen in Eleonores Heimatstadt zügig vor und machte sich an der Spitze einer Streitmacht aus 200 Rittern auf den Weg nach Poitiers. Der Aufmarsch des Königs und seiner Streitmacht vor den Mauern der Stadt reichte aus, um die Bewohner das Fürchten zu lehren, und sie kapitulierten auf der Stelle. Ludwig erklärte die Freie Kommune für aufgelöst und verhängte strenge Strafen gegen die führenden Bürger der Stadt: Er verfügte, dass insgesamt 100 Kinder aus ihren Familien, sowohl Jungen als auch Mädchen, als Geiseln genommen und in entlegene Landesteile verschickt werden würden. Erst als Abt Suger in Poitiers eintraf, ließ Ludwig sich besänftigen; den Abt beeindruckten die flehentlichen Bitten der verzweifelten Eltern so sehr, dass er sich beim König für sie einsetzte, und dieser erfüllte die Bitte seines Chefberaters um Milde. Ludwig wandte sich daraufhin der Vendée zu und bereitete der dortigen Adelsrebellion ein gewaltsames Ende. Wie Eleonore sich zu Ludwigs drakonischem Vorgehen gegen die Poiteviner stellte und welche Rolle sie dabei spielte, wissen wir nicht. Vielleicht drängte sie ihren Mann zum Handeln, wütend und gedemütigt vom Aufbegehren ihrer eigenen Leute gegen die herzogliche Autorität; vielleicht ging die Initiative aber auch von ihm aus.[79] Vermutlich teilte die junge Königin seine Geringschätzung für den städtischen Kaufmannsstand, eine Geringschätzung, die in Kreisen der Aristokratie verbreitet war. In der Troubadour-Dichtung wurde das Bürgertum oft mit der Bauernschaft in einen

Topf geworfen; beide wurden mit dem Ausdruck «*vilein*» (Untertan) bedacht und als habgierig und tölpelhaft hingestellt.[80]

Der erste Versuch Ludwigs VII., seine Autorität auch gegenüber der Kirche zur Geltung zu bringen, spielte sich ebenfalls in Poitiers ab; es ging dabei um die Wahl eines neuen Bischofs von Poitiers im Herbst 1140. Ludwig war ungehalten, als die Domherren von Poitiers einen neuen Prälaten in dieses Amt wählten, ohne seine Zustimmung eingeholt zu haben. Nach dem Tod ihres bisherigen Bischofs kürten sie zu dessen Nachfolger den Abt Grimoald; drei Monate später weihte Gottfried von Loroux, der Erzbischof von Bordeaux, Grimoald ohne Zustimmung des Königs zum Bischof. Zwar hatte Ludwig VI. den Kapiteln der Kirchenprovinz Bordeaux das Recht verliehen, ihre Prälaten frei zu wählen, und Ludwig hatte als Herzog von Aquitanien dieses Privileg bestätigt, doch erklärte er jetzt, für die förmliche Amtseinführung oder Investitur der neuer Bischöfe sei nach wie vor sein Plazet erforderlich. Ludwig sah in der Tatsache, dass Grimoald sich nicht am Königshof eingefunden hatte, um seine Wahl bestätigen zu lassen, einen Affront gegen seine königliche Prärogative, und verbot dem gewählten Bischof, die Stadt Poitiers zu betreten; gleichzeitig zitierte er den Erzbischof von Bordeaux vor das königliche Gericht. Nicht lange, und Bernard von Clairvaux und Papst Innozenz II. schalteten sich in den Konflikt ein; beide äußerten ihre «tiefe Missbilligung» darüber, dass der König sich das Recht anmaßte, die Investitur neu gewählter Prälaten vorzunehmen. Bernard bezeichnete es in einem Schreiben an einen der königlichen Ratgeber als ungehörig, dass der Erzbischof von Bordeaux an den Königshof zitiert worden war, und der Papst forderte die Einwohner von Poitiers in einer Botschaft auf, dem neuen Bischof Gehorsam zu leisten. Zu dem Zeitpunkt, da der Papst dieses Schreiben auf den Weg brachte, lebte Grimoald allerdings gar nicht mehr, er starb im Oktober 1141. Damit hatte sich das Problem erledigt.[81] Auch Eleonores Vater und ihr Großvater hatten sich Auseinandersetzungen mit der Geistlichkeit geliefert, allerdings mit eher geringem Erfolg; vielleicht teilte sie deren Abneigung gegen die Kirchenmänner. Ob Eleonore im Machtkampf ihres Mannes mit der Kirche um das Bischofsamt in Poitiers eine Rolle spielte, lässt sich nicht ergründen. Auf die Krise in Poitiers folgten weitere, da der junge König sich immer wieder in Bischofswahlen einmischte. Zur größten Kraftprobe kam es, als Ludwig versuchte, das Amt des Erzbischofs von Bourges einem seiner Höflinge, seinem Kanzler Cadurc, zuzuschanzen.

Kaum war der Streit um das Amt des Bischofs von Poitiers ausgestanden, da startete Ludwig VII. ein ehrgeiziges neues Projekt: Eine militärische Expedition nach Toulouse, auf den Weg gebracht gleich nach Ostern 1141, sollte die Herrschaft des aquitanischen Herzogshauses über die abtrünnige Grafschaft wiederherstellen. Dieser Versuch Ludwigs, Toulouse zurückzuerobern, ist eines der deutlichsten Beispiele für den Einfluss, den seine Frau Eleonore in den Anfangsjahren ihrer Ehe auf ihn hatte. Abt Suger, der sich aufgrund seines friedfertigen Naturells vermutlich gegen ein solches Abenteuer ausgesprochen hätte, besaß am Hof keinen Einfluss mehr.[82] Eleonores Berufung auf einen ererbten Herrschaftsanspruch in der Grafschaft Toulouse ging auf ihre Großmutter Philippa zurück, die stets die Überzeugung vertreten hatte, die rechtmäßige Erbin dieser Grafschaft zu sein (siehe dazu S. 30 f.), und die diesen Anspruch an ihren Sohn, Herzog Wilhelm X., weitergereicht hatte, der 1099 in Toulouse geboren und manchmal als «Le Toulousin» bezeichnet wurde. Von ihm war der Anspruch auf den Grafentitel auf seine Erbin Eleonore übergegangenen, die der festen Überzeugung war, dass ihr die Herrschaft über Toulouse von Rechts wegen zustehe.[83]

Ludwig VII. und seine Streitmacht erschienen am 21. Juni 1141 vor den Stadtmauern von Toulouse, konnten die stark befestigte Stadt jedoch nicht einnehmen. Offenbar hatte der französische König weder genügend Truppen noch geeignete Belagerungswaffen mitgebracht, um einen mächtigen Vasallen wie Raymond V. von Toulouse zur Kapitulation und Übergabe seiner Hauptstadt zwingen zu können. So wurde die Hoffnung Eleonores, ihren Anspruch auf die Herrschaft über die Grafschaft Toulouse durchsetzen zu können, enttäuscht, und sie musste sich mit dem Angebot des Grafen Raymond begnügen, Ludwig (in seiner Eigenschaft als Herzog von Aquitanien) formell als seinen Lehnsherrn anzuerkennen. Eleonore war offenbar in Poitiers geblieben. Bevor das Paar schließlich die Rückreise nach Paris antrat, besuchte es die Grabstätte von Eleonores Mutter in Nieul-sur-L'Autise. Der Grabkirche wurde von Ludwig der Rang einer königlichen Abtei verliehen. In der betreffenden Urkunde heißt es, sie sei «mit der Zustimmung und auf Ersuchen der Königin Eleonore an unserer Seite» ausgefertigt worden.[84] In der Zeit, in die der Besuch des Königspaars fiel, wurde die aus dem 11. Jahrhundert stammende Stiftskirche gerade umgebaut und in ein Paradebeispiel der romanischen Baukunst des Poitou verwandelt.

Das Königspaar im Strudel selbst gemachter Krisen in den 1140er-Jahren

Ludwigs gescheiterter Versuch, Toulouse zu unterwerfen, war nur einer von mehreren Pannen, die ihm in der ersten Hälfte der 1140er-Jahre unterliefen, der Zeit, in der der Einfluss Eleonores auf ihren Mann am deutlichsten erkennbar war und zugleich der mäßigende Einfluss des Abtes Suger fehlte. Einen Eindruck von der Unreife des Königspaares vermitteln die wiederholten ungeschickten Versuche Ludwigs, sich in kirchliche Angelegenheiten einzuschalten; dabei sind insbesondere einige Einmischungen zu nennen, die er nach seinem ersten, unentschieden ausgegangenen Kräftemessen in Poitiers unternahm, um Kandidaten seiner Wahl in vakante Bischofsämter zu hieven.[85] Offenbar verband sich beim König die eigene Frömmigkeit mit dem Glauben an die Gottgegebenheit der Monarchie zu der Überzeugung, der oberste Richter in kirchlichen Angelegenheiten zu sein. Eine Reihe außerhalb der königlichen Kronlande gelegener Bischofssitze und Klöster stand als «königliche Kirchen» unter dem besonderen Schutz der Krone. Politisch ausgedrückt, stärkte der diesen Kirchen gewährte königliche Schutz die Macht und das Ansehen des Königtums, weil er dem König einen Vorwand dafür lieferte, auch in weit von Paris entfernten Regionen ins kirchliche Geschehen einzugreifen, vermeintlich um die dortigen kirchlichen Einrichtungen vor der Willkür lokaler Kleinfürsten zu schützen.[86] Der Erzbischof von Bourges, dessen Bistum eine solche «königliche Kirche» war, war die übergeordnete Instanz für mehrere Diözesen im Zentralmassiv sowie für die zu Eleonores Stammlanden gehörende Diözese Limoges. Dennoch erlitt der junge Monarch mit seinem Versuch, seinen Glauben an die Gleichrangigkeit seines Königsamts mit dem eines hohen kirchlichen Würdenträgers durch die Kontrolle über die Vergabe von Bischofsämtern in die Tat umzusetzen, Schiffbruch. Es zeigte sich, dass es nicht möglich war, diese Philosophie wiederzubeleben, nachdem die christliche Reformbewegung des 11. Jahrhunderts eine machtvolle innerkirchliche Opposition gegen derlei Anmaßungen weltlicher Fürsten mobilisiert hatte.

Seinen größten Kampf im Bereich der Bischofsernennungen führte Ludwig, als es um die Ernennung eines neuen Erzbischofs von Bourges ging, wo traditionell der König das Vorschlagsrecht hatte. Doch als Ludwig 1141 seinen Kanzler Cadurc für das Amt nominierte, erhob das Domkapitel Einwände und machte sich für einen eigenen Kandidaten, einen Mönch, stark. Zu dieser Kirchenangelegenheit gesellte sich alsbald eine Auseinandersetzung des Königs mit Graf Theobald II. von Blois-Champagne, einem der größten Magnaten Frankreichs, der dem Gegenkandidaten Zuflucht gewährte. Die umstrittene Bischofswahl von Bourges löste einen Konflikt aus zwischen dem Monarchen und dem Heiligen Stuhl, wie Frankreich ihn seit der Regierungszeit von Ludwigs Großvater nicht mehr erlebt hatte. Papst Innozenz II., ein rückhaltloser Befürworter der freien Wahl kirchlicher Würdenträger, stellte sich eindeutig hinter den vom Domkapitel nominierten Kandidaten und weihte ihn zum Erzbischof. Gleichzeitig schrieb der Papst einen herablassenden Brief an Ludwig, in dem er ihn abkanzelte, als sei er ein Jugendlicher, der noch viel zu lernen habe. Unter anderem erteilte er ihm den Rat, sich nicht in ernste Angelegenheiten einzumischen, die ihn nichts angingen. Der eigensinnige junge König geriet außer sich vor Wut und schwor öffentlich einen Eid, dass er den vom Domkapitel ausersehenen Anwärter daran hindern werde, jemals die Kathedrale von Bourges zu betreten.[87] Der Papst wiederum tat, um Ludwig in die Knie zu zwingen, den drastischen Schritt, einen Bann zu verhängen, der das Verbot einschloss, öffentliche Gottesdienste abzuhalten.

Eine unziemlich erscheinende Liebesaffäre zwischen Eleonores jüngerer Schwester Aélith (oder Petronilla, wie sie in der Folgezeit genannt wurde) und dem Grafen von Vermandois, von der Königin geduldet, bereicherte den von Ludwig VII. angeheizten Konflikt um die Ernennung des neuen Erzbischofs von Bourges um eine neue Komplikation. Als der königliche Tross 1141 von seiner militärischen Expedition nach Toulouse zurückkehrte, stellte sich heraus, dass Ralph von Vermandois sich in die Schwester der Königin verliebt hatte, obwohl er seit vielen Jahren verheiratet war. Seine Frau, Eleonore von der Champagne, war eine Nichte von Theobald II., dem Grafen von Blois-Champagne, ein Umstand, der eine ohnehin verfahrene Situation noch weiter verkomplizierte. In der Zuspitzung dieser Krise zeigte sich der Einfluss der Königin auf den König: Ludwig, «unfähig, sich der Bestimmtheit Eleonores zu widersetzen», erteilte der Liaison seiner Schwägerin seinen Segen und steigerte damit die Zerrüttung seines Verhältnisses zum Grafen der Champagne.[88] Die beiden Liebenden heirateten, was nicht nur den Onkel der ersten Ehefrau in Rage versetzte, sondern dem König auch den Zorn der Kirche bescherte. Der charismatische Abt Bernard von Clairvaux, stets kampfeslustig, stürzte sich in diesen Konflikt, um seinem Freund, dem Grafen Theobald, beizustehen, und bald erregte die Affäre auch die Aufmerksamkeit des Papstes. Beide, der Papst und der Mönch, hatten dem jungen König schon sehr übel genommen, dass er der Kirche den

Gehorsam aufgekündigt und sich in Bischofswahlen eingemischt hatte; jetzt prangerten sie seinen neuerlichen Angriff auf die Autorität der Kirche an, genauer auf die Heiligkeit der christlichen Ehe. Viele schrieben, vermutlich zu Recht, die zunehmende Arroganz des Königs dem Einfluss seiner Frau zu. Eleonore wusste mit Sicherheit, dass Bernard von Clairvaux ein heftiger und unbarmherziger Kritiker ihres Vaters gewesen war. In ihren Kindheits- und Jugendjahren hatte Herzog Wilhelm X. sich mit dem heiligen Mann angelegt, und am Ende hatte der Herzog nach einem leidenschaftlichen Streitgespräch mit Bernard auf ganzer Linie nachgegeben und sich damit eine demütigende Niederlage eingehandelt. Vielleicht hatte Eleonore den Ehrgeiz, diese Scharte auszuwetzen, indem sie ihrem jungen Gatten den Rücken stärkte und ihn ermunterte, dem gefürchteten Zisterzienser seine Grenzen aufzuzeigen.

Eine Liebesbeziehung zwischen Eleonores Schwester, die schwerlich älter als 15 gewesen sein dürfte, und dem Grafen von Vermandois, einem raubeinigen Krieger, der ein Auge verloren hatte und alt genug war, um ihr Großvater sein zu können, erschien und erscheint grotesk, doch waren die Gefühle Petronillas für den Mann offenbar echt. Zwar kam es im Mittelalter nicht selten vor, dass adlige Männer eine viel jüngere Frau heirateten, doch waren solche Verbindungen in den seltensten Fällen Liebesheiraten; in der Regel entsprangen sie kühlen praktischen Erwägungen, waren auf finanziellen Gewinn oder auf die Festigung familiärer Bindungen ausgerichtet. In diesem Fall kann man davon ausgehen, dass die Leidenschaft, die Ralph für Eleonores Schwester empfand, durch die Aussicht, den König zum Schwager zu bekommen, angefacht wurde. Ludwig und seine Berater hatten möglicherweise dynastische Gründe, die Verbindung zu befürworten, denn Petronilla würde das Herzogtum Aquitanien erben, falls Eleonore kinderlos starb. Ralph von Vermandois hätte in diesem Fall als Petronillas Ehemann unter Berufung auf ihr Erbrecht das Herzogtum für sich reklamieren können. Somit war sichergestellt, dass ein prominentes Mitglied des königlichen Gefolges bereitstand, im Eventualfall die Kontrolle über Aquitanien zu übernehmen.[89]

Ludwig VII. und Eleonore fanden drei willige Bischöfe, die Ralphs erste Ehe für ungültig erklärten, weil zwischen ihm und seiner Frau ein nach kirchlichen Maßstäben zu enger Verwandtschaftsgrad bestand. Die Hochzeit zwischen Petronilla und Ralph fand 1142 statt, die Königin nahm zum Zeichen des königlichen Einverständnisses daran teil. Theobald von Blois-Champagne, Onkel von Ralphs verstoßener erster Frau, war empört und richtete ein Hilfsersuchen an Papst Innozenz II. Daraufhin wurde aus Rom ein päpstlicher Legat in Marsch gesetzt, der im Herrschaftsgebiet des Grafen ein Konzil zusammenrief, das Ralphs erste Ehe für uneingeschränkt gültig erklärte. Der Legat exkommunizierte danach das neu verheiratete Paar und enthob die drei Prälaten, die Ralphs Scheidung und Wiederheirat abgesegnet hatten, ihres Amtes. Ludwig war auf Graf Theobald schon sehr schlecht zu sprechen, weil dieser im Konflikt um das Erzbistum Bourges zu seinen Gegnern gehört und die Gestellung von Truppenkontingenten für militärische Expeditionen des Königs verweigert hatte; im Sommer 1142 blies er daher zum Einmarsch in die Champagne. Es kam zu Kämpfen, die mit großer Heftigkeit ausgefochten wurden, wobei in dem Städtchen Vitry ein furchtbares und tragisches Massaker passierte. Als die Truppen Ludwigs die Abwehrbollwerke der Stadt überrannt hatten, plünderten sie und legten Brände, die alsbald das gesamte Städtchen ergriffen, woraufhin sich zahlreiche Einwohner in die Kirche flüchteten, die jedoch ebenfalls in Brand geriet. Mehrere hundert Menschen, darunter viele Frauen und Kinder, wurden von den Flammen eingeschlossen und verbrannten. Der König beobachtete das Geschehen, entsetzt, aber hilflos, von einem Aussichtspunkt außerhalb der Stadt.[90]

Der katastrophale Vorfall in Vitry erfüllte Ludwig VII. mit Schuldgefühlen, Trauer und Zerknirschung; mehrere Tage blieb er im Bett, brachte keinen Bissen hinunter und kein Wort heraus. Voller Furcht, durch die von seinen Truppen angerichtete Zerstörung und Vernichtung menschlichen Lebens werde seine Seele Schaden nehmen, kehrte er nach Paris zurück. Aber auch ohne ihn gingen die Kämpfe in der Champagne weiter: Die Truppen Ludwigs machten das Land unsicher, während die größeren Städte unter der Herrschaft des Grafen blieben.[91] 1143 trat Abt Suger, der Ludwig gelegentlich noch als Ratgeber diente und jetzt für die Krone sprach, in Verhandlungen mit Bernard von Clairvaux ein, der als Bevollmächtigter seines Freundes Theobald auftrat. Ein strittiger Punkt war die Forderung Eleonores, dass die Kirche die Exkommunizierung ihrer Schwester Petronilla und ihres Schwagers Ralph von Vermandois rückgängig machen müsse. Der Graf der Champagne musste versprechen, sich bei der Kirche für die Rehabilitierung der Eheleute einzusetzen, doch diese Zusage war bedeutungslos, weil die Entscheidung darüber einzig und allein in der Hand des Papstes lag und dieser nicht daran dachte einzulenken. Innozenz II. stellte Bedingungen: Nur wenn Ralph Petronilla verließ und zu seiner ersten Frau zurückkehrte und wenn außerdem König Ludwig dem rechtmäßig gewählten Erzbischof von Bourges erlaubte, sein Bistum in Besitz zu nehmen, würde er mit sich reden lassen. Bernard von Clairvaux tadelte den französischen König in einem seiner Briefe dafür, dass er «den guten und vernünftigen Rat, den ihr erhaltet, leichtfertig und hastig beiseitewischt», und warf ihm vor, stattdessen auf «den Rat ich weiß nicht welchen Teufels» zu hören. «Von wem anders als dem Teufel», fuhr der Mönch fort, «könnte dieser Rat kommen, nach dem ihr handelt, ein Rat, der Brandschatzungen und Gemetzel auf Gemetzel hervorruft.» Tatsächlich wusste Bernard, dass dieser Rat von Eleonore und ihrer «Sippschaft» bei Hofe kam. Allerdings war Ludwig auch von sich aus nicht bereit, im Streit um das Erzbistum Bourges nachzugeben. Er weigerte sich kategorisch, sein Gelübde zu widerrufen, wonach er dem vom Domkapitel ernannten Erzbischof niemals erlauben werde, den Dom von Bourges zu betreten – schon deshalb nicht, weil er fürchtete, er werde sich mit einem solchen Wortbruch den Zorn des Himmels zuziehen.[92]

Im Sommer 1143 zeichnete sich immer noch kein Ausweg aus dem Konflikt ab; nach wie vor weigerte sich Ludwig VII., den Ratschlägen Sugers und Bernards von Clairvaux Folge zu leisten. Graf Theobald von Blois-Champagne schmiedete unterdessen Bündnisse, die Grundherren und Truppen aus ganz Nordfrankreich in den Konflikt um die Champagne hineinzuziehen drohten. Ludwig VII. fand einen Anlass für einen weiteren Vorwurf gegen Theobald: Er beschuldigte den Grafen, seine neuen Bündnisse mithilfe blutschänderischer Eheschließungen in seinem Verwandtenkreis zusammengezimmert zu haben. Dass der König sich jetzt zum kirchlichen Sittenrichter aufwarf, erzürnte den Abt von Clairvaux, der wütend schrieb: «Wie kann [der König] die Stirn haben, … anderen Vorhaltungen über Blutsverwandtschaft zu machen, wenn doch klar ist, dass er selbst mit seiner Cousine dritten Grades [verheiratet ist]?»[93] In Wirklichkeit waren Eleonore und Ludwig weitläufiger verwandt, aber indem Bernard diesen Vorwurf in den Raum stellte, sprach er offen aus, was viele Kirchenmänner wohl schon insgeheim über die fragwürdige Legitimität dieser königlichen Ehe gedacht hatten. Sicher waren sich Ludwig und Eleonore, als sie die Annullierung der ersten Ehe von Ralph von Vermandois wegen zu enger Blutsverwandtschaft forderten, der Tatsache bewusst, dass ihre eigene Ehe aus demselben Grund angreifbar war.

Die Pattsituation fand im September 1143 mit dem Tod von Papst Innozenz II. ihr Ende. Sein Nachfolger auf dem Heiligen Stuhl war ein versöhnlicherer Mensch und zeigte sich für die Anliegen des französischen Königs empfänglicher.[94] Als Geste des guten Willens hob er den von seinem Vorgänger verhängten Bann gegen die Kirchen im Herrschaftsgebiet des französischen Königs auf; dagegen machte er keine Anstalten, die Exkommunizierung von Eleonores Schwester Petronilla und Ralph von Vermandois aufzuheben. Schließlich sah sich Ludwig gezwungen, wieder die Hilfe des Abts Suger in Anspruch zu nehmen, der erneut zum königlichen Chefberater aufstieg. Bernard von Clairvaux organisierte im Winter 1143/44 eine Reihe von Treffen, die schließlich zur Bereinigung der Krise führten. Eines dieser Treffen platzte gleich zu Beginn, als Ludwig, erzürnt über Bernards Eröffnungsworte, wutschnaubend den Raum verließ, womit er sich einen Tadel des unerschrockenen Abts einhandelte. Schließlich einigte man sich auf eine von Suger anberaumte Konferenz, die am 22. April 1144 in Saint-Denis stattfand, zeitgleich mit einem von dem Abt veranstalteten, von vielen kirchlichen Würdenträgern besuchten Fest.[95]

Bernard hatte erkannt, dass das größte Hindernis, das einer Einigung im Weg stand, der Widerstand Eleonores gegen jegliche Vereinbarung war, die die Gültigkeit der Ehe ihrer Schwester mit Ralph von Vermandois infrage gestellt hätte. In intensiven Gesprächen mit der Königin in Saint-Denis drängte der wortmächtige Abt sie, ihre Agitation gegen den Grafen der Champagne einzustellen und ihrem Mann eine bessere Ratgeberin zu sein. Irgendwie schaffte es der asketische Mönch, der in Eleonore einen Satansköder sah, ihr Vertrauen zu gewinnen; jedenfalls gestand sie ihm, wie sehr sie unter ihrer Unfruchtbarkeit litt, und und ersuchte ihn, Gott darum zu bitten, ihr ein Kind zu schenken. Sie wusste, dass in Höflingskreisen bereits darüber gelästert wurde, dass sie noch keinen Stammhalter zur Welt gebracht hatte, und ihr war klar, dass die Geduld ihres Mannes irgendwann zu Ende gehen würde, wenn sie weiterhin kinderlos blieb. Die mittlerweile Zwanzigjährige hatte in ihren sieben Ehejahren erst eine Schwangerschaft durchgemacht, und die hatte mit einer Fehlgeburt geendet. Der Abt von Clairvaux bot ihr ein Tauschgeschäft an: Er forderte sie auf, alles ihr Mögliche für die Wiederherstellung des inneren Friedens zu tun, und versprach ihr, als Gegenleistung «durch meine Gebete vom Herrn das zu erwirken, was ihr wünscht». Im Grunde ließ er Eleonore wissen, ihre Kinderlosigkeit sei die göttliche Strafe für die sündhaften Angriffe des Königspaars auf die Kirche und für den Krieg gegen den Grafen der Champagne. Ein Jahr später gebar die Königin ihr erstes Kind. Es war eine Tochter, die den Namen Marie erhielt, zum Dank an die Jungfrau Maria. Freilich war es nicht der Sohn, den Ludwig und seine Untertanen sich so ersehnten.[96]

Die geringe Fruchtbarkeit Eleonores war vermutlich nicht ihr geschuldet, sondern der Frömmigkeit ihres Mannes Ludwig. Es ist zwar überliefert, dass er seine Frau liebte, aber die Lehren der Kirche hatten ihm die Voraussetzungen für eine erfüllte sexuelle Beziehung zu ihr kaum vermittelt. Fast die einzigen glücklichen Ehen, die in Lebensbeschreibungen mittelalterlicher Heiligen geschildert werden, sind solche, in denen das Paar ein gemeinsames Keuschheitsgelübde abgelegt hat.[97] Andere Kirchenlehrer strichen die Aufforderung des Alten Testaments heraus, fruchtbar zu sein und sich zu mehren, vor allem als die Hoffnung auf eine baldige Rückkehr Christi zu verblassen begann; sie hoben aber auch den sündigen Charakter des Geschlechtsakts hervor, es sei denn, er diene der Fortpflanzung. Wenn der Geschlechtsverkehr nur dem Zweck dienen durfte, Kinder zu zeugen, bedeutete das, dass jede darüber hinausgehende sexuelle Aktivität als sündig galt, als eine Form der Sodomie. Wie ein Autor vorrechnet: «Wenn ein gewissenhaftes Paar alle kalendarischen und physiologischen Perioden beachtete, reduzierte dies die für die Fortpflanzung zur Verfügung stehenden Tage auf lediglich 44 bis 57 pro Jahr.» Diejenigen, die solche Regeln aufstellten, machten sich, so meint derselbe Autor, «offenbar wenig Gedanken oder Sorgen über die demographischen Auswirkungen ihrer Lehre».[98] Sosehr Ludwig seine Frau begehrt haben mag, die vielen kirchlichen Vorschriften, die das eheliche Sexualleben reglementierten, waren ihm vielleicht wichtiger. Das könnte erklären, weshalb Eleonore in ihrer ersten Ehe so viel seltener schwanger wurde als in der Verbindung mit ihrem zweiten Mann Heinrich Plantagenet.

Die 1144 in Saint-Denis erzielte Übereinkunft beinhaltete für Eleonore und Ludwig die Verpflichtung, sich nicht mehr für die Ehe von Eleonores Schwester mit dem Grafen von Vermandois starkzumachen; allein, die beiden Liebenden lehnten es ab, sich zu trennen, und so erneuerten nachfolgende Päpste ihre Exkommunizierung. Eleonore bemühte sich hartnäckig weiter um die Wiederaufnahme des Paares in die Kirche, und Ludwig, der Ralph zu seinen wichtigsten Beratern zählte, setzte sich ebenfalls für das Paar ein, bis er 1147 zum Kreuzzug aufbrach. 1148, als das französische Königspaar fern der Heimat weilte, wurde endlich mithilfe zweier Kardinäle in Rom eine Absolution für Ralph von Vermandois arrangiert, «nicht ohne den Verdacht der Bestechung».[99] Die Kirche löste offiziell Ralphs erste Ehe unter Hinweis auf die Blutsverwandtschaft auf, womit alle Hindernisse für seine Heirat mit Petronilla beseitigt waren, die ihm in der Folge drei Kinder gebar.[100] Ludwig hatte 1144 in Saint-Denis seinen Ehrgeiz begraben müssen, seinen Mann als Erzbischof von Bourges durchzusetzen, und hatte den Kandidaten des Domkapitels akzeptiert; allerdings plagte ihn noch lange sein Gewissen, weil er sein Gelübde gebrochen hatte. Mit seinem Versuch, in Bourges kanonisches Recht zu brechen und Rom herauszufordern, hatte er sich in eine Sackgasse manövriert.

Diese turbulenten Jahre setzten die Ehe von Eleonore und Ludwig VII. heftigen Belastungsproben aus. Das schreckliche Feueropfer von Vitry bereitete dem König schwere Gewissensnöte und versetzte ihn in einen bußfertigen Gemütszustand, in dem er sich nach und nach von den Ratschlägen seiner Frau abkehrte und stärker das Gespräch mit Männern wie Bernard von Clairvaux und Abt Suger von Saint-Denis suchte. Einen Hinweis darauf, dass der König auf Distanz zu seiner Frau ging, lieferte er mit seinem Auftritt bei der Einweihung von Sugers prachtvoller neuer Kirche in Saint-Denis am 11. Juni 1144. An der Feierstunde nahmen neben Bernard und anderen hochrangigen kirchlichen Würdenträgern auch der König und sein Gefolge teil, und Ludwig entschied sich, zum Gedenken an den bedeutenden Anlass die Bergkristallvase, die Eleonore ihm zur Hochzeit geschenkt hatte, zu stiften – er überreichte sie Suger als Schmuck für die neue Klosterkirche. Suger, «ein hochgebildeter Kunstkenner», nahm die Vase hocherfreut für seine Sammlung von Edelsteinen und Kunstwerken in Besitz; die Tatsache, dass er für die Vase eine juwelenbesetzte Halsmanschette und einen Sockel, beides aus Gold, anfertigen ließ, zeigt, dass er sie als eines der wertvollsten Stücke in der Schatzkammer seines Klosters betrachtete. In den Sockel ließ er die Inschrift gravieren: «Als Braut schenkte Eleonore diese Vase König Ludwig …, der König [schenkte sie] mir und Suger den Heiligen». Anderswo schrieb er, Ludwig habe ihm die Vase «zum Zeichen seiner großen Liebe» geschenkt. Man kann in diesem Geschenk ein Symbol für die Rückkehr des jungen Königs unter die Ägide Sugers und für Verschiebungen in der Rangliste seiner wichtigsten Ratgeber zuungunsten Eleonores sehen. Vielleicht hoffte Ludwig, ein aus dem Besitz seiner engsten Familie stammendes Geschenk an Saint-Denis könnte dafür sorgen, dass seine Frau ihm einen Sohn gebar. Was immer seine Beweggründe gewesen sein mögen, Eleonore trauerte der Vase sicherlich nach.[101] Jetzt, da der Abt von Saint-Denis ins königliche Machtzentrum zurückgekehrt war, nahm sein Einfluss auf das Regierungshandeln wieder zu, eine Entwicklung, die darin kulminierte, dass Suger das Amt des «Regenten» übertragen bekam, als Ludwig und Eleonore 1147/49 ihren Kreuzzug absolvierten.

Im Jahr 1144 war Eleonore von Aquitanien 20 Jahre alt und seit sieben Jahren Königin von Frankreich. Seit sie sich als Braut Ludwigs 1137 in Paris niedergelassen hatte, war es ihr gelungen, sich gegen alle ihre Rivalen durchzusetzen und Partnerin des Königs zu werden. Der Versuch ihrer Schwiegermutter, sie durch Beschwerden über ihre teuren Extravaganzen zu diskreditieren, war gescheitert, und auch gegen den Abt Suger, der sich bemüht hatte, seine Stellung als Chefberater des französischen Königs beizubehalten, hatte sie sich zunächst behaupten können. Ein Indiz dafür, wie wichtig Eleonore dem jungen König in den ersten Jahren seiner Regierungszeit war, ist die Militanz, mit der er sich anfangs für die Interessen Eleonores in ihren Erblanden einsetzte. Freilich zeitigte Ludwigs kämpferisches Auftreten in Aquitanien keine langfristig wirksamen Resultate: Die herzogliche Regierung bekam die mächtigen adligen Grundherren der Region auch jetzt nicht in den Griff.

Solange Ludwig VII. Eleonore als seine engste Vertraute und Ratgeberin an seiner Seite hatte, gab es niemanden, der sein Ungestüm hätte bremsen können oder wollen; gerne schritt er zur Tat, ohne die Folgen zu durchdenken, und setzte an mehreren Orten zugleich Initiativen in Gang. In dem Jahrzehnt vor dem Zweiten Kreuzzug praktizierte der junge König eine «Politik der Grandeur und der Illusionen», die seiner Glaubwürdigkeit nicht guttat.[102] Nach der Krise 1144 setzte bei Ludwig ein Wandel ein, er kehrte wieder zu dem frommen Lebensstil seiner frühen Jugend zurück. Er fasste den Gedanken einer «Pilgerreise» nach Jerusalem, und der Einfluss Eleonores ging zurück.

III.

Abenteuer und Missgeschicke auf dem Zweiten Kreuzzug, 1145–1149

Der Zweite Kreuzzug war das größte Abenteuer im Leben Eleonores, führte er sie doch durch halb Europa in die geschichtsträchtige Hauptstadt des byzantinischen Reiches und auf einem haarsträubenden Treck durch Anatolien und Syrien nach Jerusalem, zu den religiös bedeutsamen Stätten des Heiligen Landes. Auch die Rückreise hatte es in sich, sie brachte eine Gefangennahme auf hoher See im Zuge einer Seeschlacht mit sich, gefolgt von einer langen Überlandfahrt vom sizilianischen Palermo durch das normannische Königreich im südlichen Italien bis zum Hof des Papstes, mit Überquerung der Alpen und schließlich der Rückkehr nach Paris. Diese ereignisreiche Phase in Eleonores Leben sollte sich als entscheidend sowohl für sie als auch für ihren Gatten Ludwig VII. erweisen. Ludwig konnte für sich in Anspruch nehmen, der Initiator des Zweiten Kreuzzuges gewesen zu sein – der erste König, der sich per Gelübde zu einem Kreuzzug verpflichtet hatte, denn am Ersten Kreuzzug hatte sich kein gekröntes Haupt beteiligt. Allein, Ludwigs Kreuzzug wurde zu einem Fiasko, mit traurigen Folgen für seine Ehe, kam es darüber doch zu einem irreparablen Bruch zwischen ihm und Eleonore, deren Ruf zudem einen nicht wiedergutzumachenden Schaden nahm. Es war ein angeblicher Fehltritt Eleonores bei einem Besuch in Antiochia nach der strapaziösen Durchquerung Anatoliens, der eine «schwarze Legende» entstehen ließ, die zum festen Bestandteil ihres bis heute fortdauernden Rufs als sexuelle Abenteurerin wurde. Der Aufenthalt der französischen Königin bei ihrem Onkel, Fürst Raymond von Antiochia, ließ Unverträglichkeiten zwischen den zwei nicht zueinanderpassenden Eheleuten offen zum Ausbruch kommen, womit die Auflösung ihrer Ehe begann, die nicht einmal der Papst rückgängig machen konnte. Die Vorgänge in Antiochia sollten das Urteil der Historiker über Eleonore als untreue Frau für alle Zeiten prägen.

Aus einer geplanten Wallfahrt wird ein Kreuzzug

Im Sommer 1145 erreichte die schockierende Nachricht von der Einnahme Edessas durch türkisch-moslemische Truppen am Heiligabend 1144 Frankreich und die gesamte Christenheit des westlichen Abendlandes. Edessa war eines der vier Fürstentümer, die nach dem Ersten Kreuzzug als Grundfesten eines westchristlichen oder «fränkischen» Staates im Heiligen Land gegründet worden waren; die anderen waren das Fürstentum Antiochia, die Grafschaft Tripoli und das Königreich Jerusalem. Das nahe dem Quellgebiet des Euphrat gelegene Edessa hatte eine mehrheitlich christliche Einwohnerschaft und war das erste Kreuzfahrerfürstentum geworden, als während des Ersten Kreuzzuges sein damaliger Herrscher einen französischen Ritter an Sohnes statt angenommen hatte. Edessas Eroberer war Zengi, Spross einer Sippe türkischer Seldschukenkrieger, die im Lauf der ersten Hälfte des 12. Jahrhunderts die Oberhand über die arabischen Kalifen in Bagdad gewann. Als Gouverneur der Gebiete nördlich von Bagdad rund um Mossul und als Fürst von Aleppo schickte Zengi sich an, die Herrschaft über das gesamte muslimische Syrien an sich zu reißen. Der Fall Edessas bedrohte den Fortbestand der drei anderen Kreuzfahrerfürstentümer, da nun kein Hindernis mehr Zengis Truppen von Antiochia an der Mittelmeerküste trennte. Von dort würde er freie Bahn für einen Angriff auf Jerusalem haben. Die Nachricht von der Eroberung Edessas und dem Massaker an den Verteidigern der Stadt erfüllte die Christen Westeuropas mit Entsetzen und bewegte sie dazu, das Heilige Land zu verteidigen.[1] In Frankreich war die Sorge um die bedrohten Kreuzfahrerstaaten umso größer, da die Mehrzahl der christlichen Kolonisten französische Ritter waren, Veteranen des Ersten Kreuzzugs.

Während die Nachricht Eleonores Mann Ludwig VII. ebenso betroffen machte wie alle anderen Franzosen, hatte er schon vorher mit dem Gedanken an einen Pilgerzug nach Jerusalem gespielt. Die Idee, zu einer Sühnereise aufzubrechen, war ihm offenbar im Zuge der Beilegung seines langwierigen Konflikts mit der Kirche und mit dem Grafen der Champagne 1144 gekommen; er nutzte den Aufenthalt des Hofes in Bourges an Weihnachten 1145, um sein Vorhaben bekannt zu geben. Einen Monat zuvor war eine hochrangige Delegation aus dem Heiligen Land in Rom eingetroffen, um Papst Eugenius III. die Augen über die Tragweite des Debakels von Edessa zu öffnen. Am 1. Dezember hatte dieser eine Enzyklika verkündet, in der er die Franzosen und ihren König aufforderte, ihren christlichen Glaubensbrüdern im Heiligen Land zu Hilfe zu kommen. Die Nachricht vom Fall Edessas erreichte Ludwig und Eleonore sehr wahrscheinlich vor dem Eintreffen der päpstlichen Enzyklika nach dem Jahreswechsel 1145/46 und war wohl der Auslöser dafür, dass sich das schlichte Wallfahrtsgelübde des Königs zu der Ankündigung auswuchs, einen regelrechten Kreuzzug durchzuführen.[2]

Odo von Deuil, ein Mönch aus Saint-Denis, der das Kreuzfahrerheer Ludwigs VII. als Beichtvater des Königs und als offizieller Geschichtsschreiber begleitete, zählt in *De profectione Ludovici VII in Orientem* drei Gründe für den Wunsch des französischen Königs auf, einen Pilgerzug ins Heilige Land zu unternehmen. Zwei davon hatten mit seinen Konflikten mit den Chorherren des Doms von Bourges und dem daraus folgenden Dissens mit dem Grafen der Champagne zu tun: Da war zum einen sein Verlangen, Buße für seine Mitschuld am tragischen Feuertod von Zivilisten in dem Städtchen Vitry zu tun. Zum Zweiten war es der Wunsch, Sühne dafür zu leisten, dass er sein feierliches Gelübde, dem Kandidaten der Chorherren für das Amt des Erzbischofs von Bourges niemals zu erlauben, den Dom zu betreten, gebrochen hatte. Der dritte Beweggrund des Königs war sein unter dem Eindruck des Unfalltods seines Bruders Philipp feierlich gegebenes Versprechen, dessen unerfülltes Gelübde, eine Wallfahrt nach Jerusalem zu unternehmen, an seiner Stelle zu erfüllen. Ein von Odo nicht erwähnter vierter Beweggrund bestand für Ludwig darin, den Ruhm der Kapetinger als einer der gottesfürchtigsten königlichen Familien der Christenheit zu untermauern, indem er sich an die Spitze eines neuen Kreuzzuges setzte. Während dessen gesamter Dauer bemühte sich der fromme junge König, den durch und durch christlichen Charakter seines Unternehmens herauszustellen.[3]

Während des Hoftages an Weihnachten in Bourges machte Ludwig VII. seine Bischöfe und Edelleute erstmals mit seinem Plan einer militärischen Expedition in den Osten bekannt; einer der anwesenden Bischöfe sekundierte dem königlichen Aufruf mit einer leidenschaftlichen Predigt. Zu diesem Zeitpunkt schwebte Ludwig lediglich ein Feldzug zur Befreiung Edessas vor, aber selbst darauf reagierten die teilnehmenden französischen Magnaten mit auffallender Zurückhaltung.[4] Der einflussreiche Abt Suger störte sich an der Aussicht auf eine langjährige Abwesenheit des Königs aus seinem Reich und an den Risiken, die eine so gefahrvolle Expedition mit sich bringen würde. Dagegen zeigten Eleonore und ihre aquitanische «Sippschaft» am Königshof eine enthusiastischere Reaktion. Ihnen war selbstverständlich bewusst, dass in Antiochia, dem Kreuzfahrerfürstentum, das durch den türkischen Vormarsch in Syrien am unmittelbarsten bedroht war, Raymond regierte, ihr poitevinischer Landsmann und noch dazu ein Onkel Eleonores. Weil Raymond der einzige überlebende männliche Vertreter der aquitanischen Herzogsdynastie war, versetzte der Gedanke an die Gefahr, die seine Besitzungen im Osten bedrohte, die Königin in Aufruhr. Sie und ihre Freunde drängten vehement darauf, ihm durch die Entsendung eines französischen Kreuzfahrerheeres beizuspringen.[5]

Angesichts der von etlichen seiner ranghohen Vasallen erhobenen Einwände verschob Ludwig eine Entscheidung über sein Expeditionsvorhaben auf den für Ostern 1146 geplanten Aufenthalt seines Hofes in Vézelay. Der König beauftragte Bernard von Clairvaux, dort eine Predigt zu halten, in der Hoffnung, der redegewandte Abt werde sie überzeugen. Am Anfang hatten sowohl Bernard als auch Papst Eugenius III. (der einmal Mönch in Clairvaux gewesen war) Vorbehalte, beide hatten alle Hände voll mit der Abwehr einer Revolte der römischen Bevölkerung gegen den neu inthronisierten Papst zu tun. Und trotzdem entschied sich Bernard, obwohl es Mönchen untersagt war, außerhalb ihres Klosters zu predigen, nach Vézelay zu gehen und sich dort, auf ausdrückliches Geheiß des Papstes übrigens, am 31. März 1146 für den Kreuzzug auszusprechen. Später erstattete er dem Papst Bericht: «Du befahlst, ich gehorchte; und die Autorität dessen, der den Befehl erteilte [des Papstes], hat meinen Gehorsam Früchte tragen lassen. Ich öffnete meinen Mund; ich sprach, und sogleich vervielfachte sich die Zahl der Kreuzfahrer ins Unendliche. Dörfer und Städte sind jetzt ausgestorben.»[6] In seiner Predigt hatte Bernard in apokalyptischen Bildern die Gefahr, die die heiligen Stätten und die belagerten Christen im Osten bedrohte, heraufbeschworen.

Die Leidenschaft und die Beredsamkeit, mit der Bernard in seiner Predigt die persönliche religiöse Bedeutung des Gelübdes für jeden Kreuzfahrer herausarbeitete, bewog eine große Zahl seiner Zuhörer in Vézelay, das Kreuz zu ergreifen.[7] Der Prominenteste von allen, denen der berühmte Zisterzienser das Kreuz überreichte, war König Ludwig, und viele seiner Adligen folgten seinem Beispiel. Offenbar wurden die Kreuze nicht nur an kampfwillige Ritter verteilt, sondern auch an Wallfahrer, darunter zahlreiche Frauen – eine davon war sicherlich Eleonore. Dass Frauen sich einem Kreuzzug anschlossen, war nichts Ungewöhnliches: Sie durften ihre Männer oder andere Verwandte begleiten, wenn sie die Erlaubnis der Kirche dafür erwirkten.[8]

Eleonore teilte die konventionellen religiösen Überzeugungen ihrer Zeit und empfand, wie jeder andere Christ, echte Rührung bei dem Gedanken daran, an den Schauplätzen der Passion Christi Andacht halten zu können. Sicher spielte auch eine Rolle, den Hof ihres Onkels in Antiochia zu besuchen, zumal die Kunde davon, dass Raymond dort in einem orientalischen Luxusleben schwelgte, bis nach Westeuropa gedrungen war.[9]

Viele Autoren schreiben die Teilnahme der französischen Königin am Kreuzzugsabenteuer dem «starken Verlangen» Ludwigs VII. «nach seiner jungen Frau» zu, ohne die er die lange Trennung, die seine Abwesenheit aus Frankreich mit sich bringen würde, nicht ertragen könnte.[10] Es gab freilich auch triftige politische Gründe dafür, Eleonore nicht alleine zurückzulassen. Als Königin hätte sie eine starke Machtstellung bekleidet, vielleicht sogar das Amt einer Regentin übernommen und somit die Machtbefugnisse Sugers von Saint-Denis, der nach dem Willen Ludwigs während seiner Abwesenheit das Königreich regieren sollte, infrage stellen können. Die poitevinischen Gefolgsleute Eleonores am Hof hatten ihre Abneigung gegen den gelehrten alten Abt bereits deutlich genug gezeigt. Darüber hinaus sah Ludwig in der Teilnahme seiner Frau am Kreuzzug eine wichtige Gewähr dafür, dass die poitevinischen Edelleute mitzogen und die Kirchen und die Stadtbevölkerung Aquitaniens ihre zugesagte großzügige finanzielle Unterstützung beibehielten. Etliche Mitglieder der Hocharistokratie des Poitou begleiteten ihre Herzogin auf den Zweiten Kreuzzug, darunter Gottfried von Rancon, Hugo von Lusignan, Guy de Thouars und Eleonores Konstabler Saldebreuil de Sanzay. Unter den aquitanischen Adligen, die sich der Reise nach Palästina anschlossen, war auch der Troubadour Jaufré Rudel, Herr von Blaye in der Gascogne, der zum Gefolge des Grafen von Toulouse gehörte.[11]

In den Augen vieler Kirchenleute gefährdete allerdings die Teilnahme von Frauen am Zweiten Kreuzzug den Erfolg des Unternehmens – die bloße Tatsache, dass Eleonore ihren Mann begleitete, erregte ihre Missbilligung. Der englische Klosterschreiber William von Newburgh zum Beispiel, der im späten 12. Jahrhundert lebte, konnte nichts Gutes daran finden, dass die Königin in der Kreuzzugkarawane mitritt. Tatsache war indes, dass etliche adelige Damen ungeachtet der Folgen den Kreuzzug mitmachten, unter anderem die Gattinnen von Thierry von Elsass, Graf von Flandern, und des Grafen Alphonse-Jourdain von Toulouse.[12] Wie die meisten mittelalterlichen Mönche hegte Newburgh höchste Bewunderung für die Tugend der Keuschheit. «In diesem christlichen Lager [*castris*]», erklärte er, «in dem Keuschheit [*casta*] hätte herrschen sollen, trieb sich eine Horde von Frauen herum … und brachte Schande über unsere Streitmacht.» Newburgh zweifelte nicht daran, als er aus dem Abstand von Jahrzehnten auf den Zweiten Kreuzzug zurückblickte, dass die sexuelle Zügellosigkeit der Ritter eine schlüssige Erklärung für sein Fehlschlagen lieferte; er beschäftigte sich mit Freveltaten der Teilnehmer und schrieb: «Es ist nicht verwunderlich, dass die göttliche Gunst den Kriegern ganz und gar nicht hold war, waren sie doch besudelt und unrein.»[13]

Eigenartigerweise erwähnten die Autoren, die die Teilnahme von Frauen am Kreuzzug verurteilten, nichts darüber, dass diese Frauen ihre noch jungen Kinder zurückließen. Für Eleonore bedeutete der Entschluss, das Kreuz zu ergreifen, sich für mindestens zwei Jahre von ihrer höchstens zwei Jahre alten Tochter Marie trennen zu müssen. Wir können freilich eingedenk der Einstellung der mittelalterlichen Aristokratie zur Erziehung ihrer Kinder ausschließen, dass eine solche Trennung Eleonore oder auch Ludwig Kopfzerbrechen bereitete. Wenn schon adlige Mütter viele Verpflichtungen hatten, die sie daran hinderten, sich um ihre Kinder zu kümmern, so galt das für eine Königin erst recht. Leider ist über die Rolle Eleonores bei der Erziehung ihrer kleinen Tochter nichts überliefert; wahrscheinlich war es jedoch eine eher bescheidene Rolle.

Nachdem Ludwig und Eleonore in Vézelay das Kreuz ergriffen hatten, begaben sie sich im Herbst auf eine Rundreise durch Aquitanien, um unter den Adligen der Region Kreuzzugsteilnehmer zu werben und Vorkehrungen für die Verwaltung des Herzogtums während ihrer Abwesenheit zu treffen.[14] Mitte Februar 1147 leitete Ludwig eine große Versammlung französischer Edelleute – zukünftige Kreuzfahrer – in Étampes. Bernard von Clairvaux, der Ende 1146 von einer Predigtmission in Deutschland zurückgekehrt war, nahm daran teil und konnte die gute Nachricht verkünden, den deutschen Kaiser Konrad III. dafür gewonnen zu haben.[15] Mindestens ein Botschafter eines anderen Staates war zugegen, ein Gesandter von König Roger II. von Sizilien; der byzantinische Kaiser Manuel Komnenos bot Ludwig seine Hilfe an. Die Aufgabe der Versammlung in Étampes bestand darin, für die Kreuzfahrer eine Marschroute nach Osten festzulegen. Der Abgesandte des sizilianischen Königs Roger plädierte für einen maritimen Weg, der die französischen Kreuzfahrer von den Diensten der sizilianischen Flotte abhängig machen würde. Ludwig VII. und andere hatten Bedenken gegen König Roger, weil dieser mit anderen Mächten, die für den Erfolg des Kreuzzugs wichtig waren – dem Papst, dem deutschen und dem byzantinischen Kaiser –, nicht auf gutem Fuß stand. Der Herrscher Siziliens stand im Wettbewerb mit Byzanz um die Vorherrschaft im östlichen Mittelmeerraum und wollte die Kreuzfahrer auf seine Seite ziehen. Antigriechische Elemente, die in Étampes zugegen waren, hatten große Vorbehalte gegen den byzantinischen Kaiser und seine Untertanen, weswegen sie sich vehement für den von Roger vorgeschlagenen Wasserweg einsetzten.[16]

Welche Rolle Eleonore und ihre poitevinischen Höflinge in dieser Diskussion spielten, ist unklar, doch kann man davon ausgehen, dass die Beziehungen ihres Onkels Raymond zum Ostkaisertum Einfluss auf ihr Denken hatten. Dessen Vorgänger auf dem Fürstenthron von Antiochia hatten kein gutes Verhältnis zum byzantinischen Kaiserreich gehabt und dessen Hoheitsanspruch über Antiochia nicht anerkannt. Raymond hingegen hatte die Verständigung mit Manuel Komnenos gesucht, nachdem der Fall Edessas sein Fürstentum der Gefahr islamischer Angriffe ausgesetzt hatte. 1145 war er nach Konstantinopel gereist, um dem Ostkaiser freundschaftliche Beziehungen anzubieten, ihm Tribut zu zollen und die Oberherrschaft von Byzanz über Antiochia anzuerkennen. Dieser Friedensschluss trug vermutlich dazu bei, dass Eleonore und ihre poitevinischen Landsleute einer landgebundenen Route über Konstantinopel den Vorzug gaben, und dass diese schließlich beschlossen wurde, lässt sich in gewisser Weise als ein Sieg für sie deuten.[17] Den Ausschlag gab sehr wahrscheinlich die Meinung des Papstes. Er hatte die große Hoffnung, beide christliche Kirchen wieder zu vereinigen, und fürchtete, die Rivalität zwischen Byzanz und Rogers Sizilien werde Ressentiments erzeugen und sein Vorhaben untergraben.

Als man sich auf die Route geeinigt und Mitte Juni als Abmarschtermin festgelegt hatte, schickte Ludwig Kuriere mit Botschaften an den König von Ungarn und an Kaiser Manuel Komnenos los, mit der Bitte um sicheres Geleit und um die Verköstigung der Kreuzfahrer, die ihr Territorium passieren würden. Ein Thema, das in Étampes abschließend debattiert wurde, war die Frage, wer in Frankreich während der Abwesenheit Ludwigs die Regierungsgeschäfte führen sollte. Der stete Vermittler Bernard von Clairvaux plädierte für die Ernennung Sugers zum Regenten, doch dann wurde die Entscheidung auf den Hoftag an Ostern verschoben. Die Versammlung wurde trotz bedeutender Lücken in der Planung des Kreuzzugs für beendet erklärt. So hatten es die Delegierten versäumt, den Zweck des Kreuzzuges verbindlich zu definieren: Sollte sein Hauptziel darin bestehen, Wallfahrer zum Gebet am Heiligen Grab Jesu zu bringen, sollte er dem begrenzten militärischen Ziel dienen, Edessa zu befreien, oder aber dem weitergehenden Ziel, die Kreuzfahrerstaaten von der islamischen Bedrohung zu befreien? Eine weitere schwere Planungslücke bestand darin, die führenden Köpfe der

Dieses Gemälde von Jean-Baptiste Mauzaisse (1840) zeigt Ludwig VII. in Saint-Denis, wie er im Beisein Eleonores von Abt Suger die Kreuzfahrerinsignien überreicht bekommt.

christlichen Fürstentümer im Heiligen Land nicht zu fragen, welche Art von Hilfe sie brauchten.[18]

Die abschließenden Vorkehrungen für den Abmarsch des Kreuzfahrerheeres wurden am 20. April 1147 in Saint-Denis getroffen. Papst Eugenius III. war zu der Zeit mit mehreren Kardinälen in Frankreich unterwegs, und seine Reisegruppe traf, verstärkt durch Bernard von Clairvaux, rechtzeitig zu Ostern in Paris ein.[19] In seiner Eigenschaft als geistliches Oberhaupt des Kreuzzuges hatte sich der Papst eine rein französische Streitmacht unter Führung Ludwigs VII., ohne geteilte Befehlsgewalt, vorgestellt. Der deutsche Kaiser Konrad III. nahm an dem Kreuzzug teil, zugleich wurde bekannt, dass König Roger von Sizilien just zur selben Zeit, da die Kreuzfahrer sich gen Osten aufmachten, eine groß angelegte Seekriegsoperation plante, mit der er die islamische Herrschaft entlang der Küste Nordafrikas herausfordern wollte. Angesichts des internationalen Unterfangens kam dem Papst die Sorge, die absehbaren Rivalitäten zwischen den drei Monarchen – Ludwig, Konrad und Roger – könnten zu Komplikationen führen. Am Ostersonntag ernannte Eugenius zwei Kardinäle, die den Kreuzzug als seine Legaten begleiten sollten; des Weiteren beauftragte er zwei französische Bischöfe, auf dem Kreuzzug als seine Augen und Ohren zu fungieren. Diese «Ansammlung päpstlicher Legaten» sollte, wie sich zeigte, die Fähigkeit des Papstes, den Kreuzzug zu steuern, erheblich reduzieren, da sie miteinander rivalisierten und dadurch Verwirrung stifteten.[20]

Auf dem Hoftag in Saint-Denis übertrug Ludwig die Aufsicht über sein Königreich förmlich dem Papst, der den Abt von Saint-Denis als Regenten einsetzte. Suger sollte sich allerdings die Regentschaft mit zwei Gehilfen teilen, und Ludwig benannte als einen davon Graf Ralph von Vermandois, den amtierenden Seneschall von Frankreich. Diese Nominierung bereitete dem Papst und Bernard von Clairvaux zweifelsohne Kopfzerbrechen, denn Ralph war zu diesem Zeitpunkt noch exkommuniziert, weil er seine Frau verlassen hatte und eine ehebrecherische Beziehung zu Königin Eleonores Schwester unterhielt. Suger berief später den Erzbischof von Reims als seinen zweiten Adlatus.[21] Auch wenn er die Macht teilen musste, sorgte Suger dafür, dass das französische Königtum während der langjährigen Abwesenheit des Königs keinen nennenswerten Schaden nahm. Anfang 1149 konnte er in einem Brief an Ludwig VII., der diesen im Heiligen Land erreichte, vermelden: «Euer Land und eure Menschen erfreuen sich Gott sei Dank eines guten Friedens.»[22]

Auf dem Weg von Paris nach Konstantinopel

Zwei Monate nach dem Hoftag fand am 11. Juni im Kloster Saint-Denis eine weitere imposante Versammlung statt: Die Teilnehmer bereiteten sich mit religiösen Feierlichkeiten für den Aufbruch ins Heilige Land vor. Der königliche Tross begab sich am Morgen von Paris aus auf den kurzen Ritt nach Saint-Denis; auf dem Weg dahin legte Ludwig einen Zwischenstopp ein, um eine Lepraklinik zu besuchen. Der Chronist des Kreuzzuges, Odo, der jede Gelegenheit nutzte, um die Teilnahme des Königs als eine innere Pilgerreise zum Zweck der Erlangung von Bußfertigkeit und spiritueller Vollkommenheit darzustellen, würdigte diesen Akt der Frömmigkeit als eine «lobenswerte Tat, die nur wenige ihm nachtun könnten und womöglich niemand seines erhabenen Ranges».[23] Ludwig wurde das geweihte Banner, die Oriflamme, überreicht, das die Kapetinger traditionell in die Schlacht trugen, woraufhin der Papst seinen Segen erteilte und ihm Pilgerstab und Ranzen übergab.[24]

Noch am selben Tag brach Ludwig an der Spitze seiner persönlichen Streitmacht und seiner Hilfstruppen, gefolgt von einem Pulk von Pilgern, in

Richtung Metz auf, dem verabredeten Sammelpunkt für die Kreuzzugsteilnehmer aus anderen französischen Regionen. Auf ihrem Marsch schmetterten einige der französischen Kreuzritter ein Lied, das ihre Zuversicht zum Ausdruck bringen sollte: «Wer mit Ludwig geht / wird die Hölle nicht fürchten, denn seine Seele wird ins Paradies aufsteigen / mit den Engeln unseres Herrn.»[25] Die vom französischen König und in der Folge auch vom deutschen Kaiser angeführten Kontingente bildeten den Hauptteil der Streitmacht, die sich auf den Weg ins Heilige Land machte. Ein anderes Kontingent marschierte unter der Führung des Grafen von Savoyen die italienische Halbinsel hinunter, um über die Adria zu setzen und nach einem Marsch quer über die Balkanhalbinsel in Konstantinopel zu Ludwigs Streitmacht zu stoßen. Der Graf von Toulouse segelte später von der französischen Mittelmeerküste direkt nach Palästina, wo er im Frühjahr 1148 eintraf. Nach neueren Schätzungen lag die Gesamtzahl der Teilnehmer des Zweiten Kreuzzuges, nicht kämpfende Zivilisten eingeschlossen, bei 25 000 bis 50 000. Etwa 5000 davon waren Ritter, weitere 10 000 oder 12 000 sonstige Waffenträger – leichte Kavallerie und Infanterie.[26] Fast alle mittelalterlichen Heere schlossen Fußsoldaten ein, darunter Männer mit besonderen Fertigkeiten wie Armbrustschützen oder Belagerungsmineure. Darüber hinaus brauchte jede größere Truppe, die sich über einen längeren Zeitraum im Krieg befand, einen nach Tausenden zählenden Tross unbewaffneter Hilfskräfte, die unter anderem logistische Dienstleistungen erbrachten. Das Spektrum reichte dabei von Schmieden, Rüstungsmachern und Pferdeknechten bis zu Köchen und Dienstboten; jeder Ritter hatte in seinem persönlichen Gefolge auch noch einen oder mehrere Bedienstete. Von allen diesen Männern wurde erwartet, dass sie notfalls zur Waffe griffen und mitkämpften oder zumindest während eines Gefechts den Versorgungstross bewachten.

Frauen fanden sich in beträchtlicher Zahl unter den Pilgern, die sich den Kreuzrittern angeschlossen hatten; darüber hinaus hatte jede mittelalterliche Streitmacht stets weibliche Bedienstete in ihrem Gefolge, etwa Wäscherinnen und Küchenkräfte oder Sanitäterinnen, die sich um Verwundete und Kranke kümmerten, dazu Frauen, die sexuelle Dienstleistungen erbrachten. Wie Eleonore begleiteten auch andere aristokratische Damen ihre kreuzfahrenden Männer und brachten ihr persönliches Gefolge aus Zofen und Mägden mit sich, was den Frauenanteil anschwellen ließ. Eleonores persönliche Entourage muss ziemlich umfangreich gewesen sein, doch die Legende, sie habe eine Kohorte berittener und bewaffneter «Amazonen» als Leibwache rekrutiert, können wir getrost zu den Akten legen. Diese unplausible Geschichte tauchte offenbar in einer griechischen Chronik auf, in der der Einzug der Kreuzfahrer nach Konstantinopel geschildert wurde, die allerdings erst mindestens eine Generation nach dem Geschehen niedergeschrieben wurde. Autoren des 19. Jahrhunderts griffen diese Legende begeistert auf, und so gelangte sie auch in spätere, viel gelesene Bücher über Eleonore.[27]

Die Karawane traf nach vier oder fünf Tagen in Metz ein und marschierte dann weiter nach Worms, wo sie über den Rhein setzte.[28] Ein Reisender konnte damals zu Pferde gut 50 km pro Tag zurücklegen, doch Ludwigs Karawane kam wegen der vielen Menschen, die zu Fuß unterwegs waren, der langsamen Packpferde und der vielen von Zweier- oder Vierergespannen gezogenen, ungelenken Kutschen und Gepäckkarren nur sehr langsam voran. In Regensburg wurde ein Teil des Gepäcks auf Lastkähne verladen und auf der Donau teilweise bis nach Bulgarien verschifft, was für die Karawane eine echte Erleichterung darstellte. Ein nicht geringer Teil der mitgeführten Vorräte gehörte Eleonore, und der Umfang ihres persönlichen Gepäcks wurde später zum Stein des Anstoßes. Doch selbst mit ihrer mehr als üppigen Ausstattung war das Reisen für sie wohl kaum ein Vergnügen. Landstraßen, die diesen Namen verdient hätten, gab es im Mittelalter praktisch nicht; die Wege waren wenig mehr als Trampelpfade mit Spurrillen, die Ortschaften miteinander verbanden und bei Regenwetter oft unpassierbare Schlammlöcher aufwiesen. Falls Eleonore darauf verzichtete, ein Pferd zu reiten, hätte sie sich in einer Sänfte transportieren lassen können, wie es adlige Damen gerne taten. Denkbar ist auch, dass sie und andere Aristokratinnen einen Teil des Weges in «chariots» zurücklegten, unbequemen, wenn auch kunstvoll geschmückten zweirädrigen Wagen. Fahrzeuge hatten generell keine Federung, und Adlige verschmähten ihre Benutzung in der Regel, nicht nur weil man übel durchgeschüttelt wurde, sondern auch weil man diese Fahrzeuge mit Bauern und Tagelöhnern assoziierte.[29]

Während des Aufenthalts in Regensburg trafen Abgesandte des byzantinischen Kaisers Manuel Komnenos ein, um Verhandlungen mit Ludwig zu führen; so gewann Eleonore einen ersten Eindruck von Vertretern des legendären ostchristlichen Kaiserreichs, dem ein so fabelhafter Reichtum nachgesagt wurde.[30] Der Ostkaiser wünschte sich französische Unterstützung gegen die Türken, misstraute den Franzosen aber wegen ihrer engen Beziehungen zu den Normannen auf Sizilien und zu den französischen Siedlern in den Kreuzfahrerstaaten entlang der syrischen Küste. Umgekehrt hatten die Franzosen wenig Vertrauen zum byzantinischen Kaisertum und seinen Untertanen – schon vor dem Abmarsch der Kreuzfahrer, bei dem Treffen in Étampes, hatte sich eine den Griechen feindlich gesinnte Fraktion gebildet. Die Gesandten, die sich in Regensburg einfanden, hinterließen keinen positiven Eindruck; sie überbrachten die Botschaft ihres Kaisers in einer blumenreichen, schmeichelnden Sprache. So schrieb Odo von Deuil über sie: «[Die Griechen] versuchten unseren guten Willen mit einer so plumpen Demut zu gewinnen, dass ich sagen würde, ihre Rede – zu gefühlsbetont, eben weil nicht von ehrlichem Gefühl gespeist – sei geeignet, nicht nur einen Kaiser, sondern sogar einen Possenreißer der Peinlichkeit preiszugeben.»[31] Doch es war nicht nur die Form, in der die Botschaft Manuels überbracht wurde, sondern auch ihr Inhalt, der die antigriechischen Ressentiments der französischen Kreuzfahrer verstärkte. Der Kaiser forderte von Ludwig und seinen Männern die Zusicherung, dass sie ihn als obersten Lehnsherrn aller von ihnen berührten Territorien anerkannten, die früher einmal Bestandteile des byzantinischen Reiches gewesen waren. Diese Forderung stellten die Griechen bei jedem Treffen erneut, sodass sich das Verhältnis zwischen den Franzosen und den Griechen auf dem Weg nach Jerusalem unweigerlich verschlechterte.

Von Regensburg aus folgten das französische Königspaar und seine Karawane aus Rittern und Pilgern dem Flusslauf der Donau, vorbei an Passau und Klosterneuburg. Das Hoheitsgebiet von Kaiser Konrad III. hinter sich lassend, durchquerten sie in nur 15 Tagen das Königreich Ungarn und hatten damit die Grenze des Ostkaiserreichs erreicht: Mitte August passierten sie die Festung Belgrad, betraten bulgarischen Boden und damit von Byzanz kontrolliertes Territorium. Die französischen Kreuzfahrer bewegten sich auf einer Marschroute, die nur wenige Wochen vor ihnen der deutsche Kaiser mit seiner Streitmacht beschritten hatte, der vor ihnen aufgebrochen war, damit die Versorgungsgüter, die der vielköpfige Treck benötigte, die entlang des Weges verfügbaren Ressourcen nicht überstrapazierte.[32] Folglich fanden die Franzosen einen von den Deutschen bereits gründlich ausgeplünderten Landschaftskorridor vor, in dem kaum noch etwas zu holen war. Die dort ansässigen Bauern versteckten, was sie noch an Nahrungsmitteln hatten, um nach dem Durchzug der Franzosen nicht mit ganz leeren Vorratskammern dazustehen, und Händler verlangten hohe Preise für alles, was sie noch im Angebot hatten. Den zahlreichen Pilgern, die sich dem Kreuzfahrerheer des französischen Königs angeschlossen hatten, ging sehr bald die Verpflegung aus, und die Hungernden wurden zur Quelle großer disziplinarischer und logistischer Probleme, die den Kreuzzug auf seinem langen Weg ins Heilige

Land begleiten sollten. Ein schweres Versäumnis Ludwigs und Konrads III. als Oberbefehlshaber des Kreuzzuges bestand darin, dass sie es nicht schafften, ihre Truppen von den Pilgermassen zu trennen, die das Vorankommen der militärischen Abteilung ständig bremsten und ihr die Nahrung streitig machten, was die ohnehin vorhandenen Spannungen zwischen den Franzosen und ihren deutschen Verbündeten verschärfte. Die Lebensmittel- und Tierfutterknappheit zwangen Ludwig, mehr Geld als geplant für die Nahrungsbeschaffung auszugeben, und schon bevor seine Streitmacht Konstantinopel erreichte, musste er an Suger schreiben, um Geldnachschub anzufordern.[33] Trotz auftretender Versorgungsengpässe ist es unwahrscheinlich, dass Eleonore und die Damen ihres Gefolges in diesem Stadium des Kreuzzuges Hunger litten.

In Bulgarien gab sich der byzantinische Gouverneur in Sofia, ein Verwandter von Kaiser Manuel Komnenos, größte Mühe, Verpflegung für die Kreuzfahrer und Pilger Ludwigs aufzutreiben. Als die Franzosen in Adrianopel (dem heutigen türkischen Edirne) ankamen, mussten sie erfahren, dass die Deutschen das ohnehin schwierige Verhältnis zwischen den Westchristen und den Untertanen des byzantinischen Kaisers zusätzlich belastet hatten, indem sie ein orthodoxes Kloster niedergebrannt und seine Mönche umgebracht hatten. Vom Verhalten der Deutschen konsterniert, versuchten die Verantwortlichen in Adrianopel Ludwig zu überreden, seine Streitmacht direkt über die Dardanellen nach Kleinasien zu führen und Konstantinopel zu umgehen, drangen damit jedoch nicht durch. Der Marsch von Adrianopel bis vor die Tore Konstantinopels sollte fünf Tage dauern.[34]

Nach Wochen, in denen sie durch ganz Osteuropa gezogen war und ihre Nächte im Zelt verbracht hatte, freute sich Eleonore zweifellos darauf, mehrere Tage hintereinander am selben Ort sein zu können; ganz besonders in der kosmopolitischen Großstadt, die berühmt war für ihre reiche Geschichte, ihre architektonischen und künstlerischen Schätze und ihre kultivierten Bewohner. Dagegen beschlich ihren Mann und andere im französischen Kreuzfahrerkontingent ein mulmiges Gefühl, als sie sich Konstantinopel näherten, einfach weil sie den Byzantinern nicht trauten. Als sie weniger als einen Tagesmarsch von der byzantinischen Hauptstadt entfernt waren, erfuhren sie zu ihrem Unmut, dass Kaiser Manuel Komnenos einen Waffenstillstand mit dem türkischen Sultan der anatolischen Stadt Konya geschlossen hatte, durch dessen Territorium sie auf dem Weg nach Syrien würden marschieren müssen. Es fehlte ihnen an Verständnis und Einfühlungsvermögen für die Probleme des Kaisers im Umgang mit seinen feindseligen und aggressiven islamischen Nachbarn. Manuel Komnenos brauchte eine Atempause von seinen Kämpfen mit den Türken, um sich um die Bedrohung seines Territoriums durch die Flotte Rogers von Sizilien kümmern zu können, die sich vor der adriatischen Küste aufgereiht hatte. Die französischen Kreuzfahrer konnten aufseiten des Ostkaisers dagegen nur Lug und Trug erkennen, und manche drängten Ludwig, sich mit dem sizilianischen Normannenkönig gegen die Griechen zu verbünden.[35] Zudem verärgerte die Franzosen, dass der Kaiser ihren deutschen Verbündeten verboten hatte, seine großartige Stadt zu betreten, sodass die Deutschen über den Bosporus gesetzt hatten, ohne, wie vereinbart, auf sie zu warten.[36]

Konstantinopel, «Königin der Städte»

Am 4. Oktober 1147, fünf Monate nach Beginn ihrer Reise, standen Ludwig und Eleonore mit ihrem Kreuzfahrerheer und den Pilgern vor den Mauern Konstantinopels.[37] Mit ihren massiven Befestigungsmauern aus der Zeit des Theodosius, die ihre westliche Flanke schützten, machte die große Stadt auf Eleonore und ihre Gefährten gleich von Beginn an einen ungeheuren Eindruck, obwohl sie zum Zeitpunkt des Zweiten Kreuzzuges ihre Hochblüte hinter sich hatte und die Hauptstadt eines geschrumpften und geschwächten Kaiserreichs war. Ihre unter Konstantin und Justinian erbauten großartigen Kirchen und Paläste standen zwar noch und waren in täglichem Gebrauch, anders als in Rom, wo die Prachtbauten aus der großen Zeit des Reichs seit Langem dem Verfall preisgegeben waren. Der «Große» oder «Heilige Palast», der das Meer überblickte, war immer wieder erweitert und renoviert worden und zu einer Stadt in der Stadt herangewachsen. In baulicher Verbindung mit dem Palastkomplex standen das benachbarte Hippodrom und die Kirche Hagia Sophia, die Bande zwischen dem Kaiser, seinem Volk und der Kirche illustrierend. Seit dem 11. Jahrhundert lebte die kaiserliche Familie nicht mehr im Großen Palast; sie zog als Domizil den unweit der Stadtmauer, am westlichen Rand der Metropole in Sichtweite des Goldenen Horns, errichteten Blachernen-Palast vor.[38] Zu diesem Palast wurde Ludwig für seine erste Unterredung mit Kaiser Manuel Komnenos geführt. Odo von Deuil beschreibt den Palast wie folgt: «Sein Äußeres ist von einer fast unerreichten Schönheit, doch sein Inneres übertrifft alles, was ich ausdrücken kann. Allenthalben ist er mit Gold und einer großen Vielfalt von Farben aufwendig ausgeschmückt, und sein Boden besteht aus Marmor, der mit großer handwerklicher Kunst verlegt ist; und ich weiß nicht, ob die exquisiten Kunstwerke oder die unerhört wertvollen Sachen ihm mehr Schönheit oder Wert verleihen.»[39]

An den Toren der Stadt wurden Ludwig und seine Königin von einer Delegation empfangen, der einige der vornehmsten und prominentesten Bürger Konstantinopels angehörten. Odo von Deuil war Zeuge dieser Begrüßung: «Als wir uns der Stadt näherten, schwärmten, man höre und staune, alle ihre Adligen und Wohlhabenden, Geistliche wie Laien, aus, um den König zu begrüßen; sie empfingen ihn mit geziemenden Ehren und ersuchten ihn untertänig, dem Kaiser seine Aufwartung zu machen und den Wunsch des Kaisers zu erfüllen, ihn zu sehen und mit ihm zu sprechen.» Ludwig «hatte Erbarmen mit der Furcht des Kaisers» und gab sein Einverständnis, und sein erstes Zusammentreffen mit dem Ostkaiser im Blachernen-Palast verlief herzlich. Die byzantinische Hofetikette mit ihrer kriecherischen Unterwürfigkeit vor dem Kaiser war den Franzosen ein Graus, auch wenn die Gastgeber Ludwig das Zugeständnis machten, dass er in Anwesenheit des Kaisers sitzen durfte. Der Chronist vermerkte dazu: «Die beiden Herrscher waren einander in Alter und Statur fast gleich und unterschieden sich nur durch ihre Kleidung und ihre Umgangsformen.»[40]

Manuel Komnenos stellte dem französischen Königspaar das Philopatium zur Verfügung, ein Jagdhaus außerhalb der Stadtmauer unweit des Blachernen-Palastes; ihre Ritter und die vielen Dienstboten und Pilger schlugen ihr Lager ringsherum auf. Das französische Kreuzfahrerheer hielt sich drei Wochen in Konstantinopel auf, um dann am 26. Oktober auf die kleinasiatische Seite des Bosporus überzusetzen. Der Kaiser begleitete Ludwig auf Besichtigungstouren, zeigte ihm die vielen Kirchen und deren Sammlungen heiliger Reliquien, anschließend lud er Ludwig zum gemeinsamen Abendessen ein. Die Bankette im kaiserlichen Palast boten «Vergnügungen für das Ohr, den Gaumen und das Auge mit einer Üppigkeit, die so fabelhaft, mit Tafelfreuden, die so köstlich, und mit Darbietungen, die so unterhaltsam waren wie die Gäste erhaben».[41] Eleonore und die byzantinische Kaiserin hatten inzwischen begonnen, einander Briefe zu schreiben und sich kennenzulernen. Die Gattin von Manuel Komnenos, Bertha von Sulzbach, war deutscher Herkunft, eine Schwägerin von Kaiser Konrad. Sie hatte nach ihrer Heirat und ihrem Übertritt zur orthodoxen Konfession des Ostreichs 1146 den Namen Irene angenommen.[42] Theoretisch wurde von respektablen byzantinischen Damen erwartet, dass sie sich in der Öffentlichkeit selten sehen ließen und nie zu Wort meldeten. Die Gemächer der Kaiserin im Palast standen unter ihrer alleinigen Kontrolle und wurden von Eunuchen bewacht. Im 12. Jahrhundert lebten byzantinische Frauen jedoch, außer es handelte sich um unverheiratete Mädchen, nicht mehr so abgeschottet wie in früheren Jahrhunderten, und so nahmen die Kaiserin und ihre Hofdamen an Empfängen und Banketten teil.[43] Es ist wahrscheinlich, dass Kaiserin Irene und ihr Gast Eleonore bei den abendlichen Diners ihrer Männer im Kaiserflügel des Palastes zugegen waren.

Ludwig, «ein einfacher Mann, der die Schlichtheit zu einer Pflicht erhob», empfand den exzessiven zeremoniellen Aufwand und die extravaganten Titel der vielen byzantinischen Hofbeamten als lästig.[44] Seine zunehmende Abneigung gegen Konstantinopel wurde von seinen Männern geteilt und wuchs in gleichem Maße wie die Ressentiments gegen die Geldwechsler und Händler der Stadt, die dem Eindruck der Franzosen zufolge die Kreuzfahrer übervorteilten und verachteten. Eleonores Urteil über die byzantinische Hauptstadt und ihren kaiserlichen Hof ist wahrscheinlich nicht so negativ ausgefallen wie das ihres Mannes und ihrer Landsleute. Vielleicht weckte der byzantinische Stil bei ihr Erinnerungen an die Sinnlichkeit und Üppigkeit des Lebens am poitevinischen Hof, und womöglich genoss sie den Kontrast zwischen dem Zeremoniell am kaiserlichen Hof mit seinen spektakulären Attraktionen und dem stumpfsinnigen Alltag am Kapetinger Hof, den sie hinter sich gelassen hatte. Der Glanz von Konstantinopel öffnete Eleonore die Augen für «weite, erhabene, ganz unerwartete Möglichkeiten der Majestät».[45]

Ludwig wollte Konstantinopel erst nach Ankunft des Kontingents des Grafen von Savoyen verlassen, das den Weg über die italienische Halbinsel genommen hatte, um dann per Schiff die Adria zu überqueren und über den Balkan zu marschieren. In der Wartezeit bis zur Ankunft der Savoyer versuchte Ludwig, in Verhandlungen mit Manuel Komnenos dessen Unterstützung für den Weiterzug durch Anatolien zu gewinnen, das größtenteils unter türkischer Kontrolle stand. Der Ostkaiser erklärte sich schließlich bereit, der französischen Streitmacht landeskundige Führer zur Verfügung zu stellen und dafür zu sorgen, dass entlang der Strecke Märkte abgehalten würden, auf denen sich die Kreuzfahrer mit Proviant eindecken konnten. Im Gegenzug erkannte Ludwig den Anspruch des Kaisers an, dass alle Gebiete, die das Ostkaiserreich an die Türken verloren hatte, wieder unter kaiserliche Herrschaft gestellt werden sollten; außerdem verpflichtete Ludwig auf Wunsch des Kaisers seine Edelleute, dem Kaiser vorab ihre Lehnstreue für alle Territorien, die sie womöglich besetzen würden, zu versprechen. Ein Treueschwur, den die französischen Adligen nicht gerade billigten, den Ludwig aber als unerlässlich erachtete, wenn man sich die Unterstützung des Kaisers Manuel erhalten wollte, erst recht als sich im Lager der Franzosen das Gerücht von einer militärischen Niederlage des deutschen Kontingents verbreitete.[46]

In dem halben Jahrhundert, das seit dem Ersten Kreuzzug vergangen war, hatten sich Ressentiments zwischen Kreuzfahrern und der östlichen Christenheit aufgebaut, die sich zu einer «Mauer des Unverständnisses» summierten.[47] Kreuzfahrer aus dem Westen, die in Konstantinopel Station machten, fühlten sich den Byzantinern unterlegen und kompensierten dies, indem sie die Griechen als «überzivilisiert», verweichlicht und degeneriert schmähten. Damit nicht genug, verurteilten westliche Christen ihre östlichen, orthodoxen Glaubensvetter oft genug als Ketzer; der Chronist Odo von Deuil nannte ihren Hass auf die Orthodoxen und ihre vermeintlichen Irrlehren beim Namen, indem er schrieb: «Aus diesen Gründen sah man in ihnen keine Christen, und die Franken fanden nichts dabei, sie umzubringen, wodurch es umso schwieriger wurde, sie vom Rauben und Plündern abzuhalten.»[48] Die Griechen wiederum empfanden die Westeuropäer als ungehobelte und raubeinige Barbaren, wie man dem Bericht Anna Komnenas über deren Betragen entnehmen kann. Sie schrieb: «Nun sind die fränkischen Grafen von Natur aus schamlos und gewalttätig, auch von ihrem Wesen her geldgierig und unmäßig in allen ihren Wünschen und gebieten über einen Redefluss, der größer ist als der jeder anderen Menschenrasse.» Das gegenseitige misstrauische und mitunter hasserfüllte Betragen heizte die Stimmung auf, die Kreuzfahrer sprachen offen davon, Konstantinopel zu besetzen.[49]

Der gefahrvolle Weitermarsch durch Anatolien

Sobald das Savoyer Kontingent ankam, begannen die Franzosen nach Kleinasien überzusetzen.[50] Nachdem sie am 15. Oktober den Bosporus überwunden hatten und bei Nicäa ihr Lager aufschlugen, kamen ihnen Gerüchte über einen großen Sieg der Deutschen zu Ohren. Angeblich hatten diese Konya erobert, die Hauptstadt eines der bedeutendsten türkischen Seldschuken-Fürstentümer in Anatolien. Allein, wenig später sickerte durch, dass die Deutschen im Gegenteil eine fürchterliche Niederlage erlitten hatten und sich auf einem ungeordneten Rückzug in Richtung Nicäa befanden. Die deutschen Kreuzfahrer waren nach zehntägigem Marsch Opfer eines Überraschungsangriffs geworden: Türkische Truppen waren so plötzlich über sie hergefallen, dass die deutschen Ritter und Infanteristen, geschwächt durch Entbehrungen, nicht einmal mehr dazu kamen, eine Schlachtordnung zu bilden. In einem zeitgenössischen Bericht über die türkische Blitzattacke auf Konrad III. und die deutschen Kreuzritter findet sich eine anschauliche Beschreibung der Taktik der Moslems und der wenig wirkungsvollen Gegenwehr der westlichen Ritter: «Dieses unerwartete Vorgehen stürzte die Legionen in vollständige Verwirrung, denn sie hatten nichts dergleichen vorausgesehen. Die Stärke der Türken lag in ihren flinken Pferden … und in ihrer leichten Bewaffnung aus Bögen und Pfeilen. Unter lautem Geheul umzingelten sie das Lager und warfen sich mit ihrer gewohnten Beweglichkeit wie Furien auf unsere Soldaten, die durch ihre schweren Panzerungen gehemmt waren. Die Christen waren dem Feind an Zahl und an Geübtheit an der Waffe überlegen, doch beschwert, wie sie waren, … konnten sie sich der Türken nicht erwehren und sie ebenso wenig über eine längere Strecke verfolgen. Noch dazu waren ihre Pferde, ausgezehrt vom Hunger und von den langen Märschen, ganz und gar nicht fähig umherzugaloppieren. Im Gegenteil waren es die Türken, die massiert angriffen; schon aus weiter Entfernung ließen sie zahllose Schwälle von Pfeilen fliegen, die wie Hagel in den Reihen der Pferde und ihrer Reiter einschlugen und Tod und Verwundung aus der Ferne brachten. [Unsere Männer] hatten keine Chance, zurückzuschlagen oder den Feind zum Nahkampf zu stellen, noch konnten sie den Feind in die Enge treiben. Sooft sie auch versuchten, einen Gegenangriff zu reiten, lösten die Türken ihre Formation auf, entzogen sich allen ihren Angriffsversuchen und galoppierten in unterschiedliche Richtungen davon.»[51]

Nach dem furchtbaren Gemetzel an den Deutschen, bei dem ihr Kaiser verwundet und dessen Streitmacht dezimiert wurde, blieb ihnen keine andere Wahl, als nach Nicäa zurückzukehren. Als Ludwig und Konrad III. sich dort trafen, bot der französische König an, sein Heer mit Konrads verbliebener Streitmacht zu vereinigen; die beiden Herrscher beschlossen, gemeinsam durch Anatolien zu marschieren. Sie verwarfen die Option eines schnelleren, aber auch gefährlicheren Vormarsches durch das unter türkischer Kontrolle stehende Landesinnere zugunsten einer längeren, aber vermeintlich sichereren Route entlang der Küste, auf der sie den Türken aus dem Weg gehen und einen leichteren Zugang zu Proviant haben würden.[52]

Die vereinigten französischen und deutschen Kontingente nahmen Kurs auf Ephesos, doch schon kurz nach dem Start verirrte sich eine kleine Gruppe unter der Führung Ludwigs in den Bergen und musste sich von bäuerlichen Bergbewohnern zur Haupttruppe zurückführen lassen. Die große Karawane begann bereits, Packpferde zu verlieren und nicht lebensnotwendiges Gepäck zurückzulassen, wobei allerdings nicht anzunehmen ist, dass irgendetwas von Eleonores Sachen aussortiert wurde.[53] Als die Kreuzfahrer um den 20. Dezember herum die antike Stadt Ephesos erreichten, warnten Abgesandte des byzantinischen Kaisers Ludwig und Konrad III., das türkische Sultanat Konya habe eine große Streitmacht aufgestellt und wolle diese gegen die Kreuzfahrer ins Feld schicken. Die Kuriere rieten den beiden Monarchen, ihren Marsch zu stoppen und Zuflucht in byzantinischen Festungen zu suchen. Doch Ludwig schlug diesen Rat in den Wind. Die Abgesandten überbrachten dem deutschen Kaiser auch eine Einladung von ihrem Auftraggeber Manuel Komnenos, mit den Kurieren nach Konstantinopel zurückzukehren und sich im kaiserlichen Palast zu erholen. Da Konrads Verletzungen eine Fortsetzung des Marsches für ihn noch nicht zuließen, nahm er das Angebot des byzantinischen Kaisers an; er kehrte nach Konstantinopel zurück und blieb dort bis März 1148, als die Griechen ihn per Schiff nach Palästina brachten, wo er wieder zu den Kreuzfahrern stieß.[54]

Der lange Marsch entlang der kleinasiatischen Küste sollte sich für die Franzosen als sehr leidvoll erweisen, denn die Landstriche, durch die sie kamen, waren nach jahrelangen Kämpfen zwischen Türken und Byzantinern weitgehend verheert und entvölkert. Weil die Probleme von Etappe zu Etappe größer wurden, brach die Disziplin beinahe zusammen.[55] Der Weg von Ephesos zur Hafenstadt Attalia am Mittelmeer (heute Antalya), wo die Kreuzfahrer auf Schiffe umsteigen und sich nach Antiochia in Syrien übersetzen lassen wollten, war an sich schon eine Herausforderung, führte er doch über kahle Bergketten, die sich zur Küste hinunterzogen. Am schlimmsten war es bei Winterwetter, wenn es an jeder Nachschubmöglichkeit fehlte und türkische Reitersoldaten Nachzügler angriffen. Schon bald nach ihrem Abmarsch aus Ephesos mussten die Kreuzfahrer sich andauernder Schikanen erwehren, die türkische Krieger ihnen mit ihren ganz und gar ungewohnten Taktiken beibrachten – sie schossen ihre Pfeile in vollem Galopp ab und töteten unfairerweise die Pferde der Kreuzfahrer. Die erste größere Attacke kam schon an Heiligabend 1147, als Ludwigs Streitmacht in einem Tal unweit von Ephesos lagerte. Der gegen die Griechen voreingenommene Odo von Deuil schrieb, die Türken hätten «unter griechischer Führung zum ersten Mal versucht, uns auf dem falschen Fuß zu erwischen, indem sie unsere Pferde beim Weiden angriffen».[56]

Die unwegsame Route von Ephesos nach Attalia forderte den Marschierenden alles ab, und beim Übergang über den Berg Cadmus (heute Honaz) erlebten die Franzosen Anfang Januar 1148 den heftigsten türkischen Überfall auf ihrem Weg durch Anatolien.[57] Sie hatten sich in drei Gruppen aufgeteilt, die nacheinander zu einem der höchsten Pässe auf ihrem Weg aufstiegen. Die Vorhut bestand aus Männern, die unter dem Befehl des Grafen von Maurienne, einem Onkel Ludwigs mütterlicherseits, und des Freiherrn von Taillebourg, Gottfried von Rancon, standen; Letzterer war einer der bedeutendsten Vasallen Eleonores und der Bannerträger des Königs. Der in einigem Abstand nachfolgende Hauptpulk der Kreuzfahrer kam aus den bekannten Gründen nur langsam vorwärts. Eleonore und andere hochrangige Damen befanden sich in der Mitte dieser Gruppe, zweifellos unter dem Schutz einer militärischen Eskorte. Die Nachhut bildete eine bewaffnete Truppe unter dem Befehl des französischen Königs.

Die Vorhut hatte den Befehl, beim Erreichen der Passhöhe anzuhalten, ihre Zelte aufzuschlagen und auf die Nachkommenden zu warten, aber dann schaffte sie den Anstieg schneller als erwartet, und die beiden Kommandeure beschlossen, entgegen dem Befehl Ludwigs noch ein Stück weit talwärts zu marschieren und einen Lagerplatz zu suchen, der nicht so unwirtlich war wie der baumlose und windumtoste Bergkamm. Die Türken registrierten den durch das schnelle Vorankommen der Vorhut entstandenen großen Abstand zum Hauptkontingent der Kreuzzügler und attackierten diese in einem Moment, als sie von ihrer bewaffneten Vor- und Nachhut isoliert waren. Der Überfall der Türken kam so blitzartig, dass die unbewaffneten Pilger in Panik verfielen; viele von ihnen wurden abgeschlachtet oder stürzten beim verzweifelten Versuch, vor den Angreifern zu fliehen, die steilen Bergflanken hinab. Wenig später wandten die Türken sich der Nachhut unter dem Kommando des Königs zu; Odo von Deuil schildert das Gefecht: «Die Türken töteten die Pferde … und die in ihre Kettenhemden gekleideten Franken, jetzt zu Fuß, wurden unter dem druckvollen Ansturm des Feindes überwältigt, als ob sie im Meer ersäuft würden; sie wurden voneinander getrennt, und ihre Organe quollen aus ihren schutzlosen Körpern. … Der König verlor seine kleine, aber ruhmreiche königliche Garde; er jedoch, ein wackeres Herz bewahrend, erkletterte behände und tapfer einen Felsen, indem er von einigen Baumwurzeln Gebrauch machte, die Gott ihm zu Hilfe schickte. … Durch den Willen Gottes schützte ihn sein Kürass vor den Pfeilen, und um sich seiner Gefangennahme zu erwehren, verteidigte er den Fels mit seinem blutigen Schwert, wobei er die Köpfe und Hände vieler Kontrahenten abschlug.»[58]

Am Ende jenes schrecklichen Tages zogen sich die Türken zurück, nicht ohne reiche Beute mit sich zu führen und viele Verwundete und Tote zurückzulassen, darunter etwa 40 Ritter, die Seite an Seite mit dem König gekämpft und ihn beschützt hatten. Diese am Cadmus erlittene Schmach tat der militärischen Reputation, die sich die französischen Ritter im Ersten Kreuzzug erworben hatten, ebenso großen Abbruch wie dem Ruf Ludwigs VII. als Oberbefehlshaber, da dadurch ein Schatten auf seine Urteilsfähigkeit und Führungsqualitäten fiel. Die schwersten Vorwürfe richteten sich jedoch gegen Gottfried von Rancon. Wie Odo von Deuil schreibt: «Hier zog sich Gottfried von Rancon ... unseren unauslöschlichen Hass zu. ... Alle waren der Meinung, Gottfried müsse gehängt werden, weil er sich nicht an den Befehl des Königs über die Tagesetappe gehalten hatte.» Doch Ludwig wagte es nicht, seinen Onkel de Maurienne zu bestrafen, der zusammen mit Gottfried von Rancon die Vorhut befehligt hatte, und so blieb auch dieser, einer der hochrangigen Hofleute Eleonores, unbehelligt.[59]

Nicht lange, und die Wut auf Gottfried ließ Hassgefühle gegen alle Aquitanier aufkommen, die in den Augen der anderen Franzosen verantwortungslose Draufgänger waren, undiszipliniert und unfähig, Befehlen zu gehorchen. Es konnte kaum ausbleiben, dass diejenigen, die nach Schuldigen suchten, schließlich auch Eleonore ins Visier nahmen, obwohl ihr «Beitrag» zum Vorpreschen der Vorhut einzig darin bestand, dass Gottfried von Rancon einer ihrer Vasallen war. Eine von romantisch gesinnten Autoren gesponnene Legende besagt, Eleonore hätte Gottfried, dessen Obhut Ludwig sie anvertraut hatte, gedrängt, für das Nachtlager einen angenehmeren Platz im Tal zu finden. Die Vorstellung, die französische Königin sei an der Seite Gottfrieds von Rancon in der bewaffneten Vorhut mitgeritten, statt sich im Schutz des Hauptheeres zu halten, strapaziert den gesunden Menschenverstand.[60]

Wie Eleonore das Massaker überlebte, das die seldschukischen Türken in den Cadmus-Bergen unter den zivilen Kreuzzugteilnehmern anrichteten, wissen wir nicht. Sicherlich war es für sie ein albtraumhaftes Erlebnis, das sie nicht nur tief erschütterte, sondern auch Zweifel an den strategischen Fähigkeiten ihres Mannes aufkommen ließ. Schon bei früheren Gelegenheiten hatte die Königin den Eindruck gewonnen, dass sie «mindestens ebenso gut wie ihr schwacher Gatte in der Lage war, Entscheidungen zu treffen und dafür zu sorgen, dass sie zu einem guten Ende führten». Das Gemetzel am Berg Cadmus und andere Episoden während der schwierigen Durchquerung Anatoliens, bei denen Ludwig VII. unkluge Entscheidungen traf, bestärkten Eleonore in diesem Gefühl.[61]

Einen oder zwei Tage später setzte das Kreuzfahrerheer seinen kräftezehrenden Marsch über die Berge in der Januarkälte fort. Die äußerst disziplinierten Templerritter, die Teil des französischen Kontingents waren, brachten die nötige Führungskraft in das Heer.[62] Eleonore, der bis dahin die Entbehrungen, die die Pilger litten, erspart geblieben waren, reiste von nun an ohne jeden königlichen Komfort und musste womöglich sogar hungern, waren doch ihr Gepäck und ihr Proviant fast zur Gänze verloren gegangen. Die Türken hatten den Versorgungstross gründlich geplündert, und das meiste von dem, was sie übrig gelassen hatten, mussten die Kreuzfahrer zurücklassen, weil sie ihre Packpferde verloren hatten. Neuer Proviant konnte nicht besorgt werden, weil die Türken und die Griechen alles Brauchbare, das auf dem Weg der Kreuzfahrer lag, zerstört hatten. Dennoch verhungerten die Soldaten nicht: Sie schlachteten und aßen ihre Pferde, die ohnehin vor Erschöpfung und Hunger am Eingehen waren.[63]

Nach zehn weiteren Tagesmärschen durch die Berge begannen die Kreuzfahrer ihren Abstieg vom Hochplateau nach Attalia an der anatolischen Mittelmeerküste. Ende Januar 1148 kamen Ludwig und seine Königin endlich in der kleinen Hafenstadt an. Attalia war freilich keine wohlhabende Stadt mehr und hatte den Kreuzfahrern kaum brauchbare Versorgungsgüter zu bieten. Ritter wie Pilger waren in erbärmlicher Verfassung, konnten aber weder Nahrungsmittel noch neue Kleider oder Ersatz für die Pferde, die sie verloren hatten, finden. Ludwig verbrachte Wochen mit dem Versuch, Schiffe für die Überfahrt seiner Streitmacht ins Heilige Land aufzutreiben, doch da es noch Winter war, blieb er erfolglos. Er beschloss, mit Eleonore und einer Garde seiner besten Ritter nach Antiochia zu segeln, während der Rest seines Heeres und die Pilger sich auf dem Landweg durchschlagen sollten.[64] Ludwig bezahlte die Griechen in Attalia dafür, dass sie seinen Soldaten Proviant und Führer für ihren Marsch stellten, doch hielten sie ihre Zusagen nicht ein, sodass etwa nur die Hälfte der französischen Waffenträger am Ende Antiochia erreichte. Nachdem sich der König mit seinem Gefolge eingeschifft hatte, vertrieben die Bewohner Attalias die vielen tausend Pilger aus der Stadt und überließen sie damit dem sicheren Hunger- oder Erschöpfungstod oder den Metzeleien der Türken. Die Seereise Eleonores und Ludwigs von Attalia nach Antiochia, normalerweise eine Angelegenheit von drei Tagen, dauerte wegen der im Winter im östlichen Mittelmeer vorherrschenden Winde zwei Wochen.[65]

Die Antiochia-Episode und die Entstehung der «schwarzen Legende»

Eleonore und Ludwig liefen am 19. März 1148, acht Monate nach ihrer Abreise aus Frankreich, im Hafen von Antiochia ein, der 15 Kilometer von der Stadt entfernt lag. Nach der ursprünglichen Planung hätten sie zu diesem Zeitpunkt längst im Heiligen Land sein sollen. Ein herzliches Willkommen bereitete ihnen der Fürst von Antiochia, Raymond, der jüngere Bruder von Eleonores Vater. Er geleitete das Königspaar und sein Gefolge «mit großem Pomp» in die Stadt, wo Kirchenleute und Einwohner sie begrüßten. Auf Eleonore wartete nach der strapaziösen Durchquerung Anatoliens eine Atempause, in der sie sich von den erlittenen Entbehrungen und traumatischen Erlebnissen würde erholen können, den Luxus von Raymonds Palast dankbar annehmend. Während dieses zehntägigen Aufenthalts verbrachte sie Zeit mit etlichen poitevinischen Landsleuten, die Raymond nach Antiochia gefolgt waren, darunter sein Schlosskaplan und einige Ritter, deren Familien Eleonore kannte, sowie der Patriarch von Antiochia, der aus Limoges stammte.[66]

Eleonore genoss die Gesellschaft ihres nur neun Jahre älteren Onkels, seine kultivierte Hofhaltung in Antiochia faszinierte sie. Die Stadt mit ihren prächtigen Wohnpalästen, ihren Marmorsäulen, kunstvollen Mosaiken und kostbaren Seidenstoffen erinnerte sie an die Herrlichkeiten Konstantinopels. Die «Franken», wie die in den Kreuzfahrerstaaten sesshaft gewordenen Christen aus dem europäischen Westen genannt wurden, hatten syrische Lebensgewohnheiten übernommen, die unter den gegebenen klimatischen Verhältnissen zweckmäßig waren. Sie nahmen Bäder, benutzten Seife, trugen orientalische Kleidung, aßen Gerichte der syrischen Küche, darunter mit Zucker zubereitete Süßspeisen, und bauten ihre Häuser nach syrischem Vorbild, mit Innenhöfen und Brunnen. Ludwig und seine Männer empfanden das luxuriöse Genussleben, dessen sie in Antiochia ansichtig wurden, als abstoßend, und es löste bei ihnen dieselben negativen Gefühle aus, die sie Monate zuvor gegenüber den Griechen in Konstantinopel verspürt hatten. Es schockierte und empörte sie, dass manche der fränkischen Siedler sich wie Einheimische gebärdeten, Freundschaft mit islamischen Honoratioren schlossen und sich manchmal sogar mit ihnen verbündeten. In Eleonores Augen war es jedoch einfach so, dass ihr Onkel und andere an seinem Hof verkehrende Poiteviner einer anderen, exotischeren Welt angehörten und ein glanzvolleres Leben führten als die reichsten Herrscher im Westen. An-

Eine aus dem 19. Jahrhundert stammende Ansicht der Stadtmauer von Antiochia. Von den Byzantinern hoch über dem Tal des Orontes errichtet, schützte sie die Stadt auch noch zur Zeit des Zweiten Kreuzzugs, als Eleonore sie besuchte.

scheinend bescherte ihr die Ankunft in Antiochia «die plötzliche Offenbarung einer Welt, die im Einklang mit ihrem Herzen und ihren Träumen stand».[67]

Das Verhältnis zwischen Ludwig VII. und Raymond trübte sich sehr schnell, als Letzterer den Versuch machte, den König und seine Ritter für einen Angriff auf Aleppo zu gewinnen – der Besitz dieser Stadt war für ihn eine wesentliche Voraussetzung für die Rückeroberung Edessas. Aleppo war die Machtbastion des Türken Nur ad-Din, eines Sohns des kurz zuvor verstorbenen Zengi, der sich anschickte, zur dominierenden Kraft im syrischen Raum zu werden. Nur ad-Din stellte eine ernsthafte Bedrohung für die Kreuzfahrerstaaten dar, da er von seinem Vater den unbedingten Ehrgeiz übernommen hatte, das islamische Syrien zu vereinigen und die europäischen Christen aus der Region zu vertreiben. Tatsächlich ebnete er mit seiner erfolgreichen Strategie, seinen Machtbereich so weit auszudehnen, dass er vom nördlichen Irak bis nach Ägypten reichte, den Weg für die späteren Triumphe Saladins. Zu den treibenden Motiven Nur ad-Dins gehörte freilich auch eine tief verwurzelte und aggressive Frömmigkeit, die mit einem unversöhnlichen Hass auf die Christen einherging.[68] Raymond sah in der Erringung der Herrschaft über Aleppo und andere strategisch bedeutsame Orte einen unerlässlichen ersten Schritt zu einer dauerhaften Sicherung Jerusalems. Ludwig und seine Ritter argwöhnten in ihrem Misstrauen gegen alles, was aus Aquitanien kam, Raymond verfolge mit dem vorgeschlagenen Feldzug lediglich das Ziel, sein eigenes Fürstentum Antiochia zu vergrößern.

Schon vor seiner Abreise aus Frankreich hatte Ludwig von Raymond «edle Geschenke und Schätze von großer Kostbarkeit» zugesandt bekommen; Letzterer hatte gehofft, damit das Wohlwollen des Königs und seine Zustimmung zu seinem Plan erkaufen zu können.[69] Ludwig hatte unterdessen allerdings das Konzept seines Kreuzzuges revidiert: Die Befreiung Edessas war nicht mehr sein vorrangiges Ziel. Er hatte die Überzeugung gewonnen, sein Kreuzzugsgelübde verpflichte ihn, auf direktem Weg nach Jerusalem zu ziehen und in der Heiligen Grabeskirche zu beten. Ludwigs Wunsch, sofort nach Jerusalem aufzubrechen und vorläufig auf einen Feldzug gegen die Türken zu verzichten, war vielleicht nur Ausdruck seiner Unentschlossenheit und Unsicherheit. Auch andere auf syrischem Territorium residierende westliche Kleinfürsten gingen ihn um Unterstützung an, doch der französische König, ein Neuankömmling in dieser Region, konnte sich in der kurzen Zeit kein Urteil darüber bilden, was für ein Einsatz seiner dezimierten Streitmacht den besten Nutzen versprach. Ihm stand in Antiochia nur noch ein Zehntel seines ursprünglichen Heeres zur Verfügung, dabei handelte es sich überwiegend um Ritter ohne leichte Kavallerie oder Fußsoldaten. Zudem waren die Männer von der anstrengenden Durchquerung Anatoliens gezeichnet und kaum in der Verfassung, Schlachten zu schlagen.[70]

In seinem Bemühen, Ludwig VII. für die Rückeroberung Edessas zu gewinnen, baute Raymond von Antiochia «sehr auf das Interesse der Königin» an ihm.[71] Wahrscheinlich spürte er, dass Eleonore ihn bewunderte und in ihm eine Vaterfigur sah. Raymond verstand es, auf der Klaviatur der divergierenden Loyalitäten seiner Nichte zu spielen, indem er an ihre Familiensolidarität appellierte; er war ihr engster noch lebender männlicher Verwandter und bildete eine Erinnerungsbrücke zu ihrer behüteten Kindheit in Poitiers. Dazu kam, dass sich unter seinen Hofleuten etliche Poiteviner befanden und es ihm gelang, ihr emotionales Interesse am Wohlergehen dieser Landsleute zu wecken, die einen bedrohten christlichen Außenposten hielten.[72] Es entging ihm sicher auch nicht, dass Eleonore eine willensstarke Frau war.

Jetzt fühlte sich Eleonore stark genug, die politischen Entscheidungen ihres Mannes auf der Grundlage ihres eigenen Urteilsvermögens offen infrage zu stellen.[73] Beeindruckt von dem Wissen, das Fürst Raymond sich in den zehn Jahren seines Wirkens im Kreuzfahrerstaat angeeignet hatte, brauchte sie nicht lange, um die Klugheit seiner Strategie zu erkennen. Allein, auch wenn es ihm gelang, seine Nichte für seinen Plan zu gewinnen, schafften es weder sie noch er, den Entschluss Ludwigs, direkt nach Jerusalem weiterzuziehen, ins Wanken zu bringen.

Als klar wurde, dass Ludwig für Raymonds Aleppo-Plan nicht zu gewinnen war, dachte der Fürst um und begann eine Intrige gegen den französischen König zu schmieden.

Eleonore eröffnete Ludwig, er könne nach Jerusalem weiterziehen, sie werde aber in Antiochia bleiben und ein Antragsverfahren für die Annullierung ihrer Ehe eröffnen. Der früheste Gewährsmann für diese schicksalhafte Wendung, den berüchtigten Vorfall von Antiochia, der das Bild der Nachwelt von Eleonore einfärbte, ist Johann von Salisbury. Er verfügte über Wissen aus erster Hand zu Eleonores und Ludwigs ehelichen Problemen aus seiner Zeit am päpstlichen Hof, wo das Königspaar auf seinem Rückweg vom Heiligen Land von Papst Eugenius III. empfangen wurde; was er dabei erfuhr, schrieb er in einem Rückblick auf seine Dienstjahre beim Papst (1146–1154) nieder. Dieser nüchterne Bericht des angesehenen englischen Autors, aus dem hervorgeht, dass die Hauptursache für die Spannungen zwischen Eleonore und ihrem Mann das Übermaß an Aufmerksamkeit und Zeit war, das die Königin ihrem Onkel Raymond widmete, enthält ein «Fünkchen Wahrheit».[74] Weil diese Darstellung das spätere Bild von Eleonore so entscheidend prägte, ist es angebracht, sie wörtlich zu zitieren: «Während der König und die Königin [in Antiochia] blieben, um diejenigen, die den Untergang des Heeres überlebt hatten, zu trösten, zu heilen und wiederzubeleben, erregten die Aufmerksamkeit, die der Fürst der Königin erwies, und seine ständigen, in der Tat fast unaufhörlichen Gespräche mit ihr das Misstrauen des Königs. Dieses wurde erheblich verstärkt, als die Königin den Wunsch äußerte zu bleiben, obwohl der König sich zur Abreise anschickte, und der Fürst gab sich größte Mühe, sie zu behalten, falls der König sein Einverständnis gäbe. Und als der König Druck ausübte, um sie loszureißen, erwähnte sie ihre Blutsverwandtschaft und sagte, sie könnten von Gesetzes wegen nicht als Mann und Frau zusammenbleiben, da sie im vierten und fünften Grad miteinander verwandt seien.»[75]

Was die Königin über ihren Verwandtschaftsgrad sagte, traf zu; es war ein offenes Geheimnis, dass sie und Ludwig einen gemeinsamen Urahn hatten. Ungeachtet dessen war es gewagt von ihr, so etwas öffentlich zu verkünden, und sie hätte es sicherlich nicht ohne den Rückhalt ihres Onkels getan, der sie womöglich sogar dazu anstiftete. Raymond ärgerte sich über die Uneinsichtigkeit Ludwigs und sah in seiner Nichte ein Instrument, um dem jungen König eine Lektion zu erteilen. Zweifellos hatte der Fürst seiner Nichte im Lauf ihrer zahlreichen Gespräche zugesichert, er würde sie als ranghöchster männlicher Vertreter des aquitanischen Herzogshauses unter seinen Schutz stellen, sollte sie wieder ledig werden.[76]

Wie Johann von Salisbury weiter berichtet, konsultierte Ludwig VII. den Eunuchen Thierry Galeran, der zu seinen vertrauten Beratern gehörte. Thierry warnte Ludwig davor, Eleonore das Verbleiben in Antiochia zu erlauben, mit der vielsagenden, von Ovid entlehnten Begründung: «Schuld könnte unter dem Deckmantel der Verwandtschaft versteckt sein.» Man kann dieses Zitat als Anspielung auf eine inzestuöse Beziehung Eleonores zu Raymond lesen, es mag aber auch nicht mehr gewesen sein als ein von Johann eingefügter rhetorischer Schnörkel, mit dem er seine klassische Bildung herausstellen wollte. Thierry schärfte dem König des Weiteren ein, er werde eine immerwährende Schande über das französische Königtum bringen, wenn er zulasse, dass der Kreuzzug für ihn mit dem Verlust seiner Ehefrau ende (sei es, dass sie ihn verlasse oder ein anderer sie ihm wegnehme).[77] Johann von Salisbury vermied es sorgfältig, auch nur andeutungsweise von Ehebruch zu sprechen. Dort, wo er eventuell einen Seitensprung der Königin in Antiochia andeutet, tut er es bezeichnenderweise verschlüsselt und gleichsam über die Bande, indem er Thierry Galeran ins Spiel bringt, der als Eunuch ein Objekt des Spottes war und von dem er sagt, die Königin habe ihn «seit jeher gehasst und gehänselt». Nach Ansicht Johanns verbreitete Thierry seine Verdächtigungen, «entweder weil er die Königin hasste oder weil er wirklich daran glaubte, beeinflusst vielleicht von einem die Runde machenden Gerücht» – er überlässt es somit dem Leser, Thierry als einen unzuverlässigen Gewährsmann einzustufen.

Johann von Salisbury verliert kaum ein Wort über Raymonds Rolle bei diesen Vorgängen.[78] Es liegt jedoch auf der Hand, dass er Raymond für schuldig hält, sich der Königin bedient zu haben, um Ludwig zur Teilnahme an seinem geplanten Feldzug gegen die Türken zu veranlassen, genauso wie er seine Nichte offensichtlich in ihrem Entschluss bestärkte, die Trennung von ihrem Mann zu betreiben.[79]

Das Wichtige an der Antiochia-Episode ist nicht so sehr, was zwischen

Eleonore und ihrem Onkel wirklich vorging, sondern was ihre Zeitgenossen glaubten oder glauben wollten. Für Johann von Salisbury und seine Mitstreiter aus dem Klerus bestand der eigentliche Verstoß Eleonores gegen die heiligen Ehegesetze in ihrer Weigerung, sich in die dienende Rolle zu fügen, die von einer Ehefrau erwartet wurde. Ihr Mangel an Diskretion, ihr beharrliches Eintreten für den Plan ihres Onkels und ihre Kritik am militärischen Urteilsvermögen ihres Mannes, all das erfüllte den Tatbestand der Untreue, weil sie damit die königliche Würde ihres Mannes kompromittierte. Alle Welt wusste zu diesem Zeitpunkt, dass die französische Königin vor dem Aufbruch zum Kreuzzug einen führenden Rang unter den Ratgebern des Königs eingenommen und Einfluss auf ihn ausgeübt hatte. Kirchliche Autoren des 12. Jahrhunderts konnten ein solches Verhalten einer Frau nicht durchgehen lassen: Nur Männer galten als fähig, rational zu handeln, und wenn diese Autoren einer Frau ansichtig wurden, die Macht ausübte, unterstellten sie ihrem politischen Handeln unweigerlich irrationale, von Leidenschaft getriebene Beweggründe anstelle praktischer politischer Erwägungen. In ihren Augen hatte sich Eleonore eines systematischen Fehlverhaltens schuldig gemacht, einer «Form der vorsätzlichen Provokation, ... eines Willens, ihre Unabhängigkeit zu manifestieren». Man warf ihr vor, sie habe «wie ein Mann, ... sogar wie ein König» gehandelt.[80]

Für Johann ebenso schockierend war die in seinen Augen exzessive Liebe Ludwigs VII. zu Eleonore, die ihn bewog, sich ihren Wünschen zu fügen und der von ihr angestrebten Trennung zuzustimmen. Damit lieferte der französische König selbst den Beweis dafür, dass er seine eigenwillige Frau nicht unter Kontrolle hatte, was für die meisten Männer dieser Zeit einer Bedrohung der moralischen und politischen Ordnung gleichkam. Für Johann, der die im 12. Jahrhundert zu neuer Blüte gelangte Philosophie der Stoiker begierig aufgenommen hatte, stand fest, dass der Mann grundsätzlich seine überlegenen geistigen Fähigkeiten nutzen musste, um seine eigenen Leidenschaften zu zügeln und dem Ideal eines Lebens in Entsagung und Mäßigung zu entsprechen. Ludwigs Liebe zu seiner Frau im Besonderen stand für Johann «fast außerhalb jeder Vernunft» und wies auf einen gefährlichen Mangel an Mäßigungsfähigkeit hin, indem er zuließ, dass eine von Leidenschaft getriebene Eifersucht die Oberhand über seine männliche Vernunft gewann.[81]

Bei aller Negativität seines Urteils über Eleonore unterstellte Johann von Salisbury ihr keinen tatsächlichen Ehebruch; dennoch verbreiteten sich Gerüchte über die in die Krise geratene Ehe des Königspaars bald in den Zeltlagern der französischen Ritter, bei denen der Verdruss wegen des unrühmlichen Verlaufs des Kreuzzugs ohnehin groß war.[82] Nicht lange, und der Vorwurf, die Königin habe sich in ungehöriger Weise der Autorität ihres Mannes widersetzt und damit das christliche Gebot der Unterordnung der Frau missachtet, mutierte zu dem Verdacht eines vollzogenen Ehebruchs mit ihrem Onkel. Die Geschehnisse in Antiochia fanden auch Eingang in die Troubadour-Dichtung; Verse, die wahrscheinlich im Verlauf des Zweiten Kreuzzuges in Palästina entstanden, enthalten Anspielungen auf Eleonores angeblichen Ehebruch. Ein Lied schmäht Frauen, die mit mehr als einem Mann das Bett teilen: «Besser für sie, nie geboren worden zu sein, als den Fehltritt begangen zu haben, über den die Welt von hier bis ins Poitou reden wird.» Der Text wird Cercamon zugeschrieben,[83] einem Troubadour, der am Hof von Eleonores Vater gedichtet hatte.[84] Noch über ein Jahrzehnt nach dem Tod der Königin drückte sich Gerald von Wales, ein frustrierter Höfling, der gern Gift und Galle gegen die von ihm verabscheuten Plantagenets spuckte, überraschend vorsichtig aus und schrieb lediglich: «Es genügt, zu bemerken, wie sich Eleonore, Königin von Frankreich, einstmals jenseits des Meeres an den Gestaden Palästinas aufgeführt hat.»[85] Obwohl seit den Vorgängen in Antiochia mehr als 65 Jahre vergangen waren, glaubte Gerald offenbar davon ausgehen zu können, dass seine Leser in der Lage waren, seine Andeutung mit Details auszuschmücken, ein Beleg für die Existenz einer nachhaltig wirksamen mündlichen Überlieferung.

Weiter nach Jerusalem und Damaskus

Konfrontiert mit Eleonores Widerspenstigkeit und vermutend, dass ihr Onkel mit ihr konspirierte, beschloss Ludwig VII., dem demütigenden Spiel ein Ende zu setzen, indem er nach Jerusalem weiterzog. Er verließ Antiochia unvermittelt in der Nacht, ohne sich von seinem Gastgeber zu verabschieden. Dadurch, dass er Eleonore gegen ihren Willen mitnahm, machte er ihr eheliches Zerwürfnis für alle offenkundig.[86] Eleonore dürfte nach ihrer «Entführung» gründlich überlegt haben, welche Alternativen ihr blieben. Den Gedanken an einen Fluchtversuch und eine Rückkehr nach Antiochia verwarf sie zweifellos und fand sich damit ab, dass eine Lösung der verfahrenen Situation erst erfolgen konnte, wenn sie und Ludwig wieder in Paris waren. Ludwig hielt sich an den Rat Sugers, der ihm brieflich dringend empfohlen hatte: «Verbergt euren Groll, so gut Ihr nur könnt, bis zu der Zeit, da Ihr beide auf eure eigenen Besitzungen zurückgekehrt sein werdet und dieser Kummer und andere Angelegenheiten geordnet werden können.»[87]

Als die Nachricht von der Abreise des französischen Königs aus Antiochia in Jerusalem eintraf, sorgte sie für Hochstimmung beim dortigen Kreuzfahreradel, in die sich allerdings die Befürchtung mischte, Raymond könnte Ludwig doch noch umstimmen oder der Graf von Tripoli könnte ihn zum Verweilen einladen. Die christliche Aristokratie Jerusalems sandte den Patriarchen von Jerusalem dem König entgegen mit dem Auftrag, ihn in die Heilige Stadt zu begleiten. Der Einzug des französischen Königs und seiner dezimierten Streitmacht war ein Ereignis. Ludwig wurde «mit aller gebührenden Ehre und Feierlichkeit» willkommen geheißen; der Patriarch und die fränkischen Adligen führten ihn «mit Untermalung durch Kirchenlieder und Gesänge» zu den heiligen Stätten. Ludwig und Eleonore legten ihre Feindschaft vorübergehend auf Eis, um beim feierlichen Einzug in Jerusalem ihre Rolle als Königspaar zu spielen, wobei sie sicher auch dem intensiven Gefühlserlebnis Tribut zollten, das sie als gläubige Christen beim Anblick der Schauplätze der Passion Christi überwältigte. Offenbar pilgerten Eleonore und Ludwig zu Fuß zu den Schreinen der Heiligen Stadt. Dabei stand die Königin sicherlich unter strenger, wenn auch zweifellos diskreter Bewachung, auch weil ein allzu offenkundiger unfreundlicher Umgang mit ihr den Unwillen ihrer aquitanischen Landsleute unter den Kreuzfahrern erregt hätte.[88]

Ludwig reiste in der Folge zu einem großen Konzil, das der junge König von Jerusalem, Balduin III., angesetzt hatte und das am 24. Juni 1148 in Akkon stattfand. Daran nahm auch der deutsche Kaiser Konrad III. teil, der inzwischen aus Konstantinopel eingetroffen war. Balduins Mutter, Königin Melisande, über viele Jahre hinweg eine beherrschende Persönlichkeit im christlichen Syrien, nahm ebenso an dem Konzil teil wie andere Vertreter des regionalen Kreuzfahreradels. Dass Eleonore ihren Mann nach Akkon begleitete, ist hingegen unwahrscheinlich, sie blieb vermutlich in Jerusalem zurück und besuchte in Begleitung zuverlässiger frommer Damen oder Nonnen die heiligen Stätten, um Buße zu tun. Durch Nichtteilnahme an dem Konzil fielen besonders zwei wichtige Fürsten der Kreuzfahrerstaaten auf: Raymond von Antiochia und der Graf von Tripoli. Ihre Abwesenheit bedeutete, dass ein formelles Bündnis aller westlich-christlichen Fürsten im Heiligen Land nicht zustande kommen würde. Der Onkel Eleonores war noch wütend auf Ludwig und hielt sich aus dem Zweiten Kreuzzug ganz heraus.[89]

In Akkon wurde der Beschluss gefasst, Damaskus anzugreifen, die bedeutendste Stadt Syriens und nach Bagdad die zweite wichtige Metropole des

Islam. Damaskus fungierte als Puffer zwischen den christlichen Fürstentümern im Heiligen Land und den Türken. Die Stadt hatte bis dahin einen informellen Nichtangriffspakt mit den im Heiligen Land siedelnden Franken eingehalten – die islamischen Herrscher von Damaskus schätzten die Freundschaft mit den christlichen Siedlern, weil sie ihnen half, ihre Unabhängigkeit gegenüber den Türken zu bewahren, die sich in Gestalt zuerst Zengis und dann seines Sohns Nur ad-Din zu einer wachsenden Bedrohung entwickelten. Die in Akkon konferierenden Fürsten hofften zweifellos, durch die Einnahme von Damaskus eine Vereinigung aller Moslems auf syrischem Boden unter der Herrschaft Nur ad-Dins verhindern zu können; allein, ihre Entscheidung war unklug. Ludwig VII. und Konrad III. hatten zu wenig Einblick in die politischen Verhältnisse in der Region, um erkennen zu können, dass sie mit einem militärischen Vorgehen gegen Damaskus nichts anderes bewirken würden, als dass die Damaszener sich Nur ad-Din anschließen würden und ihm somit die angestrebte Herrschaft über die Stadt zufallen würde.[90]

Das Invasionsheer bestand aus Kreuzfahrern und fränkischen Siedlern und stand unter dem gemeinsamen Befehl von Ludwig VII., Kaiser Konrad und Balduin III. Am 24. Juli erreichten sie die Außenbezirke der Stadt, nahmen die fruchtbaren Gärten und Obsthaine, die Damaskus säumten, in Besitz und standen am Abend vor der Stadtmauer. Dort schlugen die Invasoren ihr Lager zunächst auf, wo es genug Wasser und Essbares gab, doch dann verlegten die militärischen Führer unklugerweise das Feldlager an eine andere, schwerer zu verteidigende Stelle. Als die Stadt den aufmarschierten Franken Truppen entgegenschickte und diese angegriffen wurden, verloren die Damaszener keine Zeit und entsandten Kuriere mit einem Hilferuf an Nur ad-Din. Kurz darauf trafen türkische und arabische Reitertruppen aus Aleppo und Mossul ein, und den Christen blieb nur der Rückzug. Fünf Tage nach ihrer Ankunft kehrten sie «furchtbar gedemütigt» nach Palästina zurück,[91] ständig bedrängt von türkischer leichterer Kavallerie. Als Eleonore von dem unrühmlichen Rückzug der Kreuzfahrer erfuhr, war sie angesichts der bisherigen Leistungen Ludwigs wahrscheinlich nicht sonderlich überrascht.

Die Nachricht von der schmachvollen Niederlage vor Damaskus gelangte kurz vor Ende 1148 nach Westeuropa. Manche fanden für das Scheitern des Zweiten Kreuzzugs eine moralische Erklärung, indem sie die Sünden der Kreuzritter dafür verantwortlich machten; andere griffen zu Verschwörungstheorien und beschuldigten die Byzantiner oder wahlweise die fränkischen Siedler im Heiligen Land, die Kreuzfahrer verraten zu haben.[92] Hellsichtigere Beobachter wie Eleonore sahen in einer unzulänglichen Führung die wahre Ursache für das Fiasko. Welche Erklärung man auch immer bevorzugt, das Fehlschlagen des Zweiten Kreuzzuges schädigte das Ansehen Ludwigs VII. Als der König später über einen weiteren Kreuzzug nachdachte, ermahnte ihn der Papst: «Ihr selbst habt die Reise nach Jerusalem ohne Umsicht unternommen und nicht das erreicht, was Ihr Euch erhofft habt.» Er erinnerte ihn daran, «welche große Katastrophe und welcher hohe Preis ... der Kirche Gottes und nahezu dem gesamten christlichen Volk daraus erwachsen ist. Die heilige römische Kirche ist, da sie Euch in dieser Angelegenheit Rat und Unterstützung gewährt hat, dadurch in nicht geringem Maß geschwächt worden».[93]

Nach der Schmach von Damaskus schmolz die Streitmacht Ludwigs VII. regelrecht dahin, «der Not gehorchend, bis der König der Franken fast allein auf sich gestellt war». Viele Kreuzfahrer machten sich eilends auf den Heimweg, darunter der Bruder des Königs, Robert Graf von Dreux, und der Graf von Flandern, während Konrad III., obwohl er sich ebenfalls mit Ludwig überwarf, seine Abreise auf September verschob.[94] Ludwig beschloss, noch mehrere Monate im Heiligen Land auszuharren; er reiste kreuz und quer durch die Region, besuchte die heiligen Stätten und verteilte Gelder an religiöse Einrichtungen. Außer den Pilgerstätten in Jerusalem selbst, die die Aura der Leidensgeschichte Jesu besaßen, wollten Wallfahrer Bethlehem, den Jordan und andere Orte sehen, die im Leben und Wirken des Heilands eine Rolle gespielt hatten. Der König verdiente sich mit seinen Pilgertouren und seinen Almosen die Wertschätzung der christlichen Siedler in Palästina, denen er als so etwas wie ein «Laienheiliger» erschien, womit er den Imageverlust, den er zuvor als General und Diplomat erlitten hatte, teilweise wettmachen konnte. Andererseits trug sein Wallfahrtsprogramm nichts zur Verbesserung des Verhältnisses zu seiner Frau bei. Der König bewältigte dieses Pensum im Büßerkleid und übte dabei Selbstkasteiung.[95]

Monate vergingen, ohne dass Ludwig die geringste Anstalt machte, Vorkehrungen für die Rückreise in sein Königreich zu treffen. Vielleicht fürchtete er eine doppelte Demütigung in der Heimat, einmal weil es ihm nicht gelungen war, die Kreuzfahrer zum Sieg im Heiligen Land zu führen, zum anderen aber auch wegen seines «Versagens» als Ehemann.[96] Als die letzten Wochen des Jahres 1148 anbrachen, wuchs bei Eleonore wahrscheinlich die Ungeduld, nach Frankreich zurückzukehren und eine erträgliche Lösung für ihre Eheprobleme zu erreichen. Suger schickte Briefe an den König und fragte ihn: «Warum verharrt Ihr darin, jenseits des Meeres so viel Leid und Verzweiflung zu ertragen, nachdem Eure Barone und Edlen zurückgekehrt sind?»[97] Ludwigs Bruder Robert äußerte sich kritisch zu den Führungsfähigkeiten Ludwigs und führte das Scheitern des Kreuzzuges auf dessen Schwäche und Frömmigkeit zurück. Zudem schien er Anstalten zu machen, seinen älteren Bruder auf dem Königsthron abzulösen, und Suger fürchtete offenbar, dass sich daraus Gefahren für die Sicherheit des Königreichs ergeben könnten. Endlich, nachdem Suger ihn in zahlreichen Briefen zur Heimkehr aufgefordert hatte, beschloss Ludwig, neun Monate nach der Belagerung von Damaskus, das Heilige Land zu verlassen. Er blieb indes noch lange genug, um sich selbst die Freude zu machen, Ostern in Jerusalem zu feiern, an den Schauplätzen der Kreuzigung und Wiederauferstehung Christi.[98] Seiner Frau konnte es mit der Heimreise nicht schnell genug gehen.

Die gefahrvolle Heimreise

Am 3. April 1149 brachen Ludwig und Eleonore nach Akkon auf, um per Schiff die Rückreise anzutreten. Der Seeweg zwischen Palästina und Westeuropa war meistens sicherer und schneller als die lange Überlandroute, aber was Eleonore bevorstand, war alles andere als normal. Es war ihre erste große Seereise, und sicherlich konnte sie eine gewisse Beklommenheit nicht verdrängen; ein Thema, das in fast allen Berichten über Seereisen vorkam, waren Unwetter und Stürme, denen das eigene Schiff nur mit knapper Not entronnen war. Der König und die Königin von Frankreich segelten mit einer Flotte sizilianischer Galeeren, die, anders als übliche Segelschiffe, auf Schnelligkeit hin gebaut waren. Manche Galeeren, die im 12. Jahrhundert das Mittelmeer befuhren, waren an die 50 Meter lang und hatten auf zwei Ebenen übereinander Reihen von Bänken, bestückt mit bis zu 100 Rudern; die Ruderer waren nicht Sklaven, sondern freie Männer, die auch zur Waffe greifen konnten und mussten, wenn das Schiff angegriffen wurde. Das königliche Paar mit seinem Gefolge reiste auf zwei Schiffen, der König an Bord des einen, seine Königin an Bord des anderen. Vielleicht gab es praktische Gründe für die Wahl getrennter Schiffe, vielleicht war es aber auch ein Indiz für das Zerwürfnis zwischen den beiden.[99]

Die Flotte, die Ludwig und seine Mitreisenden transportierte, bewegte sich durch Gewässer, in denen der Konflikt zwischen der sizilianischen und der byzantinischen Flotte ausgetragen wurde, und tatsächlich gerieten ihre Schiffe vor der peloponnesischen Küste in eine Seeschlacht. Die Galeere, auf der sich der König befand, konnte sich einer Kaperung entziehen; Eleonore hatte weniger Glück und fiel den Griechen in die Hände. Kurz darauf nahmen die Sizilianer das Schiff jedoch wieder in Besitz, sei es, dass sie es zurückerobert oder dass die Kaperer es ihnen auf Geheiß von Kaiser Manuel Komnenos zurückgegeben hatten.[100] Zu einem späteren Zeitpunkt der zweimonatigen Seereise wurden die Schiffe des königlichen Paares erneut getrennt, dieses Mal durch Stürme. Sie landeten an zwei voneinander weit entfernten Punkten der Küste des normannischen Königreichs, Ludwig Ende Juli 1149 an der kalabrischen Küste, Eleonore einige Tage danach in Palermo am westlichen Ende Siziliens. Die Erlebnisse der langen Seereise hatten Eleonore zugesetzt: Sie war erschöpft und kränkelte. Abgesandte Rogers II. von Sizilien geleiteten sie zum königlichen Palast, wo sie sich von den Strapazen erholen konnte. Ludwig, der unter der Ungewissheit über das Schicksal seiner Königin litt, erfuhr erst Mitte August, dass sie sicher in Palermo gelandet war. Aus Rücksicht auf ihre Krankheit konnte Eleonore erst nach einiger Zeit die Reise quer durch Sizilien zum italienischen Festland antreten; so vergingen drei Wochen, bis sie und ihr Mann wieder zusammenkamen.[101]

Gemeinsam begaben sie sich anschließend nach Potenza, an den Hof von König Roger, der sie mit standesgemäßen Ehren empfing. Wahrscheinlich erhielt Eleonore hier die Nachricht vom Tod ihres Onkels Raymond von Antiochia, der Ende Juni 1149 verstorben war. Bei dem Versuch, ein Invasionsheer Nur ad-Dins zurückzuschlagen, hatte der Fürst sich zu einem unüberlegten und selbstmörderischen Gegenangriff entschlossen, der ihn das Leben kostete. Ein Chronist hielt fest, Raymond habe «tapfer gekämpft, wie der tollkühne und mutige Krieger, der er war, doch am Ende wurde er gemeuchelt, des Mordens müde und geistig erschöpft». Seine verstümmelten Überreste wurden später unter den Leichen auf dem Schlachtfeld gefunden – die Gegner hatten ihm den Kopf und den rechten Arm abgeschlagen. Der Überlieferung zufolge wurde sein Haupt an den Kalifen in Bagdad gesandt.[102] Es wäre für Eleonore leicht gewesen, für den Tod Raymonds die Weigerung Ludwigs verantwortlich zu machen, ihn bei der Eroberung Aleppos zu unterstützen, und damit einen weiteren Vorwurf gegen ihren Mann im Herzen zu tragen.

Die Gefangennahme Eleonores durch die Griechen hatte, obgleich sie nur von kurzer Dauer und vielleicht zufällig erfolgt war, dem Misstrauen Ludwigs gegen die Griechen neue Nahrung gegeben; er führte Gespräche mit Roger, in denen die beiden Könige einander in ihrer Abneigung gegen die

Byzantiner bestärkten. Ludwig war bereit, eine neue Expedition in Erwägung zu ziehen, mit dem doppelten Ziel, einerseits dem Heiligen Land den Rücken zu stärken und andererseits Roger bei der Ausweitung seines Machtbereichs im östlichen Mittelmeerraum auf Kosten der Byzantiner zu unterstützen.[103]

Nach einem kurzen Aufenthalt im Palast des sizilianischen Königs machten sich Eleonore und Ludwig auf, Papst Eugenius III. einen Besuch abzustatten; wegen Eleonores schlechter gesundheitlicher Verfassung kamen sie nur langsam voran. Sie machten Zwischenstation im berühmten Kloster auf dem Monte Cassino und trafen danach in Tusculum (dem heutigen Frascati) knapp südlich von Rom am 9. oder 10. Oktober 1149 mit dem Papst aufeinander. Eugenius war hocherfreut, Ludwig und Eleonore nach ihrer langwierigen Irrfahrt wohlbehalten vor sich zu sehen; von Suger über den kritischen Zustand ihrer Ehe unterrichtet, zeigte er sich entschlossen, ihre Versöhnung zu bewerkstelligen, indem er die doch etwas überraschende Rolle eines «Eheberaters» übernahm.[104] Der Papst befragte beide in getrennten Gesprächen, hörte divergierende Versionen ihres Zerwürfnisses und tadelte sie für ihr Verhalten. Was die Legitimität ihrer Ehe nach den kirchlichen Regeln betraf, so verbot er ihnen «jede weitere Erwähnung ihrer Blutsverwandtschaft: Die Gültigkeit ihrer Ehe sowohl mündlich als auch schriftlich bestätigend, ordnete er unter Androhung eines Kirchenbannes an, dass kein Wort mehr gegen sie gesagt werden dürfe und dass sie unter keinem erdenklichen Vorwand aufgelöst werden dürfe.» Ludwig war erleichtert, dass der Papst in ihrem Fall das kanonische Recht betreffend die Blutsverwandtschaft nicht anwandte. Die Vorstellung, seine Ehe könne in den Augen Gottes unrechtmäßig sein, hatte sein überaus empfindliches Gewissen gequält. Dabei hatte er keineswegs den Wunsch, sich von Eleonore zu trennen, die er nach wie vor «leidenschaftlich, auf eine fast kindliche Weise», liebte. Eugenius bestimmte, das Paar müsse im selben Bett schlafen, und gab persönlich Anweisungen für die Dekorierung des Schlafzimmers «mit unschätzbaren Gemälden aus seinem Besitz», alles in der Hoffnung, ihnen eine ihrer Versöhnung förderliche Umgebung zu bieten. In den folgenden Tagen bemühte er sich, durch «freundliches Zureden die Liebe zwischen ihnen wieder zu erwecken», und «überhäufte sie mit Geschenken».[105]

Mitte Oktober verabschiedete sich das Paar vom Papst, der ihm seinen Segen für es selbst und für das französische Königreich mit auf den Weg gab. Auf dem Landweg durchquerten Eleonore und Ludwig die italienische Halbinsel, nahmen die Hürde der Alpen und erreichten nach ungefähr einem Monat die Île-de-France. Mitte November 1149, nach zweieinhalbjähriger Abwesenheit, trafen sie in Paris ein.[106] Die Bemühungen von Papst Eugenius III., wieder Harmonie in ihre Beziehung zu bringen, hatten offensichtlich gefruchtet: Im Lauf des nachfolgenden Jahres gebar die Königin ein zweites Kind, das wahrscheinlich während des Aufenthalts am päpstlichen Hof gezeugt worden war. Auch wenn dies der neue lebende Beweis dafür war, dass ihre Ehe noch funktionierte, war er enttäuscht, dass ihm wieder kein männlicher Thronerbe geboren wurde, sondern ein zweites Mädchen. Man gab ihm den Namen Adelicia; in englischen Quellen findet sich zuweilen die Variante Alice, es ist aber auch möglich, dass das Mädchen 1150 den Taufnamen Aélith erhielt, nach der Schwester Eleonores.[107]

Der Zweite Kreuzzug wurde zu einem grandiosen Fehlschlag, der Frankreich einen hohen Preis kostete. Sondersteuern, die vor der Abreise der Kreuzfahrer verhängt wurden, konnten die Kosten des Unternehmens nicht decken. Endlich nach Jerusalem gelangt, musste Ludwig sich Geld vom Templer- und vom Malteserorden leihen, während er auf die Ankunft frischen Geldes aus Frankreich wartete. Seine französischen Untertanen indes rechneten es ihrem König hoch an, dass er sich der Aufgabe unterzogen hatte, einen Kreuzzug auf die Beine zu stellen und anzuführen. Die Katastrophen, die Ludwig dabei widerfuhren, ließen ihn paradoxerweise in deren Achtung steigen. Die ernste Frömmigkeit, mit der er die vielen Prüfungen und Rückschläge durchstand, schien sein Versagen irgendwie zu kompensieren und stärkte seinen Ruf als christlicher König. Und dank Sugers kluger Regentschaft hatte das Königreich während der langen Abwesenheit des Königs keinen nennenswerten Schaden genommen.[108]

Was Eleonore betraf, so bewogen der Versuch des Papstes, eine Versöhnung zuwege zu bringen, und die Geburt eines zweiten Kindes sie nicht dazu, die Hoffnung auf ein Entkommen aus dieser unglücklichen Ehe aufzugeben.

IV.

Einen Ehemann verloren, einen Ehemann gewonnen, 1149–1154

Eleonore ging aus ihrem großen Abenteuer, das ihr eine Fülle wunderbarer Eindrücke, aber auch schreckliche Widrigkeiten beschert hatte, verändert und gestärkt hervor. Von ihrem Ziel, ihre Ehe mit Ludwig VII. zu beenden, rückte sie nicht ab, auch nicht nachdem der Papst das Hindernis der Blutsverwandtschaft für unerheblich erklärt hatte. An ihrem unglücklichen Seelenzustand änderte sich nach der Rückkehr nach Paris nichts.

Während Ludwig den Respekt seiner Frau eingebüßt hatte, war er in der Achtung seiner Untertanen gestiegen; die Katastrophen, die ihm im Verlauf der gefährlichen Reise ins Heilige Land widerfahren waren, trugen ihm Lob und Bewunderung für seine Frömmigkeit ein, selbst bei Männern, die ihm zuvor seine unbeholfenen Einmischungen in Bischofswahlen angekreidet hatten.[1] Zwar fand Ludwig bei seiner Heimkehr sein Königreich in guter Ordnung vor – dank des verdienstvollen Wirkens von Abt Suger –, doch stürmte, kaum dass er wieder in seiner Hauptstadt war, sehr viel mehr auf ihn ein als nur das Trennungsbegehren seiner Frau. Ein besonders dringliches Problem waren die Ambitionen des Grafen von Anjou, der in den Randbereichen des königlichen Territoriums seine Machtsphäre auszuweiten versuchte. Graf Gottfried Plantagenet war der Spross einer Dynastie von Kastellanen im Tal der Loire, die dort im Verlauf des 10. und 11. Jahrhunderts einen bemerkenswert gut organisierten Kleinstaat errichtet hatte. Seine aggressiv auftretenden angevinischen Vorfahren hatten es mit bemerkenswertem Erfolg verstanden, ihr Territorium durch Eroberungen und Heiraten zu verdoppeln und ihre Besitzungen im Tal der Loire – Anjou, Maine und Touraine – zu einem einzigen mächtigen Fürstentum zu vereinigen. Gottfried selbst hatte durch seine Heirat ein Beispiel dafür geliefert, wie das Haus Anjou seine Macht und sein Ansehen mehrte. Seine Frau war die ehrgeizige und willensstarke Matilda, Tochter Heinrichs I. von England und Witwe des deutschen Kaisers Heinrich V. Matilda erhob den Anspruch, die rechtmäßige Erbin des Herzogtums Normandie und der englischen Königskrone zu sein. Das Paar brachte einen selbstbewussten und fähigen Sohn hervor, Heinrich Plantagenet, benannt nach seinem Großvater väterlicherseits und dazu ausersehen, den Anspruch seiner Mutter auf die englische Krone zu verwirklichen.

Anfang 1152 erreichte Eleonore ihr Ziel, ihre Ehe mit dem französischen Monarchen zu annullieren. Sie verlor keine Zeit und nahm zu ihrem zweiten Mann den jungen Heinrich Plantagenet, zu der Zeit bereits Herzog der Normandie und Graf von Anjou; mit ihm sollte sie fast 40 Jahre gemeinsam durchs Leben gehen. Dank einer Kombination aus kämpferischem Einsatz, Diplomatie und Glück gelangte Heinrich Ende 1154 auf den englischen Königsthron, und so wurde Eleonore zum zweiten Mal Königin, in einem neuen Land.

Zurück in Frankreich und auf der Suche nach einem Ausweg aus einer gescheiterten Ehe

Als die glücklosen Eheleute Ludwig VII. und Eleonore sich wieder in Frankreich einfanden, vertraute der König sich seinem geschätzten Berater, Abt Suger, an; der empfahl ihm, zu vergeben und zu vergessen und wieder in ein normales Eheleben zurückzufinden. Allein, der Charakter der ehelichen Beziehung des Königspaares hatte sich verändert: Das partnerschaftliche Verhältnis, das vor dem Kreuzzug bestanden hatte, ließ sich nicht wiederherstellen. Für Eleonore war jetzt keine Rolle in der politischen Führung des Königreichs mehr vorgesehen – die Zeit nach dem Kreuzzug brachte einen Niedergang ihres Einflusses auf die Regierungsgeschäfte, der sich nach ihrer räumlichen Trennung von Ludwig fortsetzte.[2] Nach dem Tod von Abt Suger im Januar 1151 gab es am Hof niemanden mehr, der dem König kluge Ratschläge bezüglich seiner ehelichen Situation hätte geben können; manche Höflinge legten es regelrecht darauf an, ihn dazu zu bringen, seine Frau zu verstoßen.[3] Eleonore selbst hatte kein Verlangen danach, mit Ludwig verheiratet zu bleiben; ihr Wunsch, sich von ihm zu trennen, stand fest, seit er sie mit Gewalt aus Antiochia weggebracht hatte. Hätte Eleonore einen Sohn zur Welt gebracht, so hätte dies vielleicht geholfen, ihren guten Ruf wiederherzustellen, weil die Franzosen dann womöglich bereit gewesen wären, die hässlichen Gerüchte, die aus Antiochia ins Land gekommen waren, zu ignorieren; vielleicht war Eleonore jedoch gar nicht ganz unglücklich, als sie erneut eine Tochter gebar, denn sie konnte sich ausrechnen, dass ihr «Unvermögen», ihrem Mann einen Sohn zu schenken, Ludwig den Gedanken an eine Scheidung leichter machen würde.[4]

Den König beschäftigten außer seiner unglücklichen Ehe auch noch die Angelegenheiten des Staates, und da musste er sich vor allem um die Sicherheit seines Herrschaftsgebietes kümmern. Die zunehmende Macht Gottfried Plantagenets von Anjou stellte eine ernst zu nehmende Bedrohung dar, gefährdete sie doch das Machtgleichgewicht, das Ludwig im nördlichen Frankreich zu bewahren versuchte. Gottfrieds Frau Matilda, das einzige am Leben gebliebene eheliche Kind König Heinrichs I. von England, war in erster Ehe mit dem deutschen Kaiser verheiratet gewesen, der sie bei seinem Tod im Jahr 1125 als kinderlose, erst 23 Jahre alte Witwe zurückließ. Ihr Vater hatte sie daraufhin aus Deutschland nach England zurückgeholt, um sie als seine Erbin aufzubauen, und hatte seinen Baronen die Bereitschaft abgetrotzt, sie als seine Nachfolgerin anzuerkennen. Danach, ab 1127, hatte der englische König sich nach einem zweiten passenden Mann für Matilda umgesehen und sich 1128 für Gottfried le Bel, Graf von Anjou, entschieden. Matilda war zehn Jahre älter als Gottfried, und ihr starker Charakter und ihr ausgeprägtes Standesbewusstsein als Witwe des deutschen Kaisers garantierten eine stürmische Ehe, aus der drei Söhne hervorgingen: Heinrich, Gottfried und Wilhelm. 1139 segelte Matilda nach England, um ihrem Vetter Stephan von Blois den Kampf anzusagen, der nach dem Tod ihres Vaters den englischen Königsthron an sich gerissen hatte. Der Kampf Matildas um die Anerkennung als rechtmäßige Erbin Heinrichs I. führte zu einem Bürgerkrieg in England und zur Besetzung der Normandie durch Gottfried und seine Truppen. Das barg in Ludwigs Augen die Gefahr einer enormen Steigerung der angevinischen Macht, was für Ludwig schon deshalb inakzeptabel war, weil Gottfried Plantagenet formell sein Vasall war.

Zu einer Konfrontation zwischen Ludwig VII. und Gottfried von Anjou kam es Anfang 1150, nur wenige Monate nach der Rückkehr des Königs vom Kreuzzug. Es gab sicher mehrere Gründe für den Konflikt zwischen König und Graf, aber der gewichtigste Grund war sicherlich die Besetzung des Herzogtums Normandie durch Gottfried im Namen seiner Frau im Jahr 1144. 1150 entschloss sich Graf Gottfried, die Normandie seinem ältesten Sohn Heinrich zu übergeben; der neue Herzog hatte es jedoch nicht eilig, dem französischen König seine Aufwartung zu machen und ihm als seinem Lehnsherrn zu huldigen. Nicht lange, und der zu diesem Zeitpunkt siebzehnjährige Heinrich Plantagenet machte sich den Anspruch auf die englische Königskrone zu eigen, den seine Mutter seit 1139 gegen Stephan von Blois geltend gemacht hatte. Eine gefährliche Konkurrenz bahnte sich für Ludwig an.

Angesichts dieser Kampfansage vonseiten des Grafen Gottfried und seines Sohns sah Ludwig sich genötigt zu reagieren: er erklärte seine Unterstützung für den Anspruch von Eustach, dem Sohn des englischen Königs Stephan, auf das Herzogtum Normandie und verlieh ihm den Herzogstitel. Die Folge war ein Krieg gegen seinen angevinischen Widersacher, der im Grenzgebiet zwischen der Île-de-France und der Normandie ausgetragen wurde. Jetzt, da die geachtete Stimme von Abt Suger verstummt war, trat der greise Bernard von Clairvaux ein weiteres Mal auf den Plan; nach wie vor entschlossen, bei jeder sich bietenden Gelegenheit eine Hauptrolle in französischen Staatsaffären zu spielen, schwang er sich zum Unterhändler auf und bewirkte einen Waffenstillstand.[5] Der Graf und sein ältester Sohn fanden sich im Sommer 1151 zu Friedensgesprächen am französischen Königshof ein; damit trat Heinrich Plantagenet in Eleonores Leben, Anlass für neue Komplikationen in der auf dem Papier noch bestehenden königlichen Ehe. Während des Besuchs der Angeviner traf Eleonore erstmals mit dem jungen Herzog der Normandie zusammen, und zugleich erneuerte sie ihre Bekanntschaft mit seinem Vater Gottfried. Der Graf, ein so gut aussehender Mann, dass seine Untertanen ihn «Geoffrey le Bel» – «Gottfried den Schönen» – nannten, war einer der aristokratischen Teilnehmer am Zweiten Kreuzzug gewesen und hatte sich in den Gefechten als einer der kampfstärksten Ritter erwiesen. Manchen Gerüchten zufolge kannte die französische Königin Gottfried nur allzu gut.[6]

Geschichten über Eleonores angeblichen Ehebruch mit Gottfried Plantagenet wurden viele Jahre nach der Begegnung der beiden in Paris niedergeschrieben – oder besser fabriziert –, zuerst von Walter Map und später von Gerald von Wales, zwei Höflingen, deren Spezialität satirische Darstellungen des Geschehens am Hof Heinrichs II. waren. Als Einzige unter den Autoren des späten 12. Jahrhunderts behaupteten diese beiden, Graf Gottfried habe eine «fleischliche Bekanntschaft» mit Eleonore gepflegt. Wäre dies die Wahrheit gewesen, so hätte dieses Gerücht von der Begehung nicht nur einer Sünde, sondern eines abscheulichen Verbrechens gekündet. Wenn ein Sohn und sein Vater mit derselben Frau schliefen, war das nach damaliger Kirchenlehre gleichbedeutend mit Inzest, und tatsächlich bezeichneten manche Kirchenmänner später die Ehe zwischen Eleonore und Heinrich als «Inzest der zweiten Art».[7] Dazu kam, dass in einer Gesellschaft, die auf die strenge hierarchische Gliederung nach Lehnsherren und Vasallen gegründet war, ein Vasall, der mit der Frau seines Lehnsherrn schlief, damit ein schweres Verbrechen beging, das mit Hochverrat gleichgesetzt wurde, da es die Legitimität der Erbfolge des Lehnsherrn gefährdete. Der scharfzüngige Map porträtiert in seinem Buch *De Nugis Curialium* Eleonore als willige Komplizin in einer Liebesaffäre mit dem Grafen und vergisst nicht zu erwähnen, das heimlich gemunkelt worden sei, sie habe «Ludwigs Sofa mit [Heinrichs] Vater Gottfried geteilt».[8]

Ein Jahrzehnt nach dem Tod Eleonores arbeitete der Gerüchtehuber und Hitzkopf Gerald von Wales, der ein Exemplar der Schriften Maps als Kopiervorlage zur Hand hatte, an seinem Buch *De instructione principis* («Über die Unterweisung der Fürsten»). Dies war zu einer Zeit, als er ausgesprochen schlecht auf Heinrich, seine Frau und ihre Söhne zu sprechen war, die alle seine Bemühungen, in den Genuss ihrer Förderung zu kommen, zurückgewiesen hatten. In einem der Kapitel widmete er sich den in seinen Augen verderbten Vorfahren sowohl Heinrichs als auch Eleonores und erinnerte dabei an den «faustdicken und verabscheuungswürdigen Ehebruch», den Eleonores Großvater mit der Vizegräfin von Châtellerault begangen hatte. Eleonore sei, so seine Folgerung, mit dem Fluch einer ererbten Zügellosigkeit beladen, der in ihrer poitevinischen Abstammung wurzele. Anders als Map, von dem er munter abkupfert, stellt Gerald Eleonore indes nicht als Gottfrieds Geliebte hin, sondern als Vergewaltigungsopfer. Der Graf von Anjou habe, so schreibt Gerald, «seinen Sohn Heinrich mehrere Male ... gewarnt und ermahnt und ihm verboten, [Eleonore] auch nur anzurühren, einmal weil sie die Frau seines Lehnsherrn sei und zum anderen weil sie schon seinen Vater gut gekannt habe». Was Gerald in dieser Passage suggerieren will, ist, dass Heinrich bei seinem Besuch in Paris eine Liebschaft mit Eleonore begann und damit ein Verbrechen beging, das schlimmer war als das seines Vaters: «König Heinrich erdreistete sich, die sogenannte Königin von Frankreich, wie es durch Gerüchte verbreitet wird, durch ehebrecherische Kopulation zu verschmutzen, um sie dann seinem eigenen Lehnsherrn zu entreißen und mit ihr die Ehe einzugehen.»[9] Natürlich sind keinerlei Belege überliefert.[10]

Nicht zu bezweifeln ist sicher, dass Heinrich Plantagenet auf Eleonore einen gewaltigen Eindruck machte und dass sie ihn attraktiv fand; seine jugendliche Kraft und sein Draufgängertum bildeten einen verführerischen Kontrast zur Duldsamkeit ihres Mannes. Der junge Mann war erst kurz vorher zum Ritter geschlagen worden – von seinem Großonkel, dem König von

Schottland –, hatte sich aber bereits als «furchtloser Krieger in spe» erwiesen, indem er sich den Kampf seiner Mutter um die englische Königskrone zu eigen gemacht hatte.[11] Gewiss fand Eleonore den jungen Heinrich charmant und «höfisch», denn er hatte eine Erziehung und Unterweisung in höfischer Etikette genossen, zuerst am Hof seines Vaters in Angers, der in der Geschichte der höfischen Kultur einen herausgehobenen Platz einnimmt, und später in England im Hause seines Onkels Robert, Earl von Gloucester. Graf Gottfried, Bewahrer einer altehrwürdigen Tradition der Gelehrsamkeit in den Reihen der Grafen von Anjou, sorgte dafür, dass der junge Heinrich von den besten verfügbaren Lehrern unterrichtet wurde. Als der junge Mann 1142, im Alter von neun Jahren, erstmals nach England ging, kam er im Haushalt seines Onkels Robert unter, der für sein Interesse an Philosophie bekannt war. Sowohl der Vater als auch der Onkel taten alles dafür, dass der Junge «Bildung eingeflößt bekam und in gutem Betragen unterwiesen wurde, wie es einem jungen Mann seines Rangs gebührte»; beide waren voll und ganz in der Lage, ein Vorbild in puncto Ritterlichkeit, aber auch höfischer Eleganz und literarischer Beschlagenheit zu geben.[12] Mit 18 war Heinrich ein Jüngling von durchschnittlicher Körpergröße, aber mit einer sehr auffälligen Physiognomie: rötliche Haut, rotes Haar, robust und muskulös, mit kräftigen Armen und Beinen und einer breiten Brust, die Stärke und Durchsetzungsvermögen ausstrahlte. So schön wie sein Vater war er freilich nicht.[13] Vielleicht hatte Eleonore die Legende gehört, dass es im Stammbaum der Angeviner ein Teufelsweib (die Frau eines der frühen Grafen von Anjou) gegeben hatte, das bei jeder Messe unmittelbar vor der Erhebung der Hostie aus der Kirche gerannt sei und einmal, als man es zwang, zu bleiben und das Sakrament mit anzusehen, auf rätselhafte Weise verschwand, als hätte es sich in Luft aufgelöst.[14]

Eleonores Zeitgenossen blieb nicht verborgen, dass der junge Heinrich auf die französische Königin einen günstigen Eindruck machte; sie zeigte ihre Begeisterung für ihn für den Geschmack der ihr nicht wohlgesinnten Höflinge vielleicht zu offen.[15] Manche späteren Autoren gingen so weit zu behaupten, Eleonore habe sich bei der ersten Begegnung mit dem jungen Herzog im Sommer 1151 Hals über Kopf in ihn verliebt.[16] Ihr Entschluss, Heinrich zu heiraten, war sicher nicht nur emotional begründet. Er war ja schon Herzog der Normandie und Erbe der Besitzungen der Grafen von Anjou im Tal der Loire und damit ein unmittelbarer Nachbar des Poitou; schon aus diesen Gründen musste Eleonore eine Heirat mit ihm attraktiv erscheinen.[17] Damit nicht genug, war er auch Anwärter auf den Thron Englands, um den seine Mutter seit Jahren kämpfte. Es mag sein, dass Eleonore zu der Zeit noch keinen Gedanken an die Möglichkeit verschwendete, durch die Heirat mit Heinrich einmal Königin von England werden zu können; wahrscheinlicher ist, dass sie in ihm einfach den idealen Partner sah, der als Herzog an ihrer Seite und gemeinsam mit ihr Aquitanien regieren würde.[18]

Ungeachtet des Auftauchens einer neuen Gefahr für seine Ehe mit Eleonore konnte Ludwig VII. seine Verhandlungen mit den angevinischen Fürsten zu einem erfolgreichen Abschluss bringen. Graf Gottfried und sein Sohn waren sich darüber im Klaren, dass sie, wenn sie in ihrem Ringen mit dem englischen König den Sieg erringen wollten, unbedingt verhindern mussten, dass Ludwig sich auf die Seite Stephans schlug, der die Normandie für seinen Sohn Eustach beanspruchte. Sie waren zu großzügigen Zugeständnissen an Ludwig bereit, etwa dazu, seine Rechte in einem umstrittenen Grenzgebiet zur Normandie, dem Vexin, anzuerkennen, und der junge Heinrich zeigte sich sogar willens, vor der Abreise aus Paris Ludwig seine Huldigung zu erweisen.[19] Frühere Herzöge von Anjou hatten dem französischen Monarchen, wenn überhaupt, dann nur bei Begegnungen an der normannischen Grenze gehuldigt, dies aber lediglich als eine Geste der Verbundenheit unter Freunden und unter Gleichen verstanden, nicht als Geste der Unterwerfung. Offensichtlich hatten Gottfried und der junge Herzog das Gefühl, es lohne sich, dem König in Paris zu huldigen, wenn sie sich dafür die königliche Anerkennung von Heinrichs Herzogswürde einhandeln konnten. Vielleicht fiel ihnen dieses Zugeständnis auch deshalb nicht allzu schwer, weil Heinrich bereits Verabredungen mit der Frau des Königs getroffen hatte.

Kurz nach dem Besuch der beiden angevinischen Fürsten in Paris freundete sich Ludwig VII. mit dem von Eleonore schon so lange verfolgten Scheidungsbegehren an, und in der Folge einigte man sich offenbar gütlich auf die Auflösung der königlichen Ehe. Es scheint, dass die Aufmerksamkeit, die Heinrich der Königin während seines Aufenthalts am französischen Hof im August erwies, und ihre Empfänglichkeit für die Galanterie des jungen Herzogs nicht ohne Wirkung auf den König geblieben waren. Beobachter gewannen den Eindruck, Ludwig sei in den letzten Monaten des Jahres 1151 die Beute einer «flammenden Eifersucht» geworden.[20] Man kann nicht ausschließen, dass Eleonore diese Eifersucht Ludwigs vorsätzlich provozierte, indem sie mit Heinrich flirtete, vielleicht in der Hoffnung, ihm auf diese Weise die Scheidung gleichsam abzutrotzen. Wenn sie mit Heinrich ähnliche persönliche Gespräche führte wie die, die in Antiochia die Eifersucht des Königs erregt hatten, können wir nicht ausschließen, dass sie und der Herzog dabei die Idee einer gemeinsamen Zukunft ins Auge fassten. Wie auch immer, wenn Ludwig, wovon wir ausgehen können, von seinen Höflingen darauf aufmerksam gemacht wurde, dass das Verhalten Eleonores ihn in den Augen der Öffentlichkeit kompromittierte und ihn zum Gespött ganz Europas zu machen drohte, dann musste dies dem König sicherlich zu denken geben.[21]

Die ersten Schritte auf dem Weg zu einer Trennung erfolgten bald nach der Abreise der Plantagenet-Fürsten; im Herbst 1151 absolvierte das Königspaar eine Rundreise durch Aquitanien, die sich wie eine «Schlussabrechnung mit der Vergangenheit» anfühlte.[22] Ludwig wusste, dass im Fall der Scheidung sein Königshaus das Herzogtum Aquitanien verlieren würde, doch hatte er sich offensichtlich mit diesem Verlust bereits abgefunden, denn er befahl die Abtragung von Befestigungen und ließ seine Truppen abziehen, um Platz für Eleonores Leute zu machen. In Limoges hielt das Paar seinen letzten Hoftag an Weihnachten zusammen ab und begab sich anschließend, Anfang 1152, nach Saint-Jean-d'Angély. Dort hielten sie zum letzten Mal gemeinsam Hof und gingen dann getrennte Wege, der König zurück nach Paris, Eleonore vermutlich nach Poitiers.

Die Annullierung einer königlichen Ehe

Im März 1152 traten französische Prälaten und Aristokraten in Beaugency in der Grafschaft Blois zu einem Konzil zusammen, das die Aufgabe hatte, die Ehe zwischen Ludwig VII. und Eleonore von Aquitanien wegen einer zu engen Blutsverwandtschaft für ungültig zu erklären. In der Literatur wird oft von einer Scheidung gesprochen, doch eine Scheidung im heutigen Sinn kannte das mittelalterliche Recht nicht. Ehen wurden nicht geschieden, sondern annulliert; d. h., es wurde festgestellt, dass eine rechtsgültige Ehe nie bestanden hatte. Eine andere Möglichkeit bestand darin, dass es einem Paar erlaubt wurde, sich zu trennen und getrennte Wege zu gehen, jedoch ohne das Recht, wieder zu heiraten. Weil laut kanonischem Recht keine Ehe geschlossen werden durfte, wenn die Brautleute innerhalb der letzten sieben Generationen einen gemeinsamen Urahn hatten, war die Berufung auf dieses Verbot ein häufig benutzter Vorwand für die Auflösung aristokratischer Ehen, die in Wirklichkeit aus ganz anderen Gründen – Unverträglichkeit oder Kinderlosigkeit – beendet wurden. Um die Mitte des 12. Jahrhunderts ging jedoch die Kirche dazu über, die Eheschließung zu einem heiligen Sak-

Scheidung Ludwigs VII. und Eleonores. Chronik von Saint-Denis, 14. Jahrhundert.

rament zu machen, und betonte in der Folge mit Nachdruck die Unauflöslichkeit jeder kirchlich geschlossenen Ehe. Von da an zeigte sich die Kirche nicht mehr so entgegenkommend, wenn es darum ging, eine Ehe wegen zu enger Blutsverwandtschaft zu annullieren. Wie wir gesehen haben, lehnte Papst Eugenius III. es 1149 ab, dem französischen Königspaar die Trennung zu erlauben; dass die beiden blutsverwandt waren, war jedoch kein Geheimnis, worauf Bernard von Clairvaux bei einer seiner Auseinandersetzungen mit Ludwig lautstark hingewiesen hatte. Die beiden waren miteinander aufseiten Ludwigs im vierten und aufseiten Eleonores im fünften Grad verwandt. Sie hatten einen gemeinsamen Urahn in Gestalt von König Robert II. von Frankreich, der Ludwigs Ur-Urgroßvater und Eleonores Ur-Ur-Urgroßvater gewesen war.[23] Der Wunsch nach einem Sohn war bei Ludwig aber offensichtlich so stark, dass er sich nach der Trennung von Eleonore auf zwei weitere Ehen einließ, und zwar mit Frauen, die noch enger mit ihm verwandt waren als Eleonore. 1154 heiratete er Konstanze von Kastilien (die ihm keinen Sohn gebar) und 1160, keine sechs Wochen nach deren Tod, Adele von der Champagne.[24]

Entgegen dem dringenden Rat, den der Papst ihm gegeben hatte, ersuchte Ludwig den Erzbischof von Sens, ein Konzil einzuberufen, das sich mit der Frage der Rechtmäßigkeit seiner Ehe mit Eleonore beschäftigen sollte. Zu den Teilnehmern gehörten die Erzbischöfe von Reims, Rouen und Bordeaux sowie eine Anzahl Bischöfe und einige ranghohe weltliche Aristokraten. Zu dieser Zeit gab es zwar bereits mit studierten Kirchenrechtlern besetzte päpstliche Gerichte, doch hatten diese noch nicht die Oberhand über andere kirchliche oder gemischte Gremien gewonnen, und so waren Konzile wie das von Beaugency ein noch häufig genutztes Instrument, um Streitigkeiten in kirchenrechtlichen Fragen zu schlichten oder per Urteilsspruch zu entscheiden. Englische und französische Chronisten stimmen darin überein, dass vor dem in Beaugency versammelten Konzil Angehörige Ludwigs erschienen und «einen abgekarteten Eid» oder wahlweise den «versprochenen Eid» ablegten und unter diesem bezeugten, dass Ludwig und Eleonore nach den Maßstäben des Kirchenrechts zu eng miteinander verwandt waren.[25]

Wir können fest davon ausgehen, dass ungeachtet dessen, dass Eleonore von Aquitanien die Trennung unbedingt wollte, der letztlich ausschlaggebende Faktor die Überzeugung Ludwigs war, dass Eleonore ihm keinen Sohn gebären könne. Er fühlte sich zutiefst der Mission der Kapetinger-Dynastie verpflichtet, sich als christlichste aller Monarchien zu profilieren, und es war ihm klar, dass das Ausbleiben eines männlichen Erben, der seine Nachfolge antreten konnte, die Stabilität der Dynastie untergraben und sogar die Sicherheit des französischen Königtums bedrohen könnte. Eleonore war die erste Kapetinger-Königin in eineinhalb Jahrhunderten, die in 30 Lebens- und 15 Ehejahren keinen Sohn zur Welt gebracht hatte. Die heftig umstrittene Thronfolge in England nach dem Tod Heinrichs I. und der daraus resultierende Bürgerkrieg, der 1152 immer noch nicht entschieden war, führten Ludwig drastisch vor Augen, wie wichtig es war, einen Sohn und Thronfolger zu haben. Ludwig wusste, dass die Sicherheit des französischen Königreichs einen männlichen Erben erforderte, der über alle Zweifel an seiner Legitimität erhaben war.[26]

Ludwig war schon immer leicht beeinflussbar gewesen, und nun waren es seine Angehörigen und etliche gegen Eleonore intrigierende Höflinge, die auf die Trennung hinarbeiteten. Ihnen spielte der Tod des einflussreichen Suger in die Hände, der sich immer für die Beibehaltung der Ehe eingesetzt hatte. Die Berater Ludwigs hatten keine Skrupel, ihm klarzumachen, dass das Verhalten Eleonores, das immer wieder Anlass zur Entstehung skandalträchtiger Gerüchte gab, mit ihrer Würde als Königin nicht vereinbar sei. Unter den kirchlichen Höflingen Ludwigs gab es etliche, die ihm einredeten, Eleonores Unfruchtbarkeit sei ein Zeichen dafür, dass Gott die Ehe mit ihr missbillige. Von frühester Kindheit an waren Ludwig die Lehren der Kirchenväter eingeimpft worden, die die Sexualität verteufelt hatten,[27] und manche Interpretationen des kanonischen Rechts gipfelten in der Erkenntnis, dass Geschlechtsverkehr zwischen Eheleuten, die einander nicht liebten, dem Ehebruch gleichgesetzt werden müsse.

Dazu kam, dass die medizinische Lehrmeinung des Mittelalters unter Berufung auf wissenschaftliche Lehren der griechischen Antike den Standpunkt vertrat, eine Frau könne nur schwanger werden, wenn sie beim Sexualakt Lust empfinde. Dieser Theorie zufolge fand bei Prostituierten keine Empfängnis statt, weil sie beim Geschlechtsverkehr nichts empfanden. Es war nicht schwer, Ludwig davon zu überzeugen, dass er Eleonore, wenn sie ihn nicht mehr liebte, nicht mehr schwängern konnte, weil ihr der Geschlechtsverkehr mit ihm keine Lust mehr bereitete.[28] Wie fast 400 Jahre später König Heinrich VIII. von England gelangte Ludwig allmählich zu der Überzeugung, das Ausbleiben eines männlichen Nachkommen sei ein Beweis dafür, dass Gott seine Ehe nicht guthieß und ihr trotz der gegenteiligen Beteuerungen des Papstes den göttlichen Segen verweigerte. Die Geburt seiner zweiten Tochter bestärkte ihn in dieser Annahme und machte die Annullierung der Ehe wünschenswert.[29]

In Beaugency warf auch der Bischof von Langres die Frage auf, ob man nicht den von Eleonore begangenen Ehebruch als Grund für die Auflösung der Ehe benennen könne; das stieß jedoch auf Ablehnung. Vielleicht wäre es Bernard lieber gewesen, wenn ein moralischer Vorwurf gegen Eleonore als Grund für die Auflösung der Ehe angeführt worden wäre, denn damit wäre Eleonore für keinen anderen Fürsten mehr als Frau infrage gekommen.[30] Gottfried von Loroux, der Eleonore und dem aquitanischen Herzogshaus ergebene Erzbischof von Bordeaux, beschwor die Konzilsteilnehmer, sich ausschließlich mit der Blutsverwandtschaft der Eheleute zu befassen. Festzustellen, dass eine solche bestand, dauerte nicht lange. Der Erzbischof erklärte daraufhin ohne weitere Umstände die königliche Ehe, die er 15 Jahre zuvor in seinem Dom feierlich geschlossen hatte, für annulliert.[31] Das Konzil fasste in der Folge den Beschluss, dass die Legitimität der beiden Töchter des Paares, weil die Ehe in gutem Glauben geschlossen worden war, nicht infrage gestellt sei. Die Eigentumsfragen wurden nach geltender Rechtslage und Gepflogenheit geregelt, d. h. das Recht Eleonores, ihr territoriales Erbe, das sie in die Ehe gebracht hatte, zu behalten, wurde bestätigt.[32]

Nachdem das Konzil von Beaugency Eleonores Ehe mit Ludwig annulliert hatte, hatte sie nur noch den Wunsch, so bald wie möglich in ihre angestammten Besitzungen im Poitou zurückzukehren. Ihre beiden Töchter, die siebenjährige Marie und die kleine Adelicia, die erst 18 Monate alt war, musste sie zurücklassen. Zweifellos war es für Eleonore sehr schmerzlich, sich von ihren Kindern zu trennen, aber sie wusste, dass daran nichts zu ändern war, weil Kinder nach Gesetz und Gewohnheitsrecht dem Vater gehörten. Es bestand für sie keine Möglichkeit, etwa das Sorgerecht oder auch nur ein Besuchsrecht einzuklagen, und so ist es fraglich, ob sie die beiden Mädchen nach Auflösung der Ehe jemals wiedersah. Im Übrigen war absehbar, dass die Töchter auch zu ihrem Vater wenig Kontakt haben würden. Nicht lange, und Ludwig verlobte die beiden mit den zwei Söhnen des Grafen von Blois-Champagne, um ein politisches Bündnis zu stärken, das er dringend brauchte, um der wachsenden Bedrohung durch die Angeviner entgegentreten zu können.[33] Ein oder zwei Jahre nach dem Weggang ihrer Mutter wurden die jungen Mädchen der Familie ihrer zukünftigen Ehemänner übergeben, die sich von da an um ihre Erziehung kümmerte. Schon Jahre vor der endgültigen Trennung von Eleonore, nämlich auf dem Kreuzzug, hatte Ludwig seine ältere Tochter Marie dem Erben der Grafschaft Champagne, Heinrich, versprochen, der auf ihn bei Gefechten gegen die Türken in Anatolien großen Eindruck gemacht hatte. Heinrich vertraute Marie den Nonnen des Klosters Avenay bei Épernay in der Champagne an, die ihre Erziehung und Ausbildung übernahmen. Dort blieb sie elf Jahre, bis sie das heiratsfähige Alter erreichte. Ihre kleine Schwester wurde möglicherweise ebenfalls in Avenay untergebracht. 1154 gab Ludwig die kleine Adelicia Heinrichs Bruder Theobald V. zur (zukünftigen) Frau, den sein Vater zum Erben der Grafschaft Blois eingesetzt hatte; die Hochzeit fand Anfang der 1170er-Jahre statt.[34]

Mit fliegenden Fahnen ins Poitou und in eine erstaunliche neue Ehe

So schnell sie konnte, brach Eleonore mit einigen Mitgliedern ihres Hausstaats nach Poitiers auf; etliche poitevinische Adlige, die an dem Konzil in Beaugency teilgenommen hatten, eskortierten ihre Herzogin.[35] Es bestand nämlich die Gefahr, dass irgendein Edelmann, der es auf ihr Erbe abgesehen hatte, sie unterwegs entführte und in eine neue Ehe zwang. Die Ex-Königin wusste, dass sie nicht lange ledig bleiben durfte und dass sie, wenn sie sich nicht rasch selbst einen neuen Mann suchte, Gefahr lief, früher oder später gegen ihren Willen mit einem Fremden verheiratet zu werden. Zweimal im Verlauf ihres Parforceritts von Beaugency nach Poitiers entging sie nur knapp einer Entführung: Zuerst versuchte der Graf von Blois und Chartres, Theobald V., der spätere Ehemann ihrer jüngeren Tochter, sie aufzuhalten, als sie durch Blois kam; ihr zweiter Möchtegern-Entführer war Gottfried Plantagenet, der jüngere Bruder Heinrichs, zu dem Zeitpunkt gerade 16 Jahre alt. Er legte einen Hinterhalt bei Port-de-Piles an der Grenze zwischen der Touraine und dem Poitou; doch Eleonore wurde in Tours «von ihren Schutzengeln» gewarnt und wählte eine andere Route in ihre Heimatgrafschaft. Kaum war sie wohlbehalten in Poitiers angekommen, da schrieb sie an Heinrich, sie sei jetzt frei und könne heiraten. Neuzeitliche Autoren suchen die Erklärung für die Eile, mit der sie ihre Wiederheirat betrieb, fast ausschließlich im emotionalen Bereich; sie unterstellen, Eleonore habe sich in Heinrich verliebt oder das Bedürfnis gehabt, sich in die Arme eines Mannes zu flüchten, der stärker war als ihr gewesener Gatte. Diese Autoren blenden aus, wie verwundbar sie in dem Moment war, als sie den Hof ihres Ex-Mannes verließ: eine auf sich allein gestellte Frau, die einen Beschützer brauchte, sowohl für sich selbst als auch für ihr Herzogtum. Ihr blieb kaum etwas anderes übrig, als möglichst schnell einen neuen Gatten zu finden, der in der Lage war, für ihre Sicherheit und die ihrer Besitzungen zu sorgen.[36]

Als Erbin des größten Herzogtums auf französischem Boden und als ehemalige Königin hatte Eleonore keine große Auswahl, was standesgemäße Ehepartner betraf. In dieser Situation tat Eleonore einen Schritt, der in ihrer Zeit fast unerhört war: Sie ergriff selbst die Initiative, ohne sich mit ihren Verwandten oder anderen Vertrauten zu beraten. Von allen infrage kommenden Fürsten war Heinrich Plantagenet, auch wenn er neun Jahre jünger war als sie, derjenige, der dem Profil eines «würdigen Partners für eine abgehalfterte Königin» am nächsten kam.[37] Alles deutet darauf hin, dass die Möglichkeit einer solchen Heirat erstmals während Heinrichs Besuch am französischen Königshof im August 1151 erwogen wurde. Fest steht, dass im Verlauf jener Begegnung im August etwas zwischen den beiden passierte, etwas, das einen doppelten Effekt hatte: Es bewog Ludwig dazu, einer Trennung zuzustimmen, und weckte bei Heinrich, sicher auch im Hinblick auf den politischen Nutzen, den eine Verbindung mit Eleonore versprach, den Wunsch, sie zu seiner Frau zu nehmen.[38]

Als Eleonores Botschaft, dass sie frei und heiratswillig sei, am 6. April 1152 bei Heinrich eintraf, hielt er sich in Lisieux in der Normandie auf und traf Vorkehrungen für eine weitere militärische Expedition nach England, um seinem Anspruch auf den englischen Thron Nachdruck zu verleihen. Der junge Herzog der Normandie war inzwischen auch Graf von Anjou, weil sein Vater Gottfried im September 1151 auf der Heimreise von Paris plötzlich starb. Ein englischer Chronist, der eine Generation später schrieb, mokierte sich darüber, dass Eleonore, nachdem das Konzil von Beaugency ihre Trennung von Ludwig abgesegnet hatte, «mit gesetzloser Willkür schnellstens ihren neuen Partner zu sich bestellte».[39] Ein anderer Chronist berichtet über den hastigen Aufbruch Heinrich Plantagenets nach Poitiers: «Angelockt von der Vornehmheit jener Dame und beseelt vom Verlangen nach der großen Ehre, die ihr anhaftete, nahm sich der Herzog, ungeduldig ob jeder Verzögerung, einige wenige Gefährten, legte den langen Weg in großer Eile zurück und hatte nach kurzer Zeit die Ehe gewonnen, die er sich so lange gewünscht hatte.»[40] Gerade einmal zwei Monate nach der Annullierung von Eleonores erster Ehe hatte sie einen zweiten Gatten, den künftigen König Heinrich II. von England.

Die Hochzeit Eleonores und Heinrichs fand am 18. Mai 1152 im Rahmen einer kurzfristig auf die Beine gestellten Feierlichkeit im Dom zu Poitiers statt. Die Vorkehrungen wurden im Geheimen getroffen, aus Angst vor eventuellen Versuchen Dritter, die Heirat zu verhindern; der einfache Gottesdienst in Anwesenheit von nur wenigen engen Vertrauten passte ganz und gar nicht zu der hohen Stellung der Brautleute.[41] Es ist nicht zu bezweifeln, dass die Vorteile, die diese Ehe Heinrich einbrachten, für seinen Wunsch, Eleonore zu heiraten, ausschlaggebend waren. Dabei war es nicht nur der prestigeträchtige Titel eines Herzogs von Aquitanien, der Eleonore für ihn zu einer attraktiven Braut machte. Die Grafen von Anjou waren seit Langem dafür bekannt, dass sie ihren Machtbereich ins Poitou hinein zu erweitern versuchten; im 10. und 11. Jahrhundert hatten sie Teile des nördlichen Poitou und der sich entlang der Atlantikküste und der Charente erstreckenden Saintonge besetzt. Selbst jetzt noch befanden sich zwei auf dem Boden des Poitou liegende Burgen, Loudun und Mirebeau, im Besitz der Grafen von Anjou, was diese formal zu Vasallen der Grafen von Poitou machte. Historiker haben darauf hingewiesen, dass «die Vereinigung von Anjou und Aquitanien zwar opportun war, aber auch das Endresultat von zwei Jahrhunderten angevinischer Druckausübung». Heinrich war sich darüber im Klaren, dass ein Poitou, das in den Besitz eines anderen mächtigen Fürsten gefallen wäre, eine Bedrohung für Anjou und für alle seine Besitzungen im Tal der Loire dargestellt hätte. Er konnte auch noch weitere unmittelbare praktische Vorteile verbuchen. So versetzte ihn die Herrschaft über des Poitou in die Lage, wirksamer gegen die Machenschaften seines jüngeren Bruders Gottfried vorzugehen, der Graf von Nantes war.[42]

Eigentlich hätte der junge Herzog der Normandie voraussehen müssen, dass über seine Besitzungen ein Streit mit seinem nominellen Dienstherrn, dem Exmann seiner neuen Frau, Ludwig VII., entbrennen würde. Wie ein englischer Chronist feststellte, wurde Heinrichs Ehe mit Eleonore zur «Ursache und Wurzel von sehr viel Hass und Zwietracht zwischen dem französischen König und dem Herzog». Wir können nicht wissen, ob Eleonores schnelle Wiederheirat Ludwig überraschte, aber fest steht, dass er sich ärgerte, als er davon erfuhr. Es war und blieb seine Überzeugung, dass Gott diese neue Ehe nicht gutheißen konnte.[43] Er hatte gute Gründe, den Verlust seiner Frau und ihres großen Herzogtums an einen so mächtigen Widersacher wie den jungen Herzog der Normandie als Schmach und bittere Niederlage zu empfinden, und sicher dachte er über die Möglichkeit nach, dass Heinrich jenseits seiner Herrschaft über Anjou und die Normandie eines Tages auch den Anspruch seiner Mutter auf das englische Königreich aufgreifen und durchsetzen könnte. Schon ohne einen Königstitel war Heinrich Plantagenet zum größten Territorialherrn Frankreichs geworden; er herrschte über ein größeres Gebiet als Ludwig, und da er den gesamten Westen Frankreichs kontrollierte, schien er in der Lage, jede Erweiterung des Herrschaftsbereichs der Kapetinger in diese Richtung zu blockieren. Hätte Ludwig in die Zukunft blicken können, so hätte er vielleicht einen gewissen Trost daraus schöpfen können, dass sich Aquitanien als zu groß und zu heterogen – und auch als zu weit von Heinrichs Machtzentrum entfernt – erwies, als dass er oder seine Söhne es je hätten verdauen können.[44]

Ein dringendes Anliegen war es Ludwig, die Rechte seiner beiden Töchter zu sichern. Er lehnte es zunächst ab, seinen Herzogstitel zurückzugeben, und führte ihn weiter im Interesse seiner Kinder, die bis dahin Eleonores einzige Nachkommen waren. Erst im August 1154 erklärte er seinen förmlichen Verzicht auf den Titel, nachdem er sich mit Heinrich verständigt hatte.[45] Ein Chronist brachte die Geschichte so auf den Punkt: «Als König Ludwig von [der Heirat] erfuhr, wurde er sehr wütend auf Herzog Heinrich, hatte er doch mit der vorgenannten Eleonore zwei Töchter, die ihren Erbanspruch verlieren würden, falls [Eleonore] mit einem anderen Ehemann einen Sohn bekäme.»[46] Ludwig musste einsehen, dass es keine förmliche Bestimmung im feudalen Recht gab, gegen die Heinrich durch seine Heirat mit Eleonore so eindeutig verstoßen hätte, dass man ihn dafür mit der Einziehung seiner territorialen Besitzungen hätte bestrafen können.[47] Andererseits musste der französische König versuchen, Eleonores neuen Gatten daran zu hindern, dass er seine Herrschaft über den Westen Frankreichs konsolidierte. Ludwig tat dies, indem er im Sommer 1152 eine Koalition schmiedete, die Heinrichs geplante Rückkehr nach England verhinderte. Diese Koalition konnte freilich nicht viel mehr bewerkstelligen, als entlang der Grenze der Normandie Nadelstiche gegen Heinrich zu setzen und die kurzlebige Revolte seines jüngeren Bruders Gottfried im Anjou zu fördern. Diese Auseinandersetzungen markierten den Beginn einer über ein halbes Jahrhundert währenden Serie von Konflikten zwischen Kapetingern und Angevinern, in deren Verlauf zuerst Ludwig und dann sein Sohn Philipp II. Augustus versuchten, den königlichen Hoheitsanspruch auf die Territorien Eleonores, Heinrichs und ihrer Söhne, die theoretisch der französischen Krone unterstanden, durchzusetzen.

Heinrich Plantagenet schloss die Ehe mit Eleonore von Aquitanien offenbar, ohne sich Sorgen wegen der geringen Fruchtbarkeit seiner Frau in ihrer ersten Ehe oder wegen ihres fortgeschrittenen Alters zu machen; sie war mit Ende 20 in den Augen ihrer Zeitgenossen fast schon eine Frau mittleren Alters. In Anbetracht dessen, dass sie in ihren Jahren als Ehefrau des französischen Königs nur drei Schwangerschaften durchlebt hatte, erwies sich ihre zweite Ehe als bemerkenswert fruchtbar, ein Umstand, der Ludwig sicher umso mehr wurmte, als sie jetzt auch Söhne zur Welt brachte, was ihr sicherlich große Genugtuung bereitete. Mit Heinrich bekam sie innerhalb von 13 Jahren acht oder neun Kinder: fünf Söhne – und womöglich einen sechsten, der im Säuglingsalter starb –, von denen nicht weniger als drei später die englische Königskrone tragen sollten, und drei Töchter, die allesamt bedeutende ausländische Fürsten heirateten.[48] Ihre beiden letzten Kinder, Johanna und Johann, gebar Eleonore, als sie schon über 40 war. Sie muss eine bemerkenswert gesunde Frau gewesen sein, um so viele Geburten ohne Probleme zu überleben; immerhin lebte sie in einer Zeit, in der der Tod im Kindbett zu den häufigsten Todesursachen bei Frauen gehörte.

Der Zeugungsfähigkeit ihres neuen Mannes konnte Eleonore sich von Anfang an sicher sein, da Heinrich zum Zeitpunkt der Heirat bereits uneheliche Kinder hatte, was bei Sprösslingen aristokratischer Familien nicht ungewöhnlich war. Er erkannte einen unehelichen Sohn an, Geoffroy Plantagenet, dessen Mutter nach Angaben des klatschfreudigen Walter Map eine Dirne namens Ykenai oder Hikenai war, die den jungen König arglistig dazu gebracht habe, sich als Vater des Kindes zu bekennen. Tatsächlich zeigte sich Heinrich, aus welchen Beweggründen auch immer, bereit, den jungen Geoffroy in den königlichen Haushalt aufzunehmen, kurz nachdem er die englische Krone errungen hatte.[49] Es gab ferner eine Tochter namens Matilda, die er in den späten 1170er-Jahren als Oberin des Nonnenklosters Barking Abbey in Essex installierte. Matildas Vorgängerin an der Spitze dieser reichen und vornehmen Abtei war die Schwester von Thomas Becket; Heinrich hatte sie 1173 im Zuge der Rehabilitierung und Entschädigung der Familie des ermordeten Erzbischofs ernannt.[50] Heinrichs Angetraute, aufgewachsen in der kultivierten Atmosphäre des poitevinischen Hofes, war vermutlich nicht besonders schockiert zu erfahren, dass ihr neuer Gatte als Jüngling uneheliche Kinder gezeugt hatte. Wenn ledige junge Aristokraten beim «Aussäen ihres wilden Hafers» Kinder zeugten, wurden diese von der höfischen Gesellschaft großzügiger aufgenommen als Kinder, die außerehelichen Affären verheirateter Männer entsprangen. Eleonore störte sich wahrscheinlich auch nicht daran, dass ein unehelicher Sohn im Haushalt des Vaters Aufnahme fand, denn das war ganz und gar üblich. Wenn von Heinrichs unehelichem Sohn für Eleonore ein Signal ausging, dann dieses, dass ihr neuer Mann das Zeug hatte, mit ihr Söhne zu zeugen.

So einsichtig es sein mochte, dass Eleonore nach ihrer Scheidung einen Beschützer brauchte, lieferte doch die Tatsache, dass sie schon zwei Monate später Heinrich Plantagenet heiratete, Stoff für erneute Gerüchte über ehebrecherische Beziehungen, und so wurde das vermeintlich skandalöse Verhalten der französischen Ex-Königin in Paris und anderswo erneut zum Tagesgespräch. Ursprünglich angerührt in den Feldlagern der französischen Kreuzfahrer, denen das unrühmliche Ende ihres Unternehmens schwer im Magen lag, wurde der Gerüchteteig jetzt von Höflingen in Paris mit frischer Hefe zum Treiben gebracht – von Leuten, die Eleonore ihre Wiederheirat übel nahmen. Es sind Troubadour-Verse überliefert, die «auf Gerüchte und sensationsheischenden Klatsch über aktuelle Geschehnisse» anspielen oder diese widerspiegeln; aus ihnen lässt sich ablesen, welche Kreise Eleonores angebliche Affäre in Antiochia zog. Zwei Troubadoure, Cercamon und sein Schüler Marcabru, beide früher am Hof von Eleonores Vater tätig, dichteten Verse, in denen sie eine Dame an den Pranger stellten, die das Bett mit mehr als nur einem Liebhaber teilte, Verse, die sich als fernes Echo auf das vermeintliche Fehlverhalten ihrer Königin lesen lassen.[51] Gerüchte verfolgten Eleonore von Antiochia bis nach England, wo sie sich zu immer skurrileren Fabeln auswuchsen, die sich später in den schriftlichen Hinterlassenschaften skandalversessener Höflinge niederschlugen.[52] Es waren indes nicht nur Höflinge, die sich über die Königin empörten; auch eine ganze Reihe englischer Kirchenmänner prangerte Eleonores Ehe mit Heinrich als sündig an. Manche verurteilten die zweite Ehe ihrer neuen Königin als Bigamie, weil sie die Entscheidung des Konzils von Beaugency, das ihre Ehe mit Ludwig für ungültig erklärt hatte, als widerrechtlich erachteten. Andere brandmarkten die Ehe als ebenso inzestuös wie Eleonores vorherige, da sie ebenfalls einen Verstoß gegen das Verbot der Blutsverwandtschaft darstelle. Skandalhuber verurteilten die Ehe zwischen Eleonore und Heinrich als doppelt inzestuös, indem sie sich auf das Gerücht beriefen, sie habe noch in ihrer Zeit als Königin und Frau Ludwigs VII. mit Heinrichs Vater, Graf Gottfried, eine Beziehung gehabt. Andere werteten die Ehe als Vergehen, weil Heinrich sie in der sträflichen Absicht geschlossen habe, seinem Lehnsherrn, König Ludwig, eins auszuwischen.[53]

Zwei schreibende Mönche, William von Newburgh und Gervase von Canterbury, malen das Bild einer Eleonore, die ihre Ehe mit Heinrich aus eigener Initiative angebahnt hat. Beide zeigen sich überrascht darüber, dass eine Frau Heiratspolitik in eigener Sache machte, eine Seltenheit im 12. Jahrhundert; sie vermitteln allerdings beide keinen positiven Eindruck von Eleonore. Sie erheben den Anspruch zu wissen, was in Eleonore vorging, obwohl sie eine Generation nach den Ereignissen schrieben. Newburgh, ein ebenso erklärter Frauenfeind wie andere Kirchenmänner seiner Zeit und der Überzeugung anhängend, die Libido der Frau sei stärker als die des Mannes, nennt als Motiv für Eleonores rasche Wiederheirat ihr Verlangen nach einem neuen, potenteren Partner. Nach der Rückkehr Ludwigs und Eleonores aus dem Orient sei «die frühere Liebe zwischen ihnen allmählich erkaltet», und es sei das Gerücht aufgekommen, dass Eleonore «schon während ihrer Ehe mit dem König von Frankreich ... den Wunsch verspürte, den Herzog der Normandie zu heiraten, der besser zu ihrer Persönlichkeit passte». Damit habe sie «endlich die Ehe bekommen, die sie sich wünschte».[54] Gervase von Canterbury unterstellt Eleonore, sie habe Ludwigs «lahme gallische Umarmungen sattgehabt». Auch dieser Autor porträtiert Eleonore als die treibende Kraft hinter der raschen Wiederheirat, nachdem Ludwig sie aus der Ehe entlassen hatte. Seiner Version zufolge erklärte sie «mittels eines insgeheim zum Herzog geschickten Kuriers, sie sei frei und ihrer [ehelichen Bindung] ledig, womit sie in der Seele des Herzogs den Wunsch nach Ehe entzündete». Andererseits räumt Gervase ein, dass Heinrich schon länger den Wunsch gehabt hatte, Eleonore zu heiraten, «getrieben vor allem von dem Verlangen, in den Besitz aller ihr gehörenden Ehren zu gelangen».[55]

Diese Chronisten unterlegen Eleonores rascher Eheschließung mit Heinrich, konventionellen Denkweisen gehorchend, persönliche, emotionale oder sexuelle Motive. Wie ein Kommentator anmerkt: «Es ist auffällig, dass die Chronisten es durchgehend vermeiden, in Erwägung zu ziehen, ob es für den Wunsch Eleonores, sich von Ludwig zu trennen und Heinrich zu heiraten, andere Motive gegeben haben könnte als sexuelles Verlangen. [Sie] sexualisieren ständig die weibliche Machtausübung, um sie als eine unberechenbare, anarchische Kraft hinstellen und diskreditieren zu können.»[56] Dabei lassen sie die Situation Eleonores als einer gefährdeten Frau unberücksichtigt, die in einer männlich dominierten Gesellschaft lebte, in der man von ledigen Frauen erwartete, dass sie sich unter den Schutz eines Mannes begaben. Romantisch angehauchte Biografen sehen in ihrer Verbindung mit Heinrich eine Liebesheirat oder unterstellen zumindest eine starke sexuelle Anziehung zwischen den beiden. Für Eleonore war der 19-jährige Heinrich zweifellos attraktiver als Ludwig, der für ihre Bedürfnisse nicht potent genug war, mehr Mönch als Monarch; doch körperliche Reize – Wollust in der Diktion der Kirchenmänner jener Zeit – waren höchstwahrscheinlich nicht das ausschlaggebende Motiv für ihre Heirat. Diese weist viele Ähnlichkeiten mit der von Heinrichs Eltern auf: Auch Gottfried der Schöne hatte im Jünglingsalter die deutlich ältere, schon einmal verheiratet gewesene Kaiserin Matilda zu seiner Frau genommen, und niemand wäre auf die Idee gekommen, in dieser Verbindung eine Liebesheirat zu sehen. Sie war vielmehr das Werk von Matildas Vater gewesen, der damit dynastische Interessen verfolgt hatte.

Herzogin von Aquitanien und der Normandie, Gräfin von Anjou

In der kurzen Zeit zwischen ihrer Rückkehr nach Poitiers und ihrer Abreise nach England, wohin sie Heinrich folgte, um seine Königin zu werden, waltete Eleonore ihres Amtes als Herzogin von Aquitanien. Zwei von ihr unterzeichnete Urkunden vom Mai 1152 – nur eine Woche nach ihrer Eheschließung mit Heinrich – bestätigen finanzielle Verpflichtungen, die ihr «Urgroßvater, Großvater und Vater» gegenüber zwei wichtigen kirchlichen Einrichtungen im Poitou eingegangen waren, Montierneuf und Saint-Maixent. Die beiden Dokumente zeigen, dass Eleonore in dieser Sache selbstständig agierte, ohne das Plazet ihres neuen Gatten einzuholen. Offensichtlich hatte sie mit dem Kapetinger-Kapitel ihres Lebens abgeschlossen und übte in ihrem Herzogtum dieselben Machtbefugnisse aus wie ihre Vorgänger auf dem Herzogsthron. In einer der Urkunden erwähnt sie ausdrücklich die Scheidung von Ludwig VII. und erklärt, sie sei «durch das Urteil der Kirche vom König getrennt» worden. Weiter heißt es in der Urkunde, sie habe dem Kloster Saint-Maixent gemäß dem Wunsch ihres früheren Mannes, «fast ohne es zu wollen», also wohl nicht ganz aus freien Stücken, einen Wald übereignet. Jetzt nehme sie diesen Wald wieder in ihren eigenen Besitz, um ihn dann erneut den Mönchen zu überlassen, «in freiem Belieben» – offenbar wollte sie mit dieser Formulierung hervorheben, dass sie in eigener Machtvollkommenheit handelte, und klarstellen, dass ihre Stiftung an die Mönche nichts mehr mit der Hoheitsgewalt Ludwigs VII. über Aquitanien zu tun hatte.[57]

Eleonore traf diese Verfügungen, ohne ihren neuen Gatten als Zeugen oder als Mitunterzeichner zu benennen; Heinrich wird nur in einem der beiden Dokumente erwähnt, und zwar lediglich in der Datumsangabe: «In der Zeit Heinrichs als Herrscher der Poiteviner und Angeviner» – den Titel eines Herzogs von Aquitanien hatte er da noch nicht angenommen. Offenbar wollte Heinrich Ludwig VII. nicht noch mehr provozieren, der den Herzogstitel nach seiner Scheidung noch über zwei Jahre führte. Heinrich zögerte, warum auch immer, mit der Übernahme des Herzogstitels und begann ihn erst 1153 während eines Aufenthalts in England zu führen.[58] Warum er damit wartete, bis er auf englischem Boden war, ist ein Rätsel; vielleicht hielt er es in England für opportun oder vorteilhaft, seinen hohen Rang und seine Macht als Herr über das größte französische Herzogtum herauszustellen und damit seinen englischen Widersachern Respekt einzuflößen. Als Eleonore im August 1153 einen Sohn zur Welt brachte, machte das jedenfalls jede Rücksichtnahme auf eine potenzielle Thronfolge ihrer Töchter aus der Ehe mit Ludwig hinfällig.

Ein zusätzliches Indiz dafür, dass Eleonore unmittelbar nach ihrer Wiederverheiratung als unabhängige Herrscherin agierte, liefert die Identität der in ihren Urkunden benannten Zeugen, denn es waren ausschließlich Mitglieder ihres eigenen Gefolges, niemand von Heinrichs Seite. Unter denen, die sich an ihrem Hof aufhielten, waren ihre Onkel Hugo II., Vizegraf von Châtellerault, und Ralph de Faye, ferner Mitglieder der Familien Chabot, Maingot de Melle und Mauléon, die seit Langem Beamte für die poitevinischen Herrscher stellten, sowie der Konstabler des herzoglichen Haushalts, Saldebreuil. Diese Namen tauchen auf den Urkunden Eleonores immer wieder auf, und etliche aus dieser Gruppe blieben für lange Zeit ihre engsten Berater und Mitarbeiter, namentlich ihr Onkel Ralph de Faye. Die Beziehung zu ihrem Onkel Hugo, dem Vizegrafen, intensivierte Eleonore, indem sie ihm Ländereien und Jagdrechte übertrug. Auf zwei der Urkunden heißt es, sie kämen «von der Hand Bernards, meines Kanzlers» – ihn hatte sie offenbar nach ihrer Rückkehr nach Poitiers zum Leiter ihres Schreibbüros gemacht; womöglich hatte er schon zuvor, in Paris, in ihren Diensten gestanden.[59]

Einige Tage nachdem Eleonore die erwähnten Urkunden für poitevinische Klöster ausgefertigt hatte, besuchte sie die Abtei von Fontevraud, das kombinierte Mönchs- und Nonnenkloster, das von einer Äbtissin geleitet wurde. Fontevraud lag auf angevinischem Gebiet, stand aber unter der Aufsicht des Bischofs von Poitiers und unterhielt weit zurückreichende Verbindungen zum poitevinischen Herrscherhaus wie auch zu den Grafen von Anjou. Wie die beiden vorerwähnten Urkunden bezeugt auch die Stiftungsurkunde für Fontevraud die hoheitliche Autorität, die Eleonore als Herzogin beanspruchte – nicht eben unbescheiden bezeichnet sie sich darin als «Gräfin der Poiteviner durch die Gnade Gottes». Dieses Dokument, in dem Eleonore die Schenkungen «meines Vaters und meiner Vorfahren» ebenso bestätigt wie «besonders diese Stiftung,... die mein Herr, der König der Franken, der zu der Zeit mein Mann war, und ich getätigt hatten», illustriert erneut, wie sie hoheitliche Akte, die zuvor Ludwig vorgenommen hatte, nun zu ihren eigenen machte. Auch zur Rechtmäßigkeit ihrer Trennung von Ludwig und ihrer Wiederheirat äußert sie sich in dieser Urkunde: «Nach der Trennung von meinem Herrn Ludwig, dem höchst erhabenen König der Franken, weil wir verwandt waren, und nach der ehelichen Vereinigung mit meinem Herrn Heinrich, dem sehr edlen Konsul der Angevinen», habe sie beschlossen, diese Verfügungen zu treffen. Der Text der Urkunde nimmt dann eine überraschend persönliche Wendung: «Von göttlicher Inspiration geleitet, habe ich den Wunsch verspürt, die Gemeinschaft heiliger Jungfrauen in Fontevraud zu besuchen, und was in meinen Gedanken war, habe ich mithilfe der Gnade Gottes in die Tat umsetzen können. Daher bin ich, von Gott geführt, nach Fontevraud gekommen und habe die Schwelle dieses Jungfrauenhauses überschritten.»[60]

Eleonores Ausführungen in diesem Dokument sind «bewegend, dramatisch und unkonventionell»; indem sie den Einfluss Gottes auf ihr Handeln hervorhebt, offenbart sie ihre persönliche Gefühlslage wie in kaum einem anderen Dokument. Ungewöhnlich ist auch hier die Datierungsangabe: In der Regierungszeit Heinrichs als Herrscher «des Reichs [*imperium*] der Poiteviner und der Angeviner» – vielleicht ein Ausdruck dessen, was das Paar anstrebte.[61] In diesem Dokument brachte Eleonore erstmals ihre besondere emotionale Verbundenheit mit Fontevraud zum Ausdruck, allerdings folgten in den Jahren darauf nur wenige nennenswerte Schenkungen an dieses Kloster. Es ist anzunehmen, dass ihr Besuch in Fontevraud nicht ganz ohne Anstoß von außen zustande kam; sicherlich wünschte ihr neuer Mann, dass seine Frau seine Tante Matilda kennenlernte, die dort die neue Äbtissin war. Die älteste Tochter von Heinrichs Großvater, Graf Fulk V. von Anjou, war Matilda 1122 dem Wunsch ihres Vaters gemäß in das Kloster Fontevraud eingetreten, zwei Jahre nachdem ihr junger Gatte, der Sohn und Erbe von König Heinrich I. von England, beim Untergang des Weißen Schiffs ertrunken war. Solange Matilda als Äbtissin amtierte, und sogar noch über ihren Tod hinaus sollte sich ihr Neffe als einer der großzügigsten Förderer und Schutzpatrone des Klosters bewähren.[62]

Als symbolisches Zeichen für ihre Autorität ließ Eleonore sich für die Authentifizierung dieser Dokumente ein neues Siegel anfertigen, das nur ihre Titel als Herzogin von Aquitanien und Gräfin des Poitou anführte, also keinen Titel, den sie nur durch Heirat erlangt hatte. Für eine kurze Zeit im Frühjahr 1152 verfügte Eleonore über mehr Macht, als sie sie jemals zuvor besessen hatte und als sie sie in den folgenden Jahrzehnten besitzen würde, bis sie durch den Tod Heinrichs zur Witwe wurde.[63]

Nach ihrer Hochzeit verbrachten Eleonore und Heinrich nicht einmal einen Monat zusammen; dann brach er in die Normandie auf, um in England seinen Anspruch auf die Königskrone geltend zu machen. Er traf gerade in Barfleur Vorkehrungen zum Ablegen, als er erfuhr, dass eine von Ludwig VII. zusammengestellte Koalition an der normannischen Grenze zum Angriff aufmarschiert war. Der französische König, zu diesem Zeitpunkt noch verärgert über Eleonores Wiederheirat, marschierte gegen das Herzogtum ihres neuen Gatten und hatte als Verbündete dafür Eustach von Boulogne, den ältesten Sohn von Heinrichs Gegenspieler, König Stephan, gewonnen. Ferner gehörten zu seiner Koalition sein Bruder Robert von Dreux, der Graf der Champagne und Heinrich Plantagenets jüngerer Bruder Gottfried, dem sein Vater nur ein kümmerliches Erbe hinterlassen hatte und der sich dafür an Heinrich schadlos halten wollte. Während Gottfried sich vorgenommen hatte, in Anjou eine Revolte gegen seinen älteren Bruder loszutreten, kreuzten Ludwig und seine anderen Bündnispartner an der normannischen Grenze auf und belagerten eine von Heinrichs vorgelagerten Burgen. Heinrich verließ Barfleur am 16. Juli und marschierte eiligst dem Heer seiner Feinde entgegen, woraufhin Ludwig und seine Freunde den Rückzug antraten. Ende August 1152 hatte Heinrich freie Bahn, nach Anjou zu marschieren und dort seinen jüngeren Bruder zu stellen; es gelang ihm, die wichtigsten Unterstützer Gottfrieds auf seine Seite zu ziehen und diesen damit zur Kapitulation zu zwingen. Danach beendeten die Beteiligten ihren Krieg mit einem Waffenstillstand, wonach Heinrich nach Aquitanien weiterziehen konnte, um seine Angetraute wiederzusehen.[64]

Mit ihrem Mann an ihrer Seite unternahm Eleonore eine Rundreise durch ihre Lande, um ihn mit seinem neuen Herzogtum bekannt zu machen. Heinrich demonstrierte, dass er entschlossen war, ein tatkräftiger Herrscher zu sein. Eine der Städte, die die beiden im Herbst 1152 besuchten, war Limoges, Standort des bedeutenden Klosters Saint-Martial. Die Mönche und die Bürger von Limoges begrüßten ihre Herzogin und ihren neuen Herzog und begleiteten sie in einer feierlichen Prozession bis zum Kloster. Allein, ein Konflikt ließ nicht lange auf sich warten, der Heinrich Gelegenheit gab, sein aufbrausendes Temperament zu zeigen.[65] Der Abt von Saint-Martial war nicht willens, Heinrich den Obolus zu zahlen, der traditionell einem zu Besuch weilenden Herzog von Aquitanien zustand; zur Begründung führte er an, Heinrich sei nicht eigentlich im Kloster abgestiegen, sondern habe in seinem eigenen Zelt oder auf der Burg des Vizegrafen genächtigt. Als es auch noch zu Gewalttätigkeiten von Stadtbewohnern gegen Mitglieder seines Gefolges kam, wurde Heinrich wütend und beschloss, die Stadt zu bestrafen. Vor seiner Abreise befahl er seinen Leuten, die gerade erst erbaute Stadtmauer niederzureißen und eine Brücke über den Fluss Vienne zu zerstören. Es war dies nicht das letzte Mal, dass Limoges Heinrich Anlass zum Ärger gab, und er ließ die Mauern der Stadt noch zweimal, 1156 und 1183, dem Erdboden gleichmachen.[66] Welche Rolle Eleonore bei diesem Vorfall spielte, wissen wir nicht, aber wenn wir uns an das resolute Vorgehen ihres Ex-Mannes im Poitou zu Beginn ihrer ersten Ehe erinnern, dürfen wir annehmen, dass sie den jungen Heinrich wohl nicht bremste. Zweifellos ließ sie ihn, wie damals Ludwig VII., wissen, dass es nach ihrer Erfahrung einer harten Hand bedurfte, um im Poitou die Ordnung aufrechtzuerhalten.

Heinrich musste bald feststellen, dass seine Autorität als Herzog von Aquitanien hier nicht so unbeschränkt war wie in Anjou oder in der Normandie. In Eleonores Kinderjahren hatten die Herzöge von Aquitanien ihre Macht vor allem aus dem Prestige ihres Amtes, der Kraft ihrer Persönlichkeit und aus persönlichen Freundschaftsbanden mit der aquitanischen und gascognischen Aristokratie geschöpft. Der Hochadel des Herzogtums anerkannte die Hoheit des herzoglichen Hauses nur in denkbar unverbindlichster Form an, und wenn er den Herzögen huldigte, war das oft kaum mehr als ein unverbindliches Loyalitätsversprechen, das keine wirklich bindenden Verpflichtungen einschloss. Ludwig VII. hatte den Herrschaftsanspruch des Herzogshauses durchzusetzen versucht; er hatte den Vasallenstatus der Adligen konkretisiert und ihnen mehr Verpflichtungen auferlegt, hatte das allerdings auf inkonsequente Weise und somit ohne großen Erfolg getan. Mit seiner Kombination aus Resolutheit und Planlosigkeit hatte er es nicht vermocht, den poitevinischen Adligen Angst einzujagen, wohl aber, ihren Unmut zu schüren. Heinrich besaß in seiner Eigenschaft als Graf von Anjou Grundherrschaften im Poitou und kannte sich in der Grafschaft besser aus als Ludwig VII., auch wenn hier vieles anders war als in seinem angevinischen Stammland und erst recht als in der Normandie. In Bezug auf das Ziel, sich die Aristokratie Aquitaniens untertan zu machen, ähnelte die «Innenpolitik» Heinrichs der seines Vorgängers Ludwig. Wie dieser betrachtete er Gewalt als das einzige Mittel, mit dem dem aufsässigen Adel Gehorsam beigebracht werden konnte. Das Ergebnis seiner Bemühungen, seine unmittelbare Herrschaft über die Besitzungen Eleonores durchzusetzen, war eine regelmäßige Abfolge von Adelsrevolten, gefolgt jeweils von harten repressiven Sanktionen.

In den Stammlanden Eleonores stieß ihr neuer Mann bei dem Versuch, Bastionen staatlicher Macht zu errichten, wie er sie in seinem Herzogtum Normandie und bis zu einem gewissen Grad auch in Anjou durchgesetzt hatte, auf Widerstände und Schwierigkeiten. Aus der Zahl der Burgen, die Eleonore besaß, lassen sich die unterschiedlichen Grade ihrer realen Herrschaft über die Bestandteile des Herzogtums ablesen. Als Herzogin verfügte Eleonore in Aquitanien über keine einzige Burg; als Gräfin des Poitou gebot sie über vielleicht 30 Burgen im Poitou selbst und in Aunis-Saintonge, darunter Zitadellen in wichtigen Städten. (Heinrich Plantagenet war dagegen Besitzer von rund 30 Burgen in der Normandie und zehn in seinen Besitzungen in Anjou.) In großen Teilen Aquitaniens – in den Randbezirken des Poitou, in Angoumois, im Limousin, im Périgord, in der Auvergne und südlich des Bordelais – besaß Eleonore in ihrer Eigenschaft als Herzogin weder Burgen noch Güter.[67] Ihre Vorgänger auf dem Herzogsthron hatten viele gascognische Adlige nicht unter ihre Herrschaft zu zwingen vermocht und hatten auch deshalb häufig auf den Gebrauch des ihnen zustehenden Titels «Herzog der Gascogne» verzichtet.[68]

Gegen Ende 1152 reiste Heinrich wieder aus dem Poitou ab, dieses Mal nahm er die inzwischen schwangere Eleonore mit. Sie machten Zwischenstation in Angers und anschließend in Rouen in der Normandie. Heinrich traf Anstalten, ohne Eleonore nach England überzusetzen, und nach langen Verzögerungen infolge winterlicher Stürme, die über den Ärmelkanal fegten, lichtete er schließlich um den 13. Januar 1153 herum die Anker. Er blieb über ein Jahr in England und kehrte erst im März 1154 in die Normandie zurück. Es war das erste von vielen Malen, dass Eleonore und Heinrich für einen längeren Zeitraum den Ärmelkanal zwischen sich hatten. Bei diesem ersten Mal ließ Heinrich seine Angetraute in der Obhut ihrer Schwiegermutter, der bemerkenswerten Kaiserin Matilda, in Rouen zurück.[69]

Man könnte meinen, Matilda und ihre Schwiegertochter seien einander zu ähnlich gewesen, um gut miteinander auszukommen, denn ihr Lebensweg wies etliche Parallelen auf. Beide hatten in sehr jungen Jahren einen hochrangigen Monarchen und danach in zweiter Ehe einen jüngeren Mann nicht so hohen Ranges geheiratet, und beide erlebten in ihren Ehen heftige Turbulenzen. Gleichwohl findet sich in den Quellen nicht die Andeutung eines Konflikts zwischen Eleonore und ihrer neuen Schwiegermutter. Allerdings waren sie auch nicht so oft und so lange zusammen, dass sich zwischen ihnen eine ernsthafte Rivalität hätte entwickeln können. Vielleicht war Eleonore aufgrund der Erfahrungen, die sie mit der Mutter Ludwigs VII. gemacht hatte, vorsichtig geworden und versuchte, Konflikten aus dem Weg zu gehen. Sie hatte die Einflussnahme von Adelheid von Maurienne auf ihren ersten Ehemann nur schwer ertragen, und sie merkte schnell, dass auch Heinrich Plantagenet ein sehr enges Verhältnis zu seiner Mutter hatte. Kaiserin Matilda übte bis zu ihrem Tod 1167 einen starken Einfluss auf ihren Sohn aus; tatsächlich hörte er es gern und war stolz, wenn die Engländer ihn «Henry fitz Empress» nannten.

Zweifellos sah Eleonore in Matilda eine Frau, die Ähnlichkeiten mit jenen großen Frauenpersönlichkeiten aus ihrem Familienstammbaum aufwies, von deren heroischen Taten sie als Kind gehört hatte. Außerdem konnte sie so etwas wie ein Spiegelbild ihrer selbst sehen, wenn sie das Leben ihrer neuen Schwiegermutter Revue passieren ließ. Beide waren sie auf Unabhängigkeit bedachte Frauen, die sich ihrer illustren Abkunft bewusst waren und über ein bei Frauen ihrer Zeit selten vorhandenes Maß an Selbstbewusstsein verfügten – beide waren sich ihrer Fähigkeit sicher, Macht auszuüben. Matilda zog, wie Eleonore, die Kritik frauenfeindlicher Kirchenmänner auf sich. Die Kaiserin hatte deren Missfallen allerdings nicht durch angebliche sexuelle Eskapaden auf sich gezogen, sondern indem sie «maskuline» Charaktermerkmale an den Tag legte, die angeblich der Natur der Frau widersprachen. So hatte sie es gewagt, sich in einen bewaffneten

Kampf zu stürzen mit dem Ziel, ihren Vetter Stephan von Blois vom englischen Thron zu stoßen.[70]

Welche Wege Eleonore beschritt, nachdem Heinrich mit seiner Streitmacht nach England abgesegelt war, lässt sich nicht eruieren; möglich, dass sie bei Matilda in Rouen blieb, möglich auch, dass sie ins Poitou zurückkehrte, um sich den dortigen Angelegenheiten zu widmen. Die Wahrscheinlichkeit spricht eher dafür, dass sie die Normandie verließ und sich mit ihrem Hausstand in Angers niederließ, das eine sichere Bastion im Herzen der Erblande ihres Mannes war.[71] Im August 1153, 15 Monate nach Eleonores und Heinrichs Heirat, gebar sie einen Knaben. Da Heinrich weit weg war, blieb es ihr überlassen, einen Taufnamen für den neugeborenen Stammhalter auszusuchen. Sie entschied sich für den Namen Wilhelm, den fast alle ihre Vorgänger auf dem aquitanischen Herzogsthron getragen hatten – wenn sie nicht auf diesen Namen getauft worden waren, hatten sie ihn bei ihrer Thronbesteigung angenommen. Zwar erhielt in aristokratischen Familien der erstgeborene Sohn häufig den Vornamen des Großvaters väterlicherseits, doch hatte Wilhelm im Vergleich zu Gottfried, dem Namen von Heinrichs Vater, den vornehmeren Klang. Indem Eleonore ihren Erstgeborenen Wilhelm nannte, verlieh sie der Überzeugung Ausdruck, der aquitanischen Herrscherdynastie durch den mit ihrem neuen Ehemann gezeugten Sohn den Fortbestand zu sichern. Heinrich war sicherlich mit dieser Namenswahl einverstanden. Ein Mönch mit engen Beziehungen zum Plantagenet-Hof, der Abt von Mont Saint-Michel in der Normandie, war sich der Tatsache bewusst, dass der Name ein Tribut an die Vorfahren Eleonores darstellte; er schrieb, das Paar habe seinen ersten Sohn «Wilhelm genannt, ein Name, der beinahe das exklusive Attribut der Grafen von Poitou und der Herzöge von Aquitanien ist».[72] Aber auch Heinrich konnte sich mit dem Namen identifizieren, stammte er doch in mütterlicher Linie von Wilhelm, Herzog der Normandie ab, dem Eroberer Englands.

Der Geburtsort Wilhelms ist nicht überliefert, aber wahrscheinlich kam er in Angers zur Welt. Fest steht, dass Eleonore sich zwischen der Geburt ihres Sohnes und der Rückkehr Heinrichs eine Zeit lang in Angers aufhielt, denn während eines Hoftages, den sie in dieser Stadt abhielt, wurde ihr eine Petition des Abts von La Trinité-de-Vendôme vorgetragen, einer der bedeutendsten religiösen Einrichtungen in Heinrichs Stammland. Sie bewilligte den Antrag des Abts, Gott möge «für das Seelenheil meines Vaters und meiner Mutter und des Herzogs Heinrich, meines allerliebsten Mannes, und für seinen Erfolg [in England?] und für das wohlbehaltene Heranwachsen meines Sohnes Wilhelm» Sorge tragen. An ihrer Seite befanden sich Heinrichs jüngster Bruder Wilhelm und die ranghöchsten Verwaltungsbeamten von Anjou und Poitou, die Seneschalle der beiden Grafschaften. Einer von Eleonores poitevinischen Beamten, Hervey Panetier, war ebenfalls zugegen, zusammen mit zwei Mitgliedern von Heinrichs Gefolge, die seit Langem den Grafen von Anjou dienten: Norman William fitz Hamo und Geoffrey de Clères, ein Angeviner.[73] Diese beiden Männer hatte Heinrich mit dem Auftrag zurückgelassen, für die Sicherheit seiner Frau zu sorgen – und sich während seiner Abwesenheit um seine Interessen zu kümmern.

Ein neuer Gatte und ein neues Königreich

Als Heinrich Plantagenet im Mai 1152 Eleonore von Aquitanien heiratete, war er bereits ein mächtiger Mann – Herzog der Normandie seit 1150 und Graf von Anjou seit dem Tod seines Vaters 1151. Eine noch größere Perspektive war jedoch die Möglichkeit, König von England zu werden. Als Heinrich in Januar 1153 nach England übersetzte, tat er es, um einen Kampf fortzusetzen, den seine Mutter, Kaiserin Matilda, rund 15 Jahre zuvor begonnen hatte, mit der Absicht, dem amtierenden König Stephan von Blois die englische Krone zu entwinden. Mit seiner Landung in England mitten im Winter, als seine Widersacher davon ausgingen, dass die schweren Winterstürme im Ärmelkanal ihn von der Überfahrt abhalten würden, meldete er sich als ein zu beachtender Machtfaktor im Königreich zurück und gab denen Auftrieb, die sich für sein Anliegen einsetzten.[74]

Heinrichs Anspruch auf den englischen Thron leitete sich von seiner Mutter her. Im Grunde hatte eine weibliche Anwärterin auf die Königskrone kaum Chancen, anerkannt zu werden, es sei denn in einer Ausnahmesituation. Die erste Frau auf dem englischen Königsthron, die tatsächlich das Land regierte, war Maria Tudor im 16. Jahrhundert. Angesichts eines im Europa des frühen 12. Jahrhunderts noch im Fluss befindlichen Erbrechts konnte es nicht ausbleiben, dass Matildas Anspruch auf den Thron angefochten wurde. Zwar setzte Heinrich I. sie zu seiner Erbin ein, aber das geschah zu einem Zeitpunkt, als sich mit Stephan von Blois, dem Neffen des Königs, ein chancenreicher Anwärter am englischen Königshof aufhielt. Heinrich I. überschüttete Stephan mit Gefälligkeiten und Begünstigungen und versetzte ihn so in die Lage, ein Vermögen anzuhäufen und sich Freundschaften und Bündnisse in englischen Adelskreisen zu erkaufen. Nach dem Tod Heinrichs I. 1135 hatte Stephan schnell gehandelt: Er war nach England geeilt, hatte sich die Gefolgstreue der Adligen gesichert und sich, bevor Matilda Zeit zum Reagieren fand, zum König krönen lassen.

Kaiserin Matilda verzichtete aber nie auf ihren Anspruch auf die englische Krone, und als sie und ihr Mann Gottfried von Anjou sich erst einmal eine starke Bastion in Gestalt des Herzogtums Normandie aufgebaut hatten, suchten sie die offene Auseinandersetzung mit ihrem Vetter Stephan. Die Folge war ein Bürgerkrieg, der die Stabilität des starken königlichen Staatswesens bedrohte, das die normannischen Könige in England errichtet hatten; spätestens 1148 trat jedoch allem Anschein nach eine Pattsituation ein, und eine entmutigte Matilda verließ England.[75] Sie ließ sich in der Normandie nieder, am Seine-Ufer gegenüber der Stadt Rouen, in der Nähe eines Priorats Notre-Dame-du-Pré der Mönche von Bec in Quevilly; bis ca. 1165, als es mit ihrer Gesundheit bergab ging, fungierte Matilda für ihren Sohn in den Zeiten seiner Abwesenheit aus der Normandie als Regentin.[76]

Der Kampf zog sich in England so lange unentschieden hin, dass die Menschen des Sich-Bekriegens müde wurden. Viele waren bereit, Heinrich Plantagenet als Nachfolger Stephans zu akzeptieren, wenn er nur für ein Ende des Bürgerkrieges sorgen konnte. Für König Stephan ging es darum, die Zukunft seines Sohnes und Erben Eustach von Boulogne zu sichern – wenn nicht die englische Thronfolge, dann zumindest eine Garantie dafür, dass er die englischen und normannischen Besitzungen seines Vaters übernehmen konnte. Im Sommer 1153 änderte sich die Lage schlagartig, als Eustach starb, und zwar fast gleichzeitig mit der Geburt des ersten Sohns von Eleonore und Heinrich. Nach dem Tod seines ältesten Sohnes verließ Stephan der Kampfesmut, und er beschloss, einen Friedensschluss anzustreben. Am 6. November wurde ein Kompromiss vereinbart: Stephan erhielt das Recht, bis an sein Lebensende die englische Königskrone zu tragen. Er musste aber anerkennen, dass nach seinem Tod der Thron nicht an seine leiblichen Erben fallen würde. Er adoptierte Heinrich an Sohnes statt und erklärte ihn zu seinem Erben; sein einziger noch lebender leiblicher Sohn Wilhelm sollte als Entschädigung eine großzügige Abfindung erhalten. Niemand hätte zu dem Zeitpunkt eine Wette darauf abzuschließen gewagt, wie lange Stephan von Blois noch leben oder ob dieses Friedensabkommen bis zu seinem Tod halten würde.

Im März 1154 hielt Heinrich die Lage in England für stabil genug, um nach Frankreich zurückkehren und seinen neugeborenen Sohn erstmals in Augenschein nehmen zu können. Er feierte Ostern in der Normandie, willkommen geheißen von seiner Mutter Matilda, seiner Frau Eleonore und dem kleinen Wilhelm. Im Anschluss unternahmen Heinrich und Eleonore eine schnelle Expedition nach Aquitanien, um eine lokale Revolte zu befrieden, in die wahrscheinlich Aristokraten aus dem Limousin und dem Périgord verwickelt waren.[77] Eleonore begleitete Heinrich nach Périgeux, wo beide die Zusage erneuerten, dem Kloster Notre-Dame in Saintes, wo immer noch Eleonores Tante Agnes als Äbtissin wirkte, herzogliche Protektion und Fürsorge zu gewähren. Chronisten, die der Stiftungsfeierlichkeit beiwohnten, haben einen Bericht von dem damaligen Gefolge Eleonores und Heinrichs hinterlassen. Zu diesem gehörten zwei normannische Bischöfe – der Bischof von Agen und Gottfried von Loroux, der Erzbischof von Bordeaux und Begleiter Eleonores auf vielen wichtigen Stationen ihres Lebens. Zugegen waren außerdem zwei von Eleonores alten Höflingen aus Poitiers, ihr Konstabler Saldebreuil und Èbles de Mauléon, der im Begriff war, sich eine bedeutende Grundherrschaft entlang der poitevinischen Atlantikküste aufzubauen. Durch Heirat und Erbschaft war er zum Inhaber eines der wertvollsten Lehen in der Landschaft Aunis geworden, Châtellaillon (dem heutigen Châtillon-sur-Sèvre); er war kraft dessen Herr über die Île de Ré und einer der vier Lehnsherren der Île d'Oléron.[78]

Im Mai 1154 befanden sich Eleonore und Heinrich wieder auf dem Weg in die Normandie; unterwegs machten sie einen Abstecher zum Kloster Fontevraud. Aus der kleinen Gruppe, die mit der Herzogin reiste, ragte Gottfried von Rancon heraus, seit vielen Jahren eine beherrschende Figur auf der politischen Bühne des Poitou.[79] Die Reisegruppe erreichte nach einigen Tagen die Normandie, wo das Paar ein Wiedersehen mit Kaiserin Matilda feierte. Am 24. Juni begingen sie in Rouen den Feiertag des heiligen Johannes des Täufers. Im August traf sich Heinrich in Vernon unweit der Grenze zwischen der Normandie und der Île-de-France mit Ludwig VII., und sie legten diverse Streitigkeiten über die Grenzziehung zwischen ihren Territorien bei. Im Rahmen dieser Vereinbarung verzichtete Eleonores Ex-Gatte endlich auf alle Ansprüche auf den aquitanischen Herzogsthron und anerkannte Heinrich Plantagenet als den rechtmäßigen Träger des Herzogstitels.

Anfang November traf aus England die Nachricht ein, dass Stephan von Blois am 25. Oktober gestorben war. Sein Tod im Alter von nur 57 Jahren und nur ein Jahr nach dem Friedensvertrag von Winchester war ein unerwarteter Glücksfall für Heinrich, der nun sogleich Vorbereitungen treffen musste, um mit Eleonore und dem gemeinsamen Gefolge die Reise nach England, zu seiner Krönung als König Heinrich II., anzutreten. In England blieb alles friedlich, während die Menschen geduldig sechs Wochen auf die

Ankunft ihres neuen Königs und seiner Königin warteten. Nach dem Eindruck eines Chronisten hatten die Menschen «große Ehrfurcht» vor Heinrich.[80] Die Engländer waren des Bürgerkrieges zu überdrüssig und wünschten sich zu sehr ein Ende der Ungewissheit herbei, als dass sie gegen die Thronfolge Heinrichs aufbegehrt hätten. Angesichts der Jugend und der nicht besonders ausgeprägten Ambitionen von Stephans Sohn William war nicht damit zu rechnen, dass dieser die Gefolgsleute seines Vaters zum Widerstand gegen Heinrich aufstacheln oder sich gar an die Spitze eines solchen Widerstandes setzen würde; tatsächlich wurde William zu einem treuen Gefolgsmann des neuen Königs, kämpfte an dessen Seite, als Heinrich 1159 dem Anspruch Eleonores auf Toulouse durch eine bewaffnete Expedition dorthin Nachdruck verlieh, und kam dabei ums Leben.[81]

Die englische Königskrone war durch den Sieg von Heinrich Plantagenets Urgroßvater Wilhelm dem Eroberer über den letzten Vertreter des angelsächsischen Königtums im Jahr 1066 in den Besitz der Herzöge der Normandie übergegangen. Wilhelm und seine beiden Söhne hatten die angelsächsische Tradition einer durchgreifenden königlichen Kontrolle der englischen Grafschaften mit dem normannischen Verständnis fürstlicher Machtausübung, das auf die Regierungspraxis der Franken zurückging, kombiniert. Heinrichs Großvater Heinrich I., der dritte Sohn des Eroberers, hatte diese Kombination von Regierungstraditionen um wirksame neue Verwaltungsstrukturen ergänzt, durch die sich das anglo-normannische Reich bis ins 13. Jahrhundert hinein von den anderen staatlichen Gebilden in Westeuropa abhob. Die Einheit Englands, gewährleistet durch seine Geografie und Geschichte schon lange vor Beginn der angevinischen Herrschaft, versetzte Heinrich Plantagenet und seine Söhne in die Lage, eine autoritäre, wenn nicht absolutistische Herrschaft auszuüben, selbst wenn sie über längere Zeiträume hinweg im Ausland weilten. Der starke Staat der Anglo-Normannen kontrastierte mit dem schwachen herzoglichen Staatswesen in den Erblanden Eleonores, wo die Herzöge von Aquitanien es nie geschafft hatten, fortgeschrittene Verwaltungsstrukturen durchzusetzen.

Alle Besitzungen Heinrichs lagen innerhalb des Hoheitsgebiets der französischen Krone, ebenso wie die Stammlande Eleonores; infolgedessen war der französische König ihr rechtmäßiger Lehnsherr, ungeachtet der Frage, wie weit seine Autorität über sie in der Praxis reichte. Nach der Krönung Heinrichs und Eleonores zum König und zur Königin der Engländer kam es zu Konflikten, erst mit Ludwig VII. und später mit dessen Sohn Philipp II. August, die an den Kräften Heinrichs und seiner Söhne zehrten. Sowohl

Ludwig als auch seine Nachfolger waren entschlossen, die unter angevinischer Herrschaft stehenden Gebiete auf französischem Boden zu zerschlagen. Heinrich gebot freilich von dem Augenblick an, da er den englischen Thron errang, über staatliche Strukturen und Mechanismen für die Generierung von Einkünften, mit denen er die Söldnertruppen finanzieren konnte, die er benötigte, um an allen Fronten gegen seine Kapetinger-Rivalen kämpfen zu können. Die Rolle Englands sollte künftig darin bestehen, Heinrich und seinen Söhnen als Bank für ihren endlosen Krieg gegen die Kapetinger-Könige zu dienen. Heinrich und erst recht seine beiden Söhne Richard und Johann praktizierten ein gigantisches Abkassieren bei ihren englischen und normannischen Vasallen. Viele englische Grundherren fühlten sich durch das willkürliche Vorgehen der Krone bedroht, und selbst mächtige Magnaten lebten in ziemlicher Angst vor dem Zorn und Unmut ihres Königs.

Alle drei angevinischen Könige schätzten England hauptsächlich wegen seines Wohlstandes, den sie mittels eines starken königlichen Staatswesens anzuzapfen verstanden. So wichtig das englische Königreich für sie als Einkommensquelle war, so wenig betrachteten sie sich selbst jemals als Engländer, obwohl es in ihrem Stammbaum dank der Frau Heinrichs I., Königin Edith-Matilda, die von königlich angelsächsischem Adel war, durchaus auch englische Vorfahren gab. Das wiederum führte dazu, dass die Engländer wenig Zuneigung zu Heinrich II. und seinen Söhnen entwickelten; im Gegensatz dazu war Ludwig VII. bei seinen Untertanen wegen seiner Gottesfürchtigkeit und Devotheit sehr beliebt. Eleonore, von ihren neuen Untertanen noch mehr als ihr angevinischer Gatte als «fremdartig» empfunden und darüber hinaus wegen der giftigen Gerüchte, die in ihrem Schlepptau aus Frankreich herüberkamen, dem Verdacht moralischer Verderbtheit ausgesetzt, konnte wenig tun, um die Popularität ihres Mannes in England zu erhöhen. Die Engländer zögerten lange, Eleonore in ihr Herz zu schließen, und taten es erst, als sie eine betagte Witwe war.

Am 7. November 1154 fanden sich Eleonore und Heinrich in der normannischen Hafenstadt Barfleur ein, wo sie einen ganzen Monat zuwarten mussten, bis der ungünstige Wind sich drehte und sie auslaufen konnten, um ihr neues Königreich in Besitz zu nehmen.[82] Das rotierende Glücksrad, das auch Mächtige, Reiche und Stolze in den Abgrund reißen konnte, war bei mittelalterlichen Autoren ein beliebtes Motiv. Innerhalb von zweieinhalb Jahren hatte Eleonore ein dramatisches Auf und Ab ihrer Geschicke erlebt, von der unglücklich verheirateten Königin von Frankreich über die frisch geschiedene Herzogin von Aquitanien, die in ihrer Heimat Zuflucht suchen musste, zur Braut des jungen Fürsten Heinrich Plantagenet. Und jetzt befand sie sich auf dem Weg zu ihrer Krönung als Königin von England. Sie hatte es geschafft, ihre jahrelang betriebene Trennung von Ludwig VII. durchzusetzen, und hatte einen Ehemann gefunden, der ihrem Ideal näherkam: einen jüngeren, tatkräftigeren und weltlicheren Fürsten mit einem scheinbar unstillbaren Hunger nach Besitz und Macht. Die Heirat mit Eleonore machte Heinrich zum bedeutendsten Fürsten im französischen Königreich, mit einem Grundbesitz, der den des Königs bei Weitem übertraf. Und jetzt schickte er sich auch noch an, König von England zu werden. Eleonore brachte bald nach ihrer zweiten Heirat einen Sohn zur Welt, was die unmittelbare Folge hatte, dass ihre beiden Töchter aus erster Ehe nicht mehr ihre Erbinnen sein würden, für Ludwig VII. eine unangenehme und ärgerliche Überraschung. Eleonores Ex-Gatte sollte jedoch nicht aus ihrem Leben verschwinden; sein spannungsreiches Verhältnis zu Heinrich II. von England blieb ein Faktor, der ihn seine ganze Regierungszeit über beschäftigen sollte. Die Geschicke Heinrichs, Eleonores und ihrer Söhne waren unauflöslich mit der Stellung des Kapetinger-Königs als ihres Lehnsherrn und Rivalen zugleich verbunden.

Mit welchen Erwartungen Eleonore in ihre neue Ehe ging, lässt sich nicht eruieren. Klar ist, dass Heinrich Plantagenet ein interessanterer Lebensgefährte war als Ludwig VII., immer aktiv und in Bewegung, ein passionierter Jäger, wenn er nicht gerade gegen aufmüpfige Vasallen ins Feld ziehen musste. Zugleich war Heinrich aber auch ein hochgebildeter Mann, und dies bot die Gewähr dafür, dass Gelehrte, Denker und Schriftsteller an seinem Hof willkommen waren, sodass für Eleonore das Leben an diesem Hof anregender war als zuvor in Paris. Was die Männlichkeit ihres neuen Mannes betraf, so sollte sie nicht enttäuscht werden: Sieben Kinder erreichten das Erwachsenenalter. Dass Eleonore den Ehrgeiz und die Erwartung hegte, auf der politischen Bühne als Partnerin ihres Mannes zu agieren, ist nicht zu bezweifeln; und zumindest in den ersten Jahren ihrer Ehe mit ihm dürfte sie mit den Einflussmöglichkeiten, die ihre Stellung als Regentin ihr eröffneten, zufrieden gewesen sein. Allein, die Partnerrolle war nicht von Dauer. Sollte sie von ihrem neuen Ehemann Liebe und Hingabe erwartet haben, so stellten sich nach einiger Zeit Ernüchterung und Enttäuschung ein. Heinrich erwies sich im persönlichen Leben als ebenso zynisch und despotisch wie in der Politik. Was Eleonore von ihm letzten Endes zu erwarten hatte, war nicht Bewunderung, Respekt oder Hingabe, sondern Zurückweisung.

V.

Zum zweiten Mal Königin und Mutter: England 1154–1168

Am 8. Dezember landeten Heinrich und Eleonore an der Küste von Hampshire. Das Paar machte Station in der alten sächsischen Hauptstadt Winchester und reiste danach nach London weiter; unterwegs bereiteten seine neuen Untertanen ihm überall einen freudigen Empfang.[1] Die Krönungszeremonie fand am Sonntag, den 19. Dezember 1154 in der Westminster Abbey statt; Eleonore, zu diesem Zeitpunkt zum zweiten Mal schwanger, war sicherlich von Stolz erfüllt, nun wieder den Rang einer Königin zu bekleiden. Ob der Erzbischof von Canterbury sie an diesem Tag tatsächlich zur Königin von England krönte, steht nicht fest; seit ihrer ersten Krönung zur Königin von Frankreich besaß sie das Recht, eine Krone zu tragen. Wie auch immer, irgendein symbolischer Akt, mit der sie zu Heinrichs Königin gekürt wurde, war sicherlich Bestandteil der Zeremonie, denn aufwendige Feierlichkeiten zu solchen Anlässen entsprachen der anglo-normannischen Tradition.[2]

Zum Zeitpunkt ihrer Krönung war sie mit einem zweiten Knaben schwanger, der am 28. Februar 1155 in ihrem neuen Königreich geboren und auf den Namen Heinrich getauft wurde. In ihrer zweiten Ehe durchlief sie eine fast 15 Jahre währende Periode sukzessiver Schwangerschaften und brachte in ihren ersten vier Jahren als Ehefrau Heinrichs II. jedes Jahr ein Kind zur Welt.[3] In den erhalten gebliebenen Quellen finden sich kaum Informationen, aus denen sich ihre Rolle bei der Erziehung der Kinder erkennen ließe, und diese verstreuten Puzzleteile bieten auch noch Raum für gegensätzliche Deutungen, sodass man kein konsensfähiges Urteil über ihre Qualitäten als Mutter fällen kann. Nicht zuletzt weil ihre Söhne ein so spannungsgeladenes Verhältnis zu ihrem Vater (und ebenso auch zueinander) entwickelten, lassen die Belege unterschiedlichste Interpretationen zu. Manche ihrer Biografen bescheinigen Eleonore eine normale Mütterlichkeit, während andere, die das Material durch das Prisma der Freud'schen

Psychologie betrachten, sie als eine gleichgültige oder egoistische Mutter bezeichnen, die ihre Söhne gegen ihren Vater aufhetzte, um ihre Rechnungen mit ihm zu begleichen.[4]

Die Ankunft Eleonores in ihrem neuen Königreich

Als Eleonore und ihre königliche Reisegesellschaft auf ihrem Weg nach London den Süden Englands durchquerten, dürfte sie von dem, was sie sah, angetan gewesen sein. Das Klima in ihrem neuen Königreich erschien ihr sicherlich nicht unangenehmer oder kälter als das in Paris.[5] Im 12. und 13. Jahrhundert unterschied sich das englische Wetter noch nicht so stark von den milderen Verhältnissen südlich des Ärmelkanals wie in späteren Jahrhunderten, und Eleonore erblickte Weingärten, als sie die südlichen Grafschaften passierte. In London angekommen, stellte die Gruppe fest, dass die Palastanlagen der normannischen Könige im unweit von London gelegenen Westminster unbewohnbar waren: Während des langen Bürgerkriegs zwischen Stephan von Blois und den Unterstützern von Heinrichs Mutter Matilda waren sie völlig heruntergekommen. Deshalb quartierten sich König und Königin in der königlichen Villa Bermondsey ein, gelegen am südlichen Ufer der Themse auf Höhe des Tower, also weit im Osten der Stadt.[6]

Alle anderen Städte Englands in den Schatten stellend, war London «die Hauptstadt, die Königin des gesamten Königreichs England».[7] Mit den 20 000 Einwohnern, die London schon um die Wende zum 12. Jahrhundert hatte, führte es in weitem Abstand vor seinem nächsten Konkurrenten Bristol, sowohl was die Einwohnerzahl als auch was den Wohlstand anging; die meisten englischen Städte hatten zu dieser Zeit weniger als 1500 Einwohner. William fitz Stephen, ein Londoner Bürger des 12. Jahrhunderts, hat eine Beschreibung seiner Stadt hinterlassen, in der es heißt, London gehöre zu den «stolzen Großstädten der Welt, deren Ruhm Legende ist. ... [Eine Stadt], die ihren Ruhm weiter verbreitet, ihren Wohlstand und ihre Waren über größere Entfernungen verschickt und ihr Haupt höher erhebt als alle anderen». Von seiner Lage her war London prädestiniert, als Zentrum des nordeuropäischen Handels zu fungieren; hier trafen sich Händler, die Weine aus den Tälern von Loire und Garonne ebenso anlieferten wie Gewürze, Seidenstoffe und andere Luxusgüter aus so weit entfernten Orten wie Konstantinopel. Der königliche Kämmerer («chamberlain») hatte das Recht der ersten Auswahl aus allen diesen Einfuhrgütern für den Haushalt der königlichen Familie. Die reichsten Londoner Kaufleute verkehrten um die Mitte des 12. Jahrhunderts mit Höflingen und adligen Besuchern des königlichen Hofes, investierten ihr Geld in Grundstücke auf dem Land und vermischten sich mit dem ländlichen Adel. Als das politische Zentrum des Königreichs zog London alle Magnaten Englands an, und diese unterhielten in der Hauptstadt, wie es in der Beschreibung des besagten Londoners heißt, «herrschaftliche Domizile» entlang den Ufern der Themse, «in denen sie es an nichts fehlen lassen, wenn unser Herr der König sie in die Stadt beordert oder sein Erzbischof sie zu Konzilen und großen Versammlungen lädt».[8]

London war ein «kultureller und sprachlicher Schmelztiegel» und längst nicht so asketisch wie Paris. Ein Mönch, der im London des späten 12. Jahrhunderts lebte, hat eine Beschreibung dessen hinterlassen, was in seinen Augen die Laster der Stadt ausmachte: «Was immer sich an Schlechtem oder Bösem irgendwo auf der Welt finden lässt, kann man auch in dieser Stadt finden. ... Die Zahl der Schmarotzer ist unendlich groß. Schauspieler, Possenreißer, glatthäutige Knaben, Mohren, Schmeichler, Schönlinge, Verweichlichte, Päderasten, singende und tanzende Mädchen, Quacksalber, Bauchtänzerinnen, Zauberer, Betrüger, Nachtschwärmer, Magier, Pantomimen, Bettler, Bajazzos.» Es gab in London aber auch ein emsiges geistiges und geistliches Leben. Drei der bedeutendsten Kirchen der Stadt (von mehreren Dutzend) beherbergten «berühmte Schulen durch Privileg und in Anerkennung ihrer Altehrwürdigkeit». Die Londoner waren stolz auf ihre Schulen, auch wenn sich die Stadt als Zentrum des Geisteslebens nicht mit Paris messen konnte.[9]

Als Königin von England verbrachte Eleonore überraschend wenig Zeit in London oder Westminster, dem zwei Meilen westlich der Stadt, flussaufwärts, gelegenen Vorort, der dabei war, der alten Hauptstadt Winchester den Rang als administratives Zentrum des Königreichs abzulaufen. Die angelsächsische Palastanlage in Westminster bestand aus einer großen und imposanten Gruppe von Wohngebäuden, die sich um die große Klosterkirche herum gruppierten. Unweit der Palastanlage befand sich das große Saalgebäude, das in den letzten Amtsjahren des zweiten anglo-normannischen Königs entstanden war; in seinem Inneren beherbergte es den größten Saal Englands, der damals wahrscheinlich sogar der größte in ganz Europa war. In den Regierungsjahren von König Stephan hatte man dieses Gebäude, die Westminster Hall, herunterkommen lassen; eine Renovierung war dringend nötig, und bald begann die Arbeit daran, die unter der Leitung von Thomas Becket voranschritt und die Westminster Hall wieder zu einem «unvergleichlichen Bauwerk» machen sollte, wie der stolze William fitz Stephen in seiner Beschreibung der noblen Stadt schrieb. Instand gesetzt wurden auch andere Teile der Palastanlage, darunter die Gemächer der Königin.[10]

Der Hof Heinrichs II. und Eleonores war, wie andere Königshöfe des 12. Jahrhunderts, ambulant, will sagen, er wanderte von Burg zu Burg und zu anderen königlichen Residenzen, vorwiegend westlich von London im Tal der Themse und in Wessex, wo schon seit angelsächsischen Zeiten königliche Residenzen standen. Weniger häufig gastierte der königliche Hof in East Anglia und ganz selten in Nordengland oder gar in den Midlands.[11] Eleonores Stammsitze in England waren Old Sarum oder Old Salisbury und Winchester, gefolgt von Oxford und Bermondsey. Innerhalb der Umfassungsmauern der königlichen Burgen in Old Sarum und Winchester lagen Ensembles von Häusern, darunter ein Saalgebäude, eine Kapelle und ein Wohntrakt für die königliche Familie, dazu Küchen, Ställe und Lagerschuppen. Im Inneren des großen Burgkomplexes von Old Sarum befand sich die Kathedrale, die Anfang des 13. Jahrhunderts zugunsten der neuen Kathedrale in Salisbury aufgegeben wurde.

Neben seinen Burgen verfügte das englische Königshaus über eine Anzahl unbefestigter Domizile, darunter einige, die als Paläste durchgingen, und andere, die einfache Jagdhütten waren. Ein wichtiger Faktor, der die Wanderbewegungen des königlichen Hofes steuerte, war die Jagd; der erste Plantagenet-König auf dem englischen Thron war ein passionierter Jäger, genauso wie seine angelsächsischen und normannischen Vorgänger. Das Jagen war ein bei der gesamten europäischen Aristokratie des Mittelalters höchst beliebter Sport, und viele der Burgen, die die englische Königsfamilie regelmäßig besuchte, hatten einmal als Jagdhütten in Waldgebieten klein angefangen. Wahrscheinlich weckten solche Jagdaufenthalte bei Eleonore Kindheitserinnerungen an Ausflüge in den Wald von Talmont in der Vendée, der zu den Lieblingsjagdgründen der Grafen von Poitou gehört hatte.

Heinrich II. ließ ein aufwendiges Bauprogramm anlaufen, in dessen Rahmen bestehende Burgen renoviert und neue königliche Residenzen in allen Teilen Englands errichtet wurden; nicht zuletzt wollte er damit seinen Untertanen die Macht und den Reichtum ihres neuen Königs demonstrieren.[12] Zwei seiner Lieblingsdomizile in England, sein Haus in Woodstock direkt bei Oxford und das «Landschlösschen» Clarendon bei Old Sarum, gingen aus königlichen Jagdhütten hervor. Im Verlauf der Jahre baute Heinrich Clarendon zu einem echten Palast aus, mit einem beeindruckenden großen Saal, in dem Konzile veranstaltet werden konnten. In Woodstock wurde

Old Sarum, Salisbury, Luftaufnahme.

praktisch in jedem Jahr nach Heinrichs Thronbesteigung etwas gebaut, unter anderem ein Wohntrakt im nahe gelegenen Everswell mit einem Zimmer, das später unter dem Namen «Rosamundes Kammer» bekannt wurde, angeblich das Schlafzimmer der Lieblingsmätresse des Königs. Solche königlichen Residenzen in der Provinz verfügten über den Komfort von Schlössern, und Eleonore konnte dort dieselben Annehmlichkeiten genießen wie in jeder Fürstenresidenz im nördlichen Europa. Heinrich verausgabte viel Geld für die Renovierung dieser königlichen Bauten: Mehr als 1000 £ wurden allein in Winchester verbaut; unter anderem wurde dort der Wohnbereich Eleonores instand gesetzt, wobei allein über 92 £ für Reparaturen an ihrer Schlafkammer, am Kamin und am Keller anfielen. Hier und in anderen Domizilen des Königs schmückten von Heinrich in Auftrag gegebene Wandbehänge die Räume.[13]

Eleonore und ihre neuen Untertanen

England, ein Inselkönigreich, das mehrheitlich von Menschen angelsächsischer, keltischer und dänischer Herkunft bewohnt und von einer Minderheit normannisch-französischer Herkunft regiert wurde, muss Eleonore in mehrfacher Hinsicht seltsam und fremd vorgekommen sein. Die Königin war sicher froh darüber, dass England seit der Eroberung durch die Normannen im Jahr 1066 in enger Verbindung zu der auf dem europäischen Festland vorherrschenden, französisch und lateinisch geprägten Kultur stand. Während die Mehrheit der alteingesessenen Bevölkerung Englisch sprach, war die Sprache der am königlichen Hof verkehrenden Aristokraten und der Londoner Kaufleute das Französisch der Anglo-Normannen. Kirchenmänner und viele königliche Beamte beherrschten zusätzlich auch das Lateinische und wechselten zwanglos von einer Sprache in die andere. Es gab unter den Anglo-Normannen etliche, die drei Sprachen konnten, einfach weil die Kenntnis des von der Masse der Bevölkerung gesprochenen Englisch eine praktische Notwendigkeit war. Gleichwohl blieb das Französische noch lange die Sprache des Hofes. Einer der Höflinge Heinrichs II. äußerte seine Begeisterung über die Sprachbegabtheit des Königs, der Grundkenntnisse «in jeder Sprache zwischen dem Kanal und dem Fluss Jordan besaß, sich selbst jedoch nur des Lateinischen und Französischen bediente». Wahrscheinlich verstand Heinrich, worum es ging, wenn Englisch gesprochen wurde; er war aber alles andere als ein flüssiger Englischsprecher und wohl nicht in der Lage, sich Menschen, die nur Englisch konnten, verständlich zu machen. Für Eleonore war ein solches mehrsprachiges Milieu nichts Ungewöhnliches, hatte sie doch schon in ihrer Kindheit zwischen zwei französischen Sprachen gependelt, der *langue d'œuil* und der *langue d'oc.* Sie lernte indes nie Englisch, obwohl sie viele englisch sprechende Domestiken gehabt haben muss.[14]

Erhalten gebliebene Zeugnisse aus den frühen Jahren Heinrichs II. als König von England erwähnen seine Ehe mit Eleonore von Aquitanien, aber kaum etwas darüber hinaus. Es steht indes nicht zu bezweifeln, dass Gerüchte über Eleonores angebliches Fehlverhalten auf dem Zweiten Kreuzzug den Weg in ihr neues Königreich fanden. Junge Engländer, die in großer Zahl nach Paris ausschwärmten, um an den dortigen Schulen zu lernen, lachten dort zweifellos bei Trinkgelagen in den Tavernen über aufgebauschte Geschichten, die vom skandalösen Betragen ihrer neuen Königin an der Seite Ludwigs VII. erzählten. Was wir nicht eruieren können, ist, wie verbreitet diese Gerüchte über die neue Königin waren. Womöglich wussten Eleonores neue Untertanen über sie kaum mehr, als dass sie aus einem weit entfernten Land im Süden Frankreichs kam und ihren ersten Mann, den französischen König, verlassen hatte, um Heinrich Plantagenet zu heiraten. Andererseits können wir annehmen, dass die am Hof gehandelten Gerüchte sich nicht nur bei den Bewohnern Londons herumsprachen, sondern dass diese sie auch an ihre Verwandten und Bekannten auf dem Land weitergaben. Das wenig schmeichelhafte Bild, das die englischen Chronisten, die gegen Ende des 12. Jahrhunderts schrieben, von Eleonore malten, spiegelt wahrscheinlich die öffentliche Meinung ihrer Zeit wider. Dieses Bild zeigt, dass Eleonore den Maßstäben, die zu ihrer Zeit an eine Königin angelegt wurden, nicht gerecht wurde.[15]

Trotz eines wachsenden Ressentiments gegen Macht ausübende Frauen hatten sich die vier Vorgängerinnen Eleonores in der Rolle einer anglo-normannischen Königsgemahlin der Zuneigung ihrer zeitgenössischen Chronisten erfreut. Orderic Vitalis, ein aus England stammender Mönch, der zu Beginn des 12. Jahrhunderts in der Normandie schrieb, liefert noch kaum Indizien für eine Veränderung des Frauenbildes zum Schlechteren. Seine klischeebehafteten Anspielungen auf weibliche Schwächen sind nicht mehr als oberflächliche Kommentare *en passant*. Er porträtiert Königinnen als Gefährtinnen und Helferinnen ihrer königlichen Gatten, die «in jeglichen Krisenzeiten bei den Regierungsgeschäften mithelfen, in Zeiten der Minderjährigkeit [eines Monarchen] als Regentinnen amtieren oder die Gründung von Kirchen unterstützen». Andere Chronisten beschrieben anglo-normannische Königinnen in ähnlicher Weise als Ausbünde der Frömmigkeit und Reinheit, die christlichen Einrichtungen Wohltaten erwiesen und sich am königlichen Hof als Mäzene der Literatur und Kunst betätigten. Diese Frauen provozierten keine Skandalgeschichten, waren gewissenhafte Mütter und würdige Gefährtinnen ihrer königlichen Gatten, obwohl auch sie hin und wieder in den politischen Geschäften mitmischten, wenn sie etwa in Zeiten der Abwesenheit des Königs als Regentinnen fungierten. Matilda von Flandern, die Frau Wilhelms I., blieb von einer Negativbewertung durch Orderic wegen unzulässiger Einmischung in weltliche Belange verschont, weil äußere Umstände sie zwangen, über längere Zeiträume hinweg als Statthalterin ihres Mannes in der Normandie zu fungieren, während dieser alle Hände voll zu tun hatte, seine Herrschaft über sein neues Königreich England zu konsolidieren. Ohne jeden Tadel konstatiert er «die harten Tatsachen ihrer Teilnahme an der Arbeit des Regierens», auch zu einem späteren Zeitpunkt in England, als sie als Regentin und sogar als königliche Richterin amtierte.[16]

Die Gattin Heinrichs I., Edith-Matilda, hatte ähnlichen Einfluss in der politischen Sphäre ausgeübt, etwa indem sie in den Zeiten der Abwesenheit ihres Mannes als Regentin des Königreichs fungiert hatte. In Vertretung Heinrichs I. hatte sie königliche Dokumente mit ihrem eigenen Siegel versehen und von den königlichen Beamten denselben Gehorsam erwartet, den sie dem König schuldeten.[17] Bei ihr führten solche Aktivitäten nicht zu einer Rufschädigung, auch weil ihre Frömmigkeit potenziellen Kritikern den Wind aus den Segeln nahm. Edith-Matilda sprach offen über ihren Einfluss auf ihren Mann; in einem Brief an Anselm von Canterbury, der sich den Zorn des Königs zugezogen hatte, schrieb sie: «Mit Gottes Hilfe und meinen Empfehlungen, soweit ich sie geben kann, wird [Heinrich] vielleicht empfänglicher und kompromissbereiter euch gegenüber werden.» Eleonore hingegen sollte mit dem, was sie im ersten Jahrzehnt ihrer Ehe mit Heinrich II. als dessen Regentin vollbrachte, kein Lob ernten. Anders als die Großmutter Heinrichs, die sich regelmäßig bei ihrem Mann für die Anliegen würdiger Petenten eingesetzt hatte und zum Dank dafür von Kirchenmännern mit der biblischen Königin Esther verglichen worden war, wurde Eleonore seitens ihrer Zeitgenossen keine Anerkennung dafür zuteil, dass sie ihren persönlichen Zugang zu Heinrich nutzte, um zum Wohle anderer zu intervenieren.[18]

Edith-Matilda verkörperte mit ihrer Frömmigkeit vorbildhaft, was ihre Zeitgenossen von einer englischen Königsgemahlin erwarteten und an ihr schätzten. Ihr Tod im Jahre 1118 markierte jedoch einen Wendepunkt im Rollenverständnis der englischen Königinnen; die klerikale Reformbewegung des 11. Jahrhunderts war zu diesem Zeitpunkt mit ihrem Kampf für den Zölibat der Priester vorangekommen und hatte eine stärkere Polarisierung in der Definition der Geschlechterrollen bewirkt, mit der Tendenz, Frauen das Recht auf politische Mitwirkung abzusprechen. In Eleonores Zeit als englische Königin lästerten englische Kirchenmänner über bedeutende Frauen, die sich so «männliche» Aufgaben wie die Ausübung von Regierungsmacht angemaßt hatten, und warfen Männern, die ihrer Ehefrau eine Rolle im öffentlichen Leben überließen, «unmännliches» Verhalten vor. Schon die Schwiegermutter Eleonores, Kaiserin Matilda, war wegen ihres angeblich «unweiblichen» Strebens nach Macht geschmäht worden. Eleonore beanspruchte für sich eine Rolle in der Politik, die über das hinausging, was in den Augen der Nordeuropäer einer Frau geziemte. Schon als junge

Frau und Neuankömmling am Hof Ludwigs VII. hatte sie den Ehrgeiz an den Tag gelegt, die Regierungsmacht partnerschaftlich mit ihrem königlichen Gatten auszuüben; der Einfluss ihrer damaligen Schwiegermutter auf ihren jungen Ehemann war ihr ebenso ein Dorn im Auge gewesen wie die Rolle des Abts Suger von Saint-Denis als dessen Chefberater. Wie ein französischer Biograf Eleonores schrieb: «Diese unermüdliche politische Aktivität und ihre Rolle bei Hofe sind es, ... die Eleonore zu einer außergewöhnlichen Frau machen, die die Historiker unserer Zeit in Erstaunen versetzt und die frauenfeindlichen Chronisten ihrer Zeit empörte.»[19]

Frömmigkeit galt als wichtiges Qualifikationsmerkmal für christliche Königinnen; von ihnen wurde erwartet, dass sie in dieser Hinsicht eine Vorbildrolle spielten und ihre Prominenz dafür einsetzten, das christliche Fundament des Königreichs zu stärken. Während von den Vorgängerinnen Eleonores auf dem englischen Thron bekannt ist, dass sie klösterlichen Einrichtungen Geschenke machten und auch neue Klöster stifteten, gründete Eleonore nach allem, was wir wissen, in England keine neuen kirchlichen Einrichtungen. Einer späteren Überlieferung zufolge stiftete sie die Blyth-Kapelle auf der Burg Tickhill im nördlichen Nottinghamshire. Tatsächlich gab es eine Verbindung zwischen ihr und dieser Kapelle, denn in ihrem letzten Lebensabschnitt, als Witwe, forderte sie den damaligen Besitzer der Kapelle auf, ihrem betagten Kaplan, Peter dem Poiteviner, einen Teil der dort anfallenden Einkünfte zukommen zu lassen.[20] Die gebrechlichen Insassen des Queen's Hospital erhielten, wie aus den *pipe rolls* hervorgeht, ab 1159 regelmäßige Zuwendungen in Höhe von 30 Shilling und 5 Pence aus dem Surrey-Vermögen; wahrscheinlich handelte es sich dabei um das Lepraspital von St. Giles in the Fields unweit von London, das eine Gründung der Gattin Heinrichs I. war, keine von Eleonore persönlich betreute Wohltätigkeitseinrichtung.[21] Auf einem Areal in Waltham in der Grafschaft Essex, das zum Witwengut der Königin gehörte, lag eine Einrichtung weltlicher Chorherren, deren Insassen 1159 als «die Chorherren der Königin» bezeichnet wurden und die von ihrer Beziehung zur Königin insofern profitierten, als ihnen eine Steuer auf ihren erheblichen Grundbesitz erlassen wurde.[22] Nach dem Tod Heinrichs II. avancierte einer der Chorherren von Waltham zu Eleonores Sekretär mit der besonderen Aufgabe, das «Gold der Königin» einzusammeln – offenbar gehörte das zu den gewöhnlichen Pflichten der Chorherren.[23] Nutznießer von Zuwendungen Eleonores waren zumeist klösterliche Stiftungen im Poitou, und nicht einmal dort fiel sie durch einen besonderen Eifer bei der Neugründung religiöser Einrichtungen auf.[24] Die poitevinischen Mönchs- und Nonnenklöster, die sich der besonderen Gunst ihrer Vorfahren erfreut hatten, hatten anscheinend nie das Glück, von Eleonore Landschenkungen in England zu erhalten. Anders als Heinrich II., der das Kloster Fontevraud mit regelmäßigen Einkünften aus englischen Besitzungen ausstattete und die Gründung von Fontevraud-Prioreien auf englischem Boden förderte, gab es von Eleonore keine dokumentarisch verbürgten Schenkungen an diese Einrichtung aus dem Fundus ihrer englischen Einkünfte.[25]

Eleonore gewann ein besonderes Verhältnis zur Abtei von Reading, wo ihr erster Sohn Wilhelm, der mit drei Jahren starb, 1156 bestattet wurde – offensichtlich zu einer Zeit, da Heinrich im Ausland weilte. Wir können davon ausgehen, dass der König Anweisungen für das Begräbnis seines Sohns schickte, dessen kleiner Leichnam seine letzte Ruhestätte zu Füßen seines Urgroßvaters, König Heinrichs I. von England, fand, dessen Herrschaftsstil Heinrich II. als Vorbild diente. Die Wahl Readings als Begräbnisort für das Kind stellte eine symbolische Verbindung zwischen dem angevinischen König und seiner Familie und Heinrich I. her, dem Gründer der Abtei, der gewollt hatte, dass sie sich zu einem königlichen Mausoleum entwickeln würde.[26] Wie Eltern zu allen Zeiten trauerten Eleonore und Heinrich um ihr erstes Kind. Der König machte der Priorei Hurley, einer Tochtereinrichtung der Westminster Abbey, eine Schenkung zugunsten der Seele des verstorbenen Knaben und erklärte in der Stiftungsurkunde ausdrücklich, er tue dies auf Bitten und mit Zustimmung der Königin.[27] Einen Hinweis darauf, wie groß der Kummer Eleonores über den Verlust ihres erstgeborenen Sohns war, gibt ein Brief, den der Abt der Abtei Reading irgendwann zwischen 1158 und 1165 an sie schrieb. Er versicherte der Königin darin, sie werde nach ihrem Tod alle Segnungen erhalten, die normalerweise einem verstorbenen Mönch der Abtei gewährt wurden, darunter die Zusicherung, dass die klösterliche Gemeinschaft für alle Zeiten den Jahrestag ihres Todes feierlich begehen werde. Allem Anschein nach erfolgte diese Aufnahme in die Ordensgemeinschaft der Abtei in Eleonores Fall «außergewöhnlich früh und außergewöhnlich weitgehend», denn solche Zusagen an Laien waren vor dem 13. Jahrhundert etwas sehr Ungewöhnliches. Der Abt stellte in seinem Brief diese Eleonore gewährte besondere Ehre als die Erfüllung ihrer Bitte dar, aber sie war zweifellos auch eine Reaktion auf großzügige Zuwendungen, die sie dem Kloster zukommen ließ, in dem die sterblichen Überreste ihres ersten Sohnes ruhten.[28]

Ein anderer der ganz wenigen erhalten gebliebenen Briefe an Eleonore als

Hildegard von Bingen.
Buchmalerei, 12. Jahrhundert.

Königin von England wirft ein Streiflicht auf ihr religiöses Leben. Geschrieben wurde dieser Brief von der Prophetin und Mystikerin Hildegard von Bingen (gest. 1179), einer weiteren bemerkenswerten Frau des 12. Jahrhunderts, von der auch ein an Heinrich II. gerichteter Brief erhalten geblieben ist. Als sich der Ruhm Hildegards ausbreitete, wandte sich eine zunehmende Zahl einflussreicher Persönlichkeiten aus ganz Europa, auch aus England, mit Bitten um Rat an sie.[29] Da wir über die Entstehungszeit von Hildegards Brief an Eleonore nichts Genaueres sagen können, als dass er vor 1170 geschrieben wurde, lässt sich die Frage, welcher Vorgang die Veranlassung zu dieser Korrespondenz gab, nicht beantworten. Gerichtet ist der Brief nicht so sehr an die Herrscherin als an eine Frau, die Seelennot leidet; Hildegard erteilt ihr darin Ratschläge, die ihr helfen sollen, Ruhe zu finden; ein Rat lautet, sie solle sich um Stabilität bemühen. «Dein Geist gleicht einer Mauer, an der wechselnde Wolken vorüberziehen», schrieb Hildegard. «Du blickst überall umher, hast aber keine Ruhe. Das fliehe! Stehe in Beständigkeit – Gott und den Menschen gegenüber! In all deinen Trübsalen wird Gott dir beistehen. Bei all deinen Werken schenke Gott dir seinen Segen und seine Hilfe.»[30] Was die deutsche Nonne über Eleonores seelische Verfassung schreibt, erinnert unwillkürlich an die «Flatterhaftigkeit», die ihre Kritiker ihr attestierten.

Was Eleonore mehr als alles andere von ihren vier Vorgängerinnen auf dem englischen Königsthron unterschied, war, dass ihre Untertanen sie als eine «Fremde» aus dem mediterranen Süden Frankreichs wahrnahmen.[31] In ihrer Mehrzahl erst durch Eleonores Heirat mit Heinrich II. auf Aquitanien aufmerksam geworden, bildeten sie sich alsbald eine negative Meinung über dieses Herzogtum, beruhend auf der Überzeugung, es sei ein unregierbares, von Rebellen und Ketzern bewohntes Land. Als Troubadourverse in den Kreisen der anglo-normannischen Aristokratie zu kursieren begannen, die von ehebrecherischen Liebesbeziehungen südfranzösischer Adelsdamen erzählten, färbte dieses Klischee auf Eleonore ab, einfach weil sie ein Kind jener exotischen Kultur war. Für die Zeitgenossen der Königin verkörperte Eleonores Großvater Wilhelm IX., der Troubadour-Herzog, der mit seinem zügellosen Lebenswandel den Zorn der anglo-normannischen Chronisten erregt hatte, die Sitten und Unsitten Aquitaniens.[32]

Die ersten Jahre Eleonores als englische Königin, Dezember 1154–Dezember 1158

Nach der Krönungszeremonie im Dezember 1154 blieben Eleonore und Heinrich II. über ein Jahr lang in ihrem neuen Königreich; im Januar 1156 begab sich der König nach Frankreich, um gegen die Rebellion seines Bruders Gottfried in Anjou vorzugehen. Eleonore, die oft für lange Zeiträume von ihrem Mann getrennt war, wenn er an den Grenzen Englands kämpfte oder seine französischen Besitzungen gegen Übergriffe verteidigte, könnte in England von Zeit zu Zeit Phasen der Einsamkeit durchlebt haben. Verstärkt wurden diese Gefühle womöglich dadurch, dass sie in ihrem Haushalt nie mehr als eine Handvoll poitevinischer Landsleute um sich hatte.

Heinrichs häufige Abwesenheiten wurden für seine englischen Untertanen zu einem Stein des Anstoßes. So drängte ihn der Erzbischof von Canterbury in einem Brief vom Frühjahr 1160, nach England zurückzukehren, und erinnerte ihn zugleich an seine Sprösslinge, «jene Kinder, von deren Anblick doch selbst der hartherzigste Vater sein Auge nicht noch länger abwenden könnte».[33] Selbst wenn Heinrich sich in England aufhielt, hatte er immer jede Menge Aufgaben zu erledigen, die ihn von seiner Frau fernhielten; dabei ging es ihm vor allem darum, die Aushöhlung der königlichen Rechte rückgängig zu machen, die unter König Stephan in den Jahren des Bürgerkrieges eingerissen war. Nicht lange nach seiner Krönung inspizierte Heinrich den Norden seines Reichs, um dort die königliche Macht wiederherzustellen, während Eleonore in Bermondsey zurückblieb, hochschwanger mit ihrem zweiten Kind.

Als sie am 28. Februar 1155 ihren zweiten Sohn zur Welt brachte, hielt Heinrich II. sich in Northampton auf. Es war ihr erstes Kind «von königlichem Geblüt», und es erhielt den Namen Heinrich, zum Gedenken an seinen Urgroßvater, König Heinrich I. von England. Ende März kehrte der König, rechtzeitig zum Osterfest, das in der Abtei von Merton gefeiert wurde, von seiner Expedition in den Norden zurück und hielt danach in London ein großes Konzil ab, bei dem Eleonore als Mutter zweier kleiner Prinzen eine herausgehobene Rolle spielte. Zwei Wochen später fand ein weiteres Konzil statt, dieses Mal in Wallingford, und bei dieser Gelegenheit wurden der kleine Wilhelm und sein einen Monat alter Bruder den versammelten Magnaten des Königreichs präsentiert. Eingedenk der Irritationen über die Thronfolge, die zu eineinhalb Jahrzehnten Bürgerkrieg (1139–1153) geführt hatten, bestand der König darauf, dass seine Barone sogleich einen Treueeid auf Wilhelm und seinen neugeborenen Bruder Heinrich ablegten.[34] Im Juni war Heinrich schon wieder in militärischer Mission unterwegs, diesmal im Westen seines Reichs, wo er diverse Burgen belagerte, unter anderem in Bridgnorth, Wigmore und Cleobury.[35]

Das Jahr 1156 verbrachte Eleonore überwiegend getrennt von ihrem Mann, denn Heinrich setzte im Januar in die Normandie über, um seinen festländischen Besitzungen seinen ersten Besuch als König von England abzustatten. Er blieb seinem Königreich über ein Jahr fern und kehrte erst im April 1157 nach England zurück; Eleonore amtierte während dieser Zeit als seine Regentin. Während seiner Abwesenheit verstarb Wilhelm mit drei Jahren; sein genaues Todesdatum ist nicht überliefert. Eleonore war wieder schwanger, und im Juni 1156 gebar sie eine Tochter, die auf den Namen Matilda getauft wurde. Der Name verband das Kind mit seinen anglo-normannischen Vorfahren und war insbesondere ein Tribut an die Großmutter des Mädchens, die frühere deutsche Kaiserin Matilda, deren Mutter, die Frau Wilhelms des Eroberers, ebenfalls Matilda geheißen hatte. Die ersten beiden auf englischem Boden geborenen Kinder Eleonores wurden von Erzbischof Theobald von Canterbury in der Dreifaltigkeitskirche im Londoner Bezirk Aldgate getauft, einem von den Augustiner-Chorherren betriebenen, von Heinrichs Großmutter gegründeten Stift.[36] Eleonore stieß im Sommer 1156, nach dem Tod des kleinen Wilhelm, in Angers zu ihrem Mann. Sie nahm auf diese Reise nach Frankreich sowohl den kleinen Heinrich als auch die neugeborene Matilda mit, die noch keine drei Monate alt war.

Im Herbst 1156 absolvierte das Königspaar gemeinsam eine Rundreise durch Eleonores Herzogtum Aquitanien, ihr erster Besuch in der Heimat seit über zwei Jahren. Im Zuge dieser ersten Tournee nach ihrer Krönung machten sie auch wieder in Limoges Station. Auch dieses Mal mischte sich Heinrich II. in die Angelegenheiten des Limousin ein, dieses Mal, indem er seinen Anspruch auf die Vormundschaft über den minderjährigen Sohn des verstorbenen Vizegrafen geltend machte, ein Privileg, auf das keiner seiner Vorgänger auf dem Herzogsthron je bestanden hatte. Heinrich setzte sich zum Vormund des jungen Aymar V. ein und legte die Geschicke der Vizegrafschaft in die Hände zweier normannischer Beamten, ohne Rücksicht auf die Proteste der Onkel des Knaben, die darauf hinwiesen, dass die Vormundschaft nach Gewohnheitsrecht ihnen als seinen engsten Angehörigen zustand. Heinrich nutzte seine Rolle als Vormund später, um die Verheiratung des jungen Vizegrafen mit einer Tochter seines Onkels, des mächtigen Earls Reginald von Cornwall, zu arrangieren.[37] Solche «feudalen» Prärogativen des Lehnsherrn waren in Eleonores Heimat nicht üblich, und der Umstand, dass Heinrich ihre Einführung zu erzwingen versuchte, fand nicht den Beifall der aquitanischen Aristokratie.

Von Limoges aus wandten sich Eleonore und Heinrich südwärts und besuchten auf Einladung von Eleonores früherem Vormund, dem Erzbischof Gottfried von Loroux, Bordeaux. Der Staatsbesuch in Eleonores Herzogtum kulminierte in einem weihnachtlichen Hoftag in Bordeaux, den Heinrich nutzte, um dem Adel und den gemeinen Bewohnern der Gascogne einen Landfrieden zu verkünden. Diese Feier markierte das Ende der Autonomie Eleonores als Herrscherin über ihr Herzogtum. Die fünf erhalten gebliebenen Dokumente, die sie im Verlauf dieses Besuchs 1156 in ihrer Eigenschaft als Herzogin unterzeichnete, offenbaren ihre nur noch begrenzte Autorität über das Stammland ihrer Vorfahren, denn bei dreien davon handelt es sich nur um Bestätigungen für von Heinrich getätigte Verfügungen. Die beiden anderen, von Eleonore offenbar allein, ohne Berufung auf Heinrich, verantworteten Vorgänge sind Routineverfügungen an die Adresse ihrer lokalen poitevinischen Sachwalter, die Privilegien, die ihr Vater bestimmten religiösen Einrichtungen gewährt hatte, weiterhin anzuerkennen.[38] In der Zeit nach diesem Besuch taucht der Name Eleonores auf aquitanischen Urkunden nicht mehr auf; kein Stiftungsbrief, in dem sie als Stifterin genannt würde, sei es alleine oder zusammen mit ihrem Mann, findet sich bis in die 60er-Jahre in den Akten. Während dieser Zeitspanne war es Heinrich, der alle die Untertanen seiner Frau im Poitou betreffenden Urkunden ausfertigte und unterschrieb, ohne Eleonore zu erwähnen; allerdings handelte es sich bei vielen wohl nur um die Bestätigung ursprünglich von ihr gemachter Zusagen.[39]

Nach dem weihnachtlichen Hoftag in Bordeaux kehrte die Königin Anfang 1157 mit ihren Kindern nach England zurück, um bis April, als Heinrich nachkam, als Regentin zu wirken; sie war wieder schwanger. Erst 1159, zu Beginn der unseligen militärischen Expedition nach Toulouse, sollten die beiden wieder einen Fuß auf aquitanischen Boden setzen. Zuvor, 1158, focht Heinrich einen Strauß mit dem Vizegrafen von Thouars aus, dem wichtigsten Adligen im nördlichen und westlichen Teil des Poitou, dessen Besitzungen sich von der antiken Festung Thouars, die die poitevinische Grenze südlich von Saumur an der Loire bewachte, bis zur Atlantikküste auf der Höhe der Insel Oléron erstreckte. Heinrich eroberte die Burg Thouars 1158 nach dreitägiger Belagerung, verbannte den Vizegrafen ins Exil und regierte sein Territorium in der Folge durch angevinische oder normannische Statthalter. Den Anlass zu Heinrichs Vorgehen gegen ihn hatte der Vizegraf von Thouars offenbar mit seiner Unterstützung für Heinrichs aufsässigen jüngeren Bruder Gottfried, Graf von Nantes, geliefert; es gibt aber auch Berichte, die besagen, Heinrich habe mit der Bestrafung des Vizegrafen einen Wunsch Eleonores erfüllt, die einen in ihren Augen illoyalen Vasallen habe loswerden wollen. Sie habe Heinrich geraten, hart durchzugreifen – die Burg und ihre Festungsbauwerke zu schleifen –, so wie sie früher ihren ersten Mann zu einem strengen Vorgehen gegen die Poiteviner angehalten habe.[40] Wie auch immer, die Brutalität, mit der Heinrich gegen den Vizegrafen vorging, brachte die anderen Vasallen im Herzogtum gegen Eleonore und den König auf.

In den Augen der poitevinischen Aristokratie liefen die Versuche Heinrich Plantagenets, das vage definierte feudale Lehensverhältnis, in dem sie zu den Vorgängern Eleonores gestanden hatten, in ein durch konkrete und verbindliche Treueverpflichtungen definiertes Lehensverhältnis umzuwandeln, auf eine Beschneidung ihrer traditionellen «Freiheiten» hinaus. Die Rädelsführer des Widerstandes waren die Kleinfürsten, deren Besitzungen sich entlang der südlichen Grenze des Poitou aufreihten, am Unterlauf der Charente und an der oberen Vienne; eine Hauptrolle spielten dabei die Grafen von Angoulême. Auch nachdem es dem englischen König gelungen war, sich die Vormundschaft über den minderjährigen Vizegrafen von Limoges zu sichern, weigerten sich die Kleinfürsten des Poitou, ihm ein generelles «feudales» Recht auf Vormundschaften und Ehestiftungen zuzugestehen, und tatsächlich sollte es Heinrich nie gelingen, ihnen dieselben Verpflichtungen aufzuzwingen, die seine normannischen und englischen Vasallen ihm schuldeten. Sie wollten nicht einmal anerkennen, dass ihre territorialen Besitzungen Lehen waren, die er ihnen als Herzog und Graf gewährte und für deren Überlassung sie ihm Zahlungen und Dienstleistungen schuldeten; allenfalls waren sie bereit, als Grundbesitzer eine seit alters bestehende Pflicht, «öffentliche» Aufgaben zu übernehmen, weiterhin anzuerkennen. Eleonore hatte einst Ludwig VII. zu einem harten Vorgehen gegen ihre Untertanen gedrängt, aber angesichts des Widerstands gegen das autoritäre Durchgreifen ihres Mannes zeichnete sich bei ihr ein Sinneswandel ab.

Nach ihrer Rückkehr aus dem Poitou verbrachte Eleonore den Sommer und Herbst 1157 in England; am 8. September war sie in Oxford, wo der nächste Sohn, Richard, auf die Welt kam.[41] Über die Gründe für diese Namenswahl wissen wir nichts Bestimmtes; es hatte mehrere normannische Herzöge namens Richard gegeben, aber auch Robert war ein in ihrem Stammbaum häufig anzutreffender Name. Heinrich blieb, nachdem er im April 1157 wieder zu seiner Familie in England gestoßen war, 15 Monate lang auf dem Boden seines Inselkönigreichs, abgesehen von einem kurzen Abstecher mit Eleonore in die Normandie, wo die beiden in Cherbourg ihren weihnachtlichen Hoftag abhielten. Mitte August 1158 verließ der König England für eine sehr lange Zeit und kehrte erst nach viereinhalb Jahren, Ende Januar 1163, zurück. Nur wenig mehr als ein Jahr nach der Geburt Richards, am 23. September 1158, kam Eleonore mit einem weiteren Knaben nieder, der den Namen Gottfried erhielt. Er blieb, gerade einmal zwei Monate alt, in England zurück, als Eleonore sich nach Cherbourg begab. Die Namenswahl Gottfried war natürlich eine Hommage an Heinrichs Vater, Graf Gottfried von Anjou. Der Name Fulk, der alternierend mit Gottfried in der männlichen Linie der Familie der Grafen von Anjou auftaucht, wäre ebenfalls für einen der Söhne des Königspaares infrage gekommen, fand aber keine Berücksichtigung. Eleonores eigene Ahnenreihe lieferte keine zusätzlichen Namensoptionen, da alle Herzöge von Aquitanien Wilhelm geheißen hatten.

Der Feldzug zur Durchsetzung der Ansprüche Eleonores auf Toulouse, 1159

Anfang 1159 reiste das königliche Paar ein weiteres Mal südwärts, um von Aquitanien aus einen Feldzug gegen den Grafen von Toulouse durchzuführen, auf dessen Territorium Eleonore einen Erbanspruch geltend machte. Schon in den ersten Jahren ihrer Ehe mit Ludwig VII. hatte sie diesen zu einer kriegerischen Expedition mit dem Ziel der Rückeroberung von Toulouse bewogen, und jetzt war es Heinrich Plantagenet, der durch seine Ehe mit ihr in die jahrzehntelange Rivalität zwischen dem aquitanischen Herzogshaus und den Grafen von Toulouse hineingezogen wurde. Der Feldzug von 1159, zu dem Eleonore König Heinrich bewegen konnte und der einen erneuten Versuch darstellte, ihr altes Ziel zu erreichen, markierte den Höhepunkt ihres Einflusses auf ihren zweiten Gatten. Es handelte sich dabei keineswegs um einen «hanebüchenen Plan», zu dem sie einen jungen und impulsiven Herrscher überredet hätte. Wie ihre Großmutter und ihr Vater sah die Königin und Herzogin in Raymond von Saint-Gilles und seinen Nachkommen in Toulouse, einschließlich des aktuell regierenden Grafen Raymond V., Usurpatoren.[42]

Es gab zweifellos triftige Erbansprüche, die das Vorhaben der Herzöge von Aquitanien, sich Toulouse einzuverleiben, rechtfertigten; und Heinrich hatte sicherlich erkannt, dass der Anspruch seiner Frau auf Toulouse eine bemerkenswerte Ähnlichkeit mit den von seiner Mutter und danach von ihm erhobenen Ansprüchen auf die englische Krone aufwies. Viele Erlebnisse während seiner Kindheit und Jugend hatten um den bewaffneten Kampf gekreist, den seine Mutter begonnen hatte, um ihre Rechte als legitime Erbin des englischen Königreichs durchzusetzen, und so fand er sicherlich nichts daran auszusetzen, dass Eleonore ein ihr rechtmäßig zustehendes Erbe mit Waffengewalt reklamierte. Zudem dürfte Heinrich zu der praktischen Erkenntnis gelangt sein, dass ohne die Herrschaft über diese Grafschaft seine lehnsherrliche Autorität über Aquitanien nicht nur unvollständig, sondern «entscheidend geschwächt» bleiben würde. Die Herrschaft über Toulouse hätte Heinrich, in seiner Eigenschaft als Herzog von Aquitanien, einen dominierenden Einfluss auf einen reichen Wirtschaftsraum gesichert, der sich von der Atlantikküste über das Tal der Garonne bis zum Mittelmeer erstreckte. Toulouse lag am oberen Ende des schiffbaren Unterlaufs der Garonne, an einem Punkt, an dem sich wichtige Handelswege kreuzten – römische Landstraßen, die von La Rochelle, Bordeaux und Bayonne am Atlantik kamen, schnitten sich hier mit Handelsstraßen, die von Narbonne an der Mittelmeerküste und von Arles an der Rhône ostwärts führten.[43] Einen Bündnispartner, der Eleonore half, den König zu einem aggressiven Vorgehen gegen Toulouse zu bewegen, fand sie in dessen Chefberater und Busenfreund Thomas Becket. Der Kanzler wollte persönlich eine große Ritterstreitmacht, die er selbst rekrutiert hatte und finanzierte, in den Kampf führen; Johann von Salisbury, ein Gegner der Expedition nach Toulouse, sah in Becket den eigentlichen geistigen Vater des Unternehmens.[44]

Graf Raymond V. von Toulouse bestritt, wie nicht anders zu erwarten, jeden Rechtsanspruch Eleonores auf seine Grafschaft; er anerkannte weder ihren Anspruch auf den Titel einer Gräfin von Toulouse noch ihre Lehnsherrschaft über ihn in ihrer Eigenschaft als Herzogin von Aquitanien; zudem gelang es ihm, ein Bündnis mit Ludwig VII. zu schmieden. Der französische König kannte Eleonore gut genug, um zu vermuten, dass sie Heinrich II. früher oder später auffordern würde, ihr bei der Durchsetzung ihres Anspruchs auf Toulouse zu helfen, ähnlich wie sie 1141 ihn, Ludwig, dazu angestiftet hatte. Ludwig versuchte bei Gelegenheit seines Besuchs in Toulouse im Jahr 1156, das von Heinrich und Eleonore anvisierte Vorhaben zu sabotieren, indem er Privilegien südfranzösischer Bischöfe feierlich bestätigte und, noch wichtiger, seine Schwester, die seit Kurzem verwitwete Constanze, dem Grafen Raymond zur Frau gab. Diese engen Verwandtschaftsbande verpflichteten den französischen König, für die Rechte seines Schwagers einzutreten, obwohl er etliche Jahre zuvor mit militärischen Mitteln für den Anspruch Eleonores eingetreten war. Daraus ergab sich, dass die Rivalität zwischen Poitou und Toulouse von der noch größeren Rivalität zwischen Angevinern und Kapetingern überlagert wurde.

Eine Zeit lang hatte Ludwig VII. sich Hoffnungen auf eine friedliche Koexistenz mit Heinrich gemacht; nach anfänglichen Querschüssen gegen dessen Ambitionen auf den englischen Thron hatte Ludwig versucht, sich mit ihm zu arrangieren. Bei einem Treffen an der normannischen Grenze im August 1158 hatten die beiden ihren Streit über das normannische Vexin beigelegt, dessen Burgen für die Kontrolle der Verkehrswege im Seine-Tal zwischen Rouen und Paris zentral wichtig waren.[45] Um diesen Friedensschluss zu krönen, hatten Heinrich und Eleonore ihren ältesten Sohn, den dreijährigen Heinrich, mit der noch jüngeren Margaret verlobt, der Tochter Ludwigs und seiner zweiten Ehefrau. Das Vexin und seine Grenzburgen waren die Mitgift der kleinen Margaret, die bei der späteren Heirat in den Besitz des jungen Heinrich übergehen sollte, einer Heirat, die für den Kapetinger-

König noch weit in der Zukunft lag. Die Ziele, die König Heinrich mit dieser ehelichen Verbindung verfolgte, gingen weit über die Inbesitznahme des Vexin hinaus. Seine Ambitionen schienen keine Grenzen zu kennen, und es ist sogar möglich, dass er davon träumte, den jungen Heinrich als Anwärter auf den französischen Königsthron zu installieren.[46] Aus Ludwigs zweiter Ehe ging nämlich kein Stammhalter hervor; erst 1165 gebar ihm seine dritte Frau einen Sohn, den späteren König Philipp II. August.

Weil zwei Elternteile des designierten Ehepaars, Eleonore und Ludwig, nach kirchenrechtlichen Maßstäben einen engen Verwandtschaftsgrad aufwiesen, würde die spätere Ehe der beiden Kinder gegen das Tabu der Blutsverwandtschaft verstoßen, ein Umstand, der fürs Erste ignoriert wurde, der aber später einen Grund für die Anfechtung der Ehe liefern konnte.[47] Zunächst einmal wurde die kleine Margaret ihrem späteren Schwiegervater übergeben, der es übernehmen sollte, sie aufzuziehen. Eleonores Ex-Gatte setzte sich jedoch mit der Forderung durch, das Kind dürfe nicht am Hof der Plantagenets aufwachsen, wo aus seiner Sicht die Gefahr bestand, dass es in den Haushalt seiner Ex-Gattin kommen würde. Heinrich erklärte sich bereit, Margaret der Fürsorge seines Seneschalls anzuvertrauen.[48] Trotzdem war allen bewusst, dass Eleonores kleiner Sohn mit der Tochter ihres gewesenen Ehemanns verlobt wurde.

Bald nach dem Jahreswechsel 1158/59 hielt sich Eleonore mit Heinrich II. in Blaye auf, einer antiken Hafenstadt an der Gironde knapp nördlich von Bordeaux. Der englische König traf dort mit Raymond-Berengar IV. (gest. 1162) zusammen, Graf von Barcelona und Fürst von Aragon; Zweck des Treffens war die Besiegelung eines Bündnisses im Hinblick auf den geplanten Feldzug gegen Toulouse. Raymond-Berengar hatte die beiden Fürstentümer Katalonien und Aragon zusammengefügt und sich damit zu einem der mächtigsten Territorialfürsten Spaniens befördert; seine Ambitionen reichten über die Pyrenäen hinweg in die Gascogne hinein und weiter entlang der Mittelmeerküste Okzitaniens. 1144 war es ihm gelungen, die Grafschaft Provence seinem Neffen zuzuschanzen. In dem Maß, wie er sich anschickte, südliche Fürstentümer zwischen Barcelona und der Provence seinem Kraftfeld einzuverleiben, drohte er die Vorherrschaft Aquitaniens über die südliche Gascogne zu untergraben – einige gascognische Grundherren wie den Vizegrafen von Béarn hatte er bereits zu seinen Vasallen gemacht. Da das erklärte Ziel von Graf Raymond-Berengar, seine Macht ostwärts in Richtung Rhônetal auszudehnen, mit den Ambitionen des Grafen von Toulouse kollidierte, sah Heinrich II. die Chance, ihn als Verbündeten für seinen Feldzug gegen diese Grafschaft zu gewinnen.[49] Die beiden einigten sich darauf, den zweijährigen Richard mit der Tochter Raymond-Berengars zu verloben. Eine Verlobung war zwar durchaus eine ernsthafte Vorfestlegung auf eine spätere Ehe, konnte aber, wenn sie nicht mehr zweckmäßig erschien, ohne Weiteres aufgelöst werden. Die Verlobung Richards sollte sich als kurzlebig erweisen. Schon 1161 wurde er einer weiteren von Ludwigs Töchtern versprochen, Alix von Frankreich (zuweilen auch Alais oder Alice genannt), der jüngeren Schwester der Braut seines Bruders Heinrich.

Wie in einer poitevinischen Chronik nachzulesen ist, ging im Frühjahr 1159 «ein Edikt von König Heinrich hinaus, dass die Fürsten und Barone seines ganzen Königreichs Vorbereitungen für eine Belagerung der Stadt Toulouse in naher Zukunft treffen sollten». Als Termin für den Aufmarsch der Streitmacht in Poitiers wurde der Namenstag Johannes' des Täufers, der 24. Juni 1159, festgesetzt; später eintreffende Kontingente aus der Gascogne und von jenseits der Pyrenäen würden sich in Agen sammeln.[50] Magnaten aus England, der Normandie, aus Anjou und dem Poitou folgten dem Aufruf Heinrichs ebenso wie der König der Schotten, Graf Raymond-Berengar von Barcelona und einige abtrünnige Adlige aus Nachbarprovinzen von Toulouse. Die Dimension des Feldzugs – die Streitmacht war die größte, die Heinrich je aufgestellt hatte, und kam einem Kreuzzugsaufgebot nahe – versetzte die Zeitgenossen in Erstaunen. Allein der königliche Kanzler Thomas Becket erschien mit einem Kontingent von 700 Rittern. Die Versorgung einer solchen Streitmacht würde die administrativen und materiellen Ressourcen des englischen Königtums strapazieren, doch die staatlichen Strukturen, die Heinrich und seine Verwaltungsfachleute seit 1154 errichtet hatten, «bestanden diese Prüfung mit Glanz und Gloria». Um die Mittel für die Mobilisierung von Söldnern zu beschaffen, belegte Heinrich seine englischen Untertanen mit Sondersteuern, die zusammen über 9000 £ erbrachten, mehr als das Königshaus im vorausgegangenen Jahr eingenommen hatte. Dazu kamen Gelder aus Heinrichs französischen Besitzungen; so wurden seine normannischen Vasallen zur Zahlung einer Sondersteuer in Höhe von 60 Shilling pro Ritter verpflichtet.[51] Die vergleichsweise hohen Steuern, die Heinrich für die Finanzierung seiner Militärexpedition erhob, zeigen die wachsende Bedeutung des Geldes für die Macht eines mittelalterlichen Königs – und provozierten auch die ersten lautstarken Proteste gegen die harten Bandagen, die er bei der Eintreibung dieser Abgaben einsetzte. Nach Meinung nicht weniger namhafter englischer Kirchenmänner markierte der Feldzug nach Toulouse das Ende der guten Zeit von Heinrichs Herrschaft.

Sie verurteilten seine Geldforderungen an die Adresse englischer Kirchen und Klöster, bezeichneten sie als «ungehörige und ungerechte Auspressung» und als einen Verstoß gegen den «alten Brauch und gegen unsere rechtmäßige Freiheit». Ihre Unzufriedenheit mit seiner Herrschaft nahm zu.[52]

Im Sommer 1159 marschierte Heinrichs Streitmacht durch den Périgord und durch Quercy; in der ersten Juliwoche näherte sie sich Toulouse. König Ludwig VII. eilte herbei und führte eine Unterredung mit Heinrich, doch kamen die beiden nicht auf einen gemeinsamen Nenner. Ludwig zog daraus die Konsequenz, sich in die Stadt Toulouse zu begeben, um seinem Schwager, Graf Raymond V., beizustehen. Heinrich bemühte sich, dem Kapetinger-König und dem Grafen von Toulouse die Vergeblichkeit jeder Gegenwehr zu demonstrieren, indem er Raubzüge ins Territorium des Königs befahl und die Landschaft um Toulouse verheeren ließ. Gegen den Rat Thomas Beckets, der darauf drängte, ohne Rücksicht auf den in Toulouse befindlichen französischen König die Stadt zu besetzen, zog Heinrich die Streitmacht Ende September von den Stadtmauern zurück, sei es aus Respekt vor Ludwig, seinem Feudalherren, oder in der Erkenntnis, wie schwer es sein würde, die stark befestigte Stadt im Sturm zu erobern. Dass Heinrich die Belagerung von Toulouse sang- und klanglos abbrach, muss bei Eleonore tiefe Enttäuschung ausgelöst haben; die alte Aufgabe, die Grafschaft Toulouse unter die Herrschaft des Herzogtums Aquitanien zu zwingen, blieb wieder einmal unerledigt; sie sollte sowohl Heinrich als auch seinen Nachfolger Richard I. noch über Jahre hinweg in Atem halten. Nachdem Heinrich den Rückweg in die Normandie angetreten hatte, übernahm Becket das Kommando über ein Ritterkontingent und versuchte, aus dem Feldzug gegen Toulouse wenigstens noch etwas Kapital zu schlagen: sich Rüstung und Helm überstülpend, eroberte er mit seinen Mannen mehrere Burgen im Quercy, zog plündernd durch die Lande und brachte Cahors und die gesamte Grafschaft unter die Kontrolle des Hauses Plantagenet. Die Unterwerfung von Cahors bedeutete einen territorialen Zugewinn für Aquitanien, denn seit dem 10. Jahrhundert hatten die Grafen von Toulouse diese Stadt und ihre Bischöfe kontrolliert.[53]

Nach dem gescheiterten Toulouse-Feldzug flackerten 40 Jahre lang immer wieder Konflikte auf. Der Misserfolg hinterließ eine bitter enttäuschte Eleonore; hätte sie die Expedition mitgemacht, sie hätte sich zweifellos dem Argument Thomas Beckets angeschlossen, dass die Anwesenheit Ludwigs VII. in der Stadt kein Grund sei, von einer gewaltsamen Eroberung abzusehen. Wo sich die Königin während des Toulouse-Feldzugs aufhielt, wissen wir nicht; es ist aber wenig wahrscheinlich, dass sie an der Seite ihres Mannes den Marsch nach Toulouse mitmachte. Womöglich begab sie sich von Blaye aus nach Poitiers, um dort den Ausgang des Feldzugs abzuwarten; wahrscheinlicher ist jedoch, dass sie nach England zurückkehrte, um ihren Aufgaben als Regentin wieder nachzukommen.[54] Da das Jahr 1159 verfloss, ohne dass Eleonore wieder schwanger geworden wäre, scheint die Annahme plausibel, dass sie den größten Teil dieses Jahres getrennt von Heinrich auf englischem Boden zubrachte. Im Dezember 1159 setzte sie aus England in die Normandie über und feierte an Weihnachten das Wiedersehen mit Heinrich in Falaise, wohin er sich nach seinem erfolglosen Feldzug zurückgezogen hatte.

Eleonore zwischen 1159 und ihrer Rückkehr ins Poitou 1168

Nachdem Eleonore und Heinrich in Falaise ihren weihnachtlichen Hoftag abgehalten hatten, setzte die Königin ihren Pendelverkehr über den Ärmelkanal fort. Zu Beginn des neuen Jahres war sie zurück in England. Im September 1160 war sie wieder einmal auf dem Weg in die Normandie; ihre beiden jüngsten Söhne, den dreijährigen Richard und den zweijährigen Gottfried, ließ sie in England zurück. Dagegen hatte sie ihre beiden älteren Kinder Heinrich und Matilda dabei. Der Zweck dieser Reise bestand darin, ihren ältesten Sohn in die Normandie zu begleiten, wo er König Ludwig VII. den Treueeid für das Herzogtum schwören und mit Margaret, der Tochter des Königs, verheiratet werden sollte. Die kindliche Braut war wie abgemacht seit der zwei Jahre zuvor erfolgten Verlobung aus Rücksicht auf Ludwig getrennt von Eleonore in der Normandie aufgewachsen.

Irgendwie bewerkstelligte es der englische König, dass der künftige Schwiegervater des jungen Heinrich dessen Huldigung entgegennahm, ohne sich darüber im Klaren zu sein, dass Heinrich die verabredete Verheiratung der beiden Kinder unmittelbar einleiten wollte. Die feierliche Hochzeitszeremonie fand Anfang November 1160 in Le Neubourg (Eure) statt, und das, obwohl Braut und Bräutigam mit ihren zwei bzw. fünf Lebensjahren viel zu jung waren, um ihre Einwilligung geben zu können, wie dies nach kanonischem Recht erforderlich gewesen wäre. Ludwig VII. fühlte sich hintergangen, als er erfuhr, dass die Hochzeit anberaumt war und dass das normannische Vexin somit mindestens ein Jahrzehnt früher, als er es erwartet hatte, in den Besitz der Plantagenets übergehen würde. Sehr wütend war er auch darüber, dass der neue Papst in Rom, Alexander III. (der sich mit einem Konkurrenten herumschlagen musste, der sich ebenfalls als Papst sah), bereit war, gegen geltendes Kirchenrecht einen Dispens für die Verheiratung der Kinder zu erteilen. Heinrich sah die Chance, die Hochzeit durchzuziehen und das normannische Vexin unter seine Kontrolle zu bekommen. Etwa um dieselbe Zeit verkündete der französische König seine Absicht, Adela von Blois-Champagne zu heiraten – weniger als einen Monat nach dem Tod seiner zweiten Frau, die nach der Niederkunft mit ihrer zweiten Tochter im Kindbett gestorben war. Da Ludwigs neue Braut nach den kirchlichen Taburegeln ebenfalls zu eng mit ihm verwandt war, war es ihm nicht gut möglich, gegen die Verheiratung seiner Tochter Margaret mit dem Argument der Blutsverwandtschaft anzugehen. Mit der Vorbereitung für seine eigene Hochzeit beschäftigt, konnte Ludwig an der Hochzeit seiner kleinen Tochter nicht teilnehmen, womit er sich selbst und Eleonore eine potenziell unangenehme Begegnung ersparte. Wie die Häupter anderer fürstlicher Familien stellte Heinrich politische Ziele höher als die Bedürfnisse und Wünsche der beiden Kinder, die nicht mehr waren als «Bauern in seiner politischen Schachpartie», und seine Königin hätte von ihm wohl kaum etwas anderes erwartet.[55]

Eleonore und Heinrich blieben den ganzen Herbst 1160 über in Frankreich; sie hatten vor, Weihnachten in England zu begehen, doch dann hinderten Winterstürme sie am Auslaufen, sodass sie bis Januar auf der normannischen Seite des Kanals festsaßen. Tage- oder sogar wochenlange Verspätungen wegen ungünstiger Windverhältnisse waren im Winter an der Tagesordnung. An der Überfahrt nach England gehindert, verbrachte das königliche Paar die Weihnachtstage des Jahres 1160 in Le Mans, der Lieblingsstadt Heinrichs, in der sich die Grabstätte seines Vaters befand. Wir können davon ausgehen, dass die Königin nach Beginn des neuen Jahres nach England zurückkehrte, aber im September 1161 war sie schon wieder in den französischen Stammlanden ihres Mannes unterwegs und brachte dort, in Domfront in der Normandie, eine zweite Tochter zur Welt, die den Namen Eleonore erhielt. Der Taufe der neugeborenen Eleonore wohnte ein päpstlicher Legat bei, der geladener Gast des Abts von Mont Saint-Michel war.[56] Die Königin blieb für den Rest des Jahres im Herzogtum, verbrachte die Weihnachtstage in Bayeux und wohnte im März des darauffolgenden Jahres gemeinsam mit Heinrich der feierlichen Wiederbestattung der sterblichen Überreste zweier seiner herzoglichen Vorfahren in der Klosterkirche von Fécamp bei. Die Abtei Fécamp, stolze Besitzerin einer berühmten Blutreliquie, war eine bedeutende Pilgerstätte, und anlässlich der Wiederbestattung der beiden früheren Herzöge wurden in einer Gedenkfeier deren christliche Frömmigkeit und ihre Wohltaten für die normannische Kirche gerühmt. Dass Heinrich und seine Königin der Zeremonie beiwohnten, hatte nicht zuletzt den propagandistischen Zweck, das Augenmerk auf seine Abstammung von solchen vorbildlichen Herrschern zu lenken.[57]

Im April 1161 war die Stelle des Erzbischofs von Canterbury vakant geworden, und Heinrich hatte sogleich erwogen, seinen Busenfreund und Kampfgefährten, den königlichen Kanzler Thomas Becket, für das Amt zu nominieren. Kaum hatte er das getan, als er sich auch schon dem Vorhaben zuwandte, seinen ältesten Sohn, den kleinen Heinrich, schon zu seinen eigenen Lebzeiten zum künftigen König von England krönen zu lassen; er erteilte den Auftrag, Gold für eine Krone für den sechsjährigen Knaben zu beschaffen.[58] Eleonore war als Ex-Gattin des französischen Königs mit dieser Praxis der Kapetinger vertraut. Offensichtlich dachte Heinrich darüber nach, in England eine nachgeordnete Regierungsinstanz einzurichten, mit dem jungen Heinrich als nominellem Herrscher und einem von Erzbischof/Kanzler Becket und dem Chief Justiciar und Lord High Steward des Königreichs, Earl Robert von Leicester, geleiteten Rat als eigentlicher Machtzentrale.

Eleonore dürfte Zweifel daran gehabt haben, ob Heinrich gut daran tat, den Kanzler zum Erzbischof von Canterbury zu machen. Es war offenbar ihr Schicksal, dass sie es in ihren beiden Ehen mit Kirchenmännern zu tun bekam, deren starke Stellung bei Hofe ihren Einfluss auf ihren Ehemann zu untergraben drohte: In ihrer ersten Ehe war dieser Rivale der Abt Suger gewesen, in der zweiten war es jetzt Thomas Becket. Wir haben keine Möglichkeit herauszufinden, was Eleonore von dieser grauen Eminenz hielt, einem ehrgeizigen Höfling, der zum besten Freund und geachteten Ratgeber des Königs avanciert war. Sehr wahrscheinlich fand Eleonore Beckets Vorliebe für Prunk ebenso ungebührlich wie seine ausgesuchte Entourage, seine üppigen Bankette und die prächtigen Gewänder, die er trug, alles Dinge, die darauf angelegt schienen, die majestätische Aura des Königshofs noch zu übertrumpfen. Denkbar ist natürlich auch, dass sie einen Kirchenmann, der so viel Freude an Prachtentfaltung und am Präsentieren einer reich gedeckten Tafel hatte, als einen interessanten Paradiesvogel empfand, der dem Hof mehr Leben einhauchte und der Königin mit seinem scharfen und witzigen Geist Vergnügen bereitete.[59] Vielleicht bemühte sie sich um seine Freundschaft, vielleicht war ihr ein so weltlich orientierter Höfling als Berater Heinrichs lieber als ein Heiliger wie Abt Suger von Saint-Denis. Andererseits musste Eleonore klar sein, was es für ihren politischen Einfluss bedeuten würde, wenn Becket Kanzler und Erzbischof in Personalunion würde: Heinrich würde sie nicht mehr als Regentin benötigen, ihre politische Machtposition wäre damit ausgehöhlt. Es ist in der Tat nicht ausgeschlossen, dass Heinrich schon damals mit dem Gedanken spielte, seine Königin in ihr Herzogtum Aquitanien zu versetzen mit dem Auftrag, dort als nominelle Herrscherin zu fungieren.[60] Es dauerte jedoch nicht lange, bis sich zwischen König und Erzbischof eine zunehmende Gegnerschaft entwickelte, die Pläne dieser Art, die Eleonore ihr Amt als Regentin hätten kosten können, gegenstandslos machte.

Was Thomas Becket von Eleonore hielt, darüber können wir nur Mutmaßungen anstellen. Immerhin zeigt sich bei Becket nichts von der sonst in Kirchenkreisen verbreiteten Frauenphobie, im Gegenteil: In einem Brief an eine Nonne, geschrieben in einer Phase, in der er als Erzbischof schon in Bedrängnis geraten war, legte er eine «fast feminine Rhetorik» an den Tag. Er pries darin die Frauen unter den Jüngern Christi, die einen festeren Glauben bewahrt hätten als die Apostel.[61] Der Kanzler war ganz der geschliffene Höfling, mit allen Wassern des politischen Patronagespiels gewaschen und vermutlich erst einmal darum bemüht, die neue Königin auf seine Seite zu ziehen. Seine entschiedene Unterstützung für den Feldzug gegen Toulouse 1159 war vielleicht sogar darauf berechnet, die Königin für sich einzunehmen.

Es kann sein, dass Eleonore den größten Teil des Jahres 1162 in der Normandie verbrachte, während in England Becket dabei war, sich vom weltlichen Höfling zum gläubigen Kirchenmann zu wandeln. Ihre Aufenthaltsorte in jenem Jahr sind unbekannt, auch wenn einiges dafür spricht, dass sie zwischendurch für einige Zeit nach England zurückkehrte. Fest steht, dass sie im Dezember in Gesellschaft Heinrichs auf normannischem Boden weilte, während er Vorkehrungen für die Überfahrt in sein Inselkönigreich traf, wo er über Weihnachten Hof zu halten gedachte. Im Schlepptau der Königin befanden sich ihre beiden Töchter Matilda und Eleonore, die mit einem Jahr vermutlich zum ersten Mal eine Reise nach England mitmachte. Erneut hinderte sie ein feindseliges Winterwetter an der Überfahrt; das königliche Paar sah sich gezwungen, in Cherbourg zu bleiben und das Weihnachtsfest dort zu feiern. Erst Ende Januar 1163 legten sie in Southampton an, wo der junge Heinrich und sein Vormund, der neue Erzbischof von Canterbury, sie abholten. Heinrich II. war fast viereinhalb Jahre lang aus England fort gewesen, und seine Untertanen hatten sich seiner langen Abwesenheit wegen schon Sorgen gemacht. Kaum hatte er jetzt den Boden seines Königreichs wieder betreten, da stürzte er sich in die Arbeit an Reformen, die darauf angelegt waren, die Macht des Königtums zu stärken und Unruhen entlang der Grenze zu Wales zu beenden. In dem Jahr, das Heinrich jetzt in England verbrachte – häufig auf Reisen, die ihn im Norden bis nach Carlisle und York führten –, blieben Eleonore und ihre Töchter offenbar in den traditionsreichen königlichen Residenzen im Südwesten Englands, Salisbury und Winchester.[62]

Heinrich widmete sich mit größtem Einsatz der Aufgabe, die königliche Herrschaft über die englische Kirche, wie Heinrich I. sie innegehabt hatte, wiederherzustellen; daraus sollte sich eine heftige Kontroverse mit Thomas Becket entwickeln, dem neuen Erzbischof von Canterbury. Mitte Oktober 1163 fand in Westminster ein Konzil der englischen Kirche statt, dessen Höhepunkt die Umbettung der Reliquien des heiligen Edward des Bekenners in die Westminster Abbey war, der König Heinrich beiwohnte. Da an der Seite Edwards seine Frau, die den Quellen zufolge keusche Königin Edith, beigesetzt wurde, nahm sicherlich auch Eleonore an dieser Zeremonie teil.[63] Schon vorher hatte Heinrich daran gearbeitet, die Heiligsprechung seiner angelsächsischen Vorgänger zu bewerkstelligen; die Umbettung des Bekenners war ein Ereignis, das nicht zuletzt dazu diente, in einer Situation, in der sich vor aller Augen ein Zerwürfnis zwischen König und Erzbischof vollzog, die Heiligkeit der englischen Monarchie herauszustellen. Das Weihnachtsfest 1163 beschloss Heinrich auf der Burg Berkhamstead zu feiern, zu der ein weitläufiger Grundbesitz gehörte, der traditionell Bestandteil des Witwenguts der englischen Königin war. Die Wahl dieses Ortes zielte womöglich darauf ab, Becket zu demütigen, denn zuvor hatte dieser als Treuhänder des Königs über Berkhamstead verfügt.[64] Heinrich blieb dieses Mal volle zwei Jahre auf dem Boden des Königreichs, nämlich bis zum Februar 1165; in dieser Zeit verschlechterte sich sein Verhältnis zu seinem Erzbischof. Im Januar 1164 kam es zum offenen Bruch, als der König seine «Konstitutionen von Clarendon» verkündete, die das nach seiner Überzeugung angemessene Verhältnis zwischen der Monarchie und der englischen Kirche definierten. Im Herbst desselben Jahres befand sich Heinrichs früherer Kanzler und Busenfreund in Frankreich, wohin er sich abgesetzt hatte, um sich unter den Schutz des größten Widersachers des englischen Königs, Ludwigs VII. von Frankreich, zu stellen.

Im Mai 1165 begab sich Eleonore wieder einmal auf das Festland, wo Heinrich sie erwartete; ein Jahr lang amtierte sie als Regentin für ihren

Mann in Anjou und Maine, während Heinrich, nach England zurückgeeilt, militärische Operationen gegen die Waliser durchführte. Im Oktober 1165, nach drei Jahren ohne Schwangerschaft, brachte Eleonore wieder ein Kind zur Welt, eine Tochter, die in Angers geboren und auf den Namen Johanna getauft wurde. Warum sich Eleonore und Heinrich für diesen Namen entschieden, wissen wir nicht. Kaum wahrscheinlich ist, dass der Namenstag eines Heiligen Pate stand, denn der einzige Heilige mit dem Namen Johannes, der seinen Namenstag im Oktober hat, ist ein obskurer angelsächsischer Bischof des 8. Jahrhunderts. Eleonore hielt sich bis März 1166 in Anjou auf und hatte zeitweilig alle ihre Kinder außer dem jungen Heinrich, der in England zurückgeblieben war, bei sich. Der kleine Gottfried wurde in dieser Zeit offenbar vorübergehend nach England gebracht, dann aber zu Eleonore zurückgeschickt.[65]

Während ihres Aufenthalts in Anjou und Maine widmete sich Eleonore regionalen Regierungsgeschäften; erhalten gebliebene Akten künden von mehreren Rechtsstreitigkeiten, die «am Hofe unserer … Königin» verhandelt wurden.[66] Die Aristokraten von Maine und aus der benachbarten Bretagne zeigten sich jedoch nicht willens, sich der Autorität Eleonores zu unterwerfen, und eine Adelsrevolte schien sich abzuzeichnen, sodass Eleonore sich gezwungen sah, Heinrich zu Hilfe zu rufen. Er kehrte 1166 aus England zurück, um seine Autorität in der Region geltend zu machen, unter anderem indem er die Bretonen mit militärischer Gewalt unter seine Herrschaft zwang. Nachdem er sie besiegt hatte, konnte er Conan, den Grafen der Bretagne, zwingen, der Verlobung seiner Tochter und Erbin Constanze mit Heinrichs und Eleonores drittem Sohn Gottfried zuzustimmen. Die kleine Constanze brachte in die Verbindung mit dem siebenjährigen Gottfried ihr englisches Erbteil ein, die Grafschaft Richmond.[67]

In der Zeit, in der Eleonore in Maine als Regentin amtierte, erneuerte sie ihre engen Beziehungen zu ihrem Onkel Ralph de Faye; der spielte in den Jahren, in denen Eleonore in England gebunden war, eine herausragende Rolle in den Regierungsangelegenheiten des Poitou; er diente als Seneschall der Saintonge und möglicherweise auch als Seneschall des gesamten Poitou.[68] Zwischen 1154 und 1172 erfreute Ralph sich der Gunst Heinrichs, begleitete diesen oft auf seinen Rundreisen durch seine festländlichen Besitzungen und fungierte als Zeuge für urkundliche Verfügungen des Königs. Bei der poitevinischen Geistlichkeit hatte Ralph das Negativimage eines Feindes kirchlicher Einrichtungen; in den 1150er-Jahren war er sogar einmal exkommuniziert worden, weil er die Rechte der Kirchengemeinde Sainte-

Radegonde in Poitiers mit Füßen getreten und der Priorei von Oléron Vermögen geraubt hatte. Als Eleonore 1168 die Regentschaft über das Poitou übernahm, musste sie sich mit Beschwerden der Mönche von Vendôme auseinandersetzen, die sich darüber beklagten, dass Eleonores Onkel einer ihrer Prioreien bösartige neue Zölle aufgebrummt hatte.[69]

Die Kirchenmänner zweifelten nicht daran, dass der Onkel der Königin die Partei Heinrichs II. in dessen Konflikt mit Erzbischof Thomas Becket ergreifen würde, und sie fürchteten, er werde Eleonore auf eine für die Kirche nachteilige Weise beeinflussen. Der aus England gebürtige Bischof von Poitiers, Johann von Canterbury, schrieb im August 1165 einen Brief an Becket, der diese Warnung enthielt: «Ihr könnt nicht auf Hilfe oder Rat von der Königin hoffen, namentlich da sie sich ganz auf Ralph de Faye verlässt, der uns heute nicht weniger verfolgt als früher. Jeden Tag kommen viele Entwicklungen ans Licht, die die Annahme möglich machen, dass die unehrenhafte Geschichte, die wir … anderswo erwähnten, Wahres enthält.» Die Heftigkeit des Konflikts zwischen Heinrich und Becket erfuhr eine weitere Steigerung, als der Erzbischof im Juni 1166 mehrere der engsten Vertrauten und Ratgeber des Königs exkommunizierte. Später im gleichen Jahr wandte sich Johann von Salisbury brieflich an den Bischof von Poitiers und fragte ihn, ob es Neuigkeiten vom weihnachtlichen Hoftag des englischen Königs in Poitiers gebe. «Es wird gemutmaßt», schrieb Johann, «dass der Geist von Ralph de Faye dort alles beherrscht und dass somit die Propheten und Herolde des Palastes sich an seinen Marotten und seiner aufbrausenden Kühnheit berauschen.»[70]

Diese Briefe gehören zu den wenigen Dokumenten, die überhaupt irgendeinen Hinweis auf die Rolle Eleonores in der Becket-Affäre enthalten. Unabhängig davon, ob sie die Kirchenfeindschaft ihres Onkels teilte oder nicht, die Briefe suggerieren, dass Becket und seine Freunde von der Annahme ausgingen, Ralph de Faye habe Einfluss auf Eleonore und Ratschläge, die sie ihrem Mann erteilte, seien ein zu berücksichtigender Faktor. Allerdings legt ein anderer Brief von Johann von Salisbury die Vermutung nahe, dass die Königin eher den gemäßigten Überzeugungen von Heinrichs Mutter, Kaiserin Matilda, zuneigte als den antikirchlichen Ressentiments ihres Onkels. Matilda unternahm Anstrengungen, den Streit durch einen Kompromiss beizulegen, und ein Brief Johanns vom Spätsommer 1165 zeigt, dass Eleonore, die zu der Zeit in Angers residierte, sich diesen Bemühungen ihrer Schwiegermutter anschloss. Der Brief war an den ins Exil geflohenen Becket gerichtet und enthielt die Information, der Graf von Flandern arbeite «auf

Bitten der Kaiserin und der Königin» an einer Beilegung des Konflikts und habe «eine hochkarätige Gruppe von Männern» zum König geschickt.[71] Für Eleonore gab es wenig Grund, die Erfolgsaussichten Heinrichs in seiner Konfrontation mit der Kirche optimistisch einzuschätzen, denn sie erinnerte sich sicher mit Wehmut an die jahrelangen fruchtlosen Machtkämpfe ihres Vaters mit den kirchlichen Würdenträgern im Poitou. Die Hartnäckigkeit, mit der Herzog Wilhelm X. damals nach einer umstrittenen Papstwahl gegen den von den Bischöfen favorisierten Anwärter Partei ergriffen hatte, hatte sich für ihn nicht ausgezahlt, und am Ende hatte er auf Druck Bernards von Clairvaux seine Unterstützung für den Gegenkandidaten einstellen müssen. Vielleicht erinnerte sich Eleonore auch an die ähnlich erfolglosen Bemühungen Ludwigs VII., Bischofswahlen in seinem Sinn zu steuern. Er hatte damit nur ein verstärktes Eingreifen sowohl Bernards von Clairvaux als auch des Papstes in die Angelegenheiten der französischen Kirche provoziert.

Im Herbst 1166 war Heinrich mit seiner Frau im Loiretal unterwegs. Ostern feierten sie gemeinsam in Angers. Einige Zeit nach Ostern, vielleicht sogar erst im Herbst, kehrte die Königin nach England zurück, begleitet von ihrer ältesten Tochter Matilda. Eleonore blieb über Weihnachten in England, während Heinrich in Poitiers Hof hielt. Dass Eleonore es versäumte, das Weihnachtsfest an der Seite ihres Mannes in ihrer Heimatstadt zu begehen – noch dazu da es selten genug vorkam, dass Heinrich seinen weihnachtlichen Hoftag dort abhielt –, haben einige Biografen Eleonores als Indiz für Probleme in ihrer Ehe gedeutet. Es gibt jedoch eine einfachere Erklärung: Eleonore war hochschwanger und von daher nicht in der Verfassung, die lange Reise in ihr Heimatland anzutreten.[72] Ziemlich genau an Weihnachten 1166 brachte sie Johann auf die Welt, ihren jüngsten Sohn und ihr letztes Kind. Als sein Geburtsort wird gewöhnlich Oxford angegeben, doch lässt sich nicht mit Sicherheit sagen, wo in England sie sich aufhielt, als er zur Welt kam.[73] Den Namen Johann erhielt er offenbar, weil er am (oder um den) 27. Dezember geboren wurde, dem Namenstag des Evangelisten Johannes. Von einem sechsten Sohn Eleonores und Heinrichs, der bereits im Säuglingsalter starb, ist nur in einer einzigen englischen Chronik die Rede, deren Autor allerdings über zuverlässige Quellen am königlichen Hof verfügte. Wenn es diesen namenlosen Knaben tatsächlich gegeben hat, könnte sein Platz in der Geschwisterreihe zwischen Gottfried (geboren im Herbst 1158) und Eleonore (1161) oder zwischen Eleonore und Johanna (Oktober 1165) gelegen haben.[74]

Über weite Strecken des Jahres 1167 blieb die Königin, während Heinrich in der Bretagne kämpfte, in England; sie verbrachte mehrere Wochen in Winchester und traf Vorbereitungen für die Heirat ihrer ältesten Tochter Matilda mit dem Herzog von Sachsen. Als die Großmutter des Mädchens, Kaiserin Matilda, im September verstarb, eilte der pflichtbewusste Heinrich sofort in die Normandie, wo sie in fast klösterlicher Abgeschiedenheit ihren Lebensabend verbracht hatte. Es ist nicht bekannt, ob Eleonore aus England herüberkam, um an dem Begräbnisgottesdienst teilzunehmen. Im Dezember jedenfalls, als Johann ein Jahr alt wurde, reiste sie zum weihnachtlichen Hoftag ins normannische Argentan, jedoch wissen wir nicht, ob sie den Säugling mitnahm. Begleitet wurde die Königin bis zum Hafen von Dover von ihrer Tochter Matilda, wo Abgesandte von Matildas künftigem Gatten, Herzog Heinrich der Löwe von Sachsen, auf das Mädchen warteten, um es nach Deutschland zu geleiten.[75] Vielleicht empfand Eleonore ein gewisses Unbehagen dabei, ihre Tochter, die erst elf Jahre alt war, wegzugeben und in eine Ehe mit dem Herzog von Sachsen zu entlassen, einem Witwer im reifen Mannesalter; solche großen Altersunterschiede waren allerdings bei aristokratischen Eheschließungen nicht ungewöhnlich.[76]

Die Verlobung und Verheiratung Matildas mit Heinrich dem Löwen, wodurch sie Mitglied der bedeutendsten Familie Deutschlands nach der kaiserlichen Familie wurde, muss Eleonore mit Stolz erfüllt haben, ebenso wie die königlichen Partien ihrer anderen Töchter. Als Heinrich erstmals Verhandlungen mit dem deutschen Kaiser im Hinblick auf standesgemäße Ehepartner für seine Töchter aufgenommen hatte, weckte das bei Eleonore möglicherweise Erinnerungen daran, dass eine ihrer Vorgängerinnen auf dem Herzogsthron von Aquitanien 1043 ihre Tochter Agnes mit Kaiser Heinrich III. verheiratet hatte.[77] Es ist jedoch unwahrscheinlich, dass Eleonore bei der Auswahl der Gatten für ihre Töchter eine nennenswerte Mitsprache hatte. Für Heinrich waren die Mädchen wichtige Trümpfe für die Erzielung diplomatischer Vorteile, und wie anderen Fürsten auch schwebte ihm immer irgendein politisches Ziel vor, dem er mit ihrer Verheiratung näher kommen konnte.[78] Fürstliche Familien hofften, ihre verheirateten Töchter würden Söhne gebären, denn zwischen Neffen und ihren Onkeln mütterlicherseits bestand traditionell ein enges Verhältnis, das freundschaftlichen Beziehungen zwischen der eigenen Familie und der neuen Familie der Tochter förderlich war.[79] Ob Eleonore nun bei der Auswahl der Ehepartner ihrer Töchter mitredete oder nicht, was ihr sicherlich nicht verborgen blieb, war, dass sie bessere Partien machten als ihre beiden Töchter aus der Ehe mit

Ludwig VII., die keine Könige geheiratet hatten, sondern französische Grafen, Vasallen ihres Vaters.

Während Eleonore 1167 in England stellvertretend die Regierungsgeschäfte führte, verbrachte Heinrich den Herbst und Winter damit, eine Adelsrevolte im Herzogtum Aquitanien niederzuschlagen. Anfang 1168, nach dem weihnachtlichen Hoftag im normannischen Argentan, leistete sie ihrem Mann im Poitou Gesellschaft, wo es Heinrich offensichtlich gelungen war, den Aufstand zu beenden; er beließ seine Königin bis auf Weiteres im Land ihrer Väter, hoffend, ihre Anwesenheit dort werde die widerborstige Aristokratie zur Loyalität zurückfinden lassen. Eleonore hielt sich in der Folge fast ununterbrochen im Land ihrer Vorfahren auf, bis zur großen Rebellion ihrer Söhne gegen Heinrich in den Jahren 1173/74.[80] Mitgebracht ins Poitou hatte sie ihre zwei kleinen Kinder Johanna und Johann und den neunjährigen Richard, der 1172 formell zum Herzog von Aquitanien gekürt werden sollte.

Eleonore und die Erziehung ihrer Kinder

Nach ihrer Heirat mit Heinrich Plantagenet durchlebte Eleonore eine fast eineinhalb Jahrzehnte währende Periode regelmäßiger Schwangerschaften und Kindsgeburten.[81] In ihren ersten Jahren als Königin, in denen sie fast im jährlichen Turnus ein Kind zur Welt brachte, hatte sie auch noch alle Hände voll damit zu tun, stellvertretend für Heinrich England zu regieren. Sie gebar ihm neun Kinder in 13 Jahren. Falls Eleonore für ihre Kinder keine Mutter zum Anfassen war, so galt das ebenso für andere Mütter aus dem Adel, die für die Führung eines weitläufigen Haushalts verantwortlich waren. Als Königin hatte Eleonore noch weniger Zeit für ihre Kinder als die meisten anderen. Die Zeit, die sie mit ihren heranwachsenden Kindern verbringen konnte, dürfte sehr begrenzt gewesen sein. Das lag an ihrer Situation und an den gesellschaftlichen Konventionen, nicht an einem Mangel an Mutterliebe, und man sollte daraus nicht folgern, dass Eleonore ihre kleinen Kinder gleichgültig gewesen wären oder dass sie nur geringe «emotionale Investitionen» in sie getätigt hätte. Es liegen keine Indizien dafür vor, dass sie und Heinrich es an Zuneigung für ihre Kinder hätten fehlen lassen; sie sorgten für sie, hatten Träume und Hoffnungen für ihre Zukunft und trauerten um sie, wenn sie starben.

«Es ist schwer zu glauben, dass die Hingabe, die ihre erwachsenen Söhne und Töchter Eleonore erwiesen, nicht aus Kindheitserfahrungen resultierte, Erfahrungen, die in den Rechenschaftsberichten und Annalen des Hofes einfach keine Spuren hinterlassen haben.»[82] Umgekehrt kann man vermuten, dass die Probleme, die Heinrichs Söhne ihm bereiteten, etwas mit den frühen und langen Phasen der Trennung vom Vater zu tun hatten. Die Tatsache, dass sie einander fast fremd waren – in manchen Jahren begegneten sie einander nur bei wenigen großen festlichen Ereignissen –, liefert uns eine zumindest teilweise Erklärung dafür, warum sie mit scheinbarer Selbstverständlichkeit die Waffen gegen ihren Vater und gegeneinander erhoben.

Eine Ausnahme vom generellen Mangel an Literatur über Mutterschaft und Kindererziehung ist eine Biografie der Königin Margaret von Schottland, entstanden im Anfangsjahrzehnt des 12. Jahrhunderts und gedacht als Ratgeber für Margarets Tochter Edith-Matilda, die Frau von König Heinrich I. Die Schrift rühmt Margaret als vorbildliche Mutter, die sich um jedes Detail der Aufzucht und Erziehung ihrer Kinder gekümmert habe. Allein, die Tochter, die die Biografie in Auftrag gab, kannte ihre Mutter kaum, denn sie war schon im Alter von sechs Jahren zur Erziehung und Ausbildung in ein englisches Nonnenkloster geschickt worden, das ihre Tante als Äbtissin leitete.[83] Wie viele andere hochgeborene Frauen des 12. Jahrhunderts hatte Eleonore bedeutsame Aufgaben in Politik und Regierung zu erfüllen, die sie als gleich wichtig oder sogar wichtiger erachtete als die Beschäftigung mit der Erziehung ihrer Kinder.

Im Haushalt Heinrichs und Eleonores tummelten sich Gefolgsleute aller erdenklichen Rangstufen, von Familienmitgliedern und hochrangigen Aristokraten bis zu einfachen Rittern oder Bediensteten bäuerlicher Herkunft, und jeder von ihnen konnte mit der Aufgabe betraut werden, sich um die Königskinder zu kümmern. Das hatte zur Folge, dass die Kinder ihre Zuneigung nicht allein ihren Eltern schenkten, sondern auf viele Mitglieder des königlichen Haushalts verteilten. Der königliche Haushalt im mittelalterlichen England hatte ein völlig anderes Gepräge als die typische Kleinfamilie von heute, wies hingegen viele Gemeinsamkeiten mit dem Haushalt von Familien des Hochadels auf. Wie die gesamte englische und auch die europäische Aristokratie empfanden Eleonore und Heinrich es nicht als unnatürlich, ihre Kinder der Fürsorge geeigneter Mitglieder des königlichen Hausstaats anzuvertrauen, wenn nicht sogar sie außer Haus zu geben und fern vom Hof aufwachsen zu lassen. Söhne und Töchter wurden oft schon in jungen Jahren anderswo untergebracht, Töchter in der Regel bei der Familie ihres Verlobten, Söhne in ausgewählten Familien oder Einrichtungen, die sich ihrer Erziehung widmeten. Wenn sie ins Jünglingsalter kamen, setzte man sie in einen eigenen Haushalt um.

Die kurzen Abstände, in denen Eleonore ihre Kinder gebar, zeigen, dass sie ihre Neugeborenen nicht stillte; vornehme Damen taten dies üblicherweise nicht. Ihre wichtigste Aufgabe als Königin bestand darin, durch das Gebären von Kindern für den Fortbestand der königlichen Linie zu sorgen, nicht darin, die Kinder aufzuziehen. Dass das Stillen die Chancen für eine neue Schwangerschaft verminderte, war bekannt. Die Namen einiger Ammen der Königskinder sind überliefert und lassen darauf schließen, dass für diese Aufgabe freie, nicht leibeigene Frauen bevorzugt wurden, wahrscheinlich die Ehefrauen von Dienstboten, die dem königlichen Hof angehörten. Alexander von Neckham, Autor wissenschaftlicher Schriften, Rektor in Oxford und später Abt von Cirencester, verkündete stolz, er und Richard Löwenherz seien «Milchbrüder», denn seine Mutter sei die Amme des Prinzen gewesen.[84] Für Agatha, die Amme von Johann, empfand Eleonore so große Zuneigung, dass sie ihr für ihre Dienste im Jahr 1198, drei Jahrzehnte nach Ende ihrer Gebärzeit, ein Stück Land in Hertfordshire vermachte und sie ein Jahr später mit einem noch wertvolleren Geschenk bedachte, einem Herrenhaus in Devonshire. Agatha war eine Frau, deren Ehrgeiz Eleonore bewunderte, und wir können annehmen, dass diese großzügigen Geschenke aus der ehemaligen Dienstbotin eine recht wohlhabende Dame machten. Als junge Frau – wahrscheinlich schon bevor sie Johanns Amme wurde – war Agatha eine langfristige Beziehung mit Godfrey de Lucy eingegangen, dem Sohn des Chief Justiciar Richard de Lucy, der in der Folge selbst in die Dienste des Königs trat und 1189 zum Bischof von Winchester aufstieg, obwohl er den «Makel» hatte, de facto verheiratet zu sein.[85]

Die Ammen der königlichen Kinder dürften zu ihren Schützlingen eine ähnliche Beziehung gehabt haben wie ein Kindermädchen; sicherlich versorgten sie sie nicht nur mit Muttermilch, sondern auch mit liebevoller Zuwendung und blieben auch nach dem Abstillen noch längere Zeit ihre Betreuerinnen. Als Johann im Zuge der großen Rebellion von 1173/74 nach England gebracht wurde, erhielt «die Kindsmagd des Königssohns» laut einem Vermerk in den *pipe rolls* eine Prämie von zehn Mark, obwohl der Prinz zu dem Zeitpunkt mindestens sieben Jahre alt war.[86] Richard Löwenherz und Johann empfanden große Zuneigung zu ihren Ammen, die auch erwidert wurde. Als Richard König wurde, gewährte er seiner früheren Amme Hodierna eine Pension.[87] Nach dem Tod Johanns zollte seine frühere Amme Agatha, zu dem Zeitpunkt eine wohlhabende Witwe, der Erinnerung an ihn Tribut, indem sie eine Landschenkung an die Nonnen von

Flamstead «der Seele des Königs Heinrich [III.], dem Sohn von König Johann», widmete.[88]

In einem sehr frühen Lebensalter, kurz nach Ende der Stillzeit, wurde jedem der Söhne Heinrichs II. ein «Meister» oder «Praezeptor» aus dem Personal des königlichen Hausstaats zugewiesen. Dieser wurde mit der Verantwortung für den Knaben betraut, durfte Ausgaben tätigen, um die kindlichen Bedürfnisse zu befriedigen, und hatte die Aufsicht über die Dienstboten, die sich um das Kind kümmerten. Ein Meister namens Mainard übernahm 1156 die Verantwortung für den kleinen Heinrich, als der Knabe gerade erst ein Jahr alt war, und blieb sein Betreuer für mindestens drei Jahre.[89] Welche Arbeitsteilung zwischen diesem Beauftragten und der Mutter des Kindes herrschte, wissen wir nicht, aber die Regelung bedeutete wohl, dass Eleonore die Verantwortung für ihre Söhne teilweise entzogen war, und zwar schon im frühen Kindesalter. Gezwungen, diese elterliche Verantwortung mit einem von ihrem Gatten ernannten Mann zu teilen, gelang es ihr im Verlauf ihres Heranwachsens zu Jugendlichen dennoch, die emotionalen Bindungen zu entwickeln, die normalerweise zwischen Söhnen und Müttern bestehen.

Im Jahr 1159, als der junge Heinrich vier Jahre alt war, gab sein Vater ihn in die Obhut seines Kanzlers Thomas Becket, in dessen Haushalt auch andere Aristokratensöhne eine «noble Erziehung und Unterrichtung» erhielten.[90] Es gab dafür, dass Heinrich seinen Erben in einem so zarten Alter in fremde Obhut gab, ein historisches Vorbild: Wilhelm der Eroberer hatte seinen zweiten Sohn William Rufus, den Anwärter auf den englischen Königsthron, dem Haushalt des Erzbischofs Lanfranc anvertraut. Vielleicht hatte Heinrich II. schon damals den Hintergedanken, Becket zum Erzbischof von Canterbury zu machen und seinen Ältesten von ihm noch im Knabenalter zum König krönen zu lassen. Als sich jedoch das Verhältnis zwischen Heinrich und Erzbischof Becket abzukühlen begann, entzog der König dem erst unlängst ins Amt gehievten Kirchenführer die Fürsorge für den jungen Heinrich, für Becket eine Kränkung. Als der König im darauffolgenden Monat in seine französischen Besitzungen reiste, schickte er den inzwischen achtjährigen Knaben nicht zu Eleonore zurück, sondern gab ihn in die Obhut eines neuen Meisters, William fitz John, eines königlichen Verwaltungsbeamten.[91]

Es gehörte zu den Männlichkeitsriten junger Aristokraten, dass sie zum Ritter geschlagen worden; im Hinblick darauf pflegten ihre Väter für sie einen Mentor zu suchen, der in den Haushalt des Jünglings eintrat: ein älterer, erfahrener Ritter, der den Jungen, indem er ihn in den noblen Künsten des Jagens, der Falknerei und des Kriegführens ausbildete, auf das Ritterdasein vorbereitete. Nach der Krönung des jungen Heinrich im Jahr 1170 teilte sein Vater dem 15-Jährigen einen solchen Mentor zu: den Ritter William Marshal (Guillaume le Maréchal), der sich hoher Bewunderung wegen seiner vollendeten Ritterlichkeit erfreute, andererseits aber ein Analphabet mit wenig Interesse an der Verwaltung war. Wie man in dem Buch *History of William Marshal* nachlesen kann, spielte er gern die Rolle des Gefährten und Führers, der die Helden der Ritterromane auf ihren Wegen begleitete. Von Heinrich erhielt er nun den Auftrag, dem künftigen König Unterricht in höfischen Manieren und in den Kriegskünsten zu erteilen, ihn fit zu machen für die Kämpfe, die er als Ritter zu bestehen haben würde.[92] Die Jagd war ein gutes Training für kämpferische Fertigkeiten, und ohnehin teilten alle Söhne Heinrichs und Eleonores diese Passion ihrer Vorfahren. Richard frönte in seinen Jugendjahren im Poitou mit großem Vergnügen der Jagd in den Wäldern der Vendée, die zum Erbteil seiner Mutter gehörten. Roger von Howden schrieb über die Söhne Heinrichs II.: «Sie hatten den Ehrgeiz, im Umgang mit der Waffe andere zu übertreffen. Sie wussten, dass ohne Üben die Kampfkunst nicht aus dem Ärmel zu schütteln war, wenn man sie brauchte.»[93]

Die Söhne eines Königs mussten mehr lernen, als mit Pferden und Waffen umzugehen; an den Fürstenhöfen des 12. Jahrhunderts machten sich Vertreter der Kirche für das neue Ideal des höfischen Benehmens stark und bezogen Position gegen jene altmodischen Ritter, die das überkommene Kriegerethos des Ritterstandes hochhielten. Die Grafen von Anjou pflegten und schätzten seit Langem die lateinische Bildung in Wort und Schrift, was sich an dem exzellenten Unterricht zeigte, den der Vater Heinrichs II. diesem ermöglichte, und auch Eleonore wusste um den Wert der Bildung. Wir wissen zwar über den förmlichen Bildungsgang der Söhne Heinrichs weniger als über den seinen, aber fest steht, dass sie eine solide Grundausbildung in lateinischer Grammatik erhielten, auch wenn es den Posten eines königlichen Schulmeisters am englischen Hof zu der Zeit offiziell noch nicht gab. Ein im Namen des Erzbischofs von Rouen geschriebener Brief, adressiert an den König in seiner Eigenschaft als Vater des damals 10-jährigen jungen Heinrich, äußerte die Befürchtung, die ritterlichen Aspekte in der Erziehung des künftigen Königs könnten den Vorrang vor dem Studium der Wissenschaften und Künste gewinnen.[94] Vielleicht hatte Heinrich mit seiner Entscheidung, seinen Erben der Obhut Thomas Beckets zu entziehen, den Anlass für diese Befürchtung geliefert; jedenfalls enthält der Brief Anspielungen auf eine Rivalität zwischen den geistlichen und den ritterlichen Lehrern des Knaben und auf die divergierenden Werte dieser beiden Gruppen. Richard Löwenherz konnte gut Latein, auch wenn seine französischen Versdichtungen bekannter sind. Die von Gerald von Wales überlieferte Anekdote, in der Richard Löwenherz das vom Erzbischof von Canterbury gesprochene Latein korrigiert, liefert einen Hinweis auf seine Beschlagenheit als Lateiner.[95] Johann entwickelte in seiner Jugend ein Interesse an Literatur und trug als König eine beachtliche Bibliothek aus klassischen und religiösen Werken zusammen. Er lagerte seine Bücher in der Abtei Reading ein und bat den Abt gelegentlich per Brief darum, ihm einen bestimmten Band zu schicken.[96]

Die Verantwortung adliger Frauen für die Aufzucht ihrer Söhne reichte normalerweise nur bis zu deren sechstem oder siebentem Lebensjahr; dagegen konnten adlige Töchter bis ins frühe Erwachsenenalter bei ihrer Mutter bleiben, es sei denn, sie wurden schon vorher verlobt und zur weiteren Erziehung an die Familie ihres künftigen Gatten überstellt. Aber die Verbindung zu ihren mit ausländischen Prinzen verheirateten Töchtern ließ man nicht abreißen, weil die Ehen ja in der Absicht arrangiert worden waren, ein neues Bündnis zu schmieden oder ein bestehendes zu vertiefen.[97]

Matilda, Eleonore und Johanna waren allesamt mit Fürsten verheiratet, die als Förderer der Kultur von sich reden machten, und wir können mit Sicherheit davon ausgehen, dass sie gebildete Frauen waren. In Romandichtungen des späten 12. Jahrhunderts finden sich adlige Jungfrauen, die fleißig aus Büchern lernen, und ein bekannter Prediger, Adam von Perseigne (gest. ca. 1208), übersandte der Gräfin von Chartres lateinische Texte zur Weitergabe an ihre Töchter, die sie mithilfe ihres Kaplans oder einer schriftkundigen Nonne zu lesen versuchen sollten.[98] Wahrscheinlich wurden die Töchter Eleonores schon im Lesen und Schreiben unterrichtet, bevor sie aus dem königlichen Haushalt ausschieden, aber den Löwenanteil ihrer schulischen Bildung erhielten sie vermutlich an den Höfen ihrer designierten Schwiegereltern.

VI.

Die Arbeit einer Königin: Regentin für einen abwesenden König, 1155–1168

Heinrich Plantagenet, Herr über Anjou und die Normandie und kraft seiner Ehe mit Eleonore auch Herzog von Aquitanien, verbrachte noch weniger Zeit auf englischem Boden als seine anglo-normannischen Vorgänger, nämlich nicht einmal 13 seiner 35 Regierungsjahre. Während seines ersten Jahrzehnts als König von England besuchte er sein Inselkönigreich nur viermal, wobei er sich gewöhnlich zwischen einem und eineinhalb Jahren aufzuhalten pflegte, die Zeiten seiner Abwesenheit jedoch bis zu vier Jahre erreichen konnten.[1] Ganz offensichtlich brauchte der junge König einen vertrauenswürdigen und fähigen Vertreter, der England regierte, während er selbst als Hansdampf auf dem Festland unterwegs und mit der Bekämpfung von Adelsaufständen und Kapetinger-Verschwörungen beschäftigt war. Seine Frau Eleonore bot sich für diese Zeiten der Abwesenheit als Stellvertreterin an, und so griff Heinrich auf die bewährte anglo-normannische Praxis zurück, die Königin zu seiner Regentin zu ernennen.

Dass Eleonore in ihrem englischen Königreich Präsenz zeigte, war umso wichtiger, als zuvor unter der schwachen Herrschaft des Stephan von Blois vieles drunter und drüber gegangen war. Eine starke und zuverlässige Hand, die in Zeiten der Abwesenheit Heinrichs II. das Geschehen in England dirigierte, tat gerade in seinem ersten Jahrzehnt als König dringend Not, einer Zeit, in der der in der Amtszeit von König Heinrich I. errichtete Verwaltungsapparat, der unter dem Bürgerkrieg der 1140er-Jahre, als Stephan von Blois die Zügel schleifen ließ, stark gelitten hatte, erst allmählich wieder in Tritt kam. Heinrich konnte sich darauf verlassen, dass Eleonore während seiner Auslandsaufenthalte die Legitimität des Königtums in England angemessen repräsentierte. Er sah in ihr eine starke Frau, nicht unähnlich seiner Mutter, der Kaiserin Matilda, die sich ebenfalls willens und fähig gezeigt hatte, die Zügel der Macht in die Hand zu nehmen. Obwohl Eleonore ihre

Verantwortung als Regentin ernst nahm, blieb sie nicht ununterbrochen in England; in den meisten Jahren überquerte sie den Ärmelkanal mindestens einmal, und sei es nur, um an den Hoftagen zu Weihnachten teilzunehmen, die ihr Gatte wesentlich öfter auf französischem Boden abhielt als in England.

Die Präsenz der Krone in Gestalt Eleonores als Regentin war unerlässlich, um denen Legitimität und Rückhalt zu verleihen, die im Auftrag Heinrichs den Staatsapparat wieder aufbauten und die Ressourcen des Königtums neu erschlossen. In engem Zusammenwirken mit königlichen Beamten, die das Vertrauen Heinrichs genossen, unterzeichnete Eleonore Verfügungen («writs»), die dieselbe Rechtskraft hatten wie Anweisungen des Königs. Obwohl englische Chronisten Eleonore als Regentin «nur aus den Augenwinkeln» wahrnahmen, kam ihr eine Schlüsselrolle zu, weil sie während der zahlreichen und langen Perioden der Abwesenheit des Königs die Monarchie personifizierte.[2] Ihre Aufgabe war es, die Galionsfigur eines prunkvollen Hoflebens zu sein, um auf diese Weise dem Volk die Erhabenheit, den Reichtum und die Macht seines neuen angevinischen Königs zu demonstrieren. Heinrich II. wusste, dass das hervorstechende Merkmal des Königshofs seines Großvaters die «demonstrative Zurschaustellung seines Reichtums» gewesen war. Wenn er ihm nacheifern wollte, bestand eine Möglichkeit darin, den königlichen Hof wieder zu dem Zentrum der Kultur und Gelehrsamkeit zu machen, das er gewesen war, bis sich unter der prekären Herrschaft des schwachen Stephan sein Glanz verdüstert hatte.[3] Heinrich verwöhnte Eleonore mit einem großzügigen Ehevertrag, überschrieb ihr Herrensitze und Städte in allen Teilen Englands und versorgte sie zusätzlich in regelmäßigen Abständen mit großen Geldsummen, die sich mit denen der größten Magnaten des Königreichs messen konnten. Nach der Krönungszeremonie im Dezember 1154 war Eleonore von Aquitanien unversehens die «riche dame de riche rei».[4]

Die Rolle Eleonores als Königin und Regentin

Heinrich war «entschlossen, nicht einfach nur König zu sein, sondern ein König, wie sein Großvater einer gewesen war», und das überall im Königreich, auch in dessen nördlichen Teilen, wo die königliche Autorität nie so durchgreifend gewesen war wie im Süden.[5] In den langen Jahren des Bürgerkriegs, der der Thronbesteigung Heinrichs vorausgegangen war, hatten die englischen Earls und Barone die Herrschaft über ihre Besitzungen konsolidiert, hatten sich die Dienste bewaffneter Heere gesichert und den König und seine lokalen Verwaltungsbeamten, die Sheriffs, ignoriert. Anfang 1155 machte sich der König gen Norden auf, erreichte Ende Januar York und nahm die Burg von Scarborough im Beschlag. Heinrich blieb nach seiner Krönung insgesamt etwas mehr als ein Jahr in seinem neuen Königreich. Im Januar 1156 schiffte er sich nach Frankreich ein, um die Rebellion seines Bruders in Anjou niederzuschlagen, und ließ seine Königin als Regentin zurück.[6]

Kein Geringerer als der gelehrte Johann von Salisbury, der einstige Sekretär des Papstes, den Eleonore erstmals nach ihrer Rückkehr vom Zweiten Kreuzzug in Italien kennengelernt hatte, gibt uns Auskünfte über ihre Aktivitäten als Regentin. Zurück in seiner englischen Heimat und in einem neuen Amt, als Sekretär-Erzbischof des Theobald von Canterbury, erwies er sich als scharfer politischer Beobachter. Sein Buch *Policraticus* war die herausragendste politische Abhandlung des 12. Jahrhunderts. Johann bekam die Wucht der autoritären Herrschaft des neuen englischen Königs am eigenen Leib zu spüren; er machte ihn sich zum Feind, als er in Rom die Versuche von Abgesandten Heinrichs, die Kontrolle der Krone über die englische Kirche zu rechtfertigen, behinderte und die von Heinrich erstrebte Zustimmung des Papstes zu einer englischen Militärexpedition nach Irland hintertrieb.[7] In einem seiner Briefe beklagt sich Johann: «Die Empörung unseres höchst erhabenen Herrn, unseres allmächtigen Königs, unseres höchst unbesiegbaren Fürsten, hat sich mit voller Kraft und Hitze gegen mich gewendet. ... Ich allein im Königreich werde beschuldigt, der königlichen Würde Abbruch zu tun.» Es sollte Königin Eleonore und ihrem Kanzler Thomas Becket, als sie im Frühjahr 1157 vor dem König in England eintrafen, vorbehalten bleiben, Johann die gute Nachricht zu überbringen, «dass der Sturm, der mich bedrohte, sich gelegt hat».[8]

Ein moderner Biograf Heinrichs II. schreibt: «Den Chronisten nach zu urteilen, ist das auffälligste Merkmal Eleonores von Aquitanien ihre völlige Bedeutungslosigkeit während der Regierungszeit Heinrichs.» Er räumt ein, dass Eleonore als Regentin befugt war, im Namen des Königs oder in ihrem eigenen Namen zu handeln, kommt jedoch zu der Einschätzung, ihre Macht sei «in der Praxis weitgehend formeller Natur» gewesen.[9] Man kann gegen eine solche Unterschätzung der politischen Bedeutung Eleonores eine ganze Menge anführen. Heinrich hatte offenkundig genug Zutrauen zu Eleonore, um sie in den gefährlichen Anfangsjahren seiner Regierungszeit in England zurückzulassen, als er seine Herrschaft über das Königreich noch nicht konsolidiert hatte. Johann von Salisbury war überzeugt, dass zwischen der Macht des Königs und der der Königin kein Unterschied bestand, dass sie sich also in puncto Regierungsfähigkeit in nichts nachstanden. In einem seiner Briefe beklagt er sich über einen nicht namentlich genannten Kirchenmann, der die Lehre von der Gleichwertigkeit päpstlicher und königlicher Macht vertrat und den Menschen in England erklärte, sie könnten sich ebenso gut «an den Papst wie an den König oder die Königin» wenden. Johann warf diesem geistlichen Agitator vor, er wolle «die Entrüstung des Königs oder der Königin anfachen, um die Unschuldigen zu zermalmen».[10]

Briefe, die Johann von Salisbury im Auftrag und im Namen von Erzbischof Theobald verfasste, zeigen eine Eleonore, die als Regentin ebenso gebieterisch handelte wie jeder anglo-normannische oder angevinische Monarch vor ihr. In einem der Briefe wird geschildert, wie Eleonore den Bischof von Worcester drängt, das Amt des Erzdekans einem ihrer Hofschreiber, dem Meister Solomon, anzuvertrauen. Theobald betonte in seinem Schreiben an den Bischof von Worcester, der König und die Königin wünschten die Berufung ihres Hofschreibers und der Bischof solle nicht zögern, diesen «gelehrten und ehrenwerten Mann» einzustellen. Weiter hieß es in dem Brief: «Aber vielleicht werdet ihr sagen, der Meister Solomon verdiene eine solche Gunst nicht, weil er die Seele der Königin gegen eure Unschuld aufgestachelt hat. Was anders wäre dies, als die Königin der Lüge zu bezichtigen? Denn sie hat ihn in eurer Gegenwart exkulpiert.»[11] Trotz der nachdrücklichen Fürsprache Eleonores für den Meister Solomon scheint es, als habe er die Stelle des Erzdekans von Worcester nicht bekommen.[12] In einem anderen, an die Äbtissin von Amesbury gerichteten Brief beklagt sich der Erzbischof darüber, dass die Äbtissin einen Geistlichen «mit Gewalt und ohne jeden Rechtsprozess» aus seiner Kirche vertrieben hatte, eine Tat, die Theobald als «ein Unrecht gegenüber der heiligen römischen Kirche und einen Affront gegen die Majestät des Königs» verurteilte. Die Äbtissin habe die Sache noch schlimmer gemacht, indem sie sich geweigert habe, die Kirche herrichten zu lassen, obwohl sie dafür eine Aufforderung von «unserer Lady, der Königin», gehabt habe. Falls diese, so kündigte der Erzbischof warnend an, «euren Verstoß gegen die Proklamation des Königs durch angemessene Bestrafung ahndet, werden wir das für rechtens erklären».[13]

In den Anfangsjahren Eleonores als englische Königin muss es einen regen Kurierverkehr zwischen dem Hausstaat Heinrichs II., mit dem er

Johann von Salisbury, Polycraticus III., Gespräch zwischen dem König und einem Kleriker, 14. Jahrhundert.

in kriegerischer Mission in den Grenzbezirken Englands oder in seinen französischen Besitzungen unterwegs war, und dem Gefolge der Königin gegeben haben. Der König beließ eine kleine Gruppe vertrauter Weggefährten bei ihr, die sie beim Regieren seines neuen Königreichs unterstützten. Diese Männer, deren Hauptquartier das Schatzamt in Westminster war, fanden sich immer wieder bei Eleonore ein, auch wenn sie auf so weit von London entfernten Burgen wie Oxford oder Salisbury residierte. Die ranghöchsten unter diesen Männern waren Robert, Earl von Leicester, und Richard de Lucy, die gemeinsam als oberste Justiziare die Regierungsarbeit koordinierten. Die Königin dürfte den Earl von Leicester respektiert haben, einen «mächtigen, gebildeten und intelligenten Magnaten», der für einen Nichtgeistlichen des 12. Jahrhunderts über eine außergewöhnliche Gelehrsamkeit verfügte. Seine Bildungslaufbahn hatte dieser kultivierte Mann in der Abtei von Abingdon begonnen und war in einem noch jugendlichen Alter an den Hof König Heinrichs I. gekommen, der so etwas wie ein Palast-Campus gewesen war. Die Tatsache, dass Eleonore den Earl von Leicester als Berater an ihrer Seite hatte, stärkte ihre Autorität als Regentin.[14] Im Unterschied zu diesem Hocharistokraten, der ein Sprössling der mächtigen Beaumont-Familie und einer der vertrautesten Freunde Heinrichs aus den Tagen seines Kampfes um die englische Königskrone war, stammte Richard de Lucy nur aus ritterlichen Verhältnissen;

unter König Stephan hatte er als Hofbeamter Karriere gemacht, hatte seine Loyalität jedoch bereitwillig auf den neuen König übertragen und sich bald als fähiger Administrator erwiesen und das Vertrauen Heinrichs gewonnen.[15]

Ein weiterer geschätzter Ratgeber der Regentin Eleonore war Reginald von Dunstanville, Earl von Cornwall. Wie Robert, Earl von Gloucester, war Reginald einer der vielen unehelichen Söhne Heinrichs I. Nach dem Tod Roberts entwickelte er sich zum vielleicht wichtigsten Verfechter der angevinischen Sache in den Reihen des englischen Kleinadels. Er hatte sich um die Interessen Heinrichs gekümmert, als dieser im März 1154 nach Frankreich, zu seiner Frau und seinem neugeborenen ersten Sohn, gereist war, und er blieb eine einflussreiche Stimme, auch nachdem Heinrich und Eleonore im Dezember 1154 nach England zurückgekehrt waren.[16] Des Weiteren profitierte Eleonore in den Zeiten der Abwesenheit des Königs von der «treuen Fürsorge des Erzbischofs von Canterbury», wie Johann von Salisbury schreibt. Im Sommer 1157, als der König in kriegerischer Mission in Wales unterwegs war, unterstützte Johann den Erzbischof Theobald bei der Aufgabe, die sichere Betreuung der «erhabenen Königin der Engländer und der königlichen Söhne» zu gewährleisten.[17] Zu den Beratern der Königin gehörte im Übrigen auch Thomas Becket, wenn er nicht mit dem König auf Kriegspfad jenseits des Ärmelkanals weilte.

Mehrere rangniedrigere Anglo-Normannen, die sich schon vor der Krönung Heinrichs seinem Hausstaat angeschlossen hatten und Teil seines inneren Kreises geblieben waren, stießen von Zeit zu Zeit zu Eleonore und ihrem Gefolge. Dazu gehörten Männer wie Manasser Bisset, der als eine Art Majordomus des königlichen Hausstaats zuweilen Aufgaben für die Königin erledigte (einmal zum Beispiel die Lieferung einer Robe an sie beaufsichtigte), oder Warin fitz Gerold, der die Reisen der Königin organisierte und sich um die Bezahlung ihrer Bedarfsgüter kümmerte. Fitz Gerold, der seit 1148 in den Diensten Heinrichs stand, war Kämmerer des Königs. Hugo de Gundeville, der früher im Haushalt des Earls von Gloucester, Heinrichs Vetter, gearbeitet hatte, leitete die Bauarbeiten für die Kapelle, die Wohnhäuser, die Mauern und Gärten der Königin in Winchester.[18]

Die wichtigsten Belege für die Einschätzung der Machtposition Eleonores als englische Königin sind ihre Verfügungen («writs») – kategorisch formulierte Briefe, die die Ausführung königlicher Befehle anordneten und meist an Sheriffs oder andere lokale königliche Beamte gerichtet waren. Königliche Verfügungen betrafen Verwaltungsvorgänge oder Petitionen, eingereicht von Untertanen, die den König um die Korrektur eines wirklichen oder vermeintlichen Unrechts ersuchten, wie etwa einer widerrechtlichen Landnutzung oder einer Beschlagnahmung von Eigentum. Diese Verfügungen waren wichtige Instrumente für die Wiederherstellung der Position des Königs als Quelle aller Rechtsprechung, etwas, das nach der Schwächung der königlichen Macht unter Stephan von Blois dringend nottat; die königliche Kanzlei fertigte davon jedes Jahr Hunderte oder sogar Tausende aus. Nur wenige sind erhalten geblieben, wohl nur der hundertste Teil aller in der Regierungszeit Heinrichs II. ausgefertigten Verfügungen.[19] Eingedenk der häufigen Abwesenheit Heinrichs aus seinem englischen Königreich kam Eleonore, die als Regentin diese Urkunden verantwortete und unterzeichnete, eine unverzichtbare Rolle im Prozess der Wiederherstellung der königlichen Autorität zu; leider sind nur neun von Eleonore persönlich gezeichneten «writs» erhalten geblieben; von weiteren wissen wir durch Bezugnahmen auf sie in anderen Dokumenten.[20]

Die Verfügungen Eleonores schlagen denselben gebieterischen Ton an wie die der voraufgegangenen anglo-normannischen Könige. In einer an den Sheriff von Suffolk, einen Earl von Rang, gerichteten Verfügung bediente sie sich einer keinen Widerspruch duldenden Sprache: «Falls ihr nicht wünscht, [den Befehl auszuführen], wird die Rechtsprechung des Königs ihren Lauf nehmen.»[21] Eine an den Sheriff von London gerichtete Verfügung schloss sie mit den Worten: «Bis ihr die Rechtsprechung des Königs für London in die Tat umsetzt, möchte ich keine Klagen mehr über mangelnde Gerechtigkeit hören. Lebt wohl.»[22] Die meisten Verfügungen Eleonores betrafen Routineangelegenheiten, etwa die Erteilung einer königlichen Genehmigung zur Ausreise aus dem Königreich, ohne die auch Kirchenmänner das Land nicht verlassen durften. Johann von Salisbury erwähnte in einem von Anfang 1164 datierenden Brief an Thomas Becket, dass er die Königin auf der Burg Salisbury aufgesucht habe, um sich einen «Freibrief für die Ausreise» zu holen.[23] Ohne eine Verfügung mit dem Siegel der Königin darauf hätte er kein Schiff besteigen können. Wenn ein Antragsteller sich vom außerhalb Englands weilenden König eine Verfügung beschaffte, brauchte er allem Anschein nach eine zusätzliche Bestätigung der Königin, um Ersterer in England Gültigkeit zu verschaffen. Im Bericht eines Petenten heißt es, er habe sich, als die Verfügung des Königs aus der Normandie bei ihm eingetroffen sei, «mit derselben nach Salisbury begeben, damit sie mir unter dem Siegel der Königin zurückgereicht würde». Er vergaß nicht zu erwähnen, dass ihn diese Bestätigung durch die Königin zwei Silbermark gekostet hatte.[24] Unter den von Eleonore unterzeichneten Dokumenten finden sich auch Urkunden, in denen sie auf Antrag zweier Streitparteien, die vor einem lokalen Gericht einen Vergleich geschlossen hatten, diesen hoheitlich bestätigt. Zwar ist keine einzige urkundliche Bestätigung dieser Art aus Eleonores Jahren als Regentin erhalten geblieben, aber in späteren Rechtsstreitigkeiten wurde hin und wieder aus ihnen zitiert. So erhob beispielsweise 1204 ein Kläger Anspruch auf ein Grundstück unter Berufung auf einen zwischen seinem Vater und dessen damaligem Kontrahenten geschlossenen Vergleich, für den eine «Bestätigung, erteilt von ... Königin Eleonore», vorliege.[25] Die zwei ranghöchsten Justiziare des Königreichs, Robert Earl von Leicester und Richard de Lucy, durften nichts ohne das Einverständnis entweder des Königs oder der Königin entscheiden; als beide 1159 den Boden des Königreichs für längere Zeit verließen, um Toulouse zu unterwerfen, wandte sich der Earl von Leicester an ein leichter erreichbares Mitglied der königlichen Familie, die in der Normandie residierende Kaiserin Matilda.[26] Auf manchen Verfügungen der Königin finden sich Leicester und Lucy als Zeugen, ein Hinweis darauf, dass sie an deren Zustandekommen beteiligt waren. Eleanore hatte übrigens kein Problem damit, Verfügungen zu erlassen, die Entscheidungen der obersten Justiziare korrigierten. Als der Abt von St. Albans es nicht schaffte, sein Recht gegen einen einflussreichen Nachbarn durchzusetzen, weil der Earl von Leicester in dem Gerichtsverfahren, das sich über viele Monate (1158/59) hinzog, hinhaltend taktierte, wandte er sich direkt an die Königin. Der Earl hatte es verabsäumt, eine Verfügung zu erlassen, die es dem Widersacher des Abts untersagt hätte, die strittigen Grundstücke zu betreten, solange das Verfahren nicht abgeschlossen war; der Gegner hatte in dem Wald, um den es ging, mittlerweile bereits einige Bäume gefällt. Eleonore zeigte sich willens, in den Streit einzugreifen; sie erließ eine Verfügung, die das Kloster St. Albans vor weiteren Schäden bewahrte.[27] Das Amt des Justiziars war zu der Zeit noch nicht die einflussreiche Position des «zweiten Mannes nach dem König», zu der es sich am Ende des 12. Jahrhunderts entwickelte; befasst war er vor allem mit Vorgängen im Schatzamt und mit fiskalischen Angelegenheiten. Später wuchs dem obersten Justiziar die Aufgabe zu, alle königlichen Regierungsbehörden zu beaufsichtigen: das Schatzamt, die Gerichtsbarkeit, die Sheriffs, die Konstabler und die niedrigere lokale Beamtenschaft, und so dem König, wenn er mit seinem wandernden Hausstaat durch seine festländischen Besitzungen zog, den Rücken freizuhalten, damit er sich ganz auf Krieg und Diplomatie konzentrieren konnte.

Der englische Königshof

Unter Eleonore und Heinrich II. sollte der englische Königshof seine frühere Bedeutung wiedererlangen; er wurde zum größten Königshof in Europa und näherte sich der Personalstärke des päpstlichen Hofes. Wir können davon ausgehen, dass Eleonore sich im Glanz dieses Königtums sonnte, besonders wenn sie bei Terminen, zu denen sie die Krone trug, und bei anderen festlichen Anlässen im Zentrum der royalen Prachtentfaltung stand; sicherlich wusste sie den Kontrast zur Freudlosigkeit des Kapetinger-Hofs, den sie hinter sich gelassen hatte, zu schätzen. Heinrichs Erfahrungen mit großen Fürstenhöfen waren in seinen Jugendjahren begrenzt gewesen, da er in dieser Lebensphase sehr viel Zeit auf Kriegszügen verbracht hatte, bei denen er nur mit kleinem Gefolge unterwegs gewesen war. Es hieß von ihm, er finde mehr Gefallen am improvisierten Leben eines militärischen Verbandes auf dem Marsch; auf der anderen Seite war er sich der großen Bedeutung des «Macht-Theaters» und eines möglichst majestätischen Auftretens des Königspaares, um die Untertanen in Ehrfurcht zu versetzen, nur allzu bewusst. Wie ein Höfling festhielt, zeigte sich der König «immer in kostbare Sachen gewandet, wie es sich gehört».[28]

Der neue König belebte die Tradition der anglo-normannischen Könige wieder, die wichtigsten Festtage der Kirche mit großem Pomp zu feiern. Weihnachten, Ostern und Pfingsten waren Anlässe, bei denen die englischen Könige aufwendig gestaltete Hoftage veranstalteten, bei denen sich religiöse mit geselligen und politischen Zwecken verbanden. Wilhelm der Eroberer und seine Söhne hatten die Praxis eingeführt, zu diesen festlichen Anlässen die königlichen Kronen zu tragen und damit ihre Untertanen an die Gottgewolltheit ihrer königlichen Herrschaft zu erinnern. Von allen diesen mit dem liturgischen Kalender synchronisierten Versammlungen war der Hoftag an Weihnachten die glanzvollste. Das Geschehen am Hof des Großvaters von Heinrich II. zu diesen feierlichen Anlässen diente Heinrich als Vorbild, und es gab unter den Höflingen etliche, die die Herrschaft Heinrichs I. noch miterlebt hatten und dem jungen König etwas von den Ritualen und höfischen Manieren erzählen konnten, die zu diesen Festen gehörten.[29] An Ostern 1158 sollen Heinrich und Eleonore zum letzten Mal aus einem festlichen Anlass ihre Kronen aufgesetzt haben; danach gelobten sie angeblich, sie nie wieder zu tragen, und deponierten sie auf dem Altar der Kathedrale von Worcester.[30] Es ist indes wenig wahrscheinlich, dass sie die von den anglo-normannischen Königen begründete Tradition, an den großen christlichen Feiertagen mit gekrönten Häuptern aufzutreten, beendeten. Man liest manchmal, Heinrich habe mit diesem Schritt seine Abneigung gegen zu viel Pomp oder vielleicht auch gegen die demonstrative Präsenz der Bischöfe bei den Ereignissen, zu denen die Krone ausgepackt wurde, zum Ausdruck gebracht; angeblich missfiel ihm, dass ihre Anwesenheit einen Vorrang der geistlichen vor der weltlichen Macht suggerierte.[31] Sowohl er als auch die Königin wussten aber sehr wohl um die Nützlichkeit spektakulärer höfischer Zeremonielle. Ihnen war klar, dass bei großen festlichen Anlässen die Zurschaustellung königlicher Macht und Herrlichkeit ein Mittel der politischen Propaganda war, und Heinrich pflegte denn auch weiterhin die Praxis, wichtige Anlässe wie die Erhebung seiner Söhne zu Rittern oder Versammlungen der großen Magnaten des Reichs mit pompösen Marathonfeiern zu verschönern.

Insbesondere bei den Ereignissen, an denen die Kronen gezeigt wurden, aber auch bei anderen festlichen Anlässen nahm Eleonore eine zentrale Stellung als Blickfang im Tableau der höfischen Prachtentfaltung ein. Große Geldsummen wurden für die Garderobe der Königin ausgegeben; Kleider aus kostbaren Stoffen, dekoriert mit Fellbesatz und Stickereien aus Gold oder Silber, waren nicht zuletzt auch ein Mittel zur Demonstration königlicher Macht und königlichen Reichtums.[32] Zahlreiche unterschiedliche Einträge in den *pipe rolls* deuten darauf hin, dass Eleonore als Königin am englischen Hof ein luxuriöses Leben führte. Die *pipe rolls* verzeichnen Einkäufe für die königliche Küche – Pfeffer, Kreuzkümmel und Zimt zum Beispiel – und zahllose Einträge, die sich auf importierten Wein und dessen Transportkosten beziehen, alles Indizien dafür, dass Eleonore Wert auf Erlesenes in Küche und Keller legte. Eine Vielfalt an aufwendig zubereiteten Gerichten, namentlich Fleischgerichten, zeichnete die Tafel eines bedeutenden Fürsten aus. Als Beispiel dafür, dass Heinrich II. sich der Wirkung, die ein verschwenderisches Fest tun konnte, sehr wohl bewusst war, kann ein Weihnachtsbankett dienen, das er 1171, während seiner Expedition nach Irland, für einheimische irische Adlige ausrichtete; die Gäste staunten über «das opulente und reichhaltige Angebot der englischen Tafel und die höchst elegante Bedienung durch die königliche Dienerschaft». Esskastanien, die Heinrich 1159 per königlicher Verfügung der Königin nach Salisbury schicken ließ – zum Preis von drei Shilling –, waren vermutlich ein Zeichen seiner fortdauernden Zuneigung zu ihr nach sechs Ehejahren.[33]

Eine besondere Eigenschaft des englischen Königshofs unter dem neuen Königspaar war sein kosmopolitischer Charakter; der Hof lockte Höflinge von jenseits des Ärmelkanals an, darunter viele studierte und gelehrte Männer; dazu gesellten sich zahlreiche aus England stammende Schreibbeamte, die in Paris studiert hatten. Einer von ihnen, Peter von Blois, tat die berühmt gewordene Äußerung, am Hof von König Heinrich sei «jeden Tag Schule».[34] Höfische Manieren wurden von denen, die sich hier einfanden, erwartet; es herrschte ein Ethos der «Höflichkeit», das die klassischen Ideale des höfischen Umgangs hochhielt: Charakterstärke, Beredsamkeit, guten Geschmack, würdevolles Auftreten. Eine große Rolle spielte am Hof Heinrichs und Eleonores auch das Ethos der Ritterlichkeit: das Bekenntnis zu den Tugenden des tapferen und treuen Ritters, ein Wertekanon, den die gebildeten Ritter an Heinrichs Hof um die Tugend der Höflichkeit erweiterten. In der Literatur, die den Einfluss dieser höfischen Ideale widerspiegelte, wurden Ritter als Helden präsentiert, als Inkarnation moralischer Kraft, guter Manieren und heroischer Tapferkeit. Der Troubadour Raimon Vidal verfasste kurz nach der Wende zum 13. Jahrhundert eine Abhandlung über Zivilität, in der er auf die Zeit zurückblickte, in der Eleonore Königin von England gewesen war, und Heinrich II. und seine Söhne als seine Vorbilder bezeichnete. In seinen Augen hatten sich bei diesen Männern die Tugenden des Höflings mit denen des Kriegers verbunden, und er schwärmte rückblickend von dieser Zeit als «den guten alten Tagen derjenigen, die es noch verstanden, edle, tapfere und vernünftige Taten zu vollbringen».[35]

Die schreibenden Mitglieder an Heinrichs und Eleonores Hof nutzten ihre Geschichtschroniken und Romandichtungen, um ihre Vision einer höfischen Kultur zu propagieren, in der sich ritterliche Tugenden mit moralischen und ethischen Werten verbanden, und natürlich lieferten sie mit ihren Schriften auch Unterhaltung. Mit ihren Dichtungen und Liedern wollten sie die Mächtigen an ihre Pflicht erinnern, die jungen Ritter ihres Reichs, die ohne Erbschaft und ohne Aussicht auf eine gute Partie zurechtkommen mussten, zu unterstützen. Die Quellenlage erlaubt es nicht, die Rolle, die Frauen am Hof bei der Zähmung der sich dort tummelnden jungen Wilden spielten, zu ergründen, aber sicher hatten die Hofdamen allen Grund, die Kultivierungsbemühungen der geistlichen Autoren zu fördern. Junge Ritter, die sowohl liebeshungrig als auch ehrgeizig waren, lernten schnell, dass sie mit höfischen Umgangsformen die Gunst nobler Frauen erringen konnten, die ihnen dann behilflich sein konnten, einen Gönner zu finden, indem sie sich etwa bei ihren Ehemännern für sie einsetzten.[36] Der Umstand, dass Eleonore am kultivierten herzoglichen Hof in Poitiers aufgewachsen war, lässt es als sicher erscheinen, dass sie die Bemühungen der höfischen Schreiberlinge unterstützte, das kulturelle Niveau am englischen Königshof zu heben, sowohl was die Umgangsformen als auch was den Umgang der Höflinge untereinander betraf. Wenn die Königin sich an Wortgeplänkeln der Höflinge beteiligte und dabei zeigte, dass sie geistreich und witzig sein konnte, so tat sie etwas für eine Aristokratin aus dem Süden Frankreichs völlig Normales, doch in den Augen konservativer kirchlicher Moralisten erniedrigte sie sich damit. Letztere fühlten sich dadurch wohl ermuntert, mit dem Verbreiten böswilliger Gerüchte über die Königin fortzufahren, und Eleonores Vorliebe für das Glücksspiel eröffnete ihren Kritikern sicherlich eine zusätzliche Angriffsfläche. Einige ihrer Domestiken erhielten von ihr Grundstücke als Pfründen zum Dank dafür, dass sie ihr regelmäßig Würfel aus Elfenbein besorgten. Nicht nur Würfelspiele, sondern auch Brettspiele wie Tric-Trac (Backgammon) oder Schach wurden um Geld gespielt, und viele adlige Frauen liebten es, sich mit solchen Spielen die Zeit zu vertreiben.[37]

Unter dem neuen Plantagenet-König bekam die Politik in England ein deutlich höfischeres Gepräge, denn zunehmend strömten Söhne aristokratischer Familien an den Hof, um dort mit anderen, rangniedrigeren Ankömmlingen um die königliche Gunst zu buhlen. Das Ideal des ethischen Verhaltens, das den Höflingen als wesentlicher Bestandteil ihres Metiers vermittelt wurde, stand im Wettbewerb mit ihrem Streben nach materieller Besserstellung durch die Aufnahme in den Förderkreis eines Gönners. Ein landloser, aber loyaler Ritter, der sich die Gunst des Königs sicherte, konnte auf lukrative Ämter hoffen, auf das Wohnrecht in einem der vielen der Krone gehörenden Herrenhäuser, auf die Ehe mit einer wohlhabenden Erbin oder einer gut gestellten Witwe, ja sogar auf die Streichung seiner Schulden und steuerlichen Verpflichtungen. Ein Geistlicher in Diensten des Königs oder der Königin konnte darauf hoffen, eine einträgliche Stelle in der kirchlichen Hierarchie zu ergattern, vielleicht sogar Bischof zu werden. Solche Berufungen in Kirchenämter waren für das englische Königtum ein gerne und oft angewandtes Mittel, um Gefolgsleute, die ihm gute Dienste leisteten, materiell abzusichern. In einem Gedicht von Peter von Blois, das eine Diskussion zwischen einem Höfling und einem Kritiker des Hoflebens nachstellt, erklärt der Höfling, worin die Anziehungskraft des Königshofes auf ehrgeizige junge Leute bestand:

Was uns an den Hof bindet
Ist fein're Kleidung

Das Essen: erlesener
und raffinierter
und ich bin dort gefürchtet, nicht ängstlich
donn're große Worte raus;
bin dort angebunden durch die Räte
der Reichen und die Aussichten
auf Würden, die aus der Freundschaft
von Magnaten erwachsen können.[38]

Freilich bestand für diejenigen, die dank königlicher Begünstigung Karriere machten, immer das Risiko, dass der König ihnen seine Gunst entzog und sie sich als Gedemütigte vom Hof schleichen mussten.

Die Aufgaben derjenigen, die in den Dienst des neuen Königs traten, reichten vom Beschützen der königlichen Familie über die Versorgung des Hofs und des königlichen Gefolges mit Nahrung, Getränken und anderen Dingen des Lebens bis zur Unterstützung des Königs bei seinen Amtspflichten als Herrscher. Insofern als der königliche Haushalt Teil des Hofes war, erfüllte er staatliche Aufgaben, denn in den Zeiten, bevor eine professionelle Verwaltung mit Berufsbeamten entstand, erfüllten Bedienstete des königlichen Haushalts quasistaatliche Aufgaben. Das erforderte eine große Zahl von Mitarbeitern und Hilfskräften, von Amtsträgern mit Adelstiteln über Ritter, Kaplane und Schreiber bis hin zu Jägern, Reitern und dem Personal der Ställe und Küchen. Der Titel eines der Amtsinhaber am Hof, «Wasserträger von Königin Eleonore», deutet auf ein hohes Maß an Spezialisierung und Arbeitsteilung und eine entwickelte höfische Etikette hin.[39] Aufwendig kostümierte Türhüter und Saaldiener waren jederzeit präsent, um in den königlichen Hallen die Ordnung aufrechtzuerhalten, geladene Besucher dem König zuzuführen und unerwünschte Eindringlinge zu entfernen. Rückschlüsse auf das moralische Klima im Haushalt Heinrichs lässt womöglich die Tatsache zu, dass es einen Beamten gab, der speziell mit der Aufsicht über die «Dirnen des königlichen Hofes» betraut war.[40] Offensichtlich befand sich Eleonore hier an einem Ort, der Welten vom Hof ihres prüden Ex-Gatten mit seiner frömmlerischen puritanischen Atmosphäre entfernt war.

Eleonore stellte vermutlich fest, dass das Gefüge des Hofs von Heinrich II. strukturelle Ähnlichkeiten mit dem ihres Vaters und ihres ersten Mannes aufwies – alle orientierten sich an einem Modell, das auf den karolingischen Hof zurückging. Es setzte sich aus drei Elementen zusammen: einem kirchlichen, nämlich der Hofkapelle, und zwei weltlichen, aufgeteilt in ein Kontingent aus Rittern und anderen Militärpersonen und ein Korps ziviler Hofbeamten, deren Aufgabe es war, den königlichen Haushalt am Laufen zu halten.[41] Das Personal der Kapelle bestand aus mehreren Priestern mit liturgischen Aufgaben, darunter der persönliche Kaplan der Königin, der ihr die Beichte abnahm. Einer der Kaplane oder Schreiber trug den Titel eines Almoseniers und hatte die Aufgabe, Almosen zu verteilen; ein anderer mochte der königlichen Familie als Leibarzt dienen. Viele weitere Schreiber waren der «Kammer» zugeordnet und mussten dort über die Ausgaben des Königs Buch führen. Wieder andere arbeiteten in der königlichen Kanzlei oder Schreibstube, wo sie unter Leitung des Kanzlers, der das formelle Oberhaupt des königlichen Kapellenpersonals war, amtliche Dokumente ausfertigten. Wie in anderen fürstlichen Haushalten fungierte auch hier der Kanzler als Chef aller schreibenden Bediensteten. Weil der Kanzler das königliche Siegel in seinem Gewahrsam hatte, musste der König unbedingtes Vertrauen zu ihm haben; schon zu einem frühen Zeitpunkt der Amtszeit Heinrichs wechselte Thomas Becket aus den Diensten des Erzbischofs von Canterbury auf diesen Posten.

Zwei Gruppen von Laien gehörten dem königlichen Haushalt an. Eine davon war militärisch geprägt und musste für den Schutz und die Aufrechterhaltung der Ordnung am Hof sorgen; sie setzte sich zusammen aus adligen Rittern (Earls und Baronen) mit jeweils einem persönlichen Gefolge aus landlosen Rittern und Knappen. Diese hauseigene Truppe konnte im Falle eines Krieges als Kernbestand einer königlichen Streitmacht fungieren, quasi als Führungsstab für ein besoldetes Fußvolk aus Infanteristen, Bogenschützen und Belagerungstechnikern. Eleonore pflegte zu diesem militärischen Kontingent wohl weniger Kontakte als zu der zweiten Gruppe, dem Personal des «Saals». Sie besprach sich oft mit dem Butler, der etwa für die Besorgung von Wein – oder ganz allgemein für die königliche Tafel – zuständig war, und mit den *chamberlains*, die in weit zurückliegenden Zeiten die Meister der königlichen Schlafkammer («chamber») gewesen waren, nun aber die Verantwortung für die königliche Kasse trugen. Viel Kontakt hatte sie außerdem mit den Stewards des Königs, auch Seneschalle genannt, die die Vorgesetzten aller Beamten des «Saals» und der Kammer waren.[42]

Wie wir gesehen haben, war der englische Königshof, wie andere Königshöfe des 12. Jahrhunderts, ständig auf Wanderschaft. Bei seinen Reisen kreuz und quer durch das Königreich musste das königliche Gefolge die Dinge mitschleppen, die nötig waren, um sich bei den Bewohnern der besuchten

Grafschaften durch Demonstrationen der königlichen Macht und Herrlichkeit Eindruck und Respekt zu verschaffen. Wie ein Zeitgenosse kommentierte: «Es ist kein Wunder, dass Frauen und Jünglinge oder Männer der leichtfertigen Art in Massen herauskommen, um die Könige zu sehen. Aber auch kluge und zurückhaltende Menschen haben den Drang, hinauszugehen und sie in Augenschein zu nehmen.»[43] Ein wichtiger Beamter war der Marschall, unter dessen Verantwortung die vielen Pferde und Karren fielen, die für die Beförderung des enormen Gepäcks, das der Hof mit sich führte, erforderlich waren. Es gab noch weitere Beamte, die Aufgaben im Zusammenhang mit den ständigen Ortsveränderungen der königlichen Familie wahrnahmen: einen «Träger des königlichen Bettes» und einen «Zeltmeister», beide mit eigenen Dienern und Packpferden. Alle Beamten mit Aufgaben rund um den «Saal», die Kammer, die Küche und andere Bestandteile des königlichen Haushalts hatten Karren und Fuhrleute sowie Packpferde für den Transport ihrer Materialien zur Verfügung. Insgesamt benötigte der Hof auf seinen Reiseetappen gut und gern über 100 berittene Männer, mindestens ein Dutzend Packpferde und ein halbes Dutzend Fuhrwerke mit eisenbereiften Rädern.[44]

Ihr erstes Jahr in England verbrachte Eleonore überwiegend getrennt von Heinrich, der sich zu der Zeit ständig auf Reisen befand und seine Autorität über das neu übernommene Königreich festigte. Heinrich II. war geradezu berüchtigt für die Rastlosigkeit, mit der er seine Besitzungen bereiste, von einem Krisenherd zum nächsten – an die walisische oder schottische Grenze, ins Loiretal oder in die unruhige südliche Grenzregion des Poitou. Sein Haushalt funktionierte häufig zugleich als Hauptquartier und Generalstab für die nächste militärische Expedition; die Größe dieses Haushalts war schon dadurch beschränkt, dass er bereit sein musste, sich jederzeit auf eine Nachricht hin in Bewegung zu setzen. Eleonore entzog sich diesen zahllosen Ortsveränderungen. Sowohl ihre Aufgaben als Regentin als auch ihre häufigen Schwangerschaften schlossen aus, dass sie ihren Mann ständig begleitete; so stand es ihr frei, ihre eigenen, gemächlicheren Etappen von einer königlichen Burg zur nächsten im Süden und Westen ihres Königreichs zurückzulegen.

Landstraßen waren damals kaum mehr als Wagenspuren, die sich bei Regen in Schlammfurchen verwandelten; jede Reise über eine größere Entfernung war daher eine schleppende, unbequeme und anstrengende Angelegenheit; die Überfahrt über den Ärmelkanal konnte bei ungünstigem Wetter gefährlich sein, denn die königlichen Schiffe waren klein und wurden bei Sturm zu Spielzeugen der Wogen. Im Winter führten häufig Stürme dazu, dass man mit der Überfahrt über den Kanal tagelang warten musste, bis die Winde wieder günstig standen. Kanalüberquerungen von König und Königin waren seit der normannischen Eroberung Englands so häufig, dass manche Grundherren königliche Domänen zugesprochen bekamen als Gegenleistung dafür, dass sie die für die Überfahrt benutzte königliche Jacht in Schuss hielten.

Eleonores persönlicher Haushalt

Als Königin an der Seite Heinrichs II. stand Eleonore eine große Dienerschaft zur Verfügung, die sich um ihr persönliches Wohlbefinden kümmerte und einen separaten Haushalt innerhalb des königlichen Haushalts darstellte. Eleonores persönlicher Haushalt umfasste ihren eigenen Kanzler, zahlreiche Schreiber sowie einen Steward, einen Butler und einen Kämmerer,[45] nicht über 100 Personen wie der der Gattin Heinrichs III. Mitte des 13. Jahrhunderts, aber wir können davon ausgehen, dass 40 oder mehr Personen unterschiedlichen Ranges ihr aufwarteten, was der Größe des Haushalts jedes englischen Earls oder bedeutenderen Barons entsprach.[46]

Nur wenige Mitglieder von Eleonores Haushalt lassen sich namentlich identifizieren – ihre engsten Vertrauten beim Antritt ihres neuen Herrscheramtes.[47] Aus dieser Gruppe ragt Meister Mathieu heraus, ihr Kanzler, der allem Anschein nach unmittelbar nach ihrer Ankunft in England zum Chef ihres Schreibbüros avancierte und dieses Amt ausübte, bis er ca. 1162 den königlichen Haushalt verließ, um Dekan der Kathedrale von Angers zu werden. Vieles spricht dafür, dass es sich bei Meister Mathieu um den früheren Hauslehrer Heinrich Plantagenets handelte, der eine Zeit lang auch die beiden Schwestern des Grafen Geoffrey unterrichtet hatte.[48] Zu unterschiedlichen Zeitpunkten in den 1150er-Jahren führten auch zwei weitere Schreiber, Jordan und Meister Bernard, den Titel eines Kanzlers der Königin. Zwei oder mehr geistliche Schreiber in Eleonores Haushalt hießen Peter; einen können wir als ihren Kaplan identifizieren, ein anderer war ein Schreiber namens «Peter von Poitiers»; er könnte identisch sein mit «Peter, dem Notar der Königin», der sich 1153/54, vor ihrer Ankunft in England, in ihren Diensten befand.[49] Ein weiterer Beamter im Haushalt der Königin war Jocelin de Balliol, ein Mann anglo-normannischer Abstammung, vermutlich der Sohn eines Barons aus Northumberland. Jocelin, der früher dem Haushalt von Kaiserin Matilda angehört hatte, beurkundete als Zeuge wahrscheinlich mehr von Eleonores Verfügungen als irgendjemand sonst in ihrem Haushalt.[50] Die Zugehörigkeit von Jocelin und Meister Mathieu zum persönlichen Haushalt Eleonores deutet darauf hin, dass Heinrich ihr keine gänzlich freie Hand bei der Auswahl ihrer Beamten gewährte.

Drei weitere Beamte, die allem Anschein nach von Heinrich im Haushalt Eleonores platziert wurden, waren Ralph von Hastings, Steward des Haushalts der Königin, und William fitz Hamo, ein Normanne, der zuvor dem innersten Vertrautenkreis des Königs angehört hatte. Ein Onkel Ralphs von Hastings hatte schon einer früheren englischen Königin als Steward gedient, nämlich der zweiten Frau und Witwe Heinrichs I. Als Eleonores Steward wickelte Ralph in den ersten Jahren ihrer Amtszeit als Königin die Zahlungen aus der Staatskasse an Eleonore ab. William fitz Hamo stand seit Mitte der 1140er-Jahre in den Diensten der Grafen von Anjou. Der Dritte war Geoffrey de Cleers, ein Angeviner, der zuvor mit seinen zwei Brüdern in den Diensten von Heinrichs Vater gestanden hatte.[51]

An Königshöfen kam es manchmal zu Fraktionsbildungen, wenn ehrgeizige Angehörige und Gefolgsleute einer ausländischen Prinzessin dieser an den Hof ihres Gatten folgten und dort von den einheimischen Höflingen als Konkurrenten empfunden oder sogar als «übermächtige ausländische Gruppierung» gefürchtet wurden.[52] So war es am Hof Ludwigs VII. gelaufen, wo die Mitglieder des poitevinischen Gefolges von Herzogin Eleonore eine Clique bildeten, die altgediente Kapetinger-Höflinge um ihren Einfluss zu bringen drohte. Eine ähnliche Entwicklung schien jedoch am englischen Königshof kaum möglich. Als Eleonore nach Ostern 1154 Poitiers verließ, um mit Heinrich in sein Herzogtum Normandie zu übersiedeln, ließ sie den größten Teil ihres Haushalts und des Personals, das sie in den zwei Jahren seit ihrer «Flucht» aus Beaugency rekrutiert hatte, zurück.[53] Als das Paar Ende 1154 schließlich nach England reiste, tat sie dies ohne jenes große poitevinische Gefolge, das sie als junge Braut Ludwigs VII. nach Paris mitgebracht hatte, und auch in der Folgezeit fanden nur sehr wenige ihrer poitevinischen Landsleute den Weg an den englischen Hof, um dort Karriere zu machen. Infolgedessen bestand für Eleonore kaum eine Chance, sich in England eine starke poitevinische Hausmacht aufzubauen, und ihre Landsleute fielen als Konkurrenten im Ringen um königliche Patronage kaum ins Gewicht. So blieben ihr jene Ressentiments erspart, die Jahrzehnte später, um die Mitte des 13. Jahrhunderts, die Königin an der Seite Heinrichs III., Eleonore von Provence, erntete, weil sie ganze Horden erfolgshungriger provenzalischer und savoyischer Verwandten an den englischen Hof nachzog.

Sieht man einmal von den allgemeinen Vorurteilen gegen die angeblich leichtlebigen und verdorbenen Franzosen ab, so finden sich in den Archiven aus der Zeit Eleonores keine Hinweise auf antipoitevinische Einstellungen bei den englischen Höflingen, wie sie später in der Regierungszeit der Könige Johann und Heinrich III. zutage traten, als das Wort «Poiteviner» einer Beschimpfung gleichkam.

Nicht mehr als vier oder fünf Personen, die schon in Poitiers dem Hausstaat Eleonores nach ihrer Trennung von Ludwig VII. angehört hatten, lassen sich mit Gewissheit als Mitglieder ihres späteren Gefolges in England, in der Normandie oder im Poitou identifizieren. Einer ihrer engsten und häufigsten Gefährten war Peter der Kaplan, der sie am Ende ihres Aufenthalts im Poitou 1156/57 nach Caen begleitete und nach ihrer Rückkehr ins Poitou 1168 noch einmal prominent in Erscheinung trat. Peter war 1189 noch am Leben, denn in diesem Jahr ergriff die Königin Schritte, um seine Einkünfte aus einer Pfründe in Rouen sicherzustellen.[54] Auch zwei poitevinische Laien finden wir bei Eleonore in England wieder: ihren Butler Philipp und ihren Kämmerer Bernard de Chauvigny. Die Familie Bernards hatte den Bischöfen von Poitiers Nachwuchs für bestimmte Ämter geliefert, auf die sie einen quasierblichen Anspruch hatte, so etwa für das Amt des Verwesers der bischöflichen Besitzungen in Chauvigny; Bernard war außerdem ein Vetter Eleonores, mütterlicherseits ein Nachfahre des Grafen von Châtellerault.[55] Wir dürfen diesen Bernard nicht mit dem Meister Bernard verwechseln, der Eleonore nach ihrer Trennung von Ludwig VII. im Poitou als Kanzler diente, denn das Amt des Kämmerers wurde stets mit Laien besetzt.

Der einzige poitevinische Adlige, von dem wir wissen, dass er eine Landschenkung in England erhielt, war Eleonores Onkel Ralph de Faye; es ist allerdings unklar, ob er sich dort jemals blicken ließ. Als jüngerer Sohn des mütterlichen Großvaters der Königin, des Vizegrafen von Châtellerault, nannte Ralph sich «de Faye» nach einer Grundherrschaft der Vorfahren seiner Frau an der poitevinisch-angevinischen Grenze. Mit der einflussreichen Stellung, die er im Poitou bekleidete, war er für Eleonore dort als Sachwalter ihrer Interessen wertvoller, als er es in England hätte sein können. Eleonore brachte es in ihrem ersten Jahr als Königin fertig, ihrem Onkel Ländereien bei Bramley in Surrey zuzuschanzen; und dieser Grundbesitz verschaffte ihm sogar noch Vergünstigungen: Er unterlag keiner Besteuerung und keiner Inspektion durch königliche Richter und Förster. Ralph de Faye konnte sich auch das Wohlwollen des Königs sichern und stieß häufig in Frankreich zum königlichen Tross, bis er 1173 bei Heinrich in Ungnade fiel.[56] Eleonore nutzte ihre neue Stellung, um Leuten aus der Châtellerault-Linie ihrer Familie Großzügigkeiten zu erweisen. Für einen gewissen Barthélemy de Vendôme, der wohl durch die Familie Ralphs mit ihr verwandt war, fand sie ein kirchliches Amt in England. Lange vor 1173 überredete sie den Abt der Westminster Abbey, ihn als Pfarrer an einer der zur Abbey gehörenden Kirchen in Essex einzusetzen. Wir können annehmen, dass Barthélemy,[57] der zu der Zeit immerhin Dekan der Kathedrale von Angers war und 1174 zum Erzbischof von Tours gewählt wurde, sein Kirchenamt in Essex in Abwesenheit wahrnahm und einen bedürftigen englischen Geistlichen fand, der dort seine priesterlichen Pflichten für ihn ausübte.[58]

Als Eleonore den Herbst und Winter 1156/57 mit Heinrich in Aquitanien verbrachte, begleiteten einige Mitglieder ihres englischen Haushaltes sie dorthin, unter anderem Ralph von Hastings und Meister Mathieu; sie errichtete jedoch in Poitiers umgehend einen eigenen, mit poitevinischen Landsleuten bestückten Hausstand.[59] Als ihr Kanzler und als Autor von Textentwürfen für ihre Urkunden fungierte dort der poitevinische Geistliche Jordan, der erneut im Gefolge der Königin auftauchte, als sie ein Jahrzehnt später wieder eine Weile im Poitou residierte. Zu den Poitevinern, die bei ihrem Aufenthalt 1156/57 Ämter in ihrem Haushalt bekleideten, gehörte auch Saldebreuil,[60] der zu diesem Zeitpunkt als ihr Konstabler bezeichnet wurde. Ein anderer war Hervey Panetarius, der schon 1140 für sie Urkunden bezeugt hatte und den sie während ihres Aufenthalts zum Provosten von Poitiers ernannte.[61] Unter denen, die sich 1156 dem Haushalt der Herzogin anschlossen, waren offenbar keine hochrangigen aquitanischen Aristokraten, und von den ranghöchsten Edelleuten, Vizegrafen oder Grafen des aquitanischen Südens ließen sich auch an den von Heinrich oder Eleonore veranstalteten Hoftagen nur die wenigsten blicken.[62] Drei Prälaten, Gottfried von Loroux, der langjährige Erzbischof von Bordeaux, und die Bischöfe von Poitiers und Périgeux gaben Eleonore jedoch regelmäßig die Ehre. Ebenfalls Mitglied der königlichen Entourage wurde Ebles de Mauléon, ein Adliger mittleren Ranges, der dabei war, sich entlang der poitevinischen Atlantikküste eine einflussreiche Stellung zu erarbeiten.[63]

Eleonore bezog neben ihren Einkünften aus ihren territorialen Besitzungen Zuwendungen aus dem königlichen Schatzamt, sodass sie einen Lebensstandard finanzieren konnte, der dem der bedeutendsten englischen Barone in nichts nachstand.[64] Die nachweisbaren englischen Einkünfte Eleonores – ohne ihre Einkünfte als Herzogin von Aquitanien und ohne zweifelsfrei vorhandene zusätzliche undokumentierte Einnahmen – machten sie zu einer finanziellen Größe im Königreich. Sie verfügte über genügend Mittel, um Patronage in großem Maßstab betreiben zu können und um sich die Loyalität dankbarer Höflinge ebenso zu erkaufen wie die Gebete klösterlicher Gemeinschaften oder die Lobgesänge von Schriftstellern.

Einkünfte bezog die Königin zunächst einmal aus ihrem angestammten Herzogtum Aquitanien; allerdings sind keine Geldüberweisungen nach England aktenkundig, und Tatsache ist auch, dass ihr Gatte die Ressourcen, die ihr aus dem Herzogtum zuflossen, zu einem großen Teil kontrollierte. Zum Zweiten besaß Eleonore ein territoriales Witwengut, das ihr Heinrich bei der Heirat überschrieben hatte. Gleich nachdem er die englische Krone errungen hatte, übereignete er seiner Frau einige – wenn auch nicht alle – der traditionellen Witwengüter der anglo-normannischen Königinnen, Landgüter, die sein Großvater Heinrich I. seinen beiden Frauen Edith-Matilda und Adelheid überschrieben hatte.[65] Zu Eleonores Wittum gehörten rund 26 über 13 englische Grafschaften verstreute Pfründen, von einzelnen Herrenhäusern über Zehntrechte in wohlhabenden Städten bis hin zu Ländereien auf französischem Boden. In Hertfordshire zum Beispiel gehörte ihr das Baronsgut Berkamstead, das Einnahmen in Höhe von 22 Rittersteuern erbrachte, dazu weitere Besitzungen in den Grafschaften Berkshire und Hampshire. Ihre Güter in Devonshire warfen mindestens 177 £ im Jahr ab; darunter waren Einkünfte aus Zinngruben in Devon und aus der jährlichen Messe in Exeter. In London war Eleonore Eignerin eines Areals in den Docklands, das unter der Bezeichnung «Queenhithe» bekannt war; die Privilegien, die sich aus dieser Pfründe ergaben, lassen sich nicht eindeutig als Eigentumstitel oder rechtliche Vollmachten definieren, sondern bildeten ein Sammelsurium aus Ansprüchen auf Zahlungen und «Bündeln von Rechten».[66] Auch wenn kein Zweifel daran besteht, dass Eleonore Ländereien von erheblichem Umfang als Wittum übereignet bekam, wissen wir nichts Genaues über das Ausmaß ihrer Verfügungsgewalt über diese. Viele königliche Besitzungen waren in den Wirren der Amtszeit Stephans der Krone aus den Händen geglitten, und es war klar, dass Heinrich einige Zeit brauchen würde, um seine Kronlande wieder auf den Stand vor Beginn des Bürgerkriegs zu bringen. Dazu kam, dass ein guter Teil der englischen Ländereien Eleonores in den Händen adliger Pächter war, die selbst Großgrundbesitzer waren und nur sporadisch «feudale» Zahlungen leisteten, die allerdings hin und wieder üppig ausfallen konnten.

Ergänzend zu den Einkünften, die die Königin aus ihrem Witwengut bezog, erhielt sie Zuwendungen in bar vom königlichen Schatzamt für ihre

Lebenshaltungskosten, eine Pension oder Apanage, die sich auf durchschnittlich 115 £ pro Jahr belief. In ihren ersten Jahren als englische Königin fertigte Eleonore eigene Verfügungen aus, mit denen sie Ausgaben für den Bedarf ihres Haushalts autorisierte. Von Zeit zu Zeit erhielt sie auch auf Geheiß des Königs Barzahlungen für einzelne Anschaffungen, die in den *pipe rolls* manchmal als zusammengefasste Pauschalsummen, manchmal aber auch als Einzelposten ausgewiesen sind. Eine weitere Einkommensquelle für Eleonore war das sogenannte Königinnengold: Für jeweils 100 Silbermark, die Adlige an die königliche Kasse entrichten mussten, wenn sie Grundbesitz erbten, oder die sie als Gegenleistung für Vergünstigungen zahlten, stand Eleonore als Königin eine Goldmark zu. Letztere war erheblich wertvoller als die Silbermark, nämlich so viel wie sechs Pfund Silber.[67] Dieses Einkommen war für die Königin immerhin so wichtig, dass sie einen eigenen Beamten zu den Sitzungen des Schatzamts entsandte, der über die korrekte Anweisung ihres Goldes wachte.[68]

Eleonores Einkünfte beliefen sich auf einen Betrag, der den Einkünften der reichsten Earls oder Barone des Königreichs gleichkam. Die Zahlungen an sie aus dem Schatzamt summierten sich für die Jahre 1154 bis 1159 auf 1661 £, was einem Jahresdurchschnitt von 415 £ entspricht. Über das Durchschnittseinkommen eines englischen Barons in der Frühzeit der Herrschaft Heinrichs II. haben wir nur Schätzungen, aber zu Beginn des 13. Jahrhunderts lag es zwischen weniger als 100 und mehr als 800 £ im Jahr und bei 202 £ im Durchschnitt.[69] Ihr Einkommen gab der Königin die Möglichkeit, eine bedeutsame Rolle im öffentlichen Leben zu spielen und zudem mit ihrem Lebensstil ein Exempel für die Macht der Krone zu statuieren. Sie konnte Patronage gewähren und sich damit Freunde schaffen, und sie konnte sich durch wohltätige Gaben an religiöse Einrichtungen das Wohlwollen der Kirche erkaufen; Belege dafür, wie sie ihre Mittel verteilte, sind jedoch rar. William Marshal erinnerte sich später, dass Eleonore ihm, als er 1168 im Poitou Mitglied der militärischen Abteilung ihres Haushalts wurde, bereitwillig «Pferde, Waffen, Geld und schöne Kleider» gab.[70] Zweifellos zeigte sie sich gegenüber ihren kirchlichen und ritterlichen Höflingen in England ebenso großzügig. Nichts deutet jedoch darauf hin, dass sie versucht hätte, durch Geldspenden eine Partei oder Fraktion innerhalb des englischen Adels für ihre Interessen einzuspannen.

Eleonore und die Förderung der literarischen Künste am Hof

Unterhaltungskünstler spielten am englischen Königshof unter Eleonore und Heinrich II. eine wichtige Rolle, anders als am Hof Ludwigs VII., an dem eine asketische und feierliche Atmosphäre herrschte. Eleonores zweiter Ehemann lud Artisten und Vortragskünstler aller Art an seinen Hof, worin sie ihn zweifellos bestärkte. Englische Moralisten verurteilten den Plantagenet-Hof als einen Hort der Unmoral, ähnlich wie es Kritiker des Hoflebens in Poitiers zur Zeit von Eleonores Großvater getan hatten; sie führten Klage über Schauspieler, Pantomimen und Tänzer, die mit ihren Darbietungen die Höflinge zu Ausschweifungen verführten.[71] Wie andere Neulinge auf einem Fürstenthron zog auch Heinrich Plantagenet, nachdem er die englische Krone errungen hatte, Sänger und Dichter an seinen Hof, in der Erwartung, sie würden Gedichte und Lieder schreiben, die ihm und seiner Dynastie zum Ruhm gereichen würden.[72] Unter diesen schreibenden Höflingen waren ernst zu nehmende Autoren, manche, die sich der lateinischen, und andere, die sich der anglo-normannischen Alltagssprache bedienten. In den Jahren, in denen Eleonore als englische Königin amtierte, breiteten sich Troubadourdichtungen, die ein Loblied auf die höfische Liebe sangen, und Romane, die im höfischen Milieu spielten, in der anglo-normannischen Welt aus. Ein ehemaliger Schriftsteller am Hof Eleonores und Heinrichs, der sich zum Mönchsdasein bekehrt hatte, schrieb wehmütig: «Als ich am Hof mit den Höflingen verkehrte, machte ich Sirventes, Chansons, Reime und Grußbotschaften [allesamt Genres der weltlichen Lyrik] inmitten der Liebenden und ihrer Geliebten.»[73]

Es ist freilich fraglich, ob zwischen der Übersiedlung Eleonores nach England und der Verbreitung der höfischen Literatur dort ein kausaler Zusammenhang bestand. Fraglos gedieh am englischen Königshof unter Eleonore und Heinrich eine einzigartig produktive literarische Kultur.[74] Die Königin war bekanntlich an einem Hof aufgewachsen, an dem Literatur und Gelehrsamkeit geschätzt wurden, und das galt auch für Heinrich. Ein Zeitgenosse beschrieb dessen Vater Gottfried le Bel als «außerordentlich gebildet und mit einer Eloquenz begabt, die ihn hoch über Kirchenmänner und Laien erhob, ein Ausbund an guten Umgangsformen».[75] Schon bevor Heinrich König wurde, widmeten ihm Dichter ihre Werke. Es ist jedoch unwahrscheinlich, dass der junge Herzog der Normandie der Auftraggeber dieser Schriften war; die Autoren widmeten sie ihm in der Hoffnung, in den Genuss seines Mäzenatentums zu kommen, wenn er auf den englischen Thron gelangen sollte.

Während seines Konflikts mit dem Erzbischof von Canterbury verfolgte Heinrich das Ziel, durch die Förderung von Schriften, die die Heiligkeit seiner Vorgänger auf dem Thron beschworen, die Gottgegebenheit der englischen Monarchie zu untermauern. Da er sich im Wettbewerb mit den Kapetinger-Königen sah, glaubte er unter seinen Vorfahren eine Heldengestalt finden und herausstellen zu müssen, die es mit dem berühmtesten Urahn der Kapetinger aufnehmen konnte, mit Karl dem Großen. König Artus oder Edward der Bekenner waren potenzielle Kandidaten für diese Rolle.

Beide Ehefrauen Heinrichs I. waren Mäzeninnen der Literatur gewesen, und auch Heinrich II. verschrieb sich im Tandem mit seiner Königin der Aufgabe, fähige Autoren zu fördern; es liegen allerdings keine konkreten Belege dafür vor, dass das Königspaar selbst Schriften in Auftrag gegeben hätte.[76] Widmungen oder Elogen, die Autoren in ihre Werke einflochten, können freilich als indirekte Belege dafür gelten, dass sie in ihrem Monarchen oder ihrer Königin zumindest potenzielle Förderer sahen. Nicht alle kirchlichen Autoren schrieben um materieller Vorteile willen; bei manchen war der Antrieb für das literarische Schaffen die Hoffnung, ihren König belehren und «umerziehen» zu können;[77] andere wollten sich einfach nur als loyale Untertanen präsentieren, indem sie ihren Herrscher rühmten. Es gibt keinen Beleg dafür, dass die Nonne aus Barking, die eine lateinische Biografie Edwards des Bekenners ins Anglo-Normannische übersetzte, dafür einen Auftrag von Heinrich II. oder Eleonore hatte; wir können jedoch davon ausgehen, dass sie wusste, dass es dem König ein Anliegen war, den Bekenner heiligsprechen zu lassen. Vielleicht hoffte sie, mit ihrer Arbeit die Gunst des Königspaares auf ihr Kloster zu lenken. Jedenfalls fügte sie in ihre Übersetzung eine Passage ein, in der sie Gott bat, den König, die Königin und ihre Dynastie zu schützen und ihnen Frieden, Freude und Überfluss zu bescheren.[78] Für klerikale Autoren am Hof, die oft nebenbei als königliche Schreiber arbeiteten, war es unmöglich, eine Abgrenzung zwischen der Förderung ihrer literarischen Tätigkeit und der Entlohnung für ihre Sekretärsdienste zu treffen. Die Belohnungen, die sie von Eleonore oder Heinrich erhielten, fielen oft in indirekter Form an, etwa indem dem Betreffenden der Einstieg in eine kirchliche Laufbahn ermöglicht wurde, sei es in Anerkennung seiner Tätigkeit als königlicher Schreiber oder seiner Leistungen als Autor. Am bekanntesten wurden Männer wie Gerald von Wales, Peter von Blois oder Roger von Howden; es war jedoch ein gewisser

Wace, Autor geschichtlicher Schriften in anglo-normannischer Sprache, den der König in den 1160er-Jahren mit einer Pfründe an der Kathedrale von Bayeux belohnte.[79]

Eleonore war an dem poitevinischen Hof aufgewachsen, der die Wiege der Troubadour-Dichtung gewesen war. Der Hof Heinrichs II. zog Sänger, Violenspieler, Flötisten und andere Musiker an; unter diesen Unterhaltungskünstlern waren auch Dichter und Komponisten. Zweifellos wurden Dutzende Lieder in Auftrag gegeben, deren Sinn und Zweck die Lobpreisung des Monarchen und seiner Königin war oder die an besondere Ereignisse erinnern sollten wie Siegesfeiern oder die Geburten und Eheschließungen königlicher Sprösslinge, Lieder, die einmal gesungen wurden und danach schnell in Vergessenheit gerieten. Hin und wieder findet sich in den *pipe rolls* ein Eintrag über eine Zahlung an einen Geschichtenerzähler («fabulator») oder Harfenspieler («citharidus»).[80] Keine Dokumente sind erhalten geblieben, aus denen hervorgehen würde, dass Eleonore selbst literarische Werke in Auftrag gab, aber fest steht, dass sie regelmäßig hübsche Geldsummen vom königlichen Schatzamt erhielt, die sie zur Förderung von Autoren einsetzen konnte, ohne dass dies eine Spur in den Kontobüchern des Schatzamts hinterlassen hätte. Das Fehlen von Dokumenten, die Zahlungen Eleonores an Schriftsteller belegen würden, schließt nicht aus, dass sie ihnen ihre Gunst durch Bargeld aus ihrer persönlichen Kasse oder durch wertvolle Geschenke bezeigte. Ein königlicher Lohn für einen Autor konnte, wie ein Gunsterweis an andere Höflinge, in Form eines geschenkten Mantels oder eines anderen Kleidungsstücks, einer vergoldeten Tasse oder sogar eines Pferdes oder Maultieres gewährt werden. Ein katalanischer Troubadour, der mehr als ein Jahrzehnt nach dem Tod Heinrichs II. schrieb, berichtete, er habe gehört, dass «Sir Heinrich, ein König von England, Pferde und Maultiere als Geschenke verteilte». Aus den Dichtungen wird zumindest deutlich, dass «während tatsächliche Belege für die Erteilung von Schreibaufträgen durch Eleonore … rar sein mögen, die Hinweise auf ein aktives literarisches Leben an ihrem Hof zahlreich vorhanden sind».[81]

Nur ein Troubadour, Bernard de Ventadorn, ein Sohn des Limousin und der «vielleicht zärtlichste und feinsinnigste aller provenzalischen Minnesänger», hielt sich nachweislich am englischen Königshof auf; allem Anschein nach war sein Förderer jedoch Heinrich II., nicht die Königin. Bernard begab sich zunächst an den herzoglichen Hof Heinrichs in der Normandie, angeblich nachdem er sich am Hof des Vizegrafen von Ventadorn in dessen Gattin verliebt hatte und deswegen fliehen musste. Er trat in die Dienste von

Herzog Heinrich, komponierte Versdichtungen für ihn und übersiedelte nach der Krönung Heinrichs nach England. In einem seiner Lieder heißt es: «Um des Königs willen bin ich sowohl Engländer als auch Normanne.» Er beklagt in diesem Gedicht, dass er «fern von meiner Dame» sei, und deutet an, dass er Eleonore öfter bei ihren Besuchen in der Normandie zu Gesicht bekomme als in ihrem englischen Königreich jenseits des Meeres. Andererseits teilt er mit, dass er dieses Gedicht in England geschrieben habe, «fern vom Land der Normannen, jenseits der wilden, tiefen See». In einer anderen Versdichtung lässt er seine Verehrung für «die Königin der Normannen» anklingen.[82]

Im Einklang mit der Troubadour-Tradition, die Identität der Angebeteten zu verschleiern, berichtet Bernard de Ventadorn schwärmerisch von seiner Liebe für eine namenlose Dame, der er den Decknamen Aziman gibt und die von manchen als die Königin an der Seite Heinrichs II. identifiziert worden ist. Nachdem Eleonore sich in England niedergelassen hatte, klagte der Dichter in einem Lied in okzitanischer Sprache über seine Trennung von seiner namenlosen Dame und verglich die Lage mit der von Tristan und Isolde.[83] Kein halbes Jahrhundert nach dem Tod Eleonores fabrizierte ein mit einer lebhaften Phantasie begabter Biograf Bernards unter Berufung auf dieses Lied eine Liebesaffäre zwischen dem Dichter und der Königin. Einige spätere Biografen haben diesen Faden aufgenommen, während andere in den Liebesbeteuerungen Bernards entweder eine bloße Verehrung aus der Ferne sehen oder einen Tribut an poetische Konventionen. Auch wenn der Autor vorgibt, in seinen Liedern seinen Gefühlen aufrichtigen Ausdruck zu verleihen, sollten wir sie nicht als Geschichtsquellen missverstehen; sie waren weder verschlüsselte Tagebücher noch Geständnisse oder Beichten, sondern für den öffentlichen Vortrag bestimmte Werke, die den strengen Konventionen des Troubadour-Genres gehorchten. Es gibt keine Belege dafür, dass Eleonore andere Dichter aus Aquitanien an den englischen Königshof gezogen hätte; ebenso wenig inspirierte sie Dichter aus Heinrichs anglonormannischen Besitzungen dazu, höfische Liebesdichtungen in den von den Anglo-Normannen gesprochenen englischen, walisischen oder französischen Idiomen zu schreiben.[84]

In ihren ersten Jahren als englische Königin scheint Eleonore die Vorliebe ihres Gatten für Geschichtswerke geteilt zu haben, besonders wenn sie in anglo-normannischer Sprache geschrieben waren. Heinrich II. erteilte Aufträge an Autoren, die gezeigt hatten, dass sie romantische Erzählungen schreiben konnten und in der Lage waren, einem höfischen Publikum, das überwiegend des Lateinischen nicht mächtig war, Geschichte nahezubringen.[85] Um das Jahr 1155 herum sicherte sich ein königlicher Schreiber namens Wace den Auftrag, den *Roman de Brut* zu schreiben, eine anglo-normannische Version von Geoffrey von Monmouths lateinischer Geschichte Britanniens. Layamon, ein Priester, der den *Roman de Brut* im ersten Jahrzehnt des 13. Jahrhunderts ins Englische übersetzte, behauptete, Wace habe ihn der Königin Eleonore gewidmet und über sie geschrieben: «Großzügig ist Eleonore, anmutig und klug.» Layamon hatte wohl ein später verloren gegangenes, mit einer Widmung an die Königin versehenes Exemplar gesehen.[86] Seine Aussage ist kein Beweis dafür, dass Eleonore mäzenatisch tätig war, lässt aber zumindest den Schluss zu, dass sie als eine Königin mit Interesse an der Literatur galt und dass Autoren, die ihre Aufmerksamkeit erregten, auf Gunsterweise von ihr hoffen konnten.

Der *Roman de Brut* ist beileibe kein akkurates Geschichtswerk; es gibt vor, die Frühgeschichte der Britannier zu erzählen, von der Ankunft des Brutus, eines Überlebenden des trojanischen Krieges, bis zu den Invasionen der Sachsen, und erweckt den Anschein, die Übersetzung eines uralten, in britannischer (oder walisischer) Sprache geschriebenen Werks zu sein. Wace verwendete in der Tat mündliche Überlieferungen, die in Liedform tradiert worden waren, aber seine wichtigste Quelle war Geoffrey von Monmouths Geschichte der Könige von Britannien. Seine in die Alltagssprache seiner Zeit übersetzte Neubearbeitung der legendären Ursprünge der alten Britannier, ergänzt um neue höfische Elemente, sollte in der mittelalterlichen Literatur eine folgenschwere Rolle als Quelle künftiger Mythen um die Ursprünge Britanniens spielen; Autoren des späteren 12. Jahrhunderts fanden darin Anregungen für Geschichtsromane, die sich um König Artus, Ginevra und die Ritter der Tafelrunde rankten. In der Folge wurden der legendäre Artus, seine Königin und seine Ritter für die Leser des 12. Jahrhunderts ebenso ein Teil der Geschichte wie biblische Figuren oder wie die Helden aus klassischen lateinischen oder griechischen Epen. Nicht ausgeschlossen ist, dass sich Wace bei seiner Darstellung von Artus' Königin Eleonore zum Vorbild nahm. Höflinge, die diese romanhaften Darstellungen hörten oder lasen, waren vermutlich versucht, hinter den Porträts von Artus und Ginevra Heinrich und Eleonore zu sehen. Wenn heutige Leser in jenen Romanen des 12. Jahrhunderts Parallelen zwischen fiktiven Charakteren und historischen Persönlichkeiten entdecken, dann waren diese Parallelen für die Zeitgenossen Eleonores und Heinrichs sicherlich noch deutlicher zu erkennen.[87] Mittelalterliche Leser erwarteten, wenn sie solche Texte lasen, mehr als nur eine

Deutungsebene zu finden; sie waren auf die allegorische Natur der Dichtungen ihrer Zeit eingestellt.

Heinrich II., war zwar in einem materiellen Sinn mächtiger als sein Rivale Ludwig VII., fühlte sich diesem aber «ideologisch unterlegen», weil der Kapetinger-König sich darauf berufen konnte, in direkter Linie von Karl dem Großen abzustammen.[88] Nach Meinung mancher Historiker lieferte der literarische Artus-Komplex Heinrich nützliches propagandistisches Material für sein Prestigeduell mit Ludwig und später mit dessen Sohn Philipp II. August, konnte er doch in der Person des König Artus nun einen ebenfalls legendären königlichen Vorläufer vorweisen, der sogar noch in fernerer Vergangenheit gelebt hatte als die fränkischen Vorfahren der Kapetinger. Heinrich unternahm allerdings nur sporadische und unsystematische Versuche, eine auf der Artus-Legende beruhende Ideologie zu entwickeln, die den propagandistischen Wert Karls des Großen für die Kapetinger hätte konterkarieren können. Solche Versuche bargen allerdings auch ein gewisses Risiko, denn König Artus und die um seine Person gesponnenen Legenden ließen sich ebenso gut von aufsässigen englischen Aristokraten vereinnahmen, die in Artus und seinen um die runde Tafel versammelten Getreuen eine idealisierte Vision für ein anderes, ursprünglicheres Königtum fanden. Artus wurde in starkem Maß mit den Bewohnern der an England angrenzenden keltischen Lande identifiziert, mit Menschen, die in den Augen der Engländer Barbaren waren; und tatsächlich hatten die Artus-Mythen eine besonders subversive Wirkung auf die Waliser und die Bretonen.[89]

Heinrich II. gab bei Wace ein weiteres Buch in Auftrag, den *Roman de Rou*, ein Geschichtswerk, das den Ruhm seiner jüngeren Vorfahren, der Herzöge der Normandie, verkünden sollte, von Rollo (oder Rou), dem Wikinger, der die Normandie eroberte, bis zu Heinrichs Großvater Heinrich I.; Wace bereitete sich auf diese Aufgabe vor, indem er alte normannische Chroniken las, epische Versdichtungen aufspürte und sogar Urkunden in normannischen Kirchen durchstöberte.[90] Nach einer einleitenden Eloge auf Heinrich und Eleonore, welch Letztere er als «edel und sowohl freundlich als auch klug» bezeichnet, folgt eine Kurzbiografie Eleonores, in der der Autor die anstößigen Aspekte ihrer Ehe mit Ludwig VII. wegretuschiert. Er erwähnt lediglich ihren unglücklichen Kreuzzug, bei dem «ein jeder viel Not und Schmerz litt»; als Grund für die Trennung des Paares nennt er «die Ratschläge der Barone» und fügt hinzu: «Diese Trennung brachte ihr keinen Schaden.» Wace stellte auch eine Verbindung zwischen Eleonore und Heinrichs normannischen Vorfahren her, indem er behauptete, Herzog Wilhelm von Poitiers habe sich in die Tochter Rollos, des Begründers der normannischen Herzogsdynastie, verliebt und sie geheiratet.[91]

Die Arbeit Waces' am *Roman de Rou*, begonnen um 1160, nahm irgendwann nach 1170 ein jähes Ende, als der Autor beim König in Ungnade fiel. Wace hielt in seinem Manuskript fest, dass auf Befehl des Königs Meister Benedikt (Benoît) von Sainte-Maure an seine Stelle getreten sei, und beklagte sich darüber, dass Heinrich II. ihm die versprochene finanzielle Belohnung nicht gewährt habe. Er stellte einen Vergleich zwischen dem Mäzenatentum seines Königs und der Praxis zu Zeiten eines Vergil und Horaz an, der zuungunsten Heinrichs ausfiel.[92] Meister Benedikt, der aus der Touraine stammte, war zunächst in die Dienste der Grafen von Anjou getreten, wahrscheinlich noch zu Zeiten von Gottfried le Bel. Bekannt geworden war er durch eine in die Landessprache übertragene Geschichte des trojanischen Krieges, den *Roman de Troie*, den er zwischen Mitte und Ende der 1160er-Jahre geschrieben hatte. Am Ende legte Benedikt eine fertiggestellte Fassung des zunächst bei Wace in Auftrag gegebenen Werkes unter dem Titel *Chronique des Ducs de Normandie* vor, bei der es sich im Wesentlichen um eine Übersetzung älterer lateinischer Geschichtstexte handelte. Flexibler als sein Vorgänger bei diesem Projekt, fügte Benedikt einige Lobeshymnen auf die normannischen Vorfahren Heinrichs ein, die er der Konvention entsprechend als fromme und höfisch gebildete Herrscher pries; seinen Auftraggeber und Mäzen bezeichnete er als «die Blume der Fürsten der Welt».[93]

In seinem *Roman de Troie* brachte Benedikt unmittelbar nach einer Tirade über die Torheit der Frauen eine Textpassage unter, in der es Komplimente für eine Frau hagelt, die unschwer als Eleonore zu erkennen ist. Er lobt sie als «die eine, bei der sich alles Wissen auftürmt», als «die mächtige Frau eines mächtigen Königs, ohne Fehl, ohne Zorn, ohne Bedauern».[94] Auch wenn Benedikt seinen *Roman de Troie* nicht «offiziell» Eleonore widmete, ist es offenkundig, dass er beim Schreiben an sie dachte und wusste, dass sie das Buch lesen würde. Der Roman erzählt die bekannte Geschichte der Helena, die sich von dem trojanischen Prinzen Paris ihrem griechischen Mann ausspannen und an einen fernen Hof entführen lässt, an dem sich Dichter tummeln – ein Szenario, das Parallelen zu Eleonores Lebensweg aufweist. Um die Analogie nicht zu weit zu treiben, malte Benedikt ein idealisiertes Bild der Liebe zwischen Helena und Paris, in der Hoffnung, dass sein Königspaar sich darin wiederfinden konnte. Um das Augenmerk der Leser von Helenas Ehebruch abzulenken, kritisierte er eine andere weibliche Figur des Romans, die Gefangene des Achilles, wegen ihrer Untreue. Ein weiteres leicht verschlüsselte Porträt Eleonores, das ihr zweifellos gefiel, zeichnete Benedikt mit der wackeren Hekuba, der Königin von Troja, einer von Weisheit, Gerechtigkeitssinn und Fröhlichkeit erfüllten Frau, die, wie die englische Königin, Mutter von acht Kindern war – fünf Söhnen und drei Töchtern.[95]

Dieses Frühwerk Benedikts, in dem er versuchte, Heinrich II. eine prestigeträchtige trojanische Abstammung anzudichten, wirkt wie abgestimmt auf dessen politisches Bestreben, seinen Stammbaum zu glorifizieren. Die angeblichen trojanischen Wurzeln stießen bei den Anglo-Normannen des 12. Jahrhunderts auf erhebliches Interesse: Autoren sowohl lateinischer als auch einheimischer Sprache stürzten sich auf das Thema, und manche produzierten regelrechte Genealogien, in denen die Abstammung Heinrichs von trojanischen Helden detailliert aufgezeigt wurde.[96] Ein englischer Schreiber namens Joseph von Exeter dichtete *Ilias*, einen Versroman über den trojanischen Krieg, und brachte es dabei fertig, in seiner Schilderung von Hektors Tod eine Hommage an den kurz zuvor verstorbenen jungen Heinrich unterzubringen. Eine andere Schrift über das legendäre Troja, ein anonym erschienener Roman mit dem Titel *Roman d'Eneas* (ca. 1160), war womöglich eine Auftragsarbeit für den Plantagenet-Hof. Der *Aeneis* Vergils nachempfunden, beschäftigt sich der Roman weniger mit der Liebe des Aeneas zu Dido als mit seiner Liebe zu Lavinia, würdigt in den höchsten Tönen eine gelungene dynastische Eheschließung und zeigt damit womöglich eine Parallele zu der Ehe zwischen Eleonore und Heinrich auf. Eine andere Erzählung, der *Roman de Thèbes*, entstanden in den ersten Ehejahren des Königspaars, basiert auf einem klassischen Werk, der *Thebais* von Publius Papinius Statius. In einem der Verse dieses Romans heißt es, die Küsse einer Königstochter der Antike seien «mehr wert gewesen als London oder Poitiers». Wir machen uns wohl keiner übertriebenen Spekulation schuldig, wenn wir diese überraschende Erwähnung von zwei der wichtigsten Städte des angevinischen Reichs als ein Kompliment an Eleonore, Königin von England und Herzogin von Poitou, deuten. Textpassagen über eine Königin, deren Mann sich ihre Ratschläge respektvoll anhörte, waren sicher geeignet, beim Leser Assoziationen an die englische Königin zu wecken. Was den unbekannt gebliebenen Autor zusätzlich mit Eleonore verbindet, ist seine poitevinische Herkunft, denn seine Muttersprache war das im Poitou gesprochene Französisch.[97]

Zu denen, die sich um die Gunst Eleonores bemühten, gehörte ein weiterer anglo-normannischer Autor, Philippe de Thaon, dessen Spezialität Texte waren, die man nur mit sehr viel Wohlwollen als naturwissenschaftlich bezeichnen würde. Eines seiner Werke war eine vor 1120 in lateinischen Paarreimen abgefasste Abhandlung über die Berechnung der Fälligkeit beweglicher Feiertage, ein «wenig inspirierendes Thema». Ein anderes Buch aus der Feder Philippes war das erste Bestiarium in französischer Sprache, in dem er Landtiere und Vögel beschrieb, sowohl wirkliche als auch mystische, und an dessen Ende er eine Liste der bekannten Edelsteine und ihrer Eigenschaften anfügte. Die Arbeit an seinem Bestiarium fiel noch unter die Regierungszeit Heinrichs I.; da es erst nach der zweiten Heirat des Königs fertig wurde, widmete Philippe es der neuen Königin Adelheid; nicht lange nach 1154 überreichte er Eleonore ein Exemplar mit einer neuen, an sie gerichteten Widmung. Ganz offensichtlich auf königliche Patronage aus, schrieb er: «Gott schütze Lady Alienor / Die Königin die richtet über / Ehre, Geist und Schönheit / Über Großmut und Treue.» Im weiteren Verlauf folgten Verszeilen, die sich direkt an die Königin richteten und sie baten, sich beim König dafür zu verwenden, dass der Autor das mütterliche Erbteil zugesprochen bekam.[98]

Es ist denkbar, dass Eleonore am Zustandekommen eines wissenschaftlichen Werks beteiligt war, einer auf Lateinisch verfassten medizinischen Schrift, die Robert Cricklade, Prior von St. Frideswide in Oxford (gest. ca. 1171), aus Sizilien nach England brachte. Es war eine Zusammenstellung wissenschaftlicher Texte, ein Abriss der Naturgeschichte des Plinius; Cricklade widmete das Werk zunächst König Heinrich I., später Heinrich II. Wie etliche andere englische Gelehrte bereiste er Italien: 1156 sah er Rom und Sizilien, 1158 kehrte er nach England zurück. Während seines Aufenthalts auf Sizilien gelangte er in den Besitz eines Exemplars der *Gynaecia Cleopatrae*, eines aus Konstantinopel stammenden Textes, den er nach England mitbrachte, um ihn der Königin zu schenken. Eleonore hatte vermutlich einiges über das legendäre Medizinwissen der Griechen erfahren, als sie auf dem Zweiten Kreuzzug in Konstantinopel Station gemacht hatte. Es ist eine plausible Annahme, dass die englische Königin nach dem frühen Tod ihres Sohnes Wilhelm den Prior gebeten hatte, ihr aus Sizilien medizinische Lehrbücher zu den Themen Entbindung, Kinderpflege und Frauenkrankheiten mitzubringen. Zum Zeitpunkt der Abreise Roberts hatte Eleonore erst zwei Söhne geboren, von denen nur noch der junge Heinrich am Leben war. Angesichts der Tatsache, dass sie in ihrer ersten Ehe nur Töchter geboren hatte, wäre es verständlich, wenn sie sich Gedanken über die dynastische Notwendigkeit gemacht hätte, noch mehr Söhne zur Welt zu bringen. Wenn sie diesbezüglich Befürchtungen hegte, so sollten diese sich aber bald als unbegründet erweisen, denn 1157 und 1158 gebar sie in rascher Folge zwei weitere Söhne.[99]

Nach Eleonores ersten zehn Jahren als Königin von England begann ihr die politische Rolle als Regentin ihres zweiten Gatten zu entgleiten. 1163 kehrte Heinrich nach vierjähriger Abwesenheit in sein Königreich zurück, und genau ab diesem Zeitpunkt finden sich in den *pipe rolls* keine Hinweise mehr auf Zahlungsverfügungen der Königin.[100] Das Ausbleiben von Verfügungen Eleonores verweist nicht zwangsläufig auf eine Entfremdung zwischen König und Königin, denn es kann für die abnehmende politische Aktivität Eleonores auch andere Ursachen gegeben haben. Ein Faktor war hier womöglich der von Heinrich zu diesem Zeitpunkt vorangetriebene Ausbau des königlichen Staatsapparats; neue Verwaltungsstrukturen führten dazu, dass sich das politische Geschehen zunehmend vom königlichen Haushalt weg und zum Schatzamt in Westminster hin verlagerte. Die beiden ranghöchsten Justiziare des Reiches, Robert Earl von Leicester und Richard de Lucy, waren als gemeinsame Schatzmeister zum einen für die königlichen Einkünfte und die Kontobücher der Sheriffs verantwortlich, zum anderen aber auch, wie ihre Amtsbezeichnung es nahelegt, für das wiederbelebte königliche Justizwesen. Das Schatzamt entwickelte sich zum Nervenzentrum für die tägliche Verwaltungsarbeit, was den wandernden Haushalt des Königs von Routineaufgaben entlastete, sodass er sich auf die Erarbeitung diplomatischer, politischer und militärischer Entscheidungen konzentrieren konnte. Da zwischen diesen beiden Machtzentren ein ständiger Informationsaustausch eingerichtet wurde, war es nur natürlich, dass die Rolle der Königin als Mittlerin zwischen dem im Ausland weilenden König und einer zunehmend professioneller arbeitenden Verwaltung in England an Bedeutung verlor.

Einen Beitrag zu diesem Bedeutungsverlust leistete Eleonore selbst auch dadurch, dass sie zunehmend häufiger den Boden des englischen Königreichs verließ. Zwischen Mai 1165 und Ostern 1166 hielt sie sich fast ein Jahr lang in Frankreich auf, wo sie Heinrich als Regentin in Anjou und Maine vertrat. Nach ihrer Rückkehr schlüpfte sie zwar 1166/67 noch einmal in die Rolle der englischen Regentin, doch in den Zeiten ihrer Abwesenheit hatten die obersten Justiziare des Königreichs ihre Einflusssphäre stetig vergrößert. Anfang 1168 beschloss Heinrich, weil er mit den aufsässigen Poitevinern nicht fertig wurde, Eleonore als seine Regentin in Poitiers zu installieren, in der Hoffnung, dass diese Form der indirekten Herrschaft mehr Akzeptanz bei ihren Landsleuten finden würde. Jetzt, da die Zeit des Kinderkriegens für sie vorbei war, fand sie die Aussicht auf eine wichtige politische Aufgabe in ihrer poitevinischen Heimat vielleicht verlockend. Ohnehin war abzusehen, dass ihr ältester Sohn nach seiner Krönung zum König im Juni 1170 die Regentenrolle von ihr übernehmen würde. Heinrich II. ließ den Thronfolger in England zurück und übertrug ihm «alle Rechte und Entscheidungen», und in der Folge autorisierte und besiegelte der junge Heinrich in den Phasen der Abwesenheit seines Vaters, der sich zwischen Ende Juni 1170 und November 1172 in Frankreich und Irland militärisch betätigte, dessen Verfügungen.[101] Die Zeit Eleonores als Regentin ihres angestammten Herzogtums Aquitanien sollte im Zuge der großen Rebellion von 1173/74 zu Ende gehen; sie büßte dadurch, dass sie sich mit ihren Söhnen gegen den eigenen Mann verbündete, so viel Glaubwürdigkeit ein, dass weder sie noch der junge Heinrich die Regentenrolle weiter ausüben konnten. Da Heinrich weiterhin viel im Ausland unterwegs war, jetzt aber kein Mitglied der königlichen Familie mehr zur Verfügung stand, das ihn in den Zeiten seiner Abwesenheit hätte vertreten können, übernahmen die obersten Justiziare des Reichs die Regentschaft; sie waren jetzt die ersten Stellvertreter des Königs.

VII.

Im Poitou von der Macht kostend, 1168–1173

In den ersten eineinhalb Jahren von Eleonores zweiter Ehe, vom Mai 1152 bis zum Dezember 1154, war sie gleichsam die Regierungschefin ihres Herzogtums Aquitanien gewesen; Heinrich Plantagenet, der Herzog, hatte lediglich ihre Verfügungen bestätigt. Nicht lange jedoch, und die Rollen kehrten sich um. Der Dezember 1154, der Monat, in dem Eleonore den neuen Titel einer Königin von England verliehen bekam, markierte den Beginn einer Phase, in der sie sich aus der Regierungsarbeit in ihrem Herzogtum zurückzog. Dass sie ihre Aktivitäten einstellte, erklärt sich teilweise aus dem Umstand, dass sie sich kaum noch in ihrem Herkunftsland aufhielt, bis sie 14 Jahre später, Anfang 1168, nach Poitiers zurückkehrte. Nach ihrer Krönung zur Königin von England hatte sie erst einmal genug damit zu tun, in ihrem neuen Reich ihren Mann als Regentin zu vertreten und Kinder zu bekommen.

Als Eleonores neuer Mann zum König von England gekrönt wurde, sah er die Chance, eine Aufgabe zu lösen, an der sich schon ihr vorheriger Gatte, Ludwig VII. von Frankreich, die Zähne ausgebissen hatte: das Herzogtum Aquitanien seiner Herrschaft zu unterwerfen und dem Portfolio der territorialen Besitzungen der Plantagenet-Dynastie einzuverleiben. Am Ende musste Eleonore erleben, dass Heinrich sie von der Teilhabe an der politischen Macht noch konsequenter ausschloss als ihr Ex-Mann. Heinrich II. war kraft seiner Heirat Graf von Poitou und Herzog von Aquitanien geworden und konnte die ererbten Rechte seiner Frau durch Beauftragung von Stellvertretern ausüben, durfte dies allerdings nicht ohne Zustimmung Eleonores tun. Umgekehrt konnte Eleonore als verheiratete Frau nicht ohne das Einverständnis ihres Mannes alleinverantwortlich handeln.[1] Heinrich arbeitete zielbewusst darauf hin, seine Verfügungsgewalt über Eleonores Erblande zu festigen und sie auf sich zu konzentrieren, ein Prozess, der der relativen Autonomie, die Eleonore in der kurzen Zeitspanne zwischen ihrem Weggang aus Paris und ihrer Übersiedlung nach England genoss, ein Ende setzen sollte.

Wie der Autor der *History of William Marshal* schreibt: «Die Menschen des Poitou befanden sich immer im Aufstand gegen ihre Herren.»[2] Heinrich II. wurde jedoch durch ständige Krisen in seinen nördlichen Besitzungen – in Wales, in der Bretagne und entlang seiner langen Grenzen zum Kapetinger-Territorium – immer wieder daran gehindert, sich Eleonores Herzogtum zuzuwenden. Anfang 1168 gab er sein Vorhaben auf, die Poiteviner seiner direkten Herrschaft zu unterwerfen, und beschloss, ihnen ihre Herzogin zurückzugeben, in der Hoffnung, eine in Poitiers installierte Eleonore, durch die er indirekte Herrschaft ausüben würde, werde für den poitevinischen Adel eher akzeptabel sein. Eleonore war denn auch willens, in das Herzogtum ihrer Vorfahren zurückzukehren, zumal sie darauf brannte, wieder eine bedeutsamere politische Rolle zu übernehmen und die Thronfolge ihres zweiten Sohns Richard zu sichern.[3] Die fünf Jahre, die auf die Rückkehr Eleonores ins Poitou Anfang 1168 folgten, wurden zur längsten Periode ihrer direkten persönlichen Herrschaft über ihr Stammland.

Aquitanien ohne Eleonore bis 1168

Bald nachdem Eleonore von Aquitanien Heinrich Plantagenet geheiratet hatte, legte ihr neuer Gatte die Tendenz an den Tag, sich mit harten Bandagen in poitevinische Angelegenheiten einzumischen, Methoden, die an die militanten Zusammenstöße Ludwigs VII. mit denselben Kontrahenten erinnerten. Heinrich schaffte es jedoch nie, in Aquitanien ein Staatswesen wie das zu installieren, das in seinen anglo-normannischen Besitzungen und mit Abstrichen auch in Anjou so gut funktionierte. Die administrativen Strukturen hatten in Aquitanien einen im Vergleich mit England oder der Normandie allenfalls rudimentären Charakter; ein Indiz dafür ist die sehr geringe Zahl von Heinrich ausgefertigter Urkunden über poitevinische oder aquitanische Angelegenheiten, während anderswo Tausende solcher Dokumente generiert wurden.[4] In weiten Teilen ihres Territoriums – in den südlichen Grenzregionen des Poitou, im Angumois, Limousin, Périgord oder in der Auvergne sowie in nahezu der gesamten Gascogne – besaßen Eleonore und ihre Vorgänger weder Burgen noch Güter, und die dort ansässigen Grundherren waren zu wenig mehr bereit als zur Anerkennung einer nominellen Oberhoheit des Herzogshauses.[5]

Heinrich war unmittelbar nach seiner Hochzeit mit großem Eifer darangegangen, Eleonores Untertanen seiner Herrschaft zu unterwerfen, wenn nötig mit Gewalt; den Einwohnern von Limoges hatte er eine Lektion erteilt, indem er gleich bei seinem ersten Besuch in der Stadt 1152 die neu errichtete Stadtmauer und eine Brücke hatte niederreißen lassen. 1156, auf der Rundreise des Paars durch Aquitanien, hatte Heinrich die Herrscherfamilie des Limousin verärgert, indem er den minderjährigen Sohn des verstorbenen Vizegrafen ohne Rücksicht auf die Proteste der Onkel des Knaben unter seine Vormundschaft gestellt hatte. Zwei Jahre später hatte er sich mit dem mächtigen Vizegrafen von Thouars angelegt, hatte dessen Burg belagert, ihn aus der Stadt getrieben und die Vizegrafschaft zweien seiner Statthalter unterstellt. Es ist denkbar, dass Eleonore ihren Mann zu solch drastischen Vorgehensweisen drängte, wie sie es auch bei Ludwig VII. getan hatte. Was auch immer seine Gründe gewesen sein mögen, die Kompromisslosigkeit, mit der Heinrich seine Autorität gegenüber den Untertanen Eleonores geltend machte, versetzte die Aquitanier in Wut und Alarmbereitschaft. Es nervte sie, dass der König von England seinen Willen «von den entlegensten Winkeln Englands bis zum Fluss Garonne» durchsetzen konnte.[6]

Der poitevinische Adel war zwar bereit, Heinrich Plantagenet als seinen Grafen und Herzog und damit seinen Lehnsherrn anzuerkennen, sah aber in seinem Bemühen, im Herzogtum seiner Frau anglo-normannische Verwaltungsstrukturen einzuführen, eine durch nichts gerechtfertigte Einmischung. Heinrich forderte den Adel heraus, indem er versuchte, lose definierte feudale Hoheitsrechte der Herzöge von Aquitanien in konkrete lehnsherrliche Ansprüche zu transformieren, wie er sie auch gegenüber seinem normannischen und englischen Adel durchgesetzt hatte. Die Poiteviner anerkannten lediglich ihre Verpflichtung als Grundherren, wie seit alters her bestimmte «öffentliche» Dienstleistungen für die Grafschaft bzw. das Herzogtum zu erbringen; im Übrigen protestierten sie lautstark gegen das, was sie als einen Anschlag Heinrichs auf ihre traditionellen Freiheiten empfanden. Die Rädelsführer dieses Widerstandes waren die Üblichen: mächtige und streitlustige Kleinfürsten mit Besitzungen entlang der südlichen Grenze des Poitou am Unterlauf der Charente und am Oberlauf der Vienne. Dank der Lage ihrer Besitzungen konnten diese widerspenstigen Adligen den Herzögen den Weg zwischen ihren beiden Hauptstädten Poitiers und Bordeaux versperren. Zu den Kämpferischsten unter ihnen gehörten die Freiherren von Lusignan; ausgehend von ihrem Stammsitz, der Burg Lusignan unweit von Poitiers, hatten sie vom 11. Jahrhundert an ihre Machtsphäre durch den Zuerwerb von Burgen und Ländereien im südlichen Poitou ausgedehnt. An allen Revolten gegen die Plantagenets hatten sie in vorderster Reihe mitgewirkt und jede Gelegenheit genutzt, im Verein mit ihren Nachbarn der Autorität des Herzogshauses zu trotzen und die eigene Machtstellung auszubauen. Zu den gefährlichen Widersachern im Bereich des «weichen Unterleibs des angevinischen Reichs» gehörten ferner die Taillefers, Grafen von Angoulême, die Grafen von Périgord und die vier Vizegrafschaften des Limousin: Limoges, Comborn, Ventadour und Turenne.[7]

Was Eleonore von den Versuchen Heinrichs hielt, sich den poitevinischen Adel untertan zu machen, wissen wir nicht. In den ersten Jahren ihrer Ehe mit Heinrich hatte sie ihn zweifellos in diesem Vorsatz bestärkt, wie sie es schon bei ihrem ersten Mann getan hatte. Dann begann sie aber offenbar, sein Vorgehen als plump und ohne Gespür für die Traditionen ihres Stammlandes zu empfinden, und verlor den Glauben daran, dass er sein Ziel erreichen würde. Wahrscheinlich hatte sie das Gefühl, besser als er zu wissen, wie man mit ihren Landsleuten umgehen musste. Die andauernden Revolten des Adels zur Verteidigung seiner traditionellen «Freiheiten», die Heinrich provozierte, indem er ihnen dieselben «feudalen» Verpflichtungen aufzuzwingen versuchte wie ihren Standesgenossen weiter nördlich, kamen für Eleonore vermutlich nicht überraschend. Die Brutalität, mit der Heinrich Widerstände niederbügelte – zum Beispiel ließ er zahlreiche Festungswerke rebellischer Poiteviner erstürmen und abreißen –, zeitigte kaum dauerhafte Erfolge. Die gedemütigten Aristokraten bauten ihre zerstörten Festungen im Nu wieder auf und verstärkten ihre Stadtmauern. Sie genossen in ihren Besitzungen zu viel Rückhalt, als dass der englische König sie militärisch so hätte bedrohen können, wie ihm das in seinen nördlichen Territorien möglich war. Er hatte nicht die Macht zu verhindern, dass diese poitevinischen Kleinfürsten ständig ihre Machtbasis verstärkten, indem sie verstreute Besitzungen zu territorialen Bastionen konsolidierten und diese durch eine Kette massiver Festungsbauwerke schützten.[8]

Vielleicht hatte Eleonore ein gewisses Verständnis für die xenophobischen Gefühle des aquitanischen Adels, weil sie selbst in Paris und London mit ähnlich motivierten ablehnenden Einstellungen konfrontiert worden war. Für die Aquitanier war der Gatte ihrer Herzogin ein Ausländer, «der König aus dem Norden», Repräsentant einer fremden Kultur. Immer wieder kühlten sie ihr Mütchen, indem sie «Eindringlinge» aus Heinrichs anglonormannischem Reich attackierten. Isaac, aus England stammender Abt von Étoile im Poitou, sammelte Erfahrungen mit poitevinischen Ressentiments gegen seine Landsleute. In einem Brief an seinen Landsmann Johann von Canterbury, Bischof von Poitiers, schilderte er das Verhalten eines benachbarten Grundherrn, der ihn bei jeder Gelegenheit beschimpfte und lauthals ankündigte, an ihm seinen Hass auf alle Engländer auslassen zu wollen. «Wollte Gott, dass ich nie englisch gewesen wäre», ereiferte sich Isaac, «oder dass ich, an diesen Ort verbannt, nie einen anderen Engländer gesehen hätte.»[9]

Tatsächlich war die Zahl derer, die aus den anglo-normannischen Stammlanden Heinrichs II. oder aus Anjou stammten und ein hohes Amt in Aquitanien bekleideten, an den Fingern einer Hand abzuzählen. Der Prominenteste unter ihnen war Patrick, Earl von Salisbury; er hatte den jungen Plantagenet-Prinzen schon in seinem Kampf um die englische Krone loyal unterstützt, und Heinrich hatte ihn spätestens 1163 zum Befehlshaber aller seiner in Aquitanien stationierten Truppen gemacht und ihm damit den Vorzug vor dem aus dem Poitou stammenden Konstabler von Aquitanien, Theobald Chabot, gegeben, der die Grundherrschaft Vouvent in der Vendée innehatte.[10] Von vereinzelten Berufungen anglo-normannischer Beamten abgesehen – wie Simon de Tournebu, dem Konstabler der Burg Thouars –, stützte Heinrich sich auf Mitglieder derselben poitevinischen Familien, die schon den früheren Herzögen und Grafen gedient hatten. Er rekrutierte diejenigen, denen er die Verwaltung des Herzogtums seiner Frau anvertraute, vorwiegend aus Familien des niederen Adels mit Burgen in den Landschaften Aunis und Saintonge, Familien wie den Maingots de Surgères, den Mauzés und den Mauléons, die schon in der Vergangenheit loyale Provosten und Kastellane für das Herzogshaus gestellt hatten. Sowohl Wilhelm Maingot I. als auch Wilhelm de Mauzé hatten zunächst Eleonores Vater und danach Ludwig VII. als Seneschalle des Poitou gedient, d. h. als ihre Statthalter in Zeiten ihrer Abwesenheit. Die Mauléons, die über Grundherrschaften entlang der poitevinischen Atlantikküste sowie auf den Inseln Ré und Oléron verfügten, hatten im Verlauf des 12. Jahrhunderts einen nicht untypischen, rasanten Aufstieg hingelegt. Sie hatten einen quasierblichen Anspruch darauf, für die an der Küste gelegene gräfliche Burg und Grundherrschaft Talmont, früher eines der Lieblingsjagdreviere der Vorfahren Eleonores, den Kastellan und Verwalter zu stellen.[11]

Bis in Heinrichs persönlichen Hausstaat drangen nur ganz wenige Poiteviner vor, obwohl es im Poitou und in Aquitanien, wie in anderen Fürstentümern des 12. Jahrhunderts, von ehrgeizigen Rittern und schreibkundigen jungen Leuten wimmelte, die darauf brannten, Höflinge zu werden. Eleonores Onkel Ralph de Faye schloss sich dem königlichen Haushalt zuweilen an, wenn der König in seinen französischen Besitzungen unterwegs war; ansonsten findet man unter den Höflingen, die dauerhaft zu seinem Gefolge gehörten, nur wenige poitevinische Namen. Ralph genoss das Vertrauen Eleonores und übte nach ihrer Übersiedlung nach England 1154 das Amt des Seneschalls der Saintonge aus; er war in der Tat in mancher Beziehung der wichtigste Statthalter seiner Nichte in ihrem Herzogtum.[12] Er hatte keine Bedenken, aus seiner Machtposition Kapital zu schlagen, und erwarb sich den Ruf, ein «notorischer Unterdrücker klösterlicher Einrichtungen» zu sein.[13]

Wie Ludwig VII. versuchte auch Eleonores zweiter Gatte, in den aquitanischen Bischofssitzen ihm ergebene Männer zu platzieren und so die geistlichen Prärogativen, die er in der englischen und normannischen Kirche besaß, auch in Aquitanien durchzusetzen. Eleonore wusste sicher, dass die Herzöge von Aquitanien seit der christlichen Reformbewegung des 11. Jahrhunderts keine durchgreifende Kontrolle mehr über die Kirchen ihres Herrschaftsgebiets hatten. Was das Herzogshaus etwa bei Bischofswahlen in der Kirchenprovinz Bordeaux an Mitspracherechten besessen hatte, war durch Abmachungen, die König Ludwig VI. anlässlich der Hochzeit Ludwigs VII. mit Eleonore 1137 getroffen hatte, geschmälert worden. Der französische König und sein Sohn hatten feierlich jedem Anspruch auf überkommene herzogliche Prärogativen in der Provinz Bordeaux abgeschworen, was auch den Verzicht auf eine Mitsprache des Herzogshauses bei der Wahl kirchlicher Prälaten bedeutete.[14] Ungeachtet dessen hatte Ludwig VII. 1140 versucht, in die Wahl des neuen Bischofs von Poitiers steuernd einzugreifen; Eleonore hatte dieses unverfrorene Machtgehabe ihres ersten Ehemannes unterstützt und ihn vielleicht sogar dazu ermuntert.

Der Plantagenet-Herzog erreichte nun zwar mehr als Ludwig VII., aber sein Einfluss auf Bischofswahlen in Aquitanien war unbedeutend im Vergleich zu der Machtposition, die er in seinen anglo-normannischen Herrschaftsgebieten besaß. Nach dem Tod des langjährigen Primas Gottfried von Loroux, des Erzbischofs von Bordeaux, im Jahr 1158 versuchte Heinrich, wahrscheinlich auf Drängen Eleonores, Einfluss auf die Wahl des neuen Erzbischofs zu nehmen; sein Kandidat war der Rektor der kirchlichen Schulen in Poitiers, Johann d'Asside (oder Johann de Sie). Da Heinrich seine aquitanischen Untertanen nicht sehr gut kannte, ist es wahrscheinlich, dass er sich von Eleonore beraten ließ, und sie war es vermutlich, die den Schulrektor empfahl, von dem sie sich eine Fortführung der engen und guten Beziehungen versprach, die sie zu Erzbischof Gottfried gehabt hatte. Der

König und Herzog wohnte der Versammlung, die den neuen Erzbischof wählen sollte, bei, und seine Präsenz schüchterte die meisten der anwesenden Prälaten ein. Ein Bischof wagte es, Kritik zu üben, indem er dem König erklärte: «Uns ist eine gerechte Wahl aufgetragen worden; es ist nicht angemessen, die Wahl in eurer Gegenwart vorzunehmen.» Als Heinrich dies zu hören bekam, verließ er wutschnaubend den Versammlungsort; er konnte seinen Kandidaten nun nicht mehr durchdrücken, und die versammelten Prälaten wählten einen Einheimischen, den Bischof von Périgeux, zum Erzbischof.[15] Sie wollten es sich aber offensichtlich nicht ganz mit dem neuen Herzog verderben und fanden sich ein oder zwei Jahre später, offenbar als Geste der Versöhnung, bereit, Johann d'Asside zum Bischof von Périgeux zu küren.[16]

Nicht lange nach dem gescheiterten Versuch Heinrichs in Bordeaux wurde das Amt des Erzbischofs überraschend wieder vakant, und Hardouin, der Dekan der Kathedrale von Le Mans, wurde 1159/60 zum neuen Inhaber des Amts gewählt. Heinrich hatte viel für die Kathedrale von Le Mans übrig, denn er war dort getauft worden und sein Vater war dort begraben. Er unterhielt jedoch kein enges Verhältnis zu Hardouin. Schon nach wenigen Jahren musste der Bischofsstuhl wieder neu besetzt werden, und dieses Mal wurde der aus der Gascogne stammende Bernard de Montault (oder Montaud), bis dahin Bischof von Lectour, gewählt. Er nahm an mehreren wichtigen Konferenzen teil, die im Verlauf des langjährigen Konflikts zwischen Heinrich und Thomas Becket stattfanden, und stellte sich dabei auf die Seite des Königs. 1173, gegen Ende von Eleonores Regentschaft in Aquitanien, wurde ein englischer Mönch, der Abt von Reading, William le Templier, in Anwesenheit des Königs zum Erzbischof von Bordeaux gewählt. Er war ein guter Bekannter sowohl Eleonores als auch Heinrichs, die beide Beziehungen zur Abtei Reading unterhielten, wo ihr erster, früh verstorbener Sohn begraben war. Zu ihren Höflingen gehörte William aber wohl kaum, anders als etliche normannische und englische Bischöfe.[17]

Das heftige Zerwürfnis zwischen Heinrich II. und seinem Erzbischof von Canterbury sandte Schockwellen aus, die irgendwann auch in der Diözese Poitiers ankamen. 1162 unterstützte Heinrich die Kandidatur eines englischen Geistlichen, Johann von Canterbury (oder Jean des Bellesmains), für das Bischofsamt. Einmal im Amt, erwies sich der vom König favorisierte Bischof jedoch nicht als Verbündeter Heinrichs in seinem Konflikt mit Becket, denn er und Becket kannten sich aus gemeinsamen Zeiten im Hausstaat des Erzbischofs Theobald und waren Freunde. In einem Brief vom Juli

1164 beklagte sich Bischof Johann bei Becket darüber, dass der König versuche, dem Poitou ein strenges Regiment im Stil der Konstitutionen von Clarendon aufzuzwingen, die den Erzbischof von Canterbury veranlasst hatten, sich gegen Heinrich zu stellen. Wie Johann berichtete, hatte eine königliche Delegation die Anweisung des Königs überbracht, er, Johann, dürfe sich «nichts anmaßen, was die Würde des Königs beeinträchtigt». Praktisch bedeutet das eine Beschneidung der Kompetenzen des Bischofs etwa bei der Regelung von Streitfällen in seiner Diözese, bei denen Kirchenvertreter oder kirchliches Eigentum tangiert waren, es sei denn, die zuständigen weltlichen Beamten verabsäumten es, für Gerechtigkeit zu sorgen. Damit nicht genug, untersagte der König dem Bischof, Barone oder andere Personen aus dem Poitou, die sich der bischöflichen Gerichtsbarkeit entzogen, zu exkommunizieren, ohne vorher die Statthalter des Königs zurate zu ziehen. Hieraus resultierte ein Zerwürfnis zwischen dem Bischof von Poitiers und Heinrich II., das so heftig wurde, dass Freunden des Bischofs um 1166 herum das Gerücht zugetragen wurde, es gebe einen Plan, ihn zu vergiften; Johann von Salisbury erfuhr um diese Zeit, dass der Bischof erkrankt und ein Mönch, der angeblich aus derselben Tasse getrunken hatte, gestorben war. Als Nichteinheimischer im Poitou befand sich Bischof Johann allerdings in einer heiklen Position, und in dem Wissen, dass er auf die Unterstützung des Königs und Herzogs angewiesen war, versöhnte er sich mit Heinrich.[18]

Die beiden Gesandten, die dem Bischof Johann die Dekrete Heinrichs von 1164 überbrachten, waren der Normanne Simon de Tournebu, Konstabler von Thouars, und Richard von Ilchester, ein geistlicher Höfling, der aus der Grafschaft Somerset stammte. Die Macht Heinrichs im Poitou reichte aus, um Richard an zwei wichtigen Schaltstellen der poitevinischen Kirche zu platzieren: Er machte ihn zum Erzdekan von Poitiers und zum Schatzmeister der Stiftskirche Saint-Hilaire le Grand. Traditionell hatten die Grafen von Poitou als Laienäbte von Saint-Hilaire die Schatzmeister der Stiftskirche berufen, die zuweilen auch finanzielle Aufgaben für die Grafen übernommen hatten. Richard von Ilchester, der in England als einer der «bösen Ratgeber» des Königs während des Konflikts mit Becket stark eingespannt war, übte sein Amt in Poitiers überwiegend in Abwesenheit aus; die besagte Mission stellte einen seiner seltenen Besuche an seinem Amtssitz dar.[19]

In den 1160er-Jahren förderte Heinrich II., obwohl Bischof Johann seinem Freund Thomas Becket weiterhin loyal verbunden blieb, die Vorarbeiten für den Umbau der Kathedrale St. Peter in Poitiers, ohne Zweifel mit Einverständnis und unter Beteiligung der Königin.[20] Ursprünglich er-

Rückseite (östliche Wand) der Kathedrale Saint-Pierre in Poitiers. In ihrer Strenge erinnert sie an die Burgen Heinrichs II., was ein Indiz dafür sein könnte, dass dessen militärische Baumeister an ihrer Errichtung beteiligt waren.

baut als eine frühgotische Hallenkirche mit drei fast identisch proportionierten Schiffen, verfügt sie über eine plane und massive Rückwand ohne Mauerstützen, wie man sie bei keiner anderen Kirche, sondern allenfalls bei Festungsbauten findet. Weil Burgen, die unter der Herrschaft Heinrichs in England gebaut wurden, ähnliche Mauern aufweisen, scheinen sie das Werk der militärischen Baumeister des englischen Königs zu sein. Der Chor der Kathedrale, fertiggestellt um 1167, ist in seiner «Kraft, Einfachheit und Großartigkeit» ein passendes Denkmal für Heinrichs II. Ein weiteres Erinnerungsstück an die Plantagenet-Dynastie und die Zeit ihrer Herrschaft in Poitiers ist das große Mosaikglasfenster in der Apsis über dem Hochaltar, das die Kreuzigung Jesu zeigt, ein Geschenk Eleonores und ihres Mannes. Den untersten Teil des Fensters bildet ein abgeteiltes Register, das das Königspaar zeigt, wie es ein Entwurfsmodell des Fensters an Christus übergibt, eingerahmt von seinen vier Söhnen, zwei auf jeder Seite. Dass vier Söhne abgebildet sind, beweist, dass das Fenster nach der Geburt Johanns Ende 1166 entstanden sein muss; andererseits muss es aus der Zeit

Unterer Teil des großen Mosaikglasfensters der Kathedrale Saint-Pierre in Poitiers, das Heinrich und Eleonore zwischen 1168 und 1173 stifteten links Elenore, rechts Heinrich.

vor der Rebellion Eleonores und drei ihrer Söhne 1173/74 stammen. Es ist Eleonore, die in dem Bild – einem der wenigen erhalten gebliebenen «Porträts» von ihr aus ihren Lebzeiten – den prominentesten Platz einnimmt: vom Betrachter aus gesehen links, aber rechts von Gott – gewöhnlich war dieser Platz für Männer reserviert. Dies ist ein Indiz dafür, dass die Stiftung dieses eindrucksvollen Mosaikfensters an die Kathedrale auf Eleonores Initiative zurückging.[21]

Ein Faktor, der die Probleme Heinrichs in den Stammlanden Eleonores verschärfte, waren die Ambitionen des Königs von Frankreich, der in der Zeit seiner Ehe mit Eleonore Herzog von Aquitanien gewesen war. In den zwei Jahrhunderten vor der Geburt Eleonores war das Verhältnis zwischen der französischen Monarchie und dem Herzogtum Aquitanien stets unscharf definiert gewesen, und der Status der Gascogne hatte ganz besondere Probleme bereitet. Zwar hatten etliche Herzöge den hoheitlichen Status der Kapetinger-Monarchen als der gekrönten und gesalbten Nachfolger der karolingischen Kaiser anerkannt, waren aber zugleich überzeugt davon gewesen, dass es ihnen selbst nur an einer Königskrone fehlte, um den Kapetingern ebenbürtig zu sein. Ludwig VII. hatte als Ehemann Eleonores ein Recht auf königliche Mitsprache in Aquitanien erworben, das er nicht aufgeben wollte. Nach anfänglichen Anfeindungen gegen Heinrich als dem neuen Herzog von Aquitanien hatte der König sich zu einer kompromissbereiten Haltung bequemt, es sich aber in dem Moment anders überlegt, als ihm am 22. August 1165 der lang erhoffte Sohn geboren wurde. Er wünschte sich für seinen Sohn und Erben Philipp die Herrschaft über das Königreich Frankreich ohne die von einem mächtigen südfranzösischen Reich, das die Atlantikküste beherrschte, ausgehende Gefahr. Gegen Ende der 1160er-Jahre verschlechterte sich sein Verhältnis zu Heinrich zusehends. In der Erkenntnis, dass das Königtum für einen offenen Kampf gegen Heinrich nicht stark genug war, erblickte Ludwig seine beste Chance darin, Heinrich zu schwächen, indem er in dessen Besitzungen Rebellionen ankurbelte; der Widerstandsgeist der Poiteviner nährte bei ihm die Hoffnung, das Reich seines Gegenspielers könnte in seine Bestandteile zerfallen. Auch das heftige Zerwürfnis zwischen dem englischen König und seinem Erzbischof Becket eröffnete Ludwig Chancen, Heinrich das Leben schwer zu machen, und als der Erzbischof von Canterbury sich genötigt sah, aus England zu fliehen, gewährte Ludwig ihm eine sichere Zuflucht auf französischem Boden. Es kam zu zunehmenden Wechselwirkungen zwischen dem Becket-Konflikt und der Rivalität zwischen Angevinern und Kapetingern, und bald schmähten die Unterstützer des verbannten Erzbischofs den englischen König nicht nur als einen Unterdrücker der Kirche, sondern auch als einen Feind der Franzosen.[22]

Der Verlauf der gesamten östlichen Grenze des Herzogtums Aquitanien war strittig und blieb es während der Dauer der Ehe Heinrichs und Eleonores und auch danach. Die an das Poitou angrenzende Grafschaft Berry war zur Hälfte in Plantagenet- und zur Hälfte in Kapetinger-Besitz. Während der nördliche Teil, die Vizegrafschaft Bourges, Teil der königlichen französischen Kronlande war, stand Châteauroux, die bedeutendste Grundherrschaft im südlichen Berry, unter der Herrschaft der Plantagenets. Die beiden Dynastien lagen in ständigem Disput miteinander um die Vorherrschaft über die zwischen Bourges und Châteauroux liegenden Teile der Grafschaft.[23] Insbesondere die Grafschaft Auvergne, östlich des Limousin gelegen, war seit Langem ein Zankapfel: Die Herzöge von Aquitanien, die Grafen von Toulouse und die Kapetinger erhoben den Anspruch, Lehnsherren der Auvergne zu sein. 1163 marschierte Ludwig VII. in der Grafschaft ein, doch Heinrich bestritt der Krone jedes Anrecht auf sie und stellte eine Streitmacht auf, um dem König den Zugriff zu verwehren. Später machte der englische König geltend, er sei kraft seiner Ehe mit Eleonore der rechtmäßige Souverän der Auvergne, und als es in der Grafschaft 1167 zu einem Erbfolgekonflikt kam, intervenierte er. Ein Onkel des designierten Erben wollte diesem das Erbe streitig machen; Heinrich zitierte den Mann an seinen Hof, woraufhin dieser sich Hilfe suchend an den Hof des französischen Königs in Paris wandte. Heinrich ließ daraufhin eine Truppe in der Auvergne einmarschieren und Angst und Schrecken verbreiten, und schließlich anerkannte Ludwig den Anspruch des Herzogs von Aquitanien auf die Hoheit über die Auvergne.

Ein noch größerer Problemfall war die an die Gascogne grenzende Grafschaft Toulouse, zu deren Souverän sich schon der Großvater Eleonores, Wilhelm IX., erklärt hatte, ein Anspruch, den Eleonore und Heinrich 1159 mit Waffengewalt, aber ohne durchschlagenden Erfolg durchzusetzen versucht hatten. Das Tauziehen um Toulouse ging danach noch 40 Jahre weiter, wobei sich die Könige von Aragon als weitere Konfliktpartei einbrachten und sich abwechselnd mit den Plantagenets und den Grafen von Toulouse verbündeten. Die daraus resultierende große Erbitterung der Toulouser machte sich Ludwig VII. zunutze, um seinen Einfluss zu vergrößern, mit der Folge, dass die Stadt Toulouse den französischen Monarchen als ihren Beschützer betrachtete.[24]

Heinrich II., dessen Reich von der schottischen Grenze bis an die Pyrenäen reichte und der nicht über die Ressourcen verfügte, um überall gleichmäßig Stärke zeigen zu können, kam nie dazu, dem Herzogtum Aquitanien und seinen auf ihre Unabhängigkeit bedachten lokalen und regionalen Granden konzentriert zu Leibe zu rücken. Zwischen dem Toulouse-Feldzug von 1159 und 1166 zeigte er nur ein einziges Mal persönliche Präsenz, als er im Sommer 1161 ins Tal der Dordogne marschierte, um eine Burg zu belagern. Es gelang ihm nie, in Aquitanien Verwaltungsinstanzen zu installieren, und dass er nicht einmal den Vorrang der herzoglichen Rechtsprechung durchzusetzen vermochte, wie er es in seinen anglo-normannischen Besitzungen getan hatte, spricht Bände. Im Poitou vollzog sich seit Mitte des 11. Jahrhunderts ein wirtschaftlicher Umbruch, ohne dass wir jedoch einschätzen könnten, ob und in welchem Maß Heinrich und Eleonore von dem neuen Wohlstand profitierten. Das Wachstum der Handelsumsätze in der Küsten- und Hochseeschifffahrt kam in Form von Hafengebühren und anderen Abgaben und Steuern zweifellos der herzoglichen Kasse zugute, doch hinkte das Herzogtum in den Einkünften, die es abwarf, den englischen und normannischen Besitzungen Heinrichs hinterher.

Ein kultivierter, auf Freundschaft, gegenseitigen Respekt und Kompromissbereitschaft fußender Umgang mit den adligen Vasallen im Angoumois und im Limousin, wie die Vorfahren Eleonores ihn praktiziert hatten, entsprach weder der politischen Linie Heinrichs II. noch der seines Sohnes Richard Löwenherz. Beide machten gar nicht erst den Versuch, die poitevinische Aristokratie oder die aufstrebende Kaufmannsschicht durch Ämterpatronage für sich einzunehmen, sondern rekrutierten ihre Beamten weiterhin vorwiegend aus anglo-normannischen Kreisen. Wenn ihre aquitanischen Untertanen dagegen aufbegehrten, begegneten sie ihnen mit Brutalität, Terror und Vergeltung. Jahrbücher und Chroniken enthalten zahlreiche Berichte über Strafexpeditionen des Königs ins Poitou und ins Limousin, durchgeführt unter Einsatz skrupelloser ausländischer Söldner, der gefürchteten «brabançons» oder «routiers»; sie waren die Antwort des Königs auf die häufigen Revolten in der Region. Die Niederschlagung solcher Revolten erfolgte nur selten in der Form eines regelrechten Gefechts; die Invasoren verwüsteten in der Regel das Land der Rebellen und plünderten es aus, mit der Folge, dass die Bauern Not litten und die Fremdenfeindlichkeit immer weiter zunahm. Was den Umgang mit der Gascogne betraf, so musste Heinrich, dem Beispiel der Vorfahren Eleonores folgend, seinen Ehrgeiz darauf beschränken, ihren wohlhabenden Teil, Bordeaux und das Tal der Garonne, im Griff zu behalten und sich um den Rest nicht zu kümmern. Wie die Vorgänger Eleonores auf dem Herzogsthron schaffte auch Heinrich es nicht, seinen Vasallen am Fuß der Pyrenäen mehr abzutrotzen als eine lediglich nominelle Anerkennung seiner Souveränität, und manche von ihnen fanden sogar nichts dabei, statt dem Herzog von Aquitanien den Königen von Aragon oder denen von Navarra zu huldigen. Die Situation in großen Teilen der Gascogne war vergleichbar mit der im hohen Norden Englands, wo der König ebenfalls nicht viel mehr tun konnte, als bei gelegentlichen militärischen Expeditionen in die Grenzgebiete zu Schottland die königliche Flagge zu zeigen.

Eleonore, Herrscherin in Aquitanien, 1168–1174

In den zwölf Jahren zwischen Eleonores Besuch in Aquitanien 1156 und ihrer Rückkehr nach Poitiers als Regentin 1168 stattete sie ihrer Heimat nur einen einzigen Besuch ab, und zwar anlässlich des Toulouse-Feldzugs von 1159. Die Verpflichtungen, die auf ihren Mann in seinen französischen Besitzungen nördlich der Loire warteten, ließen ihm wenig Zeit, sich um Eleonores Herzogtum zu kümmern. So verbrachte Heinrich II. einen großen Teil des Jahres 1166 auf dem Kriegspfad in der Bretagne, die nominell ein Vasallenstaat der Herzöge der Normandie war; er brachte die Bretagne unter seine Kontrolle und vermählte seinen dritten Sohn Gottfried mit der Tochter und Erbin des dortigen Grafen.

Obwohl sich Heinrich aufgrund der Vielzahl seiner Baustellen nie auf die Verwirklichung seiner Ziele in Aquitanien konzentrieren konnte, genügten seine sporadischen Versuche, die Aristokratie des Südens zu unterwerfen, um sie gegen sich aufzubringen. Als Eleonore sich vom Frühjahr 1165 bis zum Sommer 1166 als Statthalterin ihres Mannes in Angers aufhielt und nach längerer Zeit erstmals wieder engeren Kontakt zu ihren poitevinischen Untertanen hatte, bekam sie deren Unmut direkt zu spüren. Von ihrem Vetter Ralph de Faye und anderen erfuhr sie, dass der poitevinische Adel damit drohte, Heinrich die Loyalität aufzukündigen, weil er «ihre Freiheiten beschnitt».[25] Die Unzufriedenheit steigerte sich in einem solchen Maß, dass die poitevinischen Bischöfe zu dem extremen Mittel griffen, die Legitimität der Ehe zwischen Heinrich und Eleonore zu bestreiten, um auf diese Weise der Herrschaft des englischen Königs über sie ein Ende zu setzen. Als päpstliche Legaten im Poitou eintrafen, um mit dem poitevinischen Klerus über die Becket-Affäre zu beraten, wurde ihnen ein von poitevinischen Prälaten ausgearbeitetes Dokument vorgelegt, das den Stammbaum der beiden Eheleute detailliert darlegte und beweisen sollte, dass ihre Ehe kirchenrechtlich unzulässig war.[26]

Die Aufsässigkeit des poitevinischen Adels zwang Heinrich schließlich, eine Lösung zu suchen, die geeignet war, den Dauerkonflikt in den Erblanden seiner Frau südlich des Loiretals beizulegen; im Oktober 1166, nach Ende seines Feldzugs in der Bretagne, machte er sich Gedanken über Möglichkeiten, sich mit den Poitevinern zu arrangieren. Er beschloss, den Adel der Grafschaft zu einem Konzil einzuladen, das er für Ende November in Chinon anberaumte. Auf diesem eröffnete er ihnen seine Absicht, seinen weihnachtlichen Hoftag in diesem Jahr in Poitiers abzuhalten.[27] Tatsächlich hielt er im Dezember Einzug in der Stadt, mit dem jungen Heinrich an seiner Seite, um den poitevinischen Magnaten seinen Erben zu präsentieren und mit ihnen Weihnachten zu feiern. Allein, diese Geste reichte nicht aus, um sie versöhnlich zu stimmen. Das lag vielleicht auch daran, dass ihre Herzogin nicht zugegen war – sie war zu der Zeit hochschwanger mit ihrem letzten Kind und hatte die Reise aus England ins Poitou nicht riskieren wollen.

Heinrich II. musste sich 1167 nicht nur mit dem rebellischen poitevinischen Adel herumschlagen, sondern auch mit der umstrittenen Erbfolge in der Grafschaft Auvergne und mit dem Grafen von Toulouse. In Grandmont im Limousin, einer die Enthaltsamkeit kultivierenden kirchlichen Einrichtung, die Heinrich sehr bewunderte, traf er sich mit Graf Raymond V., ohne jedoch die Streitfragen ausräumen zu können.[28] Anfang 1168 musste Heinrich mit seinen Kriegern losmarschieren, um an der Südgrenze des Poitou einen Aufstand einiger Grundherren niederzuschlagen, dessen Anführer die Grafen von Angoulême und La Marche und die bekannten Freiherren von Lusignan waren. Bei winterlicher Witterung kreuzte der König und Herzog vor der Burg Lusignan unweit von Poitiers auf. Heinrich nahm die Burg ein und machte sie zu seinem Hauptquartier, von dem aus seine Truppen Raubzüge durch das Umland unternahmen.[29] Obwohl Heinrich sich militärisch durchgesetzt hatte, gelangte er zu der Erkenntnis, dass die Erblande seiner Frau bis auf Weiteres nur ein Herrschaftsgebiet zweiter Klasse innerhalb seines angevinischen Reichs sein konnten, eines, das sich nicht durch direkte Inbesitznahme regieren ließ, sondern nur durch einheimische Statthalter. So beschloss er, die Poiteviner dadurch zu befrieden, dass er ihnen ihre angestammte Herzogin zurückgab, Königin Eleonore.

Es ist nicht klar, ob Eleonore an der Seite Heinrichs war, als er im Januar 1168 von Argentan aus ins Poitou marschierte. Im Frühjahr 1168 hatte er sie auf jeden Fall als seine Regentin in Poitiers installiert, und sie blieb dort fast ununterbrochen bis 1174 und widmete sich der Aufgabe, die ungebärdigen Poiteviner zu regieren. Im Verlauf desselben Frühjahrs ließ Heinrich strategisch wichtige Burgen stärker befestigen und bemannen und brach dann, in der Zuversicht, dass die Rebellen nun erst einmal Ruhe geben würden, gen Norden auf, um sich an der normannischen Grenze mit dem Kapetinger-König zu treffen. Eleonore blieb in Poitiers zurück. Heinrich verließ sich allerdings nicht darauf, dass die Anwesenheit seiner Frau im Poitou allein den Frieden gewährleisten würde, sondern behielt sich weiterhin die Verantwortung für alle kriegerischen Eventualitäten vor und stellte Eleonore seinen Vertrauten, Patrick Earl von Salisbury, als militärischen Bevollmächtigten an die Seite.

Die Entscheidung Heinrichs, Eleonore in Poitiers zu stationieren, hat Anlass zu allen möglichen Spekulationen gegeben, vor allem weil das Experiment für ihn unglücklich endete, nämlich mit der aktiven Teilnahme Eleonores an der Rebellion seiner Söhne gegen ihn in den Jahren 1173/74. Autoren, die sich nicht vergegenwärtigen, welche langen Perioden der Trennung es schon in den früheren Jahren der königlichen Ehe gegeben hatte, suchen den Grund für Eleonores Rückkehr nach Poitiers gerne in einer Entfremdung zwischen den Eheleuten. Auch ihre mehrmalige Nichtteilnahme an weihnachtlichen Hoftagen nach 1167 wird als Zeichen für eine in die Krise geratene Ehe gedeutet.[30] Tatsächlich hielt Eleonore an Weihnachten 1170 und 1172 gemeinsam mit Heinrich Hof, während sie im Dezember 1171, als Heinrich im fernen Irland weilte, in Aquitanien blieb und in Limoges zusammen mit ihrem Sohn Richard einen eigenen großen Hoftag an Weihnachten abhielt.

Es ist auch die Vermutung geäußert worden, Eleonores Entscheidung, ihre Residenz aus England ins Poitou zu verlegen, sei eine Reaktion auf die Untreue ihres Mannes gewesen, insbesondere ein Ausdruck ihrer Wut und Eifersucht wegen seiner Liebesbeziehung zu Rosamunde Clifford; allein, der zeitliche Verlauf dieser Liaison lässt diese Erklärung nicht plausibel erscheinen.[31] Es finden sich keine Hinweise darauf, dass Eleonore über die außerehelichen Liebschaften ihres Mannes sonderlich erbost gewesen wäre, sei es vor ihrer Rückkehr ins Poitou oder in den Jahren danach. Ihre Ehe war kein Liebesepos, und wir können davon ausgehen, dass Eleonore über Heinrichs Affären sowohl mit Mädchen niederer Herkunft aus den Reihen des Hofpersonals als auch mit adligen Frauen Bescheid wusste. Sie hatte von Kindheit an miterlebt, dass aristokratische Ehemänner gewohnheitsmäßig untreu waren und dass von ihren Frauen erwartet wurde, das nicht zur Kenntnis zu nehmen. Andererseits können wir kaum daran zweifeln, dass ihre Ehe sich veränderte, dass die beiden sich auseinanderlebten und nicht mehr ein so partnerschaftliches Verhältnis pflegten wie in früheren Jahren. 1168 war für Eleonore die Zeit des Kinderkriegens vorbei; Heinrich war zu diesem Zeitpunkt 35 und noch von sexuellem Tatendrang erfüllt, den er mit anderen Frauen auslebte. Es ist nicht unwahrscheinlich, dass die Rückkehr Eleonores ins Poitou eine einvernehmlich getroffene Entscheidung war – dass sie eine inoffizielle gütliche Trennung markierte, für die es persönliche oder politische Gründe geben mochte.

Ein bisher kaum in Erwägung gezogener Faktor für die Bereitschaft Eleonores, ihren Sitz nach Aquitanien zurückzuverlegen, war ihr Wunsch, ihre Herrschaft in ihren Erblanden persönlich auszuüben und auf diese Weise ihre ererbten Rechte als Herzogin wahrzunehmen.[32] Mittelalterliche Moralisten nahmen solche Motive kaum einmal in den Blick; sie waren es gewöhnt, «das Verhalten von Frauen zu personalisieren, ihrem Handeln emotionale oder irrationale Motive zu unterstellen», im Gegensatz zum Handeln von Männern, das sie als «rational», als zweckmäßig im Sinn der Erreichung praktischer Ziele deuteten.[33] Allzu oft folgen auch neuzeitliche Autoren solchen konventionellen Denkmustern, indem sie dem Handeln mittelalterlicher Frauen eher persönliche oder emotionale Beweggründe oder gar sexuelle Motive unterstellen. Tatsächlich konnte Eleonore als nunmehr gereifte Frau eine bedeutsame politische Rolle für sich in ihren Erblanden anvisieren, umso mehr, als sie miterleben musste, wie in England ihre Macht als Regentin Stück für Stück abbröckelte und die Chief Justiciare des Königreichs immer mehr Kompetenzen an sich zogen. Angesichts der Tatsache, dass Heinrich zu dieser Zeit schon begann, Vorkehrungen für die Thronfolge in seinem Königreich zu treffen, musste sie sich Gedanken um die Zukunft ihres Herzogtums machen. In den Augen Eleonores von Aquitanien war die Dynastie, deren Erbin sie war, älter und namhafter als Heinrichs angevinische und normannische Linie; sie wollte nicht zulassen, dass Aquitanien dauerhaft im Reich der Plantagenets aufging und dann nur noch eine von dessen Provinzen wäre.

Bald nach ihrer Ankunft im Poitou wurde Eleonore auf drastische Weise mit der rauen und rebellischen Wirklichkeit ihrer Heimatregion konfrontiert, als sie in einen Hinterhalt geriet, bei dem ihr Beschützer, Patrick Earl von Salisbury, ums Leben kam. Der Überfall ereignete sich Ende März oder Anfang April 1168, wahrscheinlich an der Landstraße zwischen Poitiers und Niort, und die Täter kamen aus den Reihen der Familie Lusignan, die den Umstand, dass der König abgereist war, nutzen und die Königin in ihre Gewalt bringen wollten.[34] In der *History of William Marshal* findet sich eine ausführliche Schilderung des Vorfalls. William hatte Ende 1167, damals 23 Jahre alt, England verlassen, um seinem Onkel Patrick, dem Earl von Salisbury, ins Poitou zu folgen; er ritt im Tross der Königin mit, als dieser von einer Horde unter Führung der beiden Lusignan-Brüder Geoffrey und Guy angegriffen wurde. Der Earl sorgte dafür, dass seine Leute die Königin auf einer nahe gelegenen Burg in Sicherheit brachten; bevor er wieder aufs Pferd steigen konnte, um den Kampf aufzunehmen, «durchbohrte ihn ein feiger Attentäter von hinten mit seiner Lanze»; er war sofort tot.[35] Die Poiteviner verbreiteten eine andere Version des Geschehens: Ihr zufolge töteten ihre Leute den Earl «unabsichtlich», als sie sich gegen einen Angriff verteidigten, den ihre Gegner eröffneten, während schon Friedensverhandlungen liefen. Im Sommer forderten die für den Tod des Earls mitverantwortlichen Magnaten von Poitou und Angoulême, darunter der Graf von La Marche, der Vizegraf von Thouars, Geoffrey de Lusignan und der Abt von Charroux, von Heinrich die Wiedergutmachung der Schäden, die die Begleiter der Königin ihnen zugefügt hatten.[36]

Von heiligem Zorn über die Meuchelung seines Onkels erfüllt, kämpfte William Marshal wie ein Berserker, auch noch nach dem Verlust seines Pferdes; schließlich erlitt er eine Verwundung und wurde gefangen genommen. Er landete in einem Verlies und wurde für ein Lösegeld feilgeboten; Eleonore rettete ihn, indem sie den Lusignans Geiseln als Pfand für das zu zahlende Lösegeld aushändigte. Zum Zeichen ihrer Dankbarkeit versorgte sie William Marshal danach mit allem, was er brauchte, um sich als Ritter in ihrem Hofstaat zu verdingen, mit «Pferden, Waffen, Geld und schönen Kleidern». Der große Kampfesmut, den William bei dem Überfall gezeigt hatte, leistete einen entscheidenden Beitrag zu seiner wachsenden Reputation als Ritter ohne Furcht und Tadel und verschaffte ihm Zugang zum Hof der Königin, in deren Diensten er bis 1170 blieb. In diesem Jahr rekrutierte der König ihn als Ausbilder für seinen frisch gekrönten Sohn Heinrich, der noch nicht zum Ritter geschlagen war. William Marshal wurde zum Chef der Rittergarde des jungen Kronprinzen befördert, mit dem Auftrag, ihm ritterliche Kampftugenden und höfische Umgangsformen beizubringen. Auch nach seinem Ausscheiden aus den Diensten des jungen Heinrich blieb William den Plantagenets loyal verbunden; er diente nacheinander Heinrich II. und dessen beiden Söhnen Richard und Johann und schließlich auch noch seinem Enkel Heinrich III.[37]

Von 1168 bis 1174 verfügte die Königin und Herzogin über eine größere Autonomie als je zuvor oder danach zu Lebzeiten ihres Mannes; unbegrenzt war ihre Autorität jedoch zu keinem Zeitpunkt. Heinrich II. behielt in allen militärischen Angelegenheiten die Zügel in der Hand; allerdings wissen wir nicht sicher, ob er nach dem Tod des Earl von Salisbury einen anderen Vertrauten zu seinem militärischen Statthalter im Poitou ernannte. Einer nicht ganz zeitgenössischen Chronik zufolge trat Wilhelm von Tancarville, Kämmerer der Normandie, die Nachfolge von Earl Patrick als Heinrichs Statthalter im Poitou an, doch gibt es dafür keine anderen Belege.[38] Eleonore hatte zweifellos Zugriff auf poitevinische Einkommensquellen, aber wahrscheinlich behielt Heinrich die Kontrolle über einen Teil der Einkünfte aus der Grafschaft, sodass sie keine uneingeschränkte Verfügung über «die beiden Nervenstränge der Macht, Geld und militärische Schlagkraft» hatte. Die jährliche Apanage, die sie in England erhalten hatte, floss jetzt nicht mehr, aber immerhin bezog sie ein paar andere regelmäßige Einkünfte aus England, darunter fast 100 £ pro Jahr aus ihren Gütern in Devonshire.[39]

Zumindest formal die Herrscherin über ihr Herzogtum, fertigte Eleonore von nun an alle wichtigeren Verwaltungsakte – Garantien, Verfügungen,

Freibriefe – mit ihrem eigenen Siegel aus; ein Indiz für ihre Autorität ist die Tatsache, dass sie unter ihrem eigenen Siegel Stiftungen oder Vereinbarungen Dritter beglaubigte und ihnen damit Rechtskraft verlieh.[40] Was die betreffenden Dokumente allerdings auch zeigen, ist, dass ihre tatsächliche Macht sich nur auf das poitevinische Herzland erstreckte, das lediglich einen Teil des weitläufigen Herzogtums Aquitanien ausmachte. Eine der ersten religiösen Stiftungen, die Eleonore nach ihrer Rückkehr ins Poitou tätigte, betraf die Kirche Saint-Hillaire in Poitiers, die sich im Gegenzug verpflichtete, einmal im Jahr eine Messe «für die Seele des Earl Patrick, der in unseren Diensten gefallen ist», zu lesen. Aus der Urkunde geht hervor, dass Eleonore die Kirche, in der der Leichnam des Earl beigesetzt worden war, «nach dem Willen und Befehl meines Herrn, des Königs, und meines Sohnes [Richard]» mit der Stiftung bedachte. Die Anteilnahme Heinrichs an diesem Vorgang zeigt nicht nur, wie viel ihm die Erinnerung an einen loyalen Diener und langjährigen Freund bedeutete, sondern auch, dass er seiner Frau den Rücken stärken wollte, weil er Gefahren sah, die ihre und seine Autorität im Herzogtum bedrohten. Es sind keine weiteren Urkunden aus der Zeit Eleonores als Regentin in Poitiers erhalten geblieben, die sich auf Heinrich als Garanten berufen; ebenso wenig gibt es Urkunden oder Freibriefe aus dieser Zeit, die seine Unterschrift und sein Siegel tragen.[41] Nur zwei Briefe, die Eleonore in dieser Zeitspanne schrieb, sind erhalten geblieben; in beiden bittet sie den Papst, einen Verwandten von ihr, Peter-Raymond, zu rehabilitieren und wieder zum Abt des Klosters Saint-Maixent zu machen; aus unbekannten Gründen war er von seinem Amt als Leiter eines der angesehensten Klöster des Poitou abberufen worden. Eine weitere Intervention Eleonores betraf die Nichte eines Pfarrers; dieser ersuchte um die Aufnahme des Mädchens in das eigentlich aristokratischen Frauen vorbehaltene Nonnenstift Notre-Dame de Saintes und berief sich dabei auf eine «dringende Bitte der hochwohlgeborenen Eleonore».[42] Offenbar hatte die Herzogin sich hier zu einer Geste des Mitleids verleiten lassen, indem sie sich bei einer als Refugium für adlige Damen bekannten Einrichtung für ein Mädchen aus einfachen Verhältnissen verwendete, das dort normalerweise keine Aufnahme gefunden hätte.

Spätestens ab 1170 gingen sowohl Heinrich II. als auch seine Königin daran, Vorkehrungen für die Thronfolge in ihren Erblanden zu treffen. Heinrich konzentrierte sich darauf, die Krönung des jungen Heinrich zum König von England zu arrangieren. Weil seine ganze Kindheit im Zeichen des langjährigen Ringens um die englische Krone zwischen seiner Mutter und Stephan von Blois gestanden hatte, wollte er jede Unsicherheit über die Erbfolge im Falle seines eigenen Todes von vornherein ausschließen. Er dachte schon lange darüber nach, es der traditionellen Praxis der Kapetinger nachzutun und noch zu seinen Lebzeiten den jungen Heinrich zum König krönen zu lassen.[43] Dass er dieses Vorhaben 1170 mit so großer Eile vorantrieb, erklärt sich zumindest teilweise aus seinem Bedürfnis, eventuellen drastischen Schritten des ins Exil gegangenen Erzbischofs Thomas Becket zuvorzukommen. Am Palmsonntag des Jahres 1169 hatte Becket mehrere von Heinrichs Beratern exkommuniziert, darunter die Bischöfe von London und Salisbury. Im Herbst drohte der wütende Erzbischof damit, das englische Königreich als Ganzes unter ein Interdikt zu stellen, also die Abhaltung von Gottesdiensten in allen Kirchen zu verbieten; außerdem drohte er mit der Exkommunizierung Heinrichs.[44] Dieser mochte in einer Krönung seines Sohnes einen Schachzug sehen, mit dem er Beckets Pläne durchkreuzen konnte – eine vom Erzbischof eventuell ausgesprochene Exkommunizierung würde ins Leere gehen, wenn ein unschuldiger Junge, der für die Vergehen seines Vaters gegen die Kirche nicht verantwortlich gemacht werden konnte, die Krone trug.

Traditionell war es der Erzbischof von Canterbury, der die Krönung und Salbung neuer Könige übernahm. Heinrich II. übertrug diese Aufgabe dem Erzbischof von York, ein Vorgehen, das Becket, wie nicht anders zu erwarten, in Rage versetzte. Eleonore teilte ungeachtet der Komplikationen, die sich aus dem Zerwürfnis mit Becket ergaben, den Wunsch Heinrichs, ihren ältesten Sohn zum König gekrönt zu sehen; wahrscheinlich war die Aussicht für sie verlockend, als Mutter eines Königs noch mehr historische Statur zu gewinnen. Im Frühjahr 1170, in den Tagen vor der Krönung des jungen Heinrich, wurde deutlich, dass Eleonore nach wie vor einen Rang in der Gruppe der Ratgeber ihres Mannes einnahm. Nach Angaben in der *History of William Marshal* wurde der Beschluss des Königs, die Krönung durchzuführen, «auf Anraten der Königin und ihrer gesamten Entourage, denn solches war ihre Pflicht», gefasst.[45]

Im Juni 1170, kurz vor dem für die Krönung festgelegten Termin, kehrte Eleonore auf Geheiß Heinrichs in die Normandie zurück, um ihn dort zu vertreten, solange er für die Krönungsfeierlichkeiten in England weilte. Es scheint, als sei Margaret, die Frau des jungen Heinrich, bei Eleonore in Caen geblieben und hätte nicht an der Krönung teilgenommen. Unklar ist, ob man sie absichtlich fernhielt und damit vielleicht sogar ihren Vater Ludwig VII. brüskieren wollte; aus welchem Grund auch immer, es dauerte noch mehr als zwei Jahre, bis Margaret zur Königin von England gekrönt wurde; aus diesem Anlass wurde im August 1172 eine zweite Zeremonie inszeniert, bei der auch der junge König noch einmal die Krone aufgesetzt bekam.[46] Zu den Aufgaben der in der Normandie stationierten Königin gehörte es zu verhindern, dass Becket oder der Papst normannische Kirchenvertreter von der Reise nach England abhielten. Tatsächlich tauchte Roger, Bischof von Worcester, mit einer päpstlichen Verbotsanweisung im Gepäck in der Normandie auf und versuchte, nach England überzusetzen, wurde jedoch auf Befehl der Königin und des Konstablers der Normandie daran gehindert. Nach der Krönung begegnete der König dem Bischof und tadelte ihn dafür, dass er der Zeremonie nicht beigewohnt hatte – dabei wusste Heinrich sehr genau, dass er selbst durch seine Anordnungen das Fehlen des Bischofs bewirkt hatte. Roger antwortete, er sei von der Königin und ihrem Konstabler festgehalten worden. Um Heinrich keinen Vorwand für Kritik an Eleonore zu liefern, nahm er diese ritterlich vor jeder Schuldzuweisung in Schutz: «Entweder wird sie aus Rücksicht auf Euch oder aus Furcht vor Euch die Wahrheit verbergen», erklärte er und fügte hinzu: «Oder aber, falls sie die Wahrheit feststellt, wird Euer Unmut auf diese edle Dame fallen. Es wäre mir lieber, ich verlöre ein Bein, als dass sie ein heftiges Wort von Euch hören müsste.»[47]

Ende 1170 reiste Eleonore erneut aus dem Poitou in die Normandie. In der Jagdhütte von Bur-le-Roi bei Bayeux verbrachte sie Zeit mit Heinrich und ihren drei jüngeren Söhnen und nahm an dem schicksalhaften weihnachtlichen Hoftag teil, auf dem das Signal für die Ermordung Thomas Beckets gegeben wurde.[48] Die festliche Dezemberstimmung in Bur-le-Roi wurde durch die Ankunft mehrerer Bischöfe aus England wenige Tage vor Weihnachten gestört. Diese Prälaten, entschiedene Parteigänger Heinrichs in seinem heftigen Konflikt mit dem Erzbischof von Canterbury, führten Klage über Becket, der sie exkommuniziert hatte, nachdem er kurz zuvor (als Ergebnis einer auf wackligen Füßen stehenden Beilegung seines langjährigen Konflikts mit dem König) aus dem französischen Exil in sein Erzbistum zurückgekehrt war. Diese Nachricht stürzte den königlichen Hofstaat in helle Aufregung, und Heinrich erörterte mit seinen Beratern, welche Möglichkeiten es gab, das Vorgehen des Erzbischofs zu konterkarieren. Am 29. Dezember wurden aus Bur vier Ritter des Königs nach Canterbury in Marsch gesetzt mit dem Auftrag, Becket zu töten. Die Königin muss Ohrenzeugin des jähzornigen Wütens ihres Mannes gegen seinen früheren Freund gewesen sein, das seine Ritter nicht anders verstehen konnten denn als Anweisung, sich unauffällig vom Hof zu machen und in mörderischer Mission nach Canterbury aufzubrechen. Der König zog nach Argentan weiter, wo er drei Tage später erfuhr, dass seine Ritter den Erzbischof in seiner Kathedrale umgebracht hatten. Eleonore trat wahrscheinlich so schnell wie möglich die Heimreise an, erpicht darauf, sich von ihrem Mann zu distanzieren, der jetzt als Mörder (oder Auftraggeber der Ermordung) eines Erzbischofs dastand, der nach seinem Tod fast unverzüglich als heiliger Märtyrer und Vollbringer von Wundern gepriesen wurde.

Ungeachtet dessen kam das Königspaar ein Jahr später wiederum zum weihnachtlichen Hoftag 1172 in Chinon zusammen; dieses Mal waren die beiden Söhne Richard und Gottfried zugegen. Eleonore hatte den Wunsch, ihren zweiten Sohn Richard als ihren Nachfolger auf dem Herzogsthron von Aquitanien zu installieren; sie hoffte, dadurch zum einen seine Zukunft zu sichern und zum anderen den Fortbestand des Herzogtums Aquitanien als eigenständiges politisches Gebilde erhalten zu können. Eleonores Wunsch stand im Einklang mit einer weitverbreiteten Gepflogenheit der Zeit, der zufolge nachgeborene Söhne die ererbten Besitzungen ihrer Mutter übernahmen, ein Gewohnheitsrecht, das Heinrich selbst bei einer Besprechung mit Ludwig VII. auf der Burg Montmirail in Maine im Januar 1169 bestätigt hatte. Auf Reisen durch alle Teile ihrer Erblande stellte Eleonore ihren Untertanen ihren Sohn vor. Im Juni 1170 legten die beiden in Limoges den Grundstein für das Kloster Saint-Augustin, und während ihres Aufenthalts in der Stadt empfingen sie mit großem Pomp die Könige von Aragon und Navarra, die als Pilger gekommen waren, um das Grab des heiligen Martial zu besuchen.[49]

Im Juni 1172 wurde der 14-jährige Richard auf Betreiben seiner Mutter feierlich zum Herzog gekürt – ein Schritt, der stark an die Krönung des jungen Heinrich zum König von England zwei Jahre zuvor erinnerte. Die feierliche Investitur des jungen Richard ging über zwei Akte: Der erste fand in Poitiers statt, der zweite in Limoges. Eleonore hätte diesen Schritt wohl kaum ohne das ausdrückliche Einverständnis ihres Mannes tun können. Ein Chronist des Limousin, Geoffroy de Vigeois, schrieb denn auch: «König Heinrich der Ältere übertrug Richard nach dem Willen seiner Mutter Eleonore das Herzogtum Aquitanien.»[50] Trotzdem trug Heinrich II. weiterhin den Titel «Herzog von Aquitanien», während Richard, solange sein Vater lebte, normalerweise mit dem Titel «Graf von Poitou» belegt wurde.[51]

Die Erhebung Richards zum jungen Herzog begann mit einer prachtvollen Zeremonie am Sonntag nach Pfingsten in der Kirche Saint-Hilaire-le-Grand in Poitiers, wo die Grafen von Poitou seit Langem das Amt eines weltlichen Abts bekleideten. Unter den Augen des Bischofs von Poitiers und des Erzbischofs von Bordeaux, die die Zeremonie leiteten, trat Richard mit Lanze und Banner auf, Symbolen seiner Autorität als Graf. Im Anschluss an diese Zeremonie in Poitiers fand eine weitere pompöse Feier in der Abtei Saint-Martial in Limoges statt, die die Reliquien von zwei der höchstverehrten Heiligen Aquitaniens bargen. Der heilige Martial war der Überlieferung zufolge einer der Apostel Christi, die ausgesandt worden waren, um die Aquitanier zu bekehren; und die heilige Valerie war eine jungfräuliche Märtyrerin, der Überlieferung nach die Tochter eines römischen Gouverneurs von Aquitanien. Ihren Höhepunkt erreichte die Feier, als der neue Herzog sich zum Zeichen seiner Einsetzung den heiligen Ring der heiligen Valerie ansteckte; dies symbolisierte seine mystische «Verehelichung» mit der Stadt und mit dem Herzogtum Aquitanien. Anschließend setzte der Bischof Richard einen goldenen Reif aufs Haupt und überreichte ihm Stab und Schwert.[52] Diese Rituale für die Einsetzung eines neuen Herzogs hatten sich offenbar einige Kirchenmänner von Saint-Martial im Verlauf des 11. Jahrhunderts in Anlehnung an die Liturgie von Königskrönungen ausgedacht, und sie konnten die Krönung des Sohnes von Karl dem Kahlen zum König von Aquitanien im Jahr 855 als Vorbild dafür anführen. Sie legten es darauf an, das Ansehen ihres Gotteshauses zu erhöhen, indem sie ihm eine ähnliche Rolle und Bedeutung verschafften, wie die Kirche von Saint-Denis sie für die Kapetinger-Könige hatte, nicht zuletzt auch in der Hoffnung, damit Wallfahrer anzulocken und Gönner zu gewinnen.

In den Augen der Einwohner von Limoges bedeutete diese Einsetzungsfeier in ihrer Stadt vermutlich die offizielle Anerkennung der Oberhoheit des neuen Herzogs über sie, die symbolische Übertragung zumindest eines Abglanzes der Heiligkeit der früheren karolingischen Herrscher auf die Herzöge von Aquitanien.[53] Sie hatten keine Sympathie für ihren alten Herzog Heinrich II., der sie zweimal mit dem Einreißen ihrer Stadtmauer gestraft hatte. Auch Eleonore dürfte die Zeremonie als Signal dafür gedeutet haben, dass die nun anerkannte Autorität Richards in Aquitanien nichts mit Heinrich II. zu tun hatte, sondern die symbolische Bestätigung dafür gebracht hatte, dass Richards Rechte gottgegeben und durch die Abstammung Eleonores von den Statthaltern der karolingischen Kaiser legitimiert waren. Als Gattin Ludwigs VII. hatte sie gesehen, wie sehr die Kapetinger davon profitierten, dass sie ihr Königtum mit der Aura des heiligen Denis, des französischen Nationalheiligen, schmücken konnten. Wahrscheinlich schätzte sie an der Zeremonie in der Kirche Saint-Martial deren «besonderen Wert als direktes Gegenstück zu Saint-Denis und den Kapetingern».[54] Zweifellos erkannte Eleonore auch, dass die Einsetzung Richards zu ihrem Nachfolger die besonders innige Beziehung zwischen dem Knaben und seiner Mutter weiter festigen würde.

Die Weihnachtstage 1172 und den Jahreswechsel verbrachten Eleonore und ihr Mann zusammen auf der Burg Chinon. In dieser Zeit stattete die Königin und Herzogin dem nahe gelegenen Kloster Fontevraud einen Besuch ab und wurde dort Zeugin der Übergabe eines Geschenks: Manasser Biset, ein Verwalter im königlichen Haushalt, und seine Frau spendeten den Nonnen Geld für den Kauf von Heringen, die das Kloster jedes Jahr für die Fastenzeit anschaffte; Eleonore bezeugte dieses Geschenk, indem sie auf die Stiftungsurkunde ihr Siegel drückte. In der Urkunde heißt es: «Dieses Geschenk wurde in der Kapelle von Fontevraud getätigt, an dem Sonntag, an dem in Anwesenheit Eleonores, der Königin der Engländer,... und ihres Sohnes Richard Exsurge quare gesungen wurde.»[55] Nach 1170 begann Eleonore zunehmend engere Beziehungen zu dem bedeutenden Kloster zu pflegen und tätigte größere Stiftungen, sowohl an die Nonnen als auch an Prioreien, die Außenstellen des Klosters waren. Sie besuchte Fontevraud mindestens zweimal vor der Rebellion von 1173, und bei einem dieser Besuche bezeugte die Äbtissin Audeburge eine ihrer Schenkungen durch ihre Unterschrift. Die Königin und Herzogin war einmal auch dabei, als eine junge Witwe das Ordensgelübde ablegte, und nahm zusammen mit der Äbtissin das Geschenk entgegen, das die Eltern der Novizin der Klostergemeinschaft spendeten.[56]

Vielleicht war das wiedererwachte Interesse Eleonores an Fontevraud einfach ein Anknüpfen an die Patronagepolitik Heinrichs oder eine Geste der Dankbarkeit dafür, dass die Nonnen von Fontevraud in Zeiten, in denen die Regierungsgeschäfte im Poitou die Herzogin beansprucht hatten, ihre kleinen Kinder Johann und Johanna in ihre Obhut genommen hatten. Eine weniger harmlose Erklärung wäre freilich die, dass sie bereits die Eventualität einer Trennung von Heinrich erwog und in der Pflege guter Beziehungen zu diesem bedeutenden Kloster ein Mittel sah, Adlige aus der Nachbarschaft auf ihre Seite zu ziehen. Tatsächlich schlossen sich einige von ihnen später ihrer Rebellion gegen Heinrich II. an.[57] Einiges deutet darauf hin, dass Eleonore um 1170 begann, auf emotionale Distanz zu ihrem Mann zu gehen, analog zu der physischen Distanz, die mittlerweile die meiste Zeit vorherrschte. Es war deutlich geworden, dass Heinrich ihr nicht völlig freie Hand bei der Regierung ihres Herzogtums ließ; er zögerte nicht, sich persönlich in aquitanische Angelegenheiten einzuschalten. Im Frühjahr und Sommer 1169 führte er militärische Operationen im tiefen Süden Aquitaniens durch und erreichte dabei Saint-Macaire an der Grenze zwischen dem Bordelais und dem Bazadais. Mit seiner Streitmacht nahm er Burgen rebellischer Aristokraten ein und schleifte sie.[58] Als im Frühjahr 1171 die Einwohner des Städtchens La Souterraine zum Aufstand gegen ihren Grundherrn, den Abt von Saint-Martial, bliesen, rief dieser nicht Eleonore zu Hilfe. Offenbar in der Abwägung, wo die eigentliche Macht im Staate lag, wandte er sich direkt an Heinrich, der postwendend anmarschiert kam und den Aufstand niederschlug.[59]

In drei Dokumenten aus diesem Jahr deutet ein veränderter Wortlaut auf eine Distanzierung Eleonores von Heinrich II. hin. In der Anredeformel, die sie benutzte, definierte sie sich jetzt als die einzige Herrscherin über ihre Stammlande; anstelle der bis dahin verwendeten Formulierung «An die treue Gefolgschaft des Königs und ihrer selbst» trat der vereinfachte Ausdruck «An ihr treues Gefolge». Dieses Weglassen aller Hinweise auf ihren Mann zielte darauf ab zu betonen, dass sie im Poitou und in Aquitanien in eigener Machtvollkommenheit regierte und nicht nur als Vertreterin Heinrichs.[60] Implizit pochte sie damit auf die Rechte an ihren Erblanden, die sie kraft ihrer Ehe an Heinrich übertragen hatte, womit sie einer Infragestellung der Ehe als solcher gefährlich nahekam. Seit sie sich im Poitou niedergelassen hatte, wurde sie aus der Nähe mit der Brutalität der von ihrem Mann hier verfolgten Politik konfrontiert. Sie erfuhr aus erster Hand, wie grausam er mit gefangen genommenen Teilnehmern der Rebellion von 1167/68 umgegangen war, unter anderem von der Witwe eines Freiherrn aus dem Limousin namens Robert de Seilhac, der auf Befehl Heinrichs eingekerkert worden war. Die grausamen Haftbedingungen, die der König angeordnet hatte, hatten zum Tod des Gefangenen geführt. 1172 oder 1173 bezeugte die Königin und Herzogin mit ihrem Siegel eine Stiftung von Seilhacs Witwe an das Kloster Fontevraud. Denkbar, dass Eleonores Mitgefühl mit der Witwe einen Vorwurf an die Adresse ihres Mannes implizierte und ein Unbehagen ihrerseits an seinem drakonischen Herrschaftsstil signalisierte.[61]

Der Hof Eleonores in Poitiers

Nach der Rückkehr Eleonores ins Poitou 1168 verfolgte Heinrich offenbar zunächst seine frühere Strategie, an ihrem Hof einige seiner Vertrauten unterzubringen. Diese Absicht setzte er jedoch letztlich nicht in die Tat um. Das fast völlige Fehlen anglo-normannischer oder angevinischer Namen in Eleonores Gefolge im Poitou zeugt davon, dass sie sich sehr schnell freischwamm und die Beamten für ihren Hof unabhängig von einem Plazet ihres Mannes auswählte. Als Eleonore in Poitiers eine Stiftung für die Seele des gefallenen Earl von Salisbury tätigte, wurde sie begleitet von dem Normannen Simon De Tournebu, der uns 1164 als Heinrichs Konstabler auf der Burg Thouars begegnet ist und später in die Normandie zurückkehrte, um dort in der herzoglichen Verwaltung zu arbeiten, und des Anglo-Normannen Richard de Camville. Nach dem Tod des Earl von Salisbury dauerte es jedoch nicht lange, bis die «Nordlichter» aus dem Hof der Königin und Herzogin verschwanden. In der Zeit danach tauchten nur noch zwei anglonormannische Namen auf ihren Urkunden auf, beide betrafen Vorgänge, die 1172 beim weihnachtlichen Hoftag auf der Burg Chinon beglaubigt wurden.[62] Dass Heinrich es versäumte, eigene Leute am poitevinischen Hof seiner Königin zu stationieren, sollte ihn teuer zu stehen kommen, denn als sie sich 1173 mit seinen Söhnen gegen ihn verschwor, kam das für ihn völlig überraschend.

Dass bald nach der Rückkehr Eleonores poitevinische Beamte zu ihrem Gefolge stießen, ist ein Indiz dafür, dass sie Angehörige von Familien, die dem herzoglichen Hof traditionell Personal geliefert hatten, rekrutierte, um ihren eigenen Hausstaat aufzubauen. Als ihren Steward (Verwalter) können wir Porteclie de Mauzé identifizieren, dessen Vater schon sowohl dem Vater Eleonores als auch ihrem ersten Gatten gedient hatte.[63] Ein gewisser Hervey, der stets als Panetarius oder Butler bezeichnet wird, hatte schon in Eleonores Diensten gestanden, als sie noch französische Königin gewesen war, und sie hatte ihn zum Provosten von Poitiers ernannt, als sie die Stadt 1156 mit Heinrich besucht hatte. Aber auch Philipp, zuvor ihr Butler in England, gehörte in Poitou zu ihrem engeren Gefolge, ebenso wie Bernard de Chauvigny, ihr Kämmerer aus englischen Zeiten.[64] Auch ihre Kanzlei ordnete Eleonore im Poitou neu; sie fand Schreiber, die in der Lage waren, amtliche Texte im Stil der offiziellen Dokumente Heinrichs II. zu verfassen, ohne die königlichen Vorbilder sklavisch zu imitieren.[65] Meister Bernard, der der Herzogin schon 1152 im Poitou als Kanzler gedient hatte, kehrte in ihre

Dienste zurück, und ein anderer poitevinischer Schreibbeamter, Jordan, der uns bei ihrem Besuch 1156 als ihr Kanzler begegnet ist, taucht nach 1168 als «Schreiber» und «Notar» ebenfalls wieder an ihrem Hof auf (wenn es denn derselbe Jordan war, was wahrscheinlich ist). Ein Peter, der der Königin zuvor in England als Kaplan gedient hatte, arbeitete im Poitou vermutlich zusätzlich als Sekretär für sie. Ein herausragendes Mitglied von Eleonores Hausstaat war ihr Konstabler Saldebreuil, der sich möglicherweise auch in England vorübergehend ihrem Gefolge angeschlossen hatte.[66] Er war anscheinend der Befehlshaber einer zu ihrem Hausstand gehörenden Truppe von Rittern, die Eleonore auf ihren Reisen durch das unruhige Poitou beschützte. Einer dieser Ritter war, wie schon berichtet, William Marshal, den sie nach dem Tod seines Onkels Patrick von Salisbury engagierte.

Einmal zurück im Land ihrer Vorfahren, erneuerte Eleonore die Verbindungen zu ihrer poitevinischen Verwandtschaft, namentlich zu den Nachkommen ihres Großvaters mütterlicherseits, des Vizegrafen von Châtellerault. Einer davon war ein Onkel von ihr, der amtierende Vizegraf Hugo II. Das prominenteste Mitglied ihres Gefolges und ihr wichtigster poitevinischer Berater war jedoch der jüngere Bruder des Vizegrafen, Ralph de Faye. Schon vor der Rückkehr Eleonores hatte Ralph in der Verwaltung des Poitou eine wichtige Rolle gespielt, als Seneschall der Saintonge und als «Prokurator» von Aquitanien; offenbar amtierte er ab 1168 als Seneschall von ganz Aquitanien.[67] Während des Aufenthalts der Königin in Angers in den Jahren 1165 und 1166 hatte Ralph häufig ihren Hof aufgesucht und sie über die Situation in ihrem Herzogtum auf dem Laufenden gehalten. Mitglieder anderer poitevinischer Adelsfamilien ließen sich an Eleonores Hof selten blicken, meist kamen Verwandte wie ihr Onkel und sein Bruder, der Vizegraf von Châtellerault.[68] Abgesehen vom Grafen von La Marche blieben die meisten einflussreichen Grundherren entlang der Südgrenze des Poitou, wie der Graf von Angoulême oder der Vizegraf von Limoges, dem Hof fern; nur einige wenige Grundherren, in der Hierarchie der Adelsränge durchweg unterhalb der Grafen und Vizegrafen angesiedelt, machten dem Hof ihre Aufwartung, so zum Beispiel Geoffrey, Freiherr von Tonnaye-Charente. Auch Angehörige der aquitanischen Kirchenhierarchie machten sich am Hof Eleonores eher rar. Aus den höheren Rängen der Geistlichkeit waren es vor allem die Bischöfe von Périgeux und Angoulême, die wenigstens gelegentlich ihre Herzogin aufsuchten, desgleichen der Prior der Kirche Sainte-Radegonde in Poitiers. Johann von Canterbury, Bischof von Poitiers, traf die Herzogin öfter als jeder andere Prälat. Das ist insofern nicht verwunderlich, als er unweit von ihr in Poitiers saß. Andererseits war er wohl kaum ein vertrauter Berater; als Parteigänger Thomas Beckets genoss er das Misstrauen sowohl der Königin als auch ihres Ratgebers Ralph de Faye. Aus einem der Briefe des Bischofs lassen sich mit etwas Phantasie Insinuationen herauslesen, die ein anstößiges Verhältnis zwischen den beiden suggerieren und an die Anschuldigungen gegen Eleonore und ihren Onkel Raymond von Antiochia Jahre zuvor erinnern.[69]

Häufigere Gäste am Hof Eleonores waren rangniedrigere Adlige aus Familien, die den Grafen von Poitou traditionell Personal gestellt und auch Heinrich II. gedient hatten. Wilhelm Maingot II. gehörte einer Familie an, die in gewohnheitsrechtlicher Erbfolge das Verwalteramt in der Grundherrschaft Surgères innehatte, und sein Vater hatte unter früheren Herzögen von Aquitanien als Seneschall amtiert, ebenso wie Porteclie de Mauzé.[70] Zur Hofbeamtenschaft gehörten des Weiteren Fulk de Matha, dessen Vater dem Vater Eleonores, ihrem ersten Ehemann und danach Heinrich Plantagenet als Seneschall gedient hatte, und Maingot de Melle, erblicher Verwalter der Grundherrschaft Melle. Sowohl Wilhelm Maingot als auch Fulk de Matha blieben auch unter Graf Richard in herausragenden Funktionen am poitevinischen Hof tätig.

An der Seite der Königin und Herzogin in Poitiers befand sich ihr zweiter Sohn Richard, der zum Zeitpunkt ihrer Rückkehr ins Poitou neun Jahre alt und bereits der anerkannte Erbe des Herzogsthrons war.[71] Heinrich war damit einverstanden, dass Eleonore den Jungen unter ihre Fittiche nahm, wohl wissend, dass Richard eine besondere Lehre durchlaufen musste, um das Rüstzeug für die Rolle des Herrschers über das Herzogtum zu erwerben. Eleonore bezog ihn ab 1168 in ihr Regierungshandeln in Aquitanien ein, indem sie in zwei Dritteln der erhalten gebliebenen Dokumente die Formulierung «Ich und Richard mein Sohn» verwendete.[72] In vielen Fällen entwickelte der zweite Sohn einer aristokratischen Familie in einer quasinatürlichen Eifersucht auf den erstgeborenen Bruder eine besonders enge Beziehung zur Mutter. Richards Hingabe an seine Mutter steigerte sich in den Jahren seines Heranwachsens, in denen er sich ständig an Eleonores Hof aufhielt, zu einer engen Gefühlsbindung, die anderen Mitgliedern der Plantagenet-Familie offenbar nicht entging. In den fünf Jahren, die Richard an der Seite Eleonores im Poitou zubrachte, entwickelte er «einen unleugbaren Sinn für regionale Zugehörigkeit und Gemeinsamkeit der Erfahrungen», den er mit seiner Mutter teilte und der beide miteinander und mit der Heimat ihrer Vorfahren verband. Das tiefe Zutrauen Richards in die politische Urteilskraft Eleonores, das er in seinen Jahren als englischer König an den Tag legen sollte, bildete sich in dieser Phase. Die große emotionale Vertrautheit zwischen Mutter und Sohn hat manche Autoren, die überkommene psychologische Theorien bemühten, zu der Vermutung verleitet, die emotionale Abhängigkeit Richards von Eleonore aufgrund der Abwesenheit seines Vaters habe seine homosexuellen Neigungen gefördert. Die Sexualität des erwachsenen Richard Löwenherz ist indes ein weites und kompliziertes Feld, und es ist keine Äußerung von Zeitgenossen überliefert, der zu entnehmen wäre, dass sie Richards enge Bindung an seine Mutter bedenklich fanden.[73]

Während Richard fast ununterbrochen bei seiner Mutter im Poitou weilte, scheint es, dass ihre beiden anderen Söhne – der junge König Heinrich und Gottfried von der Bretagne – sich immer nur für ganz kurze Zeit an ihrem Hof aufhielten. Der junge Heinrich schlug nach seiner Krönung im Juni 1170 sein Hauptquartier in England auf, wo er trotz seines noch jugendlichen Alters als Regent seines Vaters amtierte; gelegentlich stattete er der Normandie Besuche ab und veranstaltete dort 1171 einen eigenen weihnachtlichen Hoftag. Gottfried, kaum dem Kindesalter entwachsen, hielt sich nach 1170 offensichtlich ebenfalls die meiste Zeit in England auf. Eleonore blieb mit diesen beiden Söhnen in ständiger Verbindung, sei es, dass sie sich in der Normandie mit ihnen traf oder dass sie sie im Poitou besuchten. Nach 1167 begann sie ihre Ambitionen mehr und mehr auf diese Jünglinge zu konzentrieren, und diese Jahre sollten sich als entscheidend für die Entwicklung ihres Verhältnisses zu ihnen und zu ihrem Gatten erweisen. Die beiden hatten ihren Ritterschlag noch nicht erhalten, waren aber offenbar reif genug, um in der Zeit, in der Eleonore und ihr Mann auseinanderdrifteten, als von ihr gesteuerte Werkzeuge eine politische Rolle zu spielen. Der junge Heinrich reiste im Februar 1173 auf dem Weg zu einem großen Konzil in Limoges durch die Erblande seiner Mutter; als er sah, welche gefestigte Stellung sein jüngerer Bruder Richard im Poitou einnahm, wuchs seine Erbitterung über die Weigerung seines Vaters, ihm eigene Territorien zu geben, die er hätte regieren können. Heinrich II. entwickelte in Limoges Ideen und Vorschläge für die Sicherung der Zukunft seines nachgeborenen Sohnes Johann, die diesen enttäuschten und erzürnten; umgekehrt reagierten Eleonore und Richard verärgert auf das Loblied, das der Graf von Toulouse auf den älteren Heinrich und den jungen König hielt. Das Konzil in Limoges bereitete den Boden für die große Rebellion Eleonores und ihrer Söhne, die bald folgen sollte.

Ein Gastspiel am Hof Eleonores in Poitiers gab von 1168 bis 1170 ihre zweite Tochter Eleonore, die allerdings einen Teil dieser Zeit mit ihrem jüngeren Bruder Johann und ihrer Schwester Johanna in Fontevraud verbracht haben dürfte.[74] Heinrich II. hatte schon vorher begonnen, in den Reihen spanischer Prinzen nach potenziellen Ehegatten für seine Töchter Ausschau zu halten, in der Hoffnung auf Heiratsbündnisse, die seinen Ambitionen im französischen Südwesten Auftrieb verleihen konnten. Er wollte Toulouse isolieren und den Einfluss der Kapetinger in Spanien begrenzen, der durch die Heirat Ludwigs VII. mit einer kastilischen Prinzessin im Wachsen begriffen war. 1168 fädelte Heinrich eine spanische Heirat für seine damals siebenjährige zweite Tochter ein; ihr prospektiver Ehemann war der junge Alfonso VIII., König von Kastilien. Im September 1170 stattete Eleonore der Stadt Bordeaux einen ihrer seltenen Besuche ab; sie brachte die junge Eleonore mit, um sie Gesandten des Königs von Kastilien zu übergeben. Die Königin und Herzogin leitete in Bordeaux ein großes Konzil, das über die Konditionen für die Verehelichung ihrer gleichnamigen Tochter befinden sollte; an dem Konzil nahmen die kastilischen Gesandten, eine Reihe spanischer Bischöfe und Aristokraten unter Führung des Erzbischofs von Toledo und aufseiten Eleonores eine große Zahl aquitanischer Magnaten teil, darunter der Erzbischof von Bordeaux und die Bischöfe von Agen, Angoulême, Poitiers, Saintes und Périgeux, dazu mehrere gascognische Vizegrafen und treue poitevinische Hofbeamte wie Theobald Chabot und Wilhelm Maingot. Nach Abschluss des Konzils wurde die junge Eleonore den spanischen Prälaten anvertraut, die sie über die Pyrenäen bringen und ihrem künftigen Ehemann in Spanien zuführen würden; die Heirat sollte feierlich begangen werden, sobald Eleonore ihr zwölftes Lebensjahr vollendet hatte.[75] Nachdem das Mädchen aus Poitiers abgereist war, konnte Eleonore schwerlich hoffen, es je wiederzusehen; allein, der Zufall wollte es, dass die beiden einander mehr als 30 Jahre später, 1202, noch einmal begegneten.

Der Ehevertrag, den Heinrich II. für seine zweite Tochter aushandelte, stattete diese nicht mit einer großen Mitgift an ihren Bräutigam aus, wie es um diese Zeit bei aristokratischen Eheschließungen üblich wurde. Die Mitgift der jungen Eleonore sollte stattdessen das Herzogtum Gascogne sein, das allerdings erst nach dem Tod ihrer Mutter in ihren Besitz übergehen würde.[76] Heinrich sah im südlichsten Teil des Herzogtums seiner Frau zweifellos einen verzichtbaren Bestandteil Aquitaniens, in dem ungebärdige Aristokraten den Ton angaben und die Herzöge von Aquitanien ihre Herrschaft nie hatten festigen können. Heinrich war von Rechts wegen jedoch gar nicht befugt, die Gascogne, die Teil von Eleonores Erblanden war, ohne ihre Zustimmung wegzugeben, und man kann sich nur schwer vorstellen, dass sie diese Zustimmung aus freien Stücken gegeben hätte. Eleonore kann nicht erfreut darüber gewesen sein, dass eine Besitzung, die ihr Urgroßvater vor mehr als einem Jahrhundert für das Herzogtum Aquitanien erobert hatte, nach ihrem Tod in die Hände des kastilischen Königshauses übergehen sollte. Jahrzehnte später, nach dem Tod Eleonores im Jahr 1204, versuchte Alfonso VIII. durch einen militärischen Aufmarsch in der Gascogne den Rechtsanspruch seiner Frau durchzusetzen.[77] Vielleicht trug Heinrich mit seiner Bereitschaft, die Gascogne dem kastilischen König zu versprechen und damit das territoriale Erbe Eleonores zu amputieren, dazu bei, dass bei ihr die Zweifel an dem Willen ihres Mannes wuchsen, die von ihren Vorfahren erworbenen Länder zusammenzuhalten, und natürlich musste das für sie auch Anlass sein, die Frage zu stellen, wie viel oder wie wenig Verfügungsgewalt über ihr Erbe sie besaß.

Als Eleonore 1168 aus der Normandie nach Aquitanien übergesiedelt war, hatte sie ihre beiden kleinsten, noch kaum dem Säuglingsalter entwachsenen Kinder bei sich gehabt: Johanna und Johann. Diese beiden Kleinen sollten jedoch nicht im Haushalt ihrer Mutter in Poitiers aufwachsen, sondern wurden in die Obhut der Nonnen des Klosters Fontevraud gegeben. Jahrzehnte später schrieb die Äbtissin von Fontevraud in ihrem Nachruf auf den verstorbenen König Johann: «[Er] wurde uns und unserer Kirche als Oblate von seinem höchst erhabenen Vater, König Heinrich, übergeben und für die Dauer von fünf Jahren von uns betreut.»[78] Die Aussage ist sicherlich zutreffend, dass es König Heinrich war, der den jungen Johann den Nonnen von Fontevraud übergab, denn Entscheidungen über Erziehung und Ausbildung adliger Knaben waren eine Prärogative des Vaters. Das Kloster Fontevraud erfreute sich seit seiner Gründung zu Beginn des 12. Jahrhunderts der Gunst der angevinischen Grafen; außerdem hatte eine Tante Heinrichs dort als Äbtissin gewirkt, und in der Zeit, in der seine beiden jüngsten Kinder dort aufgezogen wurden, befand sich auch eine seiner Cousinen als Nonne dort. Einer der Gründe für seine Entscheidung, die beiden Kinder in Fontevraud unterzubringen, war der Umstand, dass Eleonore sich mit ganzer Kraft der Aufgabe widmen sollte, ihrem aufsässigen Herzogtum Zügel anzulegen. Da Fontevraud jedoch nicht allzu weit von Poitiers entfernt war, konnte sie ihre Kinder dort häufig besuchen.

Der Nachruf der Äbtissin ist insofern irreführend, als Johann darin als «Oblate» bezeichnet wird; während es nicht unüblich war, dass aristokratische Familien einen ihrer nachgeborenen Söhne zum Priester ausbilden ließen, war das für Johann nie vorgesehen, und seine Unterbringung in Fontevraud diente nicht diesem Ziel. Hätte Heinrich für ihn eine kirchliche Laufbahn vorgesehen, so hätte er ihn in ein von einer Äbtissin geleitetes Doppelkloster geschickt, in dem Nonnen bei der Ausbildung des Priesternachwuchses den Ton angaben. Im vorliegenden Fall bezeichnet der Ausdruck «Oblate» einfach einen der Fürsorge des Klosters anvertrauten Knaben – Nonnenklöster nahmen nicht selten Kinder beiderlei Geschlechts bei sich auf, um für sie zu sorgen und sie auszubilden. Im England des späten 12. Jahrhunderts vertraute der heilige Hugo von Lincoln einen unter seiner Kuratel stehenden fünfjährigen Jungen einem Nonnenkloster an, das für seine schulische Ausbildung sorgte.[79]

Nach seiner Einquartierung in Fontevraud kam Johann nicht mehr in den Genuss der engen Mutterbeziehung, die normalerweise in der frühen Kindheit entsteht und eine intensive emotionale Bindung zwischen Mutter und Sohn wachsen lässt. Mindestens ein Eleonore-Experte hat im Blick darauf und unter Anwendung psychoanalytischer Erkenntnisse die These vertreten, das Fehlen einer intensiven Mutterbeziehung in dieser entscheidenden Phase seiner Kindheit sei mitverantwortlich für Johanns späteren Hang zu «Paranoia und prinzipienlosem Opportunismus».[80] Vielleicht erzeugte die frühe Trennung von der Mutter bei Johann tatsächlich negative Selbstwertgefühle, die ihn zu einem despotischen Herrscher prädisponierten und den Grundstein für sein misstrauisches Wesen, seine Eifersucht, seine Empfindlichkeit für Kränkungen und seine Lust an der Demütigung von Rivalen legten, Züge, die sich bei ihm schon im jugendlichen Alter zeigten. Dieses Bild einer Eleonore, die als zugleich dominierende und distanzierte Mutter die Psyche ihres Sohnes schädigt, ist nicht unwidersprochen geblieben. Auch Johanns Brüder und Schwestern mussten, wie viele andere Aristokratenkinder, frühe und wiederholte Trennungen von ihren Eltern verkraften.[81] Richard, der in seinen späten Kindheits- und frühen Jugendjahren ständig bei seiner Mutter war, erwies sich später als ebenso fähig, Feinde grausam zu behandeln und die eigenen Untertanen gnadenlos auszupressen, wie sein verhasster jüngerer Bruder, wiewohl er sich zugleich den Ruf erwarb, «der Bannerträger des Christentums, die Blüte der westlichen Ritterlichkeit» zu sein. Bedenkt man das zunehmend angespanntere und feindseligere Klima zwischen Heinrich II. und Eleonore und die Eifersüchteleien zwischen ihren Söhnen, so war es für den kleinen Johann vielleicht sogar ein Glück, dass er seine frühen Kindheitsjahre außerhalb des elterlichen Haushalts verbrachte, in der Abgeschiedenheit einer religiösen Einrichtung.[82] Wie auch immer, es gab für Johann noch andere Gründe als die Trennung von seiner Mutter im frühen Kindesalter, Gefühle der Unsicherheit und des Gefährdetseins zu entwickeln. Für den jüngsten Sohn einer kinderreichen mittelalterlichen Aristokratenfamilie galt überall und immer, dass seine Perspektiven sehr unsicher waren, und als Heinrich II. im Januar 1169 in Montmirail seine Ideen für die Erbfolge in seinem Portfolio von Fürstentümern vorlegte, zeigte sich, dass ihm eine Drittelaufteilung unter seinen drei älteren Söhnen vorschwebte, bei der Johann leer ausgehen würde.

Eleonore und der «Liebeshof» in Poitiers

Die Jahre, die Eleonore, getrennt von Heinrich II., als Herrscherin über ihr Herzogtum und als Monarchin mit eigenem Hof in Poitiers verbrachte, haben Stoff für zahlreiche Mythen geliefert. Romantisch bewegte Autoren, denen das Bild einer «Königin der Troubadoure» vorschwebte, die Dichter und Minnesänger an ihren Hof zog, haben sich von den Schilderungen eines poitevinischen Chronisten des späten 12. Jahrhunderts inspirieren lassen. Der Autor bedauert die Gefangensetzung der Königin und Herzogin in England ab 1174 und schreibt: «Einstmals zart und gefühlvoll, erfreutet Ihr euch einer königlichen Freiheit; Ihr schwelgtet im Reichtum, junge Mädchen waren um euch, die das Tamburin und die Harfe schlugen und schöne Lieder sangen. In der Tat erfreutet Ihr euch am Klang der Orgel und hüpftet zum schlagenden Rhythmus der Trommeln.»[83] Diese kurze Passage hat die Phantasie vieler Autoren beflügelt; vor ihrem geistigen Auge erblickten sie eine Eleonore, die Schwärme adliger Jungfrauen, ritterliche Galane und Troubadoure um sich versammelte, die die Zeremonienmeisterin für einen «Liebeshof» spielte und und weise Ratschläge für die Lösung amouröser Probleme erteilte.

Hochgestellte Frauen hatten die Pflicht, dafür zu sorgen, dass junge Ritter an ihrem Hof höfische Umgangsformen erlernten, die sie in die Lage versetzten, einen geziemenden Umgang mit den Damen des fürstlichen Gefolges zu pflegen. Manche Autoren gehen jedoch so weit, Eleonore die Einrichtung einer «königlichen Akademie» nachzusagen, an der adligen Jünglingen und Jungfrauen nicht nur die Grundregeln höfischen Betragens oder ritterlichen Auftretens vermittelt worden seien, sondern auch die Kunst der «höfischen Liebe». Angeblich förderte die Königin und Herzogin an ihrem Hof in Poitiers die Liebeslehren der Troubadoure, die bei den jungen Zöglingen eine Mentalität bildeten, die ehebrecherische Beziehungen als eine lässliche Sünde durchgehen ließ; damit sei die Entwicklung hin zu unserem modernen romantischen Liebesverständnis eingeleitet worden.[84] «Höfische Liebe» ist ein Ausdruck, den ein führender französischer Experte für mittelalterliche Literatur im späten 19. Jahrhundert geprägt hat. Die Troubadoure selbst gebrauchten diesen Ausdruck nie; sie redeten über «fin' amors», priesen in ihren Liedern allerdings auch die leidenschaftliche, überwältigende Liebe als etwas Kostbares. Manche Autoren unserer Zeit definieren die «höfische Liebe» relativ eng als einen Kanon von Maximen über die Liebe, der seinen ersten Ausdruck in den Dichtungen der Troubadoure fand; andere verstehen darunter in einem weiteren Sinn das romantische Liebesverständnis des Mittelalters in allen seinen Facetten.

Unbestritten ist, dass die Troubadourdichtungen des frühen 12. Jahrhunderts und die später im gleichen Jahrhundert im nördlichen Frankreich entstandenen Romandichtungen sehr dazu beitrugen, das Ideal der höfischen Liebe bei den Rittern des französischen und anglo-normannischen Kulturkreises populär zu machen;[85] was wir hingegen nicht sicher wissen, ist, ob das Zielpublikum dieser Dichtungen tatsächlich ein weibliches war. Gewiss waren Frauen unter den Zuhörern, wenn an Fürstenhöfen Gedichte und Romane vorgetragen wurden, doch reflektierten diese Texte nicht unbedingt eine weibliche Sichtweise. Eher scheint es, als seien die weiblichen Figuren für eine männliche Leser- und Zuhörerschaft erschaffen worden, denn sie werden in der Regel als Objekte dargestellt, als passive Opfer einer Gewalt, deren Funktion darin besteht, dem Helden die Chance für einen Auftritt als ritterlicher Retter zu eröffnen.[86]

Die in manchen Troubadour-Dichtungen verklärte ehebrecherische Liebe wies kaum einen Realitätsbezug auf; sie existierte vorwiegend in der Phantasie der Dichter und war wahrscheinlich nicht viel mehr als Spielmaterial für junge Ritter ohne viel Aussicht auf ein Lehen oder eine gute Partie. Indem sie miteinander um die Gunst der Gattinnen ihrer fürstlichen Herren wetteiferten und ihren höfischen Schliff zur Schau trugen, um bei der Damenwelt Eindruck zu machen, fanden sie einen Ausgleich für die ausbleibende oder auf unbestimmte Zeit verschobene Befriedigung ihrer sexuellen Bedürfnisse. Es ist vorstellbar, dass Troubadoure in ihrer Sehnsucht nach der Anerkennung und Liebe höherrangiger Frauen ihren eigenen gesellschaftlichen Status dadurch aufwerteten, dass sie sich als Inbegriff eines makellosen höfischen Betragens präsentierten.[87] Dass die Liebe, wie die

Troubadoure sie am liebsten schilderten, ehebrecherischer Natur war und der kirchlichen Morallehre, die Lüsternheit, Ehebruch und Geschlechtsverkehr als schwere Vergehen verurteilte, hohnsprach, gibt uns nicht das Recht, das, was in diesen Texten zum Ausdruck kommt, als unecht abzutun. Bemerkenswert ist, dass die Troubadourdichter ihre Anbetung für die vornehme Dame ihrer Wahl gerne in dieselbe Sprache der feudalen Gefolgschaftstreue kleiden, die für die Beschreibung des Verhältnisses zwischen Ritter und Lehnsherr benutzt wurde, eine Konvention, die offenbar die Realitäten der Gesellschaft des 12. Jahrhunderts ausblendete. Denkbar ist, dass solche Proklamationen einer unbedingten Gefolgschaftstreue an die Adresse einer vornehmen Frau ein Moment der Paradoxie oder Ironie enthielten, das sie für adlige Zuhörer amüsant und akzeptabel machte, auch und gerade dort, wo es, anders als in einigen südfranzösischen Fürstentümern bis zur Mitte des 12. Jahrhunderts, keine Aristokratinnen mehr gab, die tatsächliche politische Macht innehatten.[88]

Dass Literatur das Gefühlsleben beeinflussen kann, ist ein Gemeinplatz. Wie ein Experte für die Vorstellungswelt des Mittelalters schreibt: «In Liebesdingen war es oft so, dass das Leben die Kunst zu imitieren versuchte.»[89] Die außerordentliche Popularität höfischer Liebesliteratur, zuerst in ihrer okzitanischen Spielart als Troubadourdichtung, dann in ihrer nordfranzösischen Ausprägung als Romandichtung, lässt darauf schließen, dass sie, auf welch phantasmagorische oder eskapistische Weise auch immer, bis zu einem gewissen Grad die Gedankenwelt der aristokratischen Gesellschaft widerspiegelte. Der Topos der spontanen, leidenschaftlichen Liebe machte im Verlauf des 12. Jahrhunderts trotz der asketischen Sexuallehre der Kirche Karriere. Gebildete, in der klassischen Tradition bewanderte Leser «wussten» von der Macht der Liebe bereits aus der Lektüre Catullus' oder Ovids und konnten die Symptome der Verliebtheit oder des Liebeskummers wiedererkennen. Sie konnten glauben, dass es eine «Kunst der Liebe» gab, die man lehren und lernen konnte. Selbst Theologen und Priester akzeptierten, dass es so etwas wie romantische Liebe gab, und schrieben über Probleme der Liebe und Heilmittel für die Liebeskrankheit.[90] Dichter des 12. Jahrhunderts, die in der Sprache der Bevölkerung schrieben, setzten sich mit realen Problemen auseinander, wie sie sich in einer männerdominierten aristokratischen Gesellschaft in Sachen Liebe, Partnerwahl und Heirat stellten. Die neue höfische Literatur warf sinnvolle Fragen über die Rolle des freien Willens bei Liebe und Heirat auf; der Kontrast zwischen dem Ideal einer freien Partnerwahl und den in der Wirklichkeit vorherrschenden Verheiratungspraktiken brachte Saiten zum Schwingen, besonders bei adligen Frauen. Wir sollten nicht überrascht sein, wenn gerade die zwei stürmischen Ehen Eleonores bei Troubadouren und Hofpoeten Gedanken über die freie Partnerwahl und über die Liebe als notwendige Zutat einer Ehe auslösten.[91]

Für heutige Leser gründet die Verbindung Eleonores zum Topos der höfischen Liebe vor allem in den sich hartnäckig haltenden Legenden, sie habe in ihren Herrscherjahren im Poitou einen Kreis junger Frauen im «Liebeshof» um sich geschart und für diese die Rolle einer Schiedsrichterin in Angelegenheiten des Herzens gespielt. Die Quelle dieser Legende ist das Büchlein *Über die Liebe* von Andreas Kapellan, ein Brevier für höfische Liebende, gerichtet an einen Freund, den der Autor als einen «neuen Ritter Amors» bezeichnet.[92] Als eine Art Bonusmaterial enthält das Büchlein 21 angeblich von Eleonore und ihren Hofdamen verkündete «Urteile» zu umstrittenen Fragen der Liebe. Die Damen, deren vorgebliche Expertenmeinungen referiert werden, sind neben der englischen Königin Gräfin Marie von der Champagne, Eleonores ältere Tochter aus erster Ehe, die Vizegräfin Ermengarde von Narbonne und die Gräfin von Flandern. Es gab eine Zeit, in der die Schrift des Kaplans Andreas für bare Münze genommen und seine Darstellung des «Liebeshofs» als authentisch anerkannt wurde. Heute jedoch akzeptieren die Historiker diese Quelle nicht mehr als Beleg für die tatsächliche Existenz solcher «Liebeshöfe» in Poitiers oder gar dafür, dass Eleonores Hofdamen daran partizipierten. Keine dokumentarischen Hinweise existieren, die einen Kontakt zwischen Marie von der Champagne und ihrer Mutter nach deren Trennung von Ludwig VII. 1152 plausibel machen würden. Wenn die beiden einander je wieder begegneten, hätte das nur in den 1190er-Jahren geschehen können, als Eleonore auf dem Weg zu ihrem in Deutschland eingekerkerten Sohn Richard durch die Champagne kam.[93] Dass Andreas gerade diesen Frauen ziemlich ketzerische Ansichten über die Liebe in den Mund legte, hatte nichts mit ihrer vermeintlichen Anwesenheit in Poitiers zu tun, sondern damit, dass sie als verheiratete, verwitwete oder geschiedene Frauen allesamt das Bedürfnis hatten, ihre Geschicke selbst zu bestimmen und die politische Macht über ihre Fürstentümer eigenständig auszuüben.[94]

Der Überlieferung nach soll Andreas Kapellan von Gräfin Marie protegiert worden sein; tatsächlich liegt kein Beleg dafür vor, dass er sich je an ihrem Hof in der Champagne aufhielt. Er selbst identifiziert sich als Kaplan am Hof Philipps II. August von Frankreich, des Erzrivalen der Plantagenets.

Andreas war ein kultivierter höfischer Kleriker, der in den Jahren vor 1190 für ehrgeizige und gebildete junge französische Höflinge schrieb, die sowohl die Werke der klassischen Dichtung zu schätzen wussten als auch zeitgenössische satirische Texte.[95] Sein Brevier *Über die Liebe* ist so vollgestopft mit Unstimmigkeiten und Widersprüchen, dass manche Gelehrte es als eine «verwickelte Persiflage» abtun. Eine der Ungereimtheiten des Büchleins ist der Verweis auf eine von einem geweihten Priester abgefasste Abhandlung über Liebe und Sexualität, die ein Plädoyer für den Ehebruch ist, und das zu einer Zeit, in der die Kirche den Zölibat für ihre Priester durchzusetzen versuchte. Eine weitere Merkwürdigkeit ist der Kontrast zwischen den ersten beiden Kapiteln von *Über die Liebe*, die ganz dem Ziel gewidmet sind, dass dem Freund des Autors «kein Mangel an der Kunst der Liebe verbleiben» sollte, und einem Schlusskapitel, in dem die fleischlichen Genüsse verurteilt werden und der Freund ermahnt wird, sich nicht zu einem Liebhaber der Frauen zu entwickeln. In einer wenig einleuchtenden Volte rät Andreas seinem Freund: «Lies dieses Buch, … damit du, durch seinen Inhalt gestärkt und in der Kunst, Frauen zur Liebe zu verführen, belehrt, eben auf diese Verführung verzichtest, dadurch ewigen Lohn erlangst und dich bei Gott einer höheren Belohnung dafür erfreuen darfst.»[96]

Die wenigsten lesen den Text des Kaplans Andreas über die «Liebeshöfe» heute noch so, als hätte er keinen doppelten Boden; vieles deutet darauf hin, dass das Buch eben nicht eine treuherzige Lobeshymne auf Eleonore als Schirmherrin der höfischen Liebe ist, sondern eher eine ironisch-humoristische Abrechnung mit der höfischen Liebe, verbunden mit einer heftigen Kritik an ihren Lehrern. Mit vorsätzlicher Boshaftigkeit und Vieldeutigkeit dichtet Andreas der Königin und Herzogin sowie der Gräfin von der Champagne außerordentlich frivole Urteile an.[97] In den sechs Verkündungen, die er Eleonore zuschreibt, tauchen Anspielungen auf ihre eigene eheliche Situation auf, die, wenn Eleonore sie geäußert hätte, von allen französischen Höflingen, die mit den seit Langem kursierenden Gerüchten über ihre beiden Ehen vertraut waren, mit Gelächter quittiert worden wären. Das anstößigste unter allen von Andreas zitierten Verdikten – dass wahre Liebe zwischen Eheleuten unmöglich sei – gibt er als Zitat aus einem Brief aus, den Marie von der Champagne angeblich als Antwort auf eine briefliche Anfrage an sie schrieb, in der ihr die Frage gestellt wurde, «ob die Liebe zwischen Ehemann und Ehefrau eine Daseinsmöglichkeit besitzt». Die Tochter Eleonores soll hierauf geantwortet haben: «Wir wagen es nicht, dem Urteil der Gräfin von Champagne zu widersprechen, die ja mit ihrem

Spruch festgestellt hat, dass die wahre Liebe zwischen Eheleuten ihre Kraft nicht entfalten könne.»[98]

Andreas porträtiert eine Eleonore, die sich in ihren eigenen Befunden zustimmend auf das Urteil Maries beruft. In einem der von ihr beurteilten Fälle ist ein Ritter in eine Frau verliebt, die ihm jedoch ihre Liebe entzieht und sie einem anderen Mann zuwendet, zugleich aber bei dem Ritter die Hoffnung nährt, sie werde zu ihm zurückkehren, falls die Gefühle ihres derzeitigen Liebhabers für sie erkalten würden. Als die Dame ihren zweiten Liebhaber heiratet, fordert der Ritter sie eingedenk des Dogmas, dass es in der Ehe keine Liebe geben kann, auf, zu ihm zurückzukehren und «die ihm zugesagte Liebe genießen zu dürfen». Sie weigert sich jedoch mit der Begründung, «ihr sei die Liebe ihres Partners nicht vorenthalten worden». Eleonore gelangte unter Verweis auf den Brief Maries zu dem Schluss: «Deshalb finden wir es löblich, dass die genannte Frau das Versprechen ihrer Liebe einlöst.»[99] Solche Empfehlungen, die die Enttäuschungen Eleonores mit der ehelichen Liebe widerspiegelten, hätten die zeitgenössischen Leser des Andreas'schen Breviers nicht überrascht, die sicherlich mit Eleonores beiden unglücklichen Ehen und mit ihrer Gefangensetzung durch ihren zweiten Mann nach 1173 vertraut waren.

An einer anderen Stelle des Büchleins unterschiebt Andreas Eleonore eine Aussage, in der sie die Ehe unter Blutsverwandten verurteilt. In dem betreffenden Problemfall geht es um einen Mann und eine Frau, die einander lieben, ohne zu wissen, dass sie blutsverwandt sind; als der Mann von der Verwandtschaft erfährt, versucht er, die Frau zu verlassen. Sie will jedoch bei ihrem Liebhaber bleiben und erklärt, da sie ihre Beziehung ohne Wissen um ihre Blutsverwandtschaft und daher ohne den Willen zur Sünde begonnen hätten, müsse ihnen ihr Verstoß gegen das Gesetz verziehen werden. Eleonore fällt ein hartes Urteil: «Die Frau handelt durchaus gegen Recht und Sitte, wenn sie unter dem Deckmantel eines Versehens eine inzestuöse Liebe zu retten versucht. Wir müssen zu jeder Zeit inzestuöse und verdammenswerte Handlungen missbilligen. Diese werden ja, wie wir wissen, auch von den menschlichen Gesetzen mit schwersten Strafen geahndet.»[100] Die Leser des Andreas'schen Breviers am französischen Hof wären wahrscheinlich in schallendes Gelächter ausgebrochen, wussten sie doch, dass Eleonore, nachdem ihre erste Ehe wegen zu enger Blutsverwandtschaft für ungültig erklärt wurde, prompt eine zweite Ehe eingegangen war, die nach den Buchstaben des Kirchenrechts ebenso unzulässig war. Manche hätten sich zusätzlich darüber mokiert, dass die Königin in ihrem Urteil über Heiraten zwischen Blutsverwandten strengere Maßstäbe anlegte als der Papst, der Eleonore und Ludwig VII. immerhin erlaubt und geraten hatte, verheiratet zu bleiben.[101]

Eine Eleonore zugeschriebene Empfehlung, die das Dilemma einer Frau betraf, die sich bei der Wahl eines Liebhabers zwischen einem aufrechten Ritter reifen Alters und einem jüngeren Taugenichts entscheiden musste, fand ebenfalls den Weg in die satirische Abhandlung des Andreas. Eleonore verdient sich sein Lob, indem sie «mit wunderbarer Subtilität» für den älteren Mann plädiert. Er legt Eleonore die Worte in den Mund, eine Frau tue klug daran, sich bei der Wahl ihres Liebhabers nach «der Bildung, dem Charakter und der vorbildlichen höfischen Gesittung des Mannes zu richten als nach seinem Alter». Weiter lässt er Eleonore erklären: «Jüngere Männer [verlangt es] üblicherweise stärker nach dem Beischlaf mit einer reiferen als mit einer jungen, gleichaltrigen Frau.... Ältere Männer dagegen begehren eher die Liebkosungen und Küsse junger Frauen als die einer reiferen Frau. Andererseits schätzt eine Frau, sei sie noch jung oder schon reifer, mehr den Beischlaf und den Austausch von Zärtlichkeiten mit jüngeren als mit älteren Männern.» Eine ähnliche Meinung äußert Eleonore zum Fall eines Jünglings, der sich «durch keinerlei sittliche Reife ausgezeichnet» hat, und eines erwachsenen Ritters «von vortrefflichem Charakter», die sich beide um die Liebe derselben Frau bemühen. Hier vertrat Eleonore laut Andreas die Auffassung, es sei «unklug von der Frau, wenn sie sich mit ihrer Liebe für die sittliche Minderheit entscheidet, zumal wenn daneben ein rechtschaffener und sittlich hochstehender Mann um ihre Liebe anhält.»[102] Die Leser dieser beiden Schiedssprüche erinnerten sich zweifellos daran, dass Eleonore nach ihrer Trennung von Ludwig, ihrem ungefähr gleichaltrigen ersten Mann, mit Heinrich Plantagenet einen um neun Jahre jüngeren Mann geheiratet hatte.

Bewunderer Eleonores von Aquitanien haben eine Reihe prominenter Schriftsteller des 12. Jahrhunderts zu Mitgliedern eines literarischen Kreises ernannt, der sich angeblich in Poitiers zusammenfand und von Eleonore protegiert und gefördert wurde. Wie wir gesehen haben, griffen Troubadoure in ihren Gedichten oft zu Decknamen, weil sie den echten Namen der von ihnen angebeteten Dame nicht preisgeben wollten. Bernard de Ventadorn, einer von nur zwei Troubadourdichtern, von denen feststeht, dass Eleonore mit ihnen verkehrte, weist auf seine Verehrung für «die Königin der Normannen» hin und offenbart in anderen Gedichten seine Bewunderung für eine Dame, für die er ein Pseudonym benutzt, womit er Spekulationen, es handle sich um die Königin von England, Tür und Tor öffnete. Anzunehmen, Bernard de Ventadorn habe in seinen Troubadourtexten seine wahren Gefühle für die englische Königin artikuliert, heißt allerdings zu vergessen, dass er von Berufs wegen Komponist und Sänger war und dass seine Lieder über unerfüllte Liebe einer dem Publikum vertrauten Konvention entsprachen. Der Mäzen Bernards war im Übrigen sehr wahrscheinlich nicht Eleonore, sondern Heinrich II.; in den frühen Ehejahren Heinrichs und Eleonores nahm Bernard mehrmals an königlichen Hoftagen in England und der Normandie teil, während es für seine Anwesenheit am Hof Eleonores in Poitiers in späteren Jahren keine Belege gibt. Der zweite Troubadour, der nachweislich an Eleonores Hof auftrat, war Arnaut Guilhem de Marsan, ein Adliger aus der Gascogne, dessen Präsenz allerdings nur bei Eleonores «Staatsbesuch» in Bordeaux im Jahr 1170 gesichert ist. Dass er dort zugegen war, erklärt sich aus seiner Stellung als Grundherr von Roquefort und Montgaillard in der Landschaft Landes; er gehörte also nicht zur Spezies der wandernden Dichter, die auf der Suche nach Gönnern waren.[103]

Nicht nur Troubadoure, sondern auch nordfranzösische Romandichter sollen die Nähe zum Hof Eleonores gesucht haben; am häufigsten genannt werden in diesem Zusammenhang die Namen Marie de France und Chrétien de Troyes, wobei keine der erhalten gebliebenen Quellen Hinweise darauf enthält, dass sie jemals in Eleonores Nähe kamen. Marie de France, von der man lange glaubte, sie sei eine Halbschwester Heinrichs II. gewesen, ist am bekanntesten für ihre zwölf Lais, kurze Verserzählungen in französischer Sprache, die vermutlich in den 1170er-Jahren für ein gebildetes Publikum an einem der führenden Fürstenhöfe der Zeit geschrieben wurden. Das wenige, was man über die Autorin weiß, ist aus ihren Texten herausgefiltert worden. Die umfassende Bildung, die aus ihren Dichtungen spricht, deutet auf eine aristokratische Abstammung hin. Ihre Muttersprache war das Französische, wie es in Paris gesprochen wurde, und in ihren Fabeln, die später entstanden als die Lais, bekennt sie sich als Französin.[104] Ihre Lais offenbaren allerdings zahlreiche Verbindungslinien in die anglo-normannische Sphäre. Sie verweisen auf keltische Quellen, zeigen, dass die Autorin Englisch konnte, und haben insofern einen englischen Stammbaum, als sie in der Abtei Reading kopiert wurden. Auf Verbindungen Maries de France zum Plantagenet-Hof deutet auch der Umstand hin, dass sie die Lais einem «nobles reis» widmete, bei dem es sich um Heinrich II., vielleicht aber auch um seinen ältesten Sohn handeln könnte. Was ihre Fabeln betrifft, so behauptete Marie, sie seien die Übertragung einer altenglischen Version der

Fabeln Aesops, deren Übersetzer ins Englische König Alfred gewesen sei; sie widmete die Fabeln «dem König William, dem Tapfersten dieses Reichs»; der so Gerühmte ist als ein englischer Earl des späten 12. Jahrhunderts identifiziert worden, vermutlich handelte es sich um William de Mandeville, Earl von Essex (gest. 1189).[105]

Die Lais der Marie de France können nicht als Erzählungen von «höfischer Liebe» eingestuft werden; andererseits beschreiben diese Versnovellen Situationen, die die Aufmerksamkeit adliger Leser im Reich Heinrichs gefangen genommen haben dürften, besonders die aristokratischen Frauen. Dank ihrer Verbindungen zum englischen Hof wusste Marie sicherlich eine Menge über Eleonore, unabhängig davon, ob sie ihr jemals persönlich begegnete; und Eleonore dürfte die Lais auf jeden Fall interessant gefunden haben. Anders als die höfischen Romane der Zeit nehmen sie die Probleme von Frauen ebenso ernst wie die von Männern. Sie stellen den schädlichen Folgen einer besitzergreifenden, egoistischen Liebe die heilsamen Wirkungen der selbstlosen Liebe gegenüber. An vielen Stellen beschreibt Marie die Einschränkungen, die ein qualvolles, beengendes Leben einer Frau – womöglich auch einer Königin von England – auferlegten; ihre Protagonistinnen leiden und ergeben sich schließlich ihren Sehnsüchten: Um der Liebe willen trotzen sie ihren Ehemännern und den gesellschaftlichen Konventionen. Zwei der Lais porträtieren in der Tat eine Frau, die aus der Gefangenschaft flieht, zu der ihr Mann sie verurteilt hat, für die Leser sicherlich eine Anspielung auf das Schicksal Eleonores nach ihrer Rebellion gegen Heinrich 1173.[106] Was Marie de France mit Eleonore verbindet, sind kaum mehr als der Bezug zu England, der in den Erzählungen aufscheint, und die für Frauen interessanten Themen der Erzählungen, die häufig von unglücklichen Ehen handeln.

Weil Chrétien de Troyes, der erste große Romandichter, Marie, Gräfin von der Champagne, als seine Gönnerin identifizierte, gehen manche Autoren davon aus, dass er auch am Hof von Maries Mutter in Poitiers verkehrt haben muss. Die bedeutende Rolle, die die Gräfin als Mäzenin der volkssprachlichen Literatur spielte, indem sie unter anderem Schreibaufträge an Chrétien de Troyes vergab, hatte jedoch allem Anschein nach nichts mit einem Einfluss Eleonores auf Marie zu tun. Wie Chrétien schrieb, war Marie von der Champagne die Gönnerin, die ihn für seinen *Lancelot oder Le Chevalier de la Charette* – die erste Beschreibung der Liebe zwischen Lancelot und Ginevra – mit Material über die Artus-Legende versorgte. Chrétien war es, der Motive der Troubadourdichtung in die nordfranzösische Literatur einführte; allerdings interessierte ihn das Thema Ehebruch nicht sonderlich.[107] Er brach die Arbeit an seinem *Lancelot* ab, bevor sie vollendet war, und bemühte sich, in anderen romantischen Erzählungen den subversiven Mythos der ehebrecherischen Liebe zu entzaubern und die Vereinbarkeit von Liebe und Ehe darzulegen. Die Quellen sagen nichts darüber aus, ob Chrétien jemals Poitiers besuchte; dagegen legt seine gute Kenntnis der Geografie Südenglands die Vermutung nahe, dass er sich zeitweise im Inselkönigreich aufhielt, während sein *Lancelot* seine Vertrautheit mit der Normandie verrät. In zwei seiner Romandichtungen, *Erec et Enide* und *Cligès*, porträtiert er das Britannien des König Artus, als wäre es das England Heinrichs II., und womöglich war es seine Absicht, den Lesern zu suggerieren, dass das Reich des Artus eine Allegorie für das angevinische Reich Heinrichs sei. Manche Leser seines *Erec et Enide* haben die Vermutung geäußert, Chrétien habe sich bei der Beschreibung des prachtvollen Hofs von König Artus von seiner Teilnahme an Heinrichs glanzvollem weihnachtlichen Hoftag in Nantes im Jahr 1169 inspirieren lassen. Andererseits gibt es keine konkreten Belege dafür, dass entweder Heinrich oder Eleonore Chrétien gefördert hätten.[108]

Einzig und allein die bei Chrétien de Troyes anzutreffenden Leitmotive lassen einen Bezug zu Eleonore von Aquitanien erkennen. Vielleicht dachte Marie von der Champagne, als sie ihm das Thema für seinen Roman *Lancelot* vorschlug, an das Leben ihrer Mutter, um das sich zu dieser Zeit bereits Legenden zu ranken begannen. Sicherlich wusste Chrétien um Eleonores zwei königliche Ehen und kannte auch die Gerüchte über ihr angebliches Fehlverhalten, die zur Auflösung ihrer ersten Ehe beigetragen hatten; und es ist auch nicht unplausibel, dass ein Roman, der scheinbar eine ehebrecherische Liebe guthieß, Anleihen bei der Biografie der englischen Königin genommen hatte. Man kann annehmen, dass Angehörige von Fürstenhöfen, die den Roman Chrétiens lasen, Parallelen zwischen Eleonore und Ginevra oder Isolde erkennen konnten, Figuren, die in den Augen der Leser des 12. Jahrhunderts historische Gestalten waren. Solche Deutungen kursierten unabhängig davon, ob diese Parallelen vom Autor beabsichtigt waren oder nicht. Sie haben jedenfalls etliche Gelehrte, die sich mit Eleonore beschäftigten, zu der Überzeugung gebracht, dass eine aufmerksame Lektüre mittelalterlicher Romane Erkenntnisse über Wirklichkeit und Geschichte des 12. Jahrhunderts offenbaren kann und dass sie die Leser «näher an Eleonore heranführen können, wie sie wirklich war, wie sie in ihrer eigenen Zeit wahrgenommen wurde und vielleicht sogar wie sie sich zuweilen selbst wahrnahm».[109] Andere bleiben skeptisch gegenüber der Möglichkeit, aus belletristischen Werken historische Sachverhalte herauszufiltern; in ihren Augen gibt eine Ginevra, die eine verkappte Eleonore sein könnte, kein überzeugendes Bild ab.

In Poitiers könnte Eleonore, auch wenn die Regierungsgeschäfte sie stark forderten, die Zeit gefunden haben, kluge Gespräche mit Rittern und Hofdamen zu führen, und zu den dabei berührten Themen mochte sicher auch die Liebe gehören. Ihr Sohn Richard Löwenherz, der als Erwachsener Lieder dichtete, entdeckte hier vielleicht sein Interesse an Poesie und Musik. Wenn der Hof Eleonores in Poitiers als Schule für die «Sozialisierung» junger Aristokraten fungierte, die hier zu höfisch kultivierten Gefährten für sensible und elegante Damen geschliffen wurden, dann versagte er bei ihrem Sohn, seinem berühmtesten Schüler. Richard erwarb sich zwar den Ruf, ein Ausbund an Ritterlichkeit zu sein, aber er verkörperte eine ältere Ritterlichkeit, das kämpferische Ethos des Kriegers, wie es in den *chansons de gestes* hymnisiert wurde, nicht die Ritterlichkeit des höfischen Liebhabers, wie die Romanlegenden um König Artus sie besangen.[110] Richard war nicht gerade dafür bekannt, Damen mit höfischer Zuvorkommenheit zu behandeln, am allerwenigsten seine eigene Frau.

Belege dafür, dass Eleonore sich durch die Förderung einer höfischen Liebesdichtung oder gar höfischer Liebespraktiken hervorgetan hätte, sind ausgesprochen rar. Während zahlreiche Dokumente belegen, dass es am englischen Königshof eine aktive literarische Szene gab, gilt das für den Hof, den Eleonore später in Poitiers unterhielt, nur in sehr viel geringerem Ausmaß. Nach seiner Wiederbelebung 1168 wurde der poitevinische Hof nicht wieder zu der Hochburg okzitanischer Dichtkunst, die er in den Tagen des Herzogs Wilhelm IX. gewesen war; während der langen Zeit, in der Eleonore Poitiers den Rücken gekehrt hatte, hatte es in der Stadt keinen Hof mehr gegeben, an dem Troubadoure Förderer hätten finden können. Sie hatten sich gezwungenermaßen Gönner an anderen Höfen gesucht, in Narbonne, in Aragon oder in Toulouse, und sie strömten 1168 nicht nach Poitiers zurück, um bei Eleonore unterzukommen, wiewohl sicherlich andere Sänger aus Anlass größerer Festlichkeiten an ihrem Hof die Lieder der Troubadoure vortrugen. Tatsache ist, dass in Troubadourdichtungen aus der fraglichen Zeit erheblich mehr Hinweise auf Ermengarde und Marie de Ventadorn als Mäzeninnen der Dichtkunst auftauchen als auf die Herzogin von Aquitanien.[111]

Auch chronologische Gesichtspunkte sprechen gegen eine nennenswerte Rolle Eleonores als Mäzenin. Im letzten Drittel des 12. Jahrhunderts, als es zur ersten Hochblüte der Romandichtung im nördlichen Frankreich kam, befand sich Eleonore nicht mehr in der Position, viel für unterstützungsbedürftige Künstler tun zu können, denn nach 1173 war sie ihrer Macht beraubt und vom königlichen Hof verbannt. Die höfischen Romandichtungen aus dieser Zeit enthalten auch keine entschlüsselbaren Hinweise, aus denen sich das Denken Eleonores über Liebe und Ehe rekonstruieren ließe. Geschichten über ehebrecherische Liebe wie die Mythen von Tristan und Isolde oder von Lancelot und Ginevra werden bis heute auf Bezüge zur unglücklichen ehelichen Situation der Königin abgeklopft, doch seriöserweise kann man nicht mehr sagen, als dass ihr legendäres Leben mittelalterlichen Romanautoren als Quelle für Anregungen diente und den literarischen Figuren, die sie erfanden, eine «Aura von Wahrheit» verlieh.

VIII.

Die Frustration einer Königin und die durchkreuzten Ambitionen ihrer Söhne, 1173–1174

Wenige Persönlichkeiten der Geschichte erlebten eine so plötzliche und katastrophale Wende ihres Geschicks wie Eleonore von Aquitanien im Herbst 1173, als sie vom Herzogsthron, von dem aus sie als Statthalterin Heinrichs II. einen Teil von dessen Königreich regierte, quasi über Nacht als Gefangene Heinrichs in die Burg Chinon wanderte. Zuvor hatte sie die Rebellion ihrer Söhne unterstützt, die sich zu einer breiten Aufstandsbewegung gegen Heinrich auswuchs. Sie erfasste wesentliche Teile seines Herrschaftsgebiets und war die größte Herausforderung seiner Autorität, mit der er als König konfrontiert wurde. Die Geschichte des Aufbegehrens gegen den eigenen Vater und der Bruderkämpfe untereinander, die die Söhne dieses königlichen Paares schrieben, ist fast einzigartig in der historischen Erfahrung des Mittelalters, und dass sich eine Königin an einem Aufstand gegen ihren eigenen Mann beteiligte, war für die Zeitgenossen fast unvorstellbar. In vielen seitdem erschienenen Veröffentlichungen wurde der englischen Königin der Vorwurf gemacht, sie habe die Rebellion ihrer Söhne angefacht; und bis heute bieten die Wirrsale dieser Familie Stoff für Filme und Theaterstücke. Der Chronist Ralph Diceto, der relativ kurz nach der Revolte schrieb, bewunderte den jungen Richard, Graf von Poitou, und Gottfried von der Bretagne dafür, dass sie sich 1173, «dem Rat ihrer Mutter Eleonore folgend», nach Paris absetzten, um sich ihrem älteren Bruder anzuschließen. Er zählte über 30 historische Beispiele für Rebellionen von Söhnen gegen ihre Eltern auf, konnte aber keinen einzigen Fall anführen, in dem eine Königin sich gegen ihren königlichen Gatten erhoben hatte.[1]

Dass das Familienleben Eleonores von Aquitanien, Heinrichs II. und ihrer Söhne aus den Fugen geraten war, hatte sich bei ihren Zeitgenossen seit Längerem herumgesprochen. Ein klösterlicher Schreiber des späten 12. Jahrhunderts verglich die englische Königsfamilie mit dem «verwilderten Haus des Ödipus»; ein anderer meinte: «Dieser Vater hatte das größte Pech mit seinen berühmtesten Söhnen.»[2] Höflinge, die am englischen Königshof verkehrten, vermochten sich das vergiftete familiäre Klima nur durch den Verweis auf die angevinische Legende zu erklären, der zufolge die Familie Plantagenet einen Teufel in Gestalt einer Gräfin von Anjou im Stammbaum hatte. Tatsache ist, dass Heinrich in den Kindheitsjahren seiner Söhne ein die meiste Zeit abwesender Vater war; wie in adeligen Familien üblich, überließ er ihre Erziehung anderen. Als die Söhne ins Jünglingsalter kamen, nahmen sie ihrem Vater in zunehmendem Maß übel, dass er seine Macht nicht mit ihnen teilte und ihnen nicht einmal in den Gebieten, die er in seinen diversen Erbteilungsplänen für sie vorgesehen hatte, Machtbefugnisse abtrat.

Die turbulente Beziehung zwischen Heinrich II. und seinem ältesten Sohn bietet ein klassisches Beispiel für das Verhältnis eines mittelalterlichen Fürsten zu seinem Haupterben. Solange der Vater die Verfügungsgewalt über den territorialen Besitz der Familie behielt, hatte sein Erbe nicht die Rechtsstellung eines Erwachsenen inne und besaß keinerlei Regierungsvollmachten. Er war dazu verdammt, ein Junior zu bleiben, auch wenn er das Jünglingsalter längst hinter sich hatte, und konnte, weil und solange er landlos war, nicht einmal heiraten.[3] Solche Erben taten sich häufig mit anderen landlosen Jünglingen zusammen, die ebenfalls ungeduldig auf ihr Erbe warteten, und ihr Frust und ihre Langeweile entluden sich oft in Gewalttätigkeit. Dies war in besonderem Maße bei Eleonores und Heinrichs ältestem Sohn der Fall, als er, wie andere Erben auch, erleben musste, dass sein Vater ihm den Status und die Ressourcen verweigerte, die ihn zu einem ausgewachsenen Herrscher gemacht hätten, und ihm damit keine andere Wahl ließ, als mit inszenierten Kämpfen auf Ritterturnieren oder durch echte kriegerische Raubzüge Reichtum und Ruhm zu erjagen. Der junge Heinrich hatte zu seinen Lebzeiten zahlreiche Bewunderer und wurde nach seinem Tod mit 28 Jahren leidenschaftlich betrauert und für seine Ritterlichkeit gerühmt. Ein Gedicht pries ihn als einen «würdigen, feinen und höfischen Mann, der später in seinem Leben solche großartigen Leistungen vollbrachte, dass er das Ideal der Ritterlichkeit, das zu der Zeit vom Aussterben bedroht war, wieder zum Leben erweckte».[4] Eleonore fand diesen kopflosen, launenhaften, aber charmanten und gewinnenden Jungen ebenso attraktiv wie er auf viele andere wirkte, und er war nach Richard ihr zweiter Lieblingssohn. Auch sein Vater schätzte ihn und war bis ans Ende bereit, ihm sein unverantwortliches Handeln zu verzeihen.

Bemerkenswert ist nicht nur die Intensität des Hasses, den Eleonore und ihre Söhne gegenüber Heinrich empfanden, sondern auch die zunehmende Entfremdung und Feindschaft zwischen Eleonore und ihrem königlichen Gatten, die möglicherweise zusätzlichen Zündstoff für die Wut der Söhne lieferten. Heinrich II. war ein rastloser Mensch, der zum Jähzorn neigte, und seine Kinder waren oft die ersten, an denen er seine Unduldsamkeit und Wut ausließ. Aggressionen zwischen Vätern und Söhnen waren in den bedeutenden Adelsfamilien des Mittelalters nichts Ungewöhnliches, und zur Normalität gehörte auch, dass die Mutter, die sich oft als Gefangene in einer unglücklichen Ehe fühlte, in die Rolle einer Beschützerin ihrer Söhne schlüpfte und sich gegenüber dem Vater für deren Interessen einsetzte.[5] Die Frau Wilhelms des Eroberers hatte ihrem ältesten Sohn Robert in der Zeit, in der er den Aufstand gegen seinen Vater probte, Geld geschickt. Eleonore von Aquitanien trieb die Unterstützung ihrer Söhne allerdings sehr viel weiter; dass sie sie ermunterte, gegen Heinrich in den Krieg zu ziehen, war unerhört und nie da gewesen und in den Augen ihrer Zeitgenossen verwerflich. Dabei ist es durchaus nachvollziehbar, dass eine gebildete und intelligente Frau wie Eleonore in einer Situation, in der sie den Verlust ihrer politischen Macht kommen sah, durch Einflussnahme auf ihre Söhne diese Macht zurückzugewinnen versuchte. Ganz offensichtlich gab es zwischen Mutter und Söhnen starke affektive Bindungen, die sich in der psychologischen Analyse vielleicht auch als Manifestation mütterlicher Dominanz auflösen ließen.

Im Laufe der Jahre ihres Regentinnendaseins im Poitou ab 1168 wurde die zunehmende Entfremdung der Königin von Heinrich II. sichtbar. Als die Söhne das Jünglingsalter erreichten, war ihnen jede Loyalität Heinrich gegenüber abhanden gekommen, und die Kaltschnäuzigkeit, mit der sie sich gegen ihn erhoben, tauchte seine letzten Lebensjahre in ein tragisches Licht. Chronisten aus den letzten Jahrzehnten des 12. Jahrhunderts sahen im Abfall Eleonores und der Söhne vom König eine gerechte Strafe Gottes für seine Sünden, und Moralisten verglichen den jungen Heinrich mit Absalom, den rebellischen Sohn des biblischen Königs David.[6] Einer von ihnen schrieb über Heinrichs «übermäßige Liebe zu seinen Söhnen» und warf ihm vor, er habe sich «über Gebühr für ihr Fortkommen abgestrampelt», während er zugleich «auf den Rechten anderer herumgetrampelt» habe. Nach Ansicht dieses Autors war es Gottes Wille, dass Heinrich mit der Rebellion seiner Söhne und mit ihrem frühen Tod gestraft wurde.[7] Auch der auf den Königshof schlecht zu sprechende Höfling Gerald von Wales konzedierte, dass Heinrich seine Söhne liebte, konstatierte jedoch, dass diese Liebe nicht erwidert wurde: «Seine legitimen Kinder überhäufte er in ihrer Kindheit mit einem Übermaß an Vaterliebe, aber als sie älter wurden, entwickelte er ihnen gegenüber ein Misstrauen nach der Art eines Stiefvaters; und obwohl seine Söhne so angesehen und erhaben waren, verfolgte er seine Nachkömmlinge mit einem Hass, den sie vielleicht verdienten, der aber gleichwohl sein eigenes Glück trübte. Ob durch einen Riss des ehelichen Bandes oder als eine Strafe für irgendein Verbrechen des Vaters, jedenfalls war es so, dass es nie eine echte Liebe des Vaters zu seinen Söhnen gab noch eine solche der Söhne zu ihrem Vater noch eine Harmonie zwischen den Brüdern selbst.»[8]

Pläne für die angevinische Erbfolge

Wie anderen Aristokraten des 12. Jahrhunderts war es auch Heinrich II. und Eleonore ein großes Anliegen, für den dauerhaften Fortbestand des eigenen Patrimoniums und dessen reibungslose Übergabe an ihre Erben zu sorgen. Welche Keile eine Nachfolgeregelung in eine Familie treiben kann, dessen waren sie sich vorher offenbar nicht bewusst. Herrscherfamilien machten zu jener Zeit keinen Unterschied zwischen der Vererbung persönlicher Vermögenswerte oder territorialer Besitzungen und der Übergabe ihrer monarchischen Autorität und Herrschaft. Das Portfolio aus größeren und kleineren Fürstentümern, das Heinrich II. durch Erbschaft und Heirat zugewachsen war – das Königreich England, das Herzogtum Normandie, Eleonores Herzogtum Aquitanien und der Territorialbesitz der Grafen von Anjou –, war freilich wesentlich größer als irgendein normales Herzogtum. Manche am Plantagenet-Hof wussten wahrscheinlich etwas über die Erb- und Nachfolgeregelungen Karls des Großen und seiner Nachfolger, die ebenfalls vor dem Problem gestanden hatten, ein großes Reich an mehrere Söhne vererben zu wollen. Gewiss wussten Eleonore und ihre Untertanen um die Geschichte Aquitaniens als eines der Teilfürstentümer des großen karolingischen Kaiserreichs, das einem nachgeborenen Sohn vererbt worden war, der es regieren durfte, allerdings als Vasall des Erben der Kaiserwürde. Die karolingische Lösung, für nachgeborene Söhne Fürstentümer im Rahmen des Reichs als der größeren, fortbestehenden Einheit zu schaffen, erschien dem englischen Königspaar wahrscheinlich nachahmenswert.

Wie stark Eleonore in die Planungen ihres Mannes für die Einsetzung seiner Söhne als Erben in den verschiedenen Teilen seines Reichs eingebunden war, wissen wir nicht. Da das Herzogtum Aquitanien Eleonores eigenes Patrimonium war und die Verfügungsgewalt Heinrichs darüber und seine

Rechte daran nur seiner Ehe mit ihr entsprangen, konnte es nicht ohne ihre Zustimmung in eine solche Nachfolgeregelung einbezogen werden. Es gab eine Konvention, der zufolge der Grundbesitz, den die Frau in die Ehe mit einem Fürsten eingebracht hatte, im Erbfall an den zweiten Sohn ging; Eleonore und Heinrich hielten sich an diesen Brauch und vererbten Aquitanien an Richard; damit war sichergestellt, dass das Erbteil Eleonores, ihr Herzogtum, als Ganzes an Richard übergehen und von ihm weiter vererbt werden würde. Dass ihr ältester Sohn Heinrich als Erbe für das Patrimonium ihres Mannes eingesetzt wurde, war sicher vollkommen im Sinn Eleonores; es dürfte sie mit Stolz erfüllt haben, dass der junge Heinrich eines Tages dieselbe englische Krone aufsetzen würde, die schon ihre Großmutter, Kaiserin Matilda, getragen hatte, zusätzlich zu seinen von seinen Vorfahren väterlicherseits ererbten Titeln als Herzog der Normandie und Graf von Anjou. Die von Heinrich II. annektierte Grafschaft Bretagne, von den Normannen schon lange als Vasallenstaat ihres Herzogtums betrachtet, würde Gottfried, dem dritten Sohn des Königspaares, ebenfalls ein standesgemäßes Erbe bescheren.

Heinrich gab sich dem Irrtum hin, frühzeitig getroffene und verkündete Regelungen würden Konflikten zwischen seinen Söhnen über ihre Anteile vorbeugen; was er nicht bedacht hatte, war, dass die jungen Männer, wenn er ihnen Würden und Titel verlieh, auch die zu diesen gehörende Macht beanspruchen würden. Er erwartete sicherlich, dass seine Söhne ihm, wenn er älter wurde, bei der Aufgabe, sein weitläufiges Herrschaftsgebiet zu regieren, zur Hand gehen und dass sie nach seinem Tod weiter zusammenarbeiten würden. Allein, die Jünglinge waren nicht willens, zu warten. Je mehr Heinrich an seinen Erbfolgeregelungen herumdokterte, desto mehr verstärkten sich bei seinen Söhnen die Gefühle der Unsicherheit und der wechselseitigen Missgunst. Eleonore hatte, wie andere aristokratische Mütter auch, Verständnis dafür. Als klar wurde, dass Heinrich das Herzogtum seiner Frau dauerhaft der Hoheit der Plantagenetlinie unterstellt sehen wollte – Richard sollte nicht nur ihm huldigen, sondern später auch seinem Bruder, dem jungen Heinrich –, entwickelte sich bei Eleonore ein Misstrauen gegen die Erbfolgepläne ihres Mannes. Die Erwartungen Heinrichs deckten sich nicht mit ihren Ambitionen für Richard oder für ihr Herzogtum Aquitanien. Das Bestreben Heinrichs, alle seine vier Söhne gleichmäßig zu bedenken, mag Ausdruck einer echten väterlichen Zuneigung gewesen sein, aber es wurde zum Ausgangspunkt für eine fatale Kette von Frustrationen und Ärgernissen. Als er es sich dann auch noch in den Kopf setzte, für seinen zunächst unberücksichtigt gebliebenen jüngsten Sohn Johann «Ohneland» ebenfalls noch ein territoriales Erbe abzuzweigen und er seine Pläne zu Lasten der drei älteren Söhne änderte, war bei ihnen die Empörung groß. Der Plantagenetkönig hatte die biblische Mahnung in den Wind geschlagen: «Bei allem, was du tust, behalte die Entscheidung in der Hand, und lass dir deine Ehre nicht nehmen. Wenn dein Ende kommt, dass du davon musst, dann teile dein Erbe aus.» (Das Buch Jesus Sirach 33:21–23)

Die Primogenitur, die Regel, dass der älteste Sohn den gesamten Grundbesitz seines Vaters erbt, gewann im 12. Jahrhundert in aristokratischen Kreisen an Boden, hatte sich aber in der Rechtsprechung Ende der 1160er-Jahre noch nicht durchgesetzt, als Heinrich und Eleonore sich Gedanken über die Aufteilung ihrer Besitzungen unter ihren Söhnen machten; auch variierten die Erbfolgeregelungen von Region zu Region. Klar war, dass hochgestellte Familien ihren Besitz möglichst ungeschmälert und als Ganzes erhalten und seinen Übergang von einer Generation zur nächsten sicherstellen wollten. Ihre nachgeborenen Kinder sollten dabei jedoch nicht ganz leer ausgehen.[9] Diese widersprüchlichen Zielsetzungen erklären die Veränderungen, die Heinrich immer wieder an seiner eigenen Erbfolgeregelung vornahm. Wenn es sein persönlicher Wunsch war, allen seinen Söhnen ein territoriales Erbe zu hinterlassen, so war das eine Ambition, die nur die wenigsten Fürsten seiner Zeit in die Tat hätten umsetzen können, denn es war nur möglich, wenn genug territoriale Besitzungen vorhanden waren, um mehrere Söhne auskömmlich zu versorgen. In vielen Fällen blieb in aristokratischen Familien, die mehrere Söhne hatten, für die jüngeren nichts übrig – sie blieben landlos, es sei denn, ihre Familie konnte für sie eine Heirat mit einer Frau arrangieren, die Aussicht auf ein territoriales Erbe hatte, oder ihnen eine lukrative kirchliche Pfründe sichern. Heinrich brachte es nicht über sich, seine nachgeborenen Söhne nach dem Vorbild der Kapetinger in die Landlosigkeit zu entlassen, und er war auch nicht willens, sich der von den Grafen von Anjou seit Langem gepflegten Tradition anzuschließen, die eigenen territorialen Besitzungen dadurch zusammenzuhalten, dass man die jüngeren Söhne mit kleinen, unbedeutenden Grundherrschaften abspeiste.[10] Was Eleonore als junges Mädchen in ihrer Umgebung gesehen hatte, entsprach der Praxis der Kapetinger und der Angeviner. Ihr Onkel Raymond, der jüngere Bruder ihres Vaters, hatte sich mangels Aussicht auf ein Erbe gezwungen gesehen, sein Glück in der Fremde zu suchen, erst am englischen Königshof und später im Heiligen Land.

Für den weit gespannten territorialen Besitz, den Heinrich Plantagenet angesammelt hatte, erschien eine Primogenitur, wie kleinere Grundherren sie praktizierten, nicht zweckmäßig: Während sein ältester Sohn die ihn mit Sicherheit überfordernde Aufgabe gehabt hätte, ausgedehnte, teils weit auseinander liegende Herrschaftsgebiete mit einer heterogenen Bevölkerung zusammenzuhalten und zu regieren, wären seine jüngeren Brüder mit leeren Händen abseits gestanden. Heinrich II. nannte übrigens sein Konglomerat von territorialen Besitzungen nie ein «Reich»; dennoch hoffte er sicherlich, es als politisches Gebilde dauerhaft erhalten zu können. Er setzte dabei auf ein «Familieninteresse» als gemeinsamen Nenner und Gewähr dafür, dass seine Nachkommen sich verpflichtet fühlen würden, sein Herrschaftsgebiet als zusammengehörendes Ganzes zu bewahren, auch wenn er es unter ihnen aufteilte. Eine seiner unrealistischen Prämissen besagte, seine jüngeren Söhne würden die Vorherrschaft des jungen Heinrich aus brüderlicher Solidarität heraus akzeptieren, erst recht wenn er sie veranlassen konnte, dem Thronerben Lehnstreue zu geloben.[11] Allein, der König sollte eine schmerzliche Enttäuschung erleben, denn die Voraussetzungen – ein starker Familienzusammenhalt unter seinen Söhnen, eine Einsicht der jüngeren Söhne, dass sie sich mit bescheideneren Anteilen am territorialen Erbe begnügen mussten, und eine Bereitschaft der jüngeren Brüder, mit dem Thronfolger zusammenzuarbeiten –, waren nicht erfüllt.

Für Heinrich stellte sich die Aufgabe, die Einheit seines aus zwei Quellen stammenden Erbes zu bewahren: seiner auf die väterliche Linie zurückgehenden Besitzungen im Tal der Loire und seiner von der Familie seiner Mutter eingebrachten anglo-normannischen Territorien. Die Sorge Eleonores galt nicht der Bewahrung der Einheit der Besitzungen ihres Mannes, sondern ihrem Herzogtum Aquitanien, das sie als eigenständiges politisches Gebilde erhalten sehen wollte. Sie teilte nicht die Vision ihres Mannes von der Bewahrung der Einheit des Ganzen, erst recht nicht angesichts ihrer fortschreitenden Entfremdung von ihm. Ihr eigener Stammbaum war nach ihrer Überzeugung erhabener als der seine und reichte weiter zurück; ihr Hauptanliegen war es, Richard eine Position zu verschaffen, in der er ihre dynastische Linie weiterführen konnte. Ihrer Einschätzung nach würde Aquitanien nach dem Tod Heinrichs wieder seinen eigenen Weg gehen; ihr Sohn Richard und seine Nachkommen würden für die Kontinuität der herzoglichen Linie sorgen und das Herzogtum unbehindert von einengenden Rücksichten auf das Haus Plantagenet regieren. Eleonore dachte nicht daran, zuzulassen, dass ihr Herzogtum im Reich ihres Mannes aufgehen würde, reduziert auf den Status einer angevinischen Provinz.

Ein Faktor, der die Erbfolge sowohl in Heinrichs festländischen Besitzungen als auch in Eleonores Herzogtum zusätzlich verkomplizierte, war, dass sie beide Teil des französischen Königreichs waren und damit unter der Hoheit von Ludwig VII. standen, was bedeutete, dass die beiden vermutlich nicht ohne Einmischung Dritter über die Zukunft ihrer Besitzungen würden bestimmen können. Heinrich war als gekrönter und gesalbter König von England zwar Ludwig VII. ebenbürtig, aber in seiner Eigenschaft als Herrscher über seine französischen Besitzungen war er Vasall des Kapetinger-Königs. Dieser hatte sicherlich nicht das Bedürfnis, das Reich seines mächtigen Rivalen überdauern zu sehen; er hoffte vielmehr, es werde bald, vielleicht noch vor dem Tod Heinrichs, in seine Bestandteile zerfallen. Ludwig brauchte nicht lange, um zu erkennen, dass seine Lehnsherrschaft über die Normandie, Anjou und Aquitanien ihm Mittel an die Hand gab, diesen Prozess zu beschleunigen, sobald die Söhne Heinrichs ihm für die ihnen jeweils überlassenen Teile des Herrschaftsgebiets ihrer Eltern den Treueeid geleistet hatten. Der französische König glaubte, es werde ihm zum Vorteil gereichen, wenn er einen Konflikt zwischen den jungen Plantagenets und ihrem Vater anheizen konnte, indem er etwa auf eine vorzeitige Aufteilung der territorialen Besitzungen Heinrichs drängte. Ludwig pflegte zwar das Image eines Friedensstifters, war aber durchaus bereit, Unfrieden zwischen den Söhnen Heinrichs und Eleonores zu stiften, wenn die Aussicht bestand, damit seinen mächtigen Rivalen auf kostengünstige Weise in die Bredouille bringen und schwächen zu können.

Die Frage nach der Erbfolge im Hause Plantagenet wurde erstmals in Gesprächen zwischen dem französischen und dem englischen Monarchen in den späten 1160er-Jahren aufgeworfen; diese mündeten in einen Plan, der Anfang Januar 1169 bei einem Konzil auf der Burg Montmirail in Maine beraten und verabschiedet wurde. Ludwig VII. eröffnete die Verhandlungen mit der Aufforderung an Heinrich, sein Treuegelübde als Herzog der Normandie, das er erstmals 1151 bei seinem Besuch am französischen Hof zusammen mit seinem Vater abgelegt hatte, zu erneuern; zugleich sollte sein ältester Sohn als Graf von Anjou und Maine dem französischen König huldigen. Damit wäre zum Ausdruck gebracht, dass der junge Heinrich diese beiden Territorien als direkte Lehen vom König erhalten hatte und seinem Vater oder seinen Brüdern nichts schuldete, «außer dem, was sie verdienen mögen oder was die natürliche Zuneigung diktiert». Ludwig vertrat auch die Auffassung, Richard müsse sich das Herzogtum Aquitanien von ihm als Lehen bestätigen lassen; um den Erben Eleonores noch enger an sich zu binden, versprach er, ihm seine Tochter Alix, die jüngere Schwester von Margaret, der Braut des jungen Heinrich, zur Frau zu geben.[12] Diese Vorlagen Ludwigs zeigen, dass er die Nützlichkeit seiner Lehnsherrschaft über die Söhne Heinrichs als Werkzeug für eine schrittweise Aushöhlung der Macht des englischen Königs sehr wohl einzuschätzen wusste.

Heinrich gab die Zusage, sein Herrschaftsgebiet unter seinen Söhnen aufzuteilen, und ging davon aus, dass dies, weil es die Hoffnungen des französischen Königs auf eine Verwässerung der angevinischen Macht nach dem Tod Heinrichs nährte, zu einer Entspannung führen würde. Einer zeitgenössischen Darstellung zufolge trat der englische König «als Bittsteller» vor Ludwig VII. und gestand diesem zu, dass er ihm, auch wegen der ihm früher erwiesenen Huldigungen, «all die Unterstützung und Dienstbarkeit [schulde], die der König von Frankreich von einem Herzog der Normandie erwarten kann».[13] Ihre Vereinbarung besagte, dass Heinrichs ältester Sohn, der junge Heinrich, alle Besitzungen erhalten sollte, die Heinrich II. von seinen Eltern geerbt hatte: die Grafschaften und Grundherrschaften von Graf Gottfried entlang der Loire, also Maine und Touraine und dazu das anglo-normannische Erbe der Kaiserin Matilda. Für diese Besitzungen, soweit sie der Hoheit der französischen Krone unterlagen, sollte der junge Heinrich Ludwig VII. huldigen, ihn als seinen Lehnsherrn anerkennen; Richard sollte dasselbe für Aquitanien tun.

Eleonore nahm an der Konferenz in Montmirail nicht teil, vielleicht nicht zuletzt deshalb, weil eine Begegnung mit ihrem früheren Gatten für alle Beteiligten unangenehm gewesen wäre; mit dem Ergebnis war sie aber zweifellos sehr zufrieden. Denn zwei ihrer Söhne – Richard, ihr zweitgeborener, und Gottfried, ihr dritter – hatten jetzt gute Aussichten, Besitzungen außerhalb der anglo-normannischen und der angevinischen Kernlande zu erhalten. Richard bekam den Zuschlag für das Herzogtum Aquitanien in Übereinstimmung mit den schon früher zwischen Eleonore und Heinrich getroffenen Abmachungen; auch würde seiner Verheiratung mit König Ludwigs Tochter Alix nichts mehr im Wege stehen. Die Prinzessin sollte unverzüglich der Obhut des englischen Königs übergeben werden, wie es ihrer älteren Schwester Margaret in einem noch zarteren Alter widerfahren war.[14] Die junge Alix der Fürsorge Eleonores in Poitiers anzuvertrauen, wäre für Ludwig inakzeptabel gewesen; schon in den früheren Abmachungen zur Verheiratung Margarets hatte er sich ausbedungen, dass sie nicht im Haushalt Eleonores erzogen werden durfte. Heinrich beschloss nunmehr, Alix in seinen eigenen Haushalt aufzunehmen, eine Entscheidung, die er bedauern sollte.

Nachdem Richard in aller Form als designierter Erbe des Herzogtums Aquitanien anerkannt war, konnte Eleonore sicher sein, dass das Land ihrer Väter in der Hand ihrer Familie bleiben würde, was auch immer aus Heinrichs anderen Besitzungen würde. Für ihren dritten Sohn Gottfried war bereits die Grafenwürde in der Bretagne reserviert, einer Grafschaft, die traditionell unter der Lehnsherrschaft der normannischen Herzöge stand. Nachdem Heinrich diese Herrschaft durch einen Eroberungszug in die Bretagne untermauert hatte, verlobte er seinen Sohn Gottfried 1166 mit der Tochter des amtierenden Grafen und hielt in großem Stil Hof, um den Baronen der Bretagne Gelegenheit zu geben, Gottfried als ihrem künftigen Grafen zu huldigen.[15]

Die Vereinbarungen von Montmirail sicherten nur zwei von Heinrichs vier Söhnen Land und Titel; das Nesthäkchen Johann war zu dem Zeitpunkt noch zu jung, um Berücksichtigung zu finden, und der älteste, Heinrich Junior, immerhin schon im Jugendalter, ging scheinbar leer aus, weil sein Vater ihm weder territoriale Besitztümer überschrieb noch ihm Verantwortungen übertrug, wie sie seinem Status als dem designierten Erben des anglo-normannischen Königsthrons und der angevinischen Grafenwürde entsprochen hätten. Der junge Heinrich war dazu verurteilt, ein «Junior» zu bleiben, ohne eigene Territorien, die er hätte regieren können oder die ihm Einkünfte beschert hätten, und seine Erbitterung darüber steigerte sich nach seiner Krönung 1170 noch. Heinrich der Ältere dachte offensichtlich nicht daran, dem jungen König auch nur einen Teil der Regierungsverantwortung zu übertragen, und gab ihm so das Gefühl, ein gekrönter und gesalbter Monarch ohne jede Autorität zu sein. Dazu passte auch das für den Junior neu angefertigte Siegel: Es wies den jungen Heinrich nicht als «König durch die Gnade Gottes» aus, wie es die Siegel aller englischen Könige getan hatten, seit die normannische Linie den englischen Thron erobert hatte, und es bildete ihn auch nicht als Träger des Schwerts ab, wie es der Brauch war. Da bezeugt ist, dass Heinrich Senior die Herstellung des Siegels für seinen ältesten Sohn beaufsichtigte, kann man davon ausgehen, dass das Schwert absichtlich weggelassen wurde, ein Zeichen dafür, dass der junge König ein «Erbe im Wartestand» war, einem Vater untergeordnet, der auf absehbare Zeit noch «König durch die Gnade Gottes» zu bleiben gedachte.[16] Dem jungen Heinrich war klar, dass er ein König ohne Macht bleiben würde, bis sein Vater krank wurde oder starb. Eleonore teilte vermutlich die Enttäuschung ihres ältesten Sohnes; sie hatte wohl angenommen, Heinrich werde ihm frühzeitig eigene Territorien zuteilen und ihm begrenzte Herrschervollmachten entweder in England oder in der Normandie übertragen und damit etwas von seiner eigenen Macht abgeben.

Für den jungen König wurde die Situation noch irritierender, als er 1173 18 Jahre alt wurde und noch immer ohne Besitzungen und Machtbefugnisse dastand; nicht einmal die Landgüter im Inneren von Anjou, die traditionell dem Plantagenet-Stammhalter zustanden, hatte sein Vater ihm übereignet. Dem jungen Heinrich stieß seine Landlosigkeit umso schmerzlicher auf, als er seit seinem fünften Lebensjahr mit Margaret, der Tochter Ludwigs VII. von Frankreich, verheiratet war. Eigentlich markierte die Heirat traditionell den Übergang eines jungen Aristokraten ins Erwachsenenleben: Das Paar erhielt ein Domizil auf irgendeinem zum Familienbesitz gehörenden Gut und gründete seinen eigenen Haushalt. Heinrichs Besitz- und Machtlosigkeit machte ihn eifersüchtig auf seinen Bruder Richard, der sein poitevinisches Erbe bereits angetreten hatte und den seine Mutter an der politischen Verantwortung teilhaben ließ. Der vom jungen Heinrich empfundene Gegensatz zwischen seiner Machtlosigkeit als gekrönter und gesalbter König und der starken Stellung Richards in der Grafschaft seiner Mutter steigerte seine Wut über die ihm von seinem Vater zugefügten Demütigungen.[17]

Mehrmals revidierte Erbfolgeregelungen für die Söhne Eleonores

Der Ende 1166 geborene Johann, das jüngste Kind von Eleonore und Heinrich, ging bei der auf Burg Montmirail vereinbarten Dreiteilung leer aus. Heinrich hatte jedoch nicht die Absicht, seinen letztgeborenen Sohn zu einem Dasein als «Johann Ohneland» zu verurteilen. Johanns Vater war entschlossen, seinen Kleinsten nicht zu kurz kommen zu lassen, sondern ihm ein bedeutendes Territorium zu überschreiben, doch damit handelte er sich den Zorn seiner anderen Söhne ein. Der Hass auf den Vater und die Missgunst gegen den jüngsten Bruder steigerten sich bei Heinrich dem Jüngeren, Richard und Gottfried bis zu dem Punkt, dass sie ihrem Vater 1173 offen den Krieg erklärten.

Was Heinrich unternahm, um die Zukunft seines jüngsten Sohnes zu sichern, fand nicht den Beifall Eleonores; das bedeutete nicht, dass sie Johann weniger geliebt hätte als ihre anderen Kinder, sondern reflektierte lediglich ihre Meinung, dass Johann als jüngster von vier Söhnen vom Schicksal benachteiligt war und eine unsichere Perspektive hatte, es sei denn, es ließe sich eine Braut mit Aussicht auf ein reiches Erbe für ihn auftun. Beispiele dafür hatte es in ihrer eigenen Familie mehr als einmal gegeben.

Johann hätte aus Büchern und aus der Vergangenheit seiner eigenen Familie lernen können, dass nachgeborene Söhne adliger Familien von Hause aus schlechtere Karten hatten als Erstgeborene. Die Romanliteratur des 12. Jahrhunderts ist reich an Erzählungen, die von jüngeren Söhnen handeln, die gezwungenermaßen von zu Hause fort ziehen und ihr Lebensglück als fahrende Ritter zu finden versuchen. Die Unsicherheit über die eigene Zukunft, die Rivalität mit seinen besser versorgten Brüdern und deren negative Reaktion auf die Bemühungen ihres Vaters, auch dem kleinen Johann eine Erbschaft zu verschaffen, trugen womöglich zur Herausbildung misstrauischer und anderer unschöner Züge in der Persönlichkeit Johanns bei; er wurde zu einem von Selbstzweifeln gequälten jungen Mann, der sich nichts zutraute, ein psychischer Defekt, der durch den «Starrummel», in dem sich seine in den Augen der Zeitgenossen glanzvolleren Brüder Heinrich und Richard sonnen konnten, noch verstärkt wurde. In der toxischen Atmosphäre, die am Plantagenet-Hof herrschte, konnte es nicht ausbleiben, dass der Junge einiges von dem Gift in sich aufnahm, das zumindest die Höflinge, die die Partei des jungen Königs ergriffen, gegen Heinrich II. versprühten. Diese Erfahrung prägte den Charakter des jungen Johann vermutlich mindestens ebenso sehr wie seine frühe Trennung von der Mutter in den Jahren, in denen er im Kloster Fontevraud untergebracht gewesen war. Man kann Eleonore wohl kaum dafür verantwortlich machen, dass Johann zu einem so verdruckten und misstrauischen Menschen heranwuchs, oder gar dafür, dass er sich nach seinem nicht zu erwartenden Aufstieg zum König von England 1199 als ein so misanthropischer und autokratischer Herrscher entpuppte.

Die Vereinbarungen von Montmirail bestätigte Heinrich II. im August 1170, als er mit einer lebensbedrohlichen Erkrankung darniederlag, in einer testamentarischen Verfügung, ergänzt allerdings um eine Bestimmung zugunsten seines letztgeborenen Sohnes Johann. Er verpflichtete seinen ältesten Sohn, sich des jungen Johann anzunehmen und ihn nach Möglichkeit «zu fördern und Unterhalt zu geben». Heinrich äußerte den Wunsch, dass Johann die Grafschaft Mortain in der Normandie erhalten sollte, die schon in der Vergangenheit häufig nachgeborenen Mitgliedern der herzoglichen Familie überlassen worden war.[18] Letzten Endes fiel für Johann nur deswegen ein Fürstentum ab, weil es Heinrich II. gelang, sich die Herrschaft über Irland zu sichern. Im Oktober 1171, ein Jahr nach seiner Genesung, hisste der König die Segel, um nach Irland überzusetzen, wo er bis zum nächsten Frühjahr blieb und seine Herrschaft über die Insel festklopfte. Einige Zeit nach dieser Expedition, spätestens jedoch 1177, begann er darüber nachzudenken, dass Irland womöglich die Probleme seines landlosen letztgeborenen Sohnes lösen könnte.[19]

Einige Jahre vorher, 1173, während Eleonore noch im Poitou residierte, eröffnete sich für den jungen Johann eine außergewöhnliche Chance, als dem König eine Braut für den Jungen angeboten wurde, eine Ehe, die ein solides Fundament für ein Bündnis mit dem Graf von Savoyen, Humbert II. von Maurienne, abgegeben hätte. Johann sollte Alix heiraten, die ältere der beiden Töchter Humberts und Erbin seiner Grafschaft. Schon Jahre zuvor hatte der Graf dem englischen König durch einen Sendboten ausrichten lassen, falls dieser seinen jüngsten Sohn mit Humberts älterer Tochter verheiraten würde, würde dies Johann einträgliche Lehen im Piemont und in Savoyen einbringen, dazu die Chance, sein Nachfolger als Graf von Savoyen zu werden. Die Grafschaft Savoyen thronte in strategisch interessanter Lage auf den Höhen der Westalpen und kontrollierte wichtige Passstraßen, die von Frankreich nach Italien führten.[20] Gespräche Heinrichs mit Humbert waren Bestandteil einer strategischen Überlegung, den Einfluss des Hauses Plantagenet weit in den mediterranen Süden hinein auszudehnen. Was Heinrich vor allem dazu veranlasste, in diese Richtung zu gehen, war seine Rivalität mit den Grafen von Toulouse; vielleicht spielten daneben aber auch noch ehrgeizigere Großmachtträume eine Rolle. Graf Raymond V. hatte seine Einflusssphäre, ausgehend von Toulouse, bereits weit nach Osten ausgedehnt, bis nach Nîmes an der Rhône und bis an den südwestlichen Alpenbogen. Heinrich konnte das Angebot Humberts schwerlich ausschlagen, eröffnete es doch die Aussicht auf eine erhebliche Ausweitung der angevinischen Macht, womöglich bis nach Italien hinein, und so «kaufte» er die Grafentochter für Johann (mit dem Versprechen, dem Grafen 5000 Mark für sie zu zahlen).[21] Er sagte außerdem zu, dass Johann die drei Grundherrschaften bekommen würde, die traditionell einem der nachgeborenen Söhne der Grafen von Anjou zufielen: die Burgen Chinon, Loundun und Mirebeau.

Für den Februar 1173 verabredete Heinrich II. ein neues Treffen mit Graf Humbert und fand sich zu diesem an der Spitze einer hochkarätigen Adelsdelegation in Montferrat (dem heutigen Clermont-Ferrand) in der Auvergne ein. Der junge Heinrich wurde eigens aus England herbeizitiert, um als Mitglied des königlichen Gefolges in Montferrat den Grafen von Savoyen kennenzulernen.[22] Man machte einen Umweg über Poitiers, wo sich Eleonore dem Tross anschloss. Neben Heinrich, Eleonore und dem jungen König gehörten dem Aufgebot noch der König von Aragon und der Graf von

Toulouse an, die bei der Gelegenheit einen langjährigen Streit beilegen und sich dabei des englischen Königs als Schiedsrichter bedienen wollten. Einer der Prominentesten unter den poitevinischen Adligen, die mit von der Partie waren, war Eleonores Onkel und Berater Ralph de Faye.[23]

Aus der vorgesehenen Heirat des jungen Johann wurde nichts, weil die Tochter des Grafen plötzlich verstarb; dennoch löste diese Episode ein schweres Zerwürfnis zwischen Heinrich und seinem ältesten Sohn aus. Die großzügigen Zusagen, die der König zugunsten seines jüngsten Sohnes machte, empörten den jungen Heinrich, weil die drei angevinischen Burgen, die er als Dreingabe für Johann zugesagt hatte, innerhalb von Besitzungen lagen, die zu seinem Erbe gehörten. Natürlich wusste er, dass der eigentliche Verfügungsberechtigte über diese Burgen sein Vater sein würde, nicht ein siebenjähriger Junge. Aber der junge König, dem sein Vater noch nicht eine einzige Burg in Anjou oder Maine vermacht hatte und der noch nicht einmal eine Residenz für sich und seine Frau sein Eigen nannte, empfand diese ohne sein Einverständnis vorgenommene Eigentumsübertragung als unerhört und als eine weitere schwere Kränkung, und sie steigerte den angestauten Unmut, der sich bald darauf in seinem Aufbegehren gegen Heinrich entlud. Zusätzlich verkompliziert wurden die Beziehungen Heinrichs zu seinem Haupterben durch den Input vonseiten eines Dritten, des französischen Königs Ludwig VII., dem der junge englische König als Schwiegersohn und als Vasall verbunden war. Der junge Heinrich begann, in Ludwig einen Ratgeber und eine Vaterfigur zu sehen, und Ludwig bestärkte seinen Schwiegersohn in seinem Verdruss über seinen Vater. Im November 1172 statteten der junge König und seine Gattin dem französischen Hof einen Besuch ab, und der junge Heinrich hörte dort weniger Gutes als Schlechtes über seinen Vater. Ludwig riet ihm, seinen Vater in der Normandie aufzusuchen und ihn aufzufordern, ihm entweder die Herrschaft über das englische Königreich oder zumindest die über das Herzogtum Normandie zu übertragen; falls Heinrich ihm dies verweigere, solle er nach Paris zurückkehren, wo seine Frau auf ihn warten würde.[24]

Die Ermordung des Erzbischofs Thomas Becket im Dezember 1170 hatte beim jungen Heinrich bereits heftige Aggressionen gegen seinen Vater ausgelöst. Wenige Ereignisse des 12. Jahrhunderts sorgten im europäischen Christentum für größere Empörung als die Exekutierung Beckets in seiner eigenen Kathedrale durch vier Ritter vom Hof Heinrichs II. Die mit Händen zu greifende Verantwortung des englischen Königs für dieses Verbrechen und sein wenig überzeugender Bußgang nach Avranches 1172 diskreditierten ihn in den Augen seines Sohnes. Der junge Heinrich hatte als Kind einige Jahre im Haushalt des damaligen königlichen Kanzlers Becket verbracht und seither eine tiefe Zuneigung zu ihm empfunden. Er hatte mitbekommen, dass seine eigene Krönung den Konflikt zwischen dem verbannten Erzbischof und König Heinrich zum Kochen gebracht hatte, wobei sie offensichtlich nur dem taktischen Zweck gedient hatte, der erwarteten Exkommunizierung Heinrichs durch Becket zuvorzukommen.[25] Wie ein flämischer Chronist schrieb: «Nach dem Ablegen der Königskrone ließ [Heinrich] seinen Sohn Heinrich, einen höchst ehrenhaften Ritter, ... zum König krönen, behielt aber für sich alles zum Königreich gehörende Land mit allen seinen Früchten und Einkünften.»[26]

Der Schwiegervater des jungen Königs, der fromme Ludwig, «der christlichste aller Fürsten und der Fürst aller Christen», um einen von Beckets Freunden zu zitieren,[27] sah in der Ermordung des Erzbischofs eine Chance, seinen Rivalen auf dem englischen Thron zu schwächen. Nicht lange nach der Mordtat schrieb Ludwig zusammen mit seinen Schwägern, dem Grafen von Blois und dem Erzbischof von Sens, einen Brief an den Papst mit der Forderung, den englischen König für sein Verbrechen zu bestrafen.[28] Was immer der junge König über die Mitschuld seines Vaters an der Mordtat dachte, er versuchte, wie der französische König, aus der Situation Kapital zu schlagen. Am Vorabend seiner offenen Revolte gegen seinen Vater versandte er Briefe an potenzielle Verbündete, in denen er seine Verbundenheit mit seinem frommen Mentor Becket bekundete und unter Hinweis darauf, dass sein Vater bei der Verfolgung und Bestrafung der Mörder des Erzbischofs wenig Eifer an den Tag legte, einen bewaffneten Aufstand gegen Heinrich II. als gerechtfertigt bezeichnete. Einige von denen, die sich dem jungen Heinrich anschlossen, vertraten sogar die Auffassung, mit dem Tod des Erzbischofs von Canterbury sei das Recht Heinrichs II., als König zu herrschen, erloschen.[29]

Nach dem von Heinrich einberufenen Konzil in Montferrat im Februar 1173 machte sich die illustre Schar der versammelten kirchlichen und weltlichen Fürsten zusammen mit König und Königin auf den Weg nach Limoges, wo das weitere Vorgehen Heinrichs Eleonore in Schrecken und Wut versetzte.[30] Graf Raymond V. von Toulouse kam nach Limoges geeilt, beunruhigt ob der Aussicht, dass die Grafschaft Maurienne unter angevinischen Einfluss geraten könnte – er beschloss in dieser Situation, mit seinem langjährigen Kontrahenten Frieden zu schließen. Er tat dies zweifellos in der Hoffnung, eine Einigung mit Heinrich werde ihm den Frieden und die Zeit verschaffen, die er brauchte, um seine unlängst getätigten Gebietserwerbungen in der Provence zu konsolidieren. Raymond erklärte sich bereit, für seine Grafschaft Toulouse dem englischen König und seinen Söhnen Heinrich und Richard zu huldigen. Darüber hinaus versprach er, dem König militärische Vasallendienste zu leisten und ihm jährlich entweder 100 Silbermark zu zahlen oder 10 Streitrösser zu liefern. Die Einigung, die Heinrich mit dem Grafen erzielte, nahm keinen Bezug und keine Rücksicht auf die Lehnsherrschaft der Herzogin von Aquitanien über Toulouse.[31] Im Gegenteil hatte es den Anschein, als laufe die Huldigung Raymonds an die beiden Könige Heinrich auf die Anerkennung einer direkten und permanenten Souveränität der englischen Monarchie über die Grafschaft hinaus.

Die Versöhnung Heinrichs mit Graf Raymond gab Eleonore Stoff zum Nachdenken über die ungezügelte Macht ihres Mannes (die er ihr ja auch mit seinen ständigen Interventionen im eigentlich von ihr regierten Poitou demonstrierte), und sie überlegte sicherlich, welche Mittel und Wege es geben könnte, diese Macht einzudämmen. Solche Überlegungen konnten eigentlich nur dazu führen, dass ihr Mitgefühl und Verständnis für den jungen König in seinem Frust über die eigene Machtlosigkeit zunahm. Gut möglich, dass sie erkannte, dass die mehrmals modifizierten Erbfolgepläne ihres übermächtigen Mannes sich als Waffe gegen ihn wenden ließen, eine Waffe, mit der man ihn in die Schranken weisen und ihn zwingen konnte, die vor Jahren in Montmirail beschlossene Aufteilung des Erbes und der Macht unter seinen Söhnen endlich in die Tat umzusetzen.[32] Spätestens nach Abschluss des Konzils von Limoges war bei Eleonore die Bereitschaft da, sich mit ihren Söhnen gegen ihren Mann zu verschwören. Graf Raymond von Toulouse nahm König Heinrich vor seiner Abreise aus Limoges zur Seite und warnte ihn vor einem Komplott gegen ihn, an dem seine Frau und seine Söhne beteiligt seien. Offenbar erfuhr Heinrich dadurch zum ersten Mal, dass die Unzufriedenheit seiner nächsten Angehörigen in die Bereitschaft umgeschlagen war, etwas gegen ihn zu unternehmen. Er nahm sich die Warnung Raymonds insofern zu Herzen, als er die Sicherheitsvorkehrungen auf seinen Burgen im Poitou verschärfte. Andererseits hinderte er Eleonore nicht daran, nach Poitiers zurückzukehren. Richard und sein jüngerer Bruder Gottfried von der Bretagne machten die Rückreise von Limoges entweder mit ihr zusammen oder stießen in Poitiers zu ihr. Heinrich konnte sich womöglich vorstellen, dass seine Frau im Konflikt mit seinen Söhnen deren Partei ergreifen würde. Dagegen war es für ihn wohl unvorstellbar, dass sie den drastischen Schritt tun könnte, ihm den Krieg zu erklären, denn dazu hätte sie nach seiner Einschätzung ein Bündnis mit ihrem Ex-Mann, Ludwig VII., schließen müssen.[33]

Eleonores zweite Ehe: Hoffnungen und böses Erwachen

Wie konnte es passieren, dass Eleonore von Aquitaniens Ehe mit Heinrich II. so gründlich in die Brüche ging, dass sie am Ende gegen ihn konspirierte und ihre drei ältesten Söhne zu einer regelrechten Rebellion gegen ihren Vater im Bunde mit Eleonores Ex-Mann anstachelte? Dass die Königin von England 1173/74 im Verein mit ihren Söhnen den bewaffneten Aufstand gegen den Vater ihrer Kinder wagte, «erstaunte und empörte die Zeitgenossen», sowohl weltliche Intellektuelle mit Verbindungen zum königlichen Hof als auch moralisierende Chronisten aus der klösterlichen Welt.[34] Nicht unbeeinflusst von negativen Vorurteilen gegen Macht ausübende Frauen, die im Verlauf des 12. Jahrhunderts an Boden gewannen, machten diese Autoren keinen Hehl aus ihrer scharfen Missbilligung für das Verhalten Eleonores.

Dabei liefern diese Chronisten des späten 12. Jahrhunderts kaum Hinweise auf die Beweggründe der Königin – offensichtlich hatten sie wenig Interesse daran, sich Gedanken darüber zu machen, was in ihr vorging. Sie sahen in der Geschichte eine Abfolge von Gleichnissen und hielten es daher nicht für nötig, für das Geschehen auf der Welt nach anderen Wirkkräften als dem Willen Gottes Ausschau zu halten. Sie begnügten sich mit der Erklärung, die Revolte der Söhne Heinrichs, in Gang gebracht von seiner eigenen Königin, sei die göttliche Strafe für seine Sünden gewesen. Wenn einer dieser Chronisten sich einmal die Mühe machte, über die Motive Eleonores nachzudenken, gelangte er rasch zu dem Schluss, ihr Verhalten sei von Gefühlen gesteuert gewesen, von dem Bedürfnis etwa, sich an Heinrich zu rächen. Welche Gründe sie gehabt haben könnte, ihrem Mann Übel zu wollen, analysierten sie ebenso wenig, wie sie mögliche übergreifende politische Erwägungen in Betracht zogen. William von Newburgh machte immerhin den Versuch, Heinrichs aus den Fugen geratene Beziehungen zu seinen Söhnen zu erklären, und gelangte zu dem Schluss: «Dies widerfährt [ihm] nach allgemeiner Überzeugung verdientermaßen durch das gerechte Urteil Gottes, und zwar aus zwei Gründen.» Der erste Grund sei die Ehe Heinrichs mit Eleonore, einer Frau, die zuvor einem anderen gehört habe; als zweiten Grund nennt Newburgh die unbeugsame Feindschaft Heinrichs gegen den als Heiligen verehrten Thomas Becket.[35] Zwar macht Newburgh dem französischen König einen Vorwurf daraus, dass er dem jungen König zum Aufstand geraten hatte, aber anschließend porträtiert er Eleonore, genau wie mehrere andere englische Chronisten, als eine manipulative Mutter, die verwerflicherweise ihre jüngeren Söhne Richard und Gottfried ermuntert habe, sich nach Paris abzusetzen und sich dort ihrem älteren Bruder anzuschließen. Ein anderer klösterlicher Chronist schreibt die Verantwortung hauptsächlich Ludwig VII. und dem Grafen Philipp von Flandern zu. Die Mitbeteiligung von Königin Eleonore nur kurz erwähnend, berichtet er, König Heinrich habe sie, weil sie «sich mit ihren Söhnen gegen ihn zu erheben wünschte, für viele Jahre eingekerkert».[36]

Eleonores englische Untertanen waren 1173 bereit, ihr alles Schlechte auf der Welt zuzutrauen, nicht zuletzt, weil sie gegen eines der für verheiratete Frauen geltenden Grundgebote verstoßen hatte, das Gebot der Unterordnung unter den Ehemann.[37] Ein weiteres Motiv derer, die darauf brannten, in ihr die Rädelsführerin der Verschwörung gegen Heinrich II. zu sehen, war das Missbehagen an ihrer Quasi-Trennung von Heinrich seit Anfang 1168, als sie sich im Poitou niedergelassen hatte.[38]

Diejenigen unter Eleonores Zeitgenossen, die nicht wahrnahmen, dass es ihr ein Anliegen war, das Land ihrer Väter eigenhändig zu regieren, waren nicht in der Lage, ihre politischen Beweggründe für das Aufbegehren gegen ihren Mann zu sehen. Es kam diesen Leuten nie in den Sinn, dass hinter ihrer Teilnahme an der Rebellion ihrer Söhne ihr Verlangen nach mehr wirklicher Macht in ihrem Herzogtum und ihre Verärgerung über Heinrichs andauernde Einmischungen dort stecken könnten. Ihr Wunsch, in Aquitanien aus eigener Kraft zu herrschen, die Thronfolge Richards zu sichern und zu verhindern, dass ihr Herzogtum als eine Provinz unter anderen im Reich ihres Mannes aufging, hatten mit ihrer Teilnahme an dem Aufstand ebenso viel zu tun wie die Erbitterung einer schlecht behandelten Ehefrau. Eleonore wollte erreichen, dass die Macht in ihrem Herzogtum unmittelbar von ihr auf ihren zweiten Sohn überging, ohne dass Heinrich oder sein Thronfolger als Garanten oder Lehnsherrn dazwischen traten. Das Jahr 1172, in dem Richard formell zum Grafen und Herzog gekürt wurde, mochte den Zeitpunkt markieren, an dem Eleonore sich zum Bruch mit Heinrich und zur Beanspruchung der alleinigen Herrschaft über das Poitou entschloss. Denn um diese Zeit herum veränderte sie die Anredeformel in ihren Urkunden, indem sie jeden Hinweis auf ihren Ehemann als Verleiher von Rechten wegließ.[39]

Eleonore hatte gute Gründe, zu bezweifeln, ob ihr Mann wirklich gewillt war, die Einheit ihrer Erblande zu bewahren. Dass Heinrich dem König von Kastilien versprochen hatte, seine Tochter Eleonore werde in ihre vereinbarte Ehe mit ihm die Gascogne als Mitgift einbringen, wird die Sorgen der Königin und Herzogin über die Zukunft ihres Patrimoniums nicht kleiner gemacht haben. Dann kam das große Konzil in Limoges im Februar 1173, auf dem der Graf von Toulouse Heinrich II. und dem jungen Heinrich huldigte, eine Entwicklung, die ein weiteres Gefahrensignal aussandte. Indem Heinrich die Huldigung Raymonds für Toulouse entgegennahm, beging er in Eleonores Augen Verrat an ihren seit Langem bestehenden Ansprüchen auf Toulouse als Bestandteil ihres rechtmäßigen Erbes und säte Zweifel daran, dass die Grafschaft ein Vasallenstaat Aquitaniens war. Zugleich anerkannte er Raymond V., einen Nachkommen der als Usurpatoren zur Herrschaft gelangten Dynastie der Saint Gilles, als rechtmäßigen Herrscher von Toulouse an und setzte damit implizit den Anspruch Eleonores auf die Grafschaft unter Berufung auf die Rechte ihrer Großmutter außer Kraft. Dass er die Huldigung des Grafen entgegennahm, war für Eleonore umso beunruhigender, als sie wusste, dass sein Anspruch auf die Lehnsherrschaft über Toulouse einzig und allein aus seiner Ehe mit ihr resultierte. Schließlich interpretierte sie die Huldigung des Grafen Raymond an den jungen König als einen Schritt, der eine Hoheit der englischen Krone über das Herzogtum Aquitanien suggerierte – in ihren Augen ein Signal, dass Richard und seine Nachkommen ihren Herzogstitel künftig durch die Gnade des englischen Königs tragen sollten. Eleonore wollte jedoch den direkten Übergang der Herrschaft über Aquitanien auf Richard, ohne den englischen König als zwischengeschalteten Lehnsherrn. Raymond V. hatte zwar auch Richard gehuldigt, aber darin sah Eleonore nur ein Zugeständnis an den Umstand, dass Richard als zweiter Sohn der nächste Anwärter auf die englische Krone war, nicht eine Anerkennung seiner Hoheit über Toulouse in seiner Eigenschaft als Herzog von Aquitanien.[40]

Mit ihrer Unterstützung für die Revolte ihrer Söhne gegen Heinrich II. wollte Eleonore allem Anschein nach den Plan Heinrichs durchkreuzen, den Flickenteppich seiner Besitzungen in ein durchstrukturiertes und langlebiges Reich unter der Herrschaft des Hauses Plantagenet zu verwandeln. Sie hingegen pochte auf die Vereinbarungen von Montmirail aus dem Jahr 1169, die eine unverzügliche Aufteilung von Heinrichs Herrschaftsgebiet vorgesehen hatten. Das war eine Bestrebung, in der sie sich mit Ludwig VII. einig wusste: Heinrich sollte gezwungen werden, die Macht in den Territorien, die den Söhnen übertragen worden waren, an sie abzugeben, Territorien, für die sie bereits dem französischen König gehuldigt hatten. Eleonores Erbitterung war so groß, dass sie keinen anderen Weg mehr sah, als ihrem Mann die Macht aus den Händen zu winden, bevor er noch mehr Schaden anrichtete. Wenn es nach ihr ginge, würde Heinrich seine letzten Lebensjahre «auf dem Altenteil» verbringen, ohne eigene Machtmittel, am besten als eine Art «Aufsichtsratsvorsitzender» für seine Söhne, aber ohne Vollmachten. Um dies herbeizuführen, war sie willens, mit ihrem früheren Ehemann zu konspirieren, woraus wir schließen können, dass sich ihre Abneigung gegen Ludwig gemildert hatte. Es kann sein, dass ihr die Sanftheit des Kapetinger-Königs mittlerweile sympathischer war als die Brutalität Heinrichs, der mit seinem königlichen «Jähzorn und bösen Blut» viele seiner Untertanen in Angst und Schrecken versetzte.

Seltsamerweise sind moderne Autoren fast ebenso zurückhaltend wie die mittelalterlichen Chronisten, wenn es darum geht, die Teilnahme Eleonores an der Revolte ihrer Söhne politisch zu erklären. Die meisten geben sich damit zufrieden, ihr ein aus der Enttäuschung über das Scheitern ihrer Ehe und insbesondere über seine Seitensprünge geborenes Verlangen nach Rache an Heinrich zu unterstellen. Andere deuten, unter Berufung auf Freud, ihre Teilnahme an der Rebellion von 1173/74 als Zeichen für ein ungesundes Verhältnis zu ihren Söhnen, die ihr angeblich oft nur als «Bauern» im Schachspiel der Macht dienten. Diejenigen, die sich auf psychologische Interpretationen der Geschichte spezialisieren, porträtieren sie gerne als eine Frau, die in ihren Söhnen «Instrumente ihres Willens oder Hindernisse für die Ausübung ihres Willens sah und nicht Individuen, die der Förderung und Zuwendung bedurften». Diese Autoren bescheinigen Eleonore, dass bei ihr «nicht der lehrende und gebende, sondern der Dominanz ausübende Aspekt des Mutterseins am stärksten ausgeprägt war».[41] Eine solche Anprangerung Eleonores als dominierende Mutter einer zerrütteten Familie, die machtbesessen gewesen sei und die Schuld an der Abwendung der Söhne von ihrem Vater trage, geben die verfügbaren Quellen aber beim besten Willen nicht her.

Autoren populärhistorischer Sachbücher und Romane haben in den zahlreichen Liebschaften Heinrichs II. einen reichen Fundus für Motive gefunden, die die Teilnahme Eleonores an der Rebellion ihrer Söhne verständlich machen können; sie unterstellen, seine Untreue habe sie vielleicht schon seit 1166 erbittert. Die Gekränktheit einer betrogenen Frau genügt ihnen als Erklärung für die Revolte, auch wenn tatsächlich kaum konkrete Anhaltspunkte dafür vorliegen, dass die sexuellen Eskapaden des Königs der Hauptgrund für ihre Abwendung von ihm war. Die Ehe zwischen Eleonore und Heinrich gründete von vornherein nicht auf Liebe, sondern war eine politische Verbindung zum gegenseitigen Vorteil. Von aristokratischen Ehefrauen wurde erwartet, dass sie die Affären ihres Mannes einfach ignorierten, und auch Eleonore hatte sicherlich gelernt, wegzuschauen und erlittene Kränkungen zu verbergen, wobei die Affären ihres Mannes mit Mädchen aus adligem Haus für sie sicherlich schmerzlicher waren als seine Bettgeschichten mit Bauerntöchtern. Johann von Salisbury berichtet in einem Brief aus dem Jahre 1168 über die Klage des Grafen von der Bretagne, der dem englischen König seine Tochter als Geisel hatte aushändigen müssen: «Sie sei Jungfrau gewesen, aber ... er habe sie geschwängert, indem er Verrat, Ehebruch und Inzest begangen habe.»[42]

Eleonore hatte sicherlich keine Freude an Heinrichs unehelichem Sohn William Longsword, Folge einer Liaison mit einer Aristokratin. Wenn ein junger Prinz einem Mädchen aus dem Volk ein Kind machte, war das eine Sache, wenn aber ein verheirateter Fürst eine adlige Frau schwängerte, galt das als schändliche Tat, die einen Schatten auf die Legitimität späterer Kinder der Frau warf. William Longsword, geboren wahrscheinlich um das Jahr 1170, war der Sohn einer gewissen Ida, die von manchen Autoren als Tochter Rogers de Tosny III. identifiziert worden ist, eines bedeutenden normannischen Grundherrn mit weitläufigen Besitzungen in England. Ida heiratete Ende 1181 Roger Bigod II., den Earl von Norfolk, und danach verwies William Longsword in seinen Schriftstücken offen auf «die Gräfin Ida, meine Mutter». Anders als Geoffrey Plantagenet, ein anderer Bastard Heinrichs, erhielt William wenig Zuwendung von seinem leiblichen Vater – Söhne, die aus außerehelichen Affären mit adligen Frauen resultierten, wurden von ihrem Erzeuger oft weniger bereitwillig akzeptiert als solche aus frühen vorehelichen Liebesaffären. Der Name William Longsword taucht erst 1188 erstmals in einer Urkunde auf, als sein leiblicher Vater dem Jüngling ein Stück Land in Lincolnshire übereignete.[43] Irgendetwas geheim zu halten, war an einem königlichen Hof ein Ding der Unmöglichkeit: Höflinge tauschten ständig Informationen und Gerüchte aus, und sicherlich hatte Eleonore im fernen Poitou schon bald nach der Geburt Williams um 1170 alles Nötige über diese Frucht einer Affäre ihres Mannes mit der Tochter einer prominenten anglo-normannischen Familie erfahren. Die außerehelichen Eskapaden Heinrichs schmerzten sie sicherlich, aber wir sollten hier nicht vorschnell einen Fall von gebrochenem Herzen diagnostizieren; es handelte sich wohl eher um verletzten Stolz. Gewiss waren Heinrichs zahlreiche Affären demütigend für Eleonore und leisteten einen Beitrag zur Zerrüttung ihres Verhältnisses zu ihm.

Spätere Biografen Eleonores, die für das breite Publikum schrieben, erwähnen allenfalls nebenbei, dass Heinrich II. mit Ida de Tosny einen Sohn gezeugt hatte; dagegen machen sie vergleichsweise viel Aufhebens um seine Affäre mit Rosamunde Clifford, die zuweilen als «die große Liebe seines Lebens» bezeichnet worden ist.[44] Dass Heinrich sich angeblich mit dieser Geliebten stolz in der Öffentlichkeit zeigte, wird manchmal als die Kränkung interpretiert, die bei der Königin den Entschluss reifen ließ, ihn zu bestrafen. Die schöne Rosamunde war die Tochter Walter Cliffords, einem Gutsbesitzer an der Grenze zu Wales, und der König war ihr womöglich erstmals begegnet, als er im Verlauf seines militärischen Streifzugs durch Wales 1165 eine Rast in der Burg Cliffords eingelegt hatte. Das Mädchen war zu der Zeit höchstens Anfang 20, während Heinrich 32 und Eleonore bereits jenseits der 40 war. In keiner der im späten 12. Jahrhundert niedergeschriebenen Chroniken findet sich ein ausdrücklicher Hinweis darauf, dass Rosamunde Clifford die Ursache für die Entfremdung zwischen Eleonore und ihrem untreuen Mann war; die Quellen lassen nicht den Schluss zu, dass ausgerechnet diese Geliebte eine größere Bedrohung für die königliche Ehe dargestellt hätte als Heinrichs vorausgegangene Liebschaften.[45]

Vor allem aber passt die Chronologie der Affäre Heinrichs mit Rosamunde nicht zu den behaupteten Tatsachen. Manche Biografen verlegen den Beginn der Affäre ins Jahr 1166 und führen den Entschluss der Königin, 1168 vom englischen Hof ins Poitou überzusiedeln, auf ihre daraus resultierende Demütigung zurück. Vieles spricht jedoch dafür, dass die Affäre erst nach dem Umzug Eleonores ins Poitou begann, frühestens 1170, möglicherweise sogar erst 1173, und dass sie zum Gegenstand öffentlicher Wahrnehmung erst 1174 wurde, als die Königin bereits wieder nach England zurückgekehrt war, als Gefangene ihres Mannes. Die Affäre endete mit dem Tod Rosamundes 1176 oder 1177.[46] Auch wenn Heinrichs zweiter unehelicher Sohn, William Longsword, womöglich kurz nach Beginn seiner Affäre mit Rosamunde Clifford auf die Welt kam, steht fest, dass er nicht ihr Kind war. Eleonores Mann war der schönen Rosamunde ebenso wenig treu wie seiner Königin. Wenn Rosamunde wirklich die große Liebe seines Lebens war, dann kann als triftigster Beleg dafür das unter dem Namen Everswell bekannte Haus gelten, dass er der Überlieferung zufolge unweit der königlichen Residenz in Woodstock für sie bauen ließ. Um eine Quelle herum errichtet, deren Wasser mehrere rechteckige Becken speiste, glich das Anwesen mit seinen ummauerten Innenhöfen eher einem Palazzo im normannischen Sizilien als einem weltlichen nordeuropäischen Wohngebäude. Später entstandene Legenden charakterisierten diesen Wohnsitz Rosamundes als Irrgarten oder Labyrinth, angeblich darauf angelegt, dass Eleonore ihre Rivalin niemals finden würde.[47]

Nicht einmal der Gerüchten sehr zugetane Gerald von Wales, der keine Gelegenheit ausließ, über die Plantagenets herzuziehen, stellte einen Zusammenhang zwischen der Teilnahme Eleonores am Aufstand ihrer Söhne und ihrer Wut über die Affäre Heinrichs mit Rosamunde Clifford her. In einer Schrift, die nur wenige Jahre nach der großen Revolte entstand, findet sich ein Satz, der nahelegt, dass Heinrich bis dahin seine Affären diskret gehandhabt hatte: «Nach dem großen Unrecht, das die Söhne unter dem Einfluss ihrer Mutter gegen ihren Vater begangen hatten, … brach [der König] offen sein Ehegelübde.» Und Jahrzehnte später schrieb derselbe Gerald, der König sei «vorher ein heimlicher Ehebrecher gewesen, danach ein sichtbarer», und betonte ausdrücklich, Heinrich habe erst nach der Gefangensetzung der Königin seine Liaison mit Rosamunde öffentlich gemacht.[48] Aus anderen Chroniken lassen sich keine zusätzlichen Erkenntnisse über den Beitrag der Rosamunde-Affäre zu Eleonores Aufbegehren gegen Heinrich gewinnen. Der zeitweilige königliche Schreiber Roger von Howden hüllte sich bis nach dem Tod des Königs darüber in Schweigen. Der Name Rosamunde Clifford taucht bei ihm nur anlässlich eines Besuches des heiligen Hugo von Lincoln im Nonnenkloster Godstow im Jahr 1191 auf; Hugo wies die Nonnen damals an, Rosamundes Grab aus der Kapelle zu entfernen und ihre sterblichen Überreste auf dem Kirchhof beizusetzen, «denn sie war eine Dirne».[49] Eleonores Wut auf Heinrich wegen seiner Liaison mit der schönen Rosamunde reicht als Erklärung für ihre Mitwirkung an der Revolte ihrer Söhne folglich nicht aus.

Die große Rebellion von 1173–1174

Als der Frust des jungen Heinrich über seinen Vater sich 1173 in einem Aufstand entlud, sah sich Heinrich II. der schwersten Bedrohung seit seiner Krönung zum König von England gegenüber.[50] Die gemeinsam von Heinrich Junior, seinen Brüdern und seiner Mutter ausgerufene Rebellion ermunterte unzufriedene Adlige in unterschiedlichsten Ecken des Plantagenet-Reichs, von England bis zum Poitou, zu Aufständen, und Nachbarn, die sich von der Macht Heinrichs bedroht fühlten, zu Angriffen auf seine Besitzungen. Zu denen, die sich dem Aufstand anschlossen, gehörten der schottische und der französische König, vier englische Earls sowie weitere vergrätzte englische Adlige, dazu etliche Vasallen des Grafen von Anjou und so einflussreiche französische Kleinfürsten wie die Grafen von Flandern und Blois. Diese Koalition war breit und mächtig genug, um an den Grundfesten von Heinrichs Reich rütteln zu können, eine Bedrohung seiner Herrschaft, wie er sie noch nicht erlebt hatte. England lief Gefahr, erneut von einem Krieg überzogen zu werden: Der schottische König schickte sich an, von Norden her einzumarschieren, der Graf von Flandern bereitete eine Landung an der Südküste vor, und in den französischen Besitzungen Heinrichs brachen allenthalben Kämpfe aus, von den Grenzen der Normandie bis hinunter in den südlichsten Zipfel des Poitou.

Der zentrale Beweggrund für die Verärgerung des jungen Heinrich über seinen Vater war die Tatsache, dass dieser ihn nicht mit den einem gekrönten Haupt zustehenden territorialen Besitzungen und Einkünften ausgestattet hatte; seine Hoffnungen auf Wohlstand und Macht waren bitter enttäuscht worden. Als verheirateter Mann empfand er seine Landlosigkeit als einen Makel, der seine Männlichkeit beeinträchtigte. Seine Zeitgenossen sahen in dem jungen Heinrich einen Mann von tadellosem Charakter und fühlten sich daher bemüßigt, aufzuzeigen, dass andere ihn zu seinem Aufbegehren angestachelt hatten. Walter Map, ein Höfling, der den jungen Heinrich gut kannte, verglich ihn mit Absalom, dem rebellischen Sohn des israelischen Königs David, und charakterisierte ihn als «ein Wunder an Unglauben und Ausbund an Schlechtigkeit ... ein lieblicher Palast der Sünde».[51] Der schwerste Verdacht fiel auf Eleonore von Aquitanien. Ein poitevinischer Chronist, fast der Einzige, der sich offen für die Rebellion stark machte, sah in Eleonore ebenfalls die Rädelsführerin. Er schrieb: «Denn du hast sie aufgestachelt ..., ihrem Vater große Trübsal zu bereiten.» Heinrichs Schatzmeister bescheinigte Eleonore ebenfalls einen wesentlichen Beitrag, indem er erklärte: «Wäre eine Frau ohne Grund wütend auf ihren Mann, Söhne auf ihren Vater, Knechte auf ihren Herrn, könnte man dann nicht ebenso gut sagen, ein Mann habe sich zum Aufstand gegen sich selbst erhoben?»[52]

In einer zwei Jahrzehnte nach der Rebellion niedergeschriebenen Chronik heißt es, «bestimmte Personen» hätten dem jungen König ins Ohr geflüstert, er solle mindestens gemeinsam mit seinem Vater regieren, ja er habe sogar das Recht, allein zu regieren, da er doch zum König gekrönt worden sei, was bedeute, dass die Herrschaft seines Vaters zu Ende sei. Eleonore war sicherlich nicht die Einzige, die Einfluss auf den jungen Heinrich hatte und ihn zur Revolte ermunterte. Es gab da auch noch etliche Aristokratensöhne, die in seinem Haushalt ein- und ausgingen, Interessensgruppen bildeten und Verschwörungen und Gerüchte ausheckten. Gegen Ende von Heinrichs Herrschaftszeit erging sich sein langjähriger Schatzmeister in Andeutungen hinsichtlich gewisser, nicht namentlich genannter Höflinge, die er als «kleine Füchse» bezeichnete und die in seinen Augen die Söhne des Königs durch verderbliche Einflüsterungen gegen ihren Vater aufgehetzt hatten.[53] Diese jugendlichen Gefährten Heinrichs nahmen es dem König übel, dass er seinem Thronfolger den Zugang zu Ressourcen und Einkünften verwehrte, die ihm die Möglichkeit gegeben hätten, sie mit einträglichen Ämtern und Pfründen, Darlehen, Geldgeschenken und territorialen Lehen für ihre Freundschaft zu belohnen und die guten Heiratspartien für sie einzufädeln, auf die sie hofften. Diese Jünglinge seien so begierig auf ihre «Belohnungen» gewesen, dass sie dafür sogar die Destabilisierung des angevinischen Reichs in Kauf genommen hätten, indem sie den Thronfolger zum Hass auf seinen Vater aufstachelten. Ein walisischer Chronist brachte die Situation auf den Punkt: Der junge Heinrich «hatte viele Ritter, aber nicht die Mittel, diesen Rittern Belohnungen und Geschenke zu verschaffen».[54]

Innerhalb des Hausstaats des jungen Heinrich tat sich eine Kluft auf zwischen seinen selbstgewählten Freunden und Gefolgsleuten, die sich gegen Heinrich II. positionierten, und den von seinem Vater für ihn ausgewählten Beamten, die zur Mäßigung mahnten. Der König misstraute den hitzköpfigen jungen Gefährten seines Sohnes und platzierte an wichtigen Schaltstellen von dessen Haushalt ihm, dem König, ergebene Beamte – in den Augen des jungen Heinrich und seiner Freunde waren diese Männer Heinrichs Spitzel. Diese Kluft reflektierte nicht zuletzt auch den Gegensatz zwischen geistlichen und ritterlichen Werten, zwischen der höfischen Urbanität königlicher Beamten und den kriegerischen Idealen des jungen Königs und seiner jugendlichen Gefolgsleute. Als der König auf einem Jagdausflug mit dem jungen Heinrich und seinen Gefährten deren unverantwortliches Treiben miterlebte, veranlasste er eine Säuberung im Haushalt seines Sohnes; aber damit, vor allem mit der Verbannung eines Ritters, der zu den Busenfreunden des jungen Heinrich gehörte, lieferte er offensichtlich nur den letzten Auslöser für dessen Flucht nach Paris im März 1173.[55]

Eine so breit angelegte Verschwörung wie die Revolte, die im April 1173 ausbrach, konnte nicht zur Gänze das Werk solcher unerfahrenen jungen Leute wie des jungen Heinrich und seiner Gefährten sein. Der irische Feldzug Heinrichs II. von Mitte Oktober 1171 bis Mitte April 1172 eröffnete eine Chance für das Schmieden von Umsturzplänen. Stürmischer Seegang den ganzen Winter über hatte den König in Irland festgehalten, seinen Nachrichtenverkehr sowohl mit England als auch mit Frankreich stark eingeschränkt und seinen Feinden Gelegenheit gegeben, sich zu verabreden. Der junge König hielt sich in dieser Zeit hauptsächlich in England auf, wo er seit seiner Krönung im Juni 1170 nominell als Regent amtierte; im Juni 1170 war er allerdings in die Normandie gereist und erst nach seinem Hoftag an Weihnachten nach England zurückgekehrt. Welche Wege Eleonore 1171 zurücklegte, ist zum größten Teil unbekannt, außer dass wir wissen, dass sie und Richard an Weihnachten 1171 in Limoges Hof hielten. Es ist denkbar, dass Eleonore in der Zeit, in der sich der junge Heinrich in der Normandie aufhielt, also im Sommer oder Herbst 1171, dort mit ihm zusammentraf; die *pipe rolls* legen aber auch die Möglichkeit nahe, dass sie ihn im Verlauf des Jahres 1172 in England besuchte.[56] Fest steht, dass die Königin und ihr ältester Sohn sich Anfang 1173 trafen, als der junge Heinrich sich in die Auvergne aufmachte, um zu seinem Vater zu stoßen. Selbst wenn sie vor diesem Zeitpunkt nicht zusammengetroffen waren, hatten sie sicherlich die ganze Zeit über durch Sendboten in Kontakt miteinander gestanden.

In England erhoben dem Königshof nahestehende weltliche Beamte gegen die Königin und Ralph de Faye den Vorwurf, sie seien die Initiatoren der großen Rebellion gewesen. Roger von Howden nennt diese beiden Namen, sichert sich allerdings mit der Formulierung ab: «Wie mancherorts behauptet wird ...» Ralph Diceto unterstellt, Eleonore habe spätestens seit dem irischen Kriegszug Heinrichs die Konspiration gegen ihn geschürt: «Während der König in Irland festsaß, begannen Hugues de Sainte-Maure und Ralph de Faye, Onkel von Königin Eleonore, auf deren Rat hin, wie es heißt, den jungen König seinem Vater abspenstig zu machen, indem sie ihm einflüsterten, es passe nicht zusammen, König zu sein und die Herrschaft über ein Königreich nicht auszuüben.» In dasselbe Horn wie diese englischen Chronisten stieß man mit einer wichtigen Chronik aus Tours, die Ralph de Faye und auch Hugues de Sainte-Maure als diejenigen benannte, die den Konflikt zwischen Heinrich, Eleonore und ihren Söhnen angeheizt hätten. Hugues war, wie de Faye, ein Aristokrat, dessen entlang der poitevinisch-angevinischen Grenze gelegene Besitzungen teilweise zur Touraine und teilweise zum Poitou gehörten, und beiden gelang es, benachbarte Landadelige auf ihre Seite zu ziehen, die sich durch die Dominanz des älteren Heinrich bedroht sahen.[57] Die Tatsache, dass die meisten Chronisten Ralph de Faye eine Führungsrolle innerhalb der Verschwörer zuschreiben, scheint zu bestätigen, dass er auf seine Nichte als deren Berater großen Einfluss ausübte. Offenbar zweifelten diese Chronisten daran, dass eine Frau zu dem extremen Schritt fähig gewesen wäre, ihre Söhne zum Aufstand gegen ihren Vater anzustacheln. Ihre Vorurteile gegen Frauen zwangen sie dazu, nach einem hinter Eleonore stehenden Mann zu suchen, der ihr Handeln dirigierte; allein, Eleonore brauchte keinen Dirigenten, um ihre Söhne zum Handeln zu bewegen.[58]

Ein Brief aus der Feder von Peter von Blois, den er offenbar in seiner Eigenschaft als Sekretär des Erzbischofs Rotrou von Rouen schrieb, enthielt die Forderung, Eleonore müsse an die Seite Heinrichs zurückkehren. Echt oder nicht, bringt der Brief zum Ausdruck, was die Kirchenmänner der Zeit über das Verhalten der Königin dachten, das sich in ihren Augen für eine Frau nicht gehörte. Der Brief zitiert das Matthäus-Evangelium (19:6): «Was nun Gott zusammengefügt hat, das soll der Mensch nicht scheiden.» Weiter heißt es: «Die Frau, die ihrem Mann nicht untertan ist, verstößt gegen die Verfassung der Natur, den Befehl der Apostel und das Gesetz des Evangeliums. Denn der Mann ist des Weibes Haupt». (Epheserbrief 5:23) Besonders verwerflich fand der Verfasser des Briefes es, dass Eleonore «ihr eigenes Fleisch und Blut und das unseres Herrn, des Königs, zur Rebellion gegen den eigenen Vater rüstete. Wie der Prophet zu Recht sagt: ‹Ich habe Kinder auferzogen und erhöhet, aber sie sind von mir abgefallen.›» (Jesaja 1:2) Die Strafpredigt ging noch weiter: «Mit eurer Frauenart und eurem kindischen Rat provoziert ihr Untreue gegen den Herrn König, vor dem sich selbst die Häupter der stärksten Könige verbeugen. … Ihr solltet mit euren Söhnen zu eurem Mann zurückkehren, dem zu gehorchen und mit dem zu leben ihr verpflichtet seid.» Der Brief schließt mit einer Drohung des Erzbischofs: «Entweder ihr kehrt zu eurem Gatten zurück, oder wir werden euch durch kirchliches Recht in die Knie zwingen und werden kirchliche Strafmaßnahmen gegen euch in Kraft setzen müssen, … auch wenn wir dies unter Bedauern und Tränen tun werden.»[59]

Zeitgenössische Chroniken deuten auf die Verwicklung des französischen Königs in die Verschwörung hin und benennen ihn als einen von denen, die an dem verräterischen Aufstand seines Schwiegersohns mitwirkten.[60] Auf dem Konzil von Limoges im Februar 1173 forderte der junge Heinrich seinen Vater einmal mehr auf, ihm die Herrschergewalt über wenigstens eines der drei Fürstentümer zu übertragen, die zu seinem zugesagten Erbe gehörten. Die Forderung, sein Vater solle ihm die Verfügungsgewalt entweder über die

Normandie, über Anjou oder über England geben, trug er nach Angaben Rogers von Howden «auf Empfehlung des Königs von Frankreich und der Earls und Barone von England und der Normandie vor, die seinen Vater nicht mochten». Roger fügte hinzu, der junge Heinrich habe von da an Gründe gesucht und gefunden, sich von seinem Vater zurückzuziehen, mit dem er «nicht einmal mehr über irgendein anderes Thema ein friedfertiges Gespräch führen konnte».[61]

Nachdem Heinrich II. die Forderung seines ältesten Sohnes nach der unbeschränkten Herrschergewalt über eines der Fürstentümer abgelehnt hatte, beschloss er, ihn aufmerksam im Auge zu behalten, indem er verhinderte, dass er sich aus dem königlichen Gefolge entfernte. Die Warnung des Grafen Raymond ernst nehmend, bestand Heinrich darauf, dass der junge Heinrich sich mit ihm zusammen auf die Reise von Limoges in die Normandie begab. Mitte März 1173, bei einem Zwischenstopp auf der Burg Chinon, gelang dem jungen König die Flucht. Es dürfte ein sorgfältig geplantes Manöver gewesen sein: Mitten in der Nacht konnte er sich aus der Schlafkammer, die er mit seinem Vater teilte, davonschleichen, unbemerkt aus der Burg entweichen und sich auf den Weg zu seinem Schwiegervater in Paris machen. Dass Heinrich schon zu seinen Lebzeiten seinen Sohn zum König gekrönt hatte, wurde jetzt zum Bumerang. Als Gesandte, die er losgeschickt hatte, um den jungen Heinrich zur Rückkehr zu bewegen, in Paris eintrafen, fragte Ludwig VII. sie, wer die Herausgabe des jungen Mannes fordere. Als sie antworteten: «Der König der Engländer», erwiderte Ludwig: «Der König der Engländer ist hier. ... Da ihr offenbar seinen Vater, den früheren König der Engländer, als noch amtierenden König bezeichnet, muss ich euch sagen, dass dieser König tot ist. Er sollte die Gewohnheit ablegen, sich als König aufzuführen, nachdem er die Königswürde zugunsten seines Sohnes abgelegt hat, wovon die ganze Welt Zeuge war.»[62] Diese die Sachlage dreist verkürzende Feststellung aus dem Mund von Eleonores ehemaligem Gatten war nichts weniger als eine Kriegserklärung gegen ihren aktuellen Ehemann.

Der junge König warf in diesem Frühjahr 1173 in Paris mit Zusagen und Versprechungen an alle französischen Adligen, die an seiner Seite kämpfen würden, nur so um sich; so gewann er unter anderen die Grafen von Blois, von der Champagne und von Flandern als Verbündete. Er brachte auch ein Manifest in Umlauf, das sich an die Kirche richtete und das Vorgehen Heinrichs II. gegen Männer der Kirche verurteilte; ausdrücklich bekannte sich der junge König in diesem Manifest zu dem Anliegen des ermordeten Erzbischofs Thomas Becket, die Rechte und Freiheiten der englischen Kirche zu verteidigen; er versprach, die Praxis seines Vaters, königlichen Druck auf Bischofswahlen auszuüben, nicht fortzusetzen.[63] Allein, nur die wenigsten Kirchenführer in den angevinischen Besitzungen waren willens, mit dem alten König zu brechen, und der Papst sowie die englischen und normannischen Bischöfe stellten sich ausdrücklich hinter ihn. In allen Teilen von Heinrichs Herrschaftsbereich gab es Adlige, die die Revolte des Königssohns für Erfolg versprechend hielten und sich ihr anschlossen in der Erwartung, dass die Söhne Heinrichs II. früher oder später die Herrschaft über die Plantagenet-Besitzungen übernehmen und dass sie sich dann an diejenigen erinnern und sie belohnen würden, die sie im Kampf gegen ihren Vater unterstützt hatten.[64]

Nicht lange nachdem der junge Heinrich sich an den Pariser Königshof abgesetzt hatte, verabschiedeten sich Richard und Gottfried von der Bretagne aus Poitiers und von Eleonore, um sich in Paris mit ihrem Bruder zu verbünden. Die drei huldigten noch einmal feierlich König Ludwig und versprachen, nicht ohne vorherige Beratung mit ihm und ohne seine Zustimmung, Frieden mit ihrem Vater zu schließen.[65] Erstaunlicherweise wurde die Verantwortung für das «Desertieren» der drei Königssöhne ihrer Mutter zugeschoben. Ein Chronist schrieb, die beiden jüngeren Brüder seien «auf den Rat ihrer Mutter hin, dass sie ihrem Bruder den Vorzug vor ihrem Vater geben sollten», dem jungen Heinrich nach Paris gefolgt. Ein Heinrich II. wohlgesonnener normannischer Chronist, der Abt vom Mont Saint-Michel, wusste über die Rolle Eleonores bei der Revolte ihrer Söhne zu berichten: «Zur gleichen Zeit [als sich der junge Heinrich absetzte] wandten sich Königin Eleonore und ihre beiden Söhne Richard, Graf von Poitou, und Gottfried, Graf von der Bretagne, von [Heinrich] ab.» Die lateinische Sprache erlaubte dem Autor dieser Chronik, den Gleichklang von «Aliénor» (Eleonore) und «alienare» (lateinisch für «abwenden» oder «entfremden») für ein Wortspiel zu benutzen.[66] Die Söhne Eleonores waren keine Kinder mehr, aber unreife und unerfahrene Jünglinge, die in den Augen der zeitgenössischen Chronisten auf keinen Fall das Zeug hatten, diesen Aufstand auf eigene Faust durchzuziehen, und da Eleonore und Ludwig VII. die Erwachsenen waren, denen die königlichen Jünglinge mehr Respekt und Zuneigung entgegenbrachten als irgendjemandem sonst, konnten nur diese beiden sie zu ihrem Vorgehen bewogen haben. Es war unvorstellbar, dass der junge Heinrich mit seinen 18, Richard mit seinen knapp 16 und Gottfried mit seinen knapp 15 Jahren den Aufstand selbst geplant hatten. Nicht einmal der älteste der drei hatte in den Augen der Zeitgenossen die Fähigkeit, eine so breit angelegte und koordinierte Operation ins Werk zu setzen – an vielen Fronten zwischen der schottischen Grenze und dem südlichen Poitou schwappten fast gleichzeitig Angriffswellen gegen das Reich Heinrichs II.

Persönliche Rechnungen, die Eleonore und andere mit Heinrich II. zu begleichen haben mochten, können keine hinreichende Erklärung für die 1173 auf breiter Front aufflammende Rebellion gegen sein Regime bieten; diese hatte ein komplexes Bündel von Ursachen, zu denen auch politische und gesellschaftliche Faktoren gehörten. Ermutigt durch seine Erfolge mit der Einführung neuer Verwaltungsstrukturen und -methoden, legte der englische König einen zunehmend drakonischeren und autokratischeren Herrschaftsstil an den Tag, den die Magnaten vieler seiner Fürstentümer als bedrohlich empfanden, unterwarf er sie doch neuen Lehnspflichten und höhlte ihre bis dahin unangefochtene Herrschaft über ihre eigenen Vasallen aus. Eleonores adlige Vasallen im Poitou, die noch keine strenge Herrschaft kennengelernt hatten, reagierten auf die Eingriffe des englischen Königs mit besonderem Unmut; in ihren Augen war er ein ausländischer Imperator, der seine Herrschaft mittels militärischer und physischer Gewalt durchzusetzen versuchte. Sowohl englische Barone als auch poitevinische Aristokraten sahen in der Revolte der Söhne Heinrichs eine Chance, die immer engeren Fesseln, die der König ihnen anlegte, abzustreifen. Diejenigen, die sich hinter dem Banner des jungen Königs sammelten, taten das, wie ein englischer Chronist damals schrieb, «nicht weil sie seine Sache als die gerechtere angesehen hätten, sondern weil der Vater ... auf den ... Stolzen und Hochnäsigen herumtrampelte».[67] Die unterschiedlichen Fürstentümer und Völkerschaften, aus denen sich das Reich Heinrich Plantagenets zusammensetzte, reagierten, als der Aufstand ausbrach, mit unterschiedlichen Graden von Feindseligkeit; eine Mehrheit wartete den Ausgang der Kämpfe gleichgültig ab, während eine nicht unbeträchtliche Minderheit, darunter auch Stadtbewohner und viele Kirchenmänner, für Heinrich II. in den Kampf zogen.

Sechs Wochen nach der Flucht des jungen Königs brachen überall entlang der Grenzen von Heinrichs französischen Besitzungen – und auch jenseits des Ärmelkanals – fast zeitgleich Gefechte aus. Der junge Heinrich und seine Verbündeten, die Grafen von Boulogne und Flandern, marschierten in der Normandie ein, wo sie in den Reihen der Magnaten etliche Sympathisanten hatten; derweil belagerte der französische König eine Burg an der südlichen Grenze des Herzogtums. An der schottisch-englischen Grenze marschierte der schottische König auf und drang südwärts vor, während zugleich ein beträchtlicher Teil des englischen Landadels, darunter die Earls von Chester, Derby, Leicester und Norfolk, zum Aufstand gegen den König bliesen. Die Kämpfe wirkten ansteckend: In allen Teilen des angevinischen Herrschaftsgebiets, in der Bretagne und sogar in Maine, das zum angevinischen Kernland gehörte, erhoben sich Teile des Adels, während in Anjou die Aristokratie zum größten Teil königstreu blieb. Im Poitou äußerte ein Chronist seine Freude darüber, dass die Söhne Heinrichs ihren Vater bekriegten, und feierte die Erfolge des poitevinischen Adels, der sich auf die Seite Eleonores schlug. «Frohlocke, Aquitanien! Juble, Poitou, dass das Zepter des nordischen Königs von dir genommen wird!»[68] Während eine Reihe bedeutender poitevinischer Aristokraten die Partei Eleonores ergriffen, nahmen keineswegs alle aquitanischen Adligen aktiven Anteil an der Revolte. Die meisten Grundherren des Limousin waren zu sehr damit beschäftigt, einander zu bekämpfen, als dass sie sich der Rebellion hätten anschließen können oder wollen, und fast der gesamte Adel der Gascogne hielt sich aus dem Konflikt heraus.[69]

Heinrich II. verlor nicht die Nerven; er war ein fähiger und selbstbewusster Feldherr; nach einigen Monaten des Kämpfens zeichnete sich zweifelsfrei ab, dass er den Sieg über seine Söhne und ihren großen Verbündeten, den Kapetinger-König, erringen würde. Auch wenn manche ihm von der Fahne gingen, hielt ein genügend großer Teil seiner kampffähigen Gefolgsleute in England, der Normandie und in seinem angevinischen Stammland loyal zu ihm. Und was genauso wichtig war: Die Verwaltungsstrukturen blieben bestehen und spülten ihm enorme Gelder aus England und aus ihm ergeben gebliebenen Städten in seinen französischen Besitzungen in die Kasse. Heinrich verfügte über prall gefüllte Schatullen, die sich gut bewacht in strategisch gelegenen Burgen befanden und die Gelder, über die Ludwig VII. verfügte, weit in den Schatten stellten. Die Tatsache, dass Heinrich über so große Bargeldreserven verfügte, erlaubte es ihm, ganze Söldnerarmeen zu rekrutieren, die mit einem von der Gegenseite nicht erwarteten Tempo und Elan zur Sache gingen, und so blieb Heinrich stets Herr der Lage. Im Herbst 1173 drang er von der Burg Chinon aus in einem Parforcemarsch an der Spitze seiner eigenen Söldnertruppe südwärts ins Poitou vor; als er sich Poitiers näherte, suchte Eleonore Zuflucht in Faye-la-Vineuse, der Grundherrschaft ihres Onkels Ralph. Dieser hatte sich bereits nach Paris abgesetzt, wahrscheinlich um mit Ludwig über eine sichere Zuflucht für Eleonore zu verhandeln.[70]

Um ihre Freiheit fürchtend, beschloss Eleonore, am Hof ihres früheren Ehemannes in Paris Zuflucht zu suchen. Sicherlich entging ihr nicht die Pikanterie, die darin lag, dass sie jetzt vor ihrem Noch-Ehemann zu Ludwig VII. floh, den sie vor 20 Jahren verlassen hatte. Doch dann wurde sie Ende November, noch bevor sie die Grenze zu Ludwigs Territorium erreichte, auf dem Weg nach Chartres ergriffen, und Heinrich ließ sie in der Burg Chinon einsperren. Einigen Mitgliedern ihres Trosses war ein schlimmeres Geschick beschieden, wie ein poitevinischer Chronist es festgehalten hat: «Einige ... werden im Geheimen zu einem schmählichen Tod verurteilt, andere ihres Augenlichts beraubt, wieder andere gezwungen, zu verstreuten Orten zu wandern und zu fliehen.»[71]

Gervase von Canterbury, der einzige zeitgenössische Chronist, der Einzelheiten über die vereitelte Flucht der Königin und Herzogin mitteilt, trägt das Detail bei, dass Eleonore in Männerkleidern unterwegs war, als sie gefasst wurde. «[Als Mann verkleidet], wurde sie ergriffen und in strenger Haft verwahrt. Denn es hieß, alle diese Geschehnisse habe sie mit ihren Kabalen und Ratschlägen in die Wege geleitet. Denn sie war eine äußerst gerissene Frau, von nobler Abstammung, aber flatterhaft.»[72] Laut alttestamentarischem Recht beging eine Frau eine «Gräueltat», wenn sie sich Männerkleider anzog (Fünftes Buch Mose 22:5). Im 12. Jahrhundert, als die Kirche versuchte, die Geschlechterrollen verbindlicher abzugrenzen, galt das Tragen von Kleidung des anderen Geschlechts als Verstoß gegen die gottgegebene Ordnung der Dinge; so ist es denkbar, dass das von dem englischen Chronisten beigesteuerte Detail eine Metapher für Eleonores ungehörige Anmaßung, «männliche» Machtpolitik zu betreiben, war und nicht unbedingt eine Tatsachenbeschreibung. Was man sich vorstellen kann, ist, dass sie sich in dem Bestreben, schnell auf sicheres Terrain zu gelangen, eine Hose anzog, um einen normalen Sattel anstelle eines Damensattels benutzen zu können.

Spätestens an Weihnachten 1173 hatte Heinrich II. das Loiretal unter Kontrolle und leitete von hier aus seine weiteren Operationen; er verlegte seine Truppen nordwärts in die Normandie, wo von Flandern und von der Île-de-France her Gefahr drohte. In England gingen unterdessen sein treuer Statthalter Richard de Lucy und die loyal gebliebenen Earls gegen die aufständischen englischen Barone vor; im Herbst 1173 schlugen sie eine vom Earl von Leicester, einem Sohn des langjährigen Gefolgsmanns und Justiziars des Königs befehligte flämische Invasionsstreitmacht in die Flucht. Der junge Earl von Leicester und seine Frau fielen den Truppen des Statthalters in die Hände und wurden als Gefangene nach Frankreich überstellt.[73] Als Heinrich erfuhr, dass der Graf von Flandern den noch kämpfenden englischen Rebellen mit einem größere Invasionsheer zu Hilfe eilen wollte, schiffte er sich am 7. Juli 1174 nach England ein; seine inhaftierte Frau nahm er mit an Bord, dazu die beiden jüngsten Kinder, die im Kloster Fontevraud untergebracht gewesen waren, den Earl von Leicester mit seiner Frau und weitere hochrangige gefangengenommene Engländer. Nach der Landung in seinem Königreich setzte Heinrich Eleonore als Gefangene in der Burg Salisbury fest. Dann eilte er nach Canterbury, um sich in der Pose eines demütigen Pilgers vor dem Grab des zum Märtyrer gewordenen Erzbischofs Thomas Becket in den Staub zu werfen und als reuiger Sünder die Absolution zu erbitten, indem er sich einer symbolischen Bestrafung durch die Mönche von Canterbury unterzog. Nicht lange, und der König erhielt eine Nachricht, die er als Zeichen für die Wiedererlangung der Gnade Gottes deuten konnte: Die Truppen, die im Norden des Königreichs für seine Sache kämpften, hatten einen grandiosen Sieg errungen und den König der Schotten gefangen genommen. Jetzt, da England wieder zur Gänze unter königlicher Kontrolle stand, segelte Heinrich im August in die Normandie zurück, um seine dortigen Feinde zu stellen, denen nach dem Scheitern ihrer Verbündeten auf der anderen Seite des Kanals der Mut gesunken war. Mitte August sprengte Heinrich den Belagerungsring Ludwigs VII. um Rouen, zwang diesen zum Rückzug und säuberte die Normandie von allen Invasionstruppen. Am 8. September erklärte sich der französische König zu einem Waffenstillstand bereit, und von da an bis ans Lebensende von Ludwig blieb der Kampf zwischen Kapetingern und Plantagenets im Zustand der Latenz.

Dank seiner «vielgerühmten Genialität in der Verteidigung und seiner Fähigkeit, schnell zuzuschlagen», bestand Heinrich diesen großen Härtetest.[74] Nur in Eleonores poitevinischer Heimat, wo das Kämpfen dem Adel im Blut lag, ging der Krieg noch weiter. Nach der Gefangennahme Eleonores im Herbst 1173 übernahm der junge Graf Richard, der bis dahin im Schatten seines älteren Bruders gestanden hatte, im Poitou die Führung des Aufstands, und die Bravour, mit der er seine Leute in den Kampf führte, legte den Grundstein für seinen späteren legendären Ruf als furchtloser und mutiger Ritter. Als die Bürger der Hafenstadt La Rochelle ihm die Stadttore vor der Nase zuschlugen, marschierte der junge Prinz südwärts und setzte sich in der Stadt Saintes im Tal der Charente fest, die wirtschaftlich mit La Rochelle rivalisierte. Im Frühjahr 1174 wurde er jedoch von Truppen seines Vaters aus Saintes vertrieben. Am Ende des Sommers war der junge Richard noch immer fest entschlossen, weiterzukämpfen; verächtlich auf seinen glanzlosen Bruder herabblickend, der einen Waffenstillstand akzeptiert hatte, verschanzte er sich in der fast uneinnehmbaren Festung Taillebourg hoch über der Charente, während sein Vater immer weitere Teile des Poitou unter seine Kontrolle brachte.[75]

Ende September 1174 blieb Richard nichts anderes mehr übrig, als es seinen beiden Brüdern nachzutun und sich um einen Friedensschluss zu bemühen; im Oktober unterwarfen sie sich in Montlouis (zwischen Amboise und Tours auf angevinischem Gebiet) den von ihrem Vater diktierten Bedingungen, die aus der Sicht Heinrichs großzügig und nachsichtig waren. Alle Gefangenen sollten freikommen, abgesehen von einigen wenigen Prominenten wie dem schottischen König, den Earls von Chester und Leicester und Eleonore, die ausdrücklich nicht zu den nachsichtig Behandelten gehörte. Die rebellischen Söhne sollten die ihnen als Erbe zugesagten Fürstentümer letzten Endes erhalten, doch ihre Burgen wurden geschleift – überall in Heinrichs Reich fanden sich ihre Trümmer verstreut, «als sichtbare Mahnungen an die Macht des alten Königs und die den rebellischen Herren zugemessenen Strafen».[76] Auch wenn Heinrich seine Söhne scheinbar nachsichtig behandelte, ließ er keinen Zweifel daran, dass sie von ihm abhängig blieben. Zwar zeigte er sich nach kurzer Zeit bereit, seinem zweiten Sohn im Poitou und seinem dritten in der Bretagne Machtbefugnisse abzutreten, aber in den angevinischen und anglo-normannischen Kernlanden weigerte er sich, die Macht mit dem inzwischen 19 Jahre alten Heinrich zu teilen. Er überschrieb dem jungen König zwei Burgen in der Normandie und eine großzügige Apanage von 15 000 angevinischen Pfund (entsprechend 3750 £ Sterling). Hin und wieder übertrug der König seinem ältesten Sohn militärische Aufträge, die dieser nur selten gut ausführte; in der hohen Politik gestattete er ihm aber allenfalls eine Zaungastrolle, und wirtschaftlich hielt er ihn in einer unsicheren Schwebe. Angesichts seiner Landlosigkeit sah sich der junge Heinrich gezwungen, sich dem Turnierzirkus des französischen Nordens anzuschließen, und im April 1176 übersiedelte er nach England, «vom König zum Rittersmann geschrumpft».[77]

Heinrichs zweiter Sohn Richard, der Liebling Eleonores, erhielt zwei «standesgemäße Domizile» – unbefestigte Residenzen im Poitou – und nur die Hälfte der Einkünfte aus der Grafschaft. Immerhin übertrug ihm sein Vater nach kurzer Zeit die Aufgabe, die Ordnung in Aquitanien wiederherzustellen, für Richard Gelegenheit, seine 1174 begonnene militärische Karriere fortzusetzen, die ihm den Ehrentitel «Löwenherz» einbringen sollte.

Dem dritten Sohn Gottfried wurde für die Zeit bis zu seiner Heirat mit Constanze, der Erbin der Grafschaft Bretagne, die Hälfte der Einkünfte aus der Grafschaft zugesprochen. Nach der Heirat würde ihm Constanzes gesamte Erbschaft, einschließlich des Titels eines Earls von Richmond, zufallen. Heinrich bedachte in Montlouis auch seinen jüngsten Sohn Johann, indem er ihm Einkünfte aus seinen englischen königlichen Besitzungen in Höhe von 1000 £ pro Jahr zusicherte und sich verpflichtete, ihm zu gegebener Zeit Ländereien seiner Wahl zu überschreiben: die Burg und Grafschaft Nottingham, die Burg und Grundherrschaft Marlborough und zwei Burgen in der Normandie mit garantierten Einkünften von 1000 angevinischen Pfund. Dazu sollten die drei Burgen in Anjou und Maine kommen, die sein Vater ihm schon früher versprochen hatte, und weitere 1000 angevinischen Pfund in Einkünften aus angevinischen Besitzungen. Diese Großzügigkeit gegenüber dem achtjährigen Johann dürfte dem jungen Heinrich kaum gefallen haben; tatsächlich hatte es den Anschein, als habe es der König bewusst darauf angelegt, «Johann ein Standbein in allen Teilen des künftigen Herrschaftsgebiets seines ältesten Bruders zuzuschanzen – sozusagen einen Streifen von jedem Acker des jungen Heinrich».[78]

Die große Rebellion von 1173/74 hatte das Ausmaß der Zerrüttung und Feindseligkeit, das in der Familie Eleonores und Heinrichs II. herrschte, offenbart; sie hatte Verletzungen und Enttäuschungen angerichtet, die sich nicht wieder aus der Welt schaffen ließen. Auch wenn Heinrich seinen Söhnen aus seiner Sicht eine versöhnliche Behandlung angedeihen ließ, blieben bei ihnen Ressentiments gegen ihn bestehen, und ihre Entfremdung von ihm sollte seine letzten Jahre verdüstern und letzten Endes das Reich, das er zusammengebaut hatte, destabilisieren. Die Ehe zwischen Eleonore und Heinrich lag in Trümmern, und Heinrich hatte nicht die Absicht, seiner Frau jemals wieder ihren früheren Platz an seiner Seite anzubieten. Im Friedensabkommen von Montlouis war von der gefangengesetzten Königin mit keinem Wort die Rede, die von allen prominenten Teilnehmern an der Rebellion den höchsten Preis bezahlte. Nach mehreren Monaten als Gefangene auf der Burg Chinon verfrachtete Heinrich sie im Juli 1174 zusammen mit den Earls von Chester und Leicester nach England. Die beiden Earls setzte der König 1177 auf freien Fuß und erlaubte ihnen die Wiederinbesitznahme ihrer Grafschaften; allerdings ließ er zuvor ihre Burgen schleifen, abgesehen von einigen strategisch wichtigen Festungen, die er unter seiner Kontrolle behielt.[79] Dass seine Frau das Unerhörte getan und seine Söhne zum bewaffneten Aufstand gegen ihn angespornt hatte, konnte und wollte er ihr nicht vergeben, und so blieb sie seine Gefangene, solange er lebte.

IX.

Die verlorenen Jahre einer eingesperrten Königin, 1174–1189

Nach ihrer Gefangennahme im November 1173 verbrachte Eleonore sieben Monate als Gefangene auf der Burg Chinon, bis Heinrich II. sie im Sommer 1174 nach England mitnahm, wo er den aufständischen Baronen in seinem Königreich heimleuchten und einer drohenden Invasion der Koalitionspartner des jungen Königs von Flandern aus einen Riegel vorschieben wollte. Der königliche Tross unternahm am 7. Juli eine stürmische Überfahrt über den Ärmelkanal, mit mehreren hochrangigen Gefangenen und Geiseln im Schlepptau, darunter die Königin, ihre beiden jüngsten Kinder Johanna und Johann, ihre Schwiegertochter Margaret, Frau des jungen Königs, und vermutlich auch die ausersehenen Bräute zweier weiterer Söhne, Alix von Frankreich und Constanze von der Bretagne.[1] Der König ließ Eleonore auf die Burg Salisbury bringen, während die junge Margaret und andere Geiseln in der Burg Devizes untergebracht wurden.[2] Königin Eleonore sollte die nächsten knapp 16 Jahre, abgesehen von einem längeren «Hafturlaub» in der Normandie 1185/86, als Gefangene Heinrichs auf diversen königlichen Burgen und Schlössern in England zubringen, eine Periode der Unfreiheit und erzwungenen Untätigkeit, die erst mit dem Tod ihres Mannes im Juli 1189 ein Ende hatte.

Der Ausdruck «Gefangene» weckt irreführende Assoziationen an spätere Tudor-Königinnen, die im Verlies des Londoner Towers auf ihre Hinrichtung warteten. Die Situation Eleonores ähnelte weniger einer Haftstrafe, wie ein verurteilter Verbrecher sie verbüßt, als dem Arrest einer Geisel, die festgehalten wurde, um das Wohlverhalten ihres Sohnes zu erzwingen – Heinrich II. hoffte, auf diese Weise den jungen König unter Kontrolle halten zu können.[3] Für die ersten paar Jahre nach Eleonores erzwungener Rückkehr nach England lässt sich ihre Situation am besten mit dem Begriff «Hausarrest» beschreiben; sie hauste nicht in einem Verlies der Burg Salisbury, sondern in einer schlossähnlichen Residenz, die der Bischof von Salisbury zu

Wandmalerei aus dem späten 12. oder frühen 13. Jahrhundert in der Kapelle von Sainte-Radegonde in Chinon, freigelegt 1964. Sie soll den Weggang Eleonores im Jahr 1174 zeigen, als Heinrich II. sie als seine Gefangene nach England brachte. Zu dem Fresko gibt es noch keine schlüssige Interpretation.

Beginn des 12. Jahrhunderts innerhalb der Burgmauern hatte errichten lassen. Wie entbehrungsreich auch immer die ersten zehn Jahre ihres Arrests für Eleonore gewesen sein mögen, im Lauf der Zeit konnte sie sich allmählich etwas größere Freiheiten ertrotzen. Von 1184 an, dem Jahr, in dem ihre älteste Tochter, Herzogin Matilda von Sachsen, mit ihrer aus Deutschland verbannten Familie nach England kam, fand sie sich sogar des Öfteren am königlichen Hof ein.

Die Sympathie ihrer englischen Untertanen für Königin Eleonore nahm in der Zeit ihrer Gefangenschaft nicht nennenswert zu, aber ihre Landsleute im Poitou hatten nach wie vor ein Herz für sie, wie aus den Chroniken von Richard dem Poiteviner hervorgeht. Der hatte schon 1173/74 den Aufstand gegen Heinrich II. begrüßt und dessen rebellischen Söhnen Beifall gezollt. Dieser poitevinische Geistliche empfand den englischen König als einen Fremdherrscher und Unterdrücker; er nannte ihn gern den «König des Nordens». In eine seiner Chroniken fügte Richard ein Lamento für die inhaftierte Königin ein, in dem er erklärte, Eleonore habe die Prophezeiung des Zauberers Merlin über den «Adler des gebrochenen Bundes» erfüllt. Die Prophezeiungen Merlins waren zuerst in Geoffrey von Monmouths Geschichte der Könige von Britannien aufgetaucht, einem Geschichtswerk des frühen 12. Jahrhunderts aus der Feder eines «Romandichters in der Maske eines Historikers». Von seinen Lesern als authentisch akzeptiert, popularisierte dieses Pseudo-Geschichtsbuch die Artus-Legende; es fand eine weite Verbreitung bis nach Aquitanien, wo es seine Wirkung auf Richard den Poiteviner tat.[4] Er besang Eleonore als den «zweiköpfigen Adler», als eine Königin, die sich zwischen England und Aquitanien, zwischen Nord und Süd habe zweiteilen müssen. Nachdem sie ihre Adlerbrut gegen deren Vater aufgestachelt habe, sei sie besiegt und «von ihrem Land fortgebracht und in ein Land überführt worden», von dem man nicht wisse, ob es heute nicht ebenso gefangen und gedemütigt sei wie seine Königin. Im Verlauf des Textes wendet sich Richard direkt an Eleonore und beklagt, sich in ihre traurige Lage versetzend, den Verlust der Freuden des höfischen Lebens in Poitiers: «Ich flehe dich an, zweigeteilte Königin, lass dein dauerndes Lamentieren sein. Warum behelligt dich dein Herz mit täglichen Tränen? Kehre zurück, o Gefangene, zurück in deine Städte, wenn du kannst; kannst du es nicht, dann weine mit dem König von Jerusalem und sage: Schwer ist mein Geschick, als Fremdling in Mesech, wo ich wohnen muss unter den Hütten Kedars! [Psalm 120:5] Denn du lebst unter einem unbekannten und rohen Volk. Weine noch einmal und immer und sage: Meine Tränen sind meine Speise Tag und Nacht. [Psalm 42:4] … Adler des gebrochenen Bundes, wie lange wirst du krächzen und nicht gehört werden? Der König des Nordens hat dich unter Bewachung getan. Mit dem Propheten: ‹Rufe getrost, schone nicht, erhebe deine Stimme wie eine Posaune› [Jesaja 58:1], auf dass deine Söhne deine Stimme hören. Denn der Tag wird kommen, an dem deine Söhne dich befreien und dich in dein eigenes Land zurückbringen werden.»[5]

Als die gefangengenommene Königin in Barfleur an Bord des Schiffes ging, das sie nach England bringen würde, erinnerte sie sich mit Bestimmtheit daran, dass sie 20 Jahre zuvor von demselben Hafen abgesegelt war, damals an der Seite ihres neuen Mannes und voller Hoffnungen und Erwartungen für ein neues Leben als Königin in England. Inzwischen 50 Jahre alt, hatte Eleonore Angst vor dem Altwerden und Angst davor, fern von ihren Kindern zu sterben, aller Macht beraubt und von den Königshöfen verbannt, deren strahlender Mittelpunkt sie stets gewesen war. In den fast 16 Jahren ihrer Gefangenschaft sollte die Königin zwei ihrer Söhne verlieren: auf den Tod des jungen Heinrich im Juni 1183 folgte drei Jahre später der Tod Gottfrieds von der Bretagne. Vor ihrem Tod forderten die beiden erneut ihren Vater heraus und versuchten, im Kleinkrieg gegen ihren Bruder Richard, Graf von Poitou, möglichst große Teile des territorialen Erbes der Plantagenets für sich selbst abzuzweigen.

Nach dem Tod zweier seiner Söhne sah sich Heinrich II. gezwungen, die

Erbfolgeregelung für sein Herrschaftsgebiet erneut abzuändern; die Frage, was aus den von Eleonore eingebrachten Besitzungen werden sollte, wurde zu einem Streitthema zwischen dem König und Richard, der jetzt sein ältester Sohn war. Der Umstand, dass Heinrich seine Gunst mehr und mehr seinem jüngsten Sohn Johann schenkte, warf Zweifel an der Thronfolge Richards im Herzogtum Aquitanien auf, die lange als ausgemacht gegolten hatte. Ein das Verhältnis des englischen Königs zu seinen Söhnen auch weiterhin belastender und erschwerender Einfluss ging von seinen Rivalen auf dem Kapetinger-Thron aus, Ludwig VII. und, nach dessen Tod im Jahr 1180, dessen Sohn Philipp II., der später den Beinamen «Augustus» erhielt. In dieser Situation, in der seinem Reich Gefahr drohte, musste Heinrich II. dafür sorgen, dass seine unter Arrest stehende Königin keine Gelegenheit bekam, die verbliebenen Söhne noch einmal gegen ihn in Stellung zu bringen.

Die frühen Jahre von Eleonores Gefangenschaft

In den knapp 16 Jahren ihres Arrestdaseins, 1174–1189, befand sich Eleonore im toten Winkel der öffentlichen Wahrnehmung, sodass wir kaum etwas über ihr Tun und Lassen in dieser Zeit wissen. Einem Bericht zufolge hatte Heinrich II. seinen Leuten den Befehl erteilt, Eleonore an «gut bewachten befestigten Orten» unterzubringen; auf englischem Boden wurde sie zuerst unter strenger Bewachung in der königlichen Burg Old Sarum, auch Old Salisbury genannt, verwahrt, später finden wir sie zu unterschiedlichen Zeitpunkten auch in anderen königlichen Burgen im Süden Englands.[6] Als Frau erfuhr Eleonore eine mildere Bestrafung, als sie für männliche Teilnehmer an einem bewaffneten Aufstand üblich war; in den Augen Heinrichs war es vielleicht schon eine Geste der Großmut, dass er die Burg Salisbury zu ihrem ersten Gefängnis bestimmte, denn der dortige Wohntrakt, ein großer Quaderbau neben dem Burgfried, hatte in früheren Jahren zu ihren Lieblings-Aufenthaltsorten gehört.[7] Nach Angaben eines Chronisten aus Limoges sperrte Heinrich seine Königin auf der Burg Salisbury ein, um sicherzustellen, dass «sie nicht wieder zu ihren Machenschaften zurückkehren» konnte.[8] Offenbar fürchtete der König, Eleonore könne sich aufs Neue in Komplotte ihrer streitbaren Söhne einschalten; er tat daher sein Möglichstes, jeden Nachrichtenverkehr zwischen ihnen zu unterbinden. Er konnte es sich andererseits nicht erlauben, zu rücksichtslos mit Eleonore umzuspringen, denn das hätte den Hass, den der junge Heinrich, Richard und Gottfried gegen ihn hegten, verstärkt. In früheren Zeiten hatten sowohl anglo-normannische Monarchen als auch die Grafen von Anjou nicht gezögert, rebellische Adelige, derer sie habhaft geworden waren, selbst wenn es sich um nahe Verwandte handelte, jahrelang einzusperren, oft unter so harten Haftbedingungen, dass es die Betroffenen die Gesundheit, wenn nicht das Leben kostete. Eine jahrelange Haft für eine Königin war etwas ziemlich Unerhörtes, aber dass adlige Frauen weggesperrt wurden, war nichts vollkommen Neues. In der Populärliteratur des Mittelalters gab es etliche Texte, die von aristokratischen Frauen erzählten, die jahrelang eingekerkert wurden, manchmal von ihrer eigenen Familie, und viele in den Archiven erhalten gebliebene historische Akten erzählen von adligen Jungfrauen, deren Väter gezwungen wurden, sie ihren Lehnsherrn als Geiseln zu überlassen.

Heinrich hätte andere Möglichkeiten gehabt, die potenzielle Gefahr für die Stabilität seiner Herrschaft, die von Eleonore nach wie vor ausgehen mochte, zu bannen. Er hätte sie während ihres Aufenthalts in ihrem ersten Gefängnis, der Burg Chinon, in der Versenkung verschwinden lassen können, aber wie das mysteriöse Verschwinden des jungen Arthur von der Bretagne aus der Burg von Rouen einige Zeit später in der Regierungszeit Johanns zeigte, hätte eine solche «Lösung» mehr Probleme aufgeworfen als gelöst. Gerüchte, wonach Johann seinen Neffen mit eigenen Händen ermordet habe, machten schnell die Runde und zehrten an der Loyalität seiner Untertanen zu ihm, was ihn Rückhalt kostete, den er in seinen Machtkämpfen mit seinem Erzfeind Philipp von Frankreich dringend gebraucht hätte. Wäre Eleonore in der Gewalt Heinrichs eines verdächtigen Todes gestorben, so hätte dies insbesondere vor dem Hintergrund seiner von vielen vermuteten Verantwortung für die Ermordung Beckets eine ähnliche Wirkung gezeitigt. Ganz Europa hätte sich über diese neue Schandtat des englischen Königs empört, besonders die Menschen im Poitou, und das hätte die Plantagenets als Herrscher dort vollends unmöglich gemacht.

Eine Option, die Fürsten in früheren Jahrhunderten oft gezogen hatten, wenn sie eine zu eigenwillige oder aus anderen Gründen unliebsam gewordene Ehefrau loswerden wollten, war deren Abschiebung in ein Kloster. Heinrich II. erwog diese Lösung in den Jahren 1175/76, in denen seine ehebrecherische Affäre mit Rosamunde Clifford den Zenit ihrer Leidenschaft erreichte. Wie ein zeitgenössischer Autor schrieb, machte sich Heinrich zu diesem Zeitpunkt nicht mehr die Mühe, seinen Ehebruch geheim zu halten; er habe dem Publikum damals als seine Geliebte «nicht eine Rose der Welt [rosa mundi) vorgeführt, sondern [eine Frau, die man] treffender als Rose eines unreinen Ehemannes [immundi rosa] bezeichnen könnte».[9] Offenbar fürchtete Heinrich zu diesem Zeitpunkt nicht mehr, dass eine Auflösung seiner Ehe mit Eleonore seine Herrschaft über ihr Herzogtum Aquitanien gefährden könnte. Während Ludwig VII. durch die Trennung von Eleonore dieses Herzogtum eingebüßt hatte, schien Heinrich sicher zu sein, dass die Erblande Eleonores durch die förmliche Einsetzung Richards zum Herzog von Aquitanien und Grafen von Poitou in den sicheren Besitz der Plantagenets übergegangen waren.

Eine Chance, die Auflösung seiner Ehe mit Eleonore zu erwirken, sah Heinrich, als in England ein päpstlicher Legat eintraf, den Rom mit dem Auftrag ausgesandt hatte, die endlosen Streitigkeiten zwischen den beiden Erzbischöfen des englischen Königreichs beizulegen.[10] Als der päpstliche Gesandte im Herbst 1175 englischen Boden betrat, empfing der König ihn mit allen Ehren und überschüttete ihn mit Geschenken und Schmeicheleien. Heinrich ging davon aus, dass der Kardinal ohne Weiteres einer Auflösung seiner Ehe mit Eleonore wegen einer zu engen Blutsverwandtschaft zustimmen würde; schließlich hatte Ludwig VII. aus demselben Grund eine Trennung erwirkt, und Heinrich war mit Eleonore sogar noch enger verwandt als ihr erster Mann. Es heißt, auf seinem Hoftag Ostern 1176 in Winchester habe der englische König die Freilassung seiner Königin aus ihrem Arrest angeboten, wenn sie sich bereit erklärte, in ein Kloster einzutreten – zweifellos hatte er dabei das von Fontevraud im Sinn, wo Eleonore vermutlich Aussicht gehabt hätte, Äbtissin zu werden. Das Kloster hatte einen hervorragenden Ruf als Refugium für aristokratische Damen, die sich aus den Angelegenheiten der Welt zurückzuziehen wünschten; allein, Eleonore war dazu nicht bereit, nicht einmal mit dem Angebot des Äbtissinenamts vor Augen. Sie und ihre Söhne erteilten dem Plan Heinrichs eine Absage. Eleonore bat sogar den Erzbischof von Rouen um seine Hilfe gegen ihre drohende Abschiebung nach Fontevraud, und der verweigerte daraufhin seine Zustimmung zu Heinrichs Vorschlag.[11] Wie dieses Verhalten des Erzbischofs von Rouen zeigt, hintertrieb auch die Kirche die Versuche Heinrichs, sich Eleonores zu entledigen. Er besaß keine Mittel, einen Papst unter Druck zu setzen, der absolut nicht gewillt war, einer Scheidung zuzustimmen, zumal ihm sicherlich die Gerüchte zugetragen worden waren, die besagten, der englische König wolle die Scheidung nur, um seine Geliebte heiraten zu können.

Was immer Heinrich II. noch versucht hätte, um seine Königin in die Wüste zu schicken und Rosamunde Clifford zur Frau zu nehmen, das

Schicksal nahm ihm in dieser Sache das Heft aus der Hand: Seine große Liebe starb Ende 1176 oder im Verlauf des Jahres 1177. Begraben ließ er die schöne Rosamunde in der Priorei Godstow in Oxfordshire, nur wenige Kilometer von dem Liebesnest der beiden in Woodstock entfernt. Kurz nach Rosamundes Tod überschrieb der Grundherr von Godstow, ein Baron aus Oxfordshire, seine Patronatsrechte an der Priorei dem König mit der Maßgabe, die Priorei solle künftig «zuvörderst von der Krone des Königs verwaltet werden, so wie die Abtei von Saint Edmund und andere königliche Klöster überall im Königreich England». Diese Erhebung Godstows in den Status einer königlichen Domäne zeigt, wie eng Heinrich seiner Geliebten emotional verbunden war, denn offensichtlich wollte er der Kirche, die das Grab Rosamundes barg, etwas Gutes tun, indem er die Nonnen, die über dieses Grab wachten, unter direkten königlichen Schutz stellte. In den Jahren nach dem Tod Rosamundes zeigte sich Heinrich den Nonnen von Godstow denn auch von seiner großzügigen Seite: Er machte ihnen Geldgeschenke und stellte ihnen Holz für ihre Bauvorhaben zur Verfügung.[12]

Nicht lange, und es begann das Gerücht zu kursieren, Heinrich wolle seine Ehe nicht annullieren lassen, um Rosamunde Clifford zu heiraten, sondern um freie Bahn für die Ehelichung der 16-jährigen Alix von Frankreich zu haben, des Mädchens, das er bereits «unkeuscherweise und mit einem zu großen Mangel an Glauben entehrt hatte».[13] Alix' Vater Ludwig VII. hatte das Mädchen im Rahmen der 1169 geschlossenen Vereinbarung von Montmirail mit Richard Plantagenet verlobt und es danach ihrem künftigen Schwiegervater anvertraut, an dessen Hof es erzogen wurde. Dass Heinrich sich an der jungen Alix vergriff, war in den Augen seiner Zeitgenossen eine viel größere Schandtat als seine Affäre mit Rosamunde Clifford, denn Alix war sein Pflegekind; als Neunjährige war sie seiner Fürsorge anvertraut worden und sollte in seinem Haushalt aufwachsen bis sie alt genug war, um Richard zu heiraten. Indem er sie ins Bett gezerrt hatte, hatte er nicht nur das Vertrauen des Mädchens missbraucht, sondern auch das Vertrauen ihres Vaters, der als französischer König sein Lehnsherr war, mit Füßen getreten, gar nicht zu reden davon, dass Alix die Verlobte seines eigenen Sohnes war. Klatschgeschichten aus der Gerüchteküche des königlichen Hofes verbreiteten sich in Windeseile, und so erfuhr Eleonore sicher unverzüglich von diesem neuen Skandal. Wie ihr etwas später zu Ohren kam, beschränkte sich Heinrich in seinen außerehelichen Eskapaden, während sie in Gefangenschaft saß, nicht auf Rosamunde Clifford und Alix von Frankreich, sondern zeugte nebenbei mit einer verheirateten walisischen Frau, deren Mann einer seiner Ritter war, einen weiteren unehelichen Sohn. Er erkannte den Jungen an, der unter dem Namen Morgan die geistliche Laufbahn einschlug und es später zum Provosten von Beverley in Yorkshire brachte – und damit zu einer einträglichen kirchlichen Sinekure, wie die Könige von England sie gerne und oft ihren hochrangigen und treuen Dienern zuschanzten.[14]

Die Nachricht von der Liaison des Königs mit Alix dürfte Eleonore angewidert haben, denn mit diesem Verhalten verstieß Heinrich nicht nur krass gegen alle aristokratischen Normen für ehrenhaftes Betragen, sondern kompromittierte und demütigte auch ihren Lieblingssohn. Der König lieferte Eleonore und Richard damit einen weiteren Grund, ihn zu verachten. Ein Heinrich nicht wohlgesonnener Höfling äußerte die Meinung, der König hoffe, wenn er mit seiner neuen Favoritin neue Erben zeugte, werde ihm das die Chance eröffnen, «seine früheren Söhne von Eleonore, die ihm Ärger gemacht hatten, zu enterben».[15] Die Geschichte von der Affäre Heinrichs II. mit der minderjährigen Alix können wir nicht als ein von seinen Feinden verbreitetes Schauermärchen abtun, denn mehrere Quellen berichten darüber unabhängig voneinander.[16] So legte Heinrich einen schwer erklärlichen Widerwillen an den Tag, die schon lange überfällige Hochzeit der Prinzessin mit Richard anzuberaumen, trotz regelmäßiger Mahnungen seitens Ludwigs VII. und dann Philipps II. sowie hochrangiger Kirchenvertreter einschließlich des Papstes. Das triftigste Indiz dafür, dass die Gerüchte stimmten, war der hartnäckige Widerstand Richards gegen die Heirat mit Alix. Roger von Howden, Chronist mit Zugang zu Hofkreisen, weiß zu berichten, dass Richard dem französischen König Philipp, dem Halbbruder von Alix, beim Abmarsch zum Dritten Kreuzzug anvertraute, weshalb er seine langjährige Verlobte jetzt doch nicht heiraten wolle. Howden legt Richard diese erklärenden Worte in den Mund: «Ich weise Eure Schwester nicht zurück, aber es ist mir unmöglich, sie zu heiraten, denn mein Vater hat mit ihr geschlafen und ihr einen Sohn gemacht.» Nach Angaben Howdens sagte Richard darüber hinaus, er könne viele Zeugen aufbieten, die die Wahrheit seiner Aussage bestätigen würden. Der angesehenste moderne Biograf Richard Löwenherz' tut sich schwer damit, die konkrete und unzweideutige Schilderung Howdens vom Tisch zu wischen. Im Übrigen hätte Richard Löwenherz gar nicht zu einer so heftigen Anklage gegen seinen Vater greifen müssen, um seine Absage an eine Ehe mit Alix zu begründen; er hätte einfach nur darauf hinweisen können, dass sie ein Kind von einem anderen bekommen hatte, ohne diesen als seinen Vater zu identifizieren.[17]

Als Gefangene ihres Mannes sah sich Eleonore der Einkünfte beraubt, die sie als Königin bezogen hatte. Ihre Wittumterritorien wurden ihr weggenommen, einschließlich der höchst bescheidenen Grundrente von 21,01 Shilling jährlich, die ihr aus den Erlösen der Waldnutzung auf zwei Gütern in Berkshire zugestanden hatten.[18] Heinrich kassierte Eleonores Witwengut und brachte es in das Sühneabkommen ein, das er nach der Ermordung Beckets mit der Kirche schloss. Als Preis dafür, dass der Papst ihn aus einem Kreuzzugsgelübde entließ, das er im Rahmen seiner Sühneleistungen abgelegt hatte, versprach er dem Kirchenoberhaupt, drei neue Klöster zu stiften – zu Ehren des soeben selig gesprochenen toten Erzbischofs. Als erstes gründete er in Witham in Wiltshire eine Karthäuser-Priorei, danach wandelte er, um die zugesagten drei Stiftungen voll zumachen, zwei bestehende klösterliche Einrichtungen in königliche Stifte um, denen er Teile von Eleonores Witwengut als Stiftungsvermögen übertrug. Eine von weltlichen Chorherren auf einem Gut der Königin in Waltham in Essex betriebene Kirche widmete er 1177 in eine Abtei für Augustiner-Chorherren um. Sein drittes Projekt war die Neugründung eines Nonnenklosters, das der Priorei Amesbury in Wiltshire angeschlossen war, von der sich bei einer bischöflichen Inspektion herausgestellt hatte, dass dort skandalöse Missstände herrschten – angeblich hatte die Äbtissin seit ihrem Eintritt in die klösterliche Welt drei Kinder zur Welt gebracht. Der König unterstellte die Einrichtung dem Kloster Fontevraud und versetzte 24 Nonnen aus dem Mutterhaus nach Amesbury, wobei er erneut Güter aus dem Wittum von Eleonore für die Aufbesserung des Stiftungsvermögens heranzog.[19]

Während die Einkünfte Eleonores aus ihrem Wittum versiegten, flossen andere periodische Zahlungen oder Pensionen, wie englische Monarchen sie traditionell an ihnen besonders eng verbundene Angehörige, Freunde und Diener leisteten, auf Anweisung Heinrichs weiter. Es waren dies durchaus großzügige Zahlungen in Anbetracht dessen, dass der Haushalt der Königin erheblich geschrumpft war; sie lagen zwischen knapp 30 und 180 £ im Jahr; im ersten vollen Jahr ihrer Gefangenschaft, 1175, belief sich die Summe aller Zahlungen auf 161 £, das entsprach dem Einkommen eines kleinen Barons. Vereinnahmt und verwaltet wurden die Gelder von königlichen Beamten, die das Vertrauen Heinrichs genossen; zunächst war dies Robert Mauduit, der Konstabler der Burg Salisbury, der dort auch für die Bewachung

Eleonores verantwortlich war. Ein seltsamer Zufall wollte es, dass Mauduit einer Familie angehörte, die auch schon früheren Königinnen gedient hatte: Vorfahren von ihm hatten für Heinrichs Mutter, die Kaiserin Matilda, und auch schon für deren Mutter als Kämmerer gearbeitet.[20] Später, von 1180 bis zum Tod Heinrichs, hatte Ralph fitz Stephen, der ebenfalls einer Beamtenfamilie entstammte und viele Jahre als königlicher Kämmerer gedient hatte, die Verantwortung für Eleonores Ausgaben. Die Königin erwarb sich den Respekt ihres zweiten Aufsehers; so angetan war er von ihr, dass er nach dem Tod Heinrichs II. der Abtei von Stanley, einer von Heinrichs Mutter gegründeten Einrichtung der Zisterzienser in Wiltshire, ein Stück Land schenkte und diese Stiftung der Seele des Königs und der Erlösung von Königin Eleonore widmete.[21] Wahrscheinlich lernten auch andere, die in die Bewachung und Betreuung der gefangenen Königin eingebunden waren, die innere Kraft bewundern, mit der sie ihr widriges Geschick ertrug.

Nach einigen Jahren durfte Eleonore mit Erlaubnis Heinrichs Besuchsfahrten zu anderen Burgen unternehmen; sicher ist, dass sie in Winchester und Windsor war, vielleicht sogar in Devonshire, wo sie über erheblichen Grundbesitz verfügte. Auf dem Areal der Burg Winchester stand eine Gruppe von Gebäuden, die in ihrer Gesamtheit die Dimension eines königlichen Schlosses erreichten; während der gesamten Amtszeit Heinrichs II. fanden Instandsetzungs- und Erweiterungsarbeiten an diesen Wohntrakten statt. In Winchester traf die Königin wahrscheinlich ihre Schwiegertochter Margaret wieder, die Frau des jungen Königs, die dort häufig zu Gast war; im Rahmen von Bauarbeiten, die 1174/75 auf Burg Winchester stattfanden, wurde ein Erweiterungsbau errichtet, in dem «die junge Königin die Messe hörte».[22] 1176 nahm Robert Mauduit eine Zahlung in Höhe von knapp 3 £ aus der königlichen Schatulle entgegen, gedacht offenbar als Ersatz für Ausgaben, die Eleonore während Heinrichs Hoftag an Ostern in Winchester getätigt hatte.[23] Bei dieser Veranstaltung sah sie zum letzten Mal ihre vier Söhne zusammen. Richard und Gottfried kamen eigens für den Hoftag aus Frankreich herüber und kehrten danach zusammen mit ihrem Vater aufs Festland zurück. Auch der junge König Heinrich und seine Königin verließen England nach Ostern und blieben dem Königreich drei Jahre fern, um erst anlässlich eines weiteren Hoftages in Winchester auf die Insel zurückzukehren.

Die Heirat von Eleonores jüngster Tochter Johanna im Jahr 1176 brachte Abwechslung in den langweiligen Alltag Eleonores. In den Verhandlungen über die Verheiratung des elfjährigen Mädchens hatte Eleonore keine Mitsprache gehabt, aber sicherlich erfüllte es sie mit Stolz, dass kein geringerer als Wilhelm II., König von Sizilien, Johanna zu seiner Braut erwählte. Wilhelms Königreich war das Werk normannischer Abenteurer des 11. Jahrhunderts, und es umfasste neben Sizilien Teile des süditalienischen Festlandes. Es verstand sich als Erbe der Traditionen vorausgegangener Eroberer und Beherrscher Siziliens, der Griechen, Römer und Araber. Vor Jahren hatte Eleonore mit eigenen Augen den Glanz des Inselkönigreichs auf dem Höhepunkt seiner Machtentfaltung unter König Roger II. bestaunt, als ihr Schiff auf der Rückreise vom Heiligen Land im Sturm vom Kurs abgekommen und sie 1149 in der kosmopolitischen Hafenstadt Palermo gestrandet war. Unter Rogers Nachfolger Wilhelm trat Sizilien allerdings, bildlich gesprochen, in den «Altweibersommer» seiner Laufbahn als Königreich ein. Heinrich II. hatte schon früher einmal versucht, für eine seiner Töchter eine sizilianische Ehe zu arrangieren, und im Mai 1176 wurde diese Idee wiederbelebt, als Gesandte vom sizilianischen Königshof nach England kamen. Man unterhielt sie auf Burg Winchester, wo Johanna residierte und wo Eleonore nach dem Hoftag an Ostern noch eine Weile geblieben war. Die Schönheit der jungen Prinzessin beeindruckte die Gesandten, und Heinrich willigte in ihre Heirat mit dem jungen sizilianischen Herrscher ein. Eine englische Delegation machte sich auf den Weg nach Sizilien, um den Ehevertrag auszuhandeln; sie traf Anfang August in Palermo ein.[24] Vielleicht half die Königin ihrer Tochter bei der Zusammenstellung ihrer Aussteuer und bereitete sie auf das Leben am sizilianischen Hof vor, indem sie Erinnerungen an ihren Aufenthalt dort vor vielen Jahren auspackte. Nach der Abreise Johannas in ihre neue Heimat konnte ihre Mutter nicht damit rechnen, sie jemals wiederzusehen, doch der Zufall wollte es, dass sie einander viele Jahre später noch zweimal begegneten.

Im September 1176 trat Johanna die Reise nach Palermo an; in ihrem Gepäck hatte sie Kleider, Gold- und Silbergeschirr und weitere Geschenke, mit denen sie in ihrer neuen Heimat Eindruck machen würde. Für eines ihrer Kleider allein – zweifellos das Hochzeitskleid – hatte der König mehr als 114 £ spendiert.[25] Im Februar 1177 heiratete Johanna in der Palastkapelle von Palermo Wilhelm, einen jungen Mann von 22 Jahren, und unmittelbar darauf wurde sie zu seiner Königin gekrönt. Die sizilianische Hochzeit Johannas weckte bei den Engländern größeres Interesse als zuvor die Ehen ihrer beiden älteren Schwestern mit ausländischen Fürsten. Englische Abenteurer schifften sich nach Süden ein, um in Sizilien ihr Glück zu machen, angelockt von Berichten über die Reichtümer des Inselkönigreichs.

Künstlerische und literarische Anregungen diffundierten von Sizilien aus nordwärts; Mosaiken in den im byzantinischen Stil eingerichteten Kirchen Siziliens inspirierten englische Wandgemälde und Buchminiaturen, und das sizilianische Königreich wurde zu einem der Schauplätze englischer Romandichtungen.[26]

Ausgaben, die in den Jahren der Gefangenschaft der Königin zu ihren Gunsten getätigt wurden, deuten darauf hin, dass ihre Arrestbedingungen alles andere als drakonisch waren. Sie war komfortabel untergebracht. Ihre Lebensumstände verbesserten sich spätestens 1177, wohl nicht zufällig just in dem Jahr, in dem Heinrich II. die Earls von Chester und Leicester, zwei prominente Teilnehmer der Revolte von 1173/74, aus der Haft entließ. Erhebliche und fast ununterbrochene Reparaturen und Erweiterungsbauten wurden auf Burg Salisbury unter der Aufsicht Robert Mauduits die ganzen 1170er-Jahre hindurch ausgeführt. Allein 1177 wurden für Arbeiten an den Wohngebäuden der Burg über 113 £ ausgegeben. Die Belege deuten darauf hin, dass Heinrich II. Eleonore einen einer Königin würdigen Lebensstandard zubilligte, auch wenn sie vom königlichen Hof verbannt war. Zwei Roben aus Scharlach, einem edlen und teuren Wollstoff, der oft in einem satten Rot gefärbt wurde, das sich so großer Beliebtheit erfreute, dass der Name des Stoffs schließlich auf die Farbe überging, wurden 1178 für Eleonore gekauft, dazu bestickte Kissen für sie «und ihre Zofe». Auch im folgenden Jahr gab es Ausgaben für Kleider aus kostbaren Stoffen: mehr als 18 £ für einen Mantel aus Scharlachtuch, dazu Pelze und ein filigranes ledernes Gewand für die Königin, ein weiterer Mantel aus Scharlach, ein weiteres Ledergewand und ein Umhang für eine ihrer Hausmägde. Eleonore durfte offensichtlich für Ausritte die Burg verlassen, denn es sind Ausgaben aktenkundig für einen mit Scharlach bezogenen und mit Vergoldungen versehenen Sattel für die Königin sowie für einen einfacheren Sattel für ihre Magd.[27] Eleonore erfreute sich der Gesellschaft junger Aristokratinnen wie des Mädchens Amiria, einer Schwester von Hugh Pantulf, Baron von Wem in Shropshire. Als Amiria Jahre später den Nonnen der Priorei Amesbury ein Landgut schenkte, bezeichnete sie sich selbst als früheres Dienstmädchen und Pflegekind der Königin. Das Herrenhaus in Wiltshire, das Amiria den Nonnen schenkte, hatte sie selbst als Geschenk von Eleonore erhalten; es war Bestandteil von deren früherem Witwengut.[28]

Fortwährender Streit zwischen den Söhnen Eleonores

Auch in der Zeit, in der Heinrich II. seine Frau hinter Schloss und Riegel hielt, um jeglichen neuen Verschwörungen vorzubeugen, blieb das Verhältnis zu seinen drei älteren Söhnen turbulent. Ihre Beziehungen waren angespannt und wurden durch Heinrichs periodische neue Vorschläge für die Thronfolge eher schlimmer als besser, denn er schürte damit bei seinen Söhnen ständig die Unsicherheit, die gemeinsame Wut auf den Vater und die Eifersucht untereinander, also genau die Motive, die sie schon einmal zur Revolte gegen ihn bewogen hatten. Ihr Dauerkonflikt hatte zwei Hauptursachen. Da waren zum einen die nicht endenden Klagen des jungen Heinrich, dass er keinen eigenen Landbesitz hatte.

Die zweite Hauptursache für den Konflikt Heinrichs II. mit seinen ältesten Söhnen war sein Beharren darauf, auch seinem jüngsten Sohn Johann eine nennenswerte Grundherrschaft zu vererben; die drei anderen fürchteten, dies werde zu ihren Lasten gehen. Während Johann auf seine Zeitgenossen keinen vielversprechenden Eindruck machte, sah sein Vater in ihm offenbar etwas, das anderen verborgen blieb. Er stand seinem Jüngsten ganz offensichtlich näher als seinen älteren Söhnen, denen natürlich der Makel anhaftete, dass sie 1173/74 im Verein mit ihrer Mutter die Waffen gegen ihn erhoben hatten. Anders als Richard, der offensichtlich Eleonores Lieblingssohn war, hatte Johann nie im Bann der starken Persönlichkeit seiner Mutter gestanden, denn er hatte seine Kindheit getrennt von ihr und abgeschirmt von ihrem Einfluss verbracht. Johann schien außerdem ein folgsamerer Sohn zu sein, was aber daran liegen mochte, dass er ein gutes Stück jünger war als seine Brüder. Nach der Übersiedlung des Jungen nach England 1174 ließ sein Vater ihn in seinem Haushalt aufziehen, und wir können annehmen, dass Johann mit Eleonore nur noch bei den wenigen großen Anlässen zusammentraf, bei denen sie dem königlichen Hof einen Besuch abstatten durfte. 1181 schickte Heinrich Johann in den Haushalt seines Obersten Justiziars Ranulf de Glanvill, wo er auf das Herrscheramt vorbereitet werden sollte; der Junge landete dort in einer regelrechten Schule für königliche Verwaltungsbeamte. Heinrich sorgte großzügig für den jungen Johann; er bestritt den Lebensunterhalt von drei Rittern, die Johanns engste Gefährten waren und denen er großzügige Geldsummen anweisen ließ; darüber hinaus stellte er auch Mittel für den Transport von Johanns Hunden und deren Betreuern bereit, wann immer Johann mit Glanvill nach Frankreich reiste.[29]

Nach dem Friedensschluss von Montlouis, der im Herbst 1174 den Schlusspunkt unter die große Rebellion setzte, machte sich Heinrich II. daran, in England territoriale Besitzungen für Johann zu finden; er tat dies in bewusster Abweichung von den im Königreich gewohnheitsrechtlich geltenden Vererbungsregeln. Zweimal ignorierte Heinrich den seit der Regierungszeit seines Großvaters geltenden Grundsatz, dass weibliche Erben gleich große Erbteile erhielten; bei ihm mussten sich die Töchter mit dem begnügen, was er ihnen als Mitgift zugestand.[30] Als 1175 Heinrichs Onkel Reginald von Dunstanville, der Earl von Cornwall, starb, nahm der König die Grafschaft treuhänderisch für Johann in Beschlag, sodass sich die Töchter des Earls unversehens enterbt sahen, abgesehen von einigen Brotsamen. Eine der Töchter Reginalds war mit dem Vizegrafen von Limoges verheiratet, einem der ständig Ärger machenden Vasallen Eleonores am südlichen Rand des Poitou; die Enterbung seiner Frau war für ihn ein Grund mehr, gegen die Plantagenet-Herrschaft in den Erblanden der Königin und Herzogin anzugehen.[31] 1176 wurde der König auf seiner Suche nach Latifundien für Johann erneut fündig: Sein Blick fiel auf die bedeutende Grafschaft Gloucester im Westen Englands. Er schloss einen Vertrag mit dem Earl von Gloucester: Johann sollte die jüngste Tochter des Earls, Isabel, heiraten. Die beiden anderen, verheirateten Töchter des Earls waren damit praktisch enterbt.[32] Später fand Heinrich für seinen jüngsten Sohn noch ein Fürstentum, das den seinen Brüdern überlassenen Herzogtümern Bretagne und Aquitanien an Wertigkeit gleichkam: Im Mai 1177 ließ er Johann auf einem königlichen Konzil zum Herrscher über Irland ausrufen.

Richard, der seit 1175 die zum Erbteil seiner Mutter gehörende Grafschaft Poitou regierte, war seither mehrmals mit aufbegehrenden Vasallen entlang seiner Südgrenze, im Angoumois und im Limousin, aneinandergeraten.[33] In den Gefechten, zu denen es dort kam, erwarb er sich bleibenden Ruhm für seine kriegerischen Fähigkeiten und seine an Unbesonnenheit grenzende Tollkühnheit. Mit der von Erfolg gekrönten Belagerung der als uneinnehmbar geltenden Festung Taillebourg im Tal der Charente im Mai 1179 legte er endgültig den Grundstein für seine eigene Heldenlegende – und imponierte nicht zuletzt auch seinem Vater. Nach diesem Sieg stattete er England einen Besuch ab, entweder auf Einladung Heinrichs, der ihn «mit den höchsten Ehren» empfing, oder, wie es in einer Chronik heißt, als Wallfahrer, der dem Schrein des Heiligen Thomas Becket in Canterbury huldigte. Was immer der Zweck dieser Reise Richards ins englische Königreich war, irgendwann im Verlauf seines Aufenthalts zitierte der König Eleonore vor ein Konzil in London und forderte sie auf, ihr Herzogtum förmlich an ihren zweiten Sohn abzutreten. Eleonore, für die die schnelle Aussöhnung Richards mit seinem Vater schon eine schmerzhafte Kränkung gewesen sein dürfte, empfand diesen Schritt vermutlich als einen neuerlichen Anschlag auf ihr bis dahin so enges Vertrauensverhältnis zu Richard.[34]

1182 musste sich Graf Richard erneut mit einer Adelsrebellion im südlichen Poitou auseinandersetzen. Die Aufständischen erhoben schwere Vorwürfe gegen ihren Grafen: Er habe ihre Frauen und Töchter vergewaltigt und sie dann, «nachdem das Feuer seiner Lust erloschen war», wie «gewöhnliche Prostituierte» seinen Rittern übergeben. Eine etwas plausiblere Erklärung für die Empörung der südlichen Aristokraten wäre die, dass Richards eiserne Herrschaft, vor allem seine wuchtig vorgetragenen Versuche, ihnen feudale Verpflichtungen aufzuerlegen, die denen seiner anglo-normannischen Vasallen entsprachen, sie in Alarmstimmung versetzte.[35] Nicht lange, und es bildeten sich Querverbindungen zwischen den im Poitou immer wieder aufflammenden Revolten und den Winkelzügen von Richards frustrierten Brüdern. Als Heinrich II. Mitte Mai 1182 Grund zu der Befürchtung sah, der junge Graf könne die Kontrolle über das Poitou verlieren, schwang er sich in den Sattel und kam ihm zu Hilfe, begleitet von seinem dritten Sohn, Gottfried von der Bretagne. Nach der Ankunft in den Erblanden seiner Frau ließ er seinem ältesten Sohn, dem jungen König, die Aufforderung zukommen, an der Seite Richards in die Kämpfe einzugreifen. Zwei Monate später gelangten die Grafen von Limoges und Périgord angesichts der Übermacht der vereinten Truppen des Vaters und seiner beiden ältesten Söhne zu der Einsicht, dass sie auf verlorenem Posten standen, und ersuchten um Frieden. Allein, der Konflikt im Poitou sollte bald wieder aufflammen.

Der chronische Missmut des jungen Königs wirkte als eine Art Katalysator, der die Adelsrevolte in den Erblanden Eleonores in einen Wettstreit zwischen den beiden ältesten Söhnen um das Herzogtum verwandelte. Als der junge Heinrich hinzukam und in das Geschehen eingriff, vollzog sich ein zunächst kaum wahrnehmbarer Wandel im Charakter des Konflikts, denn er lauschte mit zunehmendem Verständnis den Klagen der Poiteviner über Richard und stellte daraufhin die Legitimität der Herrschaft seines jüngeren Bruders über die Grafschaft infrage. Seit dem Friedensschluss von Montlouis hatte die Erbitterung des landlosen jungen Königs darüber, dass seine beiden jüngeren Brüder über bedeutende eigene Lehen verfügten und er nicht, stetig zugenommen. Die poitevinischen Rebellen ließen sich von seinem persönlichen Charme und seinem ritterlichen Auftreten beeindrucken; seine Inkompetenz war ihnen lieber als die konsequent harte Hand Richards, und sie brachten den Wunsch zum Ausdruck, ihn anstelle Richards auf dem Grafenthron zu sehen, wobei sie die Wünsche ihrer Landesmutter Eleonore außer Acht ließen. Im Herbst 1182 fand der junge Heinrich einen Vorwand, loszuschlagen, als sein Bruder Richard mit dem Bau der Burg Clairvaux begann. Sie befand sich im Bereich der nicht eindeutig definierten Grenze zwischen den Grafschaften Poitou und Anjou, dem Anschein nach auf dem Gebiet von Anjou, für den jungen König Grund genug, sie für sich zu reklamieren. Während der Weihnachtsfeierlichkeiten des Jahres 1182 in Caen gab er zu, dass seine Erbitterung über seine Machtlosigkeit und seine Wut auf Richard wegen der Burg Clairvaux ihn veranlasst hatten, sich mit den aufständischen Poitevinern zu verbünden. Um diesen Streit zwischen seinen Söhnen beizulegen, erklärte Heinrich II. die Burg Clairvaux kurzerhand zu seinem Eigentum, doch der Vorgang veranlasste ihn, seine aktuellen Pläne für die Erbfolge zu überdenken. Er musste sich eingestehen, dass seine Hoffnung, seine Söhne würden im Sinne eines Gesamtinteresses an der Zukunft des Plantagenet-Reichs zusammenarbeiten, illusionär war und dass es nach seinem Tod wahrscheinlich zu Verteilungskämpfen kommen würde.

Dennoch versuchte Heinrich II. ein weiteres Mal, eine tragfähige Erbfolgeregelung zu Papier zu bringen; gleich nach seinem Hoftag an Weihnachten 1182 in Le Mans legte er sie seinen Söhnen vor und versuchte, sie darauf einzuschwören. Allein, der dabei erreichte Konsens zerbröselte schon nach kurzer Zeit wieder. Eleonore war in Le Mans nicht zugegen, war aber wahrscheinlich über den neuesten Erbfolgeplan ihres Mannes im Bilde. Da sie schon immer geargwöhnt hatte, Heinrich wolle ihre Erblande auf Dauer seinem «Reich» einverleiben, hatte sie sicherlich empfindliche Antennen für die ominösen Implikationen dieses neuesten Plans. Dessen Schlüsselelement war, dass Richard und Gottfried von der Bretagne ihrem älteren Bruder als dem designierten König huldigen sollten, Richard für Aquitanien, das Herzogtum seiner Mutter, Gottfried für die Bretagne; dieser Idee lag die Hoffnung des Vaters zugrunde, es werde nach seinem Abgang zu einer Art Föderation zwischen den Brüdern unter Führung des jungen Heinrich kommen. Gottfried gelobte dem jungen Heinrich bereitwillig seine Lehnstreue, denn die Grafen von der Bretagne hatten seit jeher den Herzögen der Normandie gehuldigt. Ohnehin waren die beiden einander eng verbunden, denn Gottfried war, kurz nachdem sein Vater ihn im August 1178 zum Ritter geschlagen hatte, in den Haushalt seines ältesten Bruders eingetreten und hatte mit ihm zusammen den Zirkus der Ritterturniere im Norden Frankreichs abgeklappert.[36]

Richard lehnte es dagegen ab, dem jungen Heinrich zu huldigen; er war nicht bereit, dessen Lehnsherrschaft über das Patrimonium seiner Mutter anzuerkennen. Sein Argument lautete, ein Bruder könne sich nicht über den anderen stellen, solange ihre Eltern am Leben waren, und er betonte des Weiteren, wenn die Besitzungen des Vaters rechtmäßig an den ältesten Sohn gingen, müsste das Herzogtum Aquitanien als Besitzung der Mutter auf den zweiten Sohn übergehen. Dazu kam, dass der junge Graf von Poitou für das Herzogtum Aquitanien bereits dem französischen König gehuldigt hatte, was für den besonderen Status dieses Fürstentums sprach. Er äußerte die Befürchtung, eine Huldigung seinerseits an seinen Bruder werde etwas nach sich ziehen, was seine Mutter schon immer gefürchtet und abgelehnt habe – die Reduzierung ihres Patrimoniums auf eine unter mehreren Besitzungen der Plantagenets, womit das Herzogtum auf Dauer zum Bestandteil von deren anglo-normannischem Reich würde. Diese in Eleonores Augen gefährliche Perspektive hatte sie 1173 dazu veranlasst, die Revolte ihrer Söhne gegen ihren Mann zu unterstützen. Richard reiste im Januar 1183 wutentbrannt vom Hof seines Vaters ab und hinterließ dabei, um einen Chronisten zu zitieren, «nichts als Vorwürfe und Drohungen».[37] Eleonore hätte ihm für diese Reaktion sicherlich Beifall gezollt, auch wenn sie in eine bewaffnete Auseinandersetzung zwischen den Plantagenet-Brüdern einen Monat später mündete.

Gottfried von der Bretagne und der junge Heinrich betraten die Arena, als ihr Vater sie mit dem Auftrag, Verhandlungen mit den poitevinischen Rebellen zu führen, ins Limousin entsandte. Statt dies zu tun, schlossen sich die beiden Anfang 1183 mit den aufständischen Adligen von Limoges zusammen und unternahmen Plünderzüge, bei denen sie nicht zuletzt religiöse Wallfahrtsorte ihrer reichen Schätze beraubten und dabei nicht einmal Grandmont verschonten, ein Kloster, das sich der besonderen Bewunderung Heinrichs II. erfreute und das er als seinen Bestattungsort ausersehen hatte. Der König musste befürchten, dass seine beiden über die Stränge schlagenden Söhne militärisch gegen Richard vorgehen würden, und so eilte er nach Limoges, um ihm zu Hilfe zu kommen. Mit seinen Truppen bekämpfte er die Rebellen, die sich in der Zitadelle von Saint-Martial verschanzten, die er nicht einzunehmen vermochte. Während Heinrich die Festung verschärft belagerte, ging Richard daran, das Angoumois und die Saintonge von Rebellen und Plünderern zu säubern. Die Kämpfe beschränkten sich dieses Mal zwar weitgehend auf Gebiete, die zu Eleonores Herzogtum gehörten, doch traf der alte König wohlweislich Vorkehrungen gegen denkbare Dolchstöße von Freunden des jungen Heinrich in England: Er ließ vorsorglich den Earl von Leicester und seine Frau, die bereits nach der Revolte von 1173/74 seine Gefangenen gewesen waren, festnehmen und einsperren.[38]

Aus den bewaffneten Kämpfen im Süden entwickelte sich schnell eine größere Krise, als Fürsten von außerhalb der Region die Chance witterten, aus dem militanten Familienkrach im Hause Plantagenet Kapital zu schlagen und die Stellung Heinrichs II. zu schwächen. Der sanftmütige Ludwig VII. war inzwischen gestorben, und sein Sohn und Nachfolger Philipp II. entpuppte sich als ein sehr viel gefährlicherer Gegenspieler für die Plantagenets. Getreu der politischen Maxime seines Vaters, aus jeder Konstellation, die geeignet schien, die Probleme des englischen Königs zu verschärfen, den größtmöglichen Vorteil zu ziehen, säte der neue französische König Zwietracht (worauf er sich meisterlich verstand) und heizte die Erbitterung der Söhne Heinrichs gegen ihren Vater an.

Den aufmerksamen Augen Eleonores entging sicherlich nicht, dass sich nach der Thronbesteigung Philipps der Charakter des seit Langem schwelenden Konflikts zwischen den Häusern Plantagenet und Kapet veränderte; Heinrich II. und seine Söhne und designierten Nachfolger befanden sich jetzt nicht mehr in der Rolle der Angreifer und Herausforderer; sie sahen sich vielmehr gezwungen, Abwehrschlachten gegen den Kapetinger-König zu schlagen. Philipp schickte dem jungen Heinrich, seinem Schwager, den er sich als Nachfolger auf dem Plantagenet-Thron wünschte, Hilfstruppen, und Raymond V., der Graf von Toulouse, erschien persönlich, um an der Seite des jungen Königs zu kämpfen.[39] Eine Zeit lang hatte es den Anschein, als drohe Richard, auch wenn er sich den König von Aragon, den Erzrivalen Raymonds, als Verbündeten gesichert hatte, die Vertreibung aus seinem Herzogtum, doch dann zeigte sich, dass der Charme und die höfische Geschliffenheit, über die der junge Heinrich reichlich verfügte, kein ausreichender Ersatz für materielle Ressourcen waren. Bald hatte er seine stets knappen Mittel aufgebraucht und sah sich gezwungen, seine Kriegführung durch die Ausplünderung der Bevölkerung zu finanzieren, die er doch eigentlich vor der Ausbeutung durch seinen gierigen Bruder schützen wollte. Er suchte mit seinen Leuten das Kloster Saint-Martial in Limoges heim und vergriff sich nicht nur an dessen Schatztruhe, sondern auch an goldenen Trinkgefäßen, Altarvorsätzen und Kruzifixen.[40] Noch kurz vor seinem Tod im Juni 1183 ließ der junge König Rocamadour plündern, einen der berühmtesten Schreine des westlichen Christentums, dessen sieben Kapellen sich an steilen Felswänden emporzogen.

Richard und Heinrich II. hatten den jungen König bereits in die Flucht geschlagen, als dessen plötzlicher Tod eine Ruhepause in dem bewaffneten Zwist brachte. In Martel in der Dordogne erkrankte der junge Heinrich im Juni 1183 an einer schweren Ruhr und starb, gerade erst 27, eines in den Augen der Gläubigen würdigen Todes – er bereute seine Sünden und versöhnte sich mit seinen Feinden, bevor er sein Leben aushauchte. Auf dem Sterbebett diktierte der junge König noch eine Botschaft an seinen Vater, in der er die Hoffnung äußerte, dieser werde ihm einen Versöhnungsbesuch abstatten; der alte Herr glaubte freilich an eine Falle und schlug die Einladung aus. Er schickte seinem Sohn stattdessen einen Saphirring in der Erwartung, Heinrich Junior werde dies als ein Zeichen seiner väterlichen Zuneigung und Vergebung deuten. Der Sterbebett-Brief des jungen Heinrich begann mit der Bitte an seinen Vater, Eleonore in ihrem Gefängnis auf Burg Salisbury gnädig zu behandeln; dann bat er ihn darum, Vorsorge für seine Witwe Margaret zu treffen, mit seinen Verbündeten Frieden zu schließen und den Kirchen, die er geplündert hatte, Entschädigungen zu zahlen. Er äußerte den Wunsch, in der Kathedrale von Rouen begraben zu werden, wo auch seine erhabenen Vorfahren, die Gründer des Herzogtums Normandie, bestattet waren.[41] Sodann bat der junge Heinrich darum, auf Sackleinen und Asche, ausgelegt in Form eines Kreuzes, gebettet zu werden, damit er wie ein Mönch sterben könne. In dem Wissen, dass er sein Kreuzzugsgelübde nicht würde erfüllen können, vermachte er seine Kreuzfahrerkutte seinem früheren Mentor und Ausbilder zum Ritter, William Marshal, «der ihm sehr zugetan war», und richtete an ihn die Bitte, die Kutte für ihn nach Jerusalem zu tragen. Seine Gefährten weinten an seinem Sterbebett und beklagten den Verlust ihres Herrn und Meisters, der für sie «der beste und schönste Mann, der seit der Zeit Abels geboren wurde», war. «Gott! Was wird jetzt aus Großzügigkeit, Ritterlichkeit und Tapferkeit, die einst ihre Bleibe in seinem Herzen hatten?», riefen sie aus. Nicht alle waren über den Tod des jungen Königs so untröstlich; ein englischer Chronist schrieb, man könne seine Beliebtheit nur mit der Tatsache erklären, dass «die Zahl der Narren unendlich groß ist».[42]

Als Heinrich II. vom Tod seines ältesten Sohns erfuhr, entsandte er den Erzdekan von Wells, Thomas von Earley, nach England mit dem Auftrag, die traurige Nachricht Eleonore zu überbringen. Ihre Reaktionen arbeitete der Erzdekan in eine Predigt ein, die er wenig später hielt und in der er versuchte, den frommen Tod des jungen Königs als den von Wundern begleiteten Märtyrertod eines Heiligen darzustellen. Eines der Wunder, die der Geistliche dem gerade verstorbenen Fürsten zuschrieb, war eine Vision Eleonores, die angeblich schon vor dem Eintreffen des königlichen Sendboten ihren toten Sohn vor sich gesehen hatte. Eleonore hatte dem Erzdekan einen Traum geschildert, in dem der junge Heinrich ihr freudestrahlend und gelassen erschienen war, mit zwei Kronen auf dem Haupt, einer über der anderen. Sie habe Trost aus der Deutung der beiden Kronen geschöpft, nämlich die Zuversicht, dass ihr Sohn die ewige Erlösung gefunden hatte. Nach ihrer Interpretation stand die untere Krone, die nur matt glänzte, während die obere funkelte, für die weltliche Macht des jungen Königs, die obere für seine Erlösung. Eleonore fragte: «Welche Bedeutung kann man dieser [oberen] Krone zumessen, wenn sie nicht für die ewige Glückseligkeit steht, die weder Anfang noch Ende kennt? Was ist die Bedeutung eines so starken Funkelns, wenn nicht Glück im Übermaß?» Sie beantwortete danach die eigene Frage mit einem Bibelzitat: «Das kein Auge gesehen hat und kein Ohr gehöret hat und in keines Menschen Herz gekommen ist, das Gott bereitet hat denen, die ihn lieben.» (Erster Korintherbrief 2:9)[43] Dieser Text mag uns wenig über die Trauer Eleonores um ihren verstorbenen Sohn verraten, dafür aber umso mehr über ihren christlichen Glauben und ihre Gewissheit, dass auf ihren Sohn die ewige Erlösung wartete. Als intelligente Frau wusste Eleonore natürlich um den propagandistischen Wert der frommen Vision, in der sie das Schicksal ihres ältesten Sohnes vorausgesehen und ihn schon fast als einen Kandidaten für eine spätere Seligsprechung dargestellt hatte. Es ist durchaus möglich, dass sie Thomas von Earley zu seiner Predigt inspirierte. Als Eleonore später die Verfügungsgewalt über ihr Witwengut wiedererlangte, kümmerte sie sich hingebungsvoll darum, das Gedenken an den jungen König lebendig zu erhalten, und schenkte einem seiner Diener aus Dankbarkeit für die geleisteten Dienste ein Stück Land.[44]

Nach dem Tod des jungen Heinrich brach die Koalition der Rebellen auseinander; Heinrich II. blieb dennoch im Herzogtum seiner Frau und setzte die Belagerung von Limoges fort. Nachdem die Stadt sich am 24. Juni 1183 ergeben hatte, ließ er die Mauern ihrer Zitadelle niederreißen, wobei «kein Stein auf dem anderen blieb». Dann machten er, Richard und ihr Bündnispartner, der König von Aragon, sich auf, um weitere Burgen der Rebellen zu belagern, unter anderem Hautefort, den Sitz eines kriegslüsternen Troubadours namens Bertrand de Born, der mit seinen Gedichten die Kriegsleidenschaft des jungen Königs anzufachen versucht hatte. Als der König genug Burgen erobert und geschleift hatte, übernahm er persönlich die Herrschaft über die Grafschaft, unter anderem indem er Burgen, die zuvor

Richard als Graf kontrolliert hatte, seinen eigenen Konstablern unterstellte.[45] Auch Gottfried zahlte einen Preis für seine Teilnahme an den Kämpfen von 1182/83: Heinrich entzog ihm die Kontrolle über seine Burgen in der Bretagne.

Die letzten Jahre von Eleonores Hausarrest

Es ist denkbar, dass der junge Heinrich mit seiner auf dem Sterbebett geäußerten Bitte um großzügigere Haftbedingungen für Eleonore seinen Vater rührte, aber es gab auch praktische Erwägungen nach dem Tod des Thronfolgers, ihr mehr Bewegungsfreiheit zu geben. Zu den Weiterungen, die der Tod des jungen Königs nach sich zog, gehörten Meinungsverschiedenheiten zwischen Heinrich II. und Philipp II. darüber, auf welche Gebiete die junge Witwe Margaret, die Philipps Halbschwester war, Anspruch hatte. Der Streit konzentrierte sich zunächst auf das normannische Vexin mit der Festung Gisors, das Margaret als Mitgift in die Ehe gebracht hatte, aber dann warf Philipp zusätzlich die Forderung nach dem Witwengut in England in die Waagschale, das ihr angeblich zum Zeitpunkt der Eheschließung versprochen worden war. Die Antwort Heinrichs II. lautete, diese Gebiete stünden für die verwitwete Schwester des französischen Königs nicht mehr zur Verfügung, da sie schon zu einem früheren Zeitpunkt der Königin Eleonore überlassen worden seien. Heinrichs Entschlossenheit, nicht zuzulassen, dass seine verwitwete Schwiegertochter Margaret in den Besitz größerer englischer Latifundien kam, trug vermutlich mehr zu Eleonores größeren Freiheitsgraden bei als ein Bedürfnis Heinrichs, die Bitte seines verstorbenen Sohnes zu erfüllen. Der gewöhnlich gut unterrichtete Roger von Howden wusste zu berichten, der König habe Eleonore 1183 aus ihrer langjährigen Gefangenschaft entlassen; er habe seinen Leuten befohlen, die Königin, «die viele Jahre lang im Gewahrsam gehalten worden war, auf freien Fuß zu setzen, damit sie einen Fortschritt in Bezug auf ihr Witwengut machen», will sagen ihre diesbezüglichen Rechtsansprüche vertreten konnte. In der Tat besuchte Eleonore kurz darauf ihr Wittum in Waltham in der Grafschaft Essex.[46]

Im Lauf der Zeit wurden andere strittige Fragen, die mit den Rechten der Witwe des jungen Königs zu tun hatten, in Verhandlungen zwischen der französischen und der englischen Krone in einer relativ giftfreien Atmosphäre einvernehmlich geklärt. Der größte Zankapfel dabei war das normannische Vexin. In einem in den Besitz der Plantagenets übergegangenen Vexin sah Philipp II., wie sein Vater, eine Bedrohung für das Kernland der Kapetinger, die Île-de-France. Fiel das Vexin jedoch an die französische

Krone zurück, würde Heinrich darin eine Gefahr für die Sicherheit seines normannischen Herzogtums sehen; tatsächlich gelang es ihm unerwarteterweise, sich die Herrschaft über dieses strategisch bedeutsame Kleinfürstentum zu sichern. Margaret erklärte sich bereit, als Gegenleistung für die Hergabe des Vexin eine Rente zu beziehen, und Heinrich durfte das Gebiet behalten, das als Mitgift der anderen Halbschwester Philipps, Alix, deklariert wurde. Im Gegenzug versprach Heinrich, dafür zu sorgen, dass die lange hinausgeschobene Heirat zwischen Alix und Richard endlich stattfinden würde. Philipp hoffte, die Ehe zwischen dem Grafen von Poitou und Alix werde die beiden Könige nicht nur zu Schwägern machen, sondern auch zu Freunden, wie es die Ehe des jungen Heinrich mit Margaret getan hatte. Allerdings zeigten weder Heinrich noch Richard die geringste Eile mit dieser Heirat, wenn auch zweifellos aus höchst unterschiedlichen Gründen.

Ein anderer Faktor, der einen Beitrag zur Verbesserung von Eleonores Lage leistete, war die Ankunft ihrer ältesten Tochter Matilda, Herzogin von Sachsen, im Reich der Plantagenets im Sommer 1182; nachdem Matilda aus der Normandie nach England übergesetzt war, zeigte sich die Königin mehrmals öffentlich am königlichen Hof. Matilda und ihr Gatte Heinrich der Löwe, Herzog von Sachsen, suchten Zuflucht im Land, nachdem Heinrich sich mit Kaiser Friedrich I. (Barbarossa) überworfen hatte und sich gezwungen sah, deutschen Boden zu verlassen. Bei sich hatten sie ihren ältesten Sohn Heinrich, einen zweiten Sohn namens Otto, ihre Tochter Richenza und einen großen Tross von Rittern und anderen Gefolgsleuten; einen dritten Sohn hatten sie als Geisel in Deutschland zurücklassen müssen. Heinrich kehrte seinen Kampfplätzen im Poitou den Rücken und galoppierte nordwärts, um die Besucher zu begrüßen.[47] Kurz nach ihrer Ankunft in der Normandie gebar Matilda in Argentan ihren vierten Sohn, der aber offenbar nicht lange am Leben blieb.

Nachdem Matilda sich im Juni 1184 in England eingefunden hatte, fand die erzwungene Einsamkeit ihrer Mutter erst einmal ein Ende; Eleonore durfte für eine Wiedersehensfeier nach Winchester reisen und konnte sich danach fast ein ganzes Jahr lang an der Gesellschaft ihrer ältesten Tochter erfreuen – das war mehr Zeit, als sie je mit einer ihrer anderen erwachsenen Töchter verbringen konnte. Im Sommer 1184 brachte Matilda in Winchester ihren fünften Sohn zur Welt, und in der Folge leisteten die beiden Frauen einander in Berkhamstead und Windsor Gesellschaft. Ende November 1184 veranstaltete Heinrich ein großes Konzil in London, das zu einem Familientreffen wurde: Neben Eleonore, der Herzogin von Sachsen und ihrem Mann nahmen auch alle drei noch lebenden Söhne des Königspaars teil, die die Königin seit fast einem Jahrzehnt nicht mehr gesehen hatte. Einen Monat später konnte Eleonore anlässlich des Hoftags an Weihnachten in Windsor erneut ein Wiedersehen mit vielen Mitgliedern ihrer erweiterten Familie feiern. Wenig später, Anfang 1185, reisten sie und Matilda auf Geheiß des Königs von Windsor nach Winchester, um die frohe Botschaft zu hören, dass der deutsche Kaiser Heinrich den Löwen begnadigt hatte. Nach Ostern beorderte der König seine Königin, seine Tochter und deren Gatten, den Herzog von Sachsen, in die Normandie, wo er ein weiteres Konzil abhielt. Eleonore reiste mit ihrer Tochter und ihrem Schwiegersohn nach Portsmouth, wo sie sich einschifften.[48]

Jetzt, da die Bemühungen des englischen Königs, eine Versöhnung zwischen Heinrich dem Löwen und dem Kaiser herbeizuführen, gefruchtet hatten, beschlossen Herzog und Herzogin, aus der Normandie direkt ins sächsische Braunschweig weiter zu reisen. Eleonore sollte ihre älteste Tochter nie wiedersehen, denn sie starb im Juni 1189. Das Band zwischen den Familien, das durch die Ehe zwischen Matilda und dem Herzog von Sachsen geknüpft worden war, erwies sich jedoch als haltbar über den Tod Matildas hinaus: Eleonores Enkelin Richenza (die von den Engländern allerdings Matilda genannt wurde) und auch ihre männlichen sächsischen Enkel blieben trotz der Rückkehr ihrer Eltern nach Deutschland in England, einer von ihnen sogar noch bis nach dem Tod Heinrichs II.[49] Sowohl Richard als auch Johann erwiesen sich, solange sie als Könige von England amtierten, als zuverlässige Unterstützer eines der Söhne von Matilda, Otto von Braunschweig, in seinem Ringen mit den Staufern um die Kaiserkrone.

In den Jahren, die Matilda als Exilantin in England verbrachte, verbesserte sich die Lage Eleonores sichtlich. Schon vor der Ankunft ihrer Tochter in England durfte sie aus Salisbury in die Burg Windsor umziehen; in einer in Canterbury geführten Chronik findet sich der Hinweis, Königin Eleonore sei 1184/85 «für kurze Zeit auf Ersuchen des Erzbischofs Balduin von Canterbury aus dem Gefängnis freigelassen [worden], in dem sie fast zwölf Jahre festgehalten worden war».[50] Wie groß oder klein der Wahrheitsgehalt dieser Angabe auch sein mag, für die es keine unabhängige Bestätigung gibt, fest steht, dass sich die Zahlungen, die der Erstattung von Ausgaben der Königin dienten, um diese Zeit erhöhten. Über 55 £ wurden für Samit ausgegeben, ein kostbares Gewebe aus schwerer Seide, das zu Mützen und Umhängen für die Königin und «Bellebelle», offenbar eine ihrer Zofen, verarbeitet wurde; etwas später schlugen Ausgaben, die mit einer Reise Eleonores und ihrer Tochter Matilda aus Windsor nach London zusammenhingen, mit 104 £ zu Buche. Eleonore bezog inzwischen wieder Einkünfte aus ihrem Wittum in Devon und aus der sogenannten Queenhithe an der Themse in London.[51]

Nach dem Tod des jungen Heinrich musste das Erbe neu verteilt werden; gleich nach der Bestattung des jungen Königs in Rouen traf sich Heinrich II. in Angers mit seinen drei überlebenden Söhnen. Es verstand sich von selbst, dass Richard in der Nachfolge seines verstorbenen älteren Bruders als Erbe der englischen Krone und des Herzogtums Normandie sowie des angevinischen Patrimoniums (Anjou, Maine und Touraine) eingesetzt wurde.[52] Der Kapetinger-König Philipp II. verfolgte, wie schon sein Vater, mit großem Interesse, wie Heinrich die Erbfolge für die Fürstentümer neu ordnete, die zum Hoheitsgebiet der französischen Krone gehörten. Bis vor Kurzem hatte Philipp noch darauf zählen können, dass die meisten davon seinem Schwager zufallen würden.[53] Jetzt musste er seine Politik gegenüber den Plantagenets überdenken und der Tatsache ins Auge sehen, dass ein Konflikt zwischen den beiden Königen drohte. Richard war in mehrfacher Hinsicht der Sohn seiner Mutter und hatte sich nie derselben väterlichen Zuneigung erfreut, wie Heinrich II. sie für seinen ältesten Sohn empfunden hatte, und Heinrich dachte auch nicht daran, Richard zum König krönen zu lassen. Nicht lange, und es wurde deutlich, dass Johann Ohneland drauf und dran war, im Herzen Heinrichs den Platz des Lieblingssohns zu übernehmen, den zuvor der junge König eingenommen hatte. Richard wusste, dass Heinrich gewillt war, Johann wesentlich besser auszustatten, als der jüngste Sohn einer aristokratischen Familie es normalerweise erwarten konnte, und daher fürchtete er, sein Vater könne vorhaben, ihm, dem ältesten überlebenden Sohn, das Poitou wegzunehmen, das er doch als «sein besonderes persönliches Besitztum» ansah.[54] Der junge Kapetinger-König arbeitete fleißig daran, diesen sich abzeichnenden Konflikt zuzuspitzen, ähnlich wie zuvor sein Vater Ludwig den Hass des jungen Heinrich auf seinen Vater gefüttert hatte.

Die Frage, was aus dem Patrimonium Eleonores, dem Herzogtum Aquitanien, werden sollte, wurde zum strittigsten Thema innerhalb der neuen Erbfolgeregelung, die Heinrich II. austüftelte. Den ganzen Winter 1183/84 hindurch bedrängte er Richard, das Herzogtum an Johann abzutreten. Möglicherweise verfolgte er mit der Einladung Eleonores nach Windsor 1183 nicht zuletzt die Absicht, ihr die Zustimmung zu seinem neuen Plan für ihr Patrimonium abzuhandeln, aber wir können davon ausgehen, dass sie dem heftig widersprochen hätte. Was Richard betraf, so war dieser nicht willens, auf das Poitou zu verzichten, auch nicht im Tausch gegen die ihm von Heinrich angebotene Herrschaft über dessen anglo-normannische und angevinische Besitzungen; er verließ den Hof seines Vaters, ohne sich verbindlich zu dessen Vorschlägen geäußert zu haben, und schickte ihm später aus Poitiers seine ablehnende Antwort. Angeblich redete der wütende König daraufhin dem inzwischen siebzehnjährigen Johann zu, an der Spitze einer Streitmacht ins Poitou einzufallen und es seinem Bruder mit Gewalt wegzunehmen. Johann war unter den Einfluss seines neun Jahre älteren Bruders Gottfried von der Bretagne geraten, und es zeigte sich, dass die beiden Brüder einige Charakterzüge gemein hatten. Ein am Hof verkehrender Zeitgenosse bescheinigte dem jungen Graf von der Bretagne die Fähigkeit, «zwei Königreiche mit seiner Zunge zu korrumpieren …, ein Heuchler in allem, wetterwendisch und ein Falschspieler».[55] Im August 1184, nachdem König Heinrich nach England zurückgekehrt war, stellten Gottfried und Johann ein Ritterheer für den Einmarsch in Richards Grafschaft Poitou auf. Der Schuss ging jedoch nach hinten los, weil Richard im Gegenzug in die Bretagne einfiel. Heinrich beorderte daraufhin seine drei Söhne für den Spätherbst zu einer Konferenz ins englische Westminster; dort fand sich dann auch Eleonore ein, die zweifellos an den Gesprächen teilnahm. Danach begab sich die königliche Familie geschlossen nach Windsor, um Weihnachten zu feiern. Für Eleonore, die jetzt 60 Jahre alt war, war dies sicherlich Anlass, sich an ihre Krönung zu erinnern, die genau 30 Jahre zuvor, im Dezember 1154, stattgefunden hatte, und sich zu vergegenwärtigen, dass sie ein Drittel dieser Zeit als Gefangene zugebracht hatte. Zu diesem Zeitpunkt, 1184, war der Altersunterschied zu ihrem jüngeren Mann nicht mehr äußerlich sichtbar, denn Heinrich hatte dem jahrzehntelangen rauen Leben im Sattel beim rastlosen Durchstreifen seines weitläufigen Reichs Tribut zollen müssen und wirkte weit älter als die 52 Jahre, die er alt war.

Am Ende des Hoftages an Weihnachten 1184 machten die drei Königssöhne, von Heinrich II. unter massivem Druck gesetzt, ihren Frieden miteinander, ohne dass es dem Vater jedoch gelungen wäre, Johann anstelle Richards zum Herzog von Aquitanien zu machen. Er gab dieses Ziel aber nicht auf und begann nun, Eleonore zu bearbeiten; sie war nach wie vor Herzogin von Aquitanien, und Heinrich sah in diesem Titel einen Hebel, mit dem er Richard zum Nachgeben zwingen konnte; im Mai 1185 ließ er Eleonore aus England abholen und zu einem weiteren Familientreffen in die Normandie bringen. Der König plante, unter Berufung auf die Erbansprüche seiner Frau Richard der Machtstellung zu berauben, die er in Aquitanien seit 1175 innehatte. Zu diesem Zweck wollte Heinrich Eleonores förmliche Machtvollkommenheit als Herzogin, die sie 1179 hatte abgeben müssen, wiederherstellen. Heinrich gab Richard 1185 in Alençon zu verstehen, falls er nicht bereit sei, das Poitou seiner Mutter zurückzugeben, würde diese «persönlich an der Spitze einer großen Streitmacht einmarschieren und sein Land verheeren». Richard, ganz der liebende Sohn, gehorchte und «gab das gesamte Poitou mit seinen Burgen und Befestigungen seiner Mutter zurück».[56] Der junge Graf von Poitou sah in dieser Kapitulation ein lohnendes Opfer, weil er damit den Plan Heinrichs durchkreuzen konnte, Johann an seiner Stelle zum Thronfolger zu machen; außerdem würde nach seiner Einschätzung seine Mutter aus der vereinbarten Rochade gestärkt hervorgehen. Er kehrte in der Gewissheit ins Poitou zurück, dass die Sonderstellung des Herzogtums seiner Mutter innerhalb des Plantagenet-Reichs unangetastet geblieben war, auch wenn sein Vater von nun an eine strengere Aufsicht über die poitevinischen Regierungsgeschäfte führte.[57] Da der junge Graf sich seiner Stellung als Haupterbe und Thronfolger Heinrichs nicht mehr sicher sein konnte, bemühte er sich intensiv um eine eindeutige Anerkennung seines Status', konnte aber seinem Vater zu keinem Zeitpunkt eine verbindliche Zusage abringen. Heinrich hatte offenbar beschlossen, den Fehler, den er mit der vorzeitigen Krönung des jungen Heinrich zu seinem Nachfolger begangen hatte, nicht noch einmal zu machen; von 1185 an hielt er sich an die Strategie, seine überlebenden Söhne im Ungewissen über ihre Zukunft zu lassen, eine Politik, mit der er aber erneut Richards rebellische Instinkte förderte.

Während ihres Aufenthalts in Alençon machte Eleonore zwei Stiftungen an das Kloster Fontevraud, das schon von ihren Vorfahren sowie von den angevinischen Ahnen Heinrichs II. stets großzügig bedacht worden war. Während Heinrich diese Tradition fortgesetzt hatte, war Eleonore bis Anfang der 1170er-Jahre eine eher zurückhaltende Wohltäterin dieses Klosters gewesen. Die Urkunden, die ihre zwei im Jahr 1185 gewährten Schenkungen bezeugen, sind die einzigen ihrer Art, die aus der Zeit ihres Hausarrests erhalten geblieben sind. Möglicherweise tätigte sie zwischen diesem Aufenthalt in Alençon und dem Tod Heinrichs im Juli 1189 noch weitere Schenkungen, aber die Tatsache, dass nur zwei amtliche Dokumente aus dem Zeitraum 1174–1189 erhalten geblieben sind, legt die Annahme nahe, dass sie in diesen Jahren politisch kaltgestellt war.

Die erste der beiden Urkunden sicherte Fontevraud Einkünfte von jährlich 100 £ aus den poitevinischen Erträgen Eleonores zu. Der Urkundentext ist in voller Länge erhalten, und der Wortlaut lässt darauf schließen, dass die Königin und Herzogin zu dieser Zeit noch nicht wieder im Besitz völliger Handlungsfreiheit war. Eleonore erklärte, sie tätige die Stiftung «mit Zustimmung und nach dem Willen ihres Herrn, des Königs Heinrich von England, und ihrer Söhne Richard, Gottfried und Johann». Ein solcher Verweis auf das Einverständnis nicht nur ihres Mannes, sondern auch ihrer Söhne ist außergewöhnlich, weil in ihren poitevinischen Urkunden sonst kaum anzutreffen. Im weiteren Verlauf folgt der Urkundentext den bei Schenkungen an religiöse Einrichtungen üblichen sprachlichen Konventionen; so wird als Zweck der Stiftung «die Erlösung der Seele meines Herrn, des Königs, und die Erlösung meiner eigenen Seele und der meines Sohns Richard sowie meiner anderen Söhne und meiner Töchter und meiner Vorgänger» angegeben. Wie die Liste der das Dokument bezeugenden Personen zeigt, waren etliche von Eleonores treuesten poitevinischen Gefolgsleuten, darunter Geoffroy Freiherr von Tonnaye-Charente, Johann Freiherr von Rexe und Robert de Montmirail, Seneschall des Poitou und Erster Stellvertreter des Grafen, ins normannische Alençon gereist, um der Herzogin ihre Aufwartung zu machen. Ein weiterer poitevinischer Zeuge war Chalon de Rochefort, der sich nach dem Tod Heinrichs als Mitglied von Eleonores militärischen Hofstaat in den Vordergrund spielen sollte.[58]

Eleonores zweite Stiftung zugunsten des Klosters Fontevraud war eine Jahresrente von 50 £, gewidmet der Gründung einer weiteren an das Kloster angeschlossenen Priorei, Sainte-Catherine in La Rochelle. Nach allem, was wir wissen, war dies die einzige Stiftung, mit der Eleonore die Gründung einer neuen klösterlichen Einrichtung im Poitou unterstützte, und es gibt auch keine Belege dafür, dass sie an irgendwelchen anderen Gründungen in den Königreichen ihrer beiden Ehemänner als Stifterin beteiligt war. Vermutlich figuriert Eleonore in dieser Urkunde, wie in der zuvor besprochenen, lediglich als Exekutorin der Wünsche ihres Gatten Heinrich.[59] Es ist sehr gut denkbar, dass hinter den beiden Stiftungen politische Berechnungen Heinrichs II. steckten; sich die Gunst sowohl La Rochelles als auch des Klosters Fontevraud zu erhalten, erschien ihm als lohnende Investition. La Rochelle war eine wirtschaftlich wachsende und florierende Stadt, eine Quelle wichtiger Einkünfte für die Grafen von Poitou; und Fontevraud war ein religiöser Konzern, dessen Zentrale nur wenige Kilometer von der Burg Chinon entfernt lag, dem Aufbewahrungsort von Heinrichs angevinischer Staatskasse.

Eleonore blieb fast ein Jahr in der Normandie; zweifellos nutzte sie diese

Chance, um das Grab ihres ältesten Sohns in der Kathedrale von Rouen zu besuchen. Ende April 1186 schifften sie und Heinrich sich nach England ein;[60] über die nächsten drei Jahre ihres Lebens bis zum Tod Heinrichs im Sommer 1189 wissen wir kaum etwas. Die großzügigeren Arrestbedingungen, die Heinrich ihr während des Exilaufenthalts ihrer Tochter Matilda gewährt hatte, blieben allem Anschein nach bestehen. Sie genoss zwar keine völlige Bewegungsfreiheit, stand aber nicht mehr unter Hausarrest auf der Burg Salisbury. Dass sie sich zumindest zeitweise im königlichen Schloss zu Winchester aufhielt, ist verbürgt. In den Annalen eines englischen Klosters findet sich ein Eintrag aus dem Jahr 1187, der lautet: «König Heinrich und Königin Eleonore waren ausgesöhnt», eine Aussage, die vermuten lässt, dass sich Eleonores größere Bewegungsfreiheit herumgesprochen hatte. Ein weiterer in diese Richtung gehender Beleg ist die Tatsache, dass bald nach ihrer Rückkehr aus der Normandie die jährliche Ausschüttung von Geldern für die Königin wieder einsetzte.[61] Im Frühjahr 1187 erhielt Eleonore eine Pension zugesprochen, die sich auf rund 13 Shilling pro Tag oder 20 £ pro Monat belief, eine Summe, die dem Jahreseinkommen eines durchschnittlichen Ritters entsprach; im selben Jahr erhielt sie großzügige Zuwendungen für den Kauf von Kleidern für sich selbst und die in ihrem Haushalt beschäftigten Mädchen.[62]

Während generell nach wie vor Ralph fitz Stephen für den Geldverkehr der Königin zuständig war, nahm in einem Fall Eleonores eigener Schreibbeamter Jordan 24 £ «für ihre Ausgaben» in Empfang. Ein Beamter gleichen Namens hatte bei ihrem Aufenthalt im Poitou 1156/57 eine ihrer Urkunden bezeugt, damals unter der Amtsbezeichnung «Kanzler». Auch 1168–1173 hatte ein «Beamter und Notar» Eleonores namens Jordan im Poitou Urkunden von ihr bezeugt.[63] Es mutet unwahrscheinlich an, dass Jordan, der 1187 in ihren Diensten stand, derselbe Beamte war, der schon 30 Jahre zuvor ihrem Haushalt im Poitou angehört hatte; wie auch immer, der Name nährt die interessante Vermutung, dass ein getreuer Poiteviner noch gegen Ende der Lebenszeit Heinrichs II. in England der Beamtenschaft Eleonores angehörte. In diesem Fall könnten wir aus dem Umstand, dass Jordan 1187 als Sekretär Eleonores fungierte, den Schluss ziehen, dass ihr Mann zu diesem Zeitpunkt nicht mehr versuchte, ihre Korrespondenz zu kontrollieren.

Die Zukunft des jüngsten Sohnes Johann Ohneland beschäftigte den König nach der Konferenz in Alençon weiterhin. Vorübergehend legte er seinen Vorschlag zu den Akten, Johann das Patrimonium der Königin zu übertragen, und wärmte stattdessen seinen früheren Plan auf, Irland zu einem separaten Fürstentum für Johann aufzuwerten. Im Frühjahr 1185 schlug er den Achtzehnjährigen auf der Burg Windsor zum Ritter und betraute ihn mit der Leitung einer großen militärischen Expedition nach Irland, für die zahlreiche Schiffe, Pferde und große Mengen Proviant und Ausrüstung bereitgestellt wurden. Heinrich hoffte wahrscheinlich, Johann werde es schaffen, mit dieser Streitmacht den Bewohnern der grünen Insel die Grundzüge einer staatlichen Ordnung aufzuzwingen, ähnlich wie seine Brüder Richard und Gottfried es in anderen Randbezirken des Plantagenet-Reichs taten. Allein, Johanns irische Expedition verlief wenig erfolgreich; es war seine erste Bewährungsprobe in einer Führungsrolle, und er bestand sie nicht. Er musste sich frustriert von der Insel zurückziehen, ohne für Ordnung gesorgt zu haben. Einige Zeit später nahm er einen zweiten Anlauf; er befand sich im Westen Englands und wartete auf günstige Winde für die Überfahrt nach Irland, als im August 1186 die Nachricht eintraf, dass Gottfried von der Bretagne, der dritte Sohn Eleonores und Heinrichs, verstorben war. Der König legte daraufhin alle irischen Pläne auf Eis. Er brauchte Johann als Figur in seinem neuen Konzept für die Verteilung seiner festländischen Besitzungen. Bis dahin hatte es zu seinen Plänen gehört, Johann zum König von Irland krönen zu lassen; zu diesem Zweck erschienen im Januar 1187 in England Legaten aus Rom, die eine Krone und Pfauenfedern mitbrachten, Accessoires, die jetzt nicht mehr benötigt wurden, denn Johann blieb schlicht und einfach der «Herrscher von Irland», auch nachdem er später englischer König geworden war.[64]

Gottfried von der Bretagne hatte am Hof Philipps II. in Paris Zuflucht gesucht und dort den Tod gefunden; angeblich stürzte er bei einem Turnier vom Pferd und bekam tödliche Huftritte ab. Gottfried hinterließ zwei Töchter und seine Witwe Constanze von der Bretagne, die mit einem dritten Kind schwanger ging. Das Kind wurde ein Junge und auf den Namen Arthur getauft, nach Artus, dem legendären König der Britannier. Er nahm den Platz seines Vaters in der Erbfolge des Hauses Plantagenet ein. Das sollte zu einer Entfremdung zwischen dem Jungen und seiner Großmutter führen: deren Hass auf die Mutter Arthurs und die Unzufriedenheit vieler bretonischer Aristokraten mit der Plantagenet-Herrschaft führten dazu, dass Constanze und ihre Kinder sich auf Dauer dem Schutz des französischen Königs anvertrauten. Als Eleonore sah, dass Arthur sich zum Schützling Philipps entwickelte, begann sie in ihrem kleinen Enkel eine Bedrohung für ihren Sohn Johann zu sehen, insbesondere für dessen Anspruch auf die Plantagenet-Besitzungen auf französischem Boden, für die nach dem Tod Richards im Jahr 1199 ein Erbe gefunden werden musste. Mit dem Tod Gottfrieds 1186 kam Johann der Thronfolge einen Schritt näher, und es schien zumindest denkbar, dass Heinrich II. ihn zu seinem Haupterben einsetzen würde. Der König war in seinem sechsten Lebensjahrzehnt und gesundheitlich angeschlagen; Richard war unverheiratet und schickte sich an, einen gefährlichen Kreuzzug ins Heilige Land zu unternehmen; Johanns Neffe Arthur war zu diesem Zeitpunkt noch nicht auf der Welt. Es war offenkundig, dass Heinrich versuchte, Johann eine stärkere Rechtsposition zu verschaffen, als er sie als nachgeborener Sohn jemals hätte erwarten dürfen, und Richard hatte das dumpfe Gefühl, sein Vater werde nicht davor zurückschrecken, die Erbfolge zugunsten Johanns umzuwerfen.[65]

Spätestens 1188 erneuerte Heinrich II. den Vorschlag, die Erblande Eleonores auf Johann zu übertragen. Gerüchte kursierten, die besagten, der alte König verfolge den Plan, Richard nur zum Erben seines englischen Königreichs einzusetzen, dagegen das Herzogtum Normandie und alle anderen französischen Besitzungen, Aquitanien eingeschlossen, Johann zu überlassen. Was immer Heinrich tatsächlich vorhatte, sicher war, dass Richard nicht daran dachte, für die ungewisse Chance, eines Tages eine Königskrone zu erben, auf das Poitou zu verzichten, dessen faktischer Herrscher er seit einem Dutzend Jahren war. Eleonore war sich zweifellos mit Richard in der Ablehnung aller derartigen Pläne einig, und sicherlich nutzte sie jede sich bietende Gelegenheit, Richard zur Ablehnung dieses Vorschlags zu drängen. Wahrscheinlich waren die Pläne, die Heinrich für Johann verfolgte, nicht ganz so bedrohlich für Richard, wie dieser es befürchtete; andererseits konnte Richard seinen Vater nicht einmal dazu bewegen, ihm eindeutig und verbindlich die Anwartschaft auf die englische Krone zuzusprechen. So steigerte sich die Angst des jungen Grafen von Poitou, aus der Erbfolge ausgebootet zu werden, alsbald in neue Höhen, genährt nicht zuletzt durch Gerüchte, die ihren Ursprung am Hof Philipps II. in Paris hatten.

Eleonore war sicher in der Lage, zu beurteilen, dass König Philipp von Frankreich, der 1180 auf den Thron gelangt war, die Spannungen zwischen Heinrich II. und seinen Söhnen wirksamer und konsequenter zu seinem Vorteil zu nutzen verstand, als sein Vater es vermocht hatte. Nachdem Philipp zunächst die Freundschaft Gottfrieds von der Bretagne gesucht und gepflegt hatte, der als Gast am Kapetinger-Hof den Tod fand, wandte er sich Richard zu, der im Sommer 1187 als sein Gast nach Paris kam. Wie Roger von Howden berichtet: «Zwischen den beiden entwickelte sich eine so große Zuneigung, dass König Heinrich höchst beunruhigt war.»[66] Der Aufenthalt

Richards am Hof Philipps II. als dessen ständiger Begleiter eröffnete dem französischen König die Möglichkeit, der Befürchtung Richards, sein Vater könne vorhaben, ihn als Thronerben auszubooten, zusätzliche Nahrung zu geben. Richard forderte denn auch von seinem Vater, ihn in aller Öffentlichkeit zu seinem Nachfolger zu bestimmen, und lehnte die dringende Bitte Heinrichs ab, Paris zu verlassen und zu ihm zu kommen. Schließlich beendete Richard seinen Paris-Aufenthalt und kehrte in die Erblande seiner Mutter im Süden zurück, um sich wieder einmal um den seit Langem schwelenden Konflikt zwischen den Herzögen von Aquitanien und den Grafen von Toulouse zu kümmern, der in der Zeit von Eleonores Mutter begonnen hatte.

Richard führte im Frühjahr 1188 erneut Krieg gegen Toulouse; er setzte seine Söldnerarmee auf das Territorium von Graf Raymond V. an, auf das Eleonores schon länger Anspruch erhob, nahm etliche Burgen in Besitz, ließ seine Leute das Land ausplündern und verheeren und nahm schließlich die Stadt Toulouse ins Visier. Philipp II. kam Raymond zu Hilfe und versuchte, Richard von Toulouse abzulenken, indem er zum Angriff auf die Grafschaft Berry an der östlichen Grenze des Poitou blies; als dem französischen König Mitte Juni 1188 das seit Langem unter poitevinischem Einfluss stehende Châteauroux in die Hand fiel, trat die erwünschte Wirkung ein: Heinrich zeigte sich angesichts der drohenden Gefahr einer Machtübernahme der Kapetinger in Berry so beunruhigt, dass er im Juli von England aufbrach und mit einer großen Streitmacht anmarschiert kam, um den Kapetinger-König in die Flucht zu schlagen. Auf dem Weg zu seiner, wie sich zeigen sollte, letzten Abreise aus England machte Heinrich Station auf Burg Salisbury, wo Eleonore sich nach wie vor häufig aufhielt. Vielleicht traf das königliche Paar dort zusammen und hatte eine letzte Besprechung, bevor Heinrich an die Kanalküste weiterritt.[67]

Philipp II., der zuvor den Grafen von Toulouse unterstützt hatte, handelte nunmehr mit Richard eine geheime Vereinbarung aus, die spätestens im Herbst 1188 in Kraft trat: Die beiden verbündeten sich gegen Heinrich II., dem das ständige Kriegführen und hartnäckig wiederkehrende Krankheiten schwer zugesetzt hatten. Wir können nur raten, wie viel oder wie wenig Eleonore über diese neue Verschwörung gegen ihren verhassten Gatten wusste. In seinem letzten Lebensjahr glitt Heinrich die Macht zunehmend aus den Händen, und Eleonore kam wahrscheinlich ohne Schwierigkeiten an Informationen über seine prekäre Lage heran. Mitte November kam es zu einer Konfrontation zwischen Heinrich und den beiden neuen Bündnispartnern in Bonmoulins an der normannischen Grenze; dem englischen König wurde sofort klar, dass er verraten wurde, als er seinen Sohn an der Seite Philipps auf ihn zukommen sah. Der französische König legte Heinrich Forderungen vor, die vordergründig in Richards Interesse lagen, aber auch dazu dienten, das Zerwürfnis zwischen Vater und Sohn weiter zu vertiefen. Philipp bestand darauf, dass die Hochzeit zwischen seiner Halbschwester Alix und Richard endlich stattfinden und dass Richard die Herrschaft nicht nur über das Herzogtum Aquitanien, sondern auch über alle französischen Besitzungen seines Vaters übernehmen müsse; die englischen Barone müssten Richard huldigen und damit anerkennen, dass er der rechtmäßige Erbe des englischen Königreichs war. Der Graf von Poitou, dessen Handeln noch immer von der Befürchtung diktiert war, der alte König wolle ihn um sein Erbe bringen, demütigte seinen Vater, indem er vor dessen Erzfeind, dem französischen Monarchen, in die Knie ging, ihm huldigte und ihn um Hilfe bei der Erringung seines rechtmäßigen Erbes bat. Heinrich verließ die Unterredung «voller Wut und Zorn» und erklärte: «Meine Kinder werden nie irgendetwas tun, das gut ist; alles, was sie tun werden, ist mich und sich selbst zu zerstören; sie haben mir immer Schaden und Verletzungen zugefügt.»[68] Die Rivalität zwischen den Plantagenets und den Kapetingern wuchs sich noch vor dem Tod Heinrichs zu einem Erbfolgekrieg aus – und Heinrichs designierter Erbe zog in diesen Krieg als verbündeter Philipps II.

Neue Verhandlungen im Frühjahr 1189 konnten die Krise nicht entschärfen; die Huldigung Richards an den französischen Monarchen löste weitere kriegerische Auseinandersetzungen aus, die der Gesundheit Heinrichs II. den Rest gaben. Nach Weihnachten 1188 ging es mit ihm rapide bergab, und zu Beginn des neuen Jahres war er bereits zu krank und schwach, um noch an Friedensgesprächen teilnehmen zu können. Als er sich nach Ostern 1189 wieder so weit erholt hatte, dass er Verhandlungen führen konnte, lehnte er die von Philipp II. gestellten Bedingungen als nicht akzeptabel ab. Kurz nach dem Abbruch der Verhandlungen marschierten Richard und Philipp in Anjou und Maine ein, und der schwer kranke Heinrich sah sich zur Flucht gezwungen. In diesem letzten Kampf trieben Philipp und sein neuer Bündnispartner einen Keil ins angevinische Kernland: Sie spalteten die Normandie von Aquitanien ab. Als sie die Städte des Loiretals überrannten, flüchtete sich Heinrich, körperlich und seelisch ein gebrochener Mann, in die Burg Chinon, das traditionsreiche Bollwerk der Grafen von Anjou. Nach dem Fall von Tours machte sich ein geschlagener und ausgelaugter Heinrich auf, seinen Widersachern gegenüberzutreten. Vor Schmerzen konnte er weder sitzen noch stehen. Nur zwei Tage vor seinem Tod unterwarf er sich den Forderungen und Bedingungen Philipps: Er erkannte Richard als den rechtmäßigen Erben aller seiner Besitzungen an, versprach, dem Kapetinger-Monarchen für alle seine Besitzungen auf französischem Boden zu huldigen, und gestand den Kapetingern die Hoheit über alle bislang strittig gewesenen Gebiete in der Auvergne und in der Grafschaft Berry zu. Damit nicht genug, sagte er Philipp eine große Geldsumme als Entschädigung zu und akzeptierte, dass Philipp drei Burgen im normannischen Vexin und in Anjou mit französischen Garnisonen belegte, als Sicherheit für die Erfüllung aller gegebenen Zusagen.

Die Hoffnung Heinrichs II., aus den Herrschaftsgebieten, die er zusammengetragen hatte, ein dauerhaftes Reich schmieden zu können, scheiterte an der bemerkenswert unversöhnlichen Feindschaft seiner Söhne ihm gegenüber und untereinander. Der Konflikt mit seinen Sprösslingen überschattete auf tragische Weise seine letzten Lebensjahre. Die unglückliche Entwicklung seiner Ehe – dass seine Frau in einem von ihm verhängten Hausarrest stand, während er sich offen mit einer Geliebten nach der anderen zusammentat – steigerte zweifellos die Erbitterung seiner Söhne gegen ihn und löschte das aus, was an Zuneigung zum Vater vorhanden gewesen sein mochte. Zeitgenossen sahen in der Lossagung der Königssöhne von Heinrich II. die gerechte Strafe Gottes für seine Sünden, und in den Augen vieler nahm unter diesen Sünden seine oft als bigamistisch und inzestuös angesehene Ehe mit Eleonore einen vorderen Platz ein. Die Nachricht, dass auch Johann Ohneland, sein Lieblingssohn, sich von ihm losgesagt hatte, beschleunigte manchen Berichten zufolge Heinrichs Verfall und Tod. Als er auf dem Krankenbett erfuhr, dass Johann sich auf die Seite Philipps von Frankreich geschlagen hatte, fragte er: «Ist es wahr, dass Johann, der mir teuer ist wie mein eigenes Herz, den ich mehr als alle meine Söhne geliebt habe und für dessen Wohl und Nutzen ich alle diese Plagen durchgestanden habe – ist es wahr, dass er mich verlassen hat?»[69] Auf diese Nachricht hin machte sich Heinrich, geschwächt von seiner tödlichen Krankheit und untröstlich darüber, dass bei der Verlesung einer Liste von Verrätern der Name Johanns als erster genannt wurde, auf den Rückweg zur Burg Chinon. Der alte König hatte nicht mehr den Willen, den Kampf um sein Leben fortzusetzen. Zehn Tage lag er bewusstlos, dann starb er am 6. Juli 1189 im Alter von 56 Jahren.

Seine treuen Vasallen erwiesen ihm den Respekt und die Ehre, die ihm

Kloster Fontevraud, Heimstatt der Gräber von Eleonore, Heinrich II., Richard I. und Isabella von Angoulême, der Gattin von König Johann und Mutter von König Heinrich III. von England.

auf dem Totenbett gebührten. Sie richteten seinen Leichnam für die öffentliche Aufbahrung her; dabei «hüllten sie ihn in seine königlichen Gewänder, weil er ein gekrönter und gesalbter König war, im Einklang mit dem Gesetz und dem heiligen Ratschluss». Dann trugen sie seine Totenbahre von der Burg Chinon zu seinem Begräbnisplatz im nahe gelegenen Kloster Fontevraud, wo die Nonnen ihn «mit schlichtem Gesang und einem schönen Got-

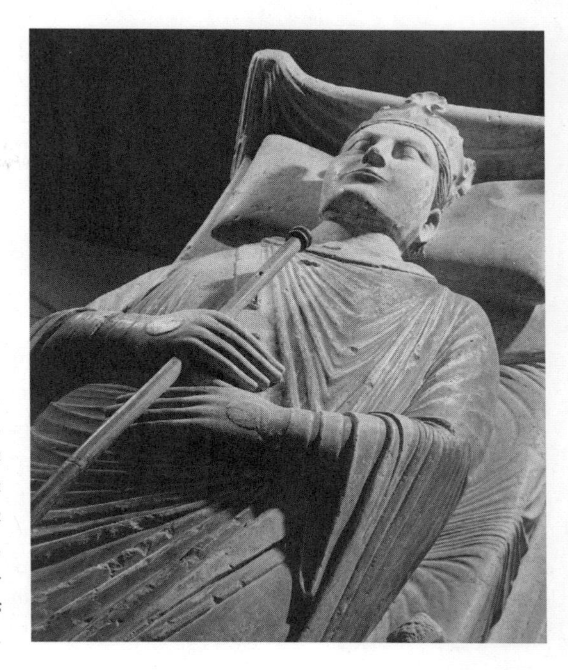

Grabskulptur Heinrichs II. im Kloster Fontevraud. Vermutlich nahm Eleonore, die ihre letzten Lebensjahre in dem Kloster verbrachte, Einfluss auf die Platzierung und Gestaltung des Grabmals.

tesdienst als ihren Herrn und Meister empfingen, wie es einem mächtigen König gebührt». Es blieb zwei von Heinrichs treuesten Gefolgsleuten, William Marshal und Geoffrey Plantagenet (einem seiner außerehelichen Söhne) überlassen, die Organisation der Bestattungsfeier zu übernehmen. Eine außergewöhnliche mittsommerliche Hitzewelle, die zum Zeitpunkt seines Todes herrschte, zwang seine Getreuen, schnell zu handeln. Es hätte zu lange gedauert, den Leichnam des Königs übers Meer bis zur Abtei Reading in England zu transportieren, die nach dem Willen von Heinrichs Großvater als königliches Mausoleum dienen sollte, oder ihn über Land den weiten Weg zum Kloster Grandmont im Limousin zu verfrachten, das Heinrich selbst einmal als Ruhestätte seiner Wahl bezeichnet hatte. Nicht einmal nach Le Mans konnten sie seinen Leichnam bringen, um ihn in der dortigen Kathedrale an der Seite seines Vaters zu beerdigen, denn die Stadt befand sich in den Händen Philipps.[70] Die Zeit reichte auch nicht aus, um Eleonore in England zu benachrichtigen und ihr die Möglichkeit zu geben, zum Begräbnis ihres Mannes zu kommen (falls sie diesen Wunsch gehabt hätte). Der Spötter Gerald von Wales bezeichnete es als eine Ironie des Schicksals, dass Heinrich II. seine letzte Ruhestätte ausgerechnet in Fontevraud fand, «an einem derart obskuren und für einen so großen Herrscher unpassenden

Ort», noch dazu da er zu seinen Lebzeiten alles daran gesetzt habe, «die Königin Eleonore in einer Nonnentracht dorthin zu verbannen».[71] Andererseits: Die schlichte Schönheit und Ruhe, die die Kirche von Fontevraud mit ihren vier großen Kuppeln über dem Mittelschiff, getragen von massiven Pfeilern, ausstrahlt, wirkt auf den Besucher durchaus als angemessenes Ambiente für das Grabmal des Heinrich Plantagenet, eines Mannes, der keinen Wert auf die äußerlichen Attribute der Macht legte, dieser aber zugleich sein ganzes Leben lang unermüdlich nachjagte.

Nach der Bestattung Heinrichs II. beeilte sich sein Erbe Richard Löwenherz, die Herrschaft über das englische Königreich seines Vaters und dessen reiche Ressourcen zu übernehmen. Eine von Richards ersten Amtshandlungen war der Befehl, seine Mutter, Königin Eleonore, auf freien Fuß zu setzen, was allerdings ihre Bewacher bereits getan hatten, als die ersten Gerüchte über den Tod des alten Königs in England eingetroffen waren. Richard entsandte William Marshal, den Ritter, der erst dem jungen Heinrich und später dem alten König in unverbrüchlicher Loyalität gedient hatte, mit Botschaften an wichtige Persönlichkeiten nach England. Zu den Adressaten dieser Botschaften gehörte natürlich auch die mittlerweile 65 Jahre alte Eleonore, die William Marshal in Winchester antraf, «nunmehr eine freie Frau und in einer komfortableren Lage, als sie es lange gewohnt war». Der Autor der *History of William Marshal* wies in der Textpassage, in der er die Begegnung in Winchester schilderte, darauf hin, dass der Name «Aliénor» sich aus «rein» (ali) und «Gold» (or) zusammensetzte, eine Schmeichelei, mit der er wohl zum Ausdruck bringen wollte, dass Eleonore ihrem Namen Ehre gemacht hatte.[72] Es war dies ein bemerkenswerter Kommentar aus der Feder eines Autors, der in seiner Biografie des Ritters William ansonsten kaum ein Wort über Frauen verlor. Eleonore hatte freilich maßgeblichen Anteil an der Karriere des William Marshal gehabt, denn sie war es gewesen, die ihn 20 Jahre zuvor in ihren königlichen Hofstaat aufgenommen hatte, zum Dank dafür, dass er durch seinen Kampfesmut ihre Entführung vereitelt hatte und dabei selbst in Gefangenschaft geraten war.

Eleonore hatte eineinhalb Jahrzehnte der Verbannung vom Königshof überstanden und Heinrich II. überlebt. Das Wort «Gefangenschaft» beschreibt die Situation, in der sie sich in dieser Zeit befand, nicht zutreffend, denn ihre Arrestbedingungen verbesserten sich im Lauf der Zeit, am deutlichsten in den Jahren zwischen der Ankunft Matildas in England und dem Tod Heinrichs im Juli 1189. Sie litt in diesen Jahren nicht nur an ihrer Abgeschiedenheit von der Welt, sondern auch unter dem Tod zweier ihrer Söhne, des jungen Heinrich (1183) und Gottfrieds von der Bretagne (1186) sowie unter dem Verlust ihrer ältesten Tochter Matilda im Jahre 1189. Schlimmer für die Königin war jedoch vermutlich ihre politische Machtlosigkeit, die Frustration darüber, dass es ihr nicht möglich war, dem jungen Heinrich in seinem Kampf um Machtbefugnisse beizustehen, die seines Königstitels würdig gewesen wären, oder an der Seite ihres Sohns Richard gegen die von Heinrich immer wieder zuungunsten Richards modifizierten Erbregelungen anzugehen.

Eleonore demonstrierte dadurch, dass sie den Verlust ihrer Freiheit in Heinrichs letzten eineinhalb Lebensjahrzehnten durchstand und überlebte, den langen Atem und die Kraft, die sie brauchte, um letztlich den Sieg über ihn davonzutragen. In den Regierungsjahren ihrer überlebenden Söhne Richard und Johann sollte die Königin endlich den politischen Einfluss gewinnen, nach dem sie immer gestrebt hatte, sodass diese Jahre als Witwe zu den erfülltesten ihres Lebens wurden. In den letzten 15 Jahren vor ihrem Tod spielte Eleonore eine wichtige Rolle im politischen Geschehen in England und bewies allen, dass sie sich «nicht nur Vitalität und Leistungsfähigkeit [bewahrt hatte], sondern auch außergewöhnliche geistige Kraftquellen».[73] Paradoxerweise profitierte sie davon, dass sie in den langen Perioden der Einsamkeit, zu denen sie von ihrem Mann verurteilt worden war, die Muße gehabt hatte, nachzudenken und Erkenntnisse zu gewinnen, die sie später im Zuge ihres Wirkens für die Erhaltung des angevinischen Reiches zur Anwendung bringen konnte.

X.

Die Königinmutter: die Regierungszeit von Richard Löwenherz, 1189–1199

In ihrem letzten Lebensabschnitt als Witwe kam Eleonore von Aquitanien endlich dazu, reale politische Macht auszuüben und sich den widerwilligen Respekt ihrer Zeitgenossen zu verdienen. Während der Regierungsjahre ihrer beiden überlebenden Söhne Richard Löwenherz (1189–1199) und Johann Ohneland (1199–1216) traten bei Eleonore kämpferische mütterliche Gefühle zutage; mit viel Einsatz unterstützte sie beide darin, ihr Erbe zu sichern und ihre Besitzungen zusammenzuhalten. Das Witwendasein war die Zeit, in der aristokratische Frauen ihre größte Handlungsfreiheit erlangten, etwa die alleinige Kontrolle über ihre Witwengüter.[1] Für Eleonore sollten diese Jahre zu den zwar anstrengendsten, aber auch aktivsten und erfülltesten ihres langen Lebens werden.[2]
Eleonore erlebte noch 15 Witwenjahre, bis sie mit 80 Jahren starb; sie erreichte damit ein ungewöhnlich hohes Alter, auch wenn in ihrer Epoche Frauen eine höhere Lebenserwartung hatten als Männer.[3] Ihre Witwenzeit gliederte sich in Phasen unterschiedlich intensiver Aktivität: Perioden relativer Zurückgezogenheit wechselten mit zwei Phasen frenetischer Aktivität. Was Eleonore in der ersten Hälfte der Regierungszeit von Richard Löwenherz leistete, um das Königreich England für ihn zu bewahren und zusammenzuhalten, während er 1190–1194 als Kreuzfahrer und danach als Gefangener des deutschen Kaisers außer Landes war, war für eine Frau ihres fortgeschrittenen Alters phänomenal. Nach dem Tod von Richard Löwenherz im April 1199 stürzte sie sich nach fünf Jahren relativer Ruhe ins Getümmel um die Nachfolge Johanns. Zwar galt ihr erstrangiges Interesse immer ihrem Herzogtum Aquitanien, doch ließ sie keinen Zweifel daran, dass das Land ihrer Vorfahren jetzt Bestandteil des größeren angevinischen «Reichs» war, das ihr verhasster verstorbener Mann zusammengefügt hatte. Als ihre beiden Söhne das Zepter übernahmen, sah sie in diesen weitläufigen Territorien nicht mehr nur ein Imperium der Planta-

265

Alienor D. g. Regina Angl Duc. Normann. Aquit
Comit. Andeg. Archepis, Epis Comitibus Vicecomitibus Ba-
ronibus. Just. Baillivis et omnibus ad quos pns Carta pervenerit
salute. ad universoru noticiam volumus pervenire qd
K^mus filius noster Rex Ricardus cujus anima in pace qui-
escat eterna ad petitionem nram nobis dedit & concessit
terram de Hobriteby et de Harfineby cum omnibus
pertinentiis in bosco et in plano in pratis, in pasturis in
aquis in molendinis in stagnis et in omnibus aliis que
ad terram illam dinoscitur pertinere, que terra psolvere
solebat ad scacarium 40 sol. annuatim. sciatis igitur quod
nos supradictam terram cum oibus pertinentiis prenotatis
dedimus et concessimus et pnti Carta confirmavimus fideli
servienti nro Ade Coco et Johanne uxori sue habendam
et tenendam sibi et heredibus suis de nobis et heredibus
nris in perpetuum, libere pacifice integre et quietam de
cornagio et de omnibus aliis consuetudinib. que ad rege
Anglorum debent pertinere reddendo per annum ad
festum Sti Michaelis pro omnibus servitiis una libram
cimini Baillivis Regis de Kardolio. Et quia volumus ut
hoc ratu et stabile permaneat in perpetuu pnti Carte
sigilli nri robur apposuimus et munimen. Testib. Dno
Rad. de Faia et Dno Willelmo fratre suo. Hen-
rico de Bernevall. Const. de Berkam. Nichol. de
Wiltesir. Hunfredo clerico Gaufr. et Willmo de Jaun
Willo de Sto Maxentio clerico nro. Dat. per manu Rogeri Capellani nri apud fonte Ebr. Anno Incarnati Verbi
1200

scellé en cire verte
sur un cordon de
soye brune.

Aus dem 17. Jahrhundert stammende Abbildung des Siegels, das Eleonore in den Jahren 1199/1200 verwendete; es weist mehr königliche Insignien auf als ihre früheren Siegel und bezeugt so ihren monarchischen Status.

genets, sondern auch ein poitevinisches Reich, und ihre größte Sorge galt von da an der Erhaltung seiner Einheit und dynastischer Dauerhaftigkeit.

Die englische Bevölkerung lernte Eleonore zu schätzen, was sich daran zeigte, dass die Chronisten weniger negative Töne anschlugen, wenn sie über Eleonore schrieben. Erst als Witwe, die für ihren Sohn Richard Löwenherz in die Bresche sprang, wurde Eleonore vonseiten ihrer früheren Kritiker Anerkennung und Vergebung zuteil. Solange sie im Namen und zugunsten des als Helden verehrten Kreuzfahrerkönigs agierte, waren die Menschen bereit, ihr nachzusehen, dass sie in die Domäne der Männer eingriff, königliche Machtbefugnisse ausübte und sogar in die Schlacht zog; und Schriftsteller zeigten sich auf einmal willens, Bewunderung für sie zu äußern. Richard von Devizes, der einzige Chronist, der eine Charakterskizze der Königin hinterlassen hat, offenbarte um diese Zeit eine für ihn neue Tendenz, Schmeichelhaftes über Eleonore und ihren Sohn zu Papier zu bringen. Er beschrieb sie als eine «unvergleichliche Frau, schön und zugleich tugendhaft, mächtig und zugleich sanftmütig, bescheiden und zugleich scharfsinnig, Qualitäten, die man höchst selten bei einer Frau findet, die … zwei Könige als Gatten und zwei Könige als Söhne hatte, unermüdlich noch immer in allen ihren Unternehmungen, [eine Frau], über deren Fähigkeiten ihr Zeitalter staunen sollte».[4]

Die beiden königlichen Söhne Eleonores hielten ebenfalls große Stücke auf sie, und beide räumten ihr, solange sie regierten, den Vorrang vor ihrer eigenen Frau ein und gewährten ihr die Privilegien einer Nebenkönigin.[5] In den prekären Phasen des Übergangs von einem Herrscher zum nächsten verkörperte sie als Königinmutter die Kontinuität des Hauses Plantagenet. Sichtbares Zeugnis von ihrer hohen Stellung legt ihr drittes Siegel ab, das sie nach der Wiedererlangung ihrer Freiheit anfertigen ließ. Es ähnelt ihren früher benutzten Siegeln, weist aber mehrere signifikante Unterschiede auf: Es bezeichnet sie erstmals als Königin «von Gottes Gnaden», eine Formulierung, die Heinrich II. ab 1172 für sich verwendet hatte. Ihr Porträt auf dem Avers des Siegels zeigt Eleonore mit spezifischeren königlichen Insignien als die älteren Siegel aus ihrer Königinnenzeit. Sie trägt ein Kopftuch, auf dem eine dreispitzige Krone sitzt, und hält in der rechten Hand ein Zepter, das die Form eines Zweiges mit einer Lilienblüte an der Spitze hat; in der linken Hand hält sie nicht mehr einen Vogel, wie auf ihren früheren Siegeln, sondern einen Reichsapfel mit einem Kreuz darauf, auf dem ein Vogel sitzt. Dieser unscheinbare Vogel wird manchmal als Falke interpretiert, ein beliebtes Motiv auf aristokratischen Siegeln, oder sogar als Adler, der vielleicht an die Prophezeiung des Zauberers Merlin erinnern soll, derzufolge «der Adler des gebrochenen Bundes beim dritten Nest jubilieren wird». Ralph Diceto zitierte in seinem Bericht über die Freilassung der Königin aus ihrer Gefangenschaft diese Passage aus den Prophezeiungen Merlins, die er in Geoffrey von Monmouths Pseudo-Geschichtswerk gefunden hatte. Er ging wohl davon aus, dass seine Leser den Adler als Eleonore identifizieren und das «dritte Nest» als Anspielung auf ihren dritten Sohn Richard verstehen würden. Tatsächlich ist der Vogel auf Eleonores Siegeln sehr wahrscheinlich kein Adler, sondern eine Taube: Ein Reichsapfel mit einer darüber schwebenden Taube war und ist Bestandteil der Krönungsinsignien der englischen Monarchie, und auch Heinrich II. ist auf seinem großen Siegel mit einem solchen Reichsapfel in der linken Hand abgebildet.[6]

Eleonore und die Ausrufung Richards zum König von England

Es ist wenig wahrscheinlich, dass ein König jemals wertvolleren Beistand von seiner Mutter erhalten hat als Richard von Eleonore.[7] Der neue englische Monarch erteilte ihr eine Generalvollmacht, England für ihn zu verwalten, bis er sich persönlich im Königreich einfinden und die Zügel in die Hand nehmen konnte; als gekrönte Königin, die sie war, verkörperte sie die rechtmäßige königliche Autorität im Königreich, bis Richard ordnungsgemäß gekrönt war. Dank ihrer starken Persönlichkeit konnte sie die königliche Beamtenschaft dirigieren und für administrative Kontinuität sorgen. Es sind keine amtlichen Akten erhalten, die belegen könnten, was Eleonore für Richard leistete, aber schreibende Zeitgenossen haben lebhafte Darstellungen ihres Wirkens hinterlassen. Ein Chronist schrieb: «Königin Eleonore, die viele Jahre lang unter strenger Bewachung gestanden hatte, wurde von ihrem Sohn mit der Vollmacht ausgestattet, als Regentin zu amtieren. In der Tat erließ er Weisungen an die Fürsten des Reichs, fast im Stil eines allgemeinen Edikts, dass das Wort der Königin in allen Angelegenheiten Gesetz sein solle.» Weiter schrieb er: «Als Ausgleich für seine vielen Exzesse gab [Richard] sich besondere Mühe, seiner Mutter jede Ehre zu erweisen, die er konnte, als wolle er durch Gehorsam gegenüber seiner Mutter Buße für das tun, was er gegen seinen Vater verbrochen hatte.»[8]

Die Stellung Eleonores im Regierungsapparat des englischen Königreichs war zwar nicht mit der der Mutter Philipps II. in Frankreich vergleichbar, die für die Zeit, da ihr Sohn als Kreuzfahrer unterwegs war, zur offiziellen Regentin gekürt wurde,[9] doch ließ sie vom ersten Tag an keinen Zweifel daran, dass sie Richards Vertreterin war; sie legte sich für ihn ins Zeug, sicherte ihm die Krone und stellte die vom verstorbenen König hinterlassenen Missstände ab. Als Repräsentanten der königlichen Macht stattete sie hohe Beamte wie den erfahrenen und fähigen Chief Justiciar Ranulf de Glanvill mit der nötigen Legitimität aus, und dieser berief sich in seinen Verfügungen zuweilen auf «die Weisungen der Königin». Der große Respekt, den sie als Königinmutter bei ihren Untertanen genoss, half ihr, in den turbulenten

Jahren 1190–1194, als ihr Königreich von ihrem jüngeren Sohn Johann und vom französischen König bedroht wurde, eine herausragende Rolle auf der politischen Bühne Englands zu spielen. Sie traf Entscheidungen, erließ königliche Weisungen und überwachte deren Vollzug, verbot einem päpstlichen Legaten die Einreise ins Königreich, beglaubigte königliche Urkunden und nahm an den Sitzungen der königlichen Ratsgremien teil.[10]

Nach der Wiedererlangung ihrer uneingeschränkten Freiheit stand Eleonore wieder einem vielköpfigen königlichen Hofstaat vor. Es sollte uns nicht verwundern, dass unter den Mitgliedern dieses Hausstaats keine poitevinischen Namen mehr auftauchten, nachdem Eleonore so viele Jahre fern von ihrem Herzogtum geweilt hatte; auch Jordan, der noch kurz vor dem Tod Heinrichs II. einer ihrer Schreibbeamten gewesen war, fehlte jetzt. Eine herausragende Stellung innerhalb ihres Hofs nahm ihr Butler Ingelram ein. Das Geld für die Entlohnung von drei Mitgliedern ihres Haushalts stellte das königliche Schatzamt in Form regelmäßiger jährlicher Zuwendungen zur Verfügung: Bezahlt wurden damit ein Beamter ihrer Kapelle, ihr Leibkoch und ein Dritter, der in den Unterlagen einfach nur als «der Bursche der Königin» bezeichnet wird. Die Amtspflichten ihres Kochs Adam müssen weit über den Küchendienst hinausgegangen sein, denn im April 1194 schenkte Richard I. eben diesem Adam ein Landgut in Cumberland in Anerkennung «der Dienste, die er unserer Mutter und unserem geschätzten Otto, Sohn des Herzogs von Sachsen, geleistet hat». Auf der Liste derjenigen, die diese Schenkung urkundlich bezeugten, stand der Name Eleonores ganz oben.[11] Treuen Dienern erwies sie ihren Dank durch Schenkungen, und bevor sie sich in der Schlussphase der Regierungszeit Richards nach Fontevraud zurückzog, tätigte sie solche Schenkungen an die ehemalige Amme ihrer Kinder, an einen ehemaligen Diener ihres ältesten Sohnes Heinrich und – etwas später, nach ihrem Umzug ins Kloster – an ihren Butler Ingelram.[12]

Die herausragende Rolle, die die Königinmutter nach der Wiedererlangung ihrer Freiheit in den Regierungsangelegenheiten des Königreichs spielte, brachte es mit sich, dass sie zahlreiche Briefe und Urkunden ausfertigen lassen musste; sie beschäftigte dafür in ihrem Hausstaat ein halbes Dutzend oder mehr Schreiber. Es handelte sich dabei sehr wahrscheinlich um königliche Schreiber, die vorübergehend zu ihr abgeordnet waren.[13] Keiner von ihnen trug den offiziellen Titel eines Kanzlers, aber wir können vermuten, dass Herbert Le Poer, Erzdekan von Canterbury (bevor er 1194 Bischof von Salisbury wurde), der Leiter ihres Schreibbüros war. Herbert stand seit Langem als Schreiber in königlichen Diensten und wurde wahrscheinlich in den Haushalt der Königinmutter versetzt, kurz nachdem deren Arrest aufgehoben worden war. Er gehörte einer Beamtenfamilie an und war möglicherweise ein unehelicher Sohn Richards von Ilchester, der in den Jahren des Konflikts zwischen Heinrich II. und Thomas Becket einer der «bösen Ratgeber» des Königs gewesen und dafür 1173 mit dem Bischofsamt in dem wohlhabenden Bistum Winchester belohnt worden war. Andere Schreiber gehörten formell zum Personal der königlichen Kapelle, zum Beispiel Adam von Wilton, «Schreiber der Kapelle der Königin»; diese Beamten erfüllten neben ihrer Tätigkeit als Schreiber spirituelle Aufgaben als Kaplane oder als Almoseniere, die sich im Namen der Königin um die Armenpflege kümmerten.[14]

Ein Chronist hat ein Porträt Eleonores aus der Zeit nach dem Ende ihrer Gefangenschaft hinterlassen: «Mit einem königlichen Hof tourend, reiste sie von Stadt zu Stadt und von Burg zu Burg, gerade wie es ihr gefiel.» Zusätzlich entsandte die Königin Vertreter in alle Grafschaften Englands, deren Auftrag es war, den freien Männern Treueeide auf den neuen König abzunehmen. Diese königlichen Sendboten hatten den Befehl, Gefangene, die nur nach dem Willen des Königs eingekerkert waren und nicht nach den Gesetzen des Königreichs, auf freien Fuß zu setzen, ebenso all jene, die wegen Verstößen gegen das willkürliche Waldgesetz eingesperrt waren; diejenigen, die eine gesetzmäßige Haftstrafe verbüßten, sollten freikommen, wenn sie Sicherheiten für ihr Erscheinen vor Gericht hinterlegen konnten. Der besagte Chronist kommentierte dies wie folgt: «Sie legte in ihrer eigenen Person Zeugnis dafür ab, wie qualvoll eine ungerechte Inhaftierung für Menschen war und wie ihre Freilassung zu einer Wiederbelebung ihrer Lebensfreude und ihrer Lebensgeister führte.» Er fügte hinzu, Eleonore lege Wert auf die Freilassung von Gefangenen, weil ihre eigene Erfahrung sie gelehrt habe, dass «Gefangenschaft ein Frevel an der Menschheit ist und dass es den menschlichen Geist wunderbar erfrischt, aus ihr befreit zu werden».[15] Gewiss konnte Eleonore mit denen mitfühlen, die ihr verstorbener Mann willkürlich hatte einsperren lassen; was sie verkündete, war indes keine allgemeine Amnestie, die alle Gefängnistore geöffnet hätte. Die Freilassung von Gefangenen war vielmehr an konkrete Bedingungen geknüpft, die im Einklang mit rechtlichen Grundsätzen und Praktiken standen. Das hinderte den geistlichen Chronisten William von Newburgh nicht daran, sich darüber zu entrüsten, dass die Königin «diese Strolche» wieder auf die Gesellschaft losließ, auf dass sie künftig die rechtschaffenen Untertanen mit noch größerer Impertinenz terrorisieren konnten.[16] Ein anderer Chronist fällte ein günstigeres Urteil und zollte Eleonore Anerkennung dafür, dass sie einige der despotischen Untaten Heinrichs II. korrigierte. Sie sei dabei, den «Räubereien derjenigen, ... die mit der Pflege der Wälder betraut sind, einen Riegel vorzuschieben, indem sie sie durch Androhung schwerer Strafen einschüchtert». Er lobte sie ferner dafür, dass sie die Unsitte Heinrichs abgestellt hatte, die königlichen Pferde in den Ställen von Klöstern unterzubringen. Auf Geheiß Eleonores seien diese Pferde «mit frommer Freigebigkeit verteilt worden».[17]

Eleonores vorrangiges Interesse galt in den Wochen nach dem Tod Heinrichs II. der Aufgabe, den reibungslosen Übergang der Herrschaft über das Königreich England auf ihren Sohn Richard zu organisieren; sie vergaß darüber nicht die Pflicht einer Witwe, Gebete für die Seele ihres dahingegangen Mannes zu besorgen. Sie widmete Einkünfte des vakanten Bischofsstuhls von Winchester in Almosen um, die sie im Namen Heinrichs verteilen ließ, und tätigte zugunsten seiner Seele Schenkungen an die Nonnen von Amesbury und an die Karthäuser-Bruderschaft.[18] Als alte Frau schlüpfte Eleonore endlich in die Rolle, die ihre englischen Untertanen als ihrer Königin angemessen betrachteten: die Rolle einer Landesmutter, die das strenge Regiment des Königs durch Gnadenakte abmilderte und fromme Dinge tat.

Eleonore traf Richard in Winchester, wenige Tage nachdem er am 13. August 1189 in Portsmouth gelandet und von Gefolgsleuten empfangen worden war. Als er erfuhr, dass englische Burgen an der Grenze zu Wales von den Walisern angegriffen wurden, war sein erster Impuls der, sofort los zu marschieren und den Walisern heimzuleuchten, aber dann ließ er sich von seiner Mutter umstimmen und reiste wie geplant nach Westminster, um sich krönen zu lassen.[19] Im Vorfeld der Krönungsfeierlichkeiten, an denen die Königinmutter teilnehmen sollte, gab Eleonore über 100 £ für Kleider, Pelze, Pferde und deren Geschirr sowie für andere Utensilien aus, die gewährleisten sollten, dass sie und ihr Gefolge einen standesgemäß glanzvollen Auftritt hatten. Zum Haushalt der Königinmutter gehörten mittlerweile etliche ihrer Fürsorge anvertraute junge Aristokratinnen, darunter Alix von Frankreich, Richards leidgeprüfte Verlobte, die das Opfer der Wollust Heinrichs geworden war, Graf Johanns Braut Isabel, Tochter des verstorbenen Earls von Gloucester, und Denise von Déols, Erbin der Grundherrschaft Berry und künftige Braut des Andreas von Chauvigny, der mit anderen zusammen im Poitou für Richard die Stellung hielt.[20] Andreas war mit Eleonore über die Châtellerault-Linie verwandt; seine Familie hatte traditionell Beamte für die Grafen von Poitou gestellt. Bernard de Chauvigny hatte der Königin in ihren

Richard Löwenherz. Handschrift des 13. Jahrhunderts.

ersten Amtsjahren in England als Kämmerer gedient, und Richard hatte in seiner Zeit als Graf von Poitou Geoffroy de Chauvigny zu seinem Kämmerer ernannt.[21] Eleonore demonstrierte ihre Verbundenheit mit Andreas und Denise, indem sie als Gast an ihrer Hochzeit in Salisbury teilnahm.[22]

Richard kümmerte sich aufmerksam darum, dass seine Mutter finanziell gut genug gestellt war, um sich eine einer großen Königin würdige Lebenshaltung leisten zu können; allerdings verfügte sie als Herzogin von Aquitanien ohnehin über üppige Einkünfte und eigenständige Macht. Ob und wie die im Herzogtum sprudelnden Finanzquellen zwischen Richard und seiner Mutter aufgeteilt waren, ist unklar, aber ganz offensichtlich übte Eleonore keine Zurückhaltung, wenn es darum ging, poitevinische Gelder für Stiftungen oder Schenkungen einzusetzen. Als Herzog der Normandie trat Richard an seine Mutter Einkünfte aus einigen normannischen Verwaltungseinheiten ab.[23] Als englischer König bestätigte er Eleonore als Königinmutter das Witwengut, das Heinrich II. ihr überschrieben hatte, und fügte eine Klausel hinzu, die besagte, dass ihr auch alles zustehe, was Heinrich I. und Stephan ihren königlichen Gattinnen überlassen hatten; damit sicherte er ihr erhebliche Einkünfte, die unabhängig von den jährlichen Überweisungen aus dem Schatzamt flossen.[24] Eleonores Wittum umfasste 26 Besitzungen in England, darunter so wohlhabende Städte wie Chichester, Northampton und Exeter und die Baronien Arundel, Berkamstead und Berkeley. Unter Eleonores Wittumterritorien auf dem Festland waren drei normannische Städte, die ihr den Gegenwert von mehr als 200 £ Sterling im Jahr bescherten, ferner drei Städte in der Touraine und eine in Maine, dazu Güter und Burgen im Poitou.[25]

Ergänzend zu den Einkünften aus ihren Wittumbesitzungen bezog Eleonore Gelder aus anderen Quellen: Das königliche Schatzamt gewährte ihr Zuschüsse für die Beschaffung von Garderobe für sich und die Mädchen in ihrem Haushalt. Als Partnerin Heinrichs II. hatte sie das sogenannte «Queen's gold» erhalten, einen Anteil an Geldern, die der König von Bittstellern erhielt, die bei ihm um Vergünstigungen ansuchten; bis an ihr Lebensende vereinnahmte sie dieses «Queen's gold», selbst noch nachdem Richard Löwenherz sich mit Berengaria von Navarra und Johann sich mit Isabella von Angoulême vermählt hatte.[26] Wie werthaltig diese Pfründe war, zeigte sich 1190, als Eleonore zu dem Zeitpunkt, als Richard dabei war, Gelder für seinen Kreuzzug aufzutreiben, als «Queen's gold» einen großen goldenen Kelch erhielt, dessen Wert auf 100 Mark (rund 67 £) geschätzt wurde – die Mönche von Bury Saint Edmunds boten ihr dieses Schmuckstück anstelle von Bargeld an. Die Königin gab den Kelch den Mönchen wenig später mit der Bitte um Fürsprache für die Seele ihres verstorbenen Mannes Heinrich II. zurück.[27]

Im Frühjahr 1190 rief Richard, der kurz davor in die Normandie übergesetzt war, seine Mutter, seinen Bruder Johann, seinen Halbbruder Geoffrey Plantagenet und mehrere Bischöfe zu einem großen Konzil in Nonancourt zusammen. Auf der Tagesordnung stand die Ausarbeitung von Plänen, wie das Reich des neuen Königs während seiner Abwesenheit im Heiligen Land regiert werden sollte; für die Anreise seiner Mutter stellte er Geldmittel zur Verfügung. Richard hatte schon 1187 das Kreuz ergriffen, und es war seine führende Rolle beim Dritten Kreuzzug (1190–1192), die ihn zum bekanntesten englischen Monarchen des Mittelalters machte. Spätestens während Eleonores Überfahrt über den Ärmelkanal dürften ihr Erinnerungen an die Strapazen durch den Kopf gegangen sein, die sie während des Zweiten Kreuzzuges mehr als 40 Jahre vorher durchlitten hatte, und vermutlich weckten diese Erinnerungen bei ihr Ängste um die Sicherheit ihres Sohnes. Dem Begleittross der Königinmutter gehörten adlige Mädchen an, darunter ihre Enkelin Eleonore von der Bretagne, die unglückliche Alix von Frankreich und die Tochter der Gräfin von Eu. Eine weitere Reisegefährtin war die bewundernswerte Hawise, Gräfin von Aumale in der Normandie und Freifrau von Skipton und Holderness in Nordengland, die Witwe des Earls von Essex.[28] Ein Zeitgenosse beschrieb diese willensstarke Dame, die der Königinmutter nicht unähnlich war, als «eine Frau, die beinahe ein Mann war, fehlte ihr doch nichts Männliches außer den männlichen Organen». Richard hatte vor, sie mit Wilhelm de Forz zu verheiraten, einem seiner treuen Ritter aus dem Poitou und Sprössling einer Familie, aus deren Reihen Eleonore und ihre Vorgänger schon etliche Bedienstete rekrutiert hatten.[29]

Bei dem Konzil in Nonancourt traf der neue König Dispositionen für die Dauer seiner kreuzzugsbedingten Abwesenheit, vor allem seinen einzigen überlebenden Bruder betreffend. Er übertrug Johann die Herrschaft über sechs Grafschaften in England und die Grafschaft Mortain in der Normandie und bestätigte seinen Titel als Herrscher von Irland, womit er ihm eine potenziell gefährliche Machtfülle bescherte. Indem Richard seinem Bruder sein straff regiertes Königreich und seine wohlhabendste französische Provinz anvertraute, eröffnete er ihm Freiräume für schädliche Umtriebe; allem Anschein nach war der König aber zuversichtlich, dass sein charakterschwacher Bruder es nicht schaffen würde, großen Schaden anzurichten. Dass Richard den neuen Grafen von Mortain in eine so einflussreiche Position hievte, ließ bei manchen seiner Untertanen die Vermutung aufkommen, er rechne nicht damit, wohlbehalten von seinem Kreuzzug zurückzukehren; für den Fall, dass er doch zurückkäme, fürchteten sie, dass «sein Bruder, schon jetzt nicht weniger mächtig als er und begierig darauf, zu herrschen, [Richard] besiegen und aus dem Königreich vertreiben» werde.[30] Die üppigen Gaben Richards an Johann wirkten wie eine implizite Bekanntgabe seiner Absicht, Johann als seinen Erben einzusetzen, falls ihn auf dem Kreuzzug der Tod ereilen sollte. Ihm war klar, dass er mit einer expliziten Erklärung dieses Inhalts seinen Bruder dazu verleitet hätte, über die Stränge zu schlagen – die schlechten Erfahrungen Heinrichs II. waren ihm eine Warnung.

Vermutlich rechnete Richard Löwenherz damit, dass zwei «Hemmschuhe» seinen Bruder von unverantwortlichen Schritten abhalten würden. Da war einmal der Einfluss ihrer Mutter Eleonore, und da war zum zweiten das von Johann abgelegte Gelübde, während der Abwesenheit seines Bruders aus dem Königreich den Boden Englands nicht zu betreten. Allein, keine der beiden Sicherungen funktionierte wie erhofft. Eleonore verbrachte 1190/91 mehrere Monate außerhalb Englands; sie begleitete Richard bis nach Chinon, durchquerte dann Aquitanien, machte einen Abstecher nach Spanien und geleitete anschließend Richards Braut zu seinem Lager im sizilianischen Messina, wo er vor seiner Überfahrt ins Heilige Land überwinterte. Die zweite Vorkehrung, das von Graf Johann in Nonancourt feierlich gegebene Versprechen, drei Jahre lang England fernzubleiben, war sehr bald Makulatur, offenbar weil Eleonore Richard drängte, seinen Bruder aus diesem Gelübde zu entlassen.[31] Johann kreuzte dann als «aktiver Unruheherd» in England auf, kaum dass seine Mutter sich auf ihre lange Reise nach Spanien und Sizilien begeben hatte; mit offenen Winkelzügen gegen die Statthalter Richards begann er allerdings erst, als er erfuhr, dass sein Bruder 1190 den jungen Arthur von der Bretagne förmlich zu seinem Erben erklärt hatte.[32] Als die Königinmutter 1191 auf den Boden des anglo-normannischen Reichs zurückkehrte, übte sie mütterlichen Druck auf ihren letztgeborenen Sohn aus, und es gelang ihr immerhin, ihn von seinem Vorhaben abzubringen, sich mit Philipp II. zusammenzutun, nachdem der französische König, frustriert und wütend auf Richard Löwenherz, vorzeitig vom Kreuzzug zurückgekehrt war.

In Nonancourt berief Richard zwei oberste Justiziare, die während seiner Abwesenheit England gemeinsam regieren sollten; dieser Plan erledigte sich jedoch sehr bald dadurch, dass einer von ihnen, William de Mandeville, Earl von Essex, starb. Darauf wurde der andere, Wilhelm Longchamp, Bischof von Ely, zum alleinigen Regenten des Königreichs. Die Macht Longchamps stützte sich darauf, dass er als königlicher Kanzler die Verfügungsgewalt über das königliche Siegel besaß, ein Beweis für das große Vertrauen Richards zu ihm. Richard ernannte nach dem Tod Mandevilles den Bischof von Durham zum neuen Ko-Justiziar, beschränkte dessen hoheitliche Befugnisse jedoch ausdrücklich auf den Norden Englands und lieferte Longchamp damit einen Vorwand, ihn aus Westminster, dem Nervenzentrum der königlichen Regierung, fernzuhalten. Im Juni 1190 erkannte Richard die Vormachtstellung Longchamps formell an, indem er ihn zum Chief Justiciar für ganz England erhob. Am selben Tag, an dem der Brief des Königs eintraf, erhielt Longchamp auch die Nachricht, dass der Papst ihm die geistliche Oberherrschaft über die Kirche des Inselkönigreichs verliehen und ihn zum päpstlichen Legaten gekürt hatte. Ein Chronist schrieb daraufhin, Longchamp habe «drei Titel und drei Köpfe» bekommen und sei damit «zu einem Cäsar höher als Cäsar» aufgestiegen.[33] Es scheint, als sei Longchamp das große Vertrauen, das Richard ihm geschenkt hatte, zu Kopf gestiegen; jedenfalls entwickelte er in der Folge eine Arroganz und einen politischen Ehrgeiz, die ihm am Ende zum Verhängnis wurden.

Die Frage, wen und wann Richard heiraten würde, war zweifellos eines der Gesprächsthemen beim Konzil von Nonancourt. Möglicherweise offenbarte er erst zu diesem Zeitpunkt seiner Mutter sein Vorhaben, Berengaria von Navarra zu heiraten, und er ersuchte sie bei dieser Gelegenheit, nach Spanien zu reisen und seine Braut zu ihm nach Sizilien zu bringen.[34] Es gab wenig, das Eleonore mehr am Herzen lag als der Wunsch, ihr Sohn Richard möge heiraten und einen Sohn und Erben in die Welt setzen, der den Fortbestand der Dynastie sichern und die Einheit der Plantagenet-Besitzungen gewährleisten würde.[35]

Im Gegensatz zu der besorgten Eleonore schien Richard sich wenig Gedanken um die Thronfolge zu machen; offenbar war er überzeugt, er werde die gefahrvolle Expedition in den Orient wohlbehalten überstehen und lange genug leben, um eigene Erben zu zeugen.[36] Andere, die als Erben Richards infrage kamen, fanden wenig Gnade vor den Augen Eleonores: Sein einziger noch lebender Bruder Johann, Graf von Mortain in der Normandie; Arthur von der Bretagne, Eleonores Enkel; oder Richards Halbbruder Geoffrey Plantagenet, ein Geistlicher mittleren Ranges. Im sizilianischen Messina kürte Richard vor seiner Abreise ins Heilige Land seinen Neffen Arthur von der Bretagne zu seinem Erben. Für Eleonore war das eine inakzeptable Wahl, schon weil Arthurs bretonische Mutter ihre angeheirateten Plantagenet-Verwandten zutiefst verabscheute. Geoffrey, Heinrichs II. geliebter unehelicher Sohn, dürfte Eleonore wohl kaum sympathisch gewesen sein, und sie versuchte (allerdings vergeblich) zu verhindern, dass Richard ihn, dem Wunsch des verstorbenen Königs gemäß, zum Erzbischof von York ernannte.[37] Die Tatsache, dass Eleonore Richard bedrängte, das gegen Johann bestehende dreijährige Einreiseverbot aufzuheben, lässt sich als Indiz für ihre Überlegungen und Präferenzen in Sachen Thronfolge deuten.

In einer im Heiligen Land entstandenen Chronik heißt es, Eleonore habe die Ehe zwischen Richard und Berengaria eingefädelt, weil sie den König von Frankreich und seine Nachkommen gehasst und die geplante Heirat ihres Sohnes mit der Tochter Ludwigs VII. um jeden Preis habe verhindern wollen.[38] Diese Schrift ist eine Fortsetzung der Chronik des Wilhelm von Tyrus, durch die die «Antiochia-Affäre» Eleonores und ihre Probleme mit ihrem ersten Ehemann erstmals an die Öffentlichkeit gelangt waren. Es ist aber eher unwahrscheinlich, dass Richard Löwenherz, wie es darin heißt, «von seiner außergewöhnlichen Mutter zur Heirat gezwungen» wurde oder dass sie seine Ehe mit Berengaria von Navarra ausgehandelt hatte.[39] Auch wenn es Eleonore alles andere als gleichgültig war, für welche Frau Richard sich entschied, und ungeachtet ihrer Befürchtungen hinsichtlich seiner Nachfolge müssen wir davon ausgehen, dass die Heirat mit der Prinzessin aus dem Pyrenäen-Königreich Richards eigene Idee war. Das dadurch geschmiedete Bündnis mit dem Vater Berengarias, König Sancho VI. (gest. 1194), und ihrem Bruder, dem späteren König Sancho VII., war Bestandteil einer Strategie für die Stabilisierung der Gascogne. Richard selbst sah in dieser ehelichen Verbindung «einen guten diplomatischen Schachzug ..., um sich den Weg durch ein Dickicht aus politischen Problemen freizuschneiden» – vermutlich hatte er diese Lösung schon im Februar 1190 angekündigt, als er an einem großen Konzil des gascognischen Adels in La Réole teilgenommen hatte. Es wäre nur angemessen gewesen, seine Ideen mit den Aristokraten der Gascogne zu besprechen, denn das Herzogtum Gascogne spielte in den Verhandlungen über den ehelichen Bund eine wichtige Rolle. Richard sagte seiner Braut seine Einkünfte aus der Gascogne als Witwengut zu, allerdings nur für die Zeit bis zum Tod Eleonores, denn dann würden sämtliche Wittumbesitzungen der Königinmutter in England und der Normandie ohnehin an Berengaria fallen. Weil Navarra und andere christliche Königreiche im nördlichen Spanien im politischen und diplomatischen Geschehen des französischen Südwestens eine bedeutende Rolle spielten, konnte Richard sich durch sein Heiratsbündnis einen Zugewinn an Sicherheit entlang der Südflanke seines Herrschaftsgebietes verschaffen, der vonseiten des aggressiven Grafen Raymond V. von Toulouse Gefahr drohte. Dieser, der einzige bedeutende Fürst aus der Region, der das Kreuz nicht ergriffen hatte, hatte das Zeug, während Richards langer kreuzzugbedingter Abwesenheit für eine Menge Ärger zu sorgen.[40]

Eleonore und England während der Abwesenheit Richards 1190–1194

Am 24. Juni 1190 verabschiedete sich Eleonore von Richard, der sich nach Vézelay aufmachte, um dort mit Philipp II. zusammenzutreffen und mit ihm gemeinsam zum Dritten Kreuzzug aufzubrechen. Bevor Eleonore aus dem Loiretal abreiste, nahm sie sich die Zeit, an der Seite des Seneschalls von Anjou an einem Tribunal in Saumur teilzunehmen, das über einen Streit zwischen der Äbtissin von Fontevraud und dem Bürgermeister der Stadt befinden sollte.[41] Wenig später brach die Königinmutter, mittlerweile 66 Jahre alt, nach Spanien auf, um Berengaria, die Braut ihres Sohnes, abzuholen und zu ihm nach Sizilien zu bringen, wo er den Winter 1190/91 zu verbringen plante. Während Eleonore vermutlich nicht an den Verhandlungen über die Modalitäten von Richards Ehe teilgenommen hatte, erforderte ihre Reise zum Hof Sanchos VI. zweifellos großes diplomatisches Geschick, denn sie musste den König von Navarra davon überzeugen, dass Richard die ernsthafte Absicht hatte, seiner französischen Verlobten zugunsten der Prinzessin von Navarra den Laufpass zu geben.[42] Wahrscheinlich verlangte

Sancho Garantien dafür, dass der englische König sich aller Verpflichtungen aus seiner vorherigen Verlobung entledigt hatte – eine schwierige Aufgabe, denn Richard hatte es bis dahin nicht gewagt, Philipp II. reinen Wein einzuschenken. Er fürchtete, der französische König werde diesen Affront gegen die Ehre seiner Schwester übel nehmen und aus Wut darüber vielleicht aus der gemeinsamen Kreuzzugsmission aussteigen. Ende Januar 1191 hatte Eleonore mit Richards neuer Braut die Alpen überquert, und sie reisten durch Italien der Länge nach in 68 Tagen und trafen am 30. März im kalabrischen Reggio ein, wo Richard sie erwartete.[43] Spätestens jetzt musste Richard den französischen König, der inzwischen ebenfalls in Sizilien eingetroffen war, um die Lösung seiner Verlobung mit Alix bitten; nur, indem er Philipp offenbarte, dass seine Schwester von Heinrich II. geschwängert worden war, konnte er bei ihm ein gewisses Verständnis dafür wecken, dass er sie unter keinen Umständen heiraten würde.[44] Dennoch vergiftete diese skandalträchtige Enthüllung das ohnehin angespannte Verhältnis zwischen den beiden königlichen Kreuzfahrern.

Während die Königin von Spanien nach Sizilien unterwegs war, reifte bei den in England zurückgebliebenen Höflingen die Erkenntnis, dass Richards Konzept für die Regierung seines Königreichs in seiner Abwesenheit zwei gefährliche Risiken enthielt. Eines war die weitverbreitete Abneigung gegen seinen aus der Normandie stammenden Vizekönig Wilhelm Longchamp, das andere die unaufhörlichen Machenschaften des Grafen Johann. Weil die Lage in England so ernst war, durfte Eleonore nach der Ablieferung von Richards Braut keine Zeit verlieren und blieb nur drei Tage in Messina, bevor sie sich auf die lange Rückreise in ihre angevinische Heimat machte. Daher konnte sie sich auch nur kurz am Wiedersehen mit ihrer jüngsten Tochter Johanna erfreuen, der verwitweten Königin von Sizilien, die sie seit 1176 nicht mehr gesehen hatte.[45] Eleonore nutzte jedoch ihr kurzes Treffen mit Johanna, um dieser klarzumachen, dass sie unbedingt ihren Bruder und seine Braut nach Palästina begleiten musste, um dafür zu sorgen, dass Richard und Berengaria tatsächlich heirateten (die Hochzeit konnte erst nach Ende der Fastenzeit stattfinden). Johanna und Berengaria schifften sich mit der Kreuzzugsflotte des Königs ein, doch dann schlug ihr Schiff vor der Küste Zyperns leck. Gleichwohl ging am 2. Mai 1191 der sehnliche Wunsch Eleonores in Erfüllung: Richard und Berengaria heirateten auf Zypern, und sie konnte jetzt auf ein Enkelkind hoffen.

Eleonores Tochter Johanna, eine junge, kinderlos gebliebene Witwe, hatte in Sizilien ein bedauernswertes Dasein gefristet; sie war ohne Einkünfte dagestanden, bis ihr Bruder im Spätsommer 1190 als ihr Retter auf der Insel landete. Ihre Ehe mit König Wilhelm II. war ohne Kinder geblieben, sodass nach seinem Tod Unklarheit über die sizilianische Thronfolge herrschte. Tankred von Lecce, ein unehelicher Neffe des verstorbenen Königs, nutzte die Verwirrung und riss die Herrschaft über das Königreich an sich; allein, ihm erwuchs ein mächtiger Rivale in Gestalt des deutschen Anwärters auf die Kaiserwürde, Heinrich VI. Dieser erhob Anspruch auf die sizilianische Krone und berief sich dabei auf die Rechte seiner Frau, der Tante des verstorbenen Königs. Heinrich rüstete sich für einen Feldzug nach Sizilien und war entschlossen, Tankred in die Schranken zu weisen. Tankred hatte die Wittumgebiete Johannas in Beschlag genommen, und das war einer der Gründe dafür, dass Richard seinen Aufenthalt auf der Insel verlängerte: er war entschlossen, seiner Schwester wieder zu ihrem Wittum zu verhelfen, und bestand außerdem auf die Herausgabe von Geldern, die ihr verstorbener Mann für die Finanzierung des Kreuzzuges zugesagt hatte, an dem er ebenfalls hatte teilnehmen wollen. Richard Löwenherz forderte Tankred auf, Johanna ihre ausgedehnten Besitzungen zurückzugeben.[46] Wegen der verwickelten Lage in Sizilien hatte Eleonore sich bereit erklärt, auf ihrem Weg nach Sizilien im Januar 1191 in Norditalien mit Heinrich VI. zusammenzutreffen.[47] Sie musste diesem versichern, dass ihr Sohn Richard während seines Aufenthalts auf Sizilien nichts tun würde, was den Ansprüchen Heinrichs auf das Königreich an der Südspitze Italiens in die Quere kommen würde.

Nach ihrer Rückkehr aus Italien verbrachte Eleonore den Winter 1191/92 allem Anschein nach auf einem ihrer Witwengüter in der Normandie, Bonneville-sur-Touques.[48] Bald musste sie jedoch nach England übersetzen, um sich mit dem Scherbenhaufen zu beschäftigen, der von den Vorkehrungen Richards für die Regierung des Reichs in seiner Abwesenheit übrig geblieben war. Longchamp, Bischof von Ely und königlicher Kanzler, war zielstrebig dabei, alle Macht in seinen Händen zu konzentrieren. Die Art und Weise, wie Eleonore in dieser Situation agierte und die sich daraus ergebende Krisen meisterte, strafte all diejenigen Lügen, die gemeint hatten, sie sei lediglich «eine königliche Galionsfigur» für die eigentlichen Machtinhaber, nämlich die Beamten und Ritter, die das Personal des königlichen Hofs bildeten. Ein Indiz dafür, mit welchem Selbstbewusstsein sie ihre königliche Autorität geltend machte, war vielleicht die Tatsache, dass sie um diese Zeit begann, den Beglaubigungstext ihrer Urkunden mit der Formulierung *teste me ipsa* («als meine eigene Zeugin») einzuleiten, was sie schon früher im

Poitou gelegentlich getan hatte. Sie verwendete diese Formulierung, die ihre «persönliche Anteilnahme und Intervention» sowie ihre «unmittelbare Verantwortlichkeit» signalisierte, hauptsächlich in Weisungen und Verfügungen, die sie an regionale Beamte schickte und die das Abstellen von Missständen betrafen, die ihr vorgetragen worden waren.[49]

Wilhelm Longchamp hatte sich die unbeschränkte Kontrolle über den königlichen Staatsapparat in England gesichert und nutzte seine Stellung als Kanzler – die mit der alleinigen Verfügungsgewalt über das königliche Siegel einherging –, um seine Stellung als erster Stellvertreter Richards zu festigen.[50] Er war entschlossen, aus der freien Hand, die Richard ihm gegeben hatte, das größtmögliche Kapital zu schlagen. Seine Hybris und sein Glaube, die Unterstützung des Königs sicher zu haben, machten ihn jedoch leichtsinnig, und er ließ sich auf gewagte politische Manöver ein, die unerwartete Nebenwirkungen entfalteten und sich zur politischen Katastrophe für ihn auswuchsen. Longchamp verfügte zwar über administrative Fähigkeiten und hatte das Vertrauen des Königs, doch als Ausländer obskurer Herkunft genoss er nicht den Respekt des englischen Adels, und mit seinen erpresserischen fiskalischen Methoden, seinem herrischen Auftreten, seiner Geringschätzung für Land und Leute und seiner Unkenntnis ihrer Gepflogenheiten wurde er sehr bald zur Zielscheibe einer bei den Engländern ohnehin leicht erregbaren Fremdenfeindlichkeit. Seine ausländische Herkunft lieferte darüber hinaus Stoff für Hohn und Spott über sein Äußeres und für üble Nachreden über seine sexuellen Vorlieben – so erzählte man sich, er bestücke das Domkapitel von Ely mit gut aussehenden jungen Vikaren, um seine Wollust ausleben zu können.[51]

Longchamps Hauptproblem beim Regieren des Königreichs war die Machtposition von Richards Bruder, Graf Johann, dessen Stellung als mächtiger Magnat einerseits und als wahrscheinlicher Anwärter auf die englische Thronfolge andererseits dem aus einfachen Verhältnissen stammenden Kanzler unüberwindliche Hürden in den Weg legte.[52] Der Graf von Mortain machte sich die zunehmende Unbeliebtheit Longchamps zunutze, um seine eigene Stellung zu stärken, indem er sich an die Spitze derer setzte, die den autoritären Herrschaftsstil des Kanzlers kritisierten. Richard Löwenherz hatte vor seiner Abreise aus Sizilien nach Palästina den Klagen über die Selbstherrlichkeit seines Kanzlers, die aus England zu ihm gedrungen waren, kein Gehör geschenkt. Wir wissen nicht, ob Eleonore Richard über die Verfehlungen Longchamps aufzuklären versuchte. Als sie Ende März 1191 in Messina mit ihrem Sohn zusammentraf, hatte dieser bereits Briefe nach

England geschickt und zu den beunruhigenden Berichten über die Machtmissbräuche seines Statthalters Stellung genommen.[53]

Königliche Vertreter wurden nach England entsandt mit dem Auftrag, einen Gegenpol zu den Machtbefugnissen Longchamps zu bilden. Der Wichtigste unter ihnen war Walter von Coutances, Erzbischof von Rouen und altgedienter königlicher Beamter; er begleitete Eleonore auf der Rückreise von Sizilien nach Anjou. Im Frühjahr 1191 traf Walter in England ein, noch rechtzeitig, um schlichtend in den Konflikt zwischen dem Kanzler und Graf Johann einzugreifen. Der Erzbischof brachte Briefe von Richard Löwenherz mit, die darauf hinausliefen, dass Longchamp die Macht mit ihm als dem mit dem Willen des Königs am besten Vertrauten teilen sollte, was natürlich nichts anderes war als ein Anschlag auf die Machtstellung des Kanzlers. Walter stellte nach seiner Ankunft in England sogleich fest, dass die Lage dort in der Tat kritisch war. Für Ende Juli wurde ein Konzil nach Winchester einberufen, auf dem die Spannungen zwischen Graf Johann und dem Kanzler entschärft werden sollten. Freilich kamen beide an der Spitze einer größeren bewaffneten Streitmacht anmarschiert. Unter Federführung des Erzbischofs Walter wurde ein Waffenstillstand ausgehandelt, der die drohende militärische Kraftprobe zwischen den beiden Widersachern abwendete. Obwohl die Vereinbarung von Winchester Longchamp eindeutig zum Nachteil gereichte, bescherte sie weder Johann noch Walter von Coutances ein größeres formelles Mitspracherecht bei der Regierungsarbeit. Longchamp ignorierte die Weisung des Königs, den Erzbischof in seinen innersten Beraterkreis aufzunehmen; er erklärte einfach, seine innige Vertrautheit mit dem Willen des abwesenden Königs zähle mehr als die von Walter mitgebrachten königlichen Briefe, die er als Fälschungen abtat.

Ein weiteres Gegengewicht gegen Longchamp, das der König nach England entsandte, war sein unehelicher Halbbruder Geoffrey Plantagenet, den er zum Erzbischof von York ernannte. Sobald Geoffrey dieses Amt angetreten hatte, würde er in der Lage sein, den Einfluss, den Longchamp als päpstlicher Legat auf die englische Kirche hatte, zurückzudrängen. Eleonore machte auf ihrem Weg von Sizilien nach Frankreich in Rom Station, um mit dem neuen Papst über die offizielle Beglaubigung Longchamps als Legat des Papstes zu sprechen. Bei derselben Gelegenheit warb sie, ihre herzliche Abneigung gegen Geoffrey ausblendend, darum, ihn möglichst schnell zum Erzbischof von York weihen zu lassen; sie gab viel Geld aus, um sich Unterstützung in den Reihen der päpstlichen Kurie zu erkaufen – Belege zeigen, dass sie bei römischen Geldwechslern um die 800 Mark tauschte.[54] Als

Geoffrey Plantagenet im September 1191 auf dem Weg zu seinem Bistum in Dover landete, ließ Longchamp ihn festnehmen und einsperren. Viele in England erinnerte das an das Vorgehen eines anderen autoritären Herrschers gegen einen anderen englischen Erzbischof zwei Jahrzehnte zuvor.

Longchamp hatte mit der Verhaftung des Erzbischofs Geoffrey von York den Bogen überspannt – wie sich zeigte, mobilisierte dieses Vorgehen seine Gegner, während es seine Anhänger neutralisierte. Johann zeigte sich der Situation gewachsen: Er berief ein großes Konzil nach Marlborough ein, auf dem er die versammelten Bischöfe und Barone mit den aufgelaufenen Beschwerden über Longchamp konfrontierte: Dieser habe die in Winchester ausgehandelten Vereinbarungen gebrochen und Johanns Halbbruder widerrechtlich verhaften lassen. Zu einer erneuten Tagung des Konzils wenig später wurde Longchamp vorgeladen, um sich zu den Klagen zu äußern; Johann und seine Gefolgsleute erneuerten ihre Vorwürfe wegen der Verhaftung Geoffreys, und Erzbischof Walter von Rouen sekundierte mit dem Vorwurf, Longchamp habe die Ausführung königlicher Anweisungen sabotiert. Nach mehreren Verhandlungstagen sah der Kanzler sich gezwungen, vor dem Konzil die Segel zu streichen. Er wurde seines Amtes als Chefjustiziar enthoben, musste das Siegel des Königs herausgeben und wurde zum Verlassen des Landes aufgefordert. Auf dem Weg nach Dover, von wo aus er Ende Oktober in die Normandie übersetzte, wurde er Berichten seiner Gegner zufolge Opfer einiger weiterer Demütigungen – angeblich wurde er dabei ertappt, dass er auf seiner Flucht in Frauenkleidern unterwegs war. Die Konzilsteilnehmer mussten nunmehr einen Nachfolger für Longchamp wählen. Sie erkannten Graf Johann als Thronfolger an und verliehen ihm den Titel eines obersten Gouverneurs von England, billigten ihm aber keine maßgebliche Rolle in der Regierung zu; zum Chef der Verwaltung bestimmten sie vielmehr Walter von Coutances.

In der *History of William Marshall* heißt es, Walter von Coutances habe «gut und weise gehandelt, nach den Ratschlägen Marshals und der Barone, aber auch nach den Ratschlägen der Königin». Eleonore war eine wichtige Größe im Beraterkreis Walters, von seiner Ankunft in England im Frühjahr 1191 bis Ende 1193, und dass sie hinter ihm stand, verschaffte ihm die nötige Autorität und Glaubwürdigkeit, um während der Abwesenheit des Königs regieren zu können. Gerald von Wales, ganz und gar kein Bewunderer Eleonores, hielt fest, dass seine Ernennung zum königlichen Gesandten für Wales auf Anweisung der Königin, des Justiciars Walter und des Kanzlers Longchamp erfolgt war.[55] Dass Philipp II. im Sommer 1191 vorzeitig nach

Westeuropa zurückkehrte, nachdem er sich aus dem Kreuzzug ausgeklinkt hatte, erschwerte die Aufgabe, England für den abwesenden König Richard sicher zu erhalten. Denn es verführte Graf Johann, der sich um eine maßgebliche Mitwirkung an den Regierungsgeschäften des Königreichs gebracht sah, dazu, seinem Bruder in den Rücken zu fallen. Im Januar 1192 musste Eleonore sich mit der Forderung Philipps auseinandersetzen, seine Schwester Alix, Richards verschmähte Ex-Verlobte, an den französischen Hof zurückzugeben.

Auf ihren normannischen Gütern weilend, erfuhr die Königinmutter, dass der Kapetinger-König ihrem Sohn Johann die Ehe mit Alix und als deren Mitgift alle französischen Besitzungen Richards angetragen hatte. Sie brach am 11. Februar 1192 nach England auf, um Walter von Coutances zu alarmieren und den «leichtsinnigen Jüngling» abzufangen, bevor er sich über den Ärmelkanal zum Hof Philipps II. aufmachte. Johann an der Ausreise aus England zu hindern, war die einzige Möglichkeit, ihn von einem Techtelmechtel mit Philipp und dessen Offerten abzuhalten. Auf mehreren aufeinanderfolgenden Konzilen wurde Johann «durch [Eleonores] Tränen und durch die Gebete der Adligen» bearbeitet und versprach schließlich, nicht zu Philipp zu gehen.[56] In der Folge hielt Graf Johann erst einmal still, und ein prekärer Friede kehrte ein, der Bestand hatte, bis in England die Nachricht eintraf, dass Richard Löwenherz in Deutschland gefangen gesetzt worden war. In dieser Zeit arbeitete Eleonore weiter daran, den unberechenbaren Johann im Zaum zu halten, fand aber auch die Zeit, sich mit weniger bedeutenden Staatsangelegenheiten zu befassen. Im Verein mit den Bürgern Londons appellierte sie an die Justiz, das Urteil gegen einen Bürger, der wegen Falschmünzerei zu einer Strafe von über 500 £ verurteilt worden war, abzumildern. Sie bemühte sich auch, allerdings ohne Erfolg, den Streit zwischen zwei nordenglischen Kirchenmännern, Erzbischof Geoffrey von York und Hugo de Puiset, Bischof von Durham, beizulegen, indem sie beide zu einem Konzil nach London einbestellte.[57]

Eleonore bemühte sich ferner, die schädlichen Auswirkungen des erbitterten Konflikts zwischen dem ins Exil geschickten Wilhelm Longchamp und Walter von Coutances abzumildern. Als Longchamp von Frankreich aus über seine Erzdiözese Ely ein Interdikt verhängte und seine früheren Kollegen in der englischen Regierung exkommunizierte, wurde er selbst im Gegenzug vom Erzbischof von Rouen exkommuniziert, und der Grundbesitz seines Erzbistums wurde für eingezogen erklärt.[58] Als die Königinmutter 1192 die Grafschaft Cambridgeshire bereiste, sah sie, welche Nöte das von

Longchamp verhängte Interdikt den Frommen in seiner Diözese bescherte. Sie wurde «eines Volkes ansichtig, das weinte und Mitleid erregend mit nackten Füßen, ungewaschenen Kleidern und ungepflegtem Haar» herumlief, und hörte Klagen von Menschen, die ihre verstorbenen Angehörigen nicht in geweihtem Boden beerdigen durften. «Sie sprachen mit ihren Tränen», sodass Eleonore keinen Dolmetscher brauchte, um sie zu verstehen, obwohl sie nach fast 40 Jahren als Königin von England noch immer nicht Englisch konnte. Bewegt von der Not der Menschen, setzte Eleonore sich an die Spitze derer, die den Kanzler und den Erzbischof drängten, ihren Streit, unter dem so viele Unschuldige zu leiden hatten, beizulegen; schließlich ließen sich die Streithähne dazu bewegen, die gegeneinander und gegen ihre jeweiligen Anhänger ausgesprochene Exkommunikation aufzuheben. Richard von Devizes fragte: «Wer könnte so barbarisch oder grausam sein, dass diese Frau ihn nicht ihren Wünschen gefügig machen könnte?»[59] Wie ein aufmerksamer Kommentator dieser Episode feststellte, war die Resolutheit, mit der Eleonore die beiden mächtigen Prälaten zur Räson brachte, «ganz und gar typisch für angevinische Herrschaftsmethoden: So hätten auch Heinrich oder Richard handeln können.»[60]

Als Eleonore im März 1192 nach London zurückkehrte, warteten neue Probleme auf sie: Longchamp war in Dover gelandet und versuchte einige seiner Machtbefugnisse zurückzuerlangen – zumindest seine Stellung als päpstlicher Legat. Eleonore hatte ein gewisses Verständnis für den abgesetzten Regenten, der ein loyaler Beamter ihres Sohnes Richard gewesen war; sie hatte das Gefühl, ihr Sohn hätte dem Hinauswurf Longchamps nicht zugestimmt, wäre er über die Situation voll im Bilde gewesen. Walter von Coutances und die anderen Magnaten des Königreichs hatten kein Interesse an einer Rehabilitierung Longchamps, waren aber auch nicht willens, ohne die Genehmigung entweder der Königinmutter oder des Grafen Johann gegen ihn vorzugehen. Nach einem von großen Meinungsverschiedenheiten geprägten Konzil gelangte Eleonore zu der Überzeugung, den Widerstand der Magnaten niemals ausräumen zu können; so gab sie den Versuch auf, eine Aussöhnung zwischen ihnen und dem ehemaligen Kanzler herbeizuführen. Sie riet Longchamp, England unverzüglich wieder zu verlassen, wenn er ein freier Mann bleiben wollte; er verlor keine Zeit und brach auf.[61]

Die größte Krise während der Regierungszeit von Richard Löwenherz begann mit seiner Gefangensetzung in Deutschland; als Nachrichten darüber in England eintrafen, übernahm die Königinmutter Anfang 1193 persönlich die Initiative und die unmittelbare Regierungsverantwortung. Graf Johann war eine Bedrohung für den Frieden im Königreich gewesen, seit Philipp II. seinen Kreuzzug abgebrochen hatte, und jetzt sah er in der Gefangenschaft seines älteren Bruders eine Chance, sich in dessen Nachfolge zum Alleinherrscher über das Reich der Plantagenets aufzuschwingen – er handelte so, als sei es unwahrscheinlich, dass Richard jemals aus Deutschland zurückkehren werde.[62] Anfang Januar 1193 machte er sich, kaum dass er vom Missgeschick seines Bruders erfahren hatte, nach Frankreich auf und begab sich geradewegs an den Hof der Kapetinger, um Philipp für die französischen Besitzungen seines Bruders zu huldigen. Als Johann später mit einer Söldnertruppe nach England zurückkehrte, seinen Bruder für tot erklärte und forderte, als König anerkannt zu werden, scharte Eleonore den Regentschaftsrat um sich und sorgte dafür, dass dieser dem gefangenen König die Treue hielt. Als der Rat Johann der Lüge bezichtigte und seine Forderungen ablehnte, besetzte Johann mehrere Burgen; daraufhin schickte die Regierung Belagerungstruppen los, und es kam zu kleineren Kampfhandlungen, die fast bis zur Rückkehr Richards in sein Königreich andauerten. Die Gefahr einer französischen Invasion zur Unterstützung Johanns war nicht auszuschließen, und so traf Eleonore im Februar 1193 Vorkehrungen, um England vor der Landung einer feindlichen Flotte zu schützen: Sie gab Anweisung, den Teil der Kanalküste, der Flandern gegenüberlag, gründlich zu befestigen. Laut dem Bericht eines Chronisten aus Canterbury wurden diese Arbeiten «auf Befehl von Königin Eleonore, die zu der Zeit England regierte», durchgeführt.[63] Die Kosten für die militärischen Einsätze gegen Graf Johann konnte das Schatzamt allerdings in dem Moment nicht mehr tragen, als ein hohes Lösegeld für die Freilassung von König Richard aufgebracht werden musste; daher sah sich der Regentschaftsrat gezwungen, mit Johann einen Waffenstillstand zu schließen, um die Mittel für den Freikauf Richards zusammenzubekommen. Im Rahmen dieses Waffenstillstands erklärte sich Johann bereit, die königlichen Burgen Windsor, Wallingford und The Peak «in die Hände von Königin Eleonore» zu geben; zwei Burgen, Nottingham und Tickhill, behielt er in seinem Besitz.[64]

In den Jahren, in denen Richard abwesend war, spielte die Königinmutter eine aktive Rolle im kirchlichen Leben des Königreichs; schon im November 1189 schaltete sie sich in den seit Langem schwelenden Streit zwischen dem Erzbischof von Canterbury und den Mönchen der Christchurch-Kathedrale in Canterbury ein. Als ein päpstlicher Legat nach England kam, um zu vermitteln, ließ Eleonore ihn in Canterbury festsetzen, weil er ohne königliche Genehmigung eingereist war, und verbot ihm die Weiterreise.[65] Beispielhaft für den Einfluss Eleonores ist auch die Rolle, die sie 1193 bei der Neubesetzung des Bischofsstuhls von Canterbury spielte. Dieser wurde während der Abwesenheit des Königs nicht weniger als zweimal vakant. Beim ersten Mal, Ende 1191, hielt sich auch die Königinmutter nicht in ihrem Königreich auf; gleichwohl schrieben ihr die Mönche von Canterbury einen Brief, in dem sie sie ersuchten, für ihr Recht auf die freie Wahl eines neuen Erzbischofs einzutreten.[66] Als sie indes die Wahl durchführten, ohne auf eine königliche Erlaubnis zu warten, erregten sie damit den Unwillen des Regentschaftsrats, der gegen die Wahl protestierte. Dieser Konflikt erledigte sich jedoch bald von selbst, als der gewählte Erzbischof nur einen Monat nach seiner Amtseinsetzung verstarb.

An der zweiten Bischofswahl in Canterbury, die durch diesen plötzlichen Todesfall nötig wurde, nahm Eleonore aktiven Anteil. Allerdings wurden erst Anfang 1193, als Richard bereits als Gefangener in einer deutschen Burg saß, seine Wünsche für diese Wahl bekannt. Der König nominierte als neuen Erzbischof seinen vertrauten Gefährten im Heiligen Land, Hubert Walter, Bischof von Salisbury. Am 30. März sandte er aus Deutschland drei Briefe ab; darin ermächtigte er die Mönche der Kathedrale von Canterbury, den neuen Erzbischof zu wählen, und unterstützte zugleich die Kandidatur Hubert Walters. In dem ersten Brief, der an Eleonore gerichtet war, schilderte Richard die Bemühungen Walters, in Verhandlungen am Heiligen Stuhl und mit dem deutschen Kaiser die Freilassung des Königs zu erwirken, und bat sie, sich für seine Wahl einzusetzen. Richard verwendete in diesem Brief persönlichere und liebevollere Formulierungen, als dies sonst in königlichen Briefen üblich war, etwa die Anreden «liebste Mutter» und «süßeste Mutter». Der zweite Brief war an die Mitglieder des Regentschaftsrats gerichtet und appellierte an sie, sich für Hubert Walter stark zu machen. Im dritten Brief wies der König die Mönche von Canterbury an, sich bei der Wahl ihres neuen Erzbischofs nach dem Rat von Königin Eleonore und von Wilhelm de Sainte-Mère-Eglise zu richten, einem bewährten königlichen Beamten, der das Vertrauen des Königs genoss. Die Mönche von Canterbury wählten im Mai 1193 den von Richard vorgeschlagenen Kandidaten, während im Hintergrund Eleonore die Wogen des Streits glättete, der in schöner Regelmäßigkeit zwischen den Kirchenführern und den Mönchen der Christchurch-Kathedrale aufflammte, die das Vorschlagsrecht bei Bischofswahlen jeweils für sich reklamierten. Anfang Juni schrieb Richard, der noch nicht erfahren hatte, dass die Wahl in Canterbury stattgefunden hatte und in seinem Sinne gelaufen war, erneut einen Brief an seine Mutter, in dem er sie drängte, sich selbst nach Canterbury zu begeben und nach dem Rechten zu sehen.[67]

Als Richard Löwenherz in Gefangenschaft geriet, muss das bei seiner Mutter ungute Erinnerungen an die Jahre ausgelöst haben, die sie selbst in Unfreiheit verbracht hatte. Drei im Namen Eleonores geschriebene Briefe, die um päpstliche Hilfe bei dem Bemühen bitten, Richard freizubekommen, sind erhalten geblieben. Diese Briefe zeugen nicht nur vom Schmerz und der Verzweiflung einer Mutter, sondern auch von ihrer Verachtung und Wut angesichts der Untätigkeit des Heiligen Stuhls. Papst war der seit Kurzem amtierende Coelestin III., für den sich das Kardinalskollegium nach einer an Stimmengleichheit gescheiterten Papstwahl entschieden hatte, weil er mit 85 der älteste von ihnen war. Als Papst legte Coelestin III. zunächst Wert darauf, ein gutes Verhältnis zum deutschen Kaiser Heinrich VI. zu bewahren, und zeigte sich nicht willens, sich Richards wegen mit dem deutschen Kaiser anzulegen, obwohl der gefangen gehaltene König als Kreuzfahrer unter päpstlichem Schutz stand.

In ihrem Zorn über die ungerechte Einkerkerung ihres Sohnes ließ die Königinmutter sich in einem der Briefe dazu hinreißen, sich als «Eleonore, durch den Zorn Gottes Königin von England» zu bezeichnen; in einem anderen, offenbar in noch größerer Pein verfassten, figuriert sie als «Eleonore, bemitleidenswert und vergeblich auf Mitgefühl hoffend». In allen drei Briefen legt sie eine fast religiöse Inbrunst für Richard an den Tag, charakterisiert ihn als den «Soldaten des Heilands, den Gesalbten des Herrn, den Wallfahrer des Kreuzes». Sie betont, dass Richard durch seine Krönung den Status eines Heiligen erlangt habe, und spricht von ihm ständig als dem «Gesalbten des Herrn». Sie gibt sich die Schuld an seinem Unglück: «Mutter der Gnade, blicke herab auf eine so erbärmliche Mutter oder lasse deinen Sohn, einen niemals versiegenden Born der Gnade, falls er dem Sohn die Sünden der Mutter angekreidet, die Strafe zur Gänze gegen mich vollziehen, denn ich bin die einzige Übeltäterin, und lass ihn mich bestrafen, denn ich bin diejenige, die es an Ehrerbietung fehlen lässt.» Die zornigen Worte der unglücklichen Königin verraten sowohl etwas über ihren Kampfesmut als auch über ihre Zerknirschtheit angesichts ihrer Ohnmacht, die Freilassung ihres Sohnes zu erreichen. Sie richtete Vorwürfe an die Adresse der beiden Monarchen – Philipp II. und Heinrich VI. –, die der Freilassung Richards im Weg standen: «Die Grausamkeit des Tyrannen, der nicht aufhört, einen ungerechten Krieg gegen den König … zu führen; des Tyrannen, der ihn in Ketten gefesselt schmachten lässt (nachdem der König auf einem Heiligen

Kreuzzug gefangen genommen wurde, unter dem Schutz Gottes und der römischen Kirche stehend).» Eleonore klagte Papst Coelestin III. an, weil er zuließ, dass die beiden «Tyrannen» schändlicherweise ihren Sohn gefangen hielten und seine Länder verheerten. Diese Verbrechen geschähen, so fuhr sie fort, vor den Augen des Papstes, der dennoch «das Schwert des Petrus in der Scheide lässt und so dem Sünder zu noch größerer Kühnheit verhilft, da dieser sein Schweigen als Zustimmung deutet». Zutiefst verbittert, hielt sie dem Papst vor, dass er es versäumt habe, Richard den Schutz zu gewähren, den er ihm als einem Kreuzfahrer schuldete: «Ihr habt an diese Fürsten nicht einen einzigen Sendboten aus eurem Umkreis geschickt … Ihr schickt bis heute nicht einmal einen Hilfsdekan, nicht einmal einen Messdiener.» Nach ihrer Ansicht hätte sich der Heilige Stuhl nichts vergeben, «wenn ihr persönlich um der Befreiung eines so großen Fürsten willen nach Deutschland gegangen wärt».[68]

Diese drei Briefe werden häufig als unecht eingestuft, als rhetorische Fingerübungen, weder von Eleonore verfasst noch in ihrem Auftrag. Gewiss wurden königliche Briefe routinemäßig von Hofschreibern abgefasst, aber man kann deswegen nicht ausschließen, dass sie die persönlichen Empfindungen ihres offiziellen Absenders wiedergaben. Wie einer von Eleonores Biografen dazu schreibt: «Ich möchte gerne glauben, dass wir [bei bestimmten Formulierungen] entweder Eleonores eigene Worte vor uns haben oder die Worte von jemandem, der ihre Gefühle treffend zum Ausdruck brachte.» Vieles deutet darauf hin, dass die Briefe auf Veranlassung Eleonores von Peter von Blois geschrieben wurden, einem der bedeutendsten Briefschreiber des 12. Jahrhunderts. Peter hatte die Königinmutter 1191 auf ihrer Rückreise aus Sizilien begleitet und danach zumindest zeitweise ihrem Hof angehört. Von Peter sind zwei weitere Briefe aus dieser Zeit erhalten, in denen er sich für die Freilassung Richards einsetzt, einer im Namen des Erzbischofs von Rouen an den Papst und einer in seinem eigenen Namen an den Erzbischof von Mainz gerichtet, den er aus seiner Studienzeit in Paris kannte.[69] Ob echt oder nicht, die drei Briefe reflektieren die Qual und Wut der alternden Eleonore, der immer klarer wurde, dass es vor allem auf sie ankommen würde, ob ihr Sohn die Freiheit wieder erlangte, da sie auf die Hilfe des Papstes nicht rechnen konnte.

Was Eleonore ganz unmittelbar beschäftigte, war die Beschaffung der 150 000 Mark, die der deutsche Kaiser als Lösegeld für die Freilassung ihres Sohnes forderte, eine immense Summe Geld. In einem an seine Mutter und an den Regentschaftsrat gerichteten Brief vom April 1193 äußerte Richard die dringende Bitte, so schnell wie möglich erst einmal 70 000 Mark aufzubringen, um seine Freilassung im Austausch für Geiseln zu beschleunigen. Eleonore, die zusammen mit Walter von Coutances die Verantwortung für die Beschaffung des Lösegeldes übernahm, setzte ihre Popularität aufs Spiel, die sie seit dem Tode Heinrichs II. gewonnen hatte, indem sie die drückenden Abgaben, die dafür erhoben werden mussten, guthieß. Sie erlegte ihren Untertanen eine Sonderzahlung in Höhe eines Viertels des Werts aller ihrer beweglichen Güter auf, dazu ein Pfund pro Ritter und das gesamte Gold und Silber, das sich im Besitz der englischen Kirchen befand. Die Klöster und Kirchengemeinden der asketischen Zisterzienser und Gilbertiner, die keine Schätze horteten, stellten stattdessen ihre Wollernte zur Verfügung. Abgaben für die Aufbringung des Lösegelds wurden nicht nur in England erhoben, sondern auch in den königlichen Besitzungen jenseits des Ärmelkanals; so wurden alle Klöster Aquitaniens zur Zahlung eines Beitrags verpflichtet.[70]

Die Mönche von Bury Saint Edmunds boten als Teil ihres Beitrags den goldenen Kelch an, den sie vor einiger Zeit als ihren Beitrag zum «Queen's gold» abgeliefert und von Eleonore wieder zurückerhalten hatten. Die Königin bewies ihre Souveränität und Großzügigkeit, indem sie den Mönchen den kostbaren Kelch ein weiteres Mal zurückerstattete. Sie vergalten ihr das mit einer Urkunde, in der sie der Königin hoch und heilig versprachen, den Kelch nie wieder außer Hauses zu geben.[71] Anfang Juni nahm die Königinmutter an einem Konzil in St. Albans teil, auf dem Treuhänder bestimmt wurden, die den für die Auslösung des Königs zusammengetragenen Fundus verwalten sollten; die Gelder und Wertgegenstände sollten in geschlossenen Truhen in der Londoner St. Pauls-Kathedrale verwahrt werden, plombiert mit dem Siegel der Königinmutter und dem des Erzbischofs von Rouen. Die Kampagne für die Erhebung des Lösegelds ging im Dezember zu Ende, und Kaiser Heinrich VI. verkündete, man werde Richard Mitte Januar 1194 auf freien Fuß setzen.

Richards Mutter und der neue Erzbischof von Canterbury, Hubert Walter, brachen mit der ersten Tranche des Lösegeldes nach Deutschland auf; es ist möglich, wenn auch nicht wahrscheinlich, dass Eleonore eine Route durch die Grafschaft Champagne wählte. Wenn dem so war, könnte es dort zu einem Wiedersehen zwischen ihr und der Gräfin Marie, ihrer Tochter aus erster Ehe, gekommen sein. Es scheint ziemlich ausgeschlossen, dass die beiden sich seit dem Abgang Eleonores vom Kapetinger-Hof im Jahre 1152 noch einmal gesehen hatten; Marie war damals sieben Jahre alt gewesen. Es wäre die letzte Gelegenheit für ein Treffen gewesen, denn Marie starb im März 1198 im Alter von 53 Jahren.[72] Auch Eleonores zweite Tochter aus der Ehe mit Ludwig VII., Adelicia, Witwe des Grafen von Blois, starb um diese Zeit; ihr genaues Todesdatum ist allerdings unbekannt.

Die Königinmutter traf rechtzeitig zum Feiertag der Heiligen Drei Könige in Köln ein, und Mitte Januar 1194 erreichte sie Speyer, wo ihr Sohn, vermutlich auf dem Trifels, festgehalten wurde. Am 2. Februar nahm sie in Mainz an einer Versammlung von Bischöfen und Magnaten des Deutschen Reichs teil, auf der letzte Details für die Modalitäten von Richards Freilassung ausgehandelt wurden. Zu klären war unter anderem die Frage, wie viele und welche Geiseln die Engländer als Pfand für die zweite Rate der 150 000 Mark Lösegeld zurücklassen sollten; am Ende gehörten zu diesen Geiseln zwei von Eleonores deutschen Enkeln – Söhne ihrer Tochter Matilda, Herzogin von Sachsen. Als Heinrich VI. Richard in letzter Minute mit der Forderung konfrontierte, England als kaiserliches Lehen seiner Hoheit zu unterstellen und ihm einen jährlichen Tribut von 5000 £ zu zahlen, riet Eleonore ihrem Sohn, in diese Forderung einzuwilligen, um endlich auf freien Fuß zu kommen.[73] Zwei Tage später, am 4. Februar, war der englische König endlich wieder ein freier Mann, und am 13. März landete er wohlbehalten in England. Eleonore begleitete ihn auf seiner nachfolgenden Rundreise durch das Königreich und nahm Ende März und Anfang April an einem großen Konzil in Nottingham teil, auf dem der König sein Königreich neu ordnete. Er ging mit den Anhängern von Graf Johann streng ins Gericht und befahl seinem Bruder, sich im Mai in England einzufinden, um sich einem Prozess wegen Hochverrats zu stellen. Etwas später, am 17. April, zeigte sich Richard in der Kathedrale von Winchester im Beisein Eleonores mit der Königskrone auf dem Haupt. Die Königinmutter saß dem König während dieser Feierlichkeit im Altarraum der Kathedrale gegenüber, ein ihr als Königinmutter vorbehaltener Ehrenplatz. Sie musste diesen nicht mit der Königin teilen, denn Berengaria betrat während der Regierungszeit ihres Mannes kein einziges Mal den Boden Englands. Eleonore begleitete ihren Sohn anschließend weiter, bis er am 24. April Portsmouth erreichte, wo er über zwei Wochen auf günstige Winde für die Überfahrt in die Normandie warten musste.[74]

Jetzt, da Richard Löwenherz wieder ein freier Mann und Herr über sein Reich war, kehrten bei seiner Mutter die Ängste über die Erbfolge im Hause Plantagenet zurück. In den Augen Eleonores war weder ihr jüngster Sohn Johann noch ihr Enkel ein geeigneter Thronerbe, und daher hatte sie gehofft, aus der Ehe Richards mit Berengaria werde ein Stammhalter hervorgehen.

Wegen des Kreuzzugs und der anschließenden Gefangenschaft Richards hatten die Eheleute sehr wenig Zeit miteinander verbracht, und das änderte sich auch nach dessen Rückkehr nicht wesentlich. Die Zeremonie in der Kathedrale von Winchester hätte einen angemessenen Rahmen für die Krönung Berengarias zur Königin von England abgegeben, aber man hatte darauf verzichtet, sie zu diesem Anlass ins Land zu holen. Richard Löwenherz war nach seiner Rückkehr aus Deutschland fast ununterbrochen mit Feldzügen und Kämpfen gegen die Franzosen beschäftigt und umständehalber von seiner Frau getrennt, wobei es offenbar auch Zeiten gab, in denen ein Zusammensein mit ihr möglich gewesen wäre, wenn er es gewollt hätte. Im Jahr 1195 erschien ein heiliger Einsiedler vor dem König und tadelte ihn wegen seiner Sünden; er forderte den König auf, sein Leben zu ändern, und rief ihm die Mahnung zu: «Erinnert euch der Zerstörung Sodoms und enthaltet euch verbotenen Tuns!» Nach dieser Zurechtweisung durch den Einsiedler schenkte der König seiner Frau eine Zeit lang mehr Aufmerksamkeit, ohne dass dies jedoch zu einer Schwangerschaft geführt hätte.[75] Die Strafpredigt des Einsiedlers und der Umstand, dass Berengaria nie ein Kind von Richard bekam, waren «die beiden Hauptbelege» für die These, der König sei homosexuell gewesen. Wie auch immer die Wahrheit über Richards sexuelle Orientierung aussehen mag, Tatsache ist, dass es für Eleonore Gründe genug zur Sorge um die Ehe ihres Sohnes gab. Spätestens 1198 war klar, dass diese Ehe zwei ihrer wesentlichen Ziele verfehlt hatte: Zum einen hatte sie keinen Erben für die Besitzungen des Hauses Plantagenet hervorgebracht, zum zweiten war das Bündnis mit dem König von Navarra dadurch, dass Richard Löwenherz seinen Frieden mit Raymond VI. von Toulouse gemacht hatte, überflüssig geworden.[76]

Für Eleonore kam ihr Enkel Arthur von der Bretagne, weil durch den Hass seiner bretonischen Mutter Constanze und seines Schutzherrn Philipp II. auf die Plantagenets vergiftet, als Erbe Richards nicht infrage. Sein bloßer Name war «ein Fanal der bretonischen Unabhängigkeit und der Feindseligkeit gegenüber den Plantagenets». Weil nicht nur Constanze seit dem Tod ihres Mannes Gottfried 1186, sondern die bretonische Aristokratie als Ganze massive Ressentiments gegen ihren Lehnsherrn, den Herzog der Normandie, an den Tag legten, wollte Eleonore sicherstellen, dass der kleine Arthur niemals Oberhaupt des Hauses Plantagenet werden konnte. Constanzes abgrundtiefe Abneigung gegen die angevinische Herrscherfamilie hatte sie blind gemacht für die Vorteile, die es ihrem Sohn hätte einbringen können, wenn er am Hofe Richards aufgewachsen wäre – eine Chance, eine engere Bindung zu seinem Onkel aufzubauen, der ihn dann möglicherweise in aller Form zum Erben der englischen Königskrone erklärt hätte. Als Richard Löwenherz 1196 die Vormundschaft über den Jungen forderte, versteckten ihn die Bretonen und verfrachteten ihn heimlich an den Hof Philipps II. Damit wurde Arthur zu einem Bauern im Schachspiel des französischen Monarchen, und weder Eleonore noch Richard konnten ihn unter diesen Umständen als Thronfolger in Betracht ziehen. In dem Maß, wie die Hoffnung auf einen leiblichen Erben Richards dahinschwand, avancierte Graf Johann zum wahrscheinlichen Nachfolger seines Bruders.[77]

Es ist denkbar, dass die Augen der alternden Herzogin sich auf der Suche nach einem potenziellen Thronerben nach dem Abgang Arthurs nach Paris auf einen anderen Enkel richteten: den deutschen Prinzen Otto von Braunschweig, den Sohn von Eleonores Tochter Matilda und Herzog Heinrich von Sachsen. Als Richard Löwenherz Otto im Frühjahr 1196 den Titel eines Grafen von Poitou anbot, geschah das womöglich auf Anraten Eleonores. Sollte sie sich damit abgefunden haben, dass ihr Sohn Richard keinen leiblichen Erben hervorbringen würde, so könnte es ihr Bestreben gewesen sein, einen akzeptablen Anwärter so stabil in ihr Patrimonium einzupflanzen, dass es dort nach ihrem Tod nicht zu einem Erbfolgekonflikt kommen würde.[78] Eine andere Erklärung dafür, dass Richard das Poitou seinem Neffen antrug, lässt sich schwerlich finden, denn er vollzog damit offensichtlich eine Abkehr von seiner früheren Tendenz, unbedingt an seinen südlichen Erblanden festzuhalten. Wie auch immer, der junge Otto wurde nie förmlich zum Grafen von Poitou gekürt, und nichts deutet darauf hin, dass er dort jemals eigene Machtbefugnisse ausübte, denn sowohl in Aquitanien als auch in der Gascogne blieb die Macht in den Händen der von Richard eingesetzten Seneschalle. 1197 eröffnete sich für Otto mit dem Tod von Kaiser Heinrich VI. die hochkarätigere Chance, die deutsche Kaiserwürde zu erlangen, und er kehrte nach Deutschland zurück, um seine Kandidatur dafür voranzutreiben. Der Abgang Ottos und der Umstand, dass Arthur von der Bretagne im Haushalt von Richards Erzfeind heranwuchs, veranlassten Löwenherz dazu, stillschweigend die Anwartschaft seines Bruders Johann auf den englischen Thron und das angevinische Erbe anzuerkennen. Allein, Arthur hörte nicht auf, seiner Großmutter Kopfschmerzen zu bereiten, denn er spielte seinem Förderer Philipp II. von Frankreich eine Trumpfkarte in die Hand, die dieser nach dem Tod Richards 1199 in seiner politischen Partie gegen Johann ausspielen sollte.[79]

Eleonores erster Rückzug, 1194

Als Richard Löwenherz im Frühjahr 1194 nach Wiedererlangung seiner Freiheit seine Herrschaft über England konsolidiert hatte, kehrten er und Eleonore in dem Wissen, dass sich sein Königreich wieder in sicherem Fahrwasser befand, nach Frankreich zurück. Mitte Mai, kurz nachdem die beiden in der Normandie eingetroffen waren, stieß Johann in Lisieux zu ihnen – die Vorladung zu einem Prozess gegen ihn in England hatte er ignoriert. Die Königinmutter tat ihr Möglichstes, eine Aussöhnung zwischen ihren beiden letzten überlebenden Söhnen herbeizuführen. Dokumente, die Richard Löwenherz in die Hände gefallen waren, belegten, dass sein Bruder noch zum Zeitpunkt seiner Freilassung aus deutscher Gefangenschaft mit dem französischen König gegen ihn konspiriert hatte, und Richard hatte Johann daraufhin befohlen, sich vor einem großen Konzil in Northampton für seinen Verrat zu verantworten. Er hatte zu seinem Bruder zu wenig Vertrauen, um ihm irgendwelche Burgen oder Landgüter zu überlassen; trotzdem empfing er den in Tränen aufgelösten und bußfertigen Johann im Mai 1194, wenn auch «mit gelassener Verachtung». Zu verdanken hatte Johann dies «der Vermittlung von Königin Eleonore». Indem sie den Zorn des Königs besänftigte, bewahrte sie Johann vor der Schmach, sich einem Zweikampf stellen zu müssen, wie er traditionell zur Urteilsfindung gegen hochgestellte Persönlichkeiten diente, die des Verrats an ihrem Lehnsherrn bezichtigt wurden.[80]

Als die Königinmutter zu der Überzeugung gelangte, die Dinge seien so weit im Lot, dass sie sich aus den Angelegenheiten des Staates zurückziehen konnte, wählte sie als ihr Altersrefugium nicht Poitiers, sondern Fontevraud, das ruhmreiche Kloster an der angevinisch-poitevinischen Grenze. Im Lauf der Jahre hatte sie sich diesem Kloster gegenüber zunehmend großzügiger gezeigt. Die Tatsache, dass sich in der Kapelle von Fontevraud das Grabmal ihres Mannes Heinrich II. befand, war vermutlich nicht ausschlaggebend für die Wahl ihres Ruhesitzes. Zweifellos war es so, dass dieses Doppelkloster, dessen Mönche der Herrschaft einer mächtigen Äbtissin unterstanden, für Eleonore als einer Persönlichkeit, die Macht zu schätzen wusste, ein attraktiver Ort war, zumal Fontevraud seit jeher vornehme Frauen angezogen hatte, darunter auch solche aus der Familie ihres verstorbenen Mannes.

Eleonore machte Fontevraud zu ihrer Hauptresidenz für den Rest ihrer Tage. Nachdem sie sich dort niedergelassen hatte, widmete sie ihr Leben in zunehmendem Maß ihren spirituellen Bedürfnissen und den persönlichen Angelegenheiten ihres Haushalts und der engsten Vertrauten, die das Leben im Kloster mit ihr teilten. Der Tod war den Menschen im Mittelalter ein ständiger Begleiter, und das galt besonders für jemanden, der ein so biblisches Alter wie Eleonore erreicht und die meisten seiner Angehörigen überlebt hatte. Wie andere Christen im Mittelalter, hoffte sie, eines friedlichen Todes sterben zu können. Doch weder ihr Rückzug ins Kloster noch ihr fortgeschrittenes Alter bedeuteten, dass sie sich nun ganz von der säkularen Welt und von den öffentlichen Belangen abgemeldet hätte. Bei der Wahl ihres Ruhesitzes dürften politische Erwägungen eine genauso große Rolle gespielt haben wie familiäre Bande oder ihre Frömmigkeit. Die strategische Lage Fontevrauds an der Nahtstelle zwischen den nördlich und südlich der Loire gelegenen Fürstentümern der Plantagenets machte es zu einer «günstigen Operationsbasis», von der aus Eleonore dynastische Beziehungspflege zu den Aristokraten der Region betreiben konnte, die unter den Vorzeichen der endlosen Machtkämpfe zwischen ihren Söhnen und ihrem Gegenspieler Philipp II. nach wie vor ein gefährliches Krisenpotenzial darstellten.[81] Außerdem konnte sie von Fontevraud aus jederzeit das nahe gelegene Poitiers besuchen. Den Boden Englands betrat sie nie wieder.

Auch in ihrem partiellen Ruhestand nach 1194 unterhielt Eleonore einen großen Haushalt, dem außer ihrer häuslichen Dienerschaft Ritter, Dienstadlige und mehrere Schreiber angehörten. Nicht mehr Teil ihres Gefolges war zu diesem Zeitpunkt ihr langjähriger Kaplan Peter, der 1154 mit ihr aus dem Poitou nach England übergesiedelt und 1168 mit ihr nach Poitiers zurückgekehrt war. Ihren Dank für die treuen Dienste des in die Jahre gekommenen Kaplans hatte sie ihm gleich nach der Wiedererlangung ihrer Freiheit 1189 abgestattet, indem sie ihm eine Altersversorgung gesichert hatte. Als Erzbischof Walter von Rouen weitere Chorherren für seine Domkirche rekrutieren wollte und dafür eine neue Pfründe in Gestalt von Einkünften aus einer Kapelle in Nottinghamshire erschloss, bat ihn die Königinmutter, eine der neuen Stellen für Peter den Kaplan zu reservieren. Eine spätere Überlieferung stellt eine Verbindung zwischen Eleonore und der besagten Kapelle in Nottinghamshire her, die sich innerhalb der Mauern der Burg Tickhill befand; ihr zufolge war Eleonore die Gründerin dieser Kapelle.[82]

Die Königinmutter beschäftigte auch nach ihrer Rückkehr aufs Festland einen großen Stab geistlicher Beamten, die ihr als Schreiber dienten; allerdings trug keiner von ihnen die Amtsbezeichnung Kanzler. Die Namen von vieren ihrer Schreiber in Fontevraud, die zuweilen auch als ihre Kaplane bezeichnet werden, deuten darauf hin, dass sie weiterhin eine aktive Korrespondenz führte. Andere in ihrem Dienst stehende Geistliche fungierten als Almoseniere, und einer von diesen blieb auch nach ihrem Rückzug nach Fontevraud in ihren Diensten und verfasste wahrscheinlich Urkundentexte für sie.[83] Ritter, deren Aufgabe es war, Eleonores Witwengut in England zu verwalten, kamen gelegentlich nach Fontevraud, um ihr ihre Rechenschaftsberichte vorzulegen, ein Indiz dafür, dass ihr auch im Ruhestand weiterhin Einkünfte aus England zuflossen. Einer dieser Ritter war Henry de Berneval, Steward für ihre englischen Besitzungen und von Eleonore mit Einkünften aus ihren Gütern in Wiltshire bedacht, ein anderer Geoffroy de Wancy, Konstabler ihres Herrenhauses Berkhamstead, ein dritter Wandrill de Courcelles, ein normannischer Ritter mit der Amtsbezeichnung Seneschall, der wahrscheinlich ihre Wittumbesitzungen im Herzogtum verwaltete.[84]

Unter den Nonnen von Fontevraud fanden sich etliche noble Frauen, die sich, wie Eleonore, dorthin zurückgezogen hatten, ohne ein Gelübde abzulegen. Eine Enkelin Eleonores, Tochter der Gräfin von Blois, ihrer zweiten Tochter aus der Ehe mit Ludwig VII., war eine der Nonnen. Besuch erhielt Eleonore im Kloster irgendwann zwischen Mai 1194 und dem Frühjahr 1195 von ihrer Tochter Johanna. Die unglückliche Königin von Sizilien gehörte seit dem Ende des Dritten Kreuzzuges dem Gefolge ihrer Schwägerin Berengaria von Navarra an. Im Herbst 1196 verheiratete ihr Bruder Richard sie mit Raymond VI. von Toulouse, um die Beilegung des langjährigen Konflikts zwischen den Herzögen von Aquitanien und den Grafen von Toulouse zu besiegeln. Eleonore konnte kaum hoffen, dass ihrer Tochter eine glückliche Ehe bevorstand, denn der Graf war zuvor schon dreimal verheiratet gewesen, und zwei seiner Ex-Gattinnen lebten noch.[85]

Von einer Witwe wurde erwartet, dass sie fromme Schenkungen an religiöse Einrichtungen ihrer Wahl tätigte; die Wohltaten, die Eleonore dem Kloster Fontevraud erwies, steigerten sich im Verlauf ihres letzten Lebensjahrzehnts. Keine andere Institution erhielt von der Königinmutter so viele Stiftungen; es sind über ein Dutzend Urkunden aus diesem Zeitraum erhalten, die entweder Eleonores eigene Schenkungen bezeugen oder Schenkungen durch Mitglieder ihres Hausstandes bestätigen; darüber hinaus sind auch Geschenke Eleonores an ihre Gefolgsleute aktenkundig. Während der Gefangenschaft von Richard Löwenherz hatte Eleonore dafür gesorgt, dass Fontevraud von einem Beitrag zu dem Lösegeld, wie alle anderen religiösen Einrichtungen ihn leisten mussten, befreit wurde. Unter den Stiftungen, die sie in den Jahren ihres Ruhestandes tätigte, befanden sich regelmäßige Ein-

Richard Löwenherz (rechts) kämpft gegen Philipp II. Augustus in Gisors 1198. Chronik von Saint-Denis, 14. Jahrhundert.

künfte aus ihren poitevinischen Besitzungen, die sie an das Kloster abtrat, beispielsweise eine Jahresrente von 130 poitevinischen Pfund, die den Unterhalt der klösterlichen Küche sichern sollte, oder eine Jahresrente von 10 poitevinischen Pfund für einen der Kaplane, der sich dafür verpflichtete, in der von Eleonore gestifteten Kapelle St. Laurence regelmäßig die Messe zu lesen. Eleonore fand auch andere Mittel und Wege, ihr Altersrefugium zu begünstigen, etwa indem sie als Schlichterin von Streitigkeiten Urteile fällte, die sich für Fontevraud günstig auswirkten – wie erhaltene Urkunden belegen, veranlasste sie Bittsteller und Petenten zu Zahlungen und Schenkungen an das Kloster.[86]

Aus den letzten fünf Lebensjahren von Richard Löwenherz, die er weitgehend mit der Bekämpfung seines Widersachers auf dem französischen Thron verbrachte, sind kaum Belege für Aktivitäten Eleonores erhalten. Man kann vermuten, dass sie an Richards Hoftag an Weihnachten 1195 in Poitiers teilnahm, wofür jedoch keine Belege vorliegen. Die übrigen Weihnachtsfeste, die Richard allesamt inmitten bewaffneter Auseinandersetzungen beging, wurden vermutlich nicht groß gefeiert. Hier und da sind Dokumente aufgetaucht, die zeigen, dass Eleonore sich in diesen Jahren sporadisch in das politische Geschehen einschaltete. 1196 fanden in Fontevraud Verhandlungen über die Schlichtung eines Streits zwischen der nahe gelegenen Abtei Bourgueil und Eleonores Vasallen im poitevinischen Jaulnay statt, denen sie beiwohnte. Im Jahr darauf ersuchte sie gemeinsam mit Erzbischof Walter von Coutances den König, einem langjährigen Diener der Krone

Grabskulptur von König Richard I. von England im Kloster Fontevraud. Er war Eleonores Lieblingssohn, und sie beaufsichtigte vermutlich die Arbeiten an seinem Grabmal.

eine Schuld zu erlassen; Richard zeigte sich gnädig und strich die Hälfte der Schuld. 1198 wandten sich die Mönche von Canterbury brieflich an die Königin und ersuchten sie, schlichtend in ihren nach wie vor schwelenden Streit mit dem Erzbischof einzugreifen.[87]

Ende März 1199 wurde Richard Löwenherz bei der Belagerung von Chalus südlich von Limoges vom Pfeil eines Armbrustschützen getroffen und schwer verletzt; er lebte noch zehn Tage, sodass Eleonore Zeit blieb, an sein Sterbebett zu eilen, begleitet vom Abt des Klosters Turpenay in der Nähe von Chinon. Nach dem Tod des Königs am 6. April geleitete Eleonore seinen Leichnam nach Fontevraud, wo er in der Kapelle neben seinem Vater bestattet wurde, wie er es gewünscht hatte. Ebenfalls seinem Wunsch gemäß wurde sein Herz separat in der Kathedrale von Rouen bestattet, vor dem Hochaltar und gegenüber dem Grabmal seines Bruders Heinrich. Bischof Hugo von Lincoln, der unterwegs zu Richard Löwenherz gewesen war, um einen Streit mit dem König beizulegen, befand sich in Anjou, als ihn die Nachricht vom Tode Richards erreichte, und begab sich sogleich nach Fontevraud, wo er am 11. April 1199, dem Palmsonntag, die Totenmesse las; zu den weiteren Teilnehmern an diesem Gottesdienst gehörten die Bischöfe von Angers und Poitiers, der Abt von Turpenay und der Abt von Le Pin, der frühere Almosenier des Königs.[88]

Zwei Wochen nach der Bestattung Richard Löwenherz' fertigte Eleonore gemeinsam mit ihrem letzten noch lebenden Sohn Johann eine Urkunde aus, die eine Stiftung an das Kloster Sainte-Marie de Turpenay beglaubigte. In diesem Dokument offenbarte die Königinmutter, dass sie sich der besonderen Wertschätzung Richards für sie bewusst war: Sie erklärte, der verstorbene König habe «vollkommenes Vertrauen zu uns gehabt, ... dass wir für seine Erlösung sorgen würden ... in Übereinstimmung mit unserer mütterlichen Fürsorgepflicht». Sie erklärte, sie habe sich zu dieser Schenkung entschlossen, «weil unser geliebter Abt von Turpenay mit uns der Krankheit und dem Begräbnis unseres liebsten Sohnes, des Königs, beigewohnt und sich mit größeren Mühen als alle anderen um die Totenfeier gekümmert hat». Unter denen, die diese Stiftung persönlich bezeugten, waren erlauchte Persönlichkeiten, darunter etliche, die am Begräbnis Richards teilgenommen hatten. Zu den Kirchenmännern unter ihnen gehörten Kardinal Peter von Capua, die Bischöfe von Poitiers und Agen (letzterer hatte schon einem anderen Sohn Eleonores, dem jungen Heinrich, die Sterbesakramente verabreicht), zu den weltlichen Richards Thronerbe Graf Johann, die Königinwitwe Berengaria, der Seneschall von Anjou und zwei in Fontevraud residierende Aristokratinnen: Eleonores Enkelin und Matilda Gräfin von Perche.[89] Einige Wochen später wendete die Königinmutter dem Kloster Fontevraud 100 poitevinische Pfund zu, gewidmet dem Seelenheil ihres Mannes Heinrich II., ihres Sohnes Heinrich, ihrer anderen Söhne und Töchter und «jenes mächtigen Mannes, König Richard».[90]

Während der Regierungszeit Richards I. von England hatte Eleonore von Aquitanien einen weiten Weg zurückgelegt: aus der Inhaftierung, Isolation und Ohnmacht zum Zeitpunkt des Todes ihres Mannes 1189 zu einer beherrschenden Machtstellung in der Regierung Englands. Das ist umso bemerkenswerter, als es zu einer Zeit passierte, in der der wesentlich von der Kirche diktierte Zeitgeist und die Zunahme bürokratischer Verwaltungsstrukturen Frauen die Ausübung von Macht zunehmend erschwerten. Eleonore nahm ihre politische Verantwortung ernst und bewältigte die sich daraus ergebenden Aufgaben mit großer Tatkraft; trotz ihres fortgeschrittenen Alters ließ sie sich nicht davon abhalten, nach Spanien, Sizilien und Deutschland zu reisen, um wichtige Missionen für ihren Sohn Richard zu erledigen.

Als dieser im Frühjahr 1199 eines plötzlichen Todes starb, ohne einen leiblichen Erben zu hinterlassen, sah sie sich gezwungen, noch einmal die weltliche Arena zu betreten. Als Mittsiebzigerin schwang sie sich ein weiteres Mal in den Sattel und stürzte sich, ein größeres Pensum als je zuvor bewältigend, in den Kampf um die Rechte ihres letzten überlebenden Sohnes Johann an der Erbmasse des Hauses Plantagenet und an ihrem eigenen Patrimonium.

XI.

Sicherung des Erbes des Hauses Plantagenet: die Regierungszeit Johanns, 1199–1204

Nach dem Tod von Richard Löwenherz war Eleonore nicht die Zeit vergönnt, die sie vielleicht gebraucht hätte, um in stiller Besinnung am Grab ihres Sohnes in Fontevraud zu trauern. In einem Alter, das im Mittelalter nur wenige Frauen erreichten, sah sich die Königinmutter ein weiteres Mal gezwungen, politisch aktiv zu werden. Wir kennen kaum einen anderen weltlichen Herrscher des 11. oder 12. Jahrhunderts – ob männlich oder weiblich –, der im Alter von 75 Jahren noch eine solche Aktivität entfaltete. Auf Eleonore wartete in den Monaten nach dem Tod Richards eine der arbeitsreichsten Phasen ihres ganzen Lebens, ausgelöst durch die Tatsache, dass Ungewissheit über die Thronfolge herrschte und die Zukunft des Plantagenet-Reichs infrage gestellt schien. Es war nicht klar, wer die Nachfolge Richards antreten würde, sein jüngerer Bruder Johann oder sein noch jugendlicher Neffe Arthur, Sohn Gottfrieds von der Bretagne. Eleonore machte sich keine Illusionen über ihren letzten noch lebenden Sohn; in einem Brief an den Papst, geschrieben während der Gefangenschaft Richards, hatte sie zugegeben, dass dessen Bruder Johann «die Menschen im Königreich des Eingekerkerten mit dem Schwert tötet… [und] das Land mit Feuer verheert».[1] In der Frage der Thronfolge unterstützte sie jedoch rückhaltlos Johann gegen ihren Enkel Arthur und blendete die Erinnerung an seine verräterische Vergangenheit aus.

Eleonore hatte kein Interesse daran, das Konglomerat ihrer angevinischen Besitzungen zwischen ihrem Sohn und ihrem Enkel aufgeteilt zu sehen, denn sie hegte ein tiefes Misstrauen gegen ihre bretonische Schwiegertochter Constanze, deren Hauptanliegen es offenbar war, die Hoheit des Hauses Plantagenet über die Bretagne zu beenden. Man kann in der Machtprobe, die sich nach dem Tod von Richard Löwenherz entwickelte, in der Tat einen Konflikt zwischen zwei Müttern sehen, die beide für die Rechte ihres Sohnes kämpften.[2] Eleonore war freilich ihrem jüngsten Sohn Johann nie nahe gewesen; in seinen ersten Lebensjahren war sie vollauf mit ihren Regierungsaufgaben in Aquitanien beschäftigt gewesen, danach hatte sie 15 Jahre unter Arrest gestanden, und somit kaum die Chance gehabt, eine emotionale Bindung zu ihm zu entwickeln. Natürlich hatte sie auch kein Bewusstsein dafür, dass seine frühkindliche Erfahrung des Getrenntseins von der Mutter zur Prägung seiner Persönlichkeit beigetragen haben könnte, seines verstockten, misstrauischen und verschlagenen Naturells, das alle Aspekte seiner unseligen Herrschaft durchdringen sollte. Wie auch immer, sie stürzte sich, ohne zu zögern, in den Kampf um die Sicherung seiner Thronfolge für das gesamte dynastische Portfolio des Hauses Plantagenet. Sie tourte im Eiltempo durch Frankreich, um das Poitou zu befrieden und in Anjou und Aquitanien Unterstützung zu mobilisieren, während Johann im anglo-normannischen Teil seines Reiches die Zügel seiner Herrschaft anzog.

Zum Zeitpunkt von Eleonores Tod im Jahre 1204 war wohl kaum mehr zu übersehen, dass Johann dabei war, den Kampf um die Bewahrung des Plantagenet-Reichs vor dem Zugriff Philipps II. von Frankreich zu verlieren, eines Fürsten, der dem englischen König in puncto Verschlagenheit und Skrupellosigkeit überlegen war. Vielleicht hätte kein englischer König der vorwärts drängenden Kapetinger-Monarchie Einhalt gebieten können, deren Ressourcen in den Regierungsjahren Johanns denen der Angeviner mindestens ebenbürtig waren. Es gab jedoch immer wieder Kommentatoren, die die Ehe Eleonores mit Heinrich Plantagenet für die Nöte, in die sein Reich nach seinem Tod geriet, verantwortlich machten. Nach der Thronbesteigung Johanns prophezeite der Bischof von Lincoln, Hugo von Avalon, König Philipp werde Vergeltung gegen die Söhne «der Ehebrecherin [üben], die ihren rechtmäßigen Ehemann schamlos für seinen Rivalen, den König der Engländer, verließ». Er prophezeite den Untergang der von Heinrich und Eleonore begründeten Plantagenet-Linie und sah damit biblische Weissagungen erfüllt: «Bastardtriebe schlagen keine tiefen Wurzeln» und «Die Früchte des Ehebruchs sind der Vernichtung geweiht».[3]

Eleonores Sohn und Enkel als Anfechter der Erbfolge

Richard Löwenherz, in Chalus tödlich verwundet, wusste, dass er ein umstrittenes Erbe hinterließ, um das sich vermutlich Johann und Arthur zanken würden. Welcher Verwandtschaftsgrad in einer solchen Situation den Vorrang hatte, war zu jener Zeit noch nicht verbindlich festgelegt, auch wenn einige Autoritäten die Auffassung vertraten, ein Neffe als Nachkömmling eines verstorbenen älteren Bruders habe ein höheres Recht als ein überlebender jüngerer Bruder. Die um das Totenlager des Königs versammelten Gefährten drängten ihn, einen Thronfolger zu benennen. Die englischen Barone waren nicht gewillt, einen Anspruch Arthurs auf die englische Krone anzuerkennen; nach ihrer Überzeugung würde ein minderjähriger Junge auf dem Königsthron dem Plantagenet-Reich eine schwache Herrschaft in einer kritischen Zeit bescheren, in der ihm Gefahr in Gestalt des immer mächtiger werdenden Philipp II. drohte. Außerdem wiesen sie darauf hin, dass Johann seinem Bruder Löwenherz in dessen letzten fünf Lebensjahren recht gute Dienste als Soldat geleistet und militärische Erfahrung gesammelt hatte.[4]

Eleonore zögerte nicht, sich denen anzuschließen, die sich für ihren letzten verbliebenen Sohn und gegen ihren Enkel aussprachen. Wir wissen nicht mit Sicherheit, ob Richard auf dem Totenbett einen letzten Willen äußerte, können aber vermuten, dass er, von seiner Mutter und seinen Magnaten gedrängt, seinen Bruder, Graf Johann, zu seinem Erben bestimmte, bevor er sein Leben aushauchte. Johann weilte gerade zu Besuch bei seinem Neffen in der Bretagne, als Richard seine tödliche Verwundung erlitt. Wahrscheinlich von einem Geheimkurier Eleonores über den ernsten Zustand seines Bruders informiert, machte er sich sogleich auf den Weg nach Anjou und stieß in Fontevraud zu seiner Mutter und den anderen um Richard Trauernden. Der von Richard eingesetzte Seneschall von Anjou, ein loyaler englischer Ritter, übereignete Johann die Burgen Loches und Chinon mitsamt ihren Schätzen, vielleicht auf Betreiben Eleonores.[5]

Während die englischen und normannischen Magnaten für Richards Bruder eintraten, ergriffen die Aristokraten von Anjou, Maine und Touraine die Partei Arthurs von der Bretagne, sodass sich ein Konflikt über die Thronfolge abzeichnete, der Philipp II. die Chance eröffnete, die alte Kapetinger-Politik des Ausspielens zweier Mitglieder des Hauses Plantagenet gegeneinander zu reaktivieren. In dieser Situation setzte Eleonore ungeachtet ihres Alters alle Hebel in Bewegung, um die Anerkennung Johanns als Erbe des ganzen von Heinrich II. aufgebauten Reichs durchzusetzen. Während sie es Johann überließ, England und die Normandie bei der Stange zu halten, ging sie daran, die südlichen Fürstentümer zu stabilisieren. Eine Streitmacht unter Führung Arthurs und Constanzes war in Anjou und Maine einmarschiert, und als sie Le Mans einnahm, begab sich Philipp II. dorthin, um die Huldigung des jungen Arthur entgegenzunehmen. Der bretonische Prinz marschierte dann weiter nach Tours. Während Johann sich am 25. April in Rouen zum Herzog der Normandie einsetzen ließ, stärkte Eleonore Richards unerschütterlichem Söldnerhauptmann Mercadier den Rücken, als dieser mit seiner Truppe plündernd Richtung Angers zog, zur Strafe dafür, dass die Angeviner sich auf die Seite Arthurs geschlagen hatten. Derweil marschierten loyal gebliebene poitevinische Adlige nordwärts Richtung Tours, um die Invasionstruppen Arthurs zu stellen.

Eleonores energisches Eintreten für ihren Sohn Johann fand bei der Bevölkerung Englands wenig Resonanz, ganz anders als ihr ebenso tatkräftiger Einsatz für Richard Löwenherz einige Jahre zuvor. Ein Grund dafür war, dass sich der handfeste Teil dessen, was sie unternahm, im Tal der Loire und in ihrer aquitanischen Heimat abspielte und die meisten Menschen in England davon wenig mitbekamen, abgesehen vielleicht von einigen spektakulären Vorgängen, die sich herumsprachen. Ein weiterer Faktor war die Tatsache, dass kurz nach Anbruch des neuen Jahrhunderts zwei der bedeutendsten englischen Chronisten des Zeitalters starben, Roger von Howden ca. 1203 und Ralph Diceto 1201. Eleonores Strafexpedition nach Anjou an der Seite Mercadiers im Frühjahr 1199 erwähnte Howden, ohne sie zu kommentieren, aber zweifellos fand er ihre Teilnahme daran «unweiblich».[6] Ein anderer Chronist, der zwei oder drei Jahrzehnte nach dem Tod der Königinmutter schrieb, hielt sich weniger bedeckt und ergänzte seinen Bericht über die Geschehnisse mit der Angabe, Eleonore und Mercadier hätten Angers verwüstet und «gemeinerweise alle gefangen genommenen Bürger verschleppt».[7] Auf der anderen Seite gab es Dichter, die die Vorstellung von der in den Krieg ziehenden alten Dame inspirierend fanden: In dem gegen Ende des 12. Jahrhunderts entstandenen Epos *Aliscans* kommt eine fiktive vornehme Dame vor, die von sich sagt: «Obwohl mein Haar grau und weiß ist, ist mein Herz voller Kühnheit und dürstet nach Krieg.»[8]

Anders als sein Bruder Richard war Johann zu dem Zeitpunkt, als er den englischen Thron bestieg, nicht amtierender Herzog von Aquitanien; die Möglichkeit, dass Philipp von Frankreich dort Unterstützung für seinen Protégé Arthur mobilisierte, war gegeben, sodass Eleonore sich gezwungen sah, alle Zweifel am Fortbestand ihrer Herrschaft über das Herzogtum auszuräumen. Die Königinmutter eilte Ende April aus Fontevraud nach Aquitanien, um die Huldigung ihrer Untertanen entgegenzunehmen, während Johann nach England aufbrach, wo er am 25. Mai zum König gekrönt wurde. In einer von Eleonores Urkunden aus dieser Zeit heißt es: «Da Heinrich, wie auch unser Sohn Richard, der ihm nachfolgte, beide seither verstorben sind und Gott uns noch auf dieser Welt gelassen hat, haben wir uns gemäß unserer Fürsorgepflicht für die Bedürfnisse unserer Menschen und die Wohlfahrt unseres Landes verpflichtet gefühlt, die Gascogne zu besuchen.»[9] Um ihr Herzogtum vor den Einmischungen des Kapetinger-Königs zu bewahren, sprang sie sogar über ihren Schatten und suchte Mitte Juli Philipp II. auf, um ihm für ihre Grafschaft Poitou zu huldigen, was nach geltendem Recht auch eine Huldigung für Aquitanien als Ganzes einschloss. In welchem feudalen Verhältnis ihr Herzogtum zur französischen Monarchie stand, blieb zwar weiterhin unklar – und das galt erst recht für den Status der Gascogne –, aber die Kapetinger-Könige beanspruchten seit Generationen das Recht, immer dann in Aquitanien einzugreifen, wenn nach ihrer Auffassung die herzogliche Autorität an ihre Grenzen stieß. Das Vorgehen Eleonores, sehr wahrscheinlich ihre eigene Idee und Initiative, war ohne Beispiel, denn es war zu der Zeit absolut nicht üblich, dass eine Frau persönlich ihrem Lehnsherrn huldigte – normalerweise tat das ein männlicher Angehöriger in ihrem Auftrag und Namen.[10]

Von Ende April bis Anfang Juli 1199 tourte Eleonore durch ihr Herzogtum, von Loudun nahe der Grenze zu Anjou bis nach Bordeaux; überall stellte sie Urkunden aus, mit denen sie Eigentumsrechte und Privilegien garantierte, alles in dem Bemühen, ihre Untertanen für ihren Sohn Johann zu gewinnen. Es kam für sie jetzt entscheidend darauf an, ihre poitevinischen Vasallen, die unter dem brutalen Regiment Richards gelitten hatten, versöhnlich zu stimmen. Auf ihrer Rundreise versuchte sie, die Loyalität nicht nur des Klerus, sondern auch der Stadtbewohner zu stärken, indem sie religiösen Einrichtungen und befestigten Städten großzügig Privilegien zugestand. In den Genuss dieser Großzügigkeit kamen natürlich auch die älteren Klöster und Kirchengemeinden, die sich traditionell der Gunst der Grafen und Herzöge erfreut hatten, darunter Montierneuf, Saint-Eutrope, Sauve-Majeure und nicht zuletzt die von Richard Löwenherz gestiftete Zisterzienserabtei Notre-Dame de Charon.[11]

Sie gewährte den wichtigsten Städten des Poitou urkundliche Garantien: La Rochelle, Oléron, Niort, Poitiers, Saintes, Bordeaux und einigen anderen. Im Gegenzug gelobten diese Städte Vasallentreue, sagten die Gestellung von wehrfähigen Männern für die Verteidigung des Herzogtums zu und bekannten sich zu bestimmten Verpflichtungen gegenüber ihrer Herrscherin.[12] Die Einwohner von Bordeaux wandten sich mit dem Ersuchen an Eleonore, «bestimmte schlechte, unerhörte und ungerechte Auflagen», die Richard verhängt hatte, zu widerrufen. Eleonore erfüllte ihnen diesen Wunsch in der ausdrücklichen Erwartung, dass die Stadt und ihre Bewohner dem Herrscherhaus «die Treue und Hingabe [erweisen], auf die wir und unsere Vorgänger und unser teuerster Sohn Johann, König von England, uns immer verlassen konnten». Im Juli garantierte Johann den Bürgern von Bordeaux «alle Freiheiten und Gewohnheitsrechte», die seine Mutter ihnen zugestanden und bestätigt hatte.[13] Eleonore hatte erkannt, dass der Rückhalt, den sie bei der Stadtbevölkerung gewinnen konnte, insbesondere was die Aufbietung kampffähiger Milizen betraf, ein wertvolles Gegengewicht gegen den Wankelmut der poitevinischen Aristokratie darstellte, die die Rivalität zwischen den Plantagenets und den Kapetingern auszunutzen versuchten, um ihr und ihrem Sohn Zugeständnisse abzuringen. Die Großzügigkeit, mit der sie jetzt finanzielle Ressourcen an ihre Vasallen abtrat, führte zwar auf längere Sicht zu einer gefährlichen Schwächung der herzoglichen Herrschaft, tat aber momentan die erwünschte Wirkung, die wirtschaftsstarken Städte zu loyalen Parteigängern Johanns zu machen. Wie sich in der Folge zeigte, widerstanden die poitevinischen Städte den Avancen des Kapetinger-Königs mindestens so lange, wie ihre Königin und Herzogin noch am Leben war.

Eleonore tat ihr Bestes, um auch die aquitanische Aristokratie für Johann zu gewinnen: Sie erstattete ihnen Ländereien und andere Vermögenswerte zurück, die Richard konfisziert hatte, und übte Wiedergutmachung für einige seiner Ungerechtigkeiten. Eine Urkunde, die die trauernde Königin «am Tag der Bestattung ihres teuersten Sohnes Richard» ausfertigte, bezeugte die Rückgabe eines Grundstücks an Wilhelm de Mauzé, das der verstorbene König ihm weggenommen hatte. Im Gegenzug tätigte Mauzé – «nach dem Willen und Ersuchen» der Königinmutter – eine Stiftung in Höhe von 100 angevinischen Pfund jährlich zugunsten der Nonnen von Fontevraud.[14] Schwerer zu befrieden waren die ungebärdigen Vertreter des Adels von Lusignan, Hugo IX. und Ralph, Graf von Eu, auch wenn sie bei Eleonores Rundreise durch die Grafschaft 1199 ihrem Tross angehörten. Manche Chroniken wissen zu berichten, Hugo IX. habe Eleonore, als sie mit ihrem Gefolge seine Grundherrschaft durchquerte, als Geisel genommen und sie erst freigelassen, als sie den von seiner Familie seit Langem erhobenen Anspruch auf die Grafschaft La Marche anerkannt hatte. Mindestens ebenso plausibel wie diese Räuberpistole ist die Version, dass Eleonore den Anspruch Hugos auf die Grafschaft anerkannte, um sich seine Unterstützung für die Thronfolge Johanns zu erkaufen. Wie auch immer, König Johann verlieh Hugo Ende Januar 1200 den Grafentitel und nahm im Gegenzug seine Huldigung für La Marche entgegen.[15]

Eleonore versuchte diejenigen poitevinischen Adelsfamilien, die dem herzoglichen Haus traditionell Verwaltungspersonal gestellt hatten, auf die Seite Johanns zu ziehen, insbesondere zwei Familien aus den mittleren Rängen der Aristokratie, die Mauléons und die Maingots aus Surgères. Beide hatten sich in der Vergangenheit als loyale Beamte der Plantagenets bewährt und unter anderem Provosten und Seneschalle gestellt. Die Mauléons, Nachkommen von Kastellanen, die Zug um Zug ihren Grundbesitz entlang der poitevinischen Atlantikküste vergrößert hatten, verwalteten seit Langem treuhänderisch die herzogliche Domäne Talmont. Ralph de Mauléon versuchte im Frühjahr 1199 aus dem Streit um die Erbfolge Kapital zu schlagen, indem er auslotete, welche Seite ihm mehr versprechen würde. In einem Akt der politischen Erpressung suchte er Eleonore auf und trug ihr seinen Wunsch vor, die erbliche Lehnsherrschaft über Talmont und La Rochelle zugesprochen zu bekommen; er bot ihr an, sein Anrecht darauf mit seinem eigenen Eid und dem von 100 seiner Ritter zu beweisen. Eleonore sah keine andere Wahl, als ihm entgegenzukommen. Sie war bereit, ihm Talmont zu überlassen, nicht aber die uneingeschränkte Herrschaft über die wohlhabende Hafenstadt La Rochelle. Sie bot ihm stattdessen eine Rente von 500 £ jährlich aus den Einkünften an, die sie aus der Stadt bezog, dazu die Burg Benon, wenn er im Gegenzug Johann als seinen Lehnsherrn anerkannte, ihm huldigte und ausdrücklich auf jeden erblichen Anspruch auf La Rochelle verzichtete. Ihren eigenen Leuten machte Eleonore klar, dass dieses Zugeständnis an Ralph ein Gebot der Notwendigkeit war, «weil wir uns seine Dienste zu sichern wünschen, die für uns und unseren Sohn Johann unverzichtbar sind».[16] Auch die Familie Maingot hatte seit dem 11. Jahrhundert den Grafen von Poitou treue Dienste geleistet, vor allem als Verwalter der gräflichen Burg Surgères. Eleonore sicherte sich die fortdauernde Loyalität Wilhelms III. von Maingot, indem sie ihm 1199 die Burg als erbliches Lehen zusprach. Die Unterstützung des Andreas von Chauvigny, der einer von Richards getreuen poitevinischen Rittern gewesen war, versuchte Eleonore sich zu erkaufen, indem sie ihm ihre Besitzung Saint-Sévère-sur-l'Adour als Lehen anbot. Er ging darauf jedoch nicht ein, sondern schloss sich wenig später der Partei des jungen Arthur an.[17]

Im Unruheherd Poitou war ein militärisches Kontingent zwangsläufig ein wesentlicher Bestandteil des gräflichen Hausstaats, und so war es für Eleonore selbstverständlich, dass ihrem Reisetross mehrere Ritter und bewaffnete Dienstadlige angehörten. Einer von ihnen war Ralph de Faye II., der Sohn ihres geliebten Onkels, und gelegentlich stieß auch dessen jüngerer Bruder

Wilhelm dazu. Weitere Ritter, die Eleonores Gefolge angehörten, waren Chalon der Rochefort, Laon Ogier und Pierre, ein als Offizier in Chauvigny stationierter lokaler Gefolgsmann des Grafen von Poitou. Geoffroy von Chauvigny, der in den 1180er-Jahren Richards Kämmerer im Poitou gewesen war, hatte sich Eleonore ebenfalls als Ritter zur Verfügung gestellt – seine Familie war über die Châtellerault-Linie mit Eleonore verwandt. Einer der mit Eleonore reisenden Dienstadligen war Hugo de Jaunay, dem sie ein Stück Land im Poitou schenkte. Einige ihrer Verwaltungsbeamten begleiteten Eleonore zumindest zeitweise, wenn sie in ihrer Grafschaft und ihrem Herzogtum unterwegs war. Die Prominentesten unter ihnen waren Pierre Bertin, seit 1190 Seneschall des Poitou, und Raymond Bernard, Seneschall der Gascogne. Weniger häufig dabei war der aus England stammende Robert von Thornham, der Richard Löwenherz in dessen letzten Regierungsjahren als Seneschall von Anjou gedient hatte und ab dem Jahr 1200 in gleicher Funktion im Poitou tätig war. Zu den weiteren Amtsträgern in der Entourage der Gräfin und Herzogin gehörten die Provosten von La Rochelle und Montreuil-Bonin sowie Savaric der Jüngere, den sie 1199 zum Direktor der Münze in Poitiers ernannte.[18]

Die Zahl der amtlichen Dokumente, die Eleonore in den Monaten nach dem Tod Richards ausstellte, lässt keinen Zweifel an der großen Bedeutung dessen, was sie im Namen Johanns und für ihn bewerkstelligte. Zwischen April 1199 und ihrem Tod im Frühjahr 1204 fertigte sie mehr als 60 Urkunden aus, zwei Drittel davon innerhalb eines Jahres nach Johanns Thronbesteigung; das waren mehr, als sie in den zehn Jahren nach Ende ihrer Gefangenschaft insgesamt ausgestellt hatte.[19] Ihre wertvollsten und geschätztesten Berater auf ihrer Tour durch Aquitanien waren Heinrich, Bischof von Saintes, und Moritz, Bischof von Poitiers. In Bordeaux leitete die Königin und Herzogin am 1. Juli 1199 eine große Versammlung gascognischer Magnaten, an der auch der Erzbischof von Bordeaux und die Bischöfe von Saintes und Lectoure teilnahmen, aber auch einige gascognische Adlige, die sich sonst selten an ihrem Hof hatten blicken lassen, zum Beispiel Gaston VI., Graf von Bigorre und Vizegraf von Béarn, der Graf von Foix und der Vizegraf von Tartas.[20]

Auf ihrer Rundreise durch Aquitanien im Frühjahr und Sommer 1199 erhielt Eleonore Gesellschaft von ihrer jüngsten Tochter Johanna, mittlerweile Ehefrau von Raymond VI., Graf von Toulouse; sie stieß in Niort zu ihr. Aus der Verbindung mit dem Grafen war ein Sohn hervorgegangen, der spätere Graf Raymond VII., doch ansonsten verlief die Ehe nicht glücklich.[21]

Johanna begleitete ihre Mutter nach Rouen und quartierte sich am Hof Johanns ein. Ihrer Reisegesellschaft gehörten namhafte poitevinische Staatsdiener an, darunter Eleonores Vetter Ralph de Faye II.[22] Bei ihrer Ankunft in Rouen war die unglückliche Gräfin schwer krank. Sie spürte, dass sie in ihrem Zustand die bevorstehende Geburt nicht überleben würde, und setzte ihr Testament auf, das Eleonore beglaubigte. Darin vermachte sie ihren Leichnam und ihr mitgeführtes bewegliches Vermögen, dessen Wert auf mehr als 1000 Mark geschätzt wurde, dem Kloster Fontevraud.[23] Johanna bat darum, in der Tracht einer fontevraudistischen Nonne sterben zu dürfen. Obwohl dem der Umstand entgegenwirkte, dass ihr Mann diese Bitte missbilligte, erteilte der Erzbischof von Canterbury einen einschlägigen Dispens. Kurz nachdem sie die Nonnentracht angelegt hatte, starb Johanna im September 1199 nach einem Kaiserschnitt, bei dem ein Sohn zum Vorschein kam, der nur lange genug lebte, um getauft werden zu können. Ende August hatte Johann, «dem Rat unserer teuersten ... Mutter folgend», im Namen seiner Schwester eine Geldspende getätigt, und nach ihrem Tod stellte er eine von Eleonore bezeugte Urkunde aus, die zwei von Johannas Dienerinnen eine Leibrente aus den Einkünften der Stadt Saumur gewährte.[24] Offenbar fungierte Eleonore als Johannas Testamentsvollstreckerin, und wahrscheinlich veranlasste sie auch die Umbettung des Leichnams ihrer Tochter aus der Kathedrale von Rouen, wo sie zuerst bestattet worden war, auf den Nonnenfriedhof von Fontevraud. Als Eleonore Anfang 1200 nach Kastilien aufbrach, um den Hof ihrer letzten überlebenden Tochter Eleonore zu besuchen, nahm sie sich die Zeit, bei Johannas Witwer, Raymond VI. von Toulouse, vorbeizuschauen, um darauf zu pochen, dass er die testamentarischen Verfügungen seiner verstorbenen Frau vollzog.[25] Der Tod bewahrte die unglückliche Johanna davor, mitzuerleben, wie der Papst ihren Mann als Förderer der ketzerischen Katharer brandmarkte und im Jahre 1208 sogar einen Kreuzzug gegen seine Grafschaft ausrief.

Während Eleonore sich im Sommer 1199 am Hof von König Johann in Rouen aufhielt, tauschte sie Urkunden mit ihm, die so etwas wie eine Eigentümergemeinschaft von Mutter und Sohn am Herzogtum Aquitanien begründeten. Eleonore erkannte in ihrer Urkunde ihren Sohn als ihren rechtmäßigen Erben an, vermachte ihm das Poitou (das in diesem Fall ganz Aquitanien beinhaltete) und quittierte seine Huldigung an sie; sodann übertrug sie die Treueeide und Lehnspflichten aller Bischöfe und weltlichen adligen Vasallen der Grafschaft auf ihn. Johann wiederum stellte eine Urkunde aus, mit der er das Poitou an sie zurückübertrug, und zwar wahlweise bis an ihr Lebensende oder bis zu einem von ihr zu bestimmenden früheren Zeitpunkt; bis dahin sollte sie die Grafschaft als Johanns Statthalterin («domina») regieren. Mit diesem Austausch von Urkunden bescheinigten die beiden einander ihre «ko-ordinierte und ko-extensive» Autorität und die gemeinsame Verfügungsgewalt über ihr Eigentum, wie sie üblicherweise zwischen Eheleuten vereinbart wurde – weder Eleonore noch Johann durften ohne die Zustimmung des anderen irgendetwas aus ihrem Besitz veräußern. Zwar ernannte König Johann die Seneschalle, die die Regierungsgeschäfte im Poitou und in der Gascogne führen sollten, aber das änderte nichts daran, dass seine Mutter dort reale Macht ausübte. Die rechtliche Konstellation, die Eleonore durch ihre Huldigung an Philipp II. und durch diese beiden Urkunden herstellte, können wir getrost als «diplomatisches Meisterstück» bezeichnen. Indem sie nicht Johann, sondern sich selbst als direkte Vasallin des französischen Königs positionierte, schuf sie eine nach menschlichem Ermessen ausreichende Gewähr dafür, dass eventuelle bewaffnete Auseinandersetzungen zwischen dem Kapetinger-Monarchen und dem englischen König nicht auf das Herzogtum Aquitanien übergreifen würden, solange sie lebte. Indem sie Johann als den rechtmäßigen Erben ihres Herzogtums einsetzte und damit herzogliche Autorität an ihn delegierte, zementierte sie seine Stellung im französischen Südwesten und setzte ein deutliches Zeichen gegen jede potenzielle Intervention Philipps zugunsten Arthurs nach ihrem Tod.[26]

Nach diesem Aktivitätsschub kehrte Eleonore nach Fontevraud zurück, vermutlich in der Erwartung, ihre letzten Lebensjahre mit Gebeten, Meditation und wohltätigen Werken auszufüllen. Ihre lebenslange Sorge um die Seelen ihrer verstorbenen Angehörigen – häufig verknüpfte sie Schenkungen mit der Auflage, für diese an den Jahrestagen ihres Todes zu beten – behielt sie bei. Ein rundes Dutzend Namen von Geistlichen, die wir als ihre Schreiber oder Kaplane identifizieren können, erscheint auf von Eleonore ausgestellten Dokumenten, was darauf schließen lässt, dass zu ihrem Haushalt ein imposantes kirchliches Kontingent gehörte. Es gibt Quellen, denen zufolge sie es mit «so manchem Bischof» aufnehmen konnte, was die Zahl der Geistlichen in ihrem Gefolge betraf.[27] Das lässt vermuten, dass in ihrer Kapelle viele und regelmäßige Gottesdienste für die Seelen ihrer verstorbenen Angehörigen stattfanden. Andere Quellen künden von ihrem Interesse an der täglichen Abfolge von Andachten im Kloster, beispielsweise davon, dass sie den Kaplanen immer wieder liturgische Utensilien schenkte. In den englischen *pipe rolls* finden sich Einträge aus den Jahren 1200 bis 1204 zu

Ausgaben für Weihrauch und andere Bedarfsartikel für ihre englische Hofkapelle. Wie wir wissen, hatte sich ihr Sohn Richard für die musikalischen Aufführungen in der königlichen Kapelle begeistert und den Chor dort angefeuert, aus voller Kehle zu singen; vielleicht hatte Eleonore ihn mit ihrem Interesse an der Liturgie des Gottesdienstes dazu inspiriert.[28] Ihre überaus großzügigen Spenden und Ausgaben für ihre Kapelle erklären vielleicht ihre weit weniger großzügige Bilanz als Stifterin von Grundstücken und Ländereien für religiöse Einrichtungen.[29]

Unter den Geistlichen, die dem Hausstand Eleonores in Fontevraud angehörten, waren einige, die ihr als Schreiber dienten, ein Indiz dafür, dass sie ein aktives Schreibbüro unterhielt. Dokumente mit dem Vermerk «von der Hand Rogers, unseres Kaplans» zeigen, dass Roger im Frühjahr und Sommer 1199 als ihr Sekretär fungierte. Er hatte Eleonore nach Fontevraud begleitet; als Mitglied des Mönchskollegiums erhielt er eine Leibrente von zehn Pfund jährlich aus der Pfründe Oléron, dazu kam ein kleines Einkommen aus einem Haus und einem Backofen in Poitiers. Eleonore hatte dem Kaplan diese regelmäßigen Einkünfte verschafft, damit er die Kosten für die Messen decken konnte, die er in der von Eleonore in Fontevraud gestifteten Kapelle Saint-Laurent veranstaltete.[30]

Über die Herkunft Rogers des Kaplans wissen wir nichts, aber ein anderer Schreiber, der nach 1199 Urkundentexte für Eleonore verfasste, Wilhelm von Saint-Maixent, bezeichnet als «unser Schreiber» oder «unser Notar», war Poiteviner. Sein Name suggeriert eine Verbindung zu einem der wichtigsten Klöster des Poitou, das die Vorfahren Eleonores auf dem Herzogsthron jahrhundertelang kontrolliert hatten. Wilhelm stand bis 1203 in den Diensten der Königinmutter und wechselte dann als Schreiber in die Kämmerei von König Johann. Zu Beginn der Regierungszeit Johanns gab es unter den Schreibern Eleonores einen gebürtigen Engländer, der sich allerdings überwiegend in Poitiers aufhielt: Meister Richard von Gnosall, von Eleonore als «Schreiber in unserer Kammer» identifiziert. 1203 beschäftigte die Königinmutter noch zwei weitere Kaplane, von denen allerdings außer ihren Namen – Ralph und Jocelin – nichts überliefert ist. Dem Personal, das Eleonore in ihrer neuen Residenz in Fontevraud zur Verfügung stand, gehörten mehrere Laien an, darunter Henry de Berneval, seit dem Tod Heinrichs II. Steward ihrer englischen Wittumbesitzungen; offenbar reiste er regelmäßig aus England an, um seine Rechenschaftsberichte vorzulegen.[31]

Eleonore hatte Freude an der Gesellschaft der Nonnen von Fontevraud und der adligen Witwen, die sich, wie sie, in dieses großartige Kloster zurückgezogen hatten. Unter den Nonnen war eine Enkelin Eleonores, eine Tochter ihrer Tochter Adelheid, Gräfin von Blois; die junge Frau war Priorin und stieg nach dem Tod ihrer Großmutter zur Äbtissin auf. In den letzten Jahren der Königinmutter in Fontevraud fungierten gelegentlich Nonnen oder einige der adligen Residentinnen als Zeuginnen bei der Beurkundung – für Frauen war das eher ungewöhnlich. Manche dieser Damen lassen sich nicht mit Gewissheit identifizieren; so gab es etwa eine «Gräfin Matilda», die manchmal als Gräfin von Eu, andere Male als Gräfin von Perche oder als Vizegräfin von Aunay bezeichnet wird, eine «A., Herzogin von Borbonie» und eine «M., Gräfin von Tornodori (Tonnerre)». Alle diese Damen begleiteten Eleonore 1199, kurz nach dem Tod Richards, nach Poitiers. Auch die Äbtissin von Fontevraud war bei diesem Besuch in Poitiers mit von der Partie.[32]

Als der Herbst 1199 anbrach, zeigte sich, dass der Versuch Arthurs von der Bretagne, sich in den französischen Besitzungen des Hauses Plantagenet die Anerkennung als rechtmäßiger Erbe Richards zu verschaffen, ins Stocken geraten war. Der wichtigste Unterstützer, den der Knabe in den Reihen des angevinischen Adels hatte, Wilhelm des Roches, war zu der Erkenntnis gelangt, dass Philipp II. ihn um seines eigenen Vorteils willen manipulierte, und söhnte sich daraufhin mit König Johann aus. Es gelang des Roches sogar, Arthur dem Gewahrsam des französischen Königs zu entziehen, und im Oktober wurde in Le Mans ein förmliches Abkommen unterzeichnet, das das Ende des Machtkampfs zwischen Johann und seinem Neffen markierte; es hatte allerdings nur eine begrenzte Haltbarkeitsdauer. Philipp erkannte in dem Vertrag von Le Goulet die Herrschaft des englischen Königs über Anjou an, desgleichen den Status der Bretagne als eines unter der Hoheit Johanns (in seiner Eigenschaft als Herzog der Normandie) stehenden Lehens. Johann erhielt jedoch nicht die Vormundschaft über den jungen Arthur, so dass dieser nach Paris zurückkehren konnte.

Zur symbolischen Krönung des Friedensschlusses arrangierten die Parteien eine Ehe zwischen dem Thronerben Philipps II., Prinz Ludwig (dem künftigen Ludwig VIII.), einem Enkel von Eleonores erstem Gatten Ludwig VII., und einer Enkelin Eleonores, Nichte von König Johann. Die junge Braut war eine Tochter von Johanns Schwester Eleonore und ihrem Mann, König Alfonso VIII. von Kastilien. Anfang 1200 brach die Königinmutter, die sich inzwischen ihrem achtzigsten Lebensjahr näherte, noch einmal zu einer langen Reise auf: wieder nach Spanien und wieder mit dem Auftrag, dort eine königliche Braut abzuholen. Dass sie bereit war, eine so langwierige Überlandreise anzutreten, zeugt davon, dass sie sich einer für eine Frau ihres Alters außergewöhnlich guten Gesundheit erfreut haben muss, lebte sie doch in einer Zeit, in der keine ärztliche Kunst Abhilfe gegen die Zipperlein und Gebrechen des Greisenalters schaffen konnte. Eleonores Namensvetterin, in Spanien Leanor von Kastilien genannt, war ihre einzige noch lebende Tochter. Vielleicht war es die Sehnsucht nach einem Wiedersehen mit dieser Tochter, die sie seit ihrer Übergabe an eine spanische Gesandtschaft 1170 in Bordeaux nicht mehr gesehen hatte, die sie dazu bewog, sich auf diese beschwerliche Mission einzulassen.

Leanor hatte zehn Kinder geboren, von denen sechs das Erwachsenenalter erreicht hatten; fünf davon waren Töchter, und aus nicht weniger als vier von ihnen wurden Königinnen. Einem spanischen Chronisten zufolge, der in einer späteren Zeit schrieb, blieb es der englischen Königinmutter überlassen, die Wahl zwischen zwei im heiratsfähigen Alter befindlichen Enkelinnen zu treffen, und sie entschied sich für die jüngere, Blanka, angeblich weil sie meinte, der spanische Name der älteren Schwester, Urraca, sei für die Menschen in Paris zu schwer auszusprechen. Nach ihrer Heirat mit Ludwig wurde Blanka in Frankreich als Blanche von Kastilien bekannt und als Mutter des später heiliggesprochenen Königs Ludwig IX. berühmt. Der Ritt nach Kastilien war Eleonores letzte große Reise; sie hielt sich zwei Monate lang am kastilischen Hof auf, um die Beziehung zu ihrer Tochter aufzufrischen und ihre spanischen Enkel kennenzulernen – und zweifellos auch, um Kraft für die Rückreise zu sammeln.[33]

Auf dem Heimweg traf die Königinmutter gerade rechtzeitig zum Osterfest in Bordeaux ein. Ermattet von der körperlich strapaziösen Rückreise aus Spanien, musste Eleonore einen schockierenden Vorfall verkraften – die Ermordung Mercadiers, des wackeren Söldnerhauptmanns, der ihren beiden Söhnen so treu gedient hatte; er starb von der Hand eines Soldaten des Seneschalls der Gascogne. Sehr wahrscheinlich war Mercadier nach Bordeaux gekommen, um Eleonore auf dem Weg durch feindseliges Lusignan-Territorium Begleitschutz zu geben, damit sie die junge Blanka wohlbehalten bei ihrem Bräutigam abliefern konnte. Eleonore hatte nicht mehr die Kraft, mit ihrer Enkelin weiterzureisen, und ersuchte den Erzbischof von Bordeaux, das Mädchen sicher in die Normandie bringen zu lassen, wo Johann Ohneland sie ihrem künftigen Mann übergeben würde. Eleonore begab sich direkt nach Fontevraud.

Eleonores zweiter Rückzug

Der Chronist Roger von Howden erwähnt Eleonore letztmals anlässlich ihrer Rückkehr aus Spanien im Frühjahr 1200 und ihres anschließenden Rückzugs nach Fontevraud: «Alt und von den Beschwernissen ihrer langen Reise erschöpft, zog sich Königin Eleonore ins Kloster Fontevraud zurück und blieb dort.»[34] Zweifellos rechnete sie damit, ihre letzten Jahre hinter den Mauern Fontevrauds in Ruhe und Frieden zu verbringen, aber dann störte doch immer wieder die große Politik ihre Andacht, vor allem weil König Johann sich Ausrutscher leistete, die Philipp von Frankreich zu seinem Vorteil nutzte. So sah sich Eleonore von Zeit zu Zeit gezwungen, ihr Refugium zu verlassen und sich nach Poitiers zu begeben. Ein angevinischer Chronist, dem eigentlich bekannt gewesen sein müsste, dass sie sich ins Kloster Fontevraud zurückgezogen hatte, gab sogar Poitiers als ihren Sterbeort an.[35]

In Poitiers war ein großes, von Eleonore initiiertes Bauvorhaben im Gang, dessen Fortlauf sie vielleicht bei ihren Besuchen in der Stadt kontrollierte – eine Renovierung des großen Saals des herzoglichen Palasts im eleganten «angevinischen Stil». Begonnen hatten diese Arbeiten in den letzten Jahren der Herrschaft Richards, und sie wurden bis zum Tod Eleonores weitergeführt. Der Palast, der noch aus merowingischen Zeiten stammte, war nach einem Brand zu Beginn des 11. Jahrhunderts in der Amtszeit von Eleonores Urgroßvater, Herzog Wilhelm VIII., in großem Stil wieder aufgebaut worden, und unter ihrem Großvater Wilhelm IX. war der Turm hinzugekommen, den die Leute in Poitiers Maubergeon nannten. Den von Eleonore in Auftrag gegebenen Saal gibt es heute noch, er bildet die Vorhalle des Justizpalastes von Poitiers; drei der vier Wände sehen noch ziemlich genau so aus wie nach der von ihr veranlassten Renovierung; lediglich die südliche Wand musste im 14. Jahrhundert dem Einbau aufwendiger Feuerstellen und Kamine weichen. Die bauliche Gestaltung des großen Saals und seine Ausschmückung mit Skulpturen weisen Parallelen zu anderen herrschaftlichen Bauten in Poitiers auf, die unter dem Einfluss Eleonores und Heinrichs II. entstanden, insbesondere auch zu der westlichen Außenwand der Kathedrale Saint-Pierre. Zwei der kahlen steinernen Seitenwände des Saals sind durch zwei übereinander angeordneten Reihen von Blendbögen, auf schlanken Pilastern ruhend, aufgelockert; die westliche Wand weist nur die obere Reihe von Blendbögen auf und ist im unteren Teil glatt – wahrscheinlich wurde diese Fläche mit Gobelins verkleidet. Diese obere Bogenreihe ruht auf Auskragungen, die bildhauerisch gestaltet sind, teils als menschliche Häupter, teils als Köpfe mythischer Geschöpfe.[36] Dieser geräumige und imposante Saal ist ein bauliches Zeugnis für den Ehrgeiz Eleonores, die Macht und den Ruhm ihres Herzogshauses in einem historischen Augenblick, da sein Fortbestand durch den Kapetinger-König bedroht schien, herauszustellen.

Die mangelnde Intelligenz von Eleonores letztem überlebenden Sohn sorgte dafür, dass nach kurzer Zeit erneut kritische Entwicklungen einsetzten, die sie veranlassten, wieder ins politische Geschehen einzugreifen. Schon im August 1200 eröffnete König Johann seinen Widersachern Philipp II. und Arthur von der Bretagne mit einer alles andere als wohlüberlegten Heirat neue Angriffspunkte. Hatte es zunächst so ausgesehen, als würde er Isabel von Gloucester heiraten, so entschied er sich nun für Isabella, Erbin der Grafschaft Angoulême, ohne zu bedenken, dass seine Braut zuvor mit Hugo IX. verlobt gewesen war, dem neu gekürten Grafen von La Marche und Oberhaupt der aufsässigen Lusignan-Sippe im unteren Poitou. Diese Ehe, die oft als Ausdruck von Johanns entflammter Leidenschaft für eine bildhübsche Jungfrau dargestellt wird, erschien zunächst wie ein geschickter diplomatischer Schachzug, weil Johann damit in den Besitz der rebellischen Grafschaft Angoulême gelangte. Das Angoumois war strategisches Territorium, zwischen Poitiers und Bordeaux gelegen, und wenn es jetzt unter die Herrschaft des englischen Königs fiel, bedeutete dies, dass keine der Burgen, die die Verkehrswege zwischen dem Poitou und der Gascogne unsicher machen konnten, unter der direkten Kontrolle Hugos IX. verbleiben würde. Eleonore hatte für die Lusignan-Sippschaft wenig übrig, und wenn die Heirat ihres Sohnes diesen Clan an einer weiteren Entfaltung seiner Macht hinderte, konnte ihr das nur recht sein. Gleich welche Bedenken sie gegen die übers Knie gebrochene Eheschließung haben mochte, sie akzeptierte sie und stimmte auch der Entscheidung ihres Sohnes zu, zwei wichtige Städte ihres Herzogtums, Niort und Saintes, dem Witwengut ihrer neuen Schwiegertochter zuzuschlagen.[37]

Es kann sein, dass Johann einen cleveren Coup darin sah, die junge Isabella ihrem Verlobten entrissen zu haben, aber die Konsequenzen dieses Coups waren fatal. Johann hatte einen «unprovozierten Akt der Entehrung» begangen, der die gesamte weit verzweigte Lusignan-Familie demütigte und aufbrachte.[38] Auch andere einflussreiche Aristokraten entlang der Südflanke des Poitou zeigten sich darüber empört. Unklugerweise machte Johann keinen Versuch, den verletzten Stolz der Lusignan-Sippe zu besänftigen, indem er etwa eine Entschädigung angeboten hätte. Mit seiner Arroganz stachelte er die Familie Hugos zum Aufbegehren gegen ihn an. Im Herbst 1201 trug

Der große Saal des herzoglichen Palasts zu Poitiers, heute Vorhalle des Justizpalasts, in den letzten Lebensjahren Eleonores im «angevinischen Baustil» renoviert.

Hugo von Lusignan seine Klage am Hof von König Philipp II. vor, dem Lehnsherrn der Grafen von Poitou, und am 28. April 1202 verurteilte der königliche Hof die Weigerung Johanns, sich in Paris einzufinden und zu den Vorwürfen seiner Vasallen Stellung zu beziehen.[39] Das führte dazu, dass der alte Konflikt zwischen Kapetingern und Plantagenets in eine neue Runde ging, und natürlich nahm König Philipp diese neuerliche Krise zum Anlass, den Anspruch Arthurs von der Bretagne auf einen Teil des Plantagenet-Erbes aufzuwärmen. Der junge Herzog kündigte Johann seine Vasallentreue auf, und der französische König erkannte ihn als seinen Vasallen nicht nur für die Bretagne, sondern auch für Anjou und das Poitou an. Der Konflikt verschärfte sich in der Folge und mündete letztlich in die Ermordung Arthurs und den Verlust der Normandie, die aus dem Besitz Johanns in den seines Kapetinger-Rivalen überging.

Als Johann diese neue Krise heraufbeschwor, folgte Eleonore zunächst ihren gesunden politischen Instinkten und bemühte sich, die Stellung ihres Sohnes in Aquitanien abzustützen. Zwischen 1200 und 1203 stellte sie mindestens zehn Urkunden aus, die aquitanische Angelegenheiten betrafen; dabei ging es ihr darum, bestehende Bündnisse mit weltlichen und kirchlichen Grundherren, die für den Zusammenhalt des Herzogtums wichtig waren, zu sichern.[40] Von größter Bedeutung war, dass sie sich der Loyalität des Grafen von Thouars, Aimery, versicherte, des vielleicht mächtigsten Aristokraten im Poitou, dessen Burgen (er besaß ein Dutzend davon) den Norden und Westen der Grafschaft beherrschten. Der Loyalität dieses Magnaten hatte sich der englische König bis dahin nie sicher sein können; Aimery hatte zwar im Frühjahr 1199 die Thronfolge Johanns befürwortet, sich dann aber im Herbst auf die Seite Arthurs und Constanzes geschlagen. Johann hatte ihm die Treuhänderschaft für die Burg Chinon aberkannt und sie Wilhelm des Roches, seinem Seneschall in Anjou, anvertraut, als Belohnung dafür, dass dieser den jungen Arthur von der Bretagne dem Klammergriff Philipps II. entwunden hatte. Etwa um diese Zeit heiratete Arthurs Mutter, Constanze von der Bretagne, in dritter Ehe den Bruder Aimerys, Guy von Thouars, was die Familie natürlich der Partei Arthurs näher brachte.

Im Februar oder März 1201 bestellte die Königinmutter, obgleich sie nicht gesund war, Aimery von Thouars nach Fontevraud und redete ihm ins Gewissen, trotz seiner freundschaftlichen und verwandtschaftlichen Beziehungen zu den Bretonen und zu Hugo von Lusignan König Johann die Treue zu halten. In einem Brief an ihren Sohn schilderte Eleonore den Besuch Aimerys und das Gespräch, das sie und ihr getreuer Guy von Dive, ein früherer Marschall im Hausstaat Richards und mittlerweile Konstabler von Dinan, mit ihm geführt hatten. Die Unterredung sei gut verlaufen, was, wie sie Johann versicherte, auch einen Beitrag zu ihrer schnelleren Genesung geleistet habe. Sie habe den Vizegrafen darauf hingewiesen, dass er als einziger von denen, die im Dienst des Königs gestanden hätten, diesem keinen Schmerz zugefügt habe, im Gegensatz zu anderen poitevinischen Baronen. Sie habe Aimery gesagt, dass er eigentlich «große Scham und Sünde empfinden müsste, weil er tatenlos zugesehen habe, wie andere Barone dich [Johann] widerrechtlich um dein Erbe brachten». Aimery habe «unsere Worte gehört und verstanden». Eleonore versicherte Johann, Aimery habe «versprochen, alles in seiner Macht stehende zu tun, um die Gebiete und Burgen, die einige seiner Freunde ohne deine Abwesenheit oder deinen Willen an sich gerissen haben, unter deinen Gehorsam zurückzuholen», vorausgesetzt, er selbst dürfe alle seine Besitzungen behalten. Der Vizegraf habe seinen Treueeid erneuert und versprochen, «dass er in deinen Diensten gut und treu gegen alle bleiben» wolle. Eleonore und Guy von Dive seien sich darin einig gewesen, dass Aimery alles tun werde, was man ihm auftrug. Aimery selbst schrieb ebenfalls an Johann, stellte die Unterredung aus seiner Sicht dar und versicherte dem König seine Loyalität.[41] Dem schnellen Handeln der Königinmutter war es zu verdanken, dass der Vizegraf von Thouars nicht ins Lager der Lusignan-Sippe überwechselte. Dieser Erfolg war jedoch nicht von Dauer: Schon 1202 folgte Aimery von Thouars dem Beispiel von Wilhelm des Roches, sagte sich vom englischen König los und schloss sich der Partei des jungen Arthur von der Bretagne an.

Der 15-jährige Arthur, inzwischen wieder unter der Obhut Philipps II., diente dem Kapetinger-König ein weiteres Mal als Waffe gegen Johann; Philipp kürte den Jungen zum Herzog von Aquitanien und schickte ihn im Sommer 1202 an der Spitze einer Streitmacht ins Poitou.[42] Die Großmutter Arthurs reiste daraufhin mit ihren fast 80 Jahren im Juli 1202 von Fontevraud aus Richtung Poitiers, um zu verhindern, dass ihr angestammtes Herzogtum dem jungen Arthur in die Hände fiel. Als sie Ende Juli auf der Burg Mirebeau nördlich von Poitiers Halt machte, rückte eine vereinte Streitmacht Arthurs und seiner Verbündeten auf die Burg vor und belagerte sie. Irgendwie schaffte sie es, einen Brief an Johann hinauszuschmuggeln, und dieser rang sich, vermutlich bewegt von seinen Gefühlen für seine Mutter, zum größten Kraftakt im Verlauf seines ansonsten eher behäbig geführten Kampfes um seine festländischen Besitzungen durch. Er startete eine ungewöhnlich schnell durchgeführte und tollkühne Kommandoaktion zur Befreiung seiner Mutter, legte mit seiner Söldnertruppe die 130 Kilometer von Le Mans in weniger als zwei Tagen zurück, überrumpelte die Belagerer und bewahrte Eleonore so vor der drohenden Gefangennahme. Ein euphorischer Brief, in dem Johann die Rettung seiner Mutter schildert, ist erhalten geblieben; wir erfahren daraus, wie seine Mannen die gegnerische Truppe beim Frühstück überraschten und dass es ihnen gelang, die wichtigsten Rebellen gefangen zu nehmen, darunter Johanns Neffen Arthur, die Lusignan-Brüder und Andreas von Chauvigny.[43]

Johanns Glück hielt freilich nicht an. Wie so oft, überreizte er seine Karten durch sein fehlendes Augenmaß und seine offenbar manische Grausamkeit. Wahrscheinlich erfuhr Eleonore auf Umwegen, dass einige von Johanns gefangen genommenen Gegnern – poitevinische Landsleute immerhin – die barbarischen Haftbedingungen in den englischen Verliesen nicht überlebten. Schnell sprach sich im gesamten Herrschaftsgebiet des englischen Königs auch herum, dass Johann Eleonores Enkel Arthur von der Bretagne umgebracht hatte. Mitte April schickte Johann einen Kurier mit einem an

Eleonore und mehrere aquitanische Magnaten adressierten Brief nach Fontevraud. Der Brief enthielt nicht die Nachricht, die der Kurier wohl mündlich übermittelte, aber dafür einen aufschlussreichen Satz: «Die Gnade Gottes ist sichtbarer bei uns, als [der Kurier] Euch mitteilen kann» – eine verschleierte Anspielung auf den Tod Arthurs.[44] Die Gerüchte über die ungeklärte Mitwirkung Johanns an der Ermordung seines Neffen führten bald dazu, dass sich große Teile des Loiretals von ihm lossagten, und wenig später fielen einflussreiche Magnaten aus Anjou und aus dem Poitou ebenfalls von ihm ab. Spätestens Ende 1203 dürfte Eleonore klar gewesen sein, dass der Versuch ihres Sohnes, die Normandie zu verteidigen, gescheitert war; er selbst hatte sein Heil in der Flucht gesucht und sich nach England zurückgezogen. Anfang März 1204 folgte der Fall der von Richard Löwenherz errichteten, vermeintlich uneinnehmbaren Festung Château-Gaillard, die das untere Seinetal abriegeln sollte; damit war Rouen schutzlos den französischen Invasoren ausgeliefert. Einen Monat später besetzten Philipps Truppen die normannische Hauptstadt.

In ihren letzten Lebensjahren in Fontevraud suchte und fand Eleonore Trost in der Erinnerung an Heinrich II. und Richard I. Zur Wiedergutmachung der Schäden, die ihr «teuerster Sohn Richard» den Menschen zugefügt hatte, stiftete sie dem Kloster Saint-Maixent Naturalleistungen mit der Bitte, der Abt und die Mönche sollten täglich drei bettelarme Menschen in ihrem Refektorium verköstigen und zwei Messen für sie, Herzogin Eleonore, lesen.[45] Sie beaufsichtigte Kunsthandwerker, die an der Fertigstellung von Grabskulpturen für Heinrich und Richard arbeiteten, und vielleicht auch an Entwürfen für ihr eigenes Grabmal, das irgendwann zwischen 1204 und 1210 fertig wurde.[46] Indem Eleonore ein Mausoleum für die Familie Plantagenet errichten ließ, erfüllte sie eine der Pflichten, die sich adlige Frauen häufig auferlegten; dieses Vorhaben war aber auch Ausdruck ihres Verlangens, im Tod in den Schoß ihrer Familie zurückzukehren, die im Leben so zerstritten gewesen war. Die Skulpturen in der Kapelle von Fontevraud gehören zu den frühesten Grabfiguren verstorbener Herrscher in Lebensgröße, die im mittelalterlichen Europa in Stein gemeißelt wurden, und sie gelten als «wegweisende Innovationen in der Entwicklung der sepulchralen Bildhauerei». Anregungen für die Gestaltung der Grabskulpturen Heinrichs und Richards fand Eleonore möglicherweise an den Gräbern ihres ersten Gatten, Ludwig VII., und ihrer ersten Schwiegermutter, Adelheid von Maurienne. Eleonore dürfte mit diesen bildhauerisch gestalteten Gräbern vertraut gewesen sein und war zweifellos der Meinung, die Grabmäler ihres zweiten Gatten und ihres Lieblingssohnes müssten die ihrer Kapetinger-Rivalen an Großartigkeit übertreffen.[47]

Die Gisants Heinrichs und seines Sohnes, angefertigt von einem Bildhauer, der offensichtlich präzise Anweisungen hatte und befolgte, sind in der Tat Prachtstücke. Sie vermitteln einen Eindruck davon, wie die Verstorbenen zum Zeitpunkt ihrer feierlichen Aufbahrung aussahen, bei der ihre Krönungsinsignien dem Leichnam beigegeben wurden, als sichtbarer Tribut an ihre Autorität und die Legitimität ihrer Herrschaft.[48] Obwohl Fontevraud seit langer Zeit in enger Beziehung zu den Grafen von Anjou stand und Heinrich II. sich als herausragender Gönner und Beschützer des Klosters betätigte, verdankt sich die Tatsache, dass es zur Nekropole der Plantagenet-Monarchen wurde, fast einem Zufall. Heinrich hatte früher den Wunsch geäußert, im Kloster Grandmont im Limousin begraben zu werden, einem von ihm gegründeten Haus der Askese, und 1166 hatte er mit einem groß angelegten Um- und Ausbau der dortigen Klosterkirche begonnen.[49] Der Umstand, dass er im Juli 1189 im Kloster Fontevraud bestattet wurde, weil wegen der großen Sommerhitze ein mehrtägiger Transport seines Leichnams nicht möglich war, zog die Bestattung auch seines Sohnes Richard und seiner Tochter Johanna an gleicher Stelle nach sich, und schließlich, 1204, auch die seiner Witwe Eleonore.[50]

Es ist nicht unplausibel, zu vermuten, dass Eleonore damit rechnete, die Abtei-Kirche von Fontevraud, an der geografischen Grenze zwischen ihren Stammlanden und denen ihres Mannes gelegen, würde ein königliches Mausoleum werden, kündend vom Ruhm einer Dynastie, die aus der Vereinigung des angevinischen mit dem poitevinischen Herrscherhaus entstanden war. Auch wenn das «Reich», über das sie als Gattin und Regentin Heinrichs II. mit geherrscht hatte, zuletzt auseinandergebrochen und das Kloster Fontevraud in den Besitz der Kapetinger übergegangen war, sollte sich ihre Vision mindestens teilweise erfüllen. Ihr Enkel, König Heinrich III. von England, entdeckte seine Zuneigung zu dem großartigen Kloster, das die Grabstätten seiner Großeltern und seines berühmten Onkels beherbergte, und betonte noch viele Jahre später dessen große Bedeutung für seine Familie. Heinrichs Mutter, Isabella von Angoulême, war als Nonne in Fontevraud gestorben, und er veranlasste später, dass ihr Leichnam vom Nonnenfriedhof in den Chor der Kapelle umgebettet wurde, in eine Reihe mit den anderen königlichen Gräbern. Außerdem ließ Heinrich III. das Herz seines verstorbenen Vaters Johann an das Kloster schicken, und später sollte auch sein eigenes Herz dort als Schrein aufbewahrt werden.[51]

Ein von Abenteuern erfülltes Leben endet, eine Legende entsteht

Weniger als einen Monat nachdem Rouen an die Franzosen gefallen und die Normandie damit unter die Kontrolle der Kapetinger geraten war, starb Eleonore von Aquitanien am 31. März oder 1. April 1204 in Fontevraud im bemerkenswerten Alter von 80 Jahren. Ihr letzter aktenkundiger Besuch in Poitiers hatte am 8. Februar 1202 stattgefunden.[52] Doch noch 1203 entfaltete sie emsige Aktivitäten, um mehr Unterstützung für Johann zu mobilisieren. Sie übereignete Grundbesitz an Aimery von Rochefort, der ihrem Sohn die Treue gehalten hatte, und bestätigte in einer neu ausgestellten Urkunde den Einwohnern von Niort das Recht auf kommunale Selbstverwaltung.[53] Im Gefühl ihres herannahenden Todes äußerte sie den Wunsch, in der Nonnentracht von Fontevraud zu sterben und in der Abtei-Kirche der Nonnen beigesetzt zu werden. Eine angevinische Chronik schildert die Reaktion von König Johann auf den Tod seiner Mutter: «Ihr Tod versetzte den König in die gewaltigste Trauer und in große Angst um sich selbst und beunruhigte ihn so sehr, dass er sich aus der Normandie zurückzog.»[54] Der Autor bringt zwar die zeitlichen Abläufe durcheinander, denn Johann hatte sich schon im Dezember 1203 aus der Normandie abgesetzt; aber dass er in Trauer und Verzweiflung verfiel, ist nachvollziehbar. Wir können davon ausgehen, dass Eleonore nicht verborgen blieb, dass ihr Sohn es nicht geschafft hatte, sein Plantagenet-Erbe zu verteidigen, und sicher war sie sich darüber im Klaren, was der Verlust der Normandie möglicherweise für das Poitou bedeutete, nämlich eine drohende Annexion durch den Kapetinger-König, eine Aussicht, die sicherlich ihre letzten Lebenstage verdüsterte. Nach dem Tod der Herzogin von Aquitanien würden poitevinische Aristokraten wie der Vizegraf Aimery von Thouars, die nur aus Achtung vor ihr den Plantagenet-Söhnen die Treue gehalten hatten, sich sofort von Johann lossagen und sich beeilen, dem französischen König zu huldigen.

Eleonore setzte offenbar 1202 ein Testament auf, das jedoch nicht erhalten geblieben ist.[55] Ihre Grabskulptur ähnelt der ihres Mannes und ihres Sohnes Richard, ist aber offenkundig die Arbeit eines anderen Künstlers, der bereits den «Stil des 13. Jahrhunderts» beherrschte und durch kunstvolle Ausarbeitung der Falten ihres Gewandes einen plastischeren dreidimensionalen Effekt erzielte. Vielleicht hielt er sich an Anweisungen Eleonores und porträtierte sie so, wie sie den Menschen in Erinnerung bleiben wollte: nicht als

Eleonores Grabskulptur im Kloster Fontevraud, fertiggestellt um 1210, einige Zeit nach ihrem Tod im Jahr 1204.

Achtzigjährige, sondern als eine Frau in der Blüte ihrer mittleren Jahre. Wie ihr Mann und ihr Sohn, trägt sie eine Krone, ist aber mit keinem anderen Symbol königlicher Macht wie etwa einem Zepter bestückt, wie es bei manchen anderen Gräbern von Königinnen der Fall ist. Anders als Heinrich II. und Richard Löwenherz, ist sie lebend dargestellt, mit einem Buch in den Händen, nicht lesend allerdings, sondern mit geschlossenen Augen in Kontemplation versunken.[56] Diese Liegendskulptur Eleonores ist eine künstlerische Pionierarbeit, die älteste mittelalterliche bildhauerische Darstellung einer weltlichen Frau, die ein aufgeschlagenes Buch in den Händen hält.

Die Nonnen von Fontevraud verfassten einen Nachruf auf Eleonore, der in einer äußerst eigenwilligen Sprache ihre Großzügigkeit gegenüber dem Kloster preist und die teuren Geschenke auflistet, die sie der Klostergemeinschaft und einzelnen Nonnen gemacht hatte. Eleonore sei «von ihrem frühesten Leben an eine Gönnerin der Kirche von Fontevraud» gewesen, lautet eine allerdings zu dick aufgetragene Feststellung. Sie habe die Kosten für den Bau einer Mauer um das Kloster getragen und den Nonnen ein mit kostbaren Edelsteinen geschmücktes goldenes Prozessionskreuz, einen Goldpokal und mehrere weitere Gefäße aus Gold und Silber wie auch etliche Seidengewänder geschenkt. Stolz weisen die Nonnen in ihrem Nachruf darauf hin, dass Eleonore anderen religiösen Einrichtungen zugunsten ihres Hauses eine Absage erteilt hatte. Die Kontroversen und Gerüchte, die der Königin zu ihren Lebzeiten stets angehangen hatten, erwähnten sie mit keinem Wort. Sie porträtierten Eleonore vielmehr als eine Königin, die «mit der Brillanz ihrer königlichen Nachkommenschaft die Welt erstrahlen ließ» und «durch die Gabe ihrer unvergleichlichen Rechtschaffenheit fast alle Königinnen auf der Welt übertraf».[57] In der Kathedrale von Rouen wurde der Jahrestag ihres Todes alljährlich mit einer Gedenkmesse begangen, ebenso wie auf der anderen Seite des Ärmelkanals in der Kathedrale von Canterbury. In der Abtei Reading gedachten die Mönche ihrer verstorbenen Königin mit Gebeten, die normalerweise Angehörigen ihrer mönchischen Gemeinschaft vorbehalten waren, und erfüllten damit ein Versprechen, das sie ihr kurz nach ihrer Krönung zur Königin gegeben hatten. Ihren Sohn Johann versetzte der Verlust seiner Mutter in Gnadenstimmung: Er befahl zwei Wochen später die Freilassung aller Gefangenen, ohne Beachtung der Schwere ihres Verbrechens, «für die Liebe Gottes und für die Erlösung der Seele unserer teuersten Mutter». Ein solcher Gnadenakt war eher untypisch für Johann, der sonst kaum einmal Mitgefühl zeigte, aber vielleicht eine passende Reaktion auf den Tod Eleonores, die selbst so lange unter Freiheitsentzug gelitten hatte.[58]

Bei der Bevölkerung Englands waren die Reaktionen auf den Tod Eleonores gedämpft; die Chronisten, die ihr Ableben vermerkten, taten dies kommentarlos.[59] Ein namenloser Londoner Autor jedoch, der in Eleonores Todesjahr mit der Aufgabe beschäftigt war, ein Kompendium der in England geltenden Gesetze zu erstellen, hielt in seiner Arbeit inne, um in einem knappen Exkurs seiner verstorbenen Königin zu gedenken. Ohne die «schwarze Legende» über ihren angeblichen Sündenfall zu erwähnen, die um diese Zeit bereits Gestalt annahm, erklärte er, man werde Eleonore als «eine wahrhaft vornehme Königin und eine gescheite und wohlhabende Dame» in Erinnerung behalten. Gerald von Wales, der abgewiesene Bewerber um königliche Patronage, der darüber zum Satiriker geworden war, schrieb 1216, zu einem Zeitpunkt, da er von König Johann nichts zu befürchten hatte, weil dieser wieder einmal mit der Niederschlagung eines Adelsaufstands beschäftigt war, einen polemischen Text, in dem er bitterböse über die Plantagenets herzog und Eleonore verleumdete. Ihre Heirat mit Heinrich II. als ehebrecherisch verdammend, erklärte er, Eleonore sei von Anfang an mit der moralischen Zügellosigkeit ihrer poitevinischen Dynastie infiziert gewesen. Eine Generation später erwähnte der einflussreiche Chronist Matthäus Paris in einem seiner Geschichtswerke ihren Tod. Er äußerte sich in seinem Nachruf gnädig über Eleonore, beschrieb sie als «eine bewundernswerte Dame voller Schönheit und Klugheit».[60] An anderen Stellen ließ er jedoch kein gutes Haar an der Königin Heinrichs II. und trug zur Ausschmückung ihrer «schwarzen Legende» bei, indem er Gerüchte über ihr Fehlverhalten auf dem Zweiten Kreuzzug mit neuen Details anreicherte.

Eleonore von Aquitanien gestaltete ihr Leben nach ihren eigenen Vorstellungen, gab sich nicht mit der zunehmend beschränkteren Rolle zufrieden, die Religion und Zeitgeist den Frauen ihrer Zeit zubilligten. Sie bezahlte dafür, dass sie darauf beharrte, die Weichen ihres Lebens selbst zu stellen, einen hohen Preis: Verrufenheit, Entfremdung von zwei Ehemännern, jahrelanger Hausarrest. Erst als Witwe erlangte Eleonore schließlich die politische Macht, auf die sie nach ihrer Überzeugung von Anfang an ein Anrecht hatte. Sie legte bei der Ausübung dieser Macht eine außerordentliche Loyalität ihren Söhnen gegenüber an den Tag und setzte ihr politisches Geschick immer mit dem Ziel ein, ihnen Vorteile zu verschaffen. Mit ihrer Politik als Statthalterin von Richard Löwenherz in der Zeit, in der er als Kreuzfahrer und anschließend als Gefangener aus England abwesend war, trug sie wesentlich dazu bei, dass die innere Ordnung und die äußere Sicherheit des Königreichs gewahrt blieben. Nach dem Tod Richards konnte sie durch energische politische Manöver in Anjou und Aquitanien den Versuch vereiteln, ihren Enkel Arthur, der unter der Kuratel des französischen Königs Philipp stand, als Thronfolger zu installieren.

Dennoch verbindet sich der Name Eleonores in der Geschichtsschreibung mit dem Zerfall des von Heinrich II. errichteten Reichs. Wie ein französischer Historiker 2004 geschrieben hat: «Es ist faszinierend, sich zu vergegenwärtigen, wie sehr der Tod Eleonores von Aquitanien die Auflösung des angevinischen Reichs beschleunigte, als hätte es ohne sie keine Überlebenschance gehabt. … Eleonore von Aquitanien personifiziert … den Aufstieg und Fall der angevinischen Dynastie.»[61]

Was Eleonore in ihren letzten Lebensjahren für ihre beiden königlichen Söhne leistete, straft das wenig schmeichelhafte Bild Lügen, das manche Historiker des 12. Jahrhunderts von ihr gemalt haben. Indem sie an Eleonore einen Maßstab für das Verhalten einer englischen Königin anlegten, der dem anglo-normannischen Wertekanon entsprach, und indem sie sich von Gerüchten, die ihr seit der Antiochia-Episode vor vielen Jahren anhafteten, zu Vorurteilen gegen sie verleiten ließen, gelangten sie zu dem Urteil, dass diese Enkelin eines lasterhaften südfranzösischen Herzogs den Ansprüchen der Engländer an eine gute Königin nicht gerecht wurde. Schon vor ihrem Tod begann sich ein Mythos zu bilden, gespeist von Gerüchten und fabulierten Geschichten. Zum nicht geringen Schaden ihrer geschichtlichen Reputation schlossen sich in den darauffolgenden Jahrhunderten viele Historiker den negativen Urteilen von Eleonores Zeitgenossen an.

XII.

Übermannt von einer schwarzen Legende

Über Eleonore von Aquitanien kursierten zu ihren Lebzeiten mehr ehrenrührige Gerüchte als über jede andere Königin, außer vielleicht Marie Antoinette; die daraus resultierenden Darstellungen Eleonores als einer leichtfertigen und frivolen Frau sollten ihr Bild für Jahrhunderte prägen. Aus den Gerüchten über das, was sich in Antiochia zugetragen hatte, entwickelte sich eine «schwarze Legende», die sich um ihr angeblich promiskuitives Sexualverhalten rankt und ihren Ruf bis heute verdunkelt, obwohl es an jeglichen Beweisen fehlt. Gerüchte folgten dem königlichen Paar auf seinem Rückweg nach Frankreich und gewannen dort bald ein Eigenleben, sodass Klatschgeschichten über Eleonores angebliche regelmäßige Seitensprünge schon zu ihren Lebzeiten immer wieder neue Nahrung fanden.

Was in den zeitgenössischen Chroniken noch mit Anspielungen und vielsagenden Andeutungen insinuiert wurde, artete in den Jahren nach ihrem Tod zu einer regelrechten Kolportageliteratur aus. Dabei wuchsen die über Eleonore erzählten Geschichten mit älteren Legenden und Mythen zusammen, und es entstand eine Legendenfigur namens Eleonore von Aquitanien, die kaum noch Ähnlichkeit mit der historischen Königin und Herzogin hatte. Für solche Mythen interessieren sich hauptsächlich Historiker, die sich mit Mentalitäten und Folklore beschäftigen. Aber auch als «normaler» Historiker, der sich mit dem Leben Eleonores befasst, muss man versuchen, die Gründe für die in ihnen zutage tretende Gehässigkeit zu verstehen.

Zweifellos leistete die abgrundtiefe Misogynie vieler mittelalterlicher Kirchenmänner und Intellektueller der Herabwürdigung Eleonores durch ihre Zeitgenossen Vorschub. In den mittelalterlichen Texten, die angehenden Geistlichen im Studium vorgesetzt wurden, herrschte kein Mangel an frauenfeindlichen Aussagen; sogar medizinische Lehrbücher propagierten die Auffassung, die Frau sei ein brodelnder Vulkan des sexuellen Verlangens und könne ihre körperlichen Leidenschaften weniger gut unter Kontrolle halten als der Mann. Fast alles, was seit dem frühen 13. Jahrhundert über

Eleonore geschrieben wurde, ist von der Gehässigkeit, die in diese Legenden eingeflossen ist, durchtränkt. Es wurden nicht nur die Gerüchte über Eleonores angebliches Fehlverhalten auf dem Kreuzzug wiedergekäut, sondern neue Geschichten über gewohnheitsmäßige ehebrecherische Beziehungen hinzuerfunden. Selbst in der Neuzeit haben die Autoren populärer Romane diese Fiktionen recycelt.

Im Mittelalter und auch noch bis weit in die Neuzeit hinein sahen Historiker das Wirken historischer Persönlichkeiten durch die moralische Brille, nicht unähnlich den frühen klösterlichen Autoren, die «im Wesentlichen ein moralisches Urteil über den einzelnen Sünder» gefällt hatten. Noch im 19. Jahrhundert orientierten sich viktorianische Autoren an den von den mittelalterlichen Chronisten vorgegebenen Bewertungen der Herrscher und ihrer Angehörigen. Sie gingen davon aus, das unmoralische Verhalten einer Königin könne schädliche Auswirkungen auf die Regierungsarbeit ihres Mannes und auf das Wohlergehen seines Königreichs haben. So lässt sich erklären, dass manche Autoren dieser Zeit gegenüber Eleonore ein ähnliches Maß an Angst, Abscheu und Hass an den Tag legten, wie zeitgenössische Chronisten es angesichts ihres Freiheitsdrangs und Machtstrebens empfunden hatten. Selbst heute noch können es sich manche Autoren populärer Schriften nicht verkneifen, den Mythos von der sexuellen Unersättlichkeit der Königin Eleonore zu propagieren.[1]

Eine Moritat, die in England erstmals im 17. Jahrhundert im Druck erschien, zweifellos aber aus früher kursierenden Legenden schöpfte, zählt die Verbrechen auf, die Eleonore angekreidet wurden. Die Königin beichtet in der Moritat zwei Mönchen (unter deren Kutten sich Heinrich II. und William Marshal verbergen) ihre Sünden, und zwar nicht nur ihre Ehebrüche, sondern auch einen Mord. Gerüchte, wonach sie die Geliebte ihres Mannes, Rosamunde Clifford, vergiftet habe, waren spätestens im 14. Jahrhundert aufgekommen und hielten sich bis ins 19. Jahrhundert hinein. Bald nach dem Tod der Königin entstand ein weiteres Gerücht, das weite Verbreitung fand: Es habe in ihrem Stammbaum eine Teufelin gegeben. Offenbar wurden hier Motive aus populären Mythen und Sagen, in denen Fürsten Frauen mit dämonischen Zügen heirateten, die sich in dem Augenblick, da sie enttarnt wurden, gleichsam in Luft (oder Schwefeldampf) auflösten, auf Eleonore übertragen. In einem dieser Mythen war der Protagonist ein Graf von Anjou mit einer solchen Teufelsfrau, die die Angewohnheit hatte, bei jeder Messe unmittelbar vor der Erhebung der Hostie das Gotteshaus zu verlassen. Als man sie einmal zwang, zu bleiben, erhob sie sich unvermittelt in die Luft, entschwand durch ein Fenster und ward nie wieder gesehen.[2] Irgendwie verfestigten sich diese Legenden später zu der Geschichte von der Teufelin Melusine, und Eleonore oder eine fiktive Figur, die als Platzhalterin für sie fungierte, wurden für eine Hauptrolle in dieser Fabel auserkoren. Erst gegen Ende des 19. Jahrhunderts setzte eine schrittweise Rehabilitierung Eleonores ein, die allerdings erst einmal in einen neuen Mythos mündete, den von der «Königin der Troubadoure».

Eleonore als mehrfache Ehebrecherin

Wie vielen bedeutenden Frauen der Geschichte widerfuhr es auch Eleonore von Aquitanien, dass man ihren Ruf zu schädigen versuchte. Den Anfang machte der Vorwurf, sie habe sich auf dem Zweiten Kreuzzug auf unkeusche Beziehungen zu ihrem Onkel Raymond, Fürst von Antiochia, eingelassen. Dieses Gerücht bildete den Kristallisationskern für eine «schwarze Legende», die ein Eigenleben entfaltete, bis Eleonore schließlich zu einer «quasi-mythischen Figur wurde, zum Symbol weiblicher Treulosigkeit schlechthin».[3] Zu ihren Lebzeiten raunten die Menschen sich zu, Eleonore habe sexuelle Beziehungen nicht nur mit Raymond von Antiochia gepflegt, sondern auch – auf dem Weg ins Heilige Land – mit Gottfried von Rancon, einem mächtigen poitevinischen Grundherrn, und nach ihrer Rückkehr in ihre französische Heimat mit Gottfried, Graf von Anjou, ihrem künftigen Schwiegervater. Nach ihrer Eheschließung mit Heinrich II. wurden ihr ehebrecherische Beziehungen zu einem weiteren Onkel, Ralph de Faye, nachgesagt.

Nach dem Tod Eleonores wurden der Liste ihrer Liebhaber weitere Namen hinzugefügt, darunter der des Troubadours Bernard de Ventadorn. Mitte des 13. Jahrhunderts behauptete ein mit viel Phantasie begabter Biograf Bernards, Eleonore sei dessen Geliebte gewesen – die Tatsache, dass dieser Autor von ihrem Lebenslauf nur eine nebulöse Vorstellung hatte, macht seine Darstellung von vornherein unglaubwürdig. Er lässt Bernard in die Normandie reisen, wo Eleonore als Herzogin residierte, und sich um ihre Gunst bemühen. Daraus wird bei ihm eine Liebesaffäre, die endet, als Eleonore Heinrich II., König von England, heiratet. Was daran stimmt, ist dass Bernard sich eine Weile am Hof der Plantagenets in der Normandie aufhielt, aber zu einer Zeit, als Eleonore und Heinrich schon verheiratet waren.[4] Etwa um dieselbe Zeit verbreitete ein berühmter Prediger aus Paris die Anekdote, Eleonore habe versucht, Gilbert de la Porrée zu verführen, von 1147–1154

Bischof von Poitiers, der mehr als 40 Jahre älter war als sie. Vielsagend von einer «gewissen Königin von Frankreich» sprechend, behauptete der Prediger, sie habe den Bischof sexuell begehrt und ihn zu sich bestellt. Sie habe seine gepflegten Hände bewundert, ihn an der Hand gefasst und gesagt: «Oh, wie passend wäre es, wenn diese Finger meine Schenkel berühren würden!» Seine Hand erschrocken zurückziehend, habe der Bischof geantwortet: «Madame, lassen Sie das nicht geschehen, denn wenn meine Finger Sie berühren würden, womit könnte ich je wieder essen?»[5]

Im Verlauf des 13. Jahrhunderts schritt die Herabwürdigung Eleonores so weit fort, dass sich die Auffassung durchsetzte, ihre Seitensprünge seien der Grund dafür gewesen, dass Ludwig VII. sich von ihr scheiden ließ. Ein im ersten Viertel des 13. Jahrhunderts schreibender französischer Chronist, Hélinand de Froidmont (gest. ca. 1230), reicherte seine Chronik mit einer knappen Darstellung der beiden Ehen Eleonores an. Hélinand hatte früher als *trouvère* (Troubadour) dem Gefolge von Philipp II. Augustus angehört und war danach Zisterziensermönch geworden. Im Kloster führte er seine Schriftstellerei fort und verfasste als sein Lebenswerk eine Universalchronik in lateinischer Sprache. In der Textpassage über die Scheidung Eleonores schrieb er: «Ludwig trennte sich von seiner Frau wegen ihrer Wollust; sie betrug sich nicht wie eine Königin, sondern wie eine Dirne.»[6] Wie Gerald von Wales, schrieb auch Hélinand gegen Ende des langjährigen Konflikts zwischen den Plantagenets und den Kapetingern, und als ehemaliger Höfling Philipps war es ihm ein besonderes Anliegen, die moralischen Defizite der Feinde seines Königs hervorzuheben. Eine Generation später verzeichnete ein anderer französischer Chronist, Aubri des Trois Fontaines, ebenfalls ein Zisterzienser, für das Jahr 1152 nur ein einziges Ereignis: die Scheidung Eleonores und ihre anschließende Wiederheirat. Er kam dabei zu einer ähnlichen Bewertung wie Hélinand: «Heinrich von England nahm zu seiner Gattin die Frau, die der König von Frankreich gerade verstoßen hatte.... Ludwig hatte sie fallen lassen, fortgeschickt wegen der mangelnden Enthaltsamkeit dieser Frau, die sich nicht wie eine Königin benahm, sondern eher wie eine Hure.»[7] Im frühen 14. Jahrhundert übernahm Bernard Gui, ein Inquisitor und Autor, der den Dominikanern angehörte, aus der Chronik Hélinands den Passus über Eleonore und fügte ihn in sein Geschichtsbuch ein.[8]

Nach dem Tod Eleonores dauerte es nicht lange, bis einzelne Autoren ihre angeblichen sexuellen Abenteuer während des Zweiten Kreuzzugs mit neuen Details versahen; die früheren indirekten Anspielungen auf ihre zu große Nähe zu Raymond von Antiochia wuchsen sich unversehens zu der handfesten Unterstellung aus, ihr Liebhaber in Antiochia sei vielleicht nicht (nur) ihr Onkel gewesen, sondern ein islamischer Fürst, womöglich der große Saladin. Die Chroniken des Matthäus Paris (gest. ca. 1259), Mönch im Kloster von St. Albans, illustrieren beispielhaft diese Metamorphose.[9] In seinem Bericht über den Kreuzzug Ludwigs VII. erwähnte er nur beiläufig, dass die Königin ihren Mann begleitet hatte, verlor aber kein Wort über die Antiochia-Affäre. An einer anderen Stelle jedoch, an der er auf die Scheidung Eleonores zu sprechen kam, konnte er der Versuchung der «skrupelloser Geschichtsklitterung»[10] nicht widerstehen und deutete den unterstellten Seitensprung Eleonores mit ihrem Onkel zu einer Affäre mit einem (oder mehreren) «Sarazenen» um. Nicht genug damit, dass der Chronist von St. Albans der Königin mehrfachen Ehebruch andichtete, machte er ihr den besonders schwerwiegenden Vorwurf, «mit einem bestimmten ungläubigen Fürsten im Osten» ein Verhältnis gehabt zu haben, «während ihr Mann mit dem Geschäft des Kriegführens zu tun hatte».[11]

Eine vermutlich noch stärkere Wirkung auf spätere Darstellungen des Geschehens in Antiochia als die Chronik des Matthäus Paris ging von einer Sammlung geschichtlicher Anekdoten aus, die ein namenloser Bänkelsänger aus Reims um das Jahr 1260 zusammenstellte. Auch er verbreitete die Mär von Eleonores Liebesabenteuer mit einem islamischen Fürsten – und zwar mit Sultan Saladin, dem großen Gegenspieler ihres Sohnes Richard Löwenherz beim Dritten Kreuzzug. In dem Jahr, in dem Eleonore das Heilige Land besuchte, war Saladin noch nicht einmal ein Teenager. Ungeachtet dessen verliebt sie sich in der Version des Moritatensängers – mehr Jongleur als Historiker – in Saladin schon vor der ersten Begegnung mit ihm. Weil sie von seinen vielen Qualitäten erfahren hat, die sich so sehr von denen ihres frommen und passiven Gatten abheben, verspricht sie, dem christlichen Glauben abzuschwören, wenn es dem Sultan gelinge, sie zu verführen. Ihr Mann kann sie gerade noch aufhalten, als sie sich anschickt, zu Saladin überzulaufen, und als er sie fragt, warum sie ihn verlassen wolle, antwortet sie: «Wegen deiner *mauvesté* [was wahlweise als «Feigheit», «Nichtsnutzigkeit» oder «Unfähigkeit» übersetzt worden ist], in Gottes Namen. Denn du bist keinen verfaulten Apfel wert! Und ich habe so viel Gutes über Saladin gehört, dass ich ihn mehr liebe als dich.» Die Geschichte endet damit, dass der König nach der Rückkehr in die französische Heimat den Rat seiner Barone befolgt und sich von Eleonore trennt. Eigens hebt der Bänkelsänger den Reichtum Eleonores hervor. Sie sei «die vornehmste und reichste Dame in der christlichen Welt» gewesen und habe «dreimal so viel Land wie der König» besessen. Nach seiner Meinung hatte Ludwig «wie ein Narr» gehandelt, denn dadurch, dass er seine Königin verstoßen habe, habe er ihre «riesigen und reichen» territorialen Besitzungen an Heinrich Plantagenet verloren.[12]

Andere Chronisten des späteren Mittelalters bedienten sich bei dem namenlosen Bänkelsänger aus Reims und nahmen seine Version der Abenteuer Eleonores als Kreuzfahrerin für bare Münze. Ein Manuskript aus dem 14. Jahrhundert enthält eine kürzere Fassung der Phantasmagorie des Mannes aus Reims, einschließlich des Seitenhiebs auf Ludwig VII., weil der sein Land aus der Hand gegeben hatte. Auch in dieser Chronik fragt der französische König, nachdem er Eleonores Absprung zu Saladin vereitelt hat, seine Männer, was er mit seiner untreuen und eigensinnigen Frau machen soll, und befolgt ihren Rat, sie in ihre poitevinische Heimat zurück zu schicken. Nach Meinung des Autors war das «eine Dummheit». Als Ludwigs Ex-Gattin wenig später den König von England heiratete, sei Ludwig klar geworden, «dass er töricht gehandelt hatte, die Gräfin Eleonore nicht einzumauern, doch es war zu spät».[13] Auch bei einer weiteren Schrift, der im 15. Jahrhundert entstandenen *Chronique de Flandre*, stand der Bänkelsänger von Reims Pate, wie die Übereinstimmung zahlreicher Elemente eindeutig zeigt, auch wenn sie in einigen Punkten von der Vorlage abweicht. Die Königin befand sich dieser Version zufolge in Tripoli und hatte vor, «mit dem Sultan Rehaudin» durchzubrennen. Nach der Rückkehr des Paares nach Europa sei Ludwig nach Rom gegangen, um den Papst um die Auflösung der Ehe zu bitten.[14]

Ab Anfang des 16. Jahrhunderts erschienen gedruckte Bücher, die schwarz auf weiß von der angeblichen Liaison Eleonores mit dem Sultan Saladin kündeten. Weite Verbreitung fanden die *Annales d'Acquitaine* aus der Feder von Jean Bouchet, erstmals 1524 aufgelegt. Bouchet, der aus dem Poitou stammte, hatte versucht, am königlichen Hof in Paris Karriere als Dichter zu machen, war aber nach einiger Zeit in seine poitevinische Heimat zurückgekehrt und betätigte sich dort als Advokat und Schriftsteller. Die *Annales*, eine in Prosa geschriebene Chronik seiner Heimatregion, erlangte große Popularität und erlebte bis 1644 zahlreiche Neuauflagen, darunter fünf vom Autor selbst überarbeitete und herausgegebene.[15] Bouchet bemühte sich in seiner Chronik, Eleonore in ein freundlicheres Licht zu rücken; er nahm Retuschen an ihrem Bild vor, die sie dem Klischee der idealen Königin näher brachten. Die Anschuldigungen gegen sie wegen sexuellen Fehlverhaltens als Kreuzfahrerin im Heiligen Land legte er einem der Bischöfe in den Mund, die 1152 auf dem Konzil von Beaugency über den Antrag Ludwigs befanden, die Ehe aufzulösen. In der Version Bouchets brachte der Bischof bei der Würdigung möglicher Scheidungsgründe den Ehebruch Eleonores zur Sprache und beschuldigte sie, «sich dem Sultan Saladin hingegeben zu haben, dessen Bild und Porträt sie gesehen hatte».[16]

Jean Bouchet hatte offenbar das Bedürfnis, Eleonore zu rehabilitieren; er porträtierte sie nicht als Ehebrecherin, sondern als Opfer ihres eifersüchtigen Ehemannes Ludwig VII. In seiner Version der Antiochia-Episode ergreift Eleonore Partei für Graf Raymond und gegen ihren Mann, weil die Blutsbande, die sie mit ihrem Onkel verbinden, ihr wichtiger sind als das heilige Band der Ehe. Bouchet zufolge wusste die Königin nichts von dem Konzil von Beaugency, bis der Erzbischof von Bordeaux ihr hinterbrachte, dass die Prälaten dem Antrag Ludwigs auf Auflösung der Ehe zugestimmt hatten. Eleonore sei auf diese Nachricht hin ohnmächtig geworden und zwei Stunden nicht ansprechbar gewesen. Als man ihr erklärte, dass ihre Ehe blutschänderisch gewesen war, habe sie die Notwendigkeit der Trennung eingesehen, aber gefordert, dass ihre Stammlande in ihrem Besitz bleiben müssten. In ihrem Stolz verletzt, habe sie den Heiratsantrag von Heinrich Plantagenet nach kurzer Bedenkzeit angenommen. Die Eleonore rehabilitierende Darstellung Bouchets fand einen gewissen Widerhall bei einigen Autoren des späten 16. Jahrhunderts, zeitigte aber langfristig kaum Tiefenwirkung.[17]

Ende des 17. Jahrhunderts erschien die erste Biografie Eleonores von Aquitanien, geschrieben von dem französischen Historiker Isaac de Larrey (gest. 1719), einem ins Ausland emigrierten Hugenotten. Larrey verwies die Behauptung, Eleonore sei in Liebe zu Saladin entbrannt, ins Reich der Fabel. Er vermutete, dass sie dem Sultan einen Brief geschrieben und ihn um die Freilassung eines in seiner Gefangenschaft befindlichen Angehörigen gebeten hatte, ihres Ritters Sambreuil (korrekt: Saldebreuil), eines poitevinischen Grundherrn. Saladin habe den Brief so bewegend gefunden, dass er Saldebreuil freigelassen habe, ohne ein Lösegeld zu verlangen; daraufhin habe Eleonore ihm in einem weiteren Brief ihren höflichen Dank ausgesprochen. Als Ludwig VII. erfahren habe, dass seine Frau ohne vorherige Abstimmung mit ihm in Verhandlungen mit dem Feind des Christentums eingetreten war, sei er eifersüchtig geworden und habe ihr vorgeworfen, in einen «verbrecherischen Verkehr» mit Saladin getreten zu sein – mit Wissen und Billigung ihres Onkels Raymond sei sie die Geliebte Saladins geworden. Diesen Vorwurf habe Eleonore mit Entrüstung und Verachtung zurückgewiesen und sei danach nicht mehr in der Lage gewesen, Liebe für Ludwig zu empfinden; deshalb habe sie die Auflösung ihrer Ehe betrieben. Nach der Rückkehr nach Frankreich habe die ihrem Mann entfremdete Königin, so heißt es bei Larrey im weiteren Verlauf, Heinrich Plantagenet kennengelernt und den Eindruck gewonnen, er sei ein kultivierterer Mensch als Ludwig VII.[18]

Larreys Versuch einer Rehabilitierung Eleonores war kein großer Erfolg beschieden, und auch das im 18. Jahrhundert eingeläutete Zeitalter der Aufklärung brachte keine kritische Auseinandersetzung mit der «schwarzen Legende». Für die meisten französischen Historiker des 18. Jahrhunderts war und blieb Eleonore eine schamlose Dirne. Einer schrieb über ihr Verhalten in Antiochia: «Als sie sich erst einmal an … den Ort gewöhnt hatte, überließ sie sich so ungezügelt der Sinnlichkeit der Levante, dass sich der üble Gestank ihrer Hemmungslosigkeit überall verbreitete, bevor der König darauf aufmerksam wurde.»[19] Ein Poiteviner, der später zu einem glühenden Revolutionär wurde, veröffentlichte kurz vor der Revolution von 1789 eine Geschichte des Poitou, in der Eleonore verhältnismäßig gut wegkam, aber auch diese Veröffentlichung änderte wenig an der weitverbreiteten und offenbar tief verwurzelten Auffassung, Eleonore sei eine schlechte Ehefrau und eine schlechte Königin gewesen.[20] Vielleicht schadete die Revolution dem Ruf Eleonores sogar noch, denn was bei dieser Gelegenheit über die Tollheiten Marie Antoinettes herauskam, weckte bei den Leuten Assoziationen an ihre Vorgängerin aus dem 12. Jahrhundert. Weder die Restaurierung der Monarchie noch die Wiedererrichtung eines republikanischen Staatswesens führten zu einer Verbesserung von Eleonores Image.[21]

Auf der anderen Seite des Ärmelkanals hatte der schottische Aufklärer und Philosoph David Hume keine Skrupel, in seiner populären *History of England* das Gerücht von der Mesalliance Eleonores mit einem islamischen Fürsten aufzuwärmen; allerdings relativierte er es, indem er es als unbewiesenen Verdacht bezeichnete. In seiner Darstellung der Ehe Heinrichs II. mit der Herzogin von Aquitanien erinnerte er an ihren abenteuerlichen Kreuzzug mit Ludwig VII. von Frankreich und erklärte: «Nachdem sie dort jede Zuneigung zu ihrem Mann verloren hatte, geriet sie sogar in den Verdacht der Galanterie mit einem stattlichen Sarazenen», wonach es zur Trennung von Ludwig gekommen sei.[22] An anderer Stelle schrieb er: «Königin Eleonore, die schon ihren ersten Mann mit ihren Galanterien zur Verzweiflung gebracht hatte, verhielt sich gegen ihren zweiten nicht weniger schimpflich … und trieb in den verschiedenen Abschnitten ihres Lebens alle Formen weiblicher Schwäche auf die Spitze.»[23]

Zwei Bewegungen, die Romantik und der Nationalismus, prägten den

Zeitgeist des frühen 19. Jahrhunderts, und beide übten starken Einfluss auf die Geschichtsschreibung aus; unter anderem weckten sie ein neues Interesse am Mittelalter als dem Zeitalter, in dem sich die Vorläufer des modernen Nationalstaats entwickelt hatten. Alle Qualitäten der romantischen und nationalistischen Historiographie kulminierten im Hauptwerk des französischen Historikers Jules Michelet (1798–1874), seiner monumentalen *Histoire de France*. Auch er führte die Tradition fort, Eleonore zu diffamieren, charakterisierte sie als «leidenschaftlich und rachsüchtig wie eine Frau aus dem Midi» – unzählige andere Autoren übernahmen von ihm diese Formulierung. Michelet sah in Eleonore den Prototyp einer durch die Renaissance der klassischen Bildung und durch die höfische Kultur begünstigten, ihr Recht auf Freiheit einfordernden Frau. Zugleich brandmarkte er sie als «eine veritable Melusine, mit widersprüchlichem Naturell, Mutter und Tochter einer diabolischen Generation». Er scheute sich nicht zu behaupten, wegen ihrer Affäre mit Gottfried le Bel habe «für die Söhne, die sie mit Heinrich hatte, die große Gefahr bestanden, die Brüder ihres Vaters zu sein».[24] In den 1930er-Jahren charakterisierte ein angesehener französischer Mediävist Eleonore in einer an Michelet anknüpfenden Formulierung als «südliche Abenteurerin» und fügte hinzu: «Kokett, kapriziös und sinnlich, ist Eleonore eine Heidin par excellence.»[25]

Im viktorianischen England wurden die alten Klischees über die Königin des 12. Jahrhunderts immer wieder reproduziert und neu ausgeschmückt, obwohl die Geschichtsforschung und -schreibung mittlerweile aus den Händen von Amateuren in die Verantwortung akademisch gebildeter Wissenschaftler übergegangen war, die nach Objektivität strebten. Noch immer veröffentlichten freilich unwissenschaftlich arbeitende Autoren Geschichtswerke, die massenhaft Leser fanden, auch weil Frauen aus Mittelstand und Bürgertum ein neues Lesepublikum bildeten. Ein bei diesem Publikum großen Anklang findendes Buch war *Lives of the Queens of England* von Agnes Strickland (1806–1874), zuerst erschienen 1840–1849 und danach viele Male neu aufgelegt. «Es mutet seltsam an», schreibt sie, «dass der Mann, der zuerst die Eifersucht von König Ludwig weckte, in einem so engen Verwandtschaftsverhältnis zu [Eleonore] stand; andererseits … tischte sie ihrem gut aussehenden Onkel eine solche Serie von Koketterien auf, dass König Ludwig sie, empört und wütend, eines Nachts flugs aus Antiochia weggebracht …». Strickland gab freilich auch zu bedenken, dass «viele Autoritäten sagen, die Spielchen, die Raymond mit seiner Nichte trieb, seien durch und durch politisch gewesen».[26]

Strickland referierte, was frühere Autoren über die vermeintliche Affäre Eleonores mit Saladin geschrieben hatten, nämlich dass sie sich nach ihrem unfreiwilligen Abschied vom Hof ihres Onkels auf eine «verbrecherische Liebesbeziehung ... zu einem jungen Sarazenen-Emir von großer Schönheit namens Sal-Addin einließ». Sie verweist auf Briefe des Abts Suger von Saint-Denis, die Beweise geliefert hätten (und kann damit eigentlich nur den einen Brief meinen, in dem der Abt aber lediglich die eifersüchtigen Mutmaßungen des Königs in Antiochia erwähnte). Nach der Darstellung Stricklands brachte Eleonore mit ihren Entgleisungen ihren Mann so weit, dass er den Entschluss fasste (und ihn auch kundtat), sich gleich nach der Rückkehr in sein Königreich von ihr zu trennen; Suger habe ihn aber davon wieder abgebracht. Der vertraute Ratgeber habe den König darauf hingewiesen, dass er, wenn er das täte, die wertvollen Erblande Eleonores verlieren würde und dass ihre gemeinsame Tochter Marie, falls die Königin wieder heiratete, kaum eine Chance haben würde, das mütterliche Herzogtum zu erben. Erst diese Warnung Sugers habe den König veranlasst, der unseligen Eleonore die Rückreise nach Paris an seiner Seite zu gestatten, und nur dank seiner Angst davor, Aquitanien zu verlieren, habe sie «die Würde einer Königin von Frankreich behalten».[27]

Autoren des 20. und 21. Jahrhunderts stellen nicht mehr die Hypothese einer Affäre zwischen Eleonore und dem Sultan Saladin in den Raum; manche zeigen sich aber nach wie vor willens, eine sexuelle Komponente ihrer Beziehung zu Raymond von Antiochia zu vermuten. Wie ein populärer Biograf vor nicht langer Zeit geschrieben hat: «Unter Berücksichtigung aller zuverlässigen zeitgenössischen Belege ist es verwunderlich, dass die meisten modernen Biografen Eleonores nicht akzeptieren, dass sie eine ehebrecherische Affäre mit Raymond hatte.»[28] Selbst angesehene Gelehrte bringen es fertig, ihre persönlichen Mutmaßungen in augenzwinkernde Formulierungen zu kleiden, die eines maliziösen Chronisten des 12. Jahrhunderts würdig wären. Einer schreibt: «Raymond empfing sie mit offenen Armen – mit allzu offenen, wie manche durchblicken ließen.»[29]

Eleonore als Mörderin

Ein ganzes Bündel von Legenden über die Liebesaffäre Heinrichs II. mit Rosamunde Clifford nahm jahrhundertelang die Phantasie des Publikums gefangen. Die Geschichte dieser Liebe lieferte Stoff für Gedichte, Theaterstücke, ja sogar Opern. Eleonores angeblicher Rachedurst, der nach Meinung

Dieses Gemälde von Margaret Dovaston (1884–1954) stellt Heinrich II. mit seiner Geliebten Rosamunde Clifford dar; es wurde ca. 1921 für ein Buch über die Geschichte Englands angefertigt.

mancher so weit ging, dass sie die Ermordung ihrer Rivalin ausheckte, rückte zunehmend in den Mittelpunkt dieser Legenden. Am Anfang war die Eleonore eingeräumte Rolle nur die der betrogenen Ehefrau, und Heinrich und Rosamunde waren die Sünder, deren Handeln verurteilt wurde. Diese Sicht der Dinge präsentierte etwa der klösterliche Chronist Ralph von Higden um die Mitte des 14. Jahrhunderts in seinem *Polychronicon*, das Universalgeschichte und Enzyklopädie zugleich war. Darin erzählt er von der Liebe Heinrichs zu Rosamunde und von dem Liebesnest, das er für sie bauen ließ, einem «labyrinthischen Palast» in Woodstock. Seine Erklärung für das «Labyrinth» – dass es Heinrichs Frau daran hindern sollte, Rosamunde zu finden – könnte eine Einladung für später angestellte Spekulationen gewesen sein, Eleonore habe Rosamunde etwas antun wollen.[30] Das *Polychronicon* wurde in England zu einer der meistgelesenen Chroniken des späten Mittelalters, auch weil es in den 1380er-Jahren von John von Trevisa aus dem Lateinischen in die Sprache der Bevölkerung übersetzt wurde und damit Eingang in den englischen Literaturfundus fand.[31]

Das ebenfalls um die Mitte des 14. Jahrhunderts erschienene Buch *Chroniques de London* war offenbar die erste Veröffentlichung, die, Higdens Vorlage aufnehmend, die Möglichkeit ausmalte, dass eine eifer- und rachsüchtige Eleonore die Tötung Rosamundes bewerkstelligt hatte. Der anonyme

Autor des Machwerks schildert in grausiger Detailgenauigkeit das unheilvolle Schicksal, das die Königin der schönen Rosamunde bereitete – wie eine «vornehme junge Dame, die schönste, die die Menschheit je sah, zu Tode gebracht wird, unter der Anschuldigung, die Konkubine des Königs zu sein».[32] Ständig verwechselt der Autor den König und die Königin von England mit Heinrich III. und Eleonore von der Provence und lässt Rosamunde Clifford im Jahr 1262 sterben. Seine drastische Schilderung der Tötung Rosamundes beginnt damit, dass die Königin das Mädchen nackt in einen hermetisch abgeriegelten Zwischenraum zwischen zwei Feuern sperrt und sie zu verbrennen droht; dann lässt sie es in einen Badebottich stecken und eine alte Frau herbeirufen, die ihm an beiden Armen die Venen aufschneidet. Während es verblutet, bringt eine andere alte Frau zwei Kröten und setzt sie ihm an die Brust, an der beide zu saugen beginnen. Zwei weitere Greisinnen greifen ins Geschehen ein: Sie halten die ausblutende Rosamunde an den Armen hoch, bis sie tot ist, während die Königin lachend und das Opfer verhöhnend dabeisteht. Eleonore lässt den Leichnam Rosamundes in einen schlammigen Graben werfen, doch der untröstliche König lässt später im Kloster Godstow ein Grab für sie anlegen.[33]

Neue Versionen von Eleonores Mordkomplott gegen Rosamunde tauchten im weiteren Verlauf der frühen Neuzeit auf. Das Labyrinth von Woodstock erschien in einer Chronik, die der Londoner Robert Fabyan Anfang des 16. Jahrhunderts verfasste, der dafür offensichtlich Anleihen bei dem griechischen Mythos von Theseus und dem Minotaurus aufnahm. In Fabyans Version nahm Eleonore sich ein Beispiel an dem Kniff, mit dem Theseus das Labyrinthproblem löste: Sie bediente sich eines Fadenknäuels, um Rosamunde zu finden, und ließ ihr dann «eine Behandlung angedeihen, die sie nicht lange überlebte».[34] Der Fadenknäuel wurde zu einem Dauerbrenner in den vielen Versionen der Rosamunde-Legende, die in den folgenden Jahrzehnten und Jahrhunderten herauskamen. Er taucht in Samuel Daniels Gedicht *The Complaint of Rosamond* (1592) ebenso auf wie in der Ballade *Fair Rosamonde*, die ebenfalls aus dem späten 16. Jahrhundert stammt, aber erst zwei Jahrhunderte später im Druck erschien.[35] Auch in dieser Moritat findet Eleonore die schöne Rosamunde in ihrem Labyrinthgarten in Woodstock: «So cunningly contriv'd / With turnings round about / That none but with a clue of thread / Could enter in or out.» Rosamundes Bitten um Gnade ignorierend, zwingt Eleonore sie, einen Becher Gift auszutrinken. In einer Ballade aus Schottland, *Queen Eleanor's Confession*, wird Eleonore nicht nur beschuldigt, Rosamunde, sondern auch ihren Mann Heinrich mit Gift zu töten. Diese Moritat erschien im späten 17. Jahrhundert im Druck, stammt aber wahrscheinlich aus viel früherer Zeit – das Motiv, dass eine nichtsahnende Ehefrau ihre Sünden einem Priester beichtet, der in Wirklichkeit ihr verkleideter Ehemann ist, erfreute sich in der Populärliteratur des späten Mittelalters großer Beliebtheit.[36]

Die Rivalität zwischen Eleonore und Rosamunde lieferte Stoff für dramatische Ausarbeitungen. Der Essayist und Dichter Joseph Addison komponierte im frühen 18. Jahrhundert eine Oper mit dem Titel *Rosamond*, in der Eleonore ihre Rivalin zur Rede und vor die Wahl stellt, entweder durch einen Becher Gift oder durch den Dolch zu sterben. Addison wollte jedoch ein versöhnliches Ende; in seiner Bühnenversion der Legende stellt sich heraus, dass in dem Becher nur ein starkes Schlafmittel war, kein Gift. Die Oper endet damit, dass Eleonore und Heinrich sich versöhnen und Rosamunde im Kloster Godstow unbehelligt weiterlebt.[37] Im viktorianischen England schrieb der Dichter Alfred Lord Tennyson 1884 ein Versdrama mit dem Titel *Becket*, das das politische Thema des Konflikts zwischen Thomas Becket und Heinrich II. mit der Legende vom Mordkomplott der Königin Eleonore gegen die Geliebte ihres Gatten verknüpft. Als die schöne Rosamunde von der mit einem Dolch bewaffneten Eleonore in die Enge getrieben wird, bricht sie in lautes Wehklagen aus und nennt die Namen der Liebhaber der Königin:

> And I will fly … to heaven,
> and shriek to all the saints …
> «Eleanor of Aquitaine, Eleanor of England!
> Murder'd by that adultress Eleanor,
> whose doings are a horror to the east,
> A hissing in the west!» Have we not heard,
> Raymond of Poitou, thine own uncle – nay,
> Geoffrey Plantagenet, thine own husband's father –
> Nay, ev'n the accursed heathen Saladdeen – Strike!
> I challenge thee to meet me before God.[38]

Tennysons Quelle für die Rosamunde-Geschichte war zweifellos Agnes Stricklands *Lives of the Queens of England*. Strickland räumte ein, dass es für sie nicht einfach gewesen war, sich durch die vielen Veröffentlichungen über Eleonore und ihre Nebenbuhlerin zu wühlen. Sie verließ sich jedoch zu gutgläubig auf unzuverlässige Quellen – und auf ihre eigene Phantasie. In ihrem Kapitel über Eleonore behauptet sie, Heinrich sei Rosamunde schon als

Jugendlicher begegnet, vor seiner Krönung zum König, und habe vertraulich eine Heirat mit ihr vereinbart. Nachdem er Eleonore nach England geholt habe, habe er Rosamunde in einem Versteck in Woodstock untergebracht und sie im Unklaren darüber gelassen, dass er nun verheiratet war. Die Königin sei schließlich hinter sein Geheimnis gekommen, habe den Weg durch das Labyrinth gefunden und die Geliebte ihres Mannes zur Rede gestellt. «Es ist gewiss», schreibt Strickland, «dass die Königin ihre Rivalin nicht umbrachte, weder durch das Schwert noch durch Gift, auch wenn es denkbar ist, dass sie in ihrem Zorn mit beidem drohte.» Heinrich musste sich jedoch von Rosamunde trennen, und nach den Berechnungen Stricklands lebte die junge Frau noch zwanzig Jahre «in großer Bußfertigkeit», nachdem sie in Godstow ihr frommes Gelübde abgelegt hatte.[39]

Eleonore als Dämonin

Ein archetypischer Topos in der Volksdichtung ist «der Mann mit der dämonischen (oder feenhaften) Geliebten». Eine geheimnisvolle Dame läuft einem jungen Adligen über den Weg und entzündet bei ihm große Leidenschaft; sie hütet jedoch ein finsteres Geheimnis, das sie nicht preisgeben darf, und ist nicht bereit, seine Geliebte zu werden, ehe er ihr nicht verspricht, dieses Geheimnis nie anzutasten. Als der geliebte Prinz dann sein Versprechen bricht, verschwindet sie plötzlich und spurlos. Für diese feenhafte Geliebte bürgerte sich irgendwann der Name Melusine ein, und sie mutierte von einer Fee zu einem dämonischen Geschöpf. Spätestens ab dem frühen 13. Jahrhundert heftete sich dieses Erzählmotiv an die Fersen Eleonores, teilweise unter Berufung auf angebliche Drohungen von ihr zum Zeitpunkt ihrer Trennung von Ludwig VII. Das Frauenbild, das Eleonore verkörperte, stand zweifellos in so deutlichem Kontrast zu der untergeordneten Rolle, die die mittelalterliche Gesellschaft den Frauen zuwies, dass für manchen die Schlussfolgerung nahelag, sie müsse einen Teufel in der Ahnenreihe gehabt haben.[40] Die ersten schriftlichen Erwähnungen einer vornehmen Frau mit teuflischen Eigenschaften erschienen in Büchern von Walter Map und Gervase von Tilbury, zwei Autoren, die am Hof Heinrichs II. verkehrten.

Walter Map brachte in seinem Buch über die «Flausen der Höflinge» einen Text über eine solche mysteriöse Dame unter, die er die «schöne Pestilenz» nennt, die Braut eines normannischen Barons aus dem 11. Jahrhundert, die sich «stets dem Sprenkeln des Weihwassers entzog». Ihre neugierig gewordene Schwiegermutter spürte ihr einmal nach, als sie die Kirche verließ, und beobachtete, wie sie in ihr Badezimmer ging und sich dort in einen Drachen verwandelte. Als ihr Mann und ein Priester kamen, um sie mit Weihwasser zu besprenkeln, verflüchtigte sie sich durch das Dach.[41] Ein paar Jahre später veröffentlichte Gervase von Tilbury, der inzwischen an den Hof des deutschen Kaisers gegangen war, eine Anthologie von Anekdoten, die er ursprünglich für den jungen Heinrich, den ältesten Sohn Eleonores, zu sammeln begonnen hatte. Sie enthielt eine ähnlich gestrickte Geschichte. Gervase ließ seine Version in der Provence spielen. Ein Burgherr in der Nähe von Aix begegnete eines Tages bei einem Ausritt einer wunderschönen Dame, die er leidenschaftlich begehrte, die ihm aber nicht zu Diensten sein wollte, außer er willigte ein, sie zu heiraten. Sie prophezeite ihm, er werde «in seinem Leben als verheirateter Mann die denkbar größten irdischen Reichtümer genießen», aber nur so lange, wie er sie nicht nackt sah. Der Burgherr versprach, dass er nie den Versuch machen werde, ihren nackten Körper anzuschauen, aber irgendwann überkam ihn doch die Neugier, und er spähte in ihr Badezimmer. Als sie bemerkte, dass er sie nackt gesehen hatte, verwandelte sie sich in eine Schlange, ließ sich in den Badebottich fallen und ward nie wieder gesehen.[42]

Etwa um dieselbe Zeit, als Gervase von Tilbury im Heiligen Römischen Reich seiner Schriftstellerei nachging, brütete in England Gerald von Wales seine eigene Version der Fabel von der dämonischen (oder feenhaften) Braut aus; bei ihm war die Protagonistin eine Gräfin von Anjou, eine Vorfahrin von Heinrich Plantagenet. Diese Dame besuchte nur selten den Gottesdienst und verhielt sich, wenn sie es tat, kaum oder gar nicht andächtig; gleich nachdem der Priester aus dem Evangelium gelesen hatte, verließ sie das Gotteshaus, nie blieb sie bis zur Erhebung der Hostie. Irgendwann ließ der Graf, den ihr seltsames Verhalten wunderte, seine Frau von einigen seiner Männer festhalten, als sie wieder aus der Kirche laufen wollte. Da klemmte sie sich zwei ihrer jungen Söhne unter die Arme und schwebte vor den Augen der gesamten Gemeinde durch eines der oberen Fenster nach draußen. Zwei andere Söhne ließ sie zurück. Gerald resümierte: «Und so wurde diese Frau, schöner im Antlitz als im Glauben, die ihre zwei Kinder mit sich nahm, danach nie wieder dort gesehen.» Gerald von Wales behauptete, Richard Löwenherz habe diese Familiensage der Plantagenets häufig als Erklärung dafür angeführt, dass er und sein Bruder so streitlustig waren. Angeblich machte sich Richard darüber lustig, dass sie «alle vom Teufel hergekommen seien und daher auch alle zum Teufel gehen würden». Geralds Anekdote hatte den subversiven Zweck, einen «weiblichen Dämon mitten ins Herz der Plantagenet-Dynastie zu pflanzen».[43]

In den Jahrzehnten nach dem Tod Eleonores verflochten sich ältere Legenden über Frauen mit dämonischen Vorfahren mit Geschichten, die die Leute sich über sie erzählten, Geschichten, die im selben Maß «wüster» wurden, wie es mit ihrem Ruf abwärts ging. Matthäus Paris nannte als einen der Gründe dafür, dass Ludwig VII. die Scheidung von Eleonore anstrebte, seine Erkenntnis, dass sie «vom Teufel abstammte».[44] Zwei kaum bekannte normannische Geschichtswerke aus dem frühen 13. Jahrhundert greifen das Dämonenmotiv ebenfalls auf und übertragen es auf Eleonore. Beide berichten, sie habe sich gleich nach ihrem Weggang vom Hof Ludwigs VII. vor ihren poitevinischen Untertanen entblößt, um ihnen zu beweisen, dass sie keine Teufelin war. Dies ist immerhin eine für die frisch geschiedene Königin erfreuliche Version, der zufolge sie keine Dämonin war. Das kürzere dieser beiden in der Sprache der Bevölkerung geschriebenen Geschichtswerk entstand allem Anschein nach spätestens eine Generation nach dem Tod Eleonores. Ein Manuskriptexemplar scheint im Besitz der Abbaye aux Dames in Caen gewesen zu sein. Vielleicht wussten die Nonnen dort – unter ihnen waren etliche Damen aus hochgestellten Familien – diese Darstellung der letzten Herzogin der Normandie zu schätzen, die sich positiv von den meisten anderen über Eleonore zirkulierenden Geschichten abhob. Erzählt wird hier, dass sie sich, nachdem Männer aus dem Poitou sie nach ihrer Trennung von Ludwig VII. nach Hause geholt hatten, vor diesen entblößte und zu ihnen sagte: «Meine Herren, was für eine Sorte Bestie bin ich?» Und sie antworteten: «Bei Gott! Keine schönere Frau kann in diesem Zeitalter leben.» Darauf erwiderte sie: «Ich bin nicht die Teufelin, als die der König von Frankreich mich gerade betitelt hat.» Die zweite Schrift zur Geschichte der Normandie, die aus der Zeit kurz nach der Mitte des 13. Jahrhunderts stammt, ist erheblich länger, erzählt aber im Großen und Ganzen dieselbe Geschichte.[45] Es liegt auf der Hand, dass die normannischen Historiker, die diese Erzählung in ihr Buch aufnahmen, damit die Absicht verbanden, den Ruf Eleonores zu retten, nicht, ihn zu beflecken. Sicher wollten sie nicht suggerieren, Eleonore habe sich vor ihren adligen Vasallen nackt ausgezogen; sie legte nur ihre äußeren Gewänder ab, um ihnen die Schönheit ihres ganz und gar menschlichen, keine dämonischen Merkmale aufweisenden Körpers vorzuführen.[46]

Ein paar Jahre später präsentierte auch Philippe Mouskès in seiner *Chronique rimée* eine Eleonore, die, von Ludwig durch üble Nachrede herabgesetzt, ihren poitevinischen Adel zusammenruft und sich vor dessen Augen auszieht. Sie fragt die Männer: «Habe ich nicht einen wunderbaren Körper? Dabei sagt der König, ich sei eine Teufelin.» Ihre Barone versichern ihr, wie schön sie sei und dass sie bald einen anderen Mann finden werde. Gleichwohl verknüpfte Mouskès Eleonore durch ihre Mutter mit der Dämonenlegende. Nachdem er die Episode geschildert hat, in der sich die Königin vor ihren Baronen entkleidet, fügt er einen Exkurs über ihre Ahnenreihe ein. Er berichtet, wie der «Graf» von Aquitanien auf einem Jagdausflug eine schöne Frau traf, sie heiratete und mit ihr mehrere Kinder hatte, darunter Eleonore. Nach einiger Zeit lässt er die Gräfin, wie es in den Erzählungen dieses Typs üblich ist, so plötzlich verschwinden, wie sie gekommen war – sie fliegt durch das Kirchendach davon.[47]

Ein namenloser Bänkelsänger aus Reims schrieb um die Mitte des 13. Jahrhunderts einen Text über den frisch von seinem Kreuzzug zurückgekehrten Ludwig VII., der seine Barone um Rat fragt, wie er mit seiner Königin verfahren soll. Diese antworten ihm: «Ganz ehrlich lautet der beste Rat, den wir Euch geben können: Lasst sie gehen, denn sie ist eine Teufelin, und wenn Ihr sie noch länger behaltet, steht zu befürchten, dass sie Euch umbringen lässt.» Der König befolgt ihren Rat, was den Bänkelsänger aber zu dem folgenden Kommentar veranlasst: «Er hätte klüger daran getan, sie einzumauern, sodass er für den Rest seines Lebens ihr großes Land hätte besitzen können.»[48] Eine Passage, die ganz offenkundig aus dem Kompendium des Bänkelsängers abgeschrieben ist, erscheint in der *Chronique normande* von Pierre Cochon aus dem 15. Jahrhundert.[49]

Die mittelenglische Romandichtung *Richard Coeur de Lion*, entstanden um 1300 in London (oder nahe bei London), setzt die Tradition fort, das Leben Eleonores mit älteren Legenden über eine dämonische Braut zu vermischen. Die Mutter des Protagonisten des Romans trägt nicht den Namen Eleonore, sondern heißt Cassodorien. Aber genau wie die dämonische Gräfin von Anjou, hat Cassodorien die Angewohnheit, vor der Erhebung der Hostie das Gotteshaus zu verlassen, und als sie einmal gezwungen wird, zu bleiben und diesen Höhepunkt der Messe mit anzusehen, erhebt sie sich unvermittelt in die Luft, entschwebt durch ein Fenster der Kapelle und wird nie wieder gesehen.[50] In dem Roman, der wahrscheinlich aus einem älteren anglo-normannischen Gedicht entstand, heiratet Heinrich II. Cassodorien, die schöne Tochter des Königs von Antiochia, nachdem sie und ihr Vater, geleitet von einer Vision, mit dem Schiff nach England gekommen waren. Nach 14 Ehejahren, in denen sie es nie gewagt hatte, den Blick auf die geweihte Hostie zu richten, zwang der König Cassodorien eines Sonntags, so lange in der Kirche zu bleiben, bis der Priester die Hostie erhob. Als das geschah, «nahm sie ihre Tochter an der Hand, und ebenso wenig wollte sie ohne ihren Sohn sein. Sie entschwebte durch das Dach vor den Augen aller.» Der junge Johann stürzte herab und brach sich den Oberschenkel, aber Cassodorien und ihre Tochter flogen fort und wurden nie wieder gesehen. Kurioserweise tritt Eleonore in dem Roman einmal unter ihrem eigenen Namen auf, in einer wahrheitsnahen Episode, in der sie Richards Braut Berengaria von Navarra bei ihm in Sizilien abliefert.[51]

Die definitive Version der Sage von der dämonischen Dame, eine Romandichtung, die für diese Figur den Namen Melusine einführte, erschien gegen Ende des 14. Jahrhunderts, abgefasst von Jean d'Arras. Seine *Mélusine* kommt ohne jede direkte Bezugnahme auf Eleonore aus, aber die Handlung spielt im Poitou, erzählt die Geschichte von den Ursprüngen der Familie Lusignan und gehört damit zu den sogenannten Ahnendichtungen. In dieser Variante der Legende hat Melusine, die Braut des Freiherrn von Lusignan, ihrem Mann das Versprechen abgenommen, nie an einem Samstag nach ihr zu sehen, denn an diesem Tag verwandelte sie sich stets in eine Schlange. Ihr Mann konnte jedoch der Versuchung nicht widerstehen, sie an einem Samstag auszuspähen, als sie in ihren Baderäumen weilte, und zu seinem Schreck sah er, dass sie von der Hüfte abwärts einen Schlangenkörper hatte. Melusine verwandelte sich daraufhin in eine fünf Meter lange Schlange und flog davon.[52] Eine ähnliche Variante der Melusinesage, bei der diese ebenfalls mit der Geschichte der Familie Lusignan verflochten wird, *Le Roman de Mélusine ou Histoire de Lusignan*, wurde etwa um dieselbe Zeit von Coudrette niedergeschrieben, der möglicherweise ein gebürtiger Poiteviner war.[53]

Ein neuer Eleonore-Mythos: «Königin der Troubadoure»

Im frühen 19. Jahrhundert führten zwei Bewegungen, die Romantik und der Nationalismus, zu einem neu erwachenden Interesse an mittelalterlicher Volksdichtung. In Frankreich hatte dies zur Folge, dass der Fundus der in okzitanischer Sprache vorliegenden Troubadourdichtungen neu erschlossen wurde. Gegen Ende des Jahrhunderts mündete das akademische Studium der mittelalterlichen Troubadourliteratur in die Entdeckung der «höfischen Liebe» – diesen Ausdruck prägte Gaston Paris (1839–1903), Professor am Collège de France und der bedeutendste französische Philologe seiner Zeit. Dieser weitverbreitete Begriff hat heute keine verbindliche, allseits akzeptierte Bedeutung, aber er kreierte die neuartige Idee einer unerwiderten und doch (oder gerade deshalb) erhebenden und fast abgöttischen Liebe eines Ritters zu einer höhergestellten Dame, wie die Troubadoure und Minnesänger sie propagierten. Manche Gelehrte sahen in der Tatsache, dass manche adligen Frauen die literarische Verarbeitung «höfischer Liebe» förderten, ein Indiz für ihren wachsenden Einfluss in der mittelalterlichen Gesellschaft.

Im Verlauf des 19. Jahrhunderts wurde die Geschichtsschreibung zu einer Profession, in der Akademiker den Ton angaben und in der zunehmend strengere Anforderungen an eine wissenschaftliche Arbeitsweise gestellt wurden. Erstaunlicherweise ist Eleonore von Aquitanien aber auch von der akademischen Historiografie nicht gut behandelt worden, vielleicht weil es lange Zeit eine männlich dominierte Disziplin war. Die Gelehrten, die mittelalterliche Studien betrieben, stützten sich vorwiegend auf lateinisch geschriebene Chroniken und tendierten dazu, Eleonore links liegen zu lassen, und wenn sie doch von ihr Notiz nahmen, schlossen sie sich den konventionellen moralischen Bewertungen der mittelalterlichen Kleriker an. Noch im 20. Jahrhundert war es so, dass die meisten universitären Historiker «weichere Themen» wie biografische Studien über Frauengestalten des Mittelalters ganz gerne den literaturwissenschaftlichen Fakultäten überließen, wo für Frauen tendenziell bessere Arbeits- und Karrieremöglichkeiten bestanden.[54] Die meisten in der jüngeren Vergangenheit erschienen Eleonore-Biografien stammen denn auch von Frauen, und sie neigen dazu, ihrer Protagonistin eine «unreflektierte Empathie» entgegenzubringen.[55] Da ihr Arbeitsschwerpunkt normalerweise die Literatur des Mittelalters ist, konzentrieren sich diese Autoren in der Regel auf das Gefühlsleben Eleonores und auf ihre literarische Aktivität. Die Folge ist, dass Arbeiten über das Leben Eleonores aus der Feder von Gelehrten, deren Forschungsschwerpunkt die volkssprachliche mittelalterliche Dichtung ist, in erster Linie die wirkliche oder vermeintliche Rolle der Königin und Herzogin als Mäzenin der Dichtkunst herausarbeiten, in zweiter Linie auch noch ihre Rolle als Modell für die eine oder andere Romanfigur oder als Adressatin eines Gedichts. Zum Verdruss politischer Historiker, die vorwiegend mit lateinischen Quellen arbeiten, suchen und finden manche «literarischen» Historiker in der Darstellung mythischer Figuren wie König Artus' Gattin Ginevra in mittelalterlichen Romandichtungen Aufschlüsse über das Leben und Denken der realen Eleonore von Aquitanien. Ein angesehener Romanist gelangte in seiner 1993 erschienenen Eleonore-Biografie zu dem Fazit, ein plastisches Bild von ihr lasse sich am besten «durch eine Montage … der freundlicheren

Porträts der Ginevra in der höfischen Romanliteratur» gewinnen. Autoren dieser Denkrichtung haben einen neuen, positiveren Mythos der Eleonore von Aquitanien als «Königin der Troubadoure» begründet. In ihrer unkritischen, das ironische Moment übersehenden Rezeption von Andreas Capellarius' Buch *Über die Liebe* stellen sie sich die Königin und Herzogin an ihrem Hof in Poitiers 1168–1174 als Förderin der neuen Lehre von der höfischen Liebe, ja als Vorsitzende eines «Gerichtshofs der Liebe» vor.[56]

Amy Kelly beschreibt in ihrem 1956 erschienenen, vielgelesenen Buch *Krone der Frauen. Eleonore von Aquitanien und die vier Könige* den Hof der Herzogin als eine «wahre Zucht- und Pflegeanstalt» für «künftige Könige und Königinnen», zugleich aber als einen Tummelplatz «wilder Gesellen, ungestümer junger Burschen von den Adelsburgen des Südens», die hier höfischen Schliff verpasst bekamen. Nach Überzeugung Kellys betrachtete die Königin und Herzogin es als ihre Pflicht, «eine ganze Generation, die die höfische Zucht eines herrscherlichen Mittelpunktes hatte entbehren müssen, zu den guten Sitten zurückzulenken». Kelly wagte sogar die These, Eleonore habe ihre ältere Tochter aus der Ehe mit Ludwig VII., Marie Gräfin von der Champagne, zur «maîtresse d'école» an der «königlichen Akademie zu Poitiers» berufen – dabei existieren nicht einmal Belege dafür, dass Marie jemals ihre Mutter in Poitiers besucht hätte.[57] Marion Meade nimmt in ihrem 1977 erschienenen Buch *Eleanor of Aquitaine* die «Akademie» der Herzogin als Ausgangspunkt für die Umdeutung Eleonores zu einer feministischen Revolutionärin. In Meades Interpretation räumte Eleonore den Frauen einen herausgehobenen Platz in der mittelalterlichen Gesellschaft frei, indem sie militante junge Ritter zähmte und ihnen mittels ihrer «Gerichtshöfe der Liebe» die Verhaltensregeln einer neuen höfischen Kultur beibrachte. Über die Damen am Hof Eleonores schreibt Meade: «Sie sahen sich als Pionierinnen einer neuen rationalen Welt, vielleicht als einen Prototyp der Frau der Zukunft, einer Zukunft, in der Frauen als Göttinnen herrschen oder zumindest Herrinnen ihres eigenen Schicksals sein könnten.»[58] Wie diese Beispiele zeigen, setzt sich die Mythisierung Eleonores auch in unserer Zeit noch fort, wenn auch unter den Vorzeichen eines wesentlich zum Positiven gewandelten Bildes von ihr.

Keiner anderen Königin des Mittelalters wurde eine so schwere Herabwürdigung ihres Ansehens zuteil wie Eleonore, Folge einer kumulativen Anhäufung von Gerüchten, anzüglichen Insinuationen und schlicht aus der Luft gegriffenen Vorwürfen. Alle Spuren, die die reale Eleonore als Königin und als Mutter hinterlassen hatte, wurden verwischt und zugedeckt durch eine «schwarze Legende», die im Lauf der Jahrhunderte ständig ausgeschmückt wurde. Warum gerade Eleonore von Aquitanien so viel Gehässigkeit auf sich zog, ist schwer zu erklären, auch wenn die periodischen Veränderungen des Frauenbildes vielleicht den einen oder anderen Ansatzpunkt liefern. In ihren jungen Jahren vollzog sich ein Umbruch: Die Hinterlassenschaften der chaotischen Wirren des 10. und 11. Jahrhunderts, in denen das Fehlen oder Wegbrechen staatlicher Strukturen starken Frauen die Chance eröffnet hatte, sich politische Führungsrollen zu erkämpfen, machten einer neuen, strafferen Ordnung Platz. Unter diesen Umständen konnte es sein, dass eine Herrscherin, die an ihre eigenen Fähigkeiten glaubte und willens war, politische Macht auszuüben, als eine Bedrohung für die «gute neue Ordnung» empfunden wurde, weil sie sich den neuen Normen des weiblichen Verhaltens, die von der Kirche und von der Aristokratie definiert wurden, nicht fügte. Die moralische Herabwürdigung Eleonores durch Vorwürfe persönlichen Fehlverhaltens war die Antwort der mittelalterlichen Meinungsmacher auf ihre schockierende Weigerung, sich den restriktiven Normen der mittelalterlichen Gesellschaft zu unterwerfen. In den darauffolgenden Jahrhunderten sollte der Mythos vollständig über die Realität triumphieren. Wenn wir heute endlich ein «wahrhaftiges Bild» Eleonores von Aquitanien freilegen wollen, müssen wir die «schwarze Legende» ebenso ausblenden wie die anderen, den Blick auf die historische Eleonore trübenden Mythen.

DANK

Als ich vor vielen Jahren als Fulbright-Stipendiat in Poitiers ankam, ahnte ich nicht im Traum, dass ich einmal eine Biografie der berühmtesten Einwohnerin der Stadt, Eleonore von Aquitanien, schreiben würde. Mein Jahr in Poitiers öffnete mir den Zugang zu einer neuen Welt und wies mir den Weg in eine akademische Laufbahn, in der ich mich mit den angevinischen oder frühen Plantagenet-Königen von England und mit Eleonore, der Königin Heinrichs II., beschäftigte. Dass man heute, wenn man über Eleonore von Aquitanien forscht, auf ihre Urkunden zugreifen kann, die früheren Gelehrten nicht ohne Weiteres zugänglich waren, verdanken wir Sir James Holt, dem Initiator des Plantagenet Acta Project an der Universität Cambridge, das ihre Urkunden – und ebenso die von Heinrich II. und Richard I. – zusammenträgt und editiert. Ohne den Zugang zu Eleonores gesammelten Urkunden, den die Mitarbeiter des Projekts mir großzügig gewährten, hätte ich das Buch nicht zu Ende bringen können. Eine Stütze waren mir dabei die Arbeiten von Marie Hivergneaux, die sich bei ihrer Arbeit als Doktorandin auf die Urkunden Eleonores konzentrierte. Dank schulde ich auch Martin Aurell, Professor am Centre des Études Supérieures de Civilisation Médiévale der Universität von Poitiers, dafür dass er eine Reihe von Kongressen über die Plantagenets und ihre Welt organisiert, die frankophone und anglophone Forscher zusammenbringt, aber auch für seinen Zuspruch zu diesem Projekt und für seine Freundschaft. Zwei von Mediävisten der Universität von East Anglia veranstaltete Kongresse über König Johann und Heinrich II. boten Gelegenheit zum Gedankenaustausch mit Kollegen über die Regierungsjahre dieser beiden Monarchen.

Jeder, der eine Biografie Eleonores schreibt, die Gegenstand so unzähliger akademischer Arbeiten gewesen ist, muss die Leistungen früherer Gelehrten würdigen. Ich verdanke viel den Arbeiten von Dr. Jane Martindale, die zweifellos im englischen Sprachraum die überragende akademische Kennerin der Geschichte Aquitaniens im 11. und 12. Jahrhundert ist. Die Einsichten, die ihre zahlreichen Aufsätze und Artikel mir eröffneten, waren von unschätzbarem Wert für mein Verständnis Eleonores und ihres poitevinischen Milieus. Eine große Hilfe waren auch Jean Floris wissenschaftliche Biografien Eleonores und ihres Sohns Richard, die unlängst in Frankreich veröffentlicht worden sind. Emily Amt war so freundlich, die Kapitel, in denen ich die Rolle Eleonores als Königin von England beleuchte, zu lesen und mir Anregungen zu geben. Viele weitere Kollegen und Freunde haben mich an ihren Arbeiten teilhaben lassen, haben mir mit Rat und Tat geholfen und mir Kopien ihrer Vortragsmanuskripte und Artikel geschickt. Dazu gehören Martin Aurell, George Beech, Maïté Billoré, John Gillingham, Marie Hivergneaux, Lois Huneycutt, Sara Lutan, Georges Pon, Daniel Power, Ursula Vones-Liebenstein und John W. Baldwin, mein langjähriger Mentor und Freund. Eine Quelle ständiger Ermunterung und wohltuenden Zuspruchs während der Entstehung dieses Buches war Heather McCallum vom Verlag Yale University Press UK.

Die Fakultät für Geschichte der Florida State University gewährte mir im Lauf mehrerer Jahre Freisemester und Reisespesen für Forschungsaufenthalte, bei denen ich mein Wissen über die frühen Plantagenets vertiefen konnte. Die Strozier Library an der Florida State University stellte mir ebenfalls immer wieder Ressourcen für meine Forschung zur Verfügung. Peter Krafft, Kartograph an besagter Uni, fertigte die Landkarten an, und das Photo Laboratory der Universität besorgte mir Fotografien. Für meine angevinischen Studien recherchierte ich an etlichen Bibliotheken sowohl in den USA als auch in Großbritannien und zuletzt auch am Institute of Historical Research der University of London sowie natürlich in Frankreich, hier vor allem am Centre des Études Supérieures de Civilisation Médiévale in Poitiers.

CHRONIK

1124	Geburt Eleonores, älteste Tochter von Wilhelm X., Herzog von Aquitanien und Aénor von Châtellerault, Tochter der «Maubergeonne», der Vizegräfin von Châtellerault und Maitresse Wilhelms IX., dem Troubadour
1128	Gottfried (le Bel), Graf von Anjou, heiratet Kaiserin Matilda, Tochter König Heinrichs I. von England
1133	5. Mai: Heinrich Plantagenet, Sohn von Gottfried und Matilda, wird in Le Mans geboren
1137	April: Tod von Wilhelm X. von Aquitanien, Eleonore wird Erbin
	25. Juli: Heirat von Ludwig, Sohn Ludwigs VI. König von Frankreich, und Adelaide von Savoyen, und Eleonore von Aquitanien in der Kathedrale Saint-André in Bordeaux, Abt Suger von Saint-Denis anwesend; kurz danach: Tod Ludwigs VI.
	August: Ludwig VII. und Eleonore ziehen als Herrscherpaar in Paris ein
1142/43	Ludwig VII. zieht gegen den Grafen der Champagne zu Felde und brennt die Stadt Vitry nieder
1145	Geburt der ersten Tochter von Ludwig VII. und Eleonore, Marie
1147	Juni: Beginn des Zweiten Kreuzzugs, Ludwig und Eleonore brechen auf dem Landweg nach Konstantinopel auf
1148	März: Das französische Heer trifft in Antiochia ein, Weiterzug nach Jerusalem
1149	April: Eleonore und Ludwig VII. schiffen sich zur Rückkehr nach Frankreich ein, im Oktober treffen sie in Rom Papst Eugen III.
1150	Geburt der zweiten Tochter von Ludwig VII. und Eleonore, Alix
1151	Sommer: Gottfried von Anjou und sein Sohn Heinrich Plantagenet besuchen Paris; erstes Zusammentreffen von Heinrich und Eleonore. Auf dem Rückweg stirbt Gottfried le Bel, Heinrichs Vater
1152	21. März: Konzil von Beaugency, die Ehe Ludwigs und Eleonores wird wegen zu enger Blutsverwandtschaft annulliert; Eleonore besucht das erste Mal das Kloster Fontevraud, dessen Äbtissin ist Heinrichs Tante Matilda von Anjou
	18. Mai: Eleonore heiratet in Poitiers Heinrich Plantagenet
1153	17. August: Geburt des ersten Sohns von Eleonore und Heinrich, Wilhelm, der 1156 stirbt
1154	25. Oktober: Stephan von Blois stirbt, der englische Thron ist frei für Heinrich
	19. Dezember: Krönung von Heinrich II. von England und Eleonore

1155	Thomas Becket ist Kanzler
	28. Februar: Geburt von Heinrich, Sohn von Heinrich und Eleonore
1156	Geburt der Tochter Matilda in London
	Hoftag an Weihnachten in Bordeaux
1157	September: Geburt von Richard (Löwenherz) in Oxford
	Hoftag an Weihnachten in Lincoln
1158	September: Geburt von Gottfried, vierter Sohn von Heinrich und Eleonore
	Eleonore in England, Heinrich schlägt die Revolte des Grafen von Thouars in der Normandie nieder
1160	November: Ludwig VII. heiratet in dritter Ehe Adele von der Champagne
	Heinrichs Sohn Heinrich wird mit Margaret, Tochter Ludwigs VII. aus zweiter Ehe, vermählt
1161	September: Eleonore, Tochter von Heinrich und Eleonore, wird geboren
1162	Thomas Becket wird Erzbischof von Canterbury
	Hoftag an Weihnachten in Cherbourg
1164	Die Töchter Ludwigs VII. und Eleonores heiraten Heinrich Graf von Champagne und Thibault von Blois
1165	August: Ludwigs erster Sohn Philipp Augustus wird geboren
	In Angers wird Eleonores Tochter Johanna geboren
1166	Juni: Gottfried, dritter Sohn Eleonores, heiratet Constanze von der Bretagne, Tochter von Conan IV., der kurz zuvor von Heinrich besiegt wurde
	24. Dezember: Der letzte Sohn Eleonores, Johann, wird in Oxford geboren
	Heinrich hält seinen weihnachtlichen Hoftag in Poitiers ab
1167	September: Heinrichs Mutter Kaiserin Matilda stirbt
	Die Tochter Matilda heiratet Herzog Heinrich den Löwen
	Weihnachten in Argentan
1169	Eleonore in Aquitanien
	Heinrich teilt seine Länder auf: Sein John Heinrich soll die Normandie erhalten, Richard Aquitanien und Gottfried die Bretagne
1170	14. Juni: Der jüngere Heinrich wird zum englischen König in Westminster gekrönt
	29. Dezember: Thomas Becket wird in der Kathedrale von Canterbury ermordet
1172	Juni: Richard wird zum Herzog von Aquitanien ausgerufen
	Weihnachten in Chinon
1173	Die Verlobung Johanns mit der Erbin des Grafen Maurienne löst den Unmut des jungen Heinrich aus, weil ihm wichtige Burgen genommen werden sollen
	März: Der Aufstand gegen Heinrich II. beginnt, der junge Heinrich verbündet sich mit Ludwig VII., die Brüder Gottfried und Richard stoßen zu dieser Allianz dazu. Schottland, einige englische Magnaten, Philipp von Flandern schließen sich dem Aufstand an; Heinrich II. stellt ein großes Söldnerheer auf und erobert allmählich die aufständischen Gebiete zurück. Eleonore, die nach Paris flüchten wollte, wird unterwegs gefangen genommen und auf die Burg Chinon gebracht
1174	Richard verliert als letzter den Kampf, im Juli 1174 bringt Heinrich II.

	Eleonore als Gefangene nach Salisbury in England, wo sie bis zu Heinrichs II. Tod 1189 in Gefangenschaft bleibt
	September: Frieden mit Ludwig VII., Aussöhnung mit den Söhnen
1175	Richard kämpft gegen Rebellen in Aquitanien und erwirbt sich den Beinamen «Löwenherz»
	Eleonore lehnt vermutlich eine Scheidung ab, der Papst die Annullierung ihrer Ehe
1176	9. November: Johanna wird mit König Wilhelm von Sizilien verheiratet
	Tod von Rosamunde Clifford, Maitresse von Heinrich II.
1177	Februar: Die Tochter Eleonore wird mit Alphons VIII. von Kastilien verheiratet
1179	1. November: Philipp August wird zum künftigen französischen König in Reims gekrönt
1180	Neue Revolte in Aquitanien
	28. April: Philipp Augustus heiratet Isabelle von Hennegau, Nichte von Philipp von Flandern
	18. September: Ludwig VII. stirbt
1182	Erneute Revolte in Aquitanien: Die Rebellen verbünden sich mit Richards Brüdern Gottfried und Heinrich
1183	Der junge Heinrich stirbt in Martel (Limousin)
1184	Der Kampf um Aquitanien setzt sich fort; die Brüder Gottfried und Johann verbünden sich gegen Richard, der schließlich von seinem Vater Unterstützung erhält
	Weihnachten: In Windsor kommt es zur Aussöhnung der Brüder, Mathilde von Sachsen hält sich mit ihren Kindern am englischen Hof auf
1186	21. August Gottfried stirbt in Paris, Philipp Augustus erhebt Ansprüche auf die Bretagne
1187	29. März: Arthur wird als Sohn von Constanze und posthum von Gottfried Plantagenet geboren
	Sommer: Richard weilt am Pariser Hof, Heinrich II. zweifelt an seiner Loyalität, Richard bemächtigt sich Chinons
	Oktober: Jerusalem wird von Saladin eingenommen, Richard gelobt den Kreuzzug
1188	Erneute Revolte in der Aquitaine gegen Richard; dieser vermutet seinen Vater auf der gegnerischen Seite. Philipp Augustus informiert Richard über die Absicht seines Vaters, ihn nicht als Erbe des englischen Throns anzuerkennen; Zerwürfnis zwischen Richard und seinem Vater, das nur mühsam gekittet wird
1189	Der Kampf entflammt aufs Neue, Richard und Philipp Augustus verbünden sich gegen Heinrich II. und verwüsten die Touraine, Tours wird genommen
	Juli: Heinrich II. ist krank und stimmt einem Friedensschluss in Ballan-Miré (zwischen Tours und Azay-le-Rideau) zu, der wesentliche Nachteile für ihn bringt; Heinrich II. stirbt in der Burg Chinon am 6. Juli
	Richard wird Erbe seines Vaters und befreit Eleonore
	Oktober: Richard wird in Westminster zum englischen König gekrönt

1190	Richard und Philipp Augustus nehmen das Kreuz und brechen zum Dritten Kreuzzug auf; Eleonore übernimmt die Regentschaft für ihren abwesenden Sohn Winter: Eleonore begleitet die Verlobte Richards Berengaria von Navarra nach Sizilien, wo sie auf Zypern mit Richard vermählt wird
1192	Richard Löwenherz verlässt im Herbst Palästina und wird von Leopold von Österreich gefangen genommen, der ihn an Kaiser Heinrich VI. auf den Trifels ausliefert
1193	Johann (Ohneland), der Bruder Richard Löwenherz', verbündet sich mit Philipp Augustus gegen den abwesenden Richard. Eleonore interveniert zugunsten von Richard, sammelt das geforderte Lösegeld für ihn und erreicht Köln an Weihnachten
1194	4. Februar: Richard Löwenherz wird freigelassen; Eleonore und Richard erreichen London im März Richard wird erneut in Westminster gekrönt, Johann und Richard söhnen sich aus Eleonore zieht sich ins Kloster Fontevraud zurück
1199	Neue Revolte in Aquitanien, Richard wird in Châlus (Limousin) tödlich verletzt 6. April: Richard Löwenherz stirbt und wird wie Heinrich II. in Fontevraud beigesetzt Eleonore unterstützt die Erbfolge von Richards Bruder gegen die Ansprüche ihres Enkels Arthur von der Bretagne, Sohn Gottfrieds Friedensschluss mit Philipp Augustus; eine Enkelin Eleonores wird dem Sohn Philipp Augustus zur Ehe versprochen. Eleonore reist nach Kastilien, trifft dort ihre Tochter Eleonore wieder
1200	Eleonore bringt ihre Enkelin Blanka nach Frankreich 20. August: Johann heiratet Isabella von Angoulême
1202	Aufstand der aquitanischen Magnaten und Arthurs gegen Johann; Eleonore unterstützt Johann Juli: Arthur belagert Mirebeau, die Festung, in die sich Eleonore zurückgezogen hat; Johann kommt ihr zu Hilfe, nimmt Arthur und viele aquitanische Barone gefangen
1203	Mai: Philipp Augustus beginnt eine Militärkampagne gegen Johann Dezember: Johann setzt sich nach England ab
1204	Anfang März: Die Festung Chateau-Gaillard ergibt sich, der französische König bemächtigt sich der Normandie. Diese Nachrichten dürften Eleonore noch erreicht haben, bevor sie am 31. März oder 1. April in Fontevraud stirbt

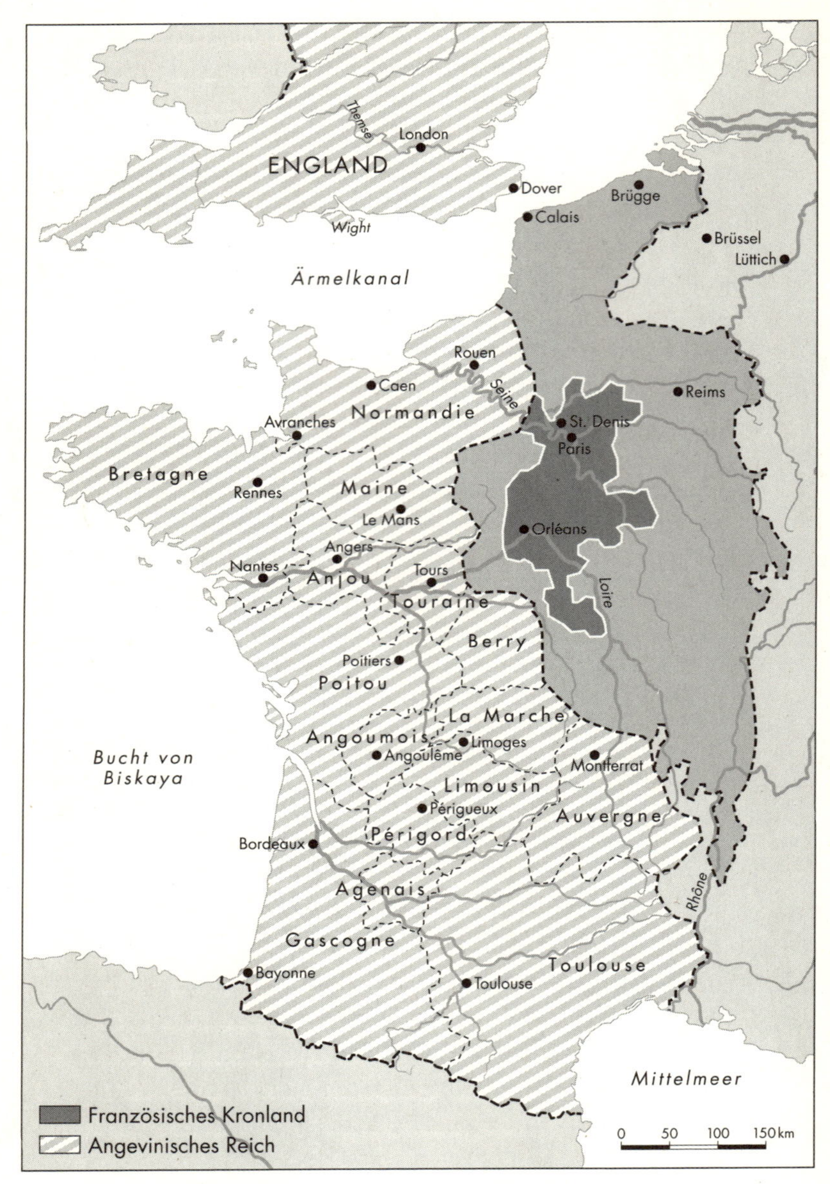

Besitztümer Heinrichs II. in ihrer Blütezeit, ca. 1174

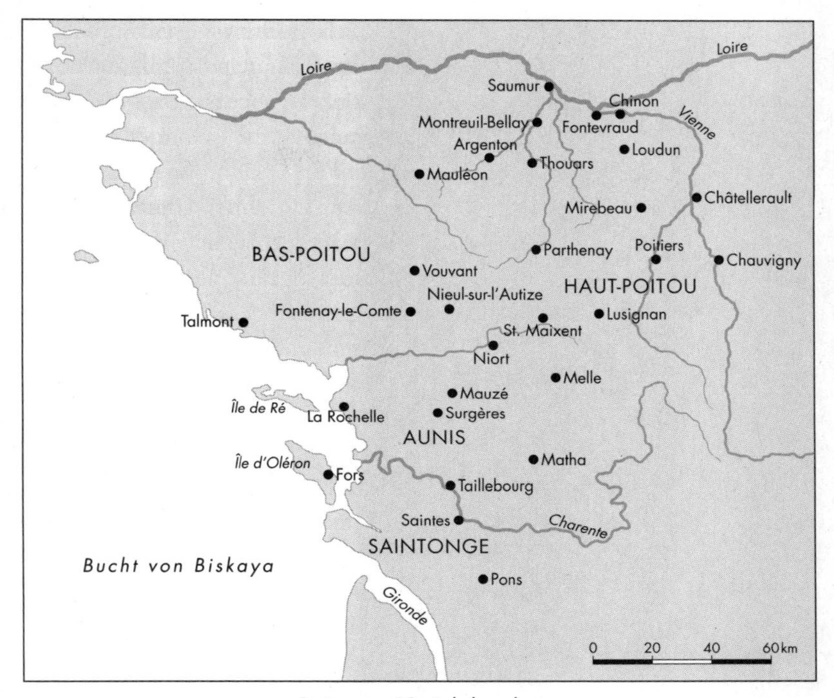

Poitou im 12. Jahrhundert

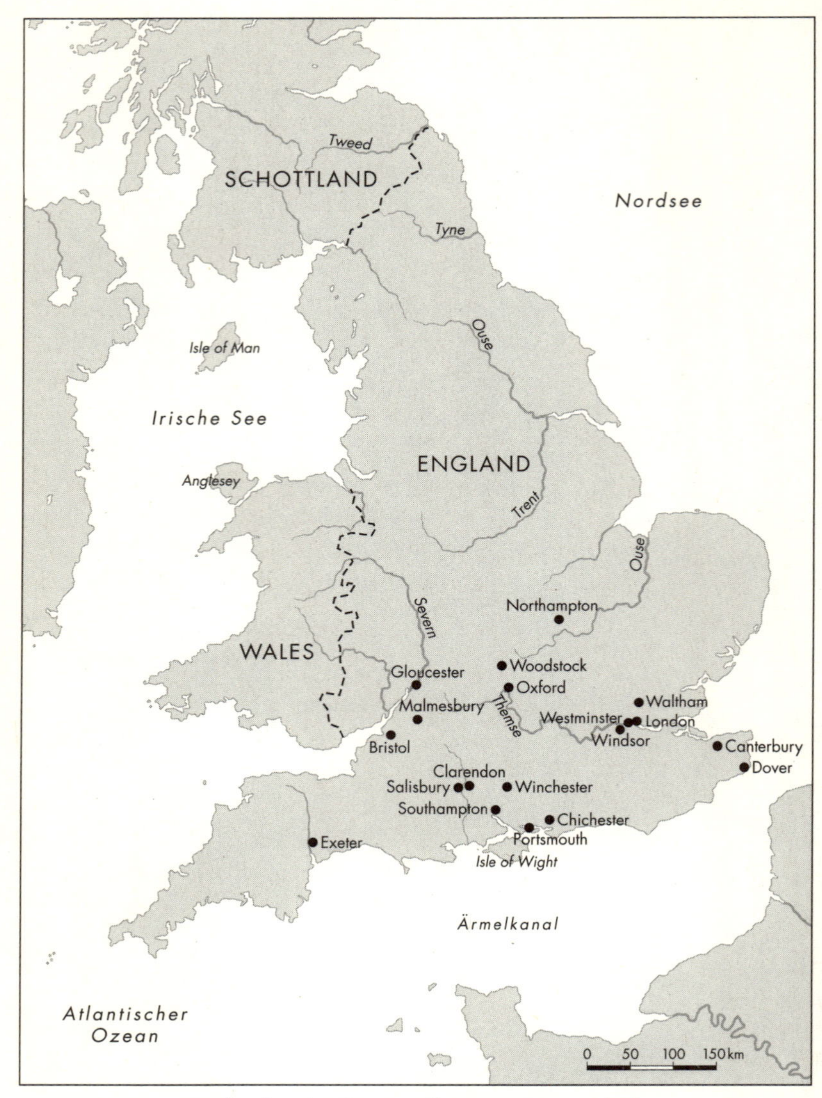

England in der Zeit von Eleonores Regentschaft

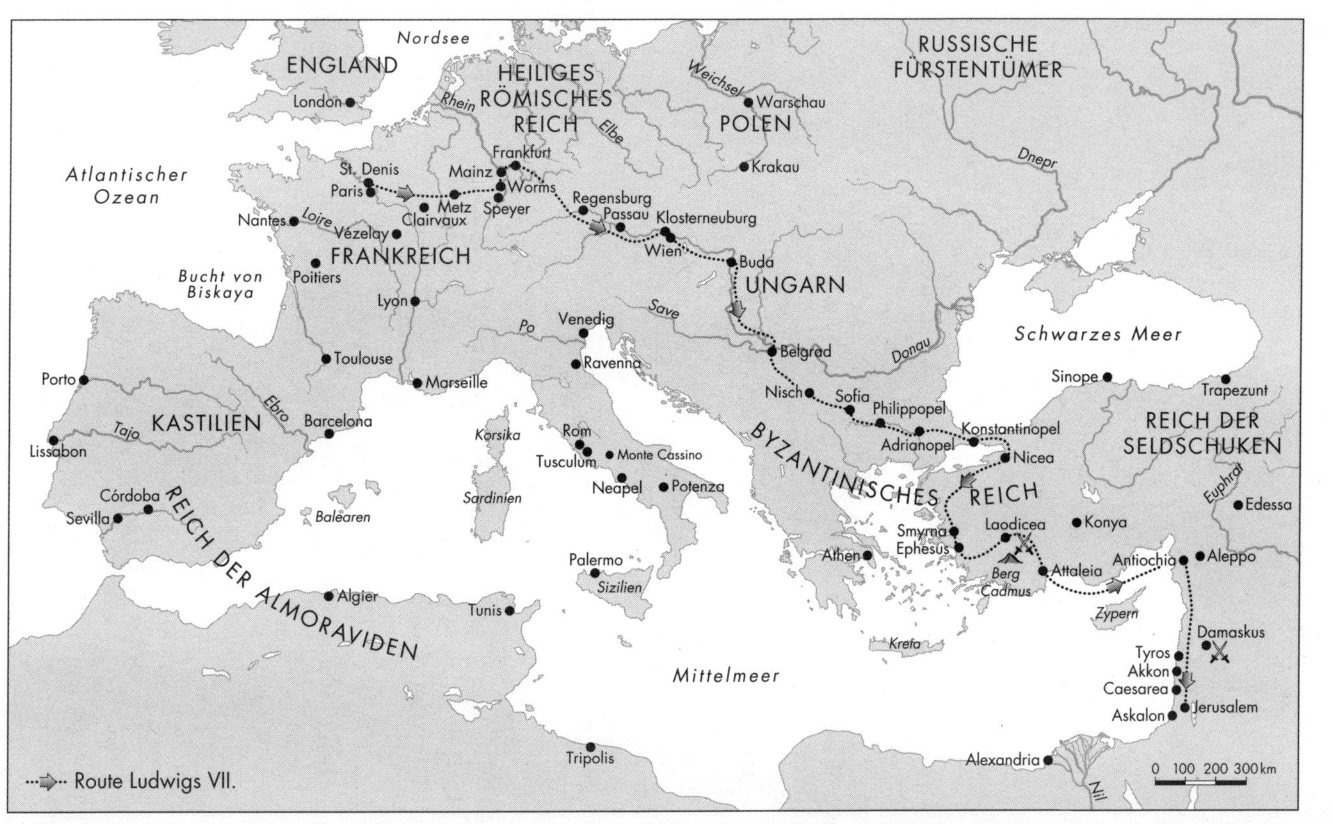

Route von Ludwig VII. und Eleonore auf dem Zweiten Kreuzzug

Das Königreich Jerusalem im 12. Jahrhundert

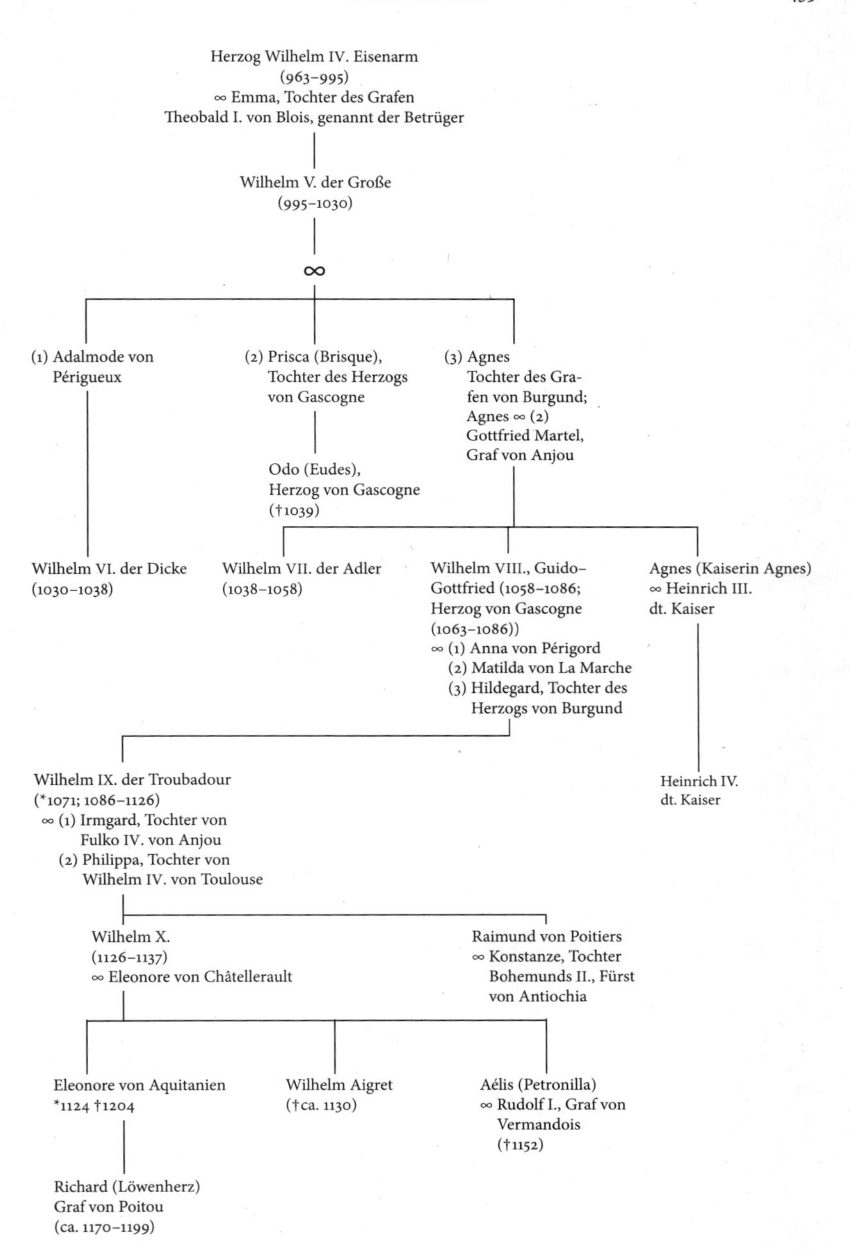

Die Grafen von Poitou, Herzöge von Aquitanien
(Daten in Klammern ohne Zusatz bezeichnen die Regierungszeit)

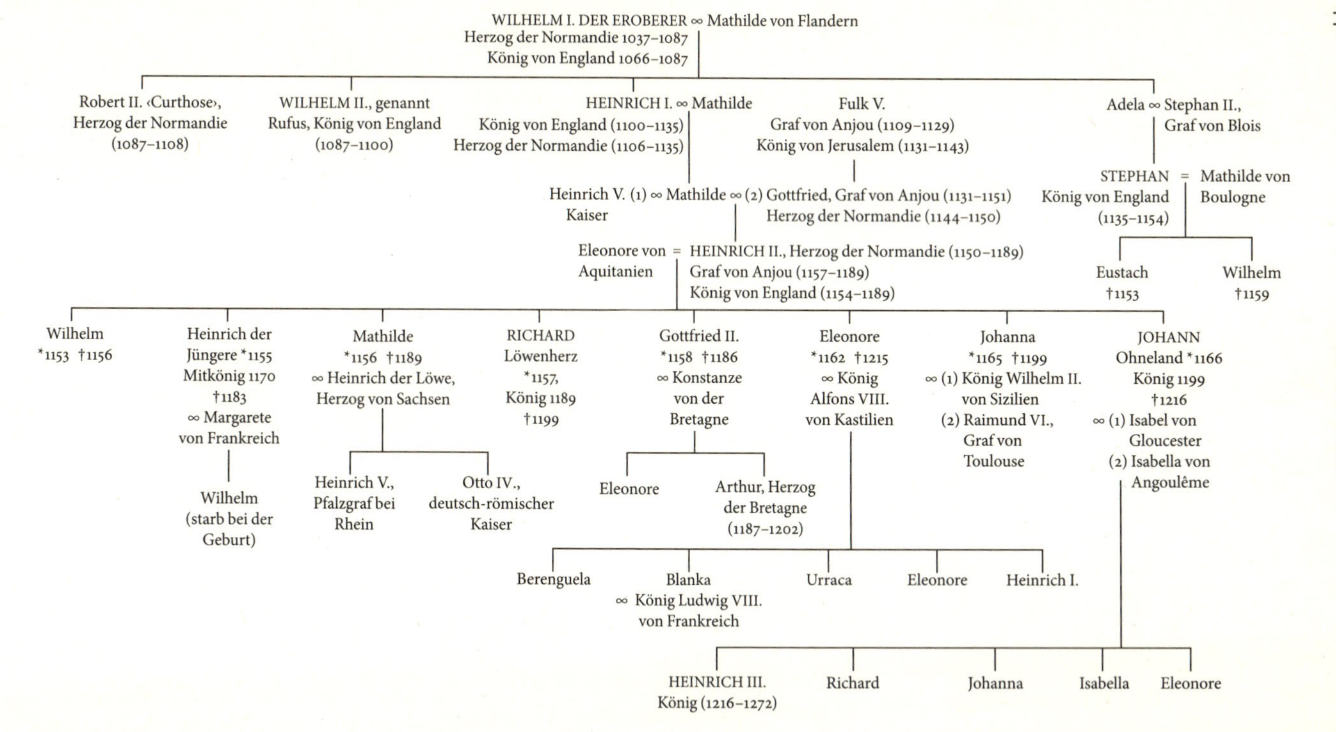

Die normannischen und angevinischen Könige Englands
(Daten in Klammern ohne Zusatz bezeichnen die Regierungszeit)

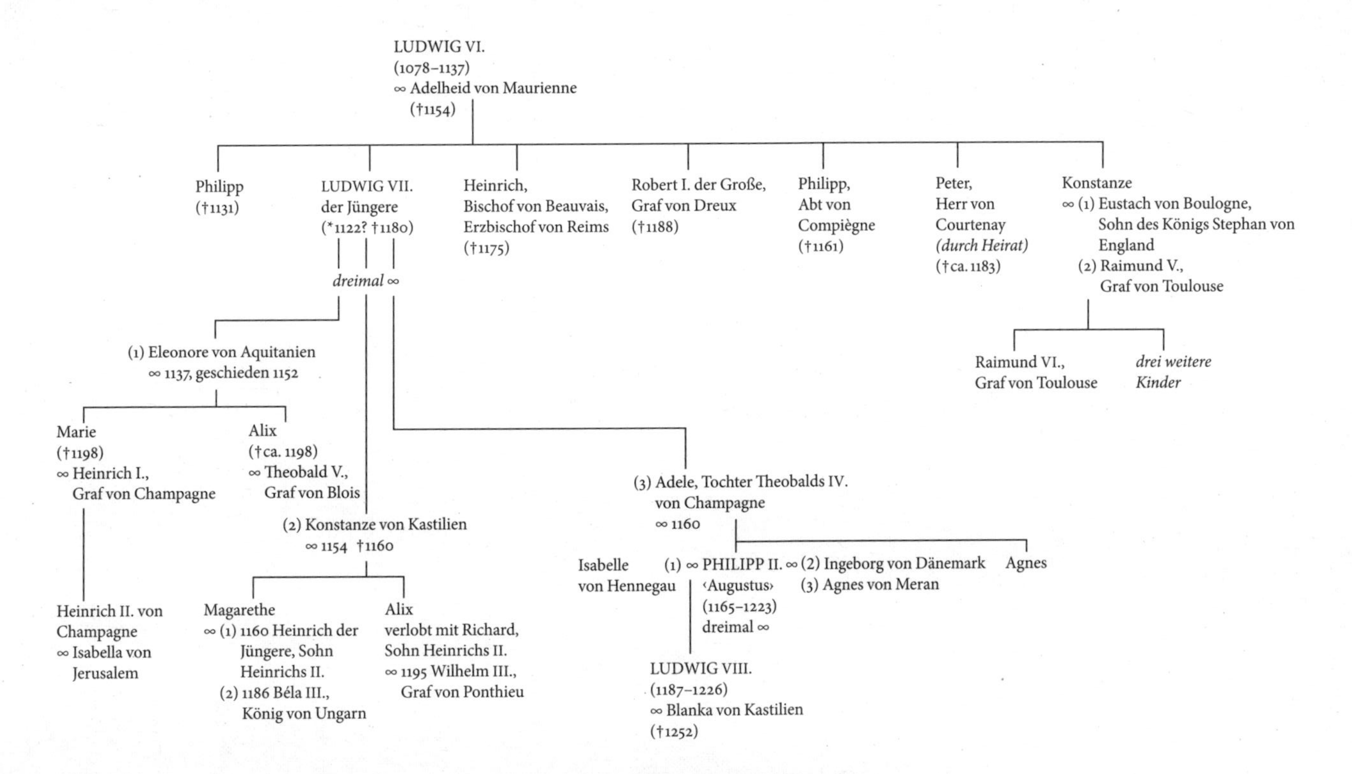

Die Familie Ludwigs VII. von Frankreich

ABKÜRZUNGEN

AHP	Archives historiques du Poitou
ANS	Anglo-Norman Studies
Aurell, hrsg., Aliénor	Martin Aurell, hrsg., Aliénor d'Aquitaine, 303: art, recherches et création, hors série (Nantes 2004)
BEC	Bibliothèque de l'école des chartes
Becket Correspondence	The Correspondence of Thomas Becket, Archbishop of Canterbury, 1162–1170, hrsg. und übers. Ann J. Duggan, 2 Bde. (Oxford 2001)
BSAO	Bulletin de la société des antiquaires de l'ouest
Cal. Chtr. Rolls	Calendar of Charter Rolls, Public Record Office, 6 Bde. (London 1903–1927)
Cal. Docs. France	Calendar of Documents Preserved in France, I, 918–1206, hrsg. J. H. Round (London 1899)
CCM	Cahiers de civilisation médiévale
Chron. Turon. mag	Chronicon Turonense magnum, in: A. Salmon, hrsg., Recueil des chroniques de Touraine (Tours 1854)
CMH	Cambridge Medieval History, hrsg. H. M. Gwatkin, J. P Whitney, J. R. Tanner, C. W. Previté-Orton und Z. N. Brooke, 8 Bde. (Cambridge 1911–1936); siehe auch New CMH
La cour Plantagenêt	Martin Aurell, hrsg., La cour Plantagenêt (1154–1204), Actes du colloque tenu à Thouars du 30 avril au 2 mai 1999 (Poitiers 2000)
Delisle-Berger, Actes	Léopold Delisle und Elie Berger, hrsg., Recueil des actes de Henri II, 3 Bde. (Paris 1916–1927)
Delisle-Berger, Intro.	Léopold Delisle und Elie Berger, hrsg., Recueil des actes de Henri II, Introduction (Paris 1909)
Dict. M. A.	Dictionary of the Middle Ages, hrsg. J. R. Strayer, 13 Bde. (New York 1982–1989)
DNB	Oxford Dictionary of National Biography, hrsg.

	Leslie Stephen (1885–1901); siehe auch Oxford DNB
EHR	English Historical Review
Eleanor: Lord and Lady	John Carmi Parsons und Bonnie Wheeler, hrsg., Eleanor of Aquitaine: Lord and Lady (New York 2003)
Eyton, Itin. H. II	R. W. Eyton, Court, Household, and Itinerary of King Henry II (London 1878)
Fasti	John le Neve, Fasti Ecclesiae Anglicanae 1066–1300, hrsg. Diana E. Greenway, 9 Bde. (London 1968 ff.)
Geoffroy de Vigeois	Geoffroi de Vigeois, Chronica, hrsg. Père Labbé, in: Novae bibliotheca manuscriptorum, Bd. 11 (Paris 1657); auch RHGF, Bd. 12
Gerald of Wales	De principis instructione, hrsg. G. F. Warner, in: Giraldi Cambrensis opera, 8 Bde., Rolls Series (London 1861–1891)
Gervase of Canterbury	Gervase of Canterbury: Historical Works, hrsg. William Stubbs, 2 Bde., Rolls Series (London 1879/80)
Gesta Regis	Gesta Regis Henrici Secundi Benedicti Abbatis, hrsg. William Stubbs, 2 Bde. (London 1867)
Howden, Chronica	Chronica Rogeri de Houedene, hrsg. William Stubbs, 4 Bde., Rolls Series (London 1868–1871)
HSJ	Haskins Society Journal
JMH	Journal of Medieval History
John of Salisbury, Letters	W. J. Miller und C. N. L. Brooke, hrsg., The Letters of John of Salisbury, 2, Oxford Medieval Texts (Oxford 1979, 1986)
Kibler, hrsg., Eleanor	W. W. Kibler, hrsg., Eleanor of Aquitaine, Patron and Politician (Austin 1976)
Labande, «Pour une image»	E.-R. Labande, «Pour une image véridique d'Aliénor d'Aquitaine», BSAO, 4e série, 2 (1952); Neuaufl. in: Labande, Histoire de l'Europe occidentale XIe-XIVe siècles (London 1973)
Landon, Itinerary	Lionel Landon, The Itinerary of King Richard I, Pipe Roll Society, new series, 13 (London 1935)
Medieval Queenship	John Carmi Parsons, hrsg., Medieval Queenship (New York 1993)
Migne, PL	J. P. Migne, hrsg., Parologiae cursus completus … Serie Latina, 221 Bde. (Paris 1844–1903)

MSAO	Mémoires de la société des antiquaires de l'ouest
New CMH	The New Cambridge Medieval History, hrsg. Paul Fouracre, Rosamond McKittrick, Timothy Reuter, David Luscombe, Jonathan Riley-Smith, David Abulafia, Michael Jones und Christopher Allmand, 9 Bde. (Cambridge 1995 ff.)
Norgate, Angevin Kings	Kate Norgate, England under the Angevin Kings, 2 Bde. (London 1887; Neuaufl. New York 1969)
Oxford DNB	Oxford Dictionary of National Biography, hrsg. H. C. G. Matthews, Brian Harrison und Lawrence Goldman, 20 Bde. (Oxford 2004), www.oxforddnb.com
Plantagenêts et Capétiens	Plantagenêts et Capétiens: Confrontations et héritages, hrsg. Martin Aurell und Noël-Yves Tonnerre (Turnhout 2006)
PR	The Great Roll of the Pipe … King Henry II, Publications of the Pipe Roll Society (London 1884–1925); Great Roll of the Pipe, Pipe Roll Society, new ser., hrsg. Doris M. Stenton (London 1925 ff.)
PR H. II, Second-Fourth Years, hrsg. Hunter	The Great Rolls of the Pipe for the Second, Third, and Fourth Years of the Reign of King Henry the Second, A. D. 1155, 1156, 1157, 1158, hrsg. Joseph Hunter, Record Commission (London 1844)
Ralph of Coggeshall	Radulphi de Coggeshall Chronicon Anglicanum, hrsg. J. Stevenson, Rolls Series (London 1875)
Ralph Diceto	Radulphi de Diceto, Opera Historica: The Historical Works of Master Ralph de Diceto, Dean of London, hrsg. William Stubbs, 2 Bde., Rolls Series (London 1876)
RHGF	Martin Bouquet et al., hrsg., Recueil des historiens des Gaules et de la France, 24 Bde. (Paris 1734–1904)
Richard Coeur de Lion	John Gillingham, Richard Coeur de Lion: Kingship, Chivalry and War in the Twelfth Century (London 1994)
Richard, Comtes	Alfred Richard, Histoire des comtes de Poitou, 2 Bde. (Paris 1903)
Richard of Devizes	The Chronicle of Richard of Devizes, hrsg. und übers. J. T. Appleby, Medieval Texts (London 1963)
Robert of Torigni	Chronicles of the Reigns of Stephen, Henry II, and Richard I, hrsg. R. Howlett, 4 Bde., Rolls

	Series (London 1885–1890), 4: The Chronicle of Robert of Torigni
Rot. Chart.	Rotuli Chartarum, 1199–1216, hrsg. T. Duffus Hardy, Record Commission (London 1837)
Rot. Lit. Claus.	Rotuli Litterarum Clausarum, hrsg. T. Duffus Hardy, 2 Bde., Record Commission (London 1833/34)
Status, Authority, Power	Jane Martindale, Status, Authority, and Regional Power: Aquitaine and France, Ninth to Twelfth Centuries (Aldershot 1997)
Walter Map	Walter Map, De nugis curialium, hrsg. C. N. L. Brooke und M. R. James, Oxford Medieval Texts (Oxford 1983)
William of Malmesbury	Willelmi Malmesbiriensis de Gestis Regum, hrsg. William Stubbs, 2 Bde., Rolls Series (London 1887–1889)
William of Newburgh	Chronicles of the Reigns of Stephen, Henry II and Richard I, hrsg. R. Howlett, 4 Bde., Rolls Series (London 1885–1890), 1–2: Historia Rerum Anglicarum
World of Eleanor	Catherine Léglu und Marcus Bull, hrsg., The World of Eleanor of Aquitaine: Literature and Society in Southern France between the Eleventh and Thirteenth Centuries (Woodbridge 2005)

ANMERKUNGEN

Einleitung: Auf der Suche nach einem «wahrheitsgetreuen» Bild der Eleonore von Aquitanien

1 Martin Aurell, L'Empire des Plantagenêts 1154–1224 (Paris 2003), S. 45. – **2** Jane Martindale, Eleanor of Aquitaine, in: Status, Authority, Power, Art. 11, S. 24. – **3** Zit. nach Aurell, Aux origines de la légende noire d'Aliénor d'Aquitaine, S. 89–102. – **4** John Barrie, Columbia Pictures, 1968. – **5** Nach der Formulierung von Gillingham, Richard I (New Haven 1999) S. 44, Anm. 14. – **6** Martindale, Eleanor of Aquitaine, S. 37 ff. – **7** John Carmi Parsons, Eleanor of Castile: Queen and Society in Thirteenth-Century England (New York 1996), S. 6. – **8** Elizabeth A. R. Brown, Eleanor of Aquitaine: Parent, Queen, Duchess, in: Kibler (Hrsg.), Eleanor of Aquitaine, ist das einflussreichste Beispiel für eine psychologisierende Geschichtsschreibung, gefolgt von Georges Duby, Les ‹jeunes› dans la société aristocratique dans la France du Nord-Ouest. – **9** Richard Barber, Eleanor of Aquitaine and the Media, in: Léglu and Bull (Hrsg.), The World of Eleanor of Aquitaine, S. 26. Siehe auch Caroline Bynum, Did the Twelfth Century Discover the Individual?, in: Jesus as Mother (Berkeley 1993), S. 82–109. – **10** Elizabeth Fox-Genovese, Culture and Consciousness in the Intellectual History of European Women, Signs, 12 (1987), S. 536. – **11** V. H. Galbraith, Good Kings and Bad Kings in English History, in: Kings and Chroniclers, Art. 2, S. 119–132. – **12** D. D. R. Owen, Eleanor of Aquitaine: Queen and Legend (Oxford 1993), S. 108. – **13** Aus einer Chronik des Kreuzzuges von Ludwig VII., geschrieben von seinem Beichtvater, wurden nach Auflösung der Ehe mit Eleonore Textstellen mit Bezügen auf die Königin entfernt. Virginia G. Berry (Hrsg. u. Übers.), Odo of Deuil, De profectione Ludovici VII (New York 1948) S. XXIII, Anm. 67. – **14** Henry of Huntingdon (gest. 1156) erwähnt in seiner Historia Anglorum: The History of the English People nur ihre Scheidung und Wiederheirat; s. Diana Greenway (Hrsg.), S. 756–759. Zum ‹Goldenen Zeitalter› der mittelalterlichen englischen Geschichtsschreibung s. Antonia Gransden, Historical Writing in England 550–1307 (Ithaca, New York, 1974); und Beryl Smalley, Historians in the Middle Ages (New York 1974). – **15** Siehe zu dieser Gruppe Ralph V. Turner, Eleanor of Aquitaine, Twelfth-Century English Chroniclers and her ‹Black Legend›, Nottingham Medieval Studies, 52 (2008), S. 17–42. – **16** Sharon Farmer, Persuasive Voices: Clerical Images of Medieval Wives, Speculum, 61 (1986), S. 519. – **17** Geoffrey Koziol, Political Culture, in: Marcus Bull (Hrsg.), France in the Central Middle Ages 900–1200 (Oxford 2002), S. 63. – **18** Lois L. Huneycutt, Female Succession and the Language of Power in the Writings of Twelfth-Century Churchmen, in: Parsons, Medieval Queenship, S. 189 ff.; ferner Betty Bandel, English Chroniclers' Attitude toward Women, S. 113–118, und Pauline Stafford, The Portrayal of Royal Women in England, Mid-tenth to Mid-twelfth Centuries, in: Medieval Queenship, S. 143–167. – **19** Eleonores eigene Dokumente wurden bis Ende des 20. Jahrhunderts nicht gesammelt und nicht editiert. Sie sollen im Rahmen des Plantagenet Acta Project zur Gänze zugänglich gemacht werden: Sir James Holt (Hrsg.), The Acta of Eleanor of Aquitaine and Richard Duke of Aquitaine and Count of Poitou. – **20** Erstes Zitat: Richard von Devizes, S. 25; das zweite Zitat ist die Überschrift von Labandes Artikel «Pour une image véridique d'Aliénor d'Aquitaine», neu abgedruckt in Labande, Histoire de l'Europe occidentale XIe-XIVe siècles (London 1973), S. 175–235, und vor Kurzem auch in Buchform erschienen (Poitiers 2005), mit einer Einleitung von Martin Aurell.

I. Eleonores Kindheit am herzoglichen Hof von Aquitanien, 1124–1137

1 Vor allem ein Wandgemälde, das 1964 in einer Kapelle im Fels bei der Burg Chinon entdeckt wurde. Siehe Kenaan-Kedar, Aliénor d'Aquitaine conduite en captivité, CCM, 41 (1998). Abweichende Beurteilungen: Cloulas, Les peintures murales de Saint-Radegonde de Chinon; Kleinmann und Garcia, Les peintures murales commémoratives de Saint-Radegonde de Chinon, CCM, (1999); Nilgen, Les Plantagenêts à Chinon. À propos d'une peinture murale dans la chapelle Sainte-Radegonde. – **2** John W. Baldwin, Arsitocratic Life in Medieval France: The Romances of Jean Renart and Gerbert de Montreuil, 1190–1230 (Baltimore 2000), S. 128. Zu den Äußerungen von Chronisten über die Schönheit Eleonores s. auch Labande, Pour une image, S. 198, Anm. 108. – **3** Jane Martindale, Peace and War in Early Eleventh-Century Aquitaine, in: Status, Authority, Power, Art. 6, S. 163, 170, zit. nach Adémar de Chabannes, Chronique, hrsg. v. Yves Chauvin und Georges Pon (Turnhout 2003). In der Dynastie der Herzöge von Aquitanien war es üblich, dass der Thronfolger bei der Übernahme der Herzogswürde seinen Namen in Wilhelm änderte. – **4** Paul Courteault, Histoire de la Gascogne et de Béarn (Paris 1938), S. 55 f.; Zimmermann, West Francia, the southern principalities, in: New CMH, 3, Kap. 16, S. 440. – **5** Yves Renouard, Les institutions du duché d'Aquitaine, in: Lot und Fawtier, Histoire des institutions françaises au Moyen Âge, 1, Institutions seigneuriales (Paris 1957), S. 162 f. – **6** Patrick Geary, Vivre en conflit dans une France sans état, S. 1107–1133, übers. u. abgedr. in: Geary, Living with the Dead in the Middle Ages (Ithaca, New York 1994). – **7** Das «Standardmodell» einer Sozial- und Politikgeschichte Westeuropas im 10. und 11. Jahrhundert hat Duby, La société aux XIe et XIIe siècles dans la région mâconnaise (Paris 1953), ausgearbeitet; er schildert darin eine ab ca. dem Jahr 1000 von Nordfrankreich ausgehende «feudale Revolution» oder «feudale Umgestaltung»; viele Historiker haben inzwischen Widerspruch gegen diese Sicht der Dinge angemeldet. Frederic L. Cheyette fasst in «Some Reflections on Violence, Reconciliation, and the ‹Feudal Revolution›», in Warren C. Brown und Piotr Górecki (Hrsg.), Conflict in Medieval Europe (Aldershot 2003), S. 243–264, neuere Erkenntnisse über eine «staatslose» Gesellschaft und das Aufkommen des «Feudalismus» zusammen. – **8** Frederic L. Cheyette, Ermengard of Narbonne and the World of the Troubadours (Ithaca, New York 2002), S. 233 f., 237. – **9** Alfred Richard (Hrsg.), Chartes et documents de Saint-Maixent, 2, Nr. 401, erwähnt den Wald von La Sèvre; Rot. Chart., S. 35, den Wald von Bordeaux; 147b, den Wald von Branchin unweit von Bordeaux; Louis de la Boutière (Hrsg.), Cartulaire d'Orbestier, S. 6–10, Nr. 4, Wald von Orbestier oder Talmont. Einkünfte als Waldnutzung waren Mitte des 13. Jahrhunderts noch von großer Bedeutung, s. Francis X. Hartigan (Hrsg.), Accounts of Alphonse of Poitiers 1243–1248 (Lanham, Maryland 1984), S. 11. – **10** Charles Higounet, Histoire de l'Aquitaine, Documents (Toulouse 1973), S. 109; zit. N. J. Viellard (Hrsg.), Le guide du pélerin de Saint-Jacques de Compostelle (Mâcon 1938). – **11** Olivier Jeanne-Rose, Ports, marchands et marchandises: Aspects économiques du littoral poitevin, MSAO, 5. Reihe, 4 (1996), S. 115–142. – **12** Helme: Gaston Dez, Histoire de Poitiers, MSAO, 4. Reihe, 10 (Gaston 1969), S. 42. Weine: Olivier Guyotjeannin, Atlas de l'histoire de France (Paris 2005), S. 36. Salz: Rot. Chart., S. 62, Bestätigung der von König Richard den Mönchen von Grandmont erteilten Lizenz für die Förderung von Salz aus seiner Saline bei Bordeaux durch König Johann; Rot. Chart., S. 110, Bestätigung eines Freibriefs von König Richard für eine Saline auf Oléron durch König Johann. – **13** Cheyette, Ermengard of Narbonne, S. 25–35. Siehe auch Linda Paterson, The World of Troubadours (Cambridge 1993), S. 224 f. – **14** Cheyette, Ermengard of Narbonne, S. 25. – **15** Zu Philippa s. Cheyette, Ermengard of Narbonne, S. 25–35. Weitere Beispiele bei Stafford, Powerful Women in the Early Middle Ages, Queens and Abbesses, in: Peter Lincham und Janet L. Nelson (Hrsg.), The Medieval World (London 2002), S. 401. – **16** Zu ihrer Laufbahn s. Isabelle Soulard-Berger, Agnès de Bourgogne, BSAO, 5. Reihe, 6 (1992), S. 45–55. – **17** Charles Higounet, Bordeaux pendant le Haut Moyen Âge (Bordeaux 1963), S. 156 f. – **18** Léglu und Bull, World of Eleanor, Einleitung, S. 2 f. – **19** Erstes Zitat: Cheyette, Ermengard of Narbonne, S. 125; s. auch Paterson, World of Troubadours, S. 85, 153. Zweites Zitat: Higounet, Histoire de l'Aquitaine, Documents, S. 109, zit. n. Viellard (Hrsg.), Guide du pélerin de Saint-Jacques. Zu dem deutschen Abt, Siegfried of Gorze, s. Jaeger, The Origins of Courtliness (Philadelphia 1985), S. 178 f. – **20** John of Salisbury, Letters, 2: 179, Nr. 176. Siehe Gillingham, Events and Opinions: Norman and English Views of Aquitaine, in: World of Eleanor, S. 57–81. – **21** Zum permanenten Kriegszustand im Aquitanien vor der Plantagenet-Ära s. Martindale, Aimeri of Thouars and the Poitevin Connection, in: Status, Authority, Power, Art. 9, S. 224–245; ferner Cavalaria et orgueill, ebd., Art. 10, S. 87–116. – **22** Ruth E. Harvey beharrt in «The two wives of the ‹first troubadour›, Duke William IX of Aquitaine», JMH, 19 (1993), S. 307–325, darauf, Wilhelm sei nur einmal verheiratet gewesen, und zwar mit Philippa of Toulouse; sie bestreitet auch, dass Philippa zuvor schon einmal verheiratet gewesen war. – **23** Jean Flori, Aliénor d'Aquitaine: La reine insoumise (Paris 2004), S. 33 f. – **24** Philippa Wolff (Hrsg.), Histoire du Languedoc, Kap. 5 (Toulouse 1967), Philippe Wolff, Épanouissement du Languedoc, S. 176 f. – **25** Villard, Guillaume IX d'Aquitaine et le concile de Reims, CCM 16 (1973), S. 296, 300 ff. Cheyette, Ermengard of Narbonne, S. 371, Anm. 48; Jean-Marie Bienvenu, Aliénor d'Aquitaine et Fontevraud, CCM, 29 (1986), S. 16. Laut Villard zog sich Philippa nach 1119 vorübergehend in ein Kloster zurück, lebte aber nach dem Tod Wilhelms auf einem zu ihrem Wittum gehörenden Gut. Harvey vertritt in «The two wives of the ‹first troubadour›», die Position, weder Wilhelm noch Philippa hätten während ihrer langen Ehe versucht, einander zu verleugnen; es sei ihr gemeinsames Interesse an der Unterwerfung von Toulouse gewesen, das sie zusammengeschweißt habe. – **26** Villard, Guillaume X, hält die beiden Gedichte für authentisch, S. 299; Für Harvey, Wives of the ‹first troubadour›, S. 319 f., kommt Hildebert nicht als Autor der beiden Gedichte in Frage. – **27** Geoffroy de Vigeois, RHGF, 12. S. 430. – **28** George T. Beech, The Eleanor of Aquitaine Vase, William IX of Aquitaine and Muslim Spain, Gesta, 32 (1993), S. 3–10: s. auch Beech, The Eleanor of Aquitaine Vase, in: Parsons und Wheeler, Eleanor: Lord and Lady, S. 369–376. – **29** Zu Orderic Vitalis: Marjorie Chibnall (Hrsg.), The Ecclesiastical History of Orderic Vitalis, 5, S. 324, 328, 330, 336, 338, 340, 342; zit. n. George T. Beech, Contemporary Views of William the Troubadour, in: Medieval Lives and the Historian, S. 79 f. Keines dieser Gedichte ist überliefert. Beech, The Ventures of the Dukes of Aquitaine into Spain and the Crusader East, HSJ, 5 (1993), S. 65. William of Malmesbury, 2, 379, 447 f., 510 ff.; zit. n. Beech, S. 80; und Martindale, Cavalaria et orgueill, S. 89. – **30** Zitat aus Beech, Contemporary Views of William, S. 74 und 81. Siehe auch Beech, L'attribution des poèmes du comte de Poitiers à Guillaume IX d'Aquitaine, CCM, 31 (1998), S. 3–16. Zu Wilhelms Belesenheit s. Martindale, Cavalaria et orgueill, S. 91, 114; René Crozet, Histoire du Poitou (Paris 1949), S. 46 f. Siehe auch Peter Dronke, Profane Elements in Literature, in: Robert L. Benson und Giles Constable (Hrsg.), Renaissance and Renewal (Cambridge, MA. 1982), S. 580 f. – **31** Chronique de Saint-Maixent, hrsg. v. Jean Verdon (Paris 1979), S. 194 f. Siehe auch Alfred Richard, Histoire des Comtes de Poitou, 2, S. 2. Zu La Rochelle: Beech, A Rural Society in Medieval France, The Gatine of Poitou (Baltimore 1964); Robert Favreau, Les débuts de la ville de la Rochelle, CCM,30 (1987), S. 3–6. – **32** Flori, Aliénor, S. 40 f. – **33** David Crouch, The Image of Aristocracy in Britain, 1000–1300 (London 1992), S. 281–284. – **34** Jacques Boussard, Le gouvernment d'Henri II Plantagenêt (Paris 1956), S. 353; Renouard, Les institutions du duché d'Aquitaine, S. 161 f. – **35** Martindale, Cavalaria et orgueill, S. 96 ff.; Higounet, Bordeaux pendant le Haut Moyen Âge, S. 58, 64. – **36** Higounet, Bordeaux pendant le Haut

Moyen Âge, S. 157 ff. – **37** Rodulfus Glaber, The Five Books of Histories, hrsg. v. John France, N. Bulst und P. Reynolds (Oxford 1989), S. 117. – **38** Zu Schülern und Studenten in Poitiers s. Gillingham, Events and Opinions, S. 69. Zitat aus David Bates, William the Conqueror (Stroud, Gloucs. 2001); s. auch Gransden, Historical Writing, S. 99 f., über Wilhelm von Poitiers. – **39** Paterson, World of Troubadours, S. 100. – **40** Laura Kendrick, Jongleur as Propagandist: The Ecclesiastical Politics of Marcabru's Poetry, in: Bisson, Cultures of Power, S. 259–286. – **41** Marcabru: Flori, Aliénor, S. 40; Beech, L'attribution des poèmes, S. 4 f.; Simon Gaunt und Sarah Kay (Hrsg.), Troubadours: An Introduction (Cambridge 1999) S. 281 f., 287. Jaufré Rudel: Elisabeth Salter, Courts and Courtly Love, in: David Daiches und Anthony Thorlby (Hrsg.), Literature and Western Civilization: The Medieval World (London 1973), S. 419. – **42** Sarah Kay, Contradictions of Courtly Love and the Origins of Courtly Poetry: The Evidence of Lauzengiers, in: Journal of Medieval and Early Modern Studies, 26 (1996), S. 212. – **43** Kay, Contradictions of Courtly Love, S. 215. – **44** Cheyette, Ermengard of Narbonne, S. 237, zitiert «Non es meravelha s'eu chan». – **45** Paterson, World of Troubadours, S. 88, 258 f., 262. – **46** Géraldine Damon, La place et le pouvoir des dames dans la société au temps d'Aliénor, in: Martin Aurell und Noel-Yves Tonnerre (Hrsg.), Plantagenêts et Capétiens: Confrontations et héritage (Turnhout 2006), S. 125–141. – **47** These von Jaeger, Origins of Courtliness. – **48** Georges Duby, La situation de la noblesse en France au début du XIIIe siècle», in: Hommes et structures du Moyen Âge (Paris 1973), S. 43–48; Eric Koehler, Observations historiques et sociologiques sur la poésie des troubadours, CCM, 7 (1964), S. 27–51. – **49** Paterson, World of Troubadours, S. 88; Koziol, Political Culture, in: Bull (Hrsg.), France in the Central Middle Ages, S. 63. – **50** Richard, Comtes, 2, S. 10 f., 18. – **51** Andrew W. Lewis, The Birth and Childhood of King John: Some Revisions, in: Parsons und Wheeler, Eleanor: Lord and Lady, S. 161. – **52** Zur Laufbahn Raymonds s. Steven Runciman, Geschichte der Kreuzzüge (München, 2008), S. 199 f.; und Jonathan Phillips, A Note on the Origins of Raymond of Poitiers, EHR, 106 (1991), S. 66 f. – **53** Richard, Comtes, 2, S. 6, 34; Jean-Philippe Collet, Le combat politique des Plantagenêts en Aquitaine: L'exemple des vicomtes de Thouars (1158–1199), in: Martin Aurell (Hrsg.), Noblesses de l'espace Plantagenêt (1154–1224) (Poitiers 2001) S. 141, Anm. 10. – **54** Julien Boureau, Richard Levesque und Isabelle Sachot, Sur les pas d'Aliénor, l'abbaye de Nieul-sur-l'Autise, in: Aurell (Hrsg.), Aliénor, S. 129–135. – **55** Richard, Comtes, 2, 44 f., 51. – **56** Charlotte A. Newman-Goldy, The Anglo-Norman Nobility in the Reign of Henry I: The Second Generation (Philadelphia 1988), S. 35; David Herlihy, Medieval Households (Cambridge, MA 1985), S. 83; Nicholas Vincent, King Henry II and the Poitevins, in: La cour Plantagenêt, S. 122 f. – **57** Philippe Ariès, Geschichte der Kindheit (München/Wien, 1976), S. 561. – **58** Zitat aus Herlihy, Medieval Households, S. 158. Einen Überblick über jüngste Arbeiten zur Geschichte der Kindheit gibt Barbara Hanawalt, Medievalists and the Study of Childhood, Speculum, 97 (2002), S. 440–460. – **59** Sarah Bradford, The Reluctant King: The Life and Reign of George VI, 1895–1952 (New York 1989), S. 20. – **60** Higounet, Bordeaux pendant le Haut Moyen Âge, S. 65. – **61** Kimberley LoPrete, Adela of Blois as Mother and Countess, in: Parsons and Wheeler, Medieval Mothering, S. 315 f.; Guibert de Nogent De vita sua, engl. Übers. von C. C. Swinton Bland: John F. Benton (Hrsg.), Self and Society in Medieval France (New York 1970), S. 45. – **62** Charles Victor Langlois, La vie en France au Moyen Âge (Paris 1926 ff.), 2, S. 12. – **63** Conscholaris und sodalis, gegeben von einem gewissen Richard Animal. Elisabeth Van Houts, Les femmes dans le royaume Plantagenêt: Gendre, politique et nature, in: Plantagenêts et Capétiens, S. 104 und Anm. 44. – **64** Paterson, World of Troubadours, S. 259 f. – **65** Eines aus der Auvergne (vor 1156) und eines von einem im späten 13. Jahrhundert literarisch aktiven Katalanen; s. Paterson, World of Troubadours, S. 253 ff. – **66** Baldwin, Aristocratic Life in Medieval France, Kap. 7: Aristocratic Religion, S. 194–247. – **67** Langlois, La vie en France au Moyen Âge, 1, S. 210. – **68** Michael T. Clanchy, Images of Ladies with Prayer Books, Studies in Church History, 38

(2004), S. 107–111. – **69** John W. Baldwin, The Language of Sex. Five Voices from Northern France (Chicago 1994), S. XX f. Siehe auch Robert Bartlett, England under the Norman and Angevin Kings (Oxford 2000), S. 562–566; Jacques Dalarun, The Clerical Gaze, in: Klapisch-Zuber, Silences of the Middle Ages, Kap. 2, S. 15–42, und Farmer, Persuasive Voices, S. 519. – **70** René Metz, La femme et l'enfant dans le droit canonique médiéval (reprint London 1985), Le statut de la femme en droit canonique médiéval, Art. 4, S. 74, 103, 105. Siehe auch Huneycutt, Female Succession and the Language of Power, S. 189 ff., und Jo Ann McNamara, «The Herrenfrage: The Restructuring of the Gender System, 1050–1150», in: Clare A. Lees (Hrsg.), Medieval Masculinities (Minneapolis 1994), S. 4–11. – **71** Zitat aus Paterson, World of Troubadours, S. 271. Siehe Claude Thomaset, The Nature of Women, in: Klapisch-Zuber, Silences of the Middle Ages, S. 43–69. Coss, The Lady in Medieval England 1000–1500 (Stroud, Gloucs. 1998), S. 21, 29 ff.; Koziol, Political Culture, S. 63. – **72** Christopher Harper-Bill, The Piety of the Anglo-Norman Nobility, ANS, 2 (1978), S. 69. – **73** Jean Verdon, La femme en Poitou aux Xe et XIe siècles, BSAO, 4th serv., 15 (1977) S. 95; Geraldine Damon, Dames du Poitou au temps d'Aliénor, in: Aurell (Hrsg.), Aliénor, S. 50. Zur geringen Zahl von Frauenhäusern s. Paterson, World of Troubadours, S. 241 ff. – **74** Zitat aus Chronique de Saint-Maixent, S. 126 f. Richard, Comtes, 2, S. 71 f., 78, verwechselt sie mit einer anderen Äbtissin, Agnès de Barbezieux, 1162–1174. – **75** Bienvenu, Aliénor d'Aquitaine et Fontevraud, S. 16; Paterson, World of Troubadours, S. 243 f. – **76** Chronique de Saint-Maixent, S. 194. – **77** Zit. n. Rebecca A. Baltzer, Music in the Life and Times of Eleanor of Aquitaine, in: Kibler (Hrsg.), Eleanor of Aquitaine, S. 65.

II. Braut eines Königs, Königin der Franzosen, 1137–1145

1 Higounet, Bordeaux pendant le Haut Moyen Âge, S. 97 ff.; Roger Aubent u. a. (Hrsg.), Dictionnaire d'histoire et de géographie écclésiastique (Paris 1912-), Geoffrey Babion, 20, S. 531. – **2** Suger, The Deeds of Louis the Fat, hrsg. u. übers. v. Richard Cusimano und John Moorhead (Washington DC 1992) S. 156. Zum Testament, Chronicon Comitum Pictaviae, RHGF 12, S. 409 f. Siehe Achille Luchaire, Louis VI Gros, Annales de sa vie et de son règne (Paris 1890), S. 264. Luchaire hat Zweifel an dem Testament, genau wie Richard, Comtes, 2, S. 51 f. – **3** Zitat aus Walter Map, S. 441. Siehe Fawtier, The Capetian Kings of France (London 1960), S. 19. – **4** Ives Sassier, Louis VII (Paris 1991), S. 76; Eric Bournazel, Suger and the Capetians, in: Paula Lieber Gerson (Hrsg.), Suger and Saint-Denis: A Symposium (New York 1986), S. 66. – **5** Higounet, Bordeaux pendant le Haut Moyen Âge, S. 66. – **6** Suger, Deeds of Louis the Fat, S. 156; Mirot (Hrsg.), Chronique de Morigny, S. 67; s. auch den normannischen Chronisten Orderic Vitalis, Chibnall (Hrsg.), 6, S. 491. – **7** Richard, Comtes, 2, S. 56. – **8** Ruth Harvey, Eleanor and the Troubadours, in: Leglu und Bull, World of Eleanor, S. 103 f. – **9** Zitat aus Cusimano und Moorhead, Deeds of Louis the Fat, S. 156. Siehe auch Jane Martindale, Succession and Politics in the Romance-Speaking World, in: Status, Authority, Power, Art. 5, S. 39 f. – **10** Ferdinand Lot und Robert Fawtier, Histoire des institutions françaises au Moyen Âge, 3 Bde. (Paris 1957–1962), Bd. 2: Institutions royales, S. 109. – **11** Cusimano und Moorhead, Deeds of Louis the Fat, S. 156 f. – **12** Aubert u. a., Dictionnaire d'histoire et de géographie, Geoffroy de Lèves, 20, S. 456–467; Richard, Comtes, 2, S. 57. – **13** David Herlihy, The Family and Religious Ideologies in Medieval Europe, in ders., Women, Family and Society, S. 160. – **14** Zitat aus Herlihy, Family and Religious Ideologies, S. 160. – **15** Das Geburtsdatum von Ludwig steht nicht sicherer fest als das von Eleonore; in Chroniken findet man als sein Geburtsjahr 1120, 1121, 1122 und 1123. Gasparri (Hrsg. u. Übers.), Suger, Oeuvres, 1, S. 244, Anm. 17. – **16** Sein erstes königliches Siegel zeigt ihn mit langem Haar: Jim Bradbury, Philip Augustus King of France 1180–1223 (Harlow 1998), S. 18; Cusimano und Moorhead, Deeds of Louis the Fat, S. 150, «ein sehr gut aussehender Jüngling». Über seine Jugendzeit s. Pacaut, Louis VII, S. 31. – **17** Zum Tod Philipps s. Cusimano und Moorhead, ebd., S. 149; zu Ludwigs Krönung: Chibnall (Hrsg.), Orderic Vitalis, 6, S. 422 f.,

446 f. – **18** Hallam und Everard, Capetian France, S. 155, unter Verweis auf Stephan von Paris, Fragmentum Historicum de Ludovico VII, RHGF, 12, S. 89. – **19** Marceal Pacaut, Louis VII et son royaume (Paris 1964), Kap. 2: La politique de grandeur et d'illusion, 1137–1154. – **20** Pacaut, Louis VII, S. 33, 36, 59. – **21** Richard, Comtes, 2, S. 90. – **22** William of Newburgh, 1, S. 93, Buch 1, Kap. 31, geschrieben in der letzten Dekade des 12. Jahrhunderts. – **23** Marjorie Chibnall (Hrsg.), Historia Pontificalis of John of Salisbury (Edinburgh 1956), S. 60 f., und S. 52 f. William of Newburgh, 1, S. 92 f., bezeichnete die Liebe Ludwigs zu Eleonore als «vehemente Leidenschaft». – **24** Pacaut, Louis VII, S. 59. – **25** Robert Bartlett, England under the Norman and Angevin Kings, S. 563; Flori, Aliénor, S. 47, 343, unter Verweis auf Baldwin, Language of Sex. – **26** Eine Anregung von Aurell, Aux origines de la légende noire, S. 93. Siehe auch Flori, Aliénor, S. 322 ff., 333 ff. – **27** Higounet, Bordeaux pendant le Haut Moyen Âge, S. 188 f. – **28** Cusimano und Moorhead, Deeds of Louis, S. 157. – **29** Régine Pernoud, Aliénor d'Aquitaine (Paris 1965), S. 18, Zitat L. Mirot (Hrsg.), Chronique de Morigny. – **30** Verdon, La femme en Poitou, S. 94; für Beispiele aus einer anderen französischen Region s. Duby, Société mâconnaise, S. 53 f. – **31** Beech, The Eleanor of Aquitaine Vase, Gesta, S. 3–10. Pernoud, Aliénor, S. 38, vertritt die Meinung, Eleonore habe Ludwig die Vase erst nach seiner Rückkehr von der erfolglosen Expedition nach Toulouse geschenkt. – **32** Pacaut, Louis VII et les élections épiscopales, S. 78; Jörge Peltzer, Les évêques de l'empire Plantagenêt et les rois angevins, in: Plantagenêts et Capétiens, S. 470. – **33** Charles Higounet und Arlette Higounet-Nadal (Hrsg.), Grand Cartulaire de la Sauve Majeure (Bordeaux 1996), 2, S. 729 f., Nr. 1278; zu Ludwigs Bestätigung 2, S. 730 f., Nr. 1279. – **34** Richard, Comtes, 2, S. 57. – **35** Achille Luchaire, Études sur les actes de Louis VII (Paris 1885), Nr. 165, datiert 1146. – **36** Painter, Castellans of the Plain of Poitou in the Eleventh and Twelfth Centuries, in: Cazel, Feudalism and Liberty, S. 37; Hivergneaux, Autour d'Alienor d'Aquitaine, in: Plantagenêts et Capétiens, S. 63. – **37** 8. August: Richard, Comtes, 2, S. 61; Chibnall (Hrsg.), Orderic Vitalis, 6, 490 f. – **38** Higounet, Bordeaux pendant le Haut Moyen Âge, S. 65; Sassier, Louis VII, S. 61. – **39** Cusimano und Moorhead, Deeds of Louis, S. 158. – **40** Mirot, Chronique de Morigny, S. 70. – **41** Urban T. Holmes, Jr., Daily Living in the Twelfth Century (Madison 1964), S. 57–77. – **42** Amy Kelly, Krone der Frauen. Eleonore von Aquitanien und die vier Könige (München 1953), unter Verweis auf einen Brief von Pierre de la Celle an Johann von Salisbury in: Migne (Hrsg.), PL, 202, col 519. – **43** Flori, Aliénor, S. 55. – **44** Carmina Burana, 108a, zit. n. Helen Wadell, The Wandering Scholars (Garden City, New York 1995), S. 234. – **45** Crouch, Image of the Aristocracy, S. 293 f. – **46** Der Vergleich stammt von John Carmi Parsons, Damned If She Didn't and Damned When She Did, in: Parons and Wheeler, Eleanor: Lord and Lady, S. 265–299. – **47** Pacaut, Louis VII, S. 36; E. Howell, Eleanor of Provence: Queenship in Thirteenth-Century England (Oxford 1998) S. 56 f., 186 f. – **48** Marion Facinger, A Study of Medieval Queenship: Captain France 987–1237, Studies in Medieval and Renaissance History, 5 (1968), S. 36; Howell, Eleanor of Provence, S. 186 f. – **49** John W. Baldwin, Image of the Jongleur in Northern France around 1200, Speculum 72 (1997), S. 639 f. – **50** Sassier, Louis VII, S. 75–83. – **51** Gedicht von Bernard de Ventadorn, Harvey, Eleanor of Aquitaine and the Troubadours, S. 101; s. auch S. 103 f. Pierre Bec, Troubadours, trouvères et espace Plantagenêt, CCM, 29 (1986) S. 9–14, stellt fest, dass von den 22 berühmtesten trouvères 14 aus der Picardie kamen, die zweitgrößte Gruppe aus der Champagne, und nur die wenigsten aus der Île de France. – **52** Zum Beispiel aus dem angelsächsischen England: Stafford, Portrayal of Royal Women in England, S. 143–167. Ein Paradebeispiel aus dem Midi findet sich bei Cheyette, Ermengard of Narbonne, S. 25. – **53** Parsons in: John Carmi Parsons und Bonnie Wheeler (Hrsg.), Eleanor of Aquitaine: Lord and Lady (New York 2003), S. 275. – **54** Chibnall (Hrsg.), Orderic Vitalis, 6, S. 508 f.; Orderic erwähnt Eleonore an keiner Stelle. – **55** Sassier, Louis VII, S. 86 f. – **56** Lois L. Huneycutt, The Creation of a Crone: The Historical Reputation of Adelaide of Maurienne, in: Nolan, Capetian Women, S. 28; Facinger, Study of Medieval Queenship, S. 27 f. –

57 Facinger, ebd., S. 27. – **58** Ebd., S. 34 f., dokumentiert über 22 Jahre in 92 Urkunden. – **59** Ebd., S. 33 f.; Hivergneaux in: Eleanor: Lord and Lady, S. 56, unter Verweis auf Luchaire, Études sur les actes de Louis VII, Nr. 18, S. 119, 177. – **60** Koziol, Political Culture, S. 62 f.; Facinger, Study of Medieval Queenship, S. 24, 27. – **61** Facinger, ebd., S. 35. – **62** R. Thomas MacDonald, Ralph de Vermandois (gest. 1152), in: Medieval France: An Encyclopedia, S. 781. – **63** Histoire de Louis VII in: Gasparri, Suger, Oeuvres, 1, S. 162–165; Pacaut, Louis VII, S. 40; Sassier, Louis VII, S. 86. – **64** Facinger, Medieval Queenship, S. 35. – **65** Sassier, Louis VII, S. 90. – **66** Barber, Eleanor of Aquitaine and the Media, S. 27. – **67** Pacaut, Louis VII, S. 41; und Sassier, Louis VII, vermuten einen zunehmenden Einfluss Eleonores; s. auch Richard, Comtes, 2, S. 215. – **68** Pernoud, Aliénor, S. 37. – **69** Pacaut, Louis VII, S. 36 f.; Zitat s. Pacaut, S. 38. – **70** Facinger, Study of Medieval Queenship, S. 35; Hivergneaux in: Eleanor: Lord and Lady, S. 57. – **71** Für Guillaume le Breton war das Poitou «terre belliqueuse, et de foi instable», zit. n. Labande, La civilisation d'Aquitaine à la fin de la période ducale, S. 19; William Marshal war ähnlicher Ansicht: Holden, Gregory, Crouch (Hrsg.), History of William Marshal, Zeilen 1577–1580. Zu den Erkenntnissen heutiger Wissenschaftler über den aquitanischen Adel und seine «Liebe zum Streit um des Streites Willen» s. Debord, Société laïque dans la Charente, S. 397, und Norgate, Angevin Kings, 2, S. 203. Jane Martindale äußert in Eleanor of Aquitaine, in: Status, Authority, Power, Art. 11, S. 24–33, Zweifel an den angeblichen anarchischen Zuständen in Aquitanien. – **72** Pacaut, Louis VII, S. 41; Sassier, Louis VII, S. 154; Hivergneaux in: Eleanor: Lord and Lady, S. 58. – **73** Hivergneaux, ebd., S. 59. – **74** Mauzé: Debord, La société laïque dans la Charente X^e^–XIIe siècles (Paris 1984), S. 372. Zum Erzbischof: Hivergneaux in: Plantagenêts et Capétiens, S. 63. – **75** Hivergneaux, ebd., S. 62; desgl. Eleanor: Lord and Lady, S. 58. – **76** Ebd., Eleanor: Lord and Lady, S. 58, 60 ff. T. Grasilier, Cartulaires inédits de la Saintonge (Niort 1871), S. 36, Nr. 29; S. 51, Nr. 48, Bestätigung von Ludwigs Freibrief für Notre-Dame in Saintes durch Eleonore. – **77** Zitat aus Debord, Société laïque, S. 370. Eine andere Auffassung vertritt Jean Dunbabin, France in the Making 842–1180 (Oxford 2000), S. 342. – **78** An vorderster Stelle der Freiherr von Lezay, der die Burg Talmont kontrollierte: Sassier, Louis VII, S. 89 f.; Pacaut, Louis VII, S. 41. – **79** Sassier, Louis VII, S. 90. Gasparri (Hrsg. u. Übers.), Histoire de Louis VII (Paris 1996), S. 166–173, datiert die Revolte im Poitou auf April 1138, andere auf September. Pernoud, Aliénor, S. 36, sieht den Zorn Ludwigs und seine gewalttätige Reaktion als durch Eleonore verursacht. Flori, Aliénor, S. 58, stellt fest, keiner der Texte zeige, dass Eleonore überhaupt eine Rolle gespielt habe. Andererseits schließe aber auch keiner der Texte dies aus. – **80** Glyn S. Burgess, Social Status in the Lais of Marie de France, S. 69. – **81** Sassier, Louis VII, S. 99 ff.; Pacaut, Louis VII, S. 68. – **82** Flori, Aliénor, S. 58; Pernoud, Aliénor, S. 37 f.; Sassier, Louis VII, S. 102. – **83** Cheyette, Ermengarde of Narbonne, S. 25; Jane Martindale, An Unfinished Business: Angevin Politics and the Siege of Toulouse, ANS, 23 (2000). Zu den Grundlagen für den Anspruch Eleonores s. S. 117 ff. – **84** Boureau, Levesque, Sachot, Sur les pas d'Aliénor, S. 129, unter Verweis auf BNF, ms, coll. DeBaluze, t. 47, f. 304; s. auch D. Sainte-Marthe (Hrsg.), Gallia Christiana in provincias ecclesiasticas distribua, 2: instrumenta, S. 385 f. – **85** Pernoud, Aliénor, S. 40, sucht die Gründe für die Versuche Ludwigs, Einfluss auf Bischofswahlen zu nehmen, in den Überzeugungen Eleonores, die angeblich in einer Familiengeschichte voller Konflikte mit kirchlichen Würdenträgern wurzelten. – **86** K.-F. Werner, Kingdom and Principality in Twelfth-Century France, in: Timothy Reuter (Hrsg.), Medieval Nobility (Amsterdam 1979), S. 266, 269. – **87** Flori, Aliénor, S. 59; Sassier, Louis VII, S. 91, 101 f., 107 ff. – **88** Pernoud, Aliénor, S. 39. Berichte über diese Affäre finden sich bei Flori, Aliénor, S. 59 f.; Pacaut, Louis VII, S. 43 f.; Sassier, Louis VII, S. 109–113. – **89** Flori, Aliénor, S. 38 f., 59; Sassier, Louis VII, S. 110. – **90** Flori, Aliénor, S. 59 f.; Pacaut, Louis VII, S. 44; Sassier, Louis VII, S. 112 f. – **91** Flori, Aliénor, S. 60; Pernoud, Aliénor, S. 34; Sassier, Louis VII, S. 113 f. – **92** Zitat aus Bruno Scott James (Übers.), The Letters of St. Bernard of Clairvaux (London 1953), Nr. 297, S. 364 f. Pacaut, Louis VII, S. 44; Sassier, Louis VII, S. 113–117. –

93 Sassier, Louis VII, S. 124 f., und Scott James, Letters of St. Bernard, Nr. 300, S. 371. – **94** Pacaut, Louis VII, S. 44; Sassier, Louis VII, S. 126. Andere datieren den Friedensschluss auf den Tag der Einweihung der neuen Abtei von Saint-Denis, den 11. Juni 1144. – **95** Scott James, Letters of St. Bernard, Nr. 302, S. 373; Sassier, Louis VII, S. 128 f. – **96** Flori, Aliénor, S. 62 f.; Zitat s. Bernardi vita prima auctore Gaufrido, Kap. 3, S. 194; Sassier, Louis VII, S. 129 f. – **97** Herlihy, Medieval Households, S. 118; Herlihy, Family and Religious Ideologies, in: ders., Women, Family and Society in Medieval Europe, S. 156 ff. – **98** Baldwin, Language of Sex, S. 213 f. – **99** Chibnall (Hrsg.), Historia Pontificalis, S. 12. – **100** MacDonald, Raoul de Vermandois, S. 781. Sie hatten einen Sohn, der die Grafschaft Vermandois erbte, und zwei Töchter. – **101** Zitate aus Beech, Eleanor of Aquitaine Vase, Gesta, S. 3–10. Siehe Brown, Eleanor of Aquitaine Reconsidered: The Woman and her Seasons, in: Eleanor: Lord and Lady, S. 20; s. auch Pernoud, Aliénor, S. 48; Sassier, Louis VII, S. 135 f. – **102** Pacauts Überschrift für Kap. 2 seines Buchs Louis VII, S. 39.

III. Abenteuer und Missgeschicke auf dem Zweiten Kreuzzug, 1145–1149

1 Kenneth M. Setton (Hrsg.), A History of the Crusades, 1, The First Hundred Years, (Madison 1969), Kap. 15; Virginia G. Berry, The Second Crusade, S. 465. Steven Runciman, Geschichte der Kreuzzüge (München 2008), S. 552; Jonathan Riley-Smith, The Crusades: A History (New Haven 2005), S. 104 f.; Jonathan Phillips, The Second Crusade: Expanding the Frontiers of Christendom (New Haven 2007), S. XXVII f. – **2** Sassier, Louis VII, S. 142, 145; Giles Constable, The Second Crusade as seen by Contemporaries, in: Traditio, 9 (1953), S. 247. – **3** Berry (Hrsg. u. Übers.), Odo of Deuil, De profectione Ludovici VII, S. 6 f., Anm. 3. Siehe auch Pacaut, Louis VII, S. 47. – **4** Berry in: Setton, History of the Crusades, S. 467 f. – **5** Riley-Smith, Crusades, S. 121; Sassier, Louis VII, S. 142 ff. – **6** Riley-Smith, Crusades, S. 121. Zitat aus Migne PL, S. 185, Bernard epist. no 247: col. 947, Runciman, Geschichte der Kreuzzüge, S. 558. – **7** Constable, Second Crusade seen by Contemporaries, S. 244, 247. – **8** Flori, Aliénor, S. 64 f. Die einzige Quelle, die berichtet, dass Eleonore in Vézelay das Kreuz ergriff, ist eine von einem Anonymus geschriebene Fortsetzung von Suger, Histoire du roi Louis VII, entstanden rund 30 Jahre später, RHGF, 12, S. 126. – **9** Flori, Aliénor, S. 69. – **10** In der Interpretation des William of Newburgh, 1, S. 92 f., ein halbes Jahrhundert nach dem Zweiten Kreuzzug geschrieben; History of English Affairs Book I, S. 128 f. Siehe auch Labandes Spekulation «Pour une image», S. 181. – **11** Cheyette, Ermengard of Narbonne, S. 257; Flori, Aliénor, S. 69 f.; Pernoud, Aliénor, S. 60. – **12** Runciman, Geschichte der Kreuzzüge, S. 565; Flori, Aliénor, S. 67. – **13** William of Newburgh, 1, S. 92 f.; History of English Affairs, 128 f. Zum Thema Keuschheit s. Nancy Partner, Serious Entertainments: The Writing of History in Twelfth Century England (Chicago 1997), S. 70–73, unter Verweis auf Newburgh, 1, S. 66. – **14** Sassier, Louis VII, S. 154. – **15** Sassier, ebd., S. 157; Riley-Smith, Crusades, S. 123. – **16** Sassier, ebd., S. 155–158; Riley-Smith, ebd., S. 126; Pernoud, Aliénor, S. 62 f. – **17** Pernoud, ebd., S. 64. – **18** Sassier, Louis VII, S. 158 ff.; Riley-Smith, Crusades, S. 125. – **19** Runciman, Geschichte der Kreuzzüge, S. 557, 561. – **20** Ebd., S. 561; Riley-Smith, Crusades, S. 124. Constable, Second Crusade Seen by Contemporaries, S. 263 f. Johann von Salisbury kreidet den beiden französischen Bischöfen an, sie hätten damit «angegeben», päpstliche Legaten zu sein, obwohl sie in Wirklichkeit keinen Auftrag des Papstes gehabt hätten; s. Chibnall (Hrsg.), Historia Pontificalis, S. 54. – **21** Berry (Hrsg. u. Übers.), Odo of Deuil, De profectione, S. 21 f. Der Erzbischof war Samson of Mauvoisin. – **22** Sassier, Louis VII, S. 160, 201; Pacaut, Louis VII, S. 57 f. – **23** Berry, Odo of Deuil, S. 16 f.; Sassier, ebd., S. 162. – **24** Berry, ebd., S. 18 f.; Phillips, The Second Crusade, S. 126 f. – **25** Baltzer, Music in the Life and Times of Eleanor of Aquitaine, S. 65. – **26** William B. Stevenson, The First Crusade, CMH, 5, Kap. 7, S. 278, 298, schätzt die Zahl der Teilnehmer am Ersten Kreuzzug, Zivilisten eingeschlossen, auf 25 000 bis 30 000, darunter 12 000 bis 15 000 Bewaffnete. Sassier, Louis VII, S. 163, weist darauf hin, dass sehr große Streitkräfte im Mittelalter aus 5000 Rittern und 40 000 Mann leichte Kavallerie und Infanterie bestanden. Die 40 000 scheinen mir als Schätzung sehr hoch gegriffen. – **27** Flori, Aliénor, S. 65, unter Verweis auf Nicetas Choniatae (Hrsg.), Historia, I. A. Van Dieten, Corpus fontium Historiae Byzantinae, Bd. 11, 1 (Berlin 1975), S. 60. Siehe Agnes Strickland, Lives of the Queens of England from Norman Conquest, 6 Bde. (London 1893–1899), Eleanora of Aquitaine, 1, S. 164–201, S. 169; Kelly, Krone der Frauen, S. 62; zu dieser Legende s. Flori, Aliénor, S. 65 ff.; Owen, Eleanor, S. 148–152. – **28** Sassier, Louis VII, S. 163, 165. – **29** Zitat aus Berry, Odo of Deuil, S. 24 f. Zum Zustand von Reisewegen im Mittelalter s. Danziger und John Gillingham, 1215 the Year of Magna Carta (New York 2005), S. 35. Holmes, Daily Living in the Twelfth Century S. 55; Margaret W. Labarge, Medieval Travellers: The Rich and Restless (London 1982), S. 37. – **30** Runciman, Geschichte der Kreuzzüge, 566. – **31** Berry, Odo of Deuil, S. 27; Sassier, Louis VII, S. 156. – **32** Berry, ebd., S. 32 f. – **33** Sassier, Louis VII, S. 163; Pacaut, S. 55 f.; Berry in: Setton, History of the Crusades, 1, S. 501. – **34** Berry, Odo of Deuil, S. 30–33, 44 f.; Runciman, Geschichte der Kreuzzüge, S. 566; Sassier, Louis VII, S. 167 f. – **35** Riley-Smith, Crusades, S. 128; Sassier, ebd., S. 169; Paul Magdalino, The Byzantine Empire, 1118–1204, New CMH, 4, pt 2, S. 620 f. – **36** Berry in: Setton, History of the Crusades, 1, S. 486, 489. – **37** Berry, Odo of Deuil, S. 58 f., unter Verweis auf Briefe Ludwigs an Suger, RGHF, 15, Nr. 13, S. 488. – **38** Dict. M. A., 3, Gilbert Dagron, Constantinople, S. 552 f. – **39** Berry, Odo of Deuil, S. 64 f. – **40** Ebd., S. 58 f. und Anm. 34. In Odos Werk kommt Eleonore nur viermal vor, nämlich auf S. 17, 57, 77 und 79, und zwar immer nur als «die Königin», nie unter Nennung ihres Namens. Berry, S. XXIII, Anm. 67, vermutete, dass die Nichterwähnung Eleonores das Ergebnis einer späteren Bearbeitung des Textes (nach der Auflösung von Eleonores erster Ehe) ist; der Bearbeiter habe alle Hinweise auf Eleonore getilgt, aus Rücksicht auf den Ruf des Königs. – **41** Zitat aus Berry, Odo of Deuil, S. 66 f., S. 72 f., Anm. 29, und Pernoud, Aliénor, S. 70. – **42** Berry, ebd., S. 56 f. und Anm. 47. Odo schrieb an einer der wenigen Stellen, an denen er Eleonore erwähnte: «Hin und wieder schrieb die Kaiserin an die Königin» – dann wechselte er unvermittelt das Thema. Der plötzliche Themenwechsel deutet darauf hin, dass Passagen, die von Eleonore handelten, aus dem Text getilgt wurden. Siehe Flori, Aliénor, S. 73; und Pernoud, Aliénor, S. 71. – **43** Lynda Garland, Imperial Women and Entertainment at the Middle Byzantine Court, in: Garland (Hrsg.), Byzantine Women: Varieties of Experience, 800–1200 (Aldershot 2006), S. 177 f., 182. – **44** Pernoud, Aliénor, S. 75. – **45** Kelly, Krone der Frauen, S. 66. Ferner Pernoud, Aliénor, S. 74; und Jean Markale, Aliénor d'Aquitaine (Paris 2000), S. 34 f.; wie Pernoud, stößt er auf Anzeichen dafür, dass schon in Konstantinopel wenig Zuneigung zwischen Ludwig und Eleonore herrschte. – **46** Runciman, Geschichte der Kreuzzüge, S. 573; Berry in: Setton, History of the Crusades, 1, S. 492. – **47** Sassier, Louis VII, S. 170. – **48** Berry, Odo of Deuil, S. 57. – **49** Zitat aus James Bruce Ross und Mary Martin McLaughlin (Hrsg.), Portable Medieval Reader (New York 1950), S. 445. Siehe auch Runciman, Geschichte der Kreuzzüge, S. 579. – **50** Berry in: Setton, History of the Crusades, 1, S. 491; Riley-Smith, Crusades, S. 128. – **51** Emily Atwater Babcock und A. C. Krey (Hrsg.), William of Tyre, A History of Deeds Done Beyond the Sea (New York 1943), 2, S. 170 f. – **52** Berry in: Setton, History of the Crusades, 1, S. 495 f.; Sassier, Louis VII, S. 171, 174. – **53** Berry, Odo of Deuil, S. 104 f. – **54** Runciman, Geschichte der Kreuzzüge, S. 574; Sassier, Louis VII, S. 177. – **55** Runciman, ebd., S. 576; Sassier, ebd., S. 177 f. – **56** Berry, Odo of Deuil, S. 109. – **57** Zur Überquerung des Berges Cadmos s. Curtis Howe Walker, Eleanor of Aquitaine and the Disaster at Cadmos Mountain on the Second Crusade, in: American History Review, 55 (1949 f.), S. 857–861; s. auch Berry in: Setton, History of the Crusades, 1, S. 499; Flori, Aliénor, S. 75; Sassier, Louis VII, S. 18–79; Phillips, The Second Crusade, S. 199 ff. – **58** Berry, Odo of Deuil, S. 118 f. – **59** Zitat aus Berry, ebd., S. 114 f., 122–125. Siehe auch Babcock und Krey, William of Tyre, 2, S. 177; Pacaut, Louis VII, S. 51. – **60** Pernoud, Aliénor, S. 78; Flori, Aliénor, S. 76 f. Zu denen, die Eleonore die Schuld geben, gehören Kelly, Krone der Frauen, S. 75, Marion Meade, Eleanor of Aquitaine

(New York 1991), S. 99 f., und Alison Weir, Eleanor of Aquitaine: By the Wrath of God. Queen of England (London 2000), S. 63. Sie folgen Richard, Comtes, 2, S. 92, wo es heißt: «Eleonore erblickte ein grünes Tal und ... wollte in dieses hinabsteigen. Gottfried versuchte zwar, sich zu widersetzen, war aber schwach genug, dem Wunsch der Königin nachzugeben.» William of Tyre, 2, S. 175, macht Gottfrieds einheimische Führer verantwortlich. – **61** Pernoud, Aliénor, 89 f. – **62** Berry in: Setton, History of the Crusades, 1, S. 499. – **63** Berry, Odo of Deuil, S. 128 f.; Sassier, Louis VII, S. 180. – **64** Berry, ebd., S. 128–137. – **65** Ebd., S. 138–143; Runciman, Geschichte der Kreuzzüge, S. 577 f.; Sassier, Louis VII, S. 181 f.; also Berry in: Setton, History of the Crusades, 1, S. 502 f. – **66** William of Tyre, 2, S. 179. Unter den Rittern waren Charles de Mauzé und Payen de Faye, Pernoud, Aliénor, S. 83. – **67** Zitat aus Pernoud, Aliénor, S. 90; auch Kelly, Krone der Frauen, S. 86; Owen, Eleanor, S. 214; C. Smail, Crusading Warfare (1097–1193) (New York 1995), S. 43. – **68** Sassier, Louis VII, S. 184; Pacaut, Louis VII, S. 52. – **69** William of Tyre, 2, S. 179. – **70** Berry in: Setton, History of the Crusades, 1, S. 504; Pacaut, Louis VII, S. 52; Runciman, Geschichte der Kreuzzüge, S. 583; Sassier, Louis VII, S. 185. – **71** William of Tyre, 2, S. 180 f. – **72** Meade, Eleanor, S. 110; Sassier, Louis VII, S. 186; Martindale, Eleanor of Aquitaine, in: Status, Authority, Power, Art 11, S. 40; Pernoud, Aliénor, S. 83. – **73** Flori, Aliénor, S. 297 f. – **74** Labande, Pour une image, S. 185. – **75** Chibnall (Hrsg.), Historia Pontificalis, S. 52 f. – **76** Duby, Héloïse, Isolde und andere Frauen im 12. Jahrhundert (Frankfurt/M. 1997), S. 33; Flori, Aliénor, S. 326–330; Sassier, Louis VII, S. 188. – **77** Chibnall (Hrsg.), Historia Pontificalis, S. 53, Zitat aus Ovid, Heroides, IV. 138. Eine Bestätigung für Ludwigs Nöte findet sich in einem Brief des Abts Suger, in dem angedeutet wird, Ludwig habe ihm anvertraut, dass er mit Eleonore unglücklich sei. Brief Sugers in RHGF, 15, S. 509 f., Nr. 69. – **78** Chibnall, (Hrsg.) Historia Pontificalis, S. 53. Siehe auch Martin Aurell, Aux origines de la légende noire d'Aliénor, S. 91 f.; und Flori, Aliénor, S. 521 f. – **79** Peter W. Edbury und John Gordon Rowe, William of Tyre: Historian of the Latin East (Cambridge 1988). William stellte seine Geschichte erst 1184 fertig, hatte aber wahrscheinlich von ältern Zeitzeugen etwas über die Antiochia-Episode gehört, s. S. 26: «erat ... mulier imprudens et contra dignitatem regis, legem negligens maritalem, tori conjugalis oblita», Migne PL, S. 207: Col. 670; frei nach der Übers. von Babcock und Krey, William of Tyre, 2, S. 180 f. – **80** Flori, Aliénor, S. 333 f. – **81** Chibnall (Hrsg.), Historia Pontificalis, S. 60 f., 52 f. Siehe auch Aurell, Aux origines de la légende noire d'Aliénor, S. 93; und Flori, Aliénor, S. 322 ff., 333 ff. – **82** Zitat Berry in: Setton, History of the Crusades, 1, S. 504. – **83** Owen, Eleanor, S. 105; Ruth E. Harvey, The Poet Marcabru and Love (London 1989), S. 195, identifiziert dieses Gedicht Cercamons als ‹Ab lo pascor›. – **84** Barber, Eleanor and the Media, S. 26. – **85** Richard of Devizes, S. 25 f. Der ungefähr in derselben Zeit schreibende Gervase of Canterbury erwähnt lediglich eine «gewisse Verstimmung zwischen [Ludwig] und seiner Königen Eleonore» nach der Rückkehr aus dem Heiligen Land, über deren Gründe man «nach Meinung bestimmter Personen am besten den Mantel des Schweigens breitet»: William Stubbs (Hrsg.), 2 Bde. (London 1879), 1, S. 149. Gerald of Wales, 1, S. 299, Buch 3, Kap. 27, Übers. Joseph Stevenson (Felinfach, Dyfed 1994), S. 97. – **86** Pacaut, Louis VII, S. 53; Flori, Aliénor, S. 79; Zitat n. Chibnall (Hrsg.) Historia Pontificalis, S. 52 f. – **87** Kelly, Krone der Frauen, S. 92, unter Verweis auf Sugers Brief, RHGF, 15, Nr. 69, S. 510. Frz. Ausg. Suger, Oeuvres, hrsg. u. übers. v. F. Gasparri, 2, Brief 6, S. 32–37. – **88** William of Tyre, 2, S. 182 f.; Kelly, Krone der Frauen, S. 96 f. – **89** William of Tyre, 2, S. 184 f.; Sassier, Louis VII, S. 189 f; Runciman, Geschichte der Kreuzzüge, S. 584. – **90** Runciman, ebd., S. 584 f.; Riley-Smith, Crusades, S. 129; Sassier, Louis VII, S. 191 f., Phillips, The Second Crusade, S. 215–218. – **91** Zit. n. Runciman, ebd., S. 588; William of Tyre, 2, S. 187–193; Sassier, Louis VII, S. 193 ff. – **92** Constable, Second Crusade seen by Contemporaries, S. 266, 271, 273. – **93** Ebd., S. 275, unter Verweis auf einen Brief von Papst Adrian IV, Migne, PL 188, col. 1615. – **94** Zitat aus Historia Pontificalis, S. 59; William of Tyre, 2, S. 195; Sassier, Louis VII, S. 196. – **95** Pacaut, Louis VII, S. 54. – **96** Pernoud, Aliénor, S. 94. –

97 Kelly, Krone der Frauen, S. 100, unter Verweis auf Suger, RHGF 15, Nr. 69, S. 509 f. – **98** William of Tyre, S. 196; Pacaut, Louis VII, S. 58; Runciman, Geschichte der Kreuzzüge, S. 589. – **99** Labarge, Medieval Travellers, S. 30; Barbara M. Kreutz, Ships and Shipbuilding, Mediterranean, Dict. M. A., 11, S. 233; Flori, Aliénor, S. 79. – **100** Historia Pontificalis, S. 60, ist ungeordnet; s. a. Runciman, Geschichte der Kreuzzüge, S. 590; Sassier, Louis VII, S. 198. – **101** In seinem brieflichen Bericht an Suger über ihre Rettung «äußert [Ludwig] sich … mit großer Trockenheit über seine Gefährtin», Labande, Pour une image, S. 189, unter Verweis auf Sugers Brief, RHGF, 15, Nr. 81, S. 513 f. Siehe auch Kelly, Krone der Frauen, S. 102; Sassier, Louis VII, S. 198. – **102** William of Tyre, 2, S. 198. – **103** Sassier, Louis VII, S. 199 f.; Berry in: Setton, History of the Crusades, 1, S. 511. – **104** Pernoud, Aliénor, S. 95 f.; Sassier, ebd., S. 199. – **105** Historia Pontificalis, S. 61 f. – **106** Labarge, Medieval Travellers, S. 28; Pacaut, Louis VII, S. 55, Sassier, Louis VII, S. 200. – **107** Richard, Comtes, 2, S. 95. – **108** Pacaut, Louis VII, S. 55 f., 58; Dunbabin, France in the Making, S. 293.

IV. Einen Ehemann verloren, einen Ehemann gewonnen, 1149–1154

1 Dunbabin, France in the Making, S. 293. – **2** Facinger, Medieval Queenship, S. 35 f. Bis auf eine stammen alle Urkunden, die sie als französische Königin ausgefertigt hat, aus der Zeit vor dem Zweiten Kreuzzug. Hivergneaux, in: Eleanor: Lord and Lady, S. 56. – **3** Pacaut, Louis VII, S. 60 f. – **4** Kelly, Krone der Frauen, S. 108. – **5** Sassier, Louis VII, S. 224 f. – **6** Pacaut, Louis VII, S. 63; Pernoud, Aliénor, S. 102 f. – **7** Duby, Héloïse, Isolde und andere, S. 28; Aurell, Aux origines de la légende noire, S. 99 f. – **8** Walter Map, S. 474–477. – **9** Gerald of Wales, Buch 3, Kap. 27, S. 300 f., abusus fuerat; Pacaut, Louis VII, S. 61. – **10** Markale, Aliénor, S. 161. – **11** Thomas K. Keefe, England and the Angevin Dominions, 1137–1204, Kap. 18, New CMH, 4, Teil 2, S. 559. – **12** Bernard Bachrach, The Idea of the Angevin Empire, Albion, 10 (1978), S. 298 f. Kate Norgate, England under the Angevin Kings, 2 Bde. (New York 1969), 1, S. 374 ff.; zum angevinischen Hof und zu höfischer Kultur s. Jaeger, Origins of Courtliness, S. 201–204. Zitat aus Gervase of Canterbury, 1, S. 125. – **13** Peter of Blois, Epistolae, Migne PL, 207, Brief Nr. 66. – **14** Owen, Eleanor, S. 30. – **15** Labande, Pour une image, S. 193; Pacaut, Louis VII, S. 61. – **16** Pacaut, S. 60; Flori, Aliénor, S. 85, 87. – **17** Bradbury, Philip Augustus, S. 26. – **18** Labande, Pour une image, S. 198. – **19** Flori, Aliénor, S. 89; Sassier, Louis VII, S. 225 f. – **20** Zelotypiae spiritu inflammatus, in: A. Salmon (Hrsg.), Chronicon Turonensis magnum (Tours 1854), S. 135, zit. n. Flori, Aliénor, S. 92; s. Sassier, Louis VII, S. 227. – **21** Marie-Bernadette Bruguière, À propos des idées reçues en histoire: Le divorce de Louis VII, in: Mémoires de l'Académie des sciences, inscriptions et belles-lettres de Toulouse (1978), S. 200; Sassier, ebd., S. 232. – **22** Zitat aus Labande, Pour une image, S. 193; Flori, Aliénor, S. 80. – **23** Louis war ein Nachkomme des ältesten Sohns von Robert II., König Heinrich I., Eleonore von einem anderen Sohn Roberts, Herzog Robert von Burgund: Constance Brittain Bouchard, Eleanor's Divorce from Louis VII: The Uses of Consanguinity, in: Eleanor: Lord and Lady, S. 226, Abb. 10.1. – **24** Zum Verwandtschaftsgrad Ludwigs mit seiner zweiten und dritten Frau s. Bruguière, Le divorce de Louis VII, S. 197 ff., und Bouchard, Eleanor's Divorce, S. 230 f. – **25** Gervase of Canterbury, 1, S. 149; s. auch eine Chronik von Saint-Germain-des-Prés, zit. in: Bruguière, Le divorce de Louis VII, S. 193. – **26** Sassier, Louis VII, S. 233. – **27** John Carmi Parsons, Damned If She Didn't and Damned When She Did, in: Eleanor: Lord and Lady, S. 267. – **28** Gillingham, Love, Marriage and Politics in the Twelfth Century, in: ders., Richard Coeur de Lion, S. 251 f. – **29** Bruguière, Le divorce de Louis VII, S. 192 f., 197, und Sassier, Louis VII, S. 232. – **30** Kelly, Krone der Frauen, S. 114 ff.; Parsons, Damned, S. 269. – **31** Flori, Aliénor, S. 80, unter Verweis auf Robert of Torigni, S. 164. – **32** James A. Brundage, The Canon Law of Divorce in the Mid-Twelfth Century, in: Eleanor: Lord and Lady, S. 217 ff. – **33** Flori, Aliénor, S. 82. – **34** Theodore Evergates, Aristocratic Women in the County of Champagne, in: Evergates (Hrsg.), Aristocratic Women in Medieval France (Philadelphia 1999), S. 77 ff.; Flori, Aliénor, S. 82. – **35** Pacaut, Louis VII, S. 108; Pernoud, Aliénor, S. 104. – **36** Zitat aus Flori, Aliénor, S. 83, unter Verweis auf Chron. Turon. Magn., S. 135. Martindale, Eleanor of Aquitaine, in: Status, Authority, Power, Art. 11, S. 41 f. – **37** Zitat aus W. L. Warren, Henry II (Berkeley 1977), S. 45; s. a. Margaret Aziza Pappano, Marie de France, Aliénor d'Aquitaine, and the Alien Queen, in: Eleanor: Lord and Lady, S. 347. – **38** Flori, Aliénor, S. 80, 87 f., 92 f.; Pacaut, Louis VII, S. 60. – **39** William of Newburgh, 1, Buch 3, Kap. 26, S. 281. – **40** Gervase of Canterbury, 1, S. 149. – **41** Flori, Aliénor, S. 84, unter Verweis auf William of Newburgh, Buch 1, Kap. 31, Abs. 3; Pernoud, Aliénor, S. 109. – **42** Zitat aus Richard Benjamin, The Angevin Empire, in: History Today (Februar 1986), S. 21; s. a. Warren, Henry II, S. 44. – **43** Zitat aus Greenway (Hrsg.), Henry of Huntingdon, Historia Anglorum, S. 756–759. Zu Ludwigs Sichtweise s. Dunbabin, Henry II and Louis VII, in: Harper-Bill und Vincent, Henry II: New Interpretations, S. 49. – **44** Fawtier, Capetian Kings, S. 24, und ähnlich Pacaut, Louis VII, S. 67. – **45** Flori, Aliénor, S. 95. – **46** Roger of Wendover, übers. v. J. A. Giles, 2 Bde. (London 1849), 1, S. 505. – **47** Ob eine förmliche Verurteilung durch den französischen Hof erfolgte, ist umstritten. Siehe Bradbury, Philip Augustus, S. 27; Fawtier, Capetian Kings, S. 140 und Anm. 1; Norgate, Angevin Kings,1, S. 393 f. und Anm. 1, S. 394. Sassier, Louis VII, S. 238, 241, ist ebenso skeptisch wie Martindale, Status, Authority, Power, Art. 11, S. 32, Anm. 31, der schreibt: «Für einen solchen förmlichen Akt in den 1150er-Jahren liegen keine Belege vor.» **48** Zu dem wenig beachteten Sohn, der zwischen 1159 und 1164 im Säuglingsalter starb, s. Lewis, The Birth and Childhood of King John, S. 161, 165 und Anm. 10, S. 170, unter Verweis auf Ralph Diceto, (Hrsg.) William Stubbs, 2 Bde. (London 1876), 2, S. 16 f., 269 f. – **49** Chris Given-Wilson und Alice Curteis, The Royal Bastards of Medieval England (London 1984), S. 103 f.; Marie Lovatt, Geoffrey (1151?-1212), Erzbischof von York, Oxford DNB. – **50** Calendar of Charter Rolls 1341–1417 (London 1916), S. 282, Nr. 18; S. 286, Nr. 16; David Knowles, C. N. I. Brooke und Vera C. M. London, (Hrsg.), The Heads of Religious Houses in England and Wales 940–1216 (Cambridge 1972), S. 208. Da Matilda um 1202 starb, wurde sie vermutlich in den 1150er-Jahren geboren, kurz vor der Heirat zwischen Heinrich und Eleonore. – **51** Erstes Zitat: Harvey, The Poet Marcabru, S. 195, zweites ebd., S. 135–138. Marcabru's poem xv, Zeilen 27–30, Harvey, S. 126: «Aber die Frau, die sich zwei oder drei Liebhaber nimmt und sich nicht einem allein versprechen will, beschädigt in der Tat ihren Ruf und mindert ihren eigenen Wert jedes Mal.» **52** Gautier Map, Contes pour les gens de cour, übers. v. Alan Keith Bate (Turnhout 1993), Einführung, S. 31 f. S. a. Richard Barber, Eleanor and the Media, S. 26. – **53** Aurell, L'empire des Plantagenêts, S. 51 f., unter Verweis auf Walter Map und Gerald von Wales. Zu den Kirchenmännern, die die Ehe als bigamistisch und inzestuös brandmarkten, gehörten zwei Chronisten: William of Newburgh und Gervais of Canterbury, ein Kanoniker, Robert de Courson, und der Heilige Hugo of Avalon, Bischof von Lincoln. – **54** William of Newburgh, 1, S. 92 f.; übers. v. Walsh und Kennedy, S. 128 f. Siehe die Kommentare Floris, Aliénor, S. 88. – **55** Gervase of Canterbury, RS, 1, S. 149. – **56** Pappano in: Eleanor: Lord and Lady, S. 349 f. – **57** Hivergneaux erörtert die beiden Urkunden in: Eleanor: Lord and Lady, S. 63 ff. Edouard Audouin (Hrsg.), La commune et la ville de Poitiers (1063–1327), AHP, 44 (1923), S. 35 f., Nr. 20; Richard (Hrsg.), Chartes et documents de Saint-Maixent Nr. 335, S. 352 f. – **58** April 1153, Z. N. Brooke und C. N. L. Brooke, Henry II, Duke of Normandy and Aquitaine, HER, 61 (1946), S. 83, 88; Regesta Regum A-N, Nr. 193, 306, 339, 363a-b, 364, 575, 710, 840, 901. – **59** H. G. Richardson, Letters and Charters of Eleanor of Aquitaine, HER, 74 (1959), S. 193. Zum Brief an den Vizegrafen Hugo s. Hivergneaux, Eleanor: Lord and Lady, S. 64, unter Verweis auf A. Bardonnet, Les comptes et enquêtes d'Alphonse, comte de Poitou (1253–1269), AHP, 8 (1879), datiert 1153/54. – **60** Léopold Delisle und Élie Berger (Hrsg.), Recueil des Actes d'Henri II, 3 Bde. (Paris 1916–1927), 1, S. 31 f., Nr. 24. Régine Pernoud, Women in the Days of the Cathedrals (San Francisco 1998), S. 136. – **61** Brown, Eleanor Reconsidered, in: Eleanor: Lord and Lady, S. 21. – **62** Bienvenu, Aliénor d'Aquitaine et Fontevraud, S. 18 f. – **63** Zu ihrem Siegel s. Hivergneaux, Eleanor: Lord and Lady, S. 64 f.; und Brown, ebd., S. 20, 23. Zu ihren Titeln s. Hivergneaux, ebd., S. 65, unter Verweis auf eine Urkunde für das Kloster La Trinité-de-Vendôme. Charles Métais (Hrsg.), Cartulaires saintongeais de la Trinité-de-Vendôme, S. 103 f., Nr. 62. Bis zum Oktober 1153 hatte der Erzbischof von Bordeaux in einer seiner Urkunden einzig die Autorität der Herzogin anerkannt, ohne Heinrich oder Ludwig zu erwähnen; s. Hivergneaux, La cour Plantagenêt, S. 65. – **64** Sassier, Louis VII, S. 239 f.; Regesta Regum A-N, Itinerary of Henry fitz Empress, Duke of Normandy. – **65** Ob zu diesem Zeitpunkt Feierlichkeiten aus Anlass der förmlichen Einsetzung Heinrichs zum Herzog stattfanden, ist unklar; Geoffroy de Vigeois berichtet nur, Heinrich sei mit Jubel («cum tripudio») empfangen worden: RHGF, 12, S. 438. – **66** Debord, Société laïque, S. 380. – **67** Robert Hajdu, Castles, Castellans and the Structure of Politics in Poitou 1152–1271, JMH, 4 (1978), S. 25–53; Debord, La politique de fortification des Plantagenêts dans la seconde moitié du XIIe siècle, in: Marie-Pierre Baudny (Hrsg.), Les fortifications dans les domaines Plantagenêts (Poitiers 2000), S. 10 f. – **68** Frédéric Boutoulle, La Gascogne sous les premiers Plantagenêts, in: Plantagenêts et Capétiens, S. 286 ff. – **69** Regesta Regum A-N, Itinerary of Henry, S. XLVII. – **70** Gesta Stephani, hrsg. u. übers. v. K. R. Potter und R. H. C. Davis (Oxford 1976), S. 83. Zu Kaiserin Matilda: «Ein äußerst arrogantes Auftreten anstelle des bescheidenen ... Betragens, wie es einer Dame von Adel geziemte.» Außerdem sei sie «mutwillig oder vielmehr starrsinnig» gewesen und habe eine «extreme Hybris und Unverschämtheit» an den Tag gelegt, S. 79. Siehe Huneycutt, Female Succession and Language of Power, S. 189–201. – **71** Richard, Comtes, 2, S. 115. – **72** Robert of Torigni, S. 235. – **73** Métais (Hrsg.), Cartulaire saintongeais de la Trinité-de-Vendôme, S. 103 f., Nr. 62.; s. a. Richard, Comtes, 2, S. 115. Zu fitz Hamo s. Delisle-Berger, Einleitung, S. 479; Graeme J. White, Restoration and Reform 1153–1165: Recovery and Civil War in England (Cambridge 2001), S. 83. Zu Geoffroy de Clères, der zusammen mit seinen zwei Brüdern schon Heinrichs Vater gedient hatte, s. Delisle-Berger, Einleitung, ‹Hugo de Claiers›, S. 387 f. Peter, der Notar der Herzogin, Autor der Urkunde von Vendôme, sollte wieder in die Dienste Eleonores treten, als sie sich 1168–1173 als Regentin in Poitiers niederließ. – **74** Labande, Pour un image, S. 199; Marjorie Chibnall, The Empress Matilda, Queen Consort, Queen Mother, and Lady of the English (Oxford 1991), S. 156. – **75** Zu diesem Bürgerkrieg s. Edmund King, The Anarchy of King Stephen's Reign (Oxford 1994); und Warren, Henry II, Kap. 2: The Pursuit of an Inheritance (1135–54), S. 12–53. – **76** Chibnall, Empress Matilda, S. 151, 159, 161, 166; s. a. Chibnall, The Empress Matilda and her Sons, in: Parsons und Wheeler (Hrsg.), Medieval Mothering, S. 285, 288 und Anm. 69. – **77** Norgate, Angevin Kings, 1, S. 404 f.; Boussard, Gouvernement, S. 400. – **78** Regesta Regum A-N, 3, S. 287 f., Nr. 783; die normannischen Bischöfe waren Philipp von Bayeux und Arnulf von Lisieux. Zu Èbles s. Martine Cav Carmichael de Baiglie, Savary de Mauléon, S. 270 ff.; Debord, Société laïque, S. 385; Marcel Garaud, Les châtelains de Poitou et l'avènement du régime féodale XIe et XIIe siècle (Poitiers 1967), S. 56 f., 69. Agnes war ca. 1137–1162 Äbtissin von Saintes. – **79** Robert of Torigni (Hrsg.), R. Howlett, RS 4 (London 1867), S. 176; Labande, Pour une image, S. 199. Geoffroy bezeugte für Fontevraud zwei Urkunden Heinrichs, Regesa Regum A-N, Nr. 331 f. – **80** Emile M. Amt, Accession of Henry II in England: Royal Government Restored 1149–1159 (Woodbridge, Suffolk 1993), S. 21, unter Verweis auf The Anglo-Saxon Chronicle: A Revised Translation, hrsg. v. Dorothy Whitelock, David C. Douglas und Susie I. Tucker (London 1961), S. 202 f. – **81** Amt, Accession of Henry II, S. 15 f. – **82** Flori, Aliénor, S. 99.

V. Zum zweiten Mal Königin und Mutter: England 1154–1168

1 Norgate, Angevin Kings, 1, S. 405. – **2** Percy Ernst Schramm, A History of the English Coronation (Oxford 1937), S. 57; Lois L. Huneycutt, Matilda of Scotland: A Study in Medieval Queenship (Woodbridge 2003), S. 50 f. Labande, Pour une image, S. 200, hält Gervase of Canterbury,

1, S. 160, offenbar für glaubwürdiger als Robert of Torignys älteren Bericht, der die Krönung Eleonores nicht erwähnt. – **3** Ihre Kinder mit Heinrich II: Wilhelm 1153–1156; Heinrich 1155–1183; Matilda 1156–1189; Richard 1157–1199; Geoffrey 1158–1186; Eleonore 1161–1214; Johanna 1165–1199; Johann 1166–1216, dazu möglicherweise ein Sohn, der kurz nach seiner Geburt starb. – **4** Vor allem Brown, Eleanor: Lord and Lady, S. 18: «Ihre Kinder dienten ihr oft als Bauern in ihrem Streben nach Macht und Vorteil.» Oder: «Gegen Ende ihres Lebens waren bei Eleonore die Lust an der Intrige und die politischen Impulse stärker ausgeprägt als die mütterlichen Neigungen.» – **5** H. M. Colvin, Essays in English Architectural History (New Haven 1999), S. 1 f. – **6** Kelly, Krone der Frauen, S. 132, unter Verweis auf Gervase of Canterbury, 1, S. 160. – **7** Brute y Tywysogyon (Hrsg. u. Übers.), Thomas Jones (Cardiff 1955), S. 41, zit. n. Bartlett, England under the Norman and Angevin Kings, S. 342. Zu London im Allgemeinen s. Caroline M. Barron, London, in: Dict. M. A., 7, S. 660–663. – **8** William fitz Stephen, Description of London, in: F. M. Stenton, Norman London (New York 1990), S. 48, S. 26 ff., S. 55. – **9** Erstes Zitat: Richard of Devizes (Hrsg.) Appleby, S. 65; zweites Zitat: Stenton, Norman London, S. 51. – **10** Stenton, ebd., S. 48 f. PR 13 Henry II (1166/67), 1, referiert Ausgaben in Höhe von 64 £; s. R. Allen Brown, H. M. Colvin und A. J. Taylor (Hrsg.), History of the King's Works (London 1963), 1, S. 45, 86; Judith A. Green, Henry I and the Origins of the Court Culture of the Plantagenets, in: Plantagenêts et Capétiens, S. 488. – **11** Thomas K. Keefe, Place-Date Distribution of Royal Charters and Historical Geography of Patronage Strategies at the Court of King Henry II Plantagenet, HSJ, 2 (1990), S. 182 f. Eleonore fertigte zwischen 1155 und 1167 fünf Urkunden in Salisbury aus, drei in Winchester, zwei in Oxford, zwei in Bermondsey bei London nur je eine in London, Westminster, Hungerford und Waltham. – **12** Green, Plantagenêts et Capétiens, S. 488. – **13** Brown, Colvin und Taylor, History of the King's Works, 2, S. 910, 1010, 1014; 1, S. 65, 79 f.; PR 6 Henry II, S. 49. Ein Wandgemälde von Heinrich im Schloss Winchester beschreibt Gerald von Wales, On the Instruction of Princes, Buch 3, Kap. 26, S. 95. – **14** Bartlett, England under the Norman and Angevin Kings, S. 486 f., unter Verweis auf Walter Map, Buch 5, Kap. 6, S. 476. Zur Sprache s. Ian Short, On Patrons and Polyglots: French Literature in Twelfth-Century England, in: ANS, 14 (1992), S. 242 ff.; s. auch J. Dor, Langues françaises et anglaises, et multilinguisme à l'époque d'Henri II Plantagenêt, CCM, 29, S. 71. 1192, als Richard König war, brauchte Eleonore noch immer einen Dolmetscher, um sich mit gewöhnlichen Engländern ohne Fremdsprachenkenntnisse unterhalten zu können. Richard of Devizes, S. 59 f. – **15** Stafford, Portrayal of Royal Women in England, in: Medieval Queenship, S. 156 f. – **16** Zitat aus Marjorie Chibnall, Women in Orderic Vitalis, HSJ, 2, S. 112. Siehe auch Huneycutt, Creation of a Crone, S. 36, unter Verweis auf Laura Gathagan, Embodying Power: Gender and Authority in the Queenship of Mathilda of Flanders, unveröff. Diss. (City University of New York 2001). – **17** Francis J. West, Justiciarship in England 1066–1232 (Cambridge 1966), S. 14 f. – **18** Lois L. Huneycutt, Intercession and the High-Medieval Queen: The Esther Topos, in: Jennifer Carpenter und Sally-Beth Maclean (Hrsg.), Power of the Weak: Studies on Medieval Women (Champagne-Urbana 1995), S. 126–146, unter Verweis auf Walter Frölich (Übers.), The Letters of St. Anselm of Canterbury, 3 Bde. (Kalamazoo 1990), 3, Nr. 320, S. 29. – **19** Flori, Aliénor, S. 394. – **20** Tickhill gehörte, soweit bekannt, zu Eleonores Wittum: R. T. Timson (Hrsg.), The Blyth Priory Cartulary (London 1973), S. CXXIV, CCXXVIII. Heinrich II. schenkte Walter die Kapelle 1174. Zur Rolle Eleonores bei der Beschaffung sicherer Einkünfte für ihren Kaplan Peter s. Calendar of Documents Preserved in France, hrsg. v. J. H. Round (London 1899), Nr. 46, S. 12; Nr. 52, S. 13. – **21** PR 5, Henry II, S. 55; Huneycutt, Matilda of Scotland, S. 105 f. – **22** PR Henry II, Second-Fourth Years, hrsg. v. Hunter, S. 17. Amt, Accession of Henry II, S. 70, stellt fest, dass das Kloster Waltham sowohl von Stephan für seine Frau, Königin Matilda, als auch von Adelheid, Witwe Heinrichs I., beansprucht wurde. – **23** Richardson, Letters and Charters, S. 209 ff., unter Verweis auf BL Harl. MS 391, 51b-52, dat. 1193: Bestätigung Eleonores, dass der Abt von

Waltham für sie einen Schreiber abgestellt hatte mit der Aufgabe, im Schatzamt für sie das «Gold der Königin» in Empfang zu nehmen. Ein Kaplan Matildas, der Gattin Heinrichs I., war einer der Vikare von Waltham: Huneycutt, Matilda of Scotland, S. 100. – **24** Nicholas Vincent, Patronage, Politics and Piety in the Chartres of Eleanor, in: Plantagenêts et Capétiens, S. 22 ff. Nur in einer Urkunde wird sie als Gründerin einer neuen klösterlichen Einrichtung genannt, einer zu Fontevraud gehörenden Priorei, Sainte-Catherine in La Rochelle, gegründet 1185. Jean-Marc Bienvenu, Robert Favreau und Georges Pon (Hrsg.), Grand Cartulaire de Fontevraud, AHP 63 (Poitiers 2000), 1, S. 588 f.; als Quelle wird eine verloren gegangene Urkunde zitiert, von deren Existenz wir nur durch eine Inventarliste aus dem 17. Jh. wissen; auf dieselbe Quelle beruft sich auch Hivergneaux, Queen Eleanor and Aquitaine, S. 71. – **25** Jean-Marie Bienvenu, Henri II Plantagenêt et Fontevraud, CCM, 37 (1994), S. 31. – **26** Zu Reading s. C. Warren Hollister, Henry I (Berkeley 2001), S. 282–287. – **27** Vincent, Patronage, Politics and Piety, S. 22, Anm. 50. – **28** Christopher R. Cheney, A Monastic Letter of Fraternity to Eleanor of Aquitaine, EHR 51 (1936), S. 488–493. – **29** John of Salisbury, Letters, 2, S. 224, Nr. 185, zit. n. Laurence Moulinier-Brogi, Aliénor et les femmes savantes du XIIe siècle», in: Aurell (Hrsg.), Aliénor, S. 148. – **30** Adelgundis Führkötter (Hrsg.), «Nun höre und lerne, damit du errötest …»: Briefwechsel Hildegard von Bingen (Freiburg i. Br. 1997), S. 91. – **31** Frau und Königin Wilhelms des Eroberers war Matilda, Tochter des Grafen von Flandern; Heinrich I. heiratete zuerst Edith-Matilda, Tochter des Königs von Schottland und angelsächsische Prinzessin, danach in zweiter Ehe Adelheid, Tochter des Grafen von Louvain; die Frau von König Stephan war eine Tochter des Grafen von Boulogne. – **32** Orderic Vitalis und William of Malmesbury. Siehe Beech, Contemporary Views of William the Troubadour, in: Medieval Lives and the Historian, S. 73–89. – **33** John of Salisbury, Letters, 1, Nr. 121, S. 199. – **34** White, Restoration and Reform, S. 5. – **35** Norgate, Angevin Kings, 1, S. 428 ff. – **36** Cartulary of Holy Trinity, Aldgate, hrsg. v. Gerald A. J. Hodgett, London Record Society (1971), App. 14, S. 232; Hollister, Henry I, S. 397. Ralph Diceto, 1, S. 301, gibt an, Heinrich sei vom Bischof von London getauft worden. – **37** Die normannischen Verwaltungschefs waren Geoffrey de Neubourg, Bruder von Rotrou III, Graf von Perche, und ein anglo-normannischer Baron William Pantulf. Siehe Geoffroy de Vigeois, RHGF, 12, S. 439. – **38** Hivergneaux in: Eleanor: Lord and Lady, S. 66: Neben der Urkunde, in der Eleonore die Privilegien der Abtei Sauve-Majeure bei Bordeaux bestätigt, findet sich eine wenige Tage zuvor von Heinrich ausgestellte, ferner eine, in der Heinrich seine Schenkungen an die Mönche von Notre-Dame de Luçon bestätigt; und eine dritte, in der er die Beilegung eines Streits zwischen der Kirchengemeinde Saint-Hilaire in Poitiers und dem Finanzverwalter der Stiftskirche über Eigentumsrechte ratifiziert. – **39** Hivergneaux, ebd., S. 63, 66; und ders., La cour Plantagenêt, S. 66. – **40** Richard le Poitevin, RHGF, 12, S. 417, und Louis Halphen (Hrsg.), Annales Angevines et Vendômoises, Saint-Aubin, S. 14 f. – **41** R. W. Eyton, Court, Household and Itinerary of King Henry II (London 1878); s. ferner Owen, Eleanor, Chronology, S. 219 f. – **42** Cheyette, Ermengard of Narbonne, S. 25; kritisch zur der Darstellung der Expedition in der modernen Geschichtsschreibung äußert sich Martindale, An Unfinished Business, S. 117 ff. – **43** Zitat aus Warren, Henry II, S. 84; s. S. 83, Karte v. S. ferner Martindale, Eleanor of Aquitaine, in: Status, Authority, Power, Art. 11, S. 26 f.; Gillingham, Angevin Empire, in: ders., Richard Coeur de Lion (Oxford 2001), S. 26. – **44** Zu Becket und Toulouse s. J. D. Hostler, The Brief Military Career of Thomas Becket, HSJ, S. 88–100; s. auch Frank Barlow, Thomas Becket (Berkeley 1986), S. 57. – **45** Cheyette, Ermengarde of Narbonne, S. 259. – **46** Elisabeth Hallam und Judith Everard, Capetian France, 987–1328 (Harlow 2001), S. 160. – **47** Lindsay Dippelmann, Marriage as Tactical Response: Henry II and the Royal Wedding of 1160, HER, 119 (2004), S. 559 f. – **48** Robert de Neubourg, Flori, Aliénor, S. 109. – **49** Bisson, Aragon, Crown of, Dict. M. A., 1, S. 408–411. – **50** RHGF 12, S. 417, zit. n. Martindale, An Unfinished Business, S. 120, s. auch S. 133. – **51** Zitat aus Amt, Accession of Henry II, S. 182 f.; Warren, Henry II, S. 86. – **52** E. g. John of Salisbury,

Letters, 2, S. 104 f., Nr. 168, an Bartholomew, Bischof von Exeter, Juni 1166. – **53** Martindale, An Unfinished Business, S. 134–141; Warren, Henry II, S. 86 f.; Barlow, Becket, S. 57 f. – **54** Zwei ihrer englischen Urkunden scheinen lt. Datierung aus der Zeit von Heinrichs Feldzug nach Toulouse zu stammen: Gesta Abbum S. Albani, hrsg. v. H. T. Riley, RS (London 1867), 1, S. 161. Der Wortlaut der Urkunde findet sich auch in R. C. Van Caenegem (Hrsg.), English Lawsuits from William I to Richard I, 2 Bde., S. 106 f. (London 1990 f.), 2, S. 354–358, Nr. 396; s. ferner Cartae Antiquae Rolls 11–20, hrsg. v. Conway Davies, Pipe Roll Society, 33 (1960), Nr. 410, S. 71 f.; s. auch Martindale, An unfinished Business, S. 154. – **55** Dippelmann, Marriage as Tactical Response, S. 954–964. – **56** Robert of Torigni, S. 211. – **57** Edina Bozoky, Le culte des saints et des reliques dans la politique des premiers rois Plantagenêt, in: La cour Plantagenêt, S. 281; Martin Aurell, Les Plantagenêts, la propagande et la relecture du passé, in: Aurell (Hrsg.), Culture politique des Plantagenêts, S. 16 f. – **58** PR 8 Henry II, S. 43. – **59** Zur ersten Auffassung s. Kelly, Krone der Frauen, S. 139; zur zweiten s. Owen, Eleanor, S. 43. – **60** Barlow, Becket, S. 68. – **61** Meade, Eleanor, S. 177 f., unter Verweis auf Beckets Brief an Idonea, Mai 1170, The Correspondence of Thomas Becket, Archbishop of Canterbury (1162–1170), hrsg. u. übers. v. Ann J. Duggab, 2 Bde. (Oxford 2001), 2, Nr. 289, S. 1233 f. – **62** Eyton, Itin. H. II, S. 58. – **63** Frank Barlow, Edward the Confessor (Berkeley 1979), S. 281–284; Barlow, Becket, S. 95. – **64** Barlow, Becket, S. 52 ff., 98; I. J. Sanders, English Baronies (Oxford 1960), S. 14. – **65** PR 12 Henry II, S. 101, 109. – **66** In curia domine regine, Daniel Power verweist in «The Stripping of a Queen. Eleanor in Thirteenth-Century Norma Tradition», in: World of Eleanor, Nr. 8, S. 116, auf drei Rechtsfälle aus Anjou, bei denen Eleonore an der Urteilsfindung beteiligt war. Siehe auch Delisle-Berger, Einl., S. 174, ca. 1160; Delisle-Berger, Actes 1, Nr. 263, S. 408 f., bespricht eine vermutlich aus dem Jahr 1166 stammende Urkunde, die die Beilegung eines Streitfalls bestätigt – «verhandelt in Angers am Hof des ausgezeichneten Königs der Engländer, Heinrich, und der verehrungswürdigen Königin Eleonore». – **67** Flori, Aliénor, S. 116 ff.; Warren, Henry II, S. 101. – **68** Ob er Seneschall von Aquitanien war oder nur Seneschall der Saintonge, ist umstritten. Boussard, Gouvernement, S. 354, bezweifelt, dass er je Seneschal von Aquitanien war, während Debord, Société laïque, S. 400, und Hivergneaux, La cour Plantagenêt, S. 70, gegenteiliger Meinung sind. – **69** Zu Sainte-Radegonde s. Becket, Correspondence, 2, Nr. 9, S. 216. Zu Oléron s. Flori, Aliénor, S. 117; zu Vendôme s. Richard, Comtes, 2, S. 136. – **70** Erstes Zitat: Becket, Correspondence, 2, Nr. 51, S. 214–218. Mit den Ralph zugeschriebenen «Infamien» waren zweifellos seine berüchtigten antiklerikalen Streiche gemeint; gleichwohl haben manche Autoren suggeriert, die zutage getretenen «presumptiones» bezögen sich auf Gerüchte über ungehörige Beziehungen zwischen Ralph und seiner Nichte: Flori, Aliénor, S. 117; Meade, Eleanor, S. 230; und Owen, Eleanor, S. 54. Zweites Zitat: John of Salisbury, Letters, 2, Nr. 212, Jan. 1167, S. 343–347. – **71** John of Salisbury, Letters, 2, Nr. 162, S. 62 f. Zu den Meinungsverschiedenheiten zwischen Matilda und Heinrich in Sachen Becket s. Chibnall, Empress Matilda and her Sons, S. 188 f. – **72** Meade, Eleanor, S. 234–238; Flori, Aliénor, S. 119; Owen, Eleanor, S. 55 f. – **73** Richardson, Letters and Charters, S. 197. – **74** F. M. Powicke und E. B. Fryde (Hrsg.), Handbook of British Chronology (London 1961), S. 32 f.; ergänzend dazu Lewis, Birth and Childhood of King John, S. 161–165. – **75** Owen, Eleanor, Chronology, S. 220 f.; Flori, Aliénor, S. 121. – **76** Labande, Les filles d'Aliénor d'Aquitaine, S. 106. – **77** Damon, Dames du Poitou au temps d'Aliénor, S. 50. – **78** Gillingham, Love, Marriage and Politics in the Twelfth Century, S. 253. – **79** Georges Duby, Guillaume le Maréchal oder der beste aller Ritter. Frankfurt/M. 1987, S. 177 f. – **80** Eyton, Itin. H. II; Owen, Eleanor, Chronology, S. 219 f.; Flori, Aliénor, S. 108–122. – **81** In großen Teilen dieses Abschnitts stütze ich mich auf zwei Aufsätze: Ralph V. Turner, Eleanor of Aquitaine and her Children: An Inquiry into Medieval Family Attachment, JMH, 14 (1988) und ders., The Children of Anglo-Norman Royalty and their Upbringing, in: Medieval Prosopography (1990). – **82** Lois L. Huneycutt, Public Lives, Private Ties: Royal Mothers in England and Scotland, 1070–1204, in: Parsons and Wheeler, Medieval Mothering, S. 306 f. – **83** Ebd., S. 298–303. – **84** Orme, From Childhood to Chivalry: The Education of the English Kings and Aristocracy, 1066–1530 (London 1984), S. 11 f. – **85** Eleonores Geschenke an Agatha: Grundbesitz in Hamelhamstead und Berkhamstead, das Herrenhaus Lufton Manor in Devon, Rot. Chart., S. 18. Zu Agatha s. Mary G. Cheney, Master Geoffrey de Lucy, an Early Chancellor of the University of Oxford, HER, 82 (1967), S. 759 f. – **86** PR 22 Henry II (1175/76), S. 141. Zur Amme im Mittelalter s. Goodich, Bartholomeus Anglicus on Childrearing, in: History of Childhood Quarterly, I, Journal of Psychohistory, 3 (1975), S. 81. Eine Mark entsprach zwei Dritteln eines Pfundes, also 13 Shilling und 6 Pence. – **87** PR 2 Richard I, S. 118; PR 3 and 4 Richard I, S. 118, 281. – **88** Cheney, Master Geoffrey de Lucy, S. 760. – **89** PR Henry II, Second-Fourth Years, hrsg. v. Hunter, S. 66, 101, 180; PR 5 Henry II, S. 58. – **90** J. C. Robertson (Hrsg.), Materials for the History of Thomas Becket, 7 Bde., RS (London 1875–1885), 3, S. 22. – **91** Eyton, Itin. H. II, S. 86; PR 11 Henry II, S. 73; PR 12 Henry II, S. 96, 100; PR 13 Henry II, S. 169, 171; Warren, Henry II, S. 185. – **92** A. J. Holden, S. Gregory und D. Crouch (Hrsg.), History of William Marshal (London 2002), Zeilen 2427–2432; Sidney Painter, William Marshal (Baltimore 1933), S. 31–49. – **93** Roger of Howden, Chronica, hrsg. v. William Stubbs, 4 Bde., RS (London 1868–1871) 2, S. 106. – **94** Peter of Blois, Migne PL, 207, cols. 210 ff. – **95** Gillingham, Richard I (New Haven 1999), S. 256, unter Verweis auf Gerald of Wales, De Invectionibus. – **96** Rot. Lit. Claus., S. 108. – **97** John Carmi Parsons, Mothers, Daughters, Marriage, Power: Some Plantagenet Evidence, 1150–1500, in: Medieval Queenship, S. 69. – **98** Georges Duby, Women and Power, in: Bisson, Cultures of Power, S. 80 f., unter Verweis auf Migne PL, 211, col 685.

VI. Die Arbeit einer Königin: Regentin für einen abwesenden König, 1155–1168

1 Powicke und Fryde (Hrsg.), Handbook of British Chronology, S. 32, Zeiten der Abwesenheit Heinrichs aus England: 10. Januar 1156 bis April 1157; 14. August 1158 bis 25. Januar 1163; ca. Februar bis ca. Mai 1165; ca. März 1166 bis 3. März 1170. – **2** Owen, Eleanor, S. 108. – **3** Judith Green, Henry I and the Origins of the Court Culture of the Plantagenets, in: Plantagenêts et Capétiens, S. 485–495, auf S. 492. – **4** Benoît de Sainte-Maure, Roman de Troie, Zeilen 13, S. 457–463, 470. – **5** Warren, Henry II, S. 59. – **6** Norgate, Angevin Kings, 1, S. 431. – **7** Giles Constable, The Alleged Disgrace of John of Salisbury, EHR, 69 (1954), S. 67–76. – **8** John of Salisbury, Letters, 1, Nr. 19, S. 31 f., Brief an Peter, Abt von Celle; und 1, Nr. 31, S. 50 f. – **9** Warren, Henry II, S. 120, 260. – **10** John of Salisbury, Letters, 1, Nr. 51, S. 89, an Papst Adrian IV. – **11** John of Salisbury, Letters, 1, Nr. 98, S. 151 f., ca. 1158–1160. PR Henry II, Second-Fourth Years, hrsg. v. Hunter, S. 13, verzeichnet eine Zahlung von 66 Shilling 8 Pence an «Solomon den Schreiber der Königin». – **12** Fasti, 2, Monasti Cathedrals, S. 30, 105. – **13** John of Salisbury, Letters, 1, Nr. 115, S. 189, datiert 1160. Der Geistliche war Jordan, von ca. 1154/55 bis 1159/60 Schatzmeister von Salisbury; s. Fasti, 4, Salisbury, S. 30. – **14** David Crouch, The Beaumont Twins: The Roots and Branches of Power in the Twelfth Century (Cambridge 1986), S. 7, 86 ff., 207, 210; David Bates, The Origin of the Justiciarship, ANS, 4 (1987), S. 11. – **15** Emilie M. Amt, Richard de Lucy, Henry II's Justiciar, Medieval Prosopography, 9 (1988), S. 61–87. – **16** Amt, Accession of Henry II, S. 20. – **17** John of Salisbury, Letters, 1, Nr. 32, S. 52, an Peter von Celle, datiert Juli-August 1157. – **18** PR Henry II, Second-Fourth Years, hrsg. v. Hunter, S. 171; zu Bisset s. Amt, Accession of Henry II, S. 22, 163; White, Restoration and Reform, S. 46 f., 83. Fitz Gerold, PR Henry II, Second-Fourth Years, S. 107, 171. Zu Fitz Gerold s. Amt, Accession of Henry II, S. 76; Chibnall, Empress Matilda, S. 126; Regesta regum A-N, 2, S. XXXV. Gundeville, PR. 6 Henry II, 1159/60, S. 49; s. Amt, Accession of Henry II, S. 41. – **19** Michael T. Clanchy, From Memory to Written Record: England 1066–1307 (Oxford 1993), S. 58. – **20** Darunter sind 29 Verfügungen, die Zahlungen autorisieren, die in den *pipe rolls* verzeichnet sind: PR Henry II,

Second-Fourth Years hrsg. v. Hunter: 5 für 1155/56; 7 für 1157/58, PR 5 Henry II (1158/59), 5 Verfügungen, 13 für 1159/60, PR 6 Henry II; keine für 1160–1163, PR 7 Henry II; und eine für 1162/63, PR 8 Henry II. – **21** Ausgefertigt vor 1162, Calendar of Charter Rolls, 5, 15 Edward III-5 Henry V, S. 61; dieselbe Formulierung taucht in einer Verfügung an die Ritter der Abingdon Abbey auf, ca. 1159/60, Chronicon Monasterii de Abingdon, hrsg. v. J. Stevenson, 2 Bde., RS, 2, S. 225; English Historical Documents, 2, 1042–1189, Nr. 266, S. 936. – **22** Ausgefertigt lt. Datierung 1156 oder 1157, H. G. Richardson, (Hrsg.), Memoranda Roll 1 John, S. LXVIII, unter Verweis auf BL Harl. ms 1708, f113b. – **23** John of Salisbury, Letters, 2, Nr. 136, S. 7. – **24** Siehe Richard von Ansteys Bericht über seinen langwierigen Rechtsstreit (ca. 1158–1163), der zwischen königlichen und kirchlichen Gerichtshöfen hin und her wechselte: Van Caenegem (Hrsg.), English Lawsuits, Nr. 397–404, 386E; s. dazu auch Richardson, Memoranda Roll 1 John, S. LXXX. – **25** Cyril T. Flower, Einführung in die Curia Regis Rolls, 1199–1230 A. D., Selden Society, 62 (London 1944), S. 304. – **26** Crouch, Beaumont Twins, S. 89; White, Restoration and Reform, S. 182 f. – **27** Abt von St. Albans gegen Robert of Valognes, in: Van Caenegem (Hrsg.), English Lawsuits, 2, Nr. 396, S. 354–358; Warren, Henry II, S. 327 ff. – **28** Zitat aus Gillingham, The Cultivation of History, Legend, and Courtesy at the Court of Henry II; Kennedy und Meecham-Jones, Writers of the Reign of Henry II, S. 41, unter Verweis auf Walter Map, S. 116. Green, Henry I and the Origins of the Court Culture of the Plantagenets, S. 485. – **29** Green, Plantagenêts et Capétiens, S. 485–495. – **30** Ralph Diceto, 1, S. 302; Howden, Chronica, 1, S. 216. – **31** Schramm, History of the English Coronation, S. 58; G. Richardson, The Coronation in Medieval England, in: Traditio, 16 (1960), S. 127; Bartlett, England under the Norman and Angevin Kings, S. 127 f.; Matthew Strickland, The Upbringing of Henry, the Young King, in: Harper-Bill und Vincent, Henry II: New Interpretations, S. 197. – **32** PR Henry II, Second-Fourth Years, hrsg. v. Hunter, S. 5; PR 5 Henry II (1169/70), S. 15. Siehe auch James H. Ramsay, A History of Revenues of the Kings of England, 1055–1399, 2 Bde. (Oxford 1925) 1, S. 189. – **33** PR Henry II, Second-Fourth Years (Hrsg.), Hunter, S. 175; zahlreiche Einträge betr. Weinkäufe, PR 6 Henry II (1159/60), S. 13, 16, 23, 49. Siehe Davies, Domination and Conquest: The Experience of Ireland, Scotland and Wales 1100–1300 (Cambridge 1990), S. 49, unter Verweis auf Gerald of Wales, Expugnatio hibernica, hrsg. u. übers. v. A. B. Scott und F. X. Martin (Dublin 1978), Buch 1, Kap. 33, S. 96 f.; Howden, Chronica, 2, S. 32. Chestnuts, PR 5 Henry II, S. 25. – **34** Brief Nr. 66 in Migne PL, 207. – **35** Georges Duby, Die drei Ordnungen. Das Weltbild des Feudalismus (Frankfurt/M. 1986), S. 421 f.; Jaeger, Origins of Courtliness, S. 206 f., 209. Zu Vidal s. Aurell, Les Plantagenêts, la propagande et la relecture du passé, S. 12. – **36** Jaeger, Origins of Courtliness, S. 268. – **37** Robert B. Patterson (Hrsg.), Earldom of Gloucester Charters: The Charters and Scribes of the Earls and Countesses of Gloucester to A. D. 1217 (Oxford 1973), Einl., S. 12, S. 71, Nr. 65. Ein Beispiel für eine Landschenkung als Gegenleistung für die Besorgung dreier Würfel findet sich bei Rot. Chart., S. 18, 128: Ein Herrenhaus in Devon, Bestandteil von Eleonores Witwengut, das sie der Familie ihrer früheren Amme überlassen hatte, soll König Johanns Braut Isabella für die Besorgung von drei Würfeln übergeben werden. Siehe auch Achile Luchaire, Social France at the Time of Philip Augustus, übers. v. Edward Benjamin Krehbiel (New York 1967), S. 552; Danziger und Gillingham, 1215, S. 61. – **38** Peter of Blois and Poetry at the Court of Henry II, übers. v. Peter Dronke, Medieval Studies 38 (1976), S. 207. – **39** Richardson, Letters and Charters, S. 208, Anm. 3, Philip fitz Vital. Siehe auch Crouch, Image of the Aristocracy, S. 294, 296 f. – **40** Ranulf de Broc, Harper-Bill und Vincent, Henry II: New Interpretations, S. 332, Anm. 2. – **41** J. E. A. Jolliffe, Angevin Kingship (London 1963), S. 192–206. – **42** Zu Manasser Biset, Steward des königlichen Haushalts, und Hastings, Steward der Königin, s. PR Henry II, Second-Fourth Years, hrsg. v. Hunter, S. 176. – **43** Bartlett, England under the Norman and Angevin Kings, S. 134 f., unter Verweis auf Henry of Huntingdon, De contemptu mundi, S. 604. – **44** Labarge, Medieval Travellers, S. 35, 39. Bartlett, ebd., S. 133–34. – **45** Z. B. Herman,

Eleonores Kaplan, und John, Schreiber der Königin, Cart. S. Iohannis Baptiste in Colecestria, 1, S. 38; und Elias, ehemaliger Schreiber des Earl of Gloucester, in einer der Urkunden des Earls als «Schreiber der Lady Eleonore, Königin von England» identifiziert. Patterson (Hrsg.), Earldom of Gloucester Charters, S. 12, 71, Nr. 65. Zu John de Waurai, ihrem Butler, s. PR 9 Henry II, S. 45; 10 Henry II, S. 19; 14 Henry II, S. 174; zu Adam, ihrem Kämmerer («chamberlain»), PR 18 Henry II, S. 15. – **46** Howell, Eleanor of Provence, S. 267; Crouch, Image of the Aristocracy, S. 293 f. – **47** Eine Urkunde, ausgefertigt in Bermondsey ca. 1154–1162, BL ms Harl. 4757 fo.2v s. XVII, erwähnt mehrere unter Nennung ihrer Titel. Mein Dank gilt dem Plantagenet Acta Project für die Bereitstellung dieser Quelle. – **48** Zu Meister Mathieu s. Richardson (Hrsg.), Memoranda Roll 1 John, Einleitung, S. LXVIII. Mathieu als Zeuge für Urkunden Heinrichs vor dessen Krönung: Regesta Regum A-N, Nr. 666, 13. April 1149 in Devizes; Nr. 776, 9. November 1151 in Angers. – **49** Peter von Poitiers: Gallia Christiana, 11, Instrumenta, col.82, Nr. 16; Petrus notarus, Métais (Hrsg.), Cartulaire saintongeais de Vendôme, S. 103 f., Nr. 62; ferner Vincent, Patronage, Politics and Piety, in: Aurell und Tonnerre, S. 36. Métais (Hrsg.), Cartulaire saintongeais de la Trinité-de-Vendôme, S. 103 f., Nr. 62. – **50** Richardson, Letters and Charters, S. 197; Hivergneaux, Plantagenêts et Capétiens, S. 70. Die Balliols stammten aus Bailleul-en-Vimeu an der Somme. Sanders, Baronies, S. 25; Lewis C. Loyd, The Origins of Some Anglo-Norman Families, Herleian Soc., 103 (Baltimore 1985), S. 11. – **51** Zu Geoffrey, Delisle-Berger, Einl., «Hugo de Claiers», S. 387 f. – **52** Howell, Eleanor of Provence, S. 186 f. – **53** Labande, Pour une image, S. 199, unter Verweis auf Robert of Torigni, S. 176. – **54** Lewis, Six Charters of Henry II and his Family for Dalon, S. 659 ff.; Marchgay, Cartulaires du Bas-Poitou, S. 109; Clouzot, Cartulaire de l'abbaye de Notre-Dame de la Merci-Dieu, S. 78 f.; Redet, Documents pour l'histoire de Saint-Hilaire, Nr. 153, S. 180 f. Zu seiner Pfründe in Rouen s. Cal. Docs. France, Nr. 46, S. 12; Nr. 52, S. 13. – **55** PR Henry II, Second-Fourth Years, hrsg. v. Hunter, S. 176, Zweckgebundene Zahlung von £6 von Ralph von Hastings und Bernard de Chauvigny. Zur Familie Chauvigny s. G. Devailly, Berry du Xe au milieu du XIIIe siècle (Paris 1973), S. 423, Anm. 8; Theodore Evergates, Nobles and Knights in Twelfth-Century France, in: Bisson, Cultures of Power, S. 31. Später wurde Geoffroy de Chauvigny Graf Richards Kämmerer, Cal. Docs. France, Nr. 1286, S. 467. – **56** Vincent, La cour Plantagenêt, S. 122 f. PR Henry II, ebd., S. 11, Zahlung von 32 Shilling «danegeld» an «Ralph de Faia»; S. 12, Ralph durch königl. Verfügung von Zahlungen befreit: 104 shilling, 45 shilling (S. 162), 34 shilling, 71 shilling (PR 13 Henry II, S. 205). Gerald von Wales erzählt eine Anekdote, die darauf schließen lässt, dass Ralph dem König in Woodstock Gesellschaft leistete: Gemma Ecclesiastica, in: Gerald von Wales, Opera, 1, S. 54, 2, S. 162, zit. n. Vincent, Court of Henry II, in: Henry II: New Interpretations, S. 323. – **57** Brief von Barthélemy mit Angaben über die Rolle Eleonores, Emma Mason (Hrsg.), Westminster Abbey Charters, London Record Society, 25 (1988), Nr. 463, S. 298 f. Zu seiner Verwandtschaft mit Eleonore s. Peltzer, Plantagenêts et Capétiens, Nr. 31, S. 473. – **58** Marchisa mit Eleonore verwandt: PR 11 Henry II, S. 40. Zur Frage der Identität s. Vincent, Plantagenêts et Capétiens, S. 46. In den Eintragungen in den *pipe rolls* aus der Zeit der Gefangenschaft Eleonores ab 1173 ist meist die Rede von ihren «Mädchen [puellae]», PR 24 Henry II (1177/78), S. 128; PR 30 Henry II (1183/84), S. 217, und PR 33 Henry II (1186/87), S. 181. Siehe auch Howell, Eleanor of Provence, S. 104 f. – **59** Hivergneaux, Plantagenêts et Capétiens, S. 68; Painter, Lords of Lusignan in the Eleventh and Twelfth Centuries, in: Cazel (Hrsg.), Feudalism and Liberty, S. 68 f.: Sanxay befand sich im 13. Jh. im Besitz der Lusignans, wahrscheinlich seit dem 12. Jh. Eine Verfügung, die Eleonore 1152 ausfertigte, Delisle-Berger, 1, S. 32, Nr. 24, verwendet für ihn die Amtsbezeichnung «dapifer meus»; anderswo wird er als «constabularius» geführt. Saldebreuil in den *pipe rolls*: PR 9 Henry II, S. 71; 11 Henry II, S. 30; 12 Henry II, S. 130; Zahlung von 60 Shilling 10 Pence, PR 13 Henry II, S. 2; 14 PR. Henry II, S. 2; Saldebreuils Zahlung an andere weitergeleitet, PR 16 Henry II, S. 14. Ein Sohn oder anderer Angehöriger Saldebreuils könnte der Saut de Breuil gewesen sein, der 40 Jahre später mit

Richard Löwenherz auf Kreuzzug ging und den Richard nach seiner Freilassung aus der Haft im Februar 1194 als Sendboten mit der Botschaft ins Heilige Land schickte, er werde wiederkommen. Lionel Landon, The Itinerary of King Richard I, Pipe Roll Society, neue Ser. 13 (1935), S. 59, 83, unter Verweis auf Howden, Chronica, 3, S. 233. – **60** Markale, Aliénor, S. 163 f., ohne Quellenverweis. Der Ritter Saldebreuil taucht auf bei François de Belle-Forest, Grandes annales et histoire générale de France, 2 Bde. (Paris 1579), 1, S. 510; dann eine Nummer größer bei Auguste Thierry, Histoire de la conquête de l'Angleterre par les Normands, 4 Bde. (Paris 1846), 3, S. 60. Auf diese Fundstellen machte mich liebenswürdigerweise Dr. Ursula Vones-Liebenstein aufmerksam. – **61** Jordan «mein Kanzler», Recueil de documents de l'abbaye de Fontaine-le-Comte, hrsg. v. Georges Pon, AHP, 62 (1982), S. 36 ff., Nr. 24. Zu Saldebreuil und Hervey s. Hivergneaux, Capétiens et Plantagenêts, S. 63, 68. Zur Familie Mauzé s. ebd. – **62** Debord, Société laïque, S. 382–385. – **63** Er bezeugte die Urkunde, in der Heinrich die Spende Eleonores an die Mönche von Luçon bestätigte, Delisle-Berger, Actes, 1, Nr. 32, S. 132 f. – **64** Amt, Accession of Henry II, S. 97 f. – **65** Bartlett, England under the Norman and Angevin Kings, S. 43 f. – **66** Siehe die Urkunde, in der Richard I. seiner Braut Berengaria das traditionelle Witwengut übertrug: Dom Edmond Martene und Dom Ursin Durand, Veterum scriptorum et Monumentorum historicorum, dogmaticorum, moralium, amplissima collectio (Paris 1724), Bd. 1, col. 995 ff.; zusammengefasst bei Cloulas, Le Douaire de Bérengère de Navarre, veuve de Richard Coeur de Lion, in: La cour Plantagenêt, S. 90 f. Die *pipe rolls* verzeichnen für Eleonores Besitzungen auch Befreiungen von der Pflicht, «dangeld» abzuführen: Amt, Accession of Henry II, S. 76. Zu Lufton Hundred in Devon s. White, Restoration and Reform, S. 119; zur Queenshithe s. Brooke, London: The Shaping of a City, S. 156. – **67** Der Wert einer Silbermark betrug zwei Drittel eines Pfunds. Charles Johnson (Hrsg.), The Course of the Exchequer (London 1950), S. 122. – **68** Richardson, Letters and Charters, S. 210 f., vermerkt, dass Eleonore 1967 «Queen's gold» erhielt; PR 10 John, S. 25, Urkunde von 1194, mit der Bestätigung, dass Jurnet, der Jude of Norwich, «Queen's gold» im Wert von 40 Mark gezahlt hat, das er seit der Zeit Heinrichs II. schuldig war. – **69** Sidney Painter, Studies in the History of the English Feudal Barony (Baltimore 1943), S. 170. Nach der Rückkehr der Königin von einem längeren Besuch in Aquitanien 1157 meldete sie Ausgaben von mehr als 500£ für dieses Jahr an. PR Henry II, Second-Fourth Years, hrsg. v. Hunter, S. 111–186. – **70** History of William Marshal, Zeilen 1876–1882. – **71** Peter of Blois, Migne PL, 207, col. 49A, S. 14. – **72** Howden, Chronica, 3, S. 143, schildert das Mäzenatentum von William Longchamp für Sänger und Akrobaten, zit. n. Aurell, L'empire des Plantagenêts, S. 98. – **73** Bartlett, England under the Norman and Angevin Kings, S. 497 f., unter Verweis auf Denis Piramus, La vie seint Edmund le rey, Zeilen 16–19, in T. Arnold (Hrsg.), Memorials of St. Edmund's Abbey, 3 Bde. (London 1890–1896), S. 92, 137. – **74** Ian Short, Literary Culture at the Court of Henry II, in: Harper-Bill und Vincent, Henry II: New Interpretations, S. 341–350; s. ferner Charles H. Haskins, Henry II as a Patron of Literature, in: A. G. Little und F. M. Powicke (Hrsg.), Essays in Medieval History Presented to Thomas Frederick Tout (Manchester 1925), S. 71–77. – **75** Breton d'Amboise, zit. n. Jaeger, Origins of Courtliness, S. 203, und Halphen und Poupardin (Hrsg.), Chroniques des comtes d'Anjou et des seigneurs d'Amboise, S. 71. – **76** Ob Eleonore die literarischen Künste gefördert hat, ist eine kontrovers diskutierte Frage. Autoren früherer Generationen, z. B. Amy Kelly, Rita Lejeune oder Régine Pernoud, stellten sie als eine bedeutende Mäzenin der Troubadoure dar, die in Scharen an ihre «Höfe der Liebe» in Poitiers geströmt seien. In einer kritischen Gegenbewegung zu dieser romantischen Auffassung haben etliche Gelehrte bestritten, dass Eleonore Patronage in nennenswertem Ausmaß betrieb; s. vor allem Karen Broadhurst, Henry II and Eleanor of Aquitaine: Patrons of Literature in French?, in: Viator, 27 (1996), S. 53–84. – **77** Jaeger, Origins of Courtliness, z. B. S. 233 ff.; er sieht darin die hauptsächliche Motivation klerikaler Romanautoren. – **78** Broadhurst, Henry II and Eleanor, S. 62 f. Ö. Södergård (Hrsg.), Vie d'Édouard Confesseur

(Uppsala 1948), basierend auf Ailred von Rievaulx' auf Lateinisch erschienene Biografie Edwards. – **79** Flori, Aliénor, S. 403. – **80** Martin Aurell, La cour Plantagenêt, S. 34 f. Haskins, Henry II as a Patron, S. 73, unter Verweis auf PR 18 Henry II, S. 4; PR 21 Henry II, S. 204, sowie *pipe rolls* aus der Zeit nach 1176. – **81** Zitat aus Derek Pearsall und Nicolette Zeeman (Hrsg.), Elizabeth Salter: English and International Studies in the Literature, Art and Patronage of Medieval England (Cambridge 1988), S. 37, unter Verweis auf H. J. Chaytor, Troubadours and England (Cambridge 1923). Siehe auch Baldwin, Image of the Jongleur in Northern France, S. 640. Zweites Zitat: Pappano, Marie de France, Aliénor and the Alien Queen, in: Eleanor. Lord and Lady, S. 361, Anm. 15. – **82** Gedichte 26 und 33, Ruth Harvey, Eleanor and the Troubadours, S. 101, 104 ff.; nach S. G. Nichols u. a. (Hrsg. und Übers.), The Songs of Bernard de Ventadorn (Chapel Hill 1962). – **83** Flori, Aliénor, S. 410; Owen, Eleanor, S. 40 f.; Salter, Courts and Courtly Love, S. 420 f. – **84** Kelly, Krone der Frauen, S. 122–125, Pernoud, Aliénor, S. 143–147; Meade, Eleanor, S. 159 f. Ferner Bec, Troubadours, trouvères et espace Plantagenêt, S. 9–14. Das einzige Beispiel ist Richard Löwenherz, der während seiner Gefangenschaft in Deutschland ein Lied sowohl in einer französischen als auch in einer okzitanischen Fassung dichtete. – **85** Jaeger, Origins of Courtliness, S. 206. – **86** Franche est Alienor et de bonaire et sage, Lejeune, CCM, S. 25 f. Flori, Aliénor, S. 403, 406 ff.; Broadhurst, Henry II and Eleanor, S. 70 ff. – **87** Fiona Tollhurst, What ever Happened to Eleanor?, in: Eleanor: Lord and Lady, S. 326, 329, 331; Owen, Eleanor, S. 166. – **88** Werner, Kingdom and Principality, S. 275. – **89** John W. Baldwin, The Capetian Court at Work under Philip II, in: Edward Haymes (Hrsg.), The Medieval Court in Europe (München 1986), S. 80 f.; Gillingham, Cultivation of History, Legend, and Courtesy, S. 28, 36 f. – **90** Aurell, Les Plantagenêts, la propagande et la relecture du passé, S. 17. – **91** Glyn S. Burgess und Elisabeth Van Houts (Hrsg.), Wace's Roman de Rou (Woolbridge 2004), S. 3, Teil 1, Zeilen 24–36, S. 39 f.; Teil 2, Zeilen 1565–1587. – **92** Flori, Aliénor, S. 403 f. Zitat aus Burgess und Van Houts (Hrsg.), Wace's Roman de Rou, S. 3, Teil 1, Zeilen 1–16. – **93** Broadhurst, Henry II and Eleanor, S. 56 ff.; Flori, Aliénor, S. 403 f., 407; Peter Damian-Grint, Benoît de Saint-Maure et l'idéologie des Plantagenêts, in: Plantagenêts et Capétiens, S. 412–427. – **94** Zeilen 13, 457–470, «en cui tote scïence abonde, a la ci n'est nule seconde ... Riche dame de riche rei, senz mal, senz ire, senz tristece», übers. v. Tamara O'Callaghan, Tempering Scandal: Eleanor of Aquitaine and Benoît de Sainte Maure's Roman de Troie, in: Eleanor: Lord and Lady, S. 302 f. – **95** O'Callaghan, Tempering Scandal, S. 301–317, zu Helen and Briseida; Flori, Aliénor, S. 408 ff.; zu Hekuba s. Joan M. Ferrante, To the Glory of her Sex. Women's Role in the Composition of Medieval Texts (Bloomington 1997), S. 120. Eleonore hatte acht bekannte Kinder, möglicherweise gab es ein neuntes. – **96** Aurell, L'empire Plantagenêt, S. 174 f. – **97** Renate Blumenfeld-Kosinski, Antiquity, Romances of, in: Kibler und Zinn, Medieval France: An Encyclopedia, S. 49. Zum Roman de Thèbes s. Lejeune, La femme dans la littérature française, S. 201–216; Owen, Eleanor, S. 167; s. auch Martindale, Eleanor: The Last Years, in: S. D. Church (Hrsg.), King John. New Interpretations (Woodbridge 1999), S. 137 f., 164. – **98** Short, Patrons and Polyglots, S. 241 f.; Broadhurst, Henry II and Eleanor, S. 72 f. Zum Bestiarium s. Kelly, Krone der Frauen, S. 143. – **99** Van Houts, Les femmes dans le royaume Plantagenet, S. 95–112. – **100** West, Justiciarship in England, S. 33 ff.; Richardson, Letters and Charters, S. 195. – **101** Gesta regis, 1, S. 6; s. R. J. Smith, Henry II's Heir. The Acta and Seal of Henry the Young King, 1170–1183, EHR 116: Anhang, Nr. 3–8.

VII. Im Poitou von der Macht kostend, 1168–1173

1 Richardson, Letters and Charters, S. 197, 199. – **2** Holden, Gregory, Crouch (Hrsg.), History of William Marshal, Zeilen 1566–1580. – **3** Hivergneaux, La cour Plantagenêt, S. 70, schreibt, es sei nicht möglich, zu entscheiden, ob die Rückkehr Eleonores ins Poitou aus Eifersucht oder gekränkter Liebe erfolgt sei. Zu Heinrichs gescheiterten Bemühungen, seine persönliche Herrschaft in Aquitanien durchzusetzen, s. Nicholas Vincent, Henry II and the Poitevins, in: La cour Plantagenêt, S. 118 f. – **4** J. C. Holt, Writs of Henry II, in: John Hudson (Hrsg.), The History of English Law: Centenary Essays on «Pollock and Martland», Proceedings of the British Academy, 89 (London 1996), S. 54. – **5** Debord, La politique de fortification, S. 10 f.; Boutoulle, La Gascogne sous les premiers Plantagenêts, in: Plantagenêts et Capétiens, S. 286 ff. – **6** Richard le Poitevin, zit. n. Vincent, La cour Plantagenêt, S. 128. – **7** Gillingham, The Unromantic Death of Richard I, S. 41, in: Richard Coeur de Lion: Kingship, Chivalry, and War in the Twelfth Century (London 1994). – **8** Hadju, Castles, Castellans and the Structure of Politics in Poitou, S. 27–54. – **9** Pierre Boissonade, Administrateurs laïques et ecclésiastiques anglo-normands en Poitou à l'époque d'Henri II Plantagenêt (1152–1189), BSAO, 3. Ser., 5 (1919), S. 189, unter Verweis auf Migne PL, 194, col. 1896. – **10** Siehe Boissonade, ebd., S. 156–190. Ralph Diceto, 1, S. 331, Comes Patricius in Aquitania princeps militiae regis Anglorum. Zu Theobald Chabot s. Boussard, Gouvernment, S. 117. – **11** Boussard, Gouvernement, S. 117, 125, 353; Debord, Société laïque, S. 375. Painter, Castellans of Poitou, S. 34. Renouard, Les institutions du duché d'Aquitaine, S. 161 f. – **12** Warren, Henry II, S. 103, 129. – **13** Zitat aus Duggan, Becket Correspondence, 2, S. 216, Anm. 9; Delisle-Berger, Introduction, S. 416; Richard, Comtes, 2, 136. Zur Laufbahn Fayes s. Vincent, Henry II and the Poitevins, S. 122 f. – **14** Jean Gaudemet, Structure de l'Église de France, in: Lot und Fawtier, Histoire des institutions françaises au Moyen Âge, 3: Institutions écclesiastiques (Paris 1962), S. 173. – **15** Jacques Boussard (Hrsg.), Historia Pontificum et comitum Engolismensium (Paris 1957), S. 44 f. – **16** Peltzer, Les évêques de l'empire Plantagenêt, S. 471. – **17** André Musset, L'espace et le temps Plantagenêt: Les problèmes d'une architecture, CCM, 29, (1986), S. 126; Peltzer, ebd., S. 471 f.; Cheney, A Monastic Letter of Fraternity to Eleanor, S. 488–493. – **18** Zitat aus Duggan, Becket Correspondence, 1, S. 128–133, Anm. 34. Siehe auch Philippe Pouzet, L'Anglais Jean dit Bellesmains (Lyon 1927), S. 9–15; Peltzer, Evéques, S. 472 f. – **19** Duggan, ebd. Charles Duggan, Richard of Ilchester, Royal Servant and Bishop, in: Royal Hist. Soc., 16 (1966), S. 1–21. Ilchester bezeugte 1167/68 in Surgères eine von Heinrichs Urkunden: Delisle-Berger, Actes, 1, Nr. 269, S. 417. – **20** Lindy Grant, Le patronage architectural d'Henri II et de son entourage, CCM, 37 (1994), S. 75–79. Zum Zeitpunkt der Fertigstellung s. Françoise Perrot, Le portrait d'Aliénor dans le vitrail de la crucifixion à la cathédrale de Poitiers, in: Aurell (Hrsg.), Aliénor, S. 182. – **21** Jean Louise Lozinski, Henri II, Aliénor d'Aquitaine et la cathédrale de Poitiers, CCM, 37 (1994), S. 91–100. – **22** Barlow, Becket, S. 178. – **23** Devailly, Berry, S. 351–426, 438. – **24** Warren, Henry II, S. 105 f.; Duggan, Becket Correspondence, 1, S. 99–109, Brief 31, Johann, Bischof von Poitiers, an Becket, 24. Juni 1164, S. 106 f., und Anm. 14; s. auch Anm. 5, S. 127 f. Richard Benjamin, A Forty Year War: Toulouse and the Plantagenets, 1156–90, Historical Research, 61 (1988), S. 274. – **25** Gervase of Canterbury, 1, S. 267. – **26** Norgate, Angevin Kings, 2, S. 61; Warren, Henry II, S. 103. – **27** Meade, Eleanor, S. 233. – **28** Benjamin, A Forty-Year War, S. 273 f. – **29** John of Salisbury, Letters, 2, Nr. 272, S. 564 f., datiert April-Mai 1168; Geoffroy de Vigeois, RHGF, 12, S. 442. Glaubt man der History of William Marshal, Zeilen 1566–1580, 1590 ff., S. 80 ff., so hielt sich der König in England auf, als die Nachricht von der Rebellion ihn erreichte, woraufhin er in Begleitung Eleonores, des Earls Patrick und anderer englischer Höflinge über den Kanal setzte. – **30** Hivergneaux, Eleanor: Lord and Lady, S. 68. – **31** Z. B. Kelly, Krone der Frauen, S. 210 ff. – **32** Hivergneaux, La cour Plantagenêt, S. 70. – **33** Ann Trindade, Berengaria: In Search of Richard the Lionheart's Queen (Dublin 1999), S. 63; s. auch Pappano, Marie de France, Aliénor, and the Alien Queen, S. 350. – **34** Boissonade, Administrateurs, S. 161; nach Painter, William Marshal, S. 26, Anm., 29, geschah der Überfall in der Nähe der Burg Lusignan. – **35** History of William Marshal, Zeilen 1590–1651, S. 82–85. – **36** John of Salisbury, Letters, 2, Nr. 272, S. 566 f.; Nr. 279, S. 602 f.; Delisle-Berger, Actes, 2, Nr. 566, S. 145 f. Heinrich verstand sich als «Fürsprecher, Patron und Verteidiger» des Klosters Charroux unter erklärte, da es ihm gehöre, brauche er dem Abt nichts zu geben. –

37 History of William Marshal, Zeilen 1879–1883, 1939–1948; Painter, William Marshal, S. 31–49; David Crouch, William Marshal: Court, Career, and Chivalry in the Angevin Empire 1142–1219 (Harlow 1990), S. 37. – **38** Walter Map, S. 492 f. – **39** Hivergneaux, La cour Plantagenêt, S. 73. PR 15 Henry II (1168/69), S. 47 f.; PR 16 Henry II (1169/70), S. 97; PR 17 Henry II (1170/71), S. 24; PR 18 Henry II (1171/72), S. 98. Siehe auch PR 18 Henry II, S. 15, Eleonore hatte zu diesem Zeitpunkt in England noch einen in ihrem persönlichen Dienst stehenden Beamten, den Kämmerer der Königin, von dem wir nur den Namen Adam kennen. – **40** Z. B. die Bestätigung eines Vergleichs, mit dem ihr Onkel Ralph de Faye und sein Sohn einen Rechtsstreit mit einem Bürger von La Rochelle beilegten: Alexandre Teulet, Henri-Francois Delaborde und Élie Berger, Layettes du Trésor des Chartes, 5 Bde. (Paris 1863–1909) 1, Nr. 352, S. 149. Bei anderen Gelegenheiten beglaubigte sie Spenden zugunsten des Klosters Fontevraud. Anfang 1173 bezeugte Eleonore in Chinon eine Urkunde, in der ihr Mann die Rechte des Klosters in Angers und Saumur bestätigte. Eleonore beglaubigte mit ihrer Unterschrift auch eine von einer gewissen Ginosa getätigte Stiftung. Siehe Bienvenu, Aliénor et Fontevraud, S. 20. – **41** Delisle-Berger, Einl., S. 411 f.; Actes, 1, Nr. 278, S. 425; und L. Redet, Documents pour l'histoire de Saint-Hilaire, Nr. 153, S. 180 f.; Hivergneaux, La cour Plantagenêt, S. 71. 20 von Eleonore ausgefertigte Dokumente aus dieser Periode sind erhalten geblieben; 15 davon sind Stiftungsurkunden oder Urkunden, die früher zugesagte Stiftungen bestätigen; Nutznießer waren zumeist religiöse Einrichtungen, in zwei Fällen aber auch Stadtbürger: ein Pierre de Ruffec aus La Rochelle und ein Geoffrey Berland, wohlhabender Kaufmann aus Poitiers. Hivergneaux, Eleanor: Lord and Lady, S. 66–71. – **42** Briefe Eleonores an Papst Alexander III. und an den Kardinaldekan Hyacinthus: s. Luc d'Achery, Veterum scriptorum spicilegium, 3 Bde. (Paris 1723), 2, S. 528 f. Richard, Comtes, 2, S. 104, identifiziert den Abt als Pierre-Raimond, offenbar Mitglied der Dynastie der Grafen von l'Isle Jourdain. Zu Petronilla, Tochter eines Pfarrers von Saint-Macou, s. T. Grasilier (Hrsg.), Cartulaires inédits de la Saintonge, 2, Nr. 86, S. 78. – **43** Schon 1162 hatte er Gold für die Krone des Knaben und seine Regalien erworben. PR 8 Henry II, S. 43. – **44** Barlow, Thomas Becket, 195 f. – **45** History of William Marshal, Zeilen 1908–1922, insbes. 1910–1915: «Si li prist talent e corage/De faire son filz coroner./Si fu a cest conseil doner/La reïne e tot son poeir,/Quer ce fu bien sen deveir.» – **46** Warren, Henry II, S. 111; Barlow, Becket, S. 206. Zu Eleonore in Caen s. Becket Correspondence, 1, Nr. 296, S. 1248–1253. – **47** Becket Correspondence, 2, Nr. 286, S. 1219–1225, Becket an Bischof Roger, Mai 1170. Zu der Begegnung zwischen König und Bischof s. William fitz Stephen in: Materials for Thomas Becket, RS 3, S. 103; Kelly, Krone der Frauen, S. 200. – **48** Robert of Torigni, S. 249; Howden, Chronica, 2, S. 14. – **49** Geoffroy de Vigeois, RHGF, 12, S. 442, gibt als Jahr des Besuchs in Limoges 1170 an; Gillingham, Richard I and Berengaria of Navarre, in: Richard Coeur de Lion, S. 40, nennt 1171, desgleichen Flori, Aliénor, S. 133; Richard, Comtes, 2, S. 161; Labande, Pour une image, S. 206. – **50** Zitat aus Geoffroy de Vigeois, RHGF 12, S. 442 f. und Anm. Das von Vigeois genannte Jahr 1170 wird von Richard, Comtes, 2, S. 150 f., und in der Folge auch von Barlow, Becket, S. 204, übernommen. Beide datieren die Feierlichkeiten auf den 31. Mai 1170. Kate Norgate, Richard the Lion Heart (New York 1966), S. 11, und Gillingham, Richard I, S. 40, sprechen sich für 1172 aus. Das ist plausibler, weil Heinrich Eleonore im Frühjahr 1170 in die Normandie entsandte, während er in England unterwegs war. – **51** Delisle-Berger, Acta, 2, Nr. 519, S. 82 f., aus dem Zeitraum 1172–1178, Bestätigung der Freiheitsrechte von La Rochelle, wie sie der Stadt von «Richardo filio meo presente, herede meo Pictavie» gewährt worden waren; s. auch Ralph V. Turner, The Problem of Survival for the Angevin ‹Empire›, in: American Historical Review, 100 (1995), S. 85. – **52** Geoffroy de Vigeois, RHGF 12, S. 442 f.; bestellt wurde außerdem ein Segen für den Herzog von Aquitanien, RHGF, 12, S. 451 ff. – **53** Pernoud, Aliénor, S. 193 f. Zur Bedeutung der Zeremonie s. Daniel F. Callahan, Eleanor of Aquitaine, the Coronation Rite of the Duke of Aquitaine and the Cult of St. Martial, in: World of Eleanor, S. 29. – **54** Callahan, ebd., S. 31–37. – **55** Delisle/Berger, Actes, 1, S. 404;

Cal. Docs. France, Nr. 1067, S. 378. Sie bezeugte auch die Urkunde Heinrichs für Fontevraud; s. Delisle-Berger, Actes, 2, Nr. 413, S. 541. – **56** Bienvenu, Aliénor et Fontevraud, S. 19 ff.; Hivergneaux, Eleanor: Lord and Lady, S. 68 f. Zur Äbtissin Audeburge als Zeugin s. A. Buhot de Kersers, Histoire et statistique monumentale du département de Cher, 8 Bde. (Paris und Bourges 1875–1898), 6, Nr. 1, S. 81, mit Dank an das Plantagenet Acta Project für die Überlassung der Dokumente. – **57** Bienvenu, Aliénor et Fontevraud, S. 15–27. – **58** Boutoulle, La Gascogne sous les premiers Plantagenêts, S. 70, 200 f. – **59** Hivergneaux, Eleanor and Aquitaine, S. 70; Richard, Comtes, 2, S. 158. – **60** Hivergneaux in: Parsons and Wheeler (Hrsg.), Eleanor: Lord and Lady, S. 68. – **61** Ein Geschenk für eine nachgeordnete Priorei in: Montazais im Poitou; Hivergneaux, La cour Plantagenêt, S. 72. Geoffroy de Vigeois, RHGF, 12, S. 442: «crudeliter ferro indutum, pane arcto atque aqua breve cibavit donec defecit». Norgate, Richard the Lion Heart, S. 8, Anm. 1, ersetzt den Namen Robert de Silly or Sillé, wie er in den meisten anderen einschlägigen Werken erscheint, durch Robert de Seilhac und identifiziert ihn als einen Grundherrn aus dem Limousin, eine Korrektur auch an ihrem eigenen früheren Buch Angevin Kings, 2, S. 137. – **62** Hivergneaux, Capétiens et Plantagenêts, S. 70 f.; Delisle-Berger, Einl., S. 458. Die beiden Anglo-Normannen in Chinon waren Manasser Biset und Jocelin de Bailleul. – **63** Zur Familie Mauzé s. Hivergneaux, Capétiens et Plantagenêts, S. 63. – **64** Zu Hervey s. Hivergneaux, ebd., S. 68; Hervey hatte um 1140 in Orléans Eleonores Beglaubigung und Bestätigung eines von Ludwig VII. ausgestellten Freibriefs bezeugt. Siehe Grasilier, Cartulaires inédits de la Saintonge, 2, Nr. 48, S. 51. Zu Philipp s. Marchegay (Hrsg.), Chartes de Fontevraud concernant l'Aunis et La Rochelle, BEC, 19 (1958), S. 321. Zu Bernard s. J.-L. Lacurie, Histoire de l'abbaye de Maillezais (Fontenay-le-Comte 1852), S. 271 f., Belegstück 51. – **65** Vincent, Henry II and the Poitevins, in: Plantagenêts et Capétiens, S. 40; Vincent ist anderer Ansicht als Richardson, Letters and Charters, S. 204. – **66** Meister Bernard, Peter der Kaplan und Eleonores Stiftungsurkunde zugunsten der Seele von Earl Patrick: Delisle-Berger, Einl., S. 411 f.; Actes, 1, Nr. 278, S. 425. Marchegay, Chartes de Fontevraud, S. 329, geht von der Anwesenheit Peters des Kaplan und Jordans, des Schreibers und Notars, in St-Jean-d'Angély aus; Métais, Cartulaire saintongeais, Nr. 70, S. 114 ff. Weitere Erwägungen des Kaplans Peter als Begleiter Eleonores nach 1167: Lewis, Six Charters of Henry II and his Family, S. 659 f., in Perigueux; Cartulaires du Bas-Poitou, S. 109, Nr. 24, in Poitiers; Clouzot, Cartulaire de l'abbaye de la Merci-Dieu, Nr. 87, S. 78 f.; ferner Cal. Docs. France, S. 453 in Poitiers. Saldebreuil bezeugte mindestens 13 von Eleonores poitevinischen Urkunden: Hivergneaux, Capétiens et Plantagenêts, S. 68. – **67** Hivergneaux, La cour Plantagenêt, S. 70 f.; Debord, Société laïque, S. 400; Boussard, Gouvernement, S. 354, bezweifelt, dass er jemals Seneschall von Aquitanien war. – **68** Hugo bezeugte drei ihrer Urkunden, alle in Poitiers; Ralph bezeugte deren 13: Hivergneaux, Capétiens et Plantagenêts, S. 66 f. – **69** Duggan, Becket Correspondence, Nr. 51, S. 214–218. – **70** Zu Maingot s. Painter, Castellans of Poitou, S. 35 ff.; ferner The Houses of Lusignan and Chatellerault 1150–1250 in: Cazel, Feudalism and Liberty, S. 88; zu Mauzé s. Boussard, Gouvernement, S. 353, 484. – **71** John of Salisbury, Letters, 2, Nr. 272, S. 553–571, «destinato duci Aquitaniae». – **72** Hivergneaux, Eleanor: Lord and Lady, S. 67. – **73** Zitat aus Martindale, Status, Authority, Power, Art. 11, S. 22; zu aristokratischen Müttern und ihren Söhnen s. Duby, Women and Power, S. 81 f. Eine Übersicht über die divergierenden Meinungen zur sexuellen Orientierung Richards s. Flori, Richard Coeur de Lion (Paris 1999), S. 448–464; s. auch Gillingham, Richard I, S. 263–266, der alle Zweifel an seiner heterosexuellen Orientierung zurückweist. – **74** Kelly, Krone der Frauen, S. 218, 444, platziert sie sowohl in Fontevraud als auch in Poitiers. E.-R. Labande, Les filles d'Aliénor d'Aquitaine: Étude comparative, CCM, 29 (1986), S. 107, schließt sich insoweit Kelly an. – **75** Labande, Les filles d'Aliénor, S. 107. Ein vom September 1170 datierendes Dokument, das der Prinzessin ein Witwengut zusichert, zählt die in Bordeaux anwesenden Mitglieder des Hofes auf. Julio Gonzalez, El reino de Castilla en la epoca de Alfonso VIII, 3 Bde. (Madrid 1960), 1, S. 190–193; s.

auch S. 188 f., Anm. 172, wo auf eine Chronik verwiesen wird, die zusätzliche Namen nennt, vor allem Ralph de Faye, Seneschall von Aquitanien, und Élie, Graf von Périgord. – **76** Gillingham, The Angevin Empire, S. 31, 34, 70. – **77** Ebd., Richard I and Berengaria, S. 124 f. – **78** Bienvenu, Aliénor et Fontevraud, S. 20, unter Verweis auf B. Pavillon, La vie du bienheureux Robert d'Arbrissel (Paris und Saumur 1666), S. 535, Belegstück 90. Bienvenu merkt an, das sei nach seinem Wissen die einzige Quelle, die diese Information enthalte. – **79** Decima L. Douie und Hugh Farmer (Hrsg. u. Übers.), Life of St. Hugh of Lincoln, 2 Bde (Edinburgh 1961 f.), 1, S. 132 f. Der Knabe wurde dem Kloster Elstow anvertraut. – **80** Brown in: Kibler (Hrsg.), Eleanor, S. 24. – **81** Lewis, The Birth and Childhood of King John, S. 168. – **82** Zitat aus Flori, Richard Coeur de Lion, S. 484; Floris Vermutung: ders., Aliénor, S. 126. Siehe auch H. G. Richardson und G. O. Sayles, The Governance of Mediaeval England from the Conquest to Magna Carta (Edinburgh 1963), S. 326. – **83** Richard le Poitevin, RHGF, 12, S. 420; Labande, Pour une image, S. 213 f., Anm. 202. – **84** Siehe S. 311 ff. unten. – **85** Der Autor, der den Topos «amour courtois» («höfische Liebe») prägte, war Gaston Paris (1839–1903); zu seiner Popularisierung trug wesentlich Sidney Painter mit seinem Buch French Chivalry (Baltimore 1940) bei. – **86** Baldwin, Aristocratic Life in Medieval France, S. 123; Duby, Die Frau ohne Stimme. Liebe und Ehe im Mittelalter. Berlin 1989, S. 81–90, insbes. S. 89. – **87** Thesen von Erich Köhler, übernommen von Duby, Medieval Marriage: Two Models from Twelfth-Century France (Baltimore 1978), insbes. S. 12 ff.; s. auch Duby, Women and Power, S. 69–85. – **88** Cheyette, Ermengard of Narbonne, S. 237. – **89** Zitat aus Baldwin, Aristocratic Life in Medieval France, S. 265; s. auch S. 153. – **90** Z. B. Baldwin, Language of Sex, S. 24 f. und 251, über Peter den Sänger; Thomas of Chobham, S. 133 f.; Baldwin, Aristocratic Life in Medieval France, S. 153. – **91** Flori, Aliénor, S. 365–368. – **92** Andreas Capellanus, Über die Liebe, eingel. u. übers. v. Fidel Rädle, in: Walter Berschin (Hrsg.), Bibliothek der Mittellateinischen Literatur, Bd. 1 (Stuttgart 2006), Vorwort, S. 3. – **93** John F. Benton, The Court of Champagne as a Literary Center, in: Benton, Culture, Power and Personality (London 1991), S. 580, 589; Joan Martin McCash, Marie de Champagne and Eleanor of Aquitaine: A relationship re-examined, in: Speculum, 54 (1979), S. 710. – **94** Flori, Aliénor, S. 383. – **95** Pascal Bourgain, Aliénor d'Aquitaine et Marie de Champagne mises en cause par André le Chapelain, CCM, 29 (1986), S. 29–36; s. auch Flori, Aliénor, S. 368–374. – **96** Andreas Capellanus, Über die Liebe, Buch 3, S. 213. – **97** Baldwin, Language of Sex, S. 18 f.; Brown in: Kibler (Hrsg.), Eleanor, S. 18 f. und Anm. 77; Flori, Aliénor, S. 375 f. – **98** Andreas Capellanus, Über die Liebe, Buch 2, Nr. 17, S. 198. – **99** Ebd., Nr. 17, S. 198. – **100** Ebd., Nr. 7, S. 192. – **101** Flori, Aliénor, S. 379 f. – **102** Andreas Capellanus, Über die Liebe, Buch 2, Nr. 20, S. 199 sowie Nr. 6, S. 191. – **103** Zu Bernard siehe S. 269 f., 409 dieses Buches. Siehe auch Frederic L. Cheyette, Women, Poets, and Politics in Occitania, in: Theodore Evergates (Hrsg.), Aristocratic Women in Medieval France, S. 140–144, 171. Zu Arnaut s. Harvey, World of Eleanor, S. 109. – **104** Epilog, Zeilen 3 f., Marie ai num, si sui de France. Zu Marie s. Joan M. Ferrante, The French Courtly Poet: Marie de France, in: Katharina M. Wilson (Hrsg.), Medieval Women Writers (Athens, Georgia 1984), S. 64–69; s. ferner Ian Short, Patrons and Polyglots, S. 240; und Pappano, Eleanor: Lord and Lady, S. 339 f. – **105** Painter, To Whom were Dedicated the *Fables* of Marie de France?, in: Cazel, Feudalism and Liberty, S. 107–110. – **106** Ferrante, The French Courtly Poet: Marie de France, S. 66; Pappano, Eleanor: Lord and Lady, S. 340. – **107** Broadhurst, Henry II and Eleanor: Patrons of Literature in French?, S. 80; Evergates, Aristocratic Women in the County of Champagne, S. 79; Flori, Aliénor, S. 362 f., 365. – **108** Beate Schmolke-Hasselmann, Henry II Plantagenêt et la genèse d'Érec et Enide, CCM, 24 (1981), S. 241–246; Carlton W. Carroll, Quelques observations sur les reflets de la cour d'Henri II dans l'œuvre de Chrétien de Troyes, CCM, 37 (1994), S. 33–39. Siehe auch Aurell, Henry II and Arthurian Legend, S. 378 ff. Eine skeptischere Position vertritt Gillingham, Cultivation of History, S. 37. – **109** Zitat aus Owen, Eleanor, S. 163 f., 213. Er gelangt am Ende seiner 1993 erschienenen Eleonore-Biografie zu der Einschätzung, man werde ihr wohl am ehesten gerecht, wenn man «aus den wohlwollenderen Darstellungen der Ginevra in den höfischen Romandichtungen ... ein montiertes Bild von ihr zusammenbastelt». Siehe auch Flori, Aliénor, S. 350 f., 432–435. – **110** Flori, Richard Coeur de Lion, S. 442 f. – **111** Harvey, Eleanor and the Troubadours, S. 109–130.

VIII. Die Frustration einer Königin und die durchkreuzten Ambitionen ihrer Söhne, 1173–1174

1 Ralph Diceto, 1, S. 350; s. auch 1, S. 355, Gillingham, Richard I, S. 43, unter Verweis auf Diceto, 1, S. 355–366. – **2** Richard of Devizes, S. 3; William of Newburgh, 1, S. 280 ff. – **3** Wie von Duby, Les ‹jeunes› dans la societé aristocratique, geschildert. – **4** History of William Marshal, Zeilen 2637–2641, Pu[i]s vos di que li giemble rei[s],/Qui fu bons e beals e corteis,/Le fist puis si bien en sa vie/Qu'il raviva chevalereie/Qui a cel tens ert près de morte. – **5** Herlihy, Medieval Households, S. 121 f. – **6** E. g. Walter Map, S. 280–293; William of Newburgh, 1, S. 233. – **7** William of Newburgh, 1, S. 281, EHD, 2, 1042–1189, S. 372. – **8** Gerald of Wales, Expugnatio hibernica, ebd., 2, 1042–1189, S. 387 f. – **9** Waugh, The Lordship of England: Royal Wardships and Marriages in English Society and Politics, 1217–1327 (Princeton 1988), S. 8. – **10** Zu den Kapetingern s. Andrew W. Lewis, Royal Successions in Capetian France: Studies on Familia Order and the State (Cambridge, MA 1981), S. 59. Zur angevinischen Tradition s. Bachrach, The Idea of the Angevin Empire, S. 293–299. – **11** Siehe Turner, The Problem of Survival for the Angevin Empire, S. 78–96. – **12** Alix sollte keine Mitgift in die Ehe mit Richard einbringen, aber es war vereinbart, dass er nach der Heirat ein Lehen erhalten sollte, vielleicht Bourges. John of Salisbury, Letters, 2, S. 564 f., Nr. 272. – **13** John of Salisbury, Letters, 2, S. 636 ff., Nr. 288. – **14** Flori, Aliénor, S. 104; John of Salisbury, Letters, 2, Nr. 272. – **15** Robert of Torigni, S. 242. – **16** Smith, Henry II's Heir, S. 304 ff. – **17** Ebd., S. 310–313. – **18** Norgate, John Lackland, S. 3 f., unter Verweis auf Gesta regis, 1, S. 7; Howden, Chronica, 2, S. 6. – **19** Warren, Henry II, S. 204 und Anm. 1. – **20** Cheyette, Ermengard of Narbonne, S. 266 f.; Robert of Torigni, S. 250. – **21** Gesta regis, 1, S. 36. – **22** Howden, Chronica, 2, S. 41. – **23** Delisle-Berger, Actes, 1, Nr. 389, S. 520. Die Zeugen für das Abkommen zwischen Alfonso von Aragon und Raymond von Toulouse benennt Vincent, Plantagenêts et Capétiens, S. 34. – **24** Howden, Chronica, 2, S. 40 f. – **25** These von Ursula Vones-Liebenstein, Aliénor d'Aquitaine, Henri le Jeune et la révolte de 1173: Un prélude à la confrontation entre Plantagenêts et Capétiens?, in: Plantagenêts et Capétiens, S. 75–93. – **26** Vones-Liebenstein, Plantagenêts et Capétiens, S. 81, unter Verweis auf L. Vanderkindere (Hrsg.), La chronique de Gislebert de Mons (Brüssel 1904), S. 110, und auch auf William fitz Stephen, den Mitstreiter und Biografen Beckets, nach dessen Ansicht Heinrich mit seinem Vorgehen verhindern wollte, dass der Erzbischof zur Strafe für seine Missetaten Sanktionen gegen das Königreich verhängte, «weil er nicht mehr König war». Vita Sancti Thomae, in Robertson (Hrsg.), Materials for Thomas Becket, 3, S. 107. – **27** Materials for Thomas Becket, 6, S. 43. – **28** Warren, Henry II, S. 112 f. – **29** Vones-Liebenstein, Plantagenêts et Capétiens, S. 87 f. – **30** Delisle-Berger, Actes, 2, Nr. 455, S. 3. – **31** Geoffroy de Vigeois, RHGF, 2, S. 443, schreibt: «Im Jahr darauf [1171 oder 1172?] kam Raymond Graf von Toulouse nach Limoges und huldigte dem König von England und seiner Frau und seinem Sohn Richard für die Stadt Toulouse und erhielt die besagte Stadt von ihnen als Benefizium.» Ralph Diceto, 1, S. 353 f., hält fest, dass der Graf Heinrich am 12. Februar 1173 huldigte, Richard aber nicht zugegen war. Die Huldigung vor Richard fand nach seinen Angaben erst an Pfingsten, Ende Mai, statt. Siehe auch Gesta regis, 1, S. 36; Howden, Chronicon, 2, S. 45, schreibt, mit der Friedensvereinbarung vom Februar 1173 sei der Graf «der Mann» von Heinrich, dem jungen König Heinrich und Richard geworden. – **32** Pernoud, Aliénor, S. 191–194. – **33** Flori, Aliénor, S. 141 f., unter Verweis auf de Vigeois, RHGF, 12, S. 443; Gillingham, Richard I, S. 42 f. – **34** Flori, Richard Coeur de Lion, S. 42 f. –

35 William J. Brandt, The Shape of Medieval History: Studies in Modes of Perception (New Haven 1996), S. 151 f., Zitat aus Newburgh, 1, S. 280 ff. – **36** Ralph of Coggeshall (Hrsg.), J. Stevenson, (London 1875), S. 17 f.; auch bei Gervase of Canterbury, 1, S. 80, ist es Eleonore, die Richard und Geoffroy zur Flucht animiert. – **37** Duby, Héloïse, Isolde und andere, S. 30; Flori, Richard Coeur de Lion, S. 42 f. – **38** Pernoud, Aliénor, S. 186; Duby, ebd., S. 31. – **39** Martindale, Status, Authority, Power, Art. 11, S. 44. Warren, Henry II, S. 121; Hivergneaux, La cour Plantagenêt, S. 72 f.; Hivergneaux, Eleanor: Lord and Lady, S. 69. – **40** Gillingham, Richard I, S. 46 f.; s. auch Martindale, Eleanor, suo jure duchess of Aquitaine c. 1122–1204, Oxford DNB. Geoffroy de Vigeois, RHGF 12, S. 443, erwähnt den jungen Heinrich nicht. – **41** Brown in: Kibler, Eleanor, S. 10; und Brown, Eleanor: Lord and Lady, S. 18. – **42** John of Salisbury, Letters, 2, Nr. 279, Juli 1168, S. 603. Heinrich machte sich auch deshalb eines Inzests schuldig, weil die Frau des Grafen eine uneheliche Tochter Heinrichs I. war und damit eine Halbschwester von Heinrichs Mutter, Kaiserin Matilda. – **43** In Appleby in Lincolnshire; s. Given-Wilson und Curteis, Royal Bastards, S. 100; Matthew Strickland, Longespée [Lungespée], William (I), Oxford DNB. – **44** Warren, Henry II, S. 601. – **45** Z. B. Kelly, Krone der Frauen, S. 210 ff.; Pernoud, Aliénor, S. 178 ff.; Warren, Henry II, S. 601. Labande, Pour une image, S. 209, schreibt, «Eleonore rächte sich nicht, indem sie Rosamunde umbrachte. Sie machte etwas Besseres: Sie zettelte einen Aufstand im Poitou an.» – **46** Gerald of Wales, Expugnatio hibernica, S. 128 f. Flori, Aliénor, S. 119, weist die These zurück, Eleonore sei die Affäre um 1166 bekannt gewesen. Warren, Henry II, S. 601, follows Gerald. – **47** Brown, Colvin, Taylor, History of the King's Works, 1: The Middle Ages, S. 86. Zur Labyrinth-Legende s. Kap. 12, S. 306 ff. – **48** Erstes Zitat: Gerald of Wales, Expugnatio hibernica, S. 128 f.; z. Datierung s. Gransden, Historical Writing, S. 244; zweites Zitat: Gerald of Wales, übers. v. Stevenson, Bd. 2, Kap. 4. – **49** Howden, Chronica, RS, 3, S. 167 f. William of Newburgh, 1, S. 280 ff., der nach dem Tod Heinrichs schrieb, war völlig ahnungslos, was die ehebrecherischen Liebschaften Heinrichs anging; so behauptete er, der König habe erst, als bei der Königin die Zeit des Kinderkriegens vorbei war, mit der «Zeugung unehelicher Sprösslinge bei der Befriedigung seiner Wollust» begonnen. Siehe Given-Wilson und Curteis, Royal Bastards, Kap. 7, S. 97–102. – **50** Berichte über die Rebellion finden sich u. a. bei Norgate, Angevin Empire, 2, 134–168, und Warren, Henry II, S. 117–141. – **51** Walter Map, 4, Kap. 1, S. 283. – **52** RHGF, 12, S. 420; Barber, Eleanor of Aquitaine and the Media, S. 22 f.; und Richard fitz Neal, Course of the Exchequer, S. 76. – **53** Flori, Aliénor, S. 140; unter Verweis auf William of Newburgh, Buch 2, Kap. 27, S. 170; Course of the Exchequer, S. 76. – **54** Bartlett, England under the Norman and Angevin Kings, S. 5, unter Verweis auf Brut y Twysogyion, (Hrsg. u. Übers.) Thomas Jones (Cardiff 1955), S. 161. – **55** Hasculf/Asculf de Saint-Hilaire, Robert of Torigni, S. 255 f.; Howden, Chronica, 2, S. 51; s. auch Ralph Diceto, 1, S. 371. – **56** Smith, Henry II's Heir, S. 298, 307; Eyton, Itin H. II, S. 163, 168 ff., sowie Norgate, Angevin Kings, 2, S. 129. Richardson, Letters and Charters, S. 198, Anm. 2, unter Verweis auf PR 19 Henry II, S. 184, betr. eine Zahlung auf Anweisung des Königs für Roben «des Königs, des Sohns des Königs [Heinrich Junior] und der Königin, seiner Mutter, sowie der Königin, seiner Frau [Margaret]». Siehe auch PR 18, Henry II, S. 79: «40 Shilling für ein Paradepferd für die Werke der Königin». – **57** Ralph Diceto, RS, 1, S. 350; s. auch Gesta regis, 1, S. 34, 42 f., und Howden, Chronica, 1, S. 32; s. ferner Chron. Turon. Mag., S. 138. Zu Hugo de Saint-Maure s. Aurell, L'empire des Plantagenêts, S. 217; Boussard, Gouvernement, S. 478, Anm. 4. – **58** Flori, Richard Coeur de Lion, S. 43 f. – **59** RHGF, 16, S. 629 f.; Migne, PL, 207, cols 448 f. Zu Peter von Blois in Rouen s. David S. Spear, Les chanoines de la cathédrale de Rouen pendant la période ducale, in: Annales de Normandie, 41 (1991), S. 147. – **60** Sassier, Louis VII, S. 448 f. – **61** Howden, Chronica, 1, S. 366 f. – **62** William of Newburgh, 1, Bd. 2, Kap. 27, S. 170. – **63** Vones-Liebenstein, Plantagenêts et Capétiens, S. 87 ff., unter Verweis auf den Brief an Papst Alexander III., RHGF, 16, Nr. 66, S. 643–648. – **64** Cheyette, Ermengard of Narbonne, S. 332. – **65** Gesta Regis, 1, S. 44. –

66 Ralph Diceto, 1, S. 355; Robert of Torigni, S. 256. William Newburgh, 1, Bd. 2, Kap. 27, S. 170 f., fügt das wenig plausible Detail hinzu, der junge König sei, nachdem die Franzosen ihm gesagt hätten, seine Brüder könnten die Aquitanier und die Bretonen für seine Sache gewinnen, heimlich nach Aquitanien gereist, um die beiden Knaben nach Paris zu bringen. – **67** Warren, Henry II, S. 124; unter Verweis auf Ralph Diceto, 2, S. 371. – **68** Richard le Poitevin, RHGF, 12, S. 416; zit. n. Flori, Aliénor, S. 157 f. – **69** Gillingham, Richard I, S. 47. – **70** Pernoud, Aliénor, S. 219. – **71** Labande, Pour une image, S. 210, 214 und Anm. 202., unter Verweis auf Richard le Poitevin, RHGF, 12, S. 420. – **72** «Erat enim prudens femina valde nobilibus orta natalibus, set instabilis», Gervase of Canterbury, 1, S. 142 f. – **73** Gesta regis, 2, S. 61; David Crouch, Breteuil, Robert de, Oxford DNB. – **74** Keefe, England and the Angevin Dominions, New CMH, S. 570. – **75** Gillingham, Richard I, S. 49 f. – **76** Ebd., S. 50. – **77** Delisle-Berger, Actes, 2, Nr. 468, Oktober 1174, S. 19. Zitat aus Ralph Diceto, 1, S. 428. – **78** Norgate, John Lackland, S. 5 f. – **79** Warren, Henry II, S. 138 f., 366 f.

IX. Die verlorenen Jahre einer eingesperrten Königin, 1174–1189

1 Gesta regis, 2, S. 61. – **2** Norgate, Angevin Kings, 2, S. 159. – **3** Martindale, Status, Authority, Power, Art. 11, S. 33 f., Anm. 35. – **4** Gransden, Historical Writing, S. 202 f. – **5** Richard le Poitevin, RHGF, 12, S. 420, in: Barber (Übers.), Eleanor and the Media, S. 22 f. – **6** Gervase of Canterbury, 1, S. 256. Nur Roger von Howden hielt in Gesta Regis ihre Ortsveränderungen fest, 1, S. 305, 313, 333 f., 337, 345. Geoffroy de Vigeois, RHGF, 12, S. 442, konstatiert, sie sei die meiste Zeit in Salisbury festgesessen. – **7** Vincent, Patronage, Politics and Piety, S. 20. – **8** Geoffroy de Vigeois, RHGF, 12, S. 443. – **9** Gerald of Wales, S. 165 f., in: Stevenson (Übers.), S. 17. – **10** Gervase of Canterbury, 1, S. 256 f. – **11** Kelly, Krone der Frauen, S. 262. – **12** Zit. aus The National Archives, PRO E164/20, f14v; Clark (Hrsg.), English Register, Nr. 5. Prof. Emilie Amt machte mich freundlicher Weise auf diese Quelle aufmerksam; sie bereitet eine gedruckte Ausgabe der Urkunden von Godstow vor. Siehe auch Brown, Colvin und Taylor, History of the King's Works, 1, Middle Ages, S. 90. – **13** Gerald of Wales, in: Stevenson (Übers.), S. 57. – **14** Die Ehefrau von Ralph Bloet; s. Crouch, William Marshal, S. 139. Siehe ferner Given-Wilson und Curteis, Royal Bastards, S. 99. – **15** Gervase of Canterbury, 1, S. 256 f.; Gerald of Wales, S. 58, Buch 3, Kap. 2. – **16** Siehe Gillingham, Richard I, S. 82, Anm. 24, unter Verweis auf Andreas of Marchiennes, Historia regum Francorum, Mon. Ger. Hist., SS 26, S. 211, schrieb um die Mitte der 1190er-Jahre: «Heinrich hatte sie immer bei sich behalten und sie nie seinem Sohn Richard übergeben. Zu diesem Thema waren viele Dinge behauptet, aber in meinen Augen gehört es sich nicht, ungewisse Gerüchte in ein seriöses Geschichtswerk einzustreuen.» Die Chronik von Meaux in Yorkshire weiß zu berichten, Alix habe ein Kind Heinrichs geboren, das «nicht überlebte»; s. E. A. Bond (Hrsg.), Chronica monasterii de Melsa, 3 Bde., RS (1866 ff.), 1, S. 256. Diese Chronik stammt zwar aus dem späten 14. Jahrhundert, ist aber über Ereignisse, die zwei Jahrhunderte zurücklagen, bestens im Bilde. – **17** Gesta regis, 1, S. 159; Gillingham, Richard I, S. 142 und Anm. 5. – **18** PR 19 Henry II (1172/73), S. 64, PR 20 Henry II (1173/74), S. 112. – **19** Elisabeth Hallam, «Henry II as a Founder of Monasteries», JI of Ecclesiastical History, 28 (1977), S. 118, 124 f. Zum Wiederaufbau von Waltham s. Brown, Colvin, Taylor, History of the King's Works, 1, S. 88. – **20** Huneycutt, Matilda of Scotland, S. 96 f. und Anm. 116; Barone von Hanslope, Bucks und Sanders: Baronies, S. 50 f. – **21** Robert Mauduit: PR 20 Henry II (1173/74), S. 29; PR 21 Henry II (1174/75), S. 100, 106. Ralph fitz Stephen: PR 27 Henry II (1180/81), S. 5, 129; PR 28 Henry II (1181/82), S. 109, 159; PR 33 Henry II (1186/87), S. 181, in Übereinstimmung mit Eustace fitz Stephen; PR 1. Hunter (Hrsg.), Richard I, S. 5. Zur Abtei Stanley s. Victoria County History, Wiltshire 3, S. 269, unter Verweis auf Dugdale, Monasticon, 5, S. 565; s. auch BL, Lord Frederick Campbell's Charters, XXIII. – **22** Brown, Colvin und Taylor, History of the King's Works, 1, Middle Ages, 2, S. 857. – **23** Winchester, PR 22 Henry II (1175/76), S. 171, 198; PR 26 Henry II

(1179/80), S. 195, Zahlungen aus Devon und Wiltshire; PR 29 Henry II (1182/83), wahrscheinlich in Windsor, da das Geld aus den Einkünften der Grafschaft Berkshire stammte. – **24** Eyton, Itin. H. II, S. 202, 204 ff. – **25** PR 22 Henry II, S. 12–15, 47, 152, 198 f. – **26** Gesta regis, 1, S. 115 ff., 119 f., 157 f., 169–172; Howden, Chronica, 2, S. 95–98; Ralph Diceto, 1, S. 416 f.; Robert of Torigni, S. 278. Siehe ferner Labande, Les filles d'Aliénor, CCM, S. 105 ff. Zu künstlerischen Einflüssen s. Ralph V. Turner, Les contacts entre l'Angleterre normano-angevine et la Sicile normande, in: Études Normandes, 35 (1886), S. 39–60. – **27** Brown, Colvin und Taylor, History of the King's Works, 1, Middle Ages, 2, S. 826; Victoria County History: Wiltshire, 6, S. 57. zu den Ausgaben Eleonores: PR 23 Henry II (1176/77), S. 166, £5 17s. 9d; PR 24 Henry II (1177/78), S. 128; PR 25 Henry II (1178/79), S. 125. – **28** Amiria wird als «domicella et nutrita» der Königin bezeichnet. Ihr Geschenk war das Herrenhaus von Winterslow. Siehe Cal. Doc. France, Nr. 1091, S. 387; s. dazu die Bestätigung Eleonores, Nr. 1090, S. 387 und Anm. Der Vater Amirias und Hugh Pantulfs starb 1175: Sanders, Baronies, S. 94. – **29** Gesta Regis, 1, S. 303, 305, 308; PR 27 Henry II (1180/81), S. 15; PR 28 Henry II (1182/83), S. 160; PR 29 Henry II (1183/84), S. 74. – **30** Norgate, John Lackland, S. 6 f.; Sanders, Baronies, S. 6. – **31** Sanders, ebd., S. 14, 21, 60. – **32** Urkunden der Grafschaft Gloucester (Earldom of Gloucester), S. 5. – **33** Siehe Gillingham, Richard I, Kap. 5: Duke of Aquitaine, 1175–83, S. 52–75; ferner Ralph V. Turner und R. Heiser, The Reign of Richard Lionheart: Ruler of the Angevin Empire, 1189–1199 (London 2000), Kap. 4: Richard's Apprenticeship, S. 57–71. – **34** Ralph Diceto, 1, S. 432; Robert of Torigni, S. 282; Geoffroy de Vigeois, RHGF, 12, S. 442. Laut Howden, Chronica, 2, S. 93, fand dieser England-Besuch Richards an Ostern 1179 statt, vor seinem Angriff auf Taillebourg. PR 25 Henry II (1178/79), S. 101, 107, nennt Ausgaben für die Überfahrt Richards nach England. Zu den Gefühlen Eleonores gegenüber Richard s. Labande, Pour une image, S. 213. – **35** Zitat aus Gesta Regis, 1, S. 292. Richard brach einen Streit mit den zwei Brüdern des verstorbenen Grafen über die Frage vom Zaun, wem die Statthalterschaft über die Grafschaft Angoulême zustand; Debord, Société laïque, S. 381; Gillingham, Richard I, S. 64. – **36** Ralph Diceto, 1, S. 426; Gesta Regis, 1, S. 207; Howden, Chronica, 2, S. 166. – **37** Gesta Regis, 1, S. 291 f., Zitat, S. 292; Ralph Diceto, 2, S. 18 f. – **38** Crouch, Breteuil, Robert de, Oxford DNB. – **39** Siehe Turner und Heiser, Reign of Richard Lionheart, Kap. 3: The Problem of Philip Augustus and Growing French Royal Power, S. 41–56. Richard, Comtes, 2, S. 211; Gillingham, Unromantic Death, S. 39; Benjamin, A Forty Year War, S. 276. – **40** Bernard Itier in Duplès-Agier (Hrsg.), Chroniques de Saint-Martial de Limoges (Paris 1876), S. 27. – **41** Geoffroy de Vigeois, abgedruckt in: Smith, Henry II's Heir, EHR, Nr. 21; Robert of Torigni, S. 306. – **42** History of William Marshal, Zeilen 6880–6915, 6935–6943; s. auch Zeile 5048: Qui molt l'amout de grant amor. Zur Voreingenommenheit des William of Newburgh s. RS 1, Bd. 3, Kap. 7, S. 234. – **43** Sermo de morte et sepultura Henrici regis juniori, in: Ralph of Coggeshall, S. 272 f. – **44** Vincent, Plantagenêts et Capétiens, S. 43; s. auch Hanna Vollrath, Aliénor et ses enfants: Une relation affective?, S. 119 ff. Zu ihrer Landschenkung an Nicholas fitz Richard von Wiltshire und deren Bestätigung durch König Johann s. Rot. Chart., S. 71. – **45** Howden, Gesta Regis, 1, S. 293, 302 f.; Richard, Comtes, 2, S. 222; Norgate, Richard the Lion Heart, S. 55 f. – **46** Gesta Regis, 1, S. 305; PR 30 Henry II (1183/84), S. 217, 3s für den Transport der Sättel der Königin und ihrer Dienerin nach Waltham. – **47** Ralph Diceto, 2, S. 13; Gesta regis, 1, S. 288; Howden, Chronicon, 2, S. 269. Siehe Kate Norgate, rev. durch Timothy Reuter, Matilda, duchess of Saxony (1156–1189), Oxford DNB. – **48** Gesta Regis, 1, S. 313, 333, 337; Howden, Chronicon, 2, S. 288, 304. – **49** Gesta regis, 1, S. 345; PR 33 Henry II (1186/87), S. XXII; PR 1 Richard I, hrsg. v. Hunt, Record Commission, S. 6; William war 1191 noch in England, PR 2 Richard I, S. 137. Labande, Les filles d'Aliénor, S. 105 f. – **50** PR 29 Henry II (1182/83), S. 134; Gervase of Canterbury, 1, S. 326. – **51** PR 26 Henry II (1179/80), S. 95; PR 30 Henry II (1183/84), S. 58, 70, 134, 138. – **52** Zu den Auseinandersetzungen zwischen Richard und seinem Vater nach dem Tod des jungen Heinrich s. Gillingham, Richard I, Kap. 6: The Uncertain Inheritance,

1184–89, S. 101–122. – **53** Warren, Henry II, S. 610 f. – **54** Zitat aus Norgate, Richard the Lion Heart, S. 59. – **55** Gerald of Wales, Bd. 2, Kap. 11, S. 26. – **56** Gesta Regis, 1, S. 337 f. – **57** Ralph Diceto, 2, S. 40; Richard, Comtes, 2, S. 232. – **58** Marchegay, (Hrsg.), Chartes de Fontevraud, S. 330 f. Hivergneaux, Eleanor: Lady and Lord, S. 71, Anm. 68; ders., La cour Plantagenêt, S. 74: Eleonore war «nur ein Spielzeug in den Händen Heinrichs». – **59** Hivergneaux, Eleanor: Lord and Lady, S. 71, Anm. 68, unter Verweis auf eine verloren gegangene Urkunde, von deren Existenz wir nur aus seiner Inventarliste des Klosters Fontevraud aus dem 17. Jahrhundert wissen. Siehe auch Bienvenu, Aliénor et Fontevraud, S. 19, 21, und ders., Favreau und Pon (Hrsg.), Grand Cartulaire de Fontevraud, 1, S. 588 f. – **60** Ralph Diceto, 2, S. 40. – **61** PR 33 Henry II (1186/87), S. 194; Annales monastici, 2, Waverley, S. 241. Zum «Queen's gold» s. Richardson, Letters and Charters, S. 209 f. – **62** £12 5s 10d als Eleonores «Ostergeld» und mehr als £26 als «Kleidergeld» zu Michaelis, PR 33 Henry II (1186/87), S. 40. – **63** PR 33 Henry II, S. 39. Zu Jordan s. Anm. 61, Kap. 6, S. 449. – **64** Ralph V. Turner, King John: England's Evil King? (Stroud, Gloucs., 2005), S. 33. – **65** Ebd., S. 33 f. – **66** Gesta regis, 2, S. 7. – **67** Kelly, Krone der Frauen, S. 320. – **68** History of William Marshal, Zeilen 8196–8201. – **69** Gerald of Wales, Bd. 3, Kap. 25, S. 95. – **70** History of William Marshal, Zeilen 9215–9220, 9229–9237; Bienvenu, Henri II et Fontevraud, S. 31. – **71** Gerald of Wales, Bd. 3, Kap. 28, S. 101. – **72** History of William Marshal, Zeilen 9503–9511. – **73** William Stubbs, Seventeen Lectures on the Study of Medieval and Modern History (New York 1967), S. 139.

X. Die Königinmutter: die Regierungszeit von Richard Löwenherz, 1189–1199

1 Duby, Women and Power, S. 71 f. – **2** Pernoud, Aliénor, S. 257. – **3** Herlihy, Natural History of Medieval Women, S. 58. – **4** Richard of Devizes, S. 25; Gillingham, Royal Newsletters, Forgeries and English Historians, in: La cour Plantagenêt, S. 175. – **5** Richardson und Sayles, Governance of Mediaeval England, S. 153. – **6** Ralph Diceto, 2, S. 67. Siehe Flori, Aliénor, S. 164 f.; und Brown, Eleanor Reconsidered, S. 24 f. – **7** Gillingham, Telle mère, tel fils: Aliénor et Richard, in: Aurell (Hrsg.), Aliénor, S. 27. – **8** Ralph Diceto, 2, S. 67. – **9** John W. Baldwin, Government of Philip Augustus: Foundations of French Royal Power in the Middle Ages (Berkeley, Los Angeles 1986), S. 102. – **10** West, Justiciarship in England, S. 65; Landon, Itinerary, S. 2, 13, 16, 18, 26. Zu ihren Verfügungen s. PR 1 Richard I, hrsg. v. Hunter, S. 163, 180. – **11** Sie überließ ihm Landbesitz in Ingelram; Cal. Docs. France, Nr. 1093; Eleonores Bestätigung für die Schenkung: Roun an Priorei Dunstable, Cal. Docs. France, Nr. 1094. Adam of Wilton, PR 6 Richard I, S. 76, 231, 240; PR 7 Richard I, S. 119, 173; PR 8 Richard I, S. 101, 275; PR 9 Richard I, S. 120; PR 1 John, S. 21; PR 4 John, S. 131, 172; PR 6 John, S. 113, 145. Osbert, The Queen's Man, PR 5 Richard I, S. 154; PR 7 Richard I, S. 251; PR 4 John, S. 12, 273; PR 5 John, S. 5, 224; PR 6 John, S. 17, 102. Adam der Koch, PR 5 Richard I, S. 75; PR 7 Richard I, S. 27; PR 8 Richard I, S. 21; PR 1 John, S. 210, 212; PR 4 John, S. 254; PR 6 John, S. 141 f.; Landon (Hrsg.), Cartae Antiquae, Rollen 1–10, Nr. 195. – **12** Urkunden, die Johann nach seiner Thronbesteigung ausfertigte und mit denen er Eleonores frühere Schenkungen an die frühere Amme Agatha bestätigte: Rot. Chart., S. 7b-8, 10b ; S. 71b, an ihren Koch Adam; S. 25, 71b; an Roger, ebenfalls Koch; und S. 71, an Nicholas Fitz Richard, der sowohl der «Lady Eleonore, unserer Mutter, als auch König Heinrich, unserem Bruder» gedient hatte. – **13** Z. B. Master Henry of London, Richardson, Letters and Charters, S. 204 f., abgedr. in: Dugdale, Monasticon, 3, S. 154; eventuell identisch mit Master Henry de Civitate, der vor November 1193 in Westminster als Urkundenzeuge in Erscheinung trat; Cal. Docs. France, Nr. 1093. – **14** Auch bekannt als Herbert von Ilchester; sein Vater fand für ihn eine Stelle im Schatzamt und daneben fungierte er ca. 1190–1197 gelegentlich auch als königlicher Richter. Fasti, Monastic Cathedrals, S. 14; Fasti, Salisbury, S. 3; Fasti, Lincoln, S. 127. Bevor er sich 1194 in den Ruhestand nach Frankreich zurückzog, bezeugte er Urkunden Eleonores: HMC Various Collections,

1 (1901), S. 183; Richardson, Letters and Charters, S. 211; und Davies (Hrsg.), Cartae Antiquae Rolls 11–20, Nr. 369; Adam of Wilton, PR 6 Richard I, S. 231. – **15** Zitat aus Gesta regis, RS, 2, S. 74 f.; Howden, Chronica, 3, S. 4 f.; Riley, 2, S. 112. Curia reginalis (nicht curia regalis oder curia regis): Martindale, Eleanor of Aquitaine and a ‹Queenly Court›?, in: Eleanor: Lord and Lady, S. 429. – **16** William of Newburgh, 1, S. 293. – **17** Ralph Diceto, 2, S. 68. – **18** Hunter (Hrsg.), PR 1 Richard I, S. 6, 197. – **19** Gervase of Canterbury, 1, S. 457. – **20** Hunter (Hrsg.), PR 1 Richard I, S. 223 f. – **21** Geoffrey als Richards Kämmerer: Landon, Itinerary, S. 8, 10 ff., 14, 19, 27; zu Andreas s. G. Devailly, Le Berry, S. 423, 438, 441; zur Verwandtschaft der Chauvignys mit Eleonore s. Evergates, Nobles and Knights in Twelfth-Century France, S. 31. – **22** Vincent, Plantagenêts et Capétiens, S. 46, unter Verweis auf Howden, Chronica, 3, S. 7. – **23** Z. B. Geldspenden an Fontevraud aus den Einkünften der prévôté der Insel Oléron, s. Marchegay, Chartres de Fontevraud, S. 337–341. Zur Normandie s. Richard of Devizes, S. 14; Howden, Chronica, 3, S. 2. – **24** Howden, ebd., S. 27. – **25** Aus einer Urkunde, die die Vereinbarungen über das Wittum von Berangaria zusammenfasst: Ivan Cloulas, Le douaire de Bérengère de Navarre, veuve de Richard Coeur de Lion, in: La cour Plantagenêt, S. 90 f. Zu den Zahlen über die Einkünfte aus den normannischen Städten Falaise, Bonneville-sur-Touques und Domfront s. Power, The Stripping of a Queen. World of Eleanor, S. 118. – **26** Mittel für Eleonore, PR 2 Richard I, S. 2, 155. Zum «Queen's gold» s. Richardson, Letters and Charters, S. 209 ff.; Eleonores Bestätigung von 1193, dass der Abt von Waltham ihr einen Beamten für die Vereinnahmung des «Queen's gold» zur Verfügung gestellt hatte: PR 10 John, S. 25; Verfügung von 1194, Bestätigung, dass der Jude Jurnet aus Norwich 40 Mark «Queen's gold» gezahlt hatte, die er seit der Regierungszeit Heinrichs II. schuldig war: PR 10 John, S. 25. – **27** Jocelin of Brakelond, Chronicle of the Abbey of Bury St. Edmunds, übers. v. Diana Greenway und Jane Sayers (Oxford 1989), S. 42. – **28** Gesta Regis, 2, S. 101; Howden, Chronica, 3, S. 28; Landon, Itinerary, S. 26; PR 2 Richard I, S. 2, 131. – **29** Zitat aus Richard of Devizes, S. 10. Zu Hawise s. Ralph V. Turner, William de Forz, Count of Aumale, an early Thirteenth-Centruy English Baron, in: Proc. American Philosophical Soc., 115 (1971), S. 223 f. – **30** Richard of Devizes, S. 6. – **31** Howden, Chronica, 3, S. 32, 217, sagt nicht, dass Eleonore die Befreiung Johanns von seinem Gelübde bewirkte: Landon, Itinerary, S. 198. – **32** William Stubbs, Historical Introductions to the Rolls Series, hrsg. v. Arthur Hassall (London 1902), S. 224. – **33** Richard of Devizes, 13; William of Newburgh, 1, S. 331. – **34** Gillingham, Richard I and Berengaria, S. 160 ff. – **35** Ebd., S. 129 f. – **36** Z. B. das Abkommen vom März 1191 mit Philipp von Frankreich, das vorsorgliche Bestimmungen für noch nicht geborene Söhne enthielt: Landon, Itinerary, S. 230. – **37** Landon, ebd., S. 3. – **38** Flori, Aliénor, S. 451, unter Verweis auf M. R. Morgan (Hrsg.), La continuation de Guillaume de Tyr (Paris 1982), S. 110. – **39** Gillingham, Some Legends of Richard the Lion Heart. Zur Historiographie s. ders., Richard I and Berengaria, S. 121 f., sowie Richard Coeur de Lion. – **40** Am Tag seiner Hochzeit mit Berengaria von Navarra im May 1191 auf Zypern wurde eine Urkunde ausgefertigt, die alle Besitzungen auflistete, die Berengaria als Wittum erhalten sollte: Gillingham, Richard I and Berengaria, S. 120, 124 f., 130 ff. – **41** Cal. Docs. France, Nr. 1087; zit. n. T. S. R. Boase, Fontevraud and the Plantagenets, in: JI British Archaelology Association, 3. Ser., 34 (1971), S. 6. – **42** Gillingham, Richard I and Berengaria, S. 120–127, 130 f. – **43** Landon, Itinerary, S. 45, 193 f. – **44** Gillingham, Richard I and Berengaria, S. 127–130. – **45** Labande, Les filles d'Aliénor, S. 108 f. – **46** Zu Joan, Richard und Sizilien s. Gillingham, Richard I, S. 130–139. – **47** Landon, Itinerary, S. 45. – **48** Richardson, Letters and Charters, S. 201. – **49** Martindale, Eleanor: The Last Years, S. 146, 148–152, Zitat aus Holt, Ricardus rex Anglorum et dux Normannorum, S. 79 f. – **50** Zu Longchamp als Chefjustiziar s. Turner und Heiser, Reign of Richard Lionheart, S. 115–129. – **51** Die wichtigsten Gerüchteköche waren Gerald von Wales und Hugh von Nonant, Bischof von Coventry. Zu fremdenfeindlichen Ressentiments gegen Longchamps s. Turner und Heiser, Reign of Richard Lionheart, S. 120 f.; zu seiner behaupteten Homosexualität s.

John Boswell, Christianity, Social Tolerance, and Homosexuality (Chicago 1980), S. 229, Anm. 69. – **52** West, Justiciarship, S. 73. – **53** Landon, Itinerary, S. 46, Briefe vom 20. und 23. Februar an seine Co-Justiziare. – **54** Howden, Chronica, 3, S. 100; PR 3 Richard I, S. 29. – **55** «Par le conseil del Mar[eschal] e par les baons ensement ouvra [il] bien & sagement, et par conseil de la reïne», Zeilen 9876–9882; Mullally, Loyalty of Eleanor and William Marshal, in: Eleanor: Lord and Lady, S. 244; Robert Bartlett, Gerald of Wales 1146–1223 (Oxford 1982), S. 15. – **56** Zitate aus Richard of Devizes, S. 58, 60–64; Gesta Regis, 2, S. 236 f. – **57** PR 4 Richard I, S. 303; und Gesta Regis, 2, S. 237 f. – **58** Richard of Devizes, S. 53 f. – **59** Ebd., S. 59 f. – **60** Ebd.; Martindale, Status, Authority, Power, art 11, S. 49. – **61** Richard of Devizes, S. 58, 61 ff.; Gesta Regis, 2, S. 237–240; Norgate, Richard, S. 42 f. Nachdem Richard aus seiner Gefangenschaft freigekommen war, kehrte Longchamp im Frühjahr 1194 für kurze Zeit nach England und auf seinen Posten als Kanzler zurück: Landon, Itinerary, S. 86, 90. – **62** Brown in: Kibler (Hrsg.), Eleanor, S. 21; Richardson, Letters and Charters, S. 201 f. Zu Richards Gefangenschaft und Johanns Rebellion s. Turner und Heiser, Reign of Richard Lionheart, S. 130–140. – **63** Gervase of Canterbury, 1, S. 515; s. auch Landon, Itinerary, App. E, S. 204 f.; die Königinmutter versicherte dem Prior und den Mönchen von Canterbury, die kraft ihrer Gebete dort errichteten Festungsbauwerke würden ihre Freiheiten nicht einschränken. – **64** Howden, Chronicon, 3, S. 208; also Gesta Regis, 2, S. 232 ff. – **65** Gesta Regis, 2, S. 97; Ralph Diceto, 2, S. 72; Landon, Itinerary, S. 16, 18. – **66** William Stubbs (Hrsg.), Epistolae Cantuarensis in Chronicles and Memorials, Richard I, 2 Bde. (London 1864 f.), 2, Nr. 352, S. 332; Nr. 403, S. 358. – **67** Epistolae Cantuarensis, Nr. 362 ff.; Landon, Itinerary, S. 74, 76. Zur Wahl s. Ralph Diceto, 2, S. 108; Gervase of Canterbury, 1, S. 517; und Turner, Richard Lionheart and English Episcopal Elections, Albion, S. 7 f. – **68** Zitate: Migne PL, 207, cols. 1262–1271; Letters of Peter of Blois, Nr. 2 ff.; s. auch Brown in: Kibler (Hrsg.), Eleanor, S. 21, und Anne Crawford (Hrsg. und Übers.), Letters of the Queens of England, (Stroud, Gloucs. 1994), S. 36–43, aus: Rymer's Foedera, 1066–1383. – **69** Zitat aus Barber, World of Eleanor, S. 27. Zu denen, die die Echtheit der Briefe bezweifeln, gehören Beatrice Lees, The Letters of Queen Eleanor of Aquitaine to Pope Clement III, EHR, 21 (1906), S. 73–93, und Owen, Eleanor, S. 87 f. Dagegen bejahen ihre Echtheit Richardson, Letters and Charters, S. 202, Southern, Blois, Peter of (1125/30–1212), Oxford DNB, Brown in: Kibler, S. 21, 32, Anm. 108, und Flori, Aliénor, S. 230–235. Eine 1193 in Berkamstead von Peter bezeugte Urkunde referiert Richardson, Letters and Charters, S. 211. – **70** Howden Chronica, 3, S. 208 ff.; Landon, Itinerary, S. 75; Duplès-Agier (Hrsg.), Chronique de Saint-Martial, S. 192. Der Beitrag von Saint-Martial belief sich auf 100 Silbermark. – **71** Howden Chronica, 3, S. 208–211; Richard of Devizes, S. 42 f.; Jocelin of Brakelond, Chronicle, S. 42. Eleonores Urkunde: Dugdale, Monasticon, 3, S. 154; Martindale, Eleanor: The Last Years, S. 148 f. – **72** McCash, Marie de Champagne and Eleanor, S. 710; Evergates, Aristocratic Women in the County of Champagne, S. 79. – **73** Howden, Chronica, 3, S. 202 f.; zu den Geiseln s. Gillingham, Richard I, Anm. 94, S. 248. – **74** Landon, Itinerary, S. 86–93. Martindale, Eleanor: The Last Years, S. 142, 146 f. – **75** Howden, Chronica, 3, S. 288 ff. Die Versöhnung fand am 4. April 1195 in Le Mans statt: Itinerary, S. 101. – **76** Gillingham, Richard I, S. 263 f. und ders., Richard I and Berengaria, S. 133–138. – **77** Zitat aus Meade, Eleanor, S. 332. Siehe Labande, Pour une image, S. 225 f.; Gillingham, Richard I and Berengaria, S. 138. – **78** Richard, Comtes, 2, S. 300. – **79** Zitat aus Duby, France in the Middle Ages, S. 218. Zu Constanze, Arthur und der Erbfolge s. Yannick Hillion, La Bretagne et la rivalité Capétiens-Plantagenêts. Un exemple: La duchesse Constance, in: Annales de Bretagne, 92 (1985), S. 118 f.; Landon, Itinerary, app. E, S. 207 f.; J. C. Holt, Aliénor, Jean sans terre et la succession de 1199, CCM, 29 (1986), S. 97 ff. – **80** Erstes Zitat: Barlow, Feudal Kingdom of England, S. 362. Zweites Zitat: Howden, Chronica, 3, S. 134, 252, «mediante Alienor regina matre eorum». Siehe auch William of Newburgh, 2, S. 424 und Annales monastici, 1, Burton, S. 192. – **81** Bienvenu, Aliénor d'Aquitaine et Fontevraud, S. 23 f. – **82** Peter und die Kapelle von Blyth, Notts,

Cal. Docs. France, S. 12, Nr. 46, Nr. 52. Zu Eleonore und der Kapelle von Blyth s. Timson (Hrsg.), Blyth Priory Cartulary, S. CXXIV. – **83** John Piner oder «unser Kaplan John» kommt als Entwurfsautoren in Frage; er bezeugte 1190 im Périgueux eine Urkunde Eleonores: Lewis, Six Charters of Henry II and his Family, S. 663 f.; Roger, «unser Kaplan», schrieb 1194–1199 Textentwürfe für Urkunden: Calendar. Patent Rolls 1232–1247, S. 393. Nach Eleonores Rückzug nach Fontevraud diente ihr ein weiterer Kaplan namens Ranulph, an der Seite ihrer Schreiber Peter Morinus und Master William: Cal. Docs. France, Nr. 1092. Sie zahlte Wilhelm vier angevinische Pfund im Jahr aus den Einkünften ihres Wittums Bonneville-sur-Toque in der Normandie: Vincent, Patronage, Politics and Piety, in: Plantagenêts et Capétiens, S. 33. Zu Richard, dem Almosenier der Königinmutter, im Juni 1193 in Westminster s. Dugdale, Monasticon, 2, S. 154. – **84** Hivergneaux, La cour Plantagenêt, S. 78. Zu Eleonores Schenkung an Heinrich s. Rot. Chart., S. 8a. D. M. Stenton (Hrsg.), Pleas before the King or his Justices, Selden Society, 83 (1966), 3, Nr. 993, S. 160 f., identifiziert Geoffroy de Wancy als den in einem Schriftsatz über Grundbesitz Eleonores in Somerset erwähnten ‹Seneschall› der Königin. – **85** Hivergneaux, La cour Plantagenêt, S. 78; Labande, Pour une image, S. 225. – **86** Hivergneaux, La cour Plantagenêt, S. 77 f.; Bienvenu, Aliénor d'Aquitaine et Fontevraud, S. 23, 25 f. Zu den Einkünften aus der prévôté Île d'Oléron s. Marchegay, Chartes de Fontevraud, S. 337 f. Zu der Stiftung für die Küche s. Cal. Docs. France, Nr. 1098. Zur Kapelle von Saint-Laurence s. Marchegay, Chartes de Fontevraud, S. 339 f. Für den Fall, dass nach ihrem Tod einer der Petenten konfiszierten Grund und Boden zurück erhielt, sollte er nach Eleonores Verfügung 100 £ für den Kauf von Gewändern für die Nonnen von Fontevraud spenden: Marchgay, Chartes de Fontevraud, S. 334 f. – **87** Cal. Docs. France, Nr. 1092; PR 9 Richard I, S. 98, zum Schuldenerlass für Hugh Bardolf im Zuge seiner Klage gegen den mächtigen Earl von Chester s. auch Stubbs (Hrsg.), Epistolae Cantuarienses, S. 437 f. – **88** Landon, Itinerary, S. 144 f. – **89** Cal. Docs. France, Nr. 1301, S. 472, auch abgedruckt in: Teulet (Hrsg.), Layettes du trésor des Chartes, 1, Nr. 489, S. 200. – **90** Rounds Übersetzung von potentis viri regis Ricardi in Cal. Docs. France, Nr. 1101, S. 390.

XI. Sicherung des Erbes des Hauses Plantagenet: die Regierungszeit Johanns, 1199–1204

1 Crawford, Letters of the Queens of England, S. 40. – **2** F. M. Powicke, The Loss of Normandy (Manchester 1960), S. 133. – **3** Douie und Farmer, Life of St. Hugh of Lincoln, 2, S. 184 f. – **4** Sidney Painter, The Reign of King John (Baltimore 1949), S. 1–8; Richard, Comtes, 2, 333 ff. – **5** Painter, Reign of King John, S. 7 ff.; Richard, Comtes, 2, S. 334. – **6** Howden, Chronicon, 4, S. 88; s. auch die Kommentare von Martindale, Eleanor: The Last Years, S. 152 f. – **7** Roger of Wendover, Flores Historiarum, 1, S. 286. – **8** Cheyette, Women, Poets, and Politics in Occitania, S. 156; unter Verweis auf Aliscans (Hrsg.), Claude Regnier (Paris 1990), 1, Zeilen 3105–3109. – **9** Cirot de la Ville, Histoire de Sauve-Majeure, 2, S. 141 f.; Kelly, Krone der Frauen, S. 478. – **10** Von der Huldigung Eleonores an Philipp wissen wir nur aus einem Text des Kapetinger-Historikers Rigord. Siehe Pierre Chaplais, Le traité de Paris de 1259 et l'inféodation de la Gascogne allodiale, in: Chaplais, Essays in Medieval Diplomacy and Administration (London 1981); Martindale, Eleanor: The Last Years, S. 154 ff.; Labande, Pour une image, S. 228. – **11** Hivergneaux, La cour Plantagenêt, S. 81. – **12** Ebd. – **13** H. Barckhausen (Hrsg.), Archives municipales de Bordeaux. Livre des coutumes (Bordeaux 1890), Nr. 45, S. 437 f.; zu König Johanns Bestätigung s. Rot. Chart., S. 4b. – **14** Marchegay, Chartes de Fontevraud, S. 334 f.; auch Cal. Docs. France, Nr. 1097. Wahrscheinlich erwirkte der Grundherr von Parthenay, Hugo l'Archévêque, in dieser Zeit von Eleonore die Rückgabe seiner Burg Secondigny, die Richard ihm weggenommen hatte. 1202 befand er sich wieder im Besitz der Burg: Rot. Lit. Pat., S. 11. – **15** Painter, Lords of Lusignan, S. 66. Die Chronologie ist verwirrend: Labande, Pour une image, S. 227, Anm. 268, datiert den Vorfall auf Ende 1199, als Eleonore sich nach seinen Angaben auf dem Weg nach

Kastilien befand. Tatsächlich fand diese Reise erst nach dem Abschluss des Vertrages von Le Goulet im Jahr 1200 statt. Siehe auch W. L. Warren, King John (Berkeley 1977), S. 68. – **16** Martindal in: King John: New Interpretations, S. 161 f.; Hivergneaux, La cour Plantagenêt, S. 83; unter Verweis auf BNF Paris, ms 5914, coll. Gaignères, Bd. 1, S. 469; zu Johanns Bestätigung s. Rot. Chart., S. 24b. – **17** Maingot, Rot. Chart., S. 25. Chauvigny, Hivergneaux, La cour Plantagenêt, S. 85, unter Verweis auf Teulet (Hrsg.), Layettes du Trésor des Chartes, 1, Nr. 508. Siehe auch Devailly, Berry, S. 438–441. – **18** Hivergneaux, La cour Plantagenêt, S. 82. Geoffrey als Richards Kämmerer: Landon, Itinerary, S. 8, 10 ff., 14, 19, 27; nach 1199 bezeugte er zehn von Eleonores Urkunden: Vincent, Plantagenêts et Capétiens, S. 49. Zu Hugo de Jaunay s. Rot. Chart., S. 13; zu Savaric s. Rot. Chart., S. 11. – **19** Hivergneaux, La cour Plantagenêt, S. 80 f.; Richardson, Letters and Charters, S. 207; Irène Baldet, Essai d'itinéraire et regestes d'Aliénor reine d'Angleterre 1189–1204, mémoire de maîtrise (Universität von Poitiers 1963), S. 22. – **20** Spende von zehn poitevinischen £ an ihre Enkelin, bezeugt von den Bischöfen von Poitiers und Saintes, «auf deren Rat und Beschluss hin dieses Geschenk getätigt und bestätigt wurde»: Marchegay, Chartes de Fontevraud, S. 340 f. Siehe auch Hivergneaux, La cour Plantagenêt, S. 78; Martindale, Status, Authority, Power, art 11, S. 19. Magnaten in Bordeaux, Cirot de la Ville, Histoire de Sauve-Majeure, 2, S. 141 f. – **21** Annales monastici, 2, Winchester, S. 64. – **22** Eine ihrer dort ausgefertigten Urkunden nennt «unsere liebe Tochter, Königin Johanna» als einen der Zeugen: Cal. Docs. France, Nr. 1090 Anm. – **23** Cal. Docs. France, Nr. 1105; Bienvenu, Aliénor et Fontevraud, S. 24 und Anm. 78. – **24** 25 livres angevin, Rot. Chart., S. 13, 25b. – **25** Zu den zwei Bestattungen Johannas s. Francisque Michel (Hrsg.), Histoire des ducs de Normandie et des rois d'Angleterre (Paris 1840), S. 83 f. Eleonores Reise in die Gascogne: Cal. Docs. France, Nr. 1105, Nr. 142. – **26** Rot. Chart., S. 30 f. Siehe Holt, Aliénor, Jean sans Terre et la succession de 1199, S. 92, 96 ff.; Richardson, Letters and Charters, S. 205 ff.; Martindale, Eleanor: The Last Years, S. 156 ff. – **27** Vincent, Patronage, Politics and Piety, in: Plantagenêts et Capétiens, S. 42. – **28** Zu Richard und Kirchenmusik s. Gillingham, Richard I, S. 255. – **29** Vincent, Patronage, Politics and Piety, S. 42 ff. – **30** Cal. Docs. France, Nr. 1107, Nr. 1090 n, Nr. 1248, Nr. 1307; und Marchegay, Chartes de Fontevraud, S. 340 f.; auch Richardson, Charters and Letters, S. 206 f. Zur Kapelle Rogers und Eleonores s. Marchegay, Chartes de Fontevraud, S. 339 f.; Cal. Docs. France, Nr. 1100. – **31** Vincent, Plantagenêts et Capétiens, S. 37. Zu Wilhelm s. Martindale, Power, Status, Authority, Art. 11, S. 19 und Anm. 6; Richardson, Letters and Charters, S. 206 f. Er diente Johann in der poitevinischen Finanzverwaltung: Hardy (Hrsg.), Rot. Norm., S. 108, und wurde 1214 zum Dekan von St. Martin in Angers befördert, Rot. Chart., S. 199b. Zu Meister Richard von Gnosall (oder Gnowesale) oder einfach «Meister Richard» s. Audouin (Hrsg.), Documents concernant Poitiers, Nr. 32; Marchegay, Chartes de Fontevraud, S. 338–341, 390; Pon (Hrsg.), Recueil de documents de Fontaine-le-Comte, Nr. 27; und Richardson, Letters and Charters, S. 208; Berneval, Rot. Chart., S. 8a. – **32** Teulet (Hrsg.), Layettes du trésor des Chartes, 2, no 703. Zu Adelicia s. Marchegay, Chartes de Fontevraud, S. 340 f.; und Boase, Fontevrault and the Plantagenets, S. 6. In einer Urkunde bezeichnete Eleonore sie als ihre «liebste Schutzbefohlene» [dilecte alumpne]: Marchegay, Chartes de Fontevraud, S. 338 f. – **33** Labande, Les filles d'Aliénor, S. 106 ff. – **34** Howden, Chronica, 4, S. 114 f. – **35** Paul Marchegay und E. Mabille, (Hrsg.), Chronique de Saint-Aubin d'Angers (Paris 1869), S. 53. – **36** Nurith Kenaan-Kedar, The Impact of Eleanor on the Visual Arts, in: Aurell (Hrsg.), Culture politique des Plantagenêts, S. 47–51; Andrault-Schmitt, L'architecture ‹angevine› à l'époque d'Aliénor, in: Aurell (Hrsg.), Aliénor, S. 102. – **37** Labande, Pour une image, S. 231; Vincent, Isabella of Angoulême, in: King John: New Interpretations, S. 185, 187, unter Verweis auf Rot. Chart., S. 74b-75. – **38** William Chester Jordan, Isabelle d'Angoulême, by the Grace of God, Queen, in: Revue belge de philologie et d'histoire, 69 (1991), S. 824. – **39** Ralph Diceto, 2, S. 174; Baldwin, Government of Philip Augustus, S. 98. – **40** Z. B. Stiftung an Andreas de Chauvigny, Grundherr in Berry, im August

1199, Cal. Docs. France, Nr. 1307; Eleonores Bitte an Johann im September 1200, dem Kloster Saint-Maixent die Befreiung von bestimmten Zöllen und anderen Abgaben zu gewähren: Richard, Chartes et documents de Saint-Maixent, 2, S. 14–15, Nr. 401; 1203 tätigte sie eine Landschenkung an Aimery de Rochefort: Teulet (Hrsg.), Layettes du trésor des Chartes, 2, Nr. 703. – **41** Eleonores Brief: Rot. Chart., S. 102b-103. Siehe Hivergneaux, La cour Plantagenêt, S. 85. Zu Guy de Dive s. Landon, Itinerary, S. 8, 10 ff., 22, 26 f., 87, 90. – **42** Martindale, Eleanor: The Last Years, S. 160; Powicke, Loss of Normandy, S. 138. – **43** Ralph of Coggeshall, S. 137 f., erwähnt den Brief, in dem Johann seinen Sieg meldete. Der Brief muss weite Verbreitung gefunden haben, denn selbst klösterliche Jahrbücher, die sonst wortkarg sind, enthalten Berichte über seinen Sieg bei Mirebeau: Annales monastici, Margam, 1, S. 26; Waverley, 2, S. 254; Winchester, 2, S. 78 f.; – **44** Rot. Lit. Pat., S. 28b; Kelly, Krone der Frauen, S. 512. – **45** Vincent, Plantagenêts et Capétiens, S. 27 f., 43. Zu Eleonores Urkunde für Saint-Maixent s. Richard (Hrsg.), Chartes et documents de Saint-Maixent, 2, Nr. 402, 6. Oktober 1200, Fontevraud. – **46** Bienvenu, Aliénor et Fontevraud, S. 24 f., 27. – **47** Zu den Kapetinger-Gräbern s. Kathleen D. Nolan, The Queen's Choice: Eleanor of Aquitaine and the Tombs at Fontevraud, in: Eleanor: Lord and Lady, S. 389 ff. – **48** Nolan, ebd., S. 377–405; Alain Erlande-Brandenburg, Le gisant d'Aliénor d'Aquitaine, in: Aurell (Hrsg.), Aliénor, S. 176. – **49** Charles T. Wood, La mort et les funérailles d'Henri II, CCM 38 (1994), S. 120 f.; Bienvenu, Aliénor et Fontevraud, S. 19. – **50** Erlande-Brandenburg, Le gisant d'Aliénor, S. 176; Charles T. Wood, Fontevraud, Dynasticism, and Eleanor of Aquitaine, in Eleanor: Lord and Lady, S. 414 ff. – **51** Boase, Fontevrault and the Plantagenets, S. 7; Wood, ebd., S. 417. – **52** Nur die Annalen von Waverley verzeichnen ein genaues Datum für den Tod Eleonores; andere Chroniken geben nur das Jahr an: Annales monastici, 2, S. 256. Zu ihrem Besuch in Poitiers s. Pon, (Hrsg.), Documents de Fontaine-le-Comte, Nr. 27. – **53** Hivergneaux, La cour Plantagenêt, S. 86. – **54** Bienvenu, Aliénor et Fontevraud, S. 26, Anm. 98, Nachruf der Nonnen, zit. nach B. Pavillon, La vie du bienheureux Robert d'Arbrissel (Paris und Saumur 1666), S. 589. Halphen (Hrsg.), Recueil d'annales angevines et vendômoises, S. 21. – **55** Rot. Lit. Pat., S. 14b-15, 22. Juli, Johanns Rat an Eleonore, «ein vernünftiges Testament» zu machen. – **56** Zitat aus Chrétien de Troyes, Yvain, übers. u. eingel. v. Ilse Nolting-Hauff. München 1962, S. 80 f.; s. auch Clanchy, Ladies with Prayer Books, S. 115 f. Zu der Grabskulptur s. Nolan, The Queen's Choice, S. 392–395; s. ferner Brown, Eleanor Reconsidered, S. 27 ff.; Erlande-Brandenburg, Le gisant d'Aliénor, S. 176 f.; und Peter Coss, The Lady in Medieval England, S. 76 und 194, Anm. 7. – **57** Lateinischer Text in: Bienvenu, Aliénor et Fontevraud, S. 26, Anm. 98. – **58** Cheney, A Monastic Letter of Fraternity to Eleanor, S. 488–493; Nicolas Vincent, Aliénor, reine d'Angleterre, in: Aurell (Hrsg.), Aliénor, S. 61–66. Johanns Befehl: Rot. Lit. Pat., S. 54. – **59** Z. B. William Stubbs (Hrsg.), Walter of Coventry, 2, S. 196; zu Ralph von Coggeshall s. S. 144; Jahrbücher von Waverley: Annales monastici, RS, 2, S. 256. – **60** Regina vero sua vocabatur Alienor, regina scilicet generosa et domina animosa et locuplex, Manchester, Rylands lat. 155, f. 125, Hinweis von John Gillingham in einem Gespräch: A Contemporary London View of the Loss of Normandy, in: Haskins Society Conference, London, 11. September 2004. Gerald of Wales, S. 300 f., Bd. 3, Kap. 27. Matthew Paris irrte sich in Bezug auf ihren Begräbnisort, als den sie die von Johann gegründete Abteil Beaulieu in England angab. F. Madden (Hrsg.), Historia Anglorum, 3 Bde. (1866–1869), 2, S. 102 f. – **61** Martin Aurell, Aliénor d'Aquitaine en son temps, in: Ders. (Hrsg.), Aliénor, S. 16.

XII. Übermannt von einer schwarzen Legende

1 Brundage, The Canon Law of Divorce in the Mid-Twelfth Century, in: Eleanor: Lord and Lady, S. 213. Allison Weirs erfolgreiche Biografie «Eleanor of Aquitaine: By the Wrath of God, Queen», S. 67–70, ist ein Beispiel dafür, wie ein am kommerziellen Erfolg orientierter Autor die Berichte späterer englischer Chronisten oder Moralisten über die Antiochia-Episode für bare

Münze nimmt. – **2** Robert L. Chapman, Note on the Demon Queen Eleanor, in: Modern Language Association Notes (Juni 1995), S. 393. – **3** Flori, Aliénor, S. 311. – **4** Frank McMinn Chambers, Some Legends Concerning Eleanor of Aquitaine, in: Speculum 16 (1941), S. 462 f. – **5** Peggy McCracken, Scandalizing Desire: Eleanor of Aquitaine and the Chroniclers, in: Eleanor: Lord and Lady, S. 358. Etienne de Bourbon, Anecdotes historiques, légendes et apologues, hrsg. v. A. Lecoy de la Marche (1877), S. 212. – **6** Owen, Eleanor, S. 111. Hélinand de Froidmont, Chronicon (exzerpiert von Vincent von Beauvais), Migne PL 212, cols 1057 f.; Zur Laufbahn Hélinands s. Baldwin, Government of Philip Augustus, S. 570 f., Anm. 28. – **7** «öffentliche Frau», lat. «commune»: Duby, Héloïse, Isolde und andere, S. 20; Flori, Aliénor, S. 305. – **8** RHGF, 12, S. 231, zit. n. Daniel Power, The Stripping of a Queen, S. 128, Anm. 73. – **9** Richard Vaughn, Matthew Paris (Cambridge 1958), S. 32 f., 143, 152; Galbraith, Roger Wendover and Matthew Paris, in: Kings and Chroniclers, Essay 10. – **10** Zitat aus Vaughn, Matthew Paris, S. 134. – **11** Matthew Paris, Historia Anglorum, 1, S. 288 sowie eine knappere Darstellung in H. R. Laud (Hrsg.), Chronica Majori, 7 Bde., RS (1872–1883), 2, S. 186. – **12** Flori, Aliénor, S. 312; Owen, Eleanor, S. 105 ff.; Natalis de Wailly (Hrsg.), Récits d'un ménestrel de Reims au XIIIe siècle, Société de l'histoire de France (Paris 1876), S. 3–7; McCracken, Scandalizing Desire, in: Eleanor: Lord and Lady, S. 251 f. – **13** McCracken, S. 253; unter Verweis auf Chronique Abrégée, Paris BnF, fr. 9222, Fol. 16v-17r. – **14** McCracken in: Eleanor: Lord and Lady, S. 253 f., unter Verweis auf Kervyn de Lettenove (Hrsg.), Histoire et chronique de Flandre d'après divers manuscrits (Brüssel 1879), S. 44–55. – **15** Zu Bouchet s. Jennifer Britnell, Jean Bouchet (Edinburgh 1986), S. 1–4, 258. – **16** Labande, Pour une image, S. 187, Anm. 54, unter Verweis auf Bouchet, Annales d'Aquitaine (Ausg. v. 1644), S. 140. Dieser Hinweis taucht in der ersten und in mehreren nachfolgenden Ausgaben auf: von 1524, 1557 und 1664, zit. n. Martin Aurell, Catalina Girbea, und Marie-Aline de Mascureau, À propos d'un livre récent sur Aliénor d'Aquitaine: Portée et limites du genre biographique», CCM (2005), 48, S. 235. – **17** Eine Zusammenfassung von Bouchets Bericht findet sich bei Didier Le Fur, Le souvenir d'Aliénor à l'époque moderne, in: Aurell (Hrsg.), Aliénor, S. 206. – **18** Le Fur, ebd., S. 207, unter Verweis auf Isaac de Larrey, L'Histoire de Guyenne ou histoire d'Aléonor (Paris 1692), S. 124. – **19** Jean de Serres, Inventaire général de l'histoire de France, zit. n. Philippe Delorme, Aliénor d'Aquitaine, épouse de Louis VII, mère de Richard Coeur de Lion (Paris 2001), S. 77. – **20** Le Fur, Le souvenir d'Aliénor, S. 207, unter Verweis auf Antoine Thibaudeau, Abrégé de l'histoire du Poitou (Paris 1788). – **21** Le Fur, ebd., S. 207 f. – **22** David Hume, The History of England from the Invasion of Julius Caesar to the Abdiction of James the Second, 1688, neue Ausg., 6 Bde. (New York 1850), 1, S. 284. – **23** Barbara Hanawalt, Golden Ages for the History of Medieval Women, in: Susan Mosher Stuard (Hrsg.), Women in Medieval History and Historiography (Philadelphia 1987), S. 3, unter Verweis auf Hume, History of England. – **24** Jules Michelet, Histoire de France, Bd. 1: Depuis les origines jusqu'à l'avènement de Charles V (Paris 1869), S. 311 f., zit. n. Flori, Aliénor, S. 19. – **25** Flori, ebd., S. 19 f., unter Verweis auf Joseph Calmette, Le monde féodale (Paris 1951), S. 307. – **26** Strickland, Lives of the Queens of England, Eleanora of Aquitaine, 1, S. 164–201, Zitat S. 170 f. – **27** Strickland, ebd., S. 171 f. – **28** Weir, Eleanor, S. 68. – **29** Siehe Owen, Eleanor, S. 24 f.; s. auch Flori, Aliénor, S. 321, 323, 328, 332 f. – **30** Owen, Eleanor, S. 115 f. – **31** Zu Higden s. Gransdon, Historical Writing, 2, S. 43–57; und Frank Taylor, The Universal Chronicle of Ranulf Higden (Oxford 1966). – **32** Owen, Eleanor, S. 116, unter Verweis auf G. J. Aungier (Hrsg.), Chroniques (London 1844), S. 3 ff. – **33** Owen, ebd., S. 116 ff.; Chapman, Legends concerning Eleanor, S. 464. – **34** Owen, ebd. – **35** Zu: The Complaint of Rosamond s. Owen, ebd., S. 125–128, unter Verweis auf Samuel Daniel, The Complete Works, hrsg. v. A. B. Grosart, 1, S. 79–113. Fair Rosamonde, Owen, S. 122 ff., unter Verweis auf Thomas Percy, Reliques of Ancient English Poetry, hrsg. v. R. A. Willmott (London o. J.), S. 251 f. – **36** Owen, ebd., S. 156–160, unter Verweis auf Percy, Reliques, S. 257 ff. – **37** Chambers, Legends concerning Eleanor, S. 464; Owen, ebd., S. 128–133, unter Verweis auf Joseph Addison, The Miscellaneous Works, hrsg. v. A. C. Guthkelch (London 1914), 1, S. 293–332. – **38** Owen, ebd., S. 145 f., unter Verweis auf Alfred Lord Tennyson, The Life and Works, 9 (The Works, 8 [London 1899]): Becket. – **39** Owen, ebd., S. 141 f., unter Verweis auf Strickland, Lives of the Queens of England, 1, S. 237–293. – **40** Meade, Eleanor, Vorwort, S. X; und Short, Literary Culture at the Court of Henry II, S. 341–347. – **41** Walter Map, S. 155–159, dist. 2, Kap. 12. – **42** Gervase of Tilbury, Otia Imperialia, hrsg. u. übers. v. S. E. Banks und J. W. Binns (Oxford 2002), S. 88–91. – **43** Gerald of Wales, S. 300 f.; Instruction of Princes, S. 96 ff.; und Short, Literary Culture, S. 346; s. auch Short, S. 348. – **44** Chronica Majora, RS, 2, S. 186. – **45** Daniel Power, Stripping of a Queen, S. 128–133, Ii.vi.24, f. 19r-49v, 95r-100v; und Paris, Bibliothèque de l'Arsenal, 3516, S. 304v-315r. – **46** Power, Stripping of a Queen, S. 126. Das normannisch-französische Verb *se défubler* als «sich ausziehen» zu übersetzen, ist zu eindimensional. Dasselbe Verb findet sich in Chrétien de Troyes' «Cligès», wo der Protagonist lediglich den Mantel auszieht, um dem Gericht seine gute körperliche Verfassung zu zeigen. – **47** Philippe Mouskès, Chronique rimé, hrsg. v. Baron de Rieffenberg, 2 Bde. (Brüssel 1836 ff.), 2, S. 244 f., Zeilen 18704–18711, zit. n. Chapman, Note on the Demon Queen Eleanor, S. 395. – **48** Owen, Eleanor, S. 105 ff.; Natalis de Wailly, Récits d'un ménestrel de Reims au XIIIe siècle, S. 3–7. – **49** McCracken, Scandalizing Desire, S. 252 f., unter Verweis auf Pierre Cochon, Chronique normande, hrsg. v. Charles de Robillard de Beaurepaire (Rouen 1870), S. 2 f. – **50** Chapman, Note on the Demon Queen Eleanor, S. 393–396. – **51** Owen, Eleanor, S. 178 ff., unter Verweis auf Karl Brunner (Hrsg. u. Übers.), Der Mittelenglische Versroman über Richard Löwenherz (Wien und Leipzig 1913). – **52** Jean d'Arras, Melusine, hrsg. v. A. K. Donald, Early English Text Society (London 1895), extra ser, S. 68. – **53** Owen, Eleanor, S. 177, unter Verweis auf Roach (Hrsg.), Le roman de Mélusine ou Histoire de Lusignan par Coudrette. – **54** Margaret Labarge, A Medieval Miscellany (Ottawa 1997), S. 20. – **55** Martindale in: Status, Authority, Power, Art. 11, S. 36, 38. – **56** Siehe Kap. 7, S. 267 ff. dieses Buches. – **57** Kelly, Krone der Frauen, S. 219 f. – **58** Meade, Eleanor, S. 250 f.

BIBLIOGRAFIE

Quellen

Adémar de Chabannes: Chroniques, hg. von Yves Chauvin und Georges Pon, Turnhout 2003.

Andreas Cappellanus: The Art of Courtly Love, hg. von John Jay Parry, New York 1990.

Annales monastici, hg. von H. R. Luard, 5 Bde., RS (1864–1869).

Bernard Itier: Chroniques de Saint-Martial de Limoges, hg. von H. Duplés-Agier, Paris 1876; auch Bernard Itier Chronique, hg. von Jean-Loup Lemaître, Paris 1998.

Bernard von Clairvaux: The Letters of St. Bernard of Clairvaux, London 1953.

Bernart de Ventadorn: The Songs of Bernart de Ventadorn, hg. von Stephen G. Nichols, John A. Galm und A. Bartlett Giamatti, Chapel Hill, NC 1965.

Bertran de Born: The Poems of the Troubadour Bertran de Born, hg. von W. D. Paden, T. Sen-kovitch und P. H. Stäblen, Berkeley, CA 1986.

Blyth Priory Cartulary, hg. von R. T. Timson, London 1973.

Calendar of Charter Rolls, 5, 15 Edward III – 5 Henry V, Public Record Office, London 1916.

Calendar of Documents Preserved in France, 1, 918–1206, hg. von J. H. Round, London 1899.

Calendar of Patent Rolls Henry III, 3, 1232–1247, Public Record Office, London 1906.

Cartae Antiquae rolls 1–10, hg. von Lionel Landon, Pipe Roll Society, 17 (1939).

Cartae Antiquae rolls 11–20, hg. von J. Conway Davies, Pipe Roll Society, 33 (1969).

Cartulaire de l'abbaye de la Grace Notre-Dame ou de Charon, hg. von L. de Richemond, Archives historiques de la Saintonge et de l'Aunis, 11 (1893).

Cartulaire de l'abbaye de Notre-Dame de la Merci-Dieu, hg. von Etienne Clouzot, AHP, 34 (1905).

Cartulaire de l'abbaye d'Orbestier, hg. von Louis de la Boutière, AHP, 6 (1877).

Cartulaire de l'église collégiale de Saint-Seurin de Bordeaux, hg. von Jean-Auguste Brutails, Bordeaux 1897.

Cartulaire du Bas-Poitou, hg. von Paul Marchegay, Les Roches-Baritaud 1877.

Cartulaire saintongeais de la Trinité-de-Vendôme, hg. von Charles Métais, Archives historiques de la Saintonge et de l'Aunis, 22 (1893).

Cartulaires inédits de la Saintonge, hg. von T. Grasilier, 2 Bde., Niort 1871.

Cartulary of Holy Trinity, Aldgate, hg. von Gerald A. J. Hodgett, London Record Society 1971.

Chartes de la commanderie magistrale du temple de La Rochelle, hg. von Meschinet de Richemond, Archives historiques de la Saintonge et l'Aunis, 1 (1874).

Chartes de Fontevraud concernant l'Aunis et La Rochelle, hg. von Paul Marchegay, BEC, 19 (1858).

Chartes du XIIIe siècle relatives à Saint-Martial de Limoges, hg. von Henri Omont, BEC, 90 (1929).

Chartes et documents pour servir à l'histoire de l'abbaye de Saint-Maixent, hg. von Alfred Richard, 2 Bde., AHP, 16 (1886).

Chrétien de Troyes: Arthurian Romances, London 1991, überarbeitet 2004.

Ders.: Yvain, der Löwenritter. Seine Abenteuer am Artushof und in der Bretagne, München 1988.

Chronicon Monasterii de Abingdon, hg. von J. Stevenson, 2 Bde., RS, London 1858.

Chronicon Turonensis magnum in: Recueil des chroniques de Touraine, hg. von A. Salmon, Tours 1854.

Chronique de Morigny (1095–1152), hg. von L. Mirot, Paris 1909.

Chronique de Saint-Aubin d'Angers, hg. von Paul Marchegay und E. Mabille in: Chroniques des églises d'Anjou, Paris 1869.

Chronique de Saint-Maixent, hg. von Jean Verdon, Paris 1979.

Chroniques des comtes d'Anjou et des seigneurs d'Amboise, hg. von Louis Halphen und R. Poupardin, Paris 1913.

Cirot de la Ville, abbé, L'Histoire de l'abbaye et de la congrégation de Notre-Dame de Grand-Sauve en Guienne, 2 Bde., Bordeaux 1844 f.

Documents pour l'histoire de l'église de Saint-Hilaire, hg. von L. Redet, MSAO, 14 (1847).

Dugdale, William: Monasticon Anglicanum, hg. von John Calley u. a., Neuausgabe 6 Bde., London 1817–1830, Nachdruck 1846.

Earldom of Gloucester Charters: The Charters and Scribes of the Earls and Countresses of Gloucester to A. D. 1217, hg. von Robert B. Patterson, Oxford 1973.

English Historical Documents, hg. von David Douglas, 12 Bde., Bd. 2: 1042–1189, hg. von ders. und George W. Greenaway, London 1968.

English Lawsuits from William I to Richard I, hg. von R. C. Van Caenegem, 2 Bde., Selden Society, 106 f., London 1990 f.

Epistolae Cantuarensis, 1187–1199 in: Chronicles and Memorials, Richard I, hg. von William Stubbs, 2 Bde., RS, London 1864 f.

Foedera, Conventiones, Literae, etc. oder Rymer´s Foedera, 1066–1383, hg. von Adam Clarke u. a., neue Ausgabe London 1816–1869.

Gallia Christiana in provincias ecclesiasticas distributa, hg. von D. Sainte-Marthe, 16 Bde., Paris 1739–1877.

Geoffroi de Vigeois, Chronica in: RHGF, 12: auch in: Novae Bibliotheca Manuscriptorum, hg. von Père Labbé, 2 Bde., Paris 1657.

Gerald of Wales: De principis instructione, hg. von G. F. Warner in: Giraldi Cambrensis Opera, 8 Bde., RS, London 1861–1891, Bd. 8: Concerning the Instruction of Princes London 1858; Neudruck Felinfach Dyfed 1994.

Ders.: Expugnatio hibernica, hg. von A. B. Scott und F. X. Martin, Dublin 1978.

Gervase of Canterbury: Historical Works, hg. von William Stubbs, 2 Bde. RS, London 1879 f.

Gervase of Tillbury: Otia Imperialia, hg. von S. E. Banks und J. W. Binns, Oxford 2002.

Gesta Stephani, hg. von K. R. Potter und R. H. C. Davis, Oxford 1976.

Grand Cartulaire de Fontevraud, 1, hg. von Jean-Marc Bienvenu mit Robert Favreau und Georges Pon, AHP, Poitiers 2000.

Grand Cartulaire de la Sauve Majeure, hg. von Charles Higounet und Arlette Higounet-Nadal, 2 Bde. Études et documents d'Aquitaine, 3, Bordeaux 1996.

Great Rolls of the Pipe for the First Year of Richard the First, hg. von Joseph Hunter, London 1844.

Great Rolls of the Pipe for the Second, Third and Fourth Years of the Reign of King Henry the Second, A.D. 1155, 1156, 1157, 1158, hg. von Joseph Hunter, London 1844.

Guibert de Nogent: De vita sua; Self and Society in Medieval France, hg. von John F. Benton New York 1970.

Henry of Huntingdon: Historia Anglorum. The History of the English People, hg. von Diana Greenway, Oxford 1996.

Histoire des ducs de Normandie et des rois d'Angleterre, hg. von Francisque Michel, Paris 1840, Neudruck New York 1965.
Historia Pontificum et comitum Engolismensium, hg. von Jacques Boussard, Paris 1957.
Historical Manuscripts Commission: Report on Manuscripts in Various Collections, 1, London 1901.
History of William Marshal, hg. von A. J. Holden, S. Gregory und D. Crouch, London 2002.
Jocelin of Brakelond: Chronicle of the Abbey of Bury St. Edmunds, Oxford 1989.
John of Salisbury: Historia Pontificalis of John of Salisbury, hg. von Marjorie Chibnall, Edinburgh 1956.
Ders.: The Letters of John of Salisbury, hg. von W. J. Miller und C. N. L Brooke, 1: The Early Letters (1153–1166); 2: The Later Letters (1163–1180), Oxford 1979; 1986.
Jordan Fantosme's Chronicle, hg. von P. Johnston, Oxford 1981.
Layettes du trésor des chartes, hg. von Alexandre Teulet, Henri-François Delaborde und Élie Berger, 5 Bde., Paris 1863–1909.
Letter of the Queens of England 1100–1547, hg. von Anne Crawford, Stroud, Gloucs. 1994.
Lewis, Andrew W.: «Six Charters of Henry II and his Familiy for the Monastery of Dalon», EHR, 110 (1995).
The Life of Hugh of Lincoln, hg. von Decima L. Douie und Hugh Farmer, 2 Bde., Edinburgh 1961 f.
Livre des coutumes, hg. von H. Barckhousen, Archives Municipales de Bordeaux, 5, Bordeaux 1890.
Materials for the History of Thomas Becket, hg. von J. C. Robertson, 7 Bde., RS, London 1875–1885.
Matthew Paris: Historia Anglorum in Historia Minor, hg. von F. Madden, 3 Bde., RS 1866–1869.
Ders.: Chronica Majori, hg. von H. R. Luard, 7 Bde. RS 1872–1883.
Memoranda Roll 1 John, hg. von H. G. Richardson, Pipe Roll Society, 21 (1943).
Odo of Deuil: De profectione Ludovici VII, hg. von Virginia Gingerick Berry, New York 1948.
Orderic Vitalis: The Ecclesiastical History of Orderic Vitalis, hg. von Marjorie Chibnall, 6 Bde., Oxford 1969–1980.
Peter of Blois: Epistolae, in: Migne, PL, 207, 1–560.
Pleas before the King or his Justices 1198–1212, hg. von Doris M. Stenton, 3, Selden Society, 83 (1966).
The Portable Medieval Reader, hg. von James Bruce Ross und Mary Martin McLaughlin New York 1950.
Publications of the Pipe Roll Society: The Great Roll of the Pipe for Five King Henry II … Thirty-four Henry II, Erstaufl. 38 Bde. (1884–1925), Neuaufl., Two Richard I …(1925–).
Ralph of Coggeshall: Radulphi de Coggeshall Chronicon Anglicanum, hg. von J. Stevenson, RS, London 1875.
Ralph Diceto: Radulphi de Diceto, Opera Historica, hg. von William Stubbs, 2 Bde., RS, London 1876.
Ralph Glaber: Rodulfus Glaber, The Five Books of the Histories, hg. und übersetzt von John France, N. Bulst und P. Reynolds, Oxford 1989.
Ralph Niger: The Chronicle of Ralph Niger, hg. von R. Anstruther, London 1851.
Recueil d'actes relatifs à l'administration des rois d'Angleterre en Gascogne au XIIIe siècle, hg. von Charles Bémont, Paris 1914.
Recueil d'annales Angevines et Vendômoises, Annales de Saint-Aubin, hg. von Louis Halphen, Paris 1903.
Recueil des actes de Henri II, hg. von Léopold Delisle und Élie Berger: Introduction, Paris 1909; Actes, 3 Bde., Paris 1916–1927.

Recueil des documents concernant la commune et la ville de Poitiers, hg. von E. Audouin, AHP, 44 (1923).

Recueil des documents de l'abbaye de Fontaine-le-Comte, hg. von Georges Pon, AHP, 62 (1982).

Recueil des documents relatifs à l'abbaye de Montierneuf de Poitiers (1076–1319), hg. von Fr. Villard, AHP, 59 (1973).

Rédet, L.: «Mémoire sur les Halles et les Foires de Poitiers», MSAO, 12 (1847).

Regesta Regum Anglo-Normannorum 1066–1154, hg. von H. W. C. Davis, C. Johnson, H. A. Cronne und R. H. C. Davis, 4 Bde., Oxford 1913–1969.

Richard fitz Neal: The Course of the Exchequer by Richard, Son of Nigel, hg. von Charles Johnson, London 1950.

Richard le Poitevin: Ex Chronico Richardi Pictaviensis, RHGF, 12 (Neuausgabe 1877).

Richard of Devizes: The Chronicle of Richard of Devizes, hg. von J. T. Appleby, London 1963.

Roger of Howden: Gesta Regis Henrici secundi Benedicti Abbatis, hg. von William Stubbs, 2 Bde., RS, London 1867.

Ders.: Chronica Rogeri de Hovedene, hg. von William Stubbs, 4 Bde., RS, London 1868–1871.

Robert of Torigni: Chronicles, Stephen, Henry II and Richard I, hg. von R. Howlett, RS, 4, The Chronicle of Robert of Torigni, London 1890.

Roger of Wendover: Flores Historiarum, hg. von H. G. Hewlett, 3 Bde., RS London 1886–1889.

Rotuli Chartarum, 1199–1216, hg. von T. Duffus Hardy, London 1837.

Rotuli Litterarum Clausarum, hg. von T. Duffus Hardy, 2 Bde., London 1833 f.

Rotuli Litterarum Patentium, hg. von T. Duffus Hardy, London 1835.

Rotuli Normanniae in Turri Londinensi asservati, hg. von T. Duffus Hardy, London 1835.

Royal Writs in England from the Conquest to Glanvill, hg. von R. C. Van Caenegem, Selden Society, 77, London 1958 f.

Saint-Eutrope et son prieuré, hg. von Louis Audiat: Archives historiques de la Saintonge et de l'Aunis, 2 (1875).

Song of Aliscans, New York 1992.

Suger: The Deeds of Louis the Fat, hg. von Richard Cusimano und John Moorhead Washington DC, 1992.

Ders.: Histoire de Louis VII, hg. von Françoise Gasparri; Suger, Oeuvres, 1, Paris 1996.

Ders.: Lettres de Suger, Chartes de Suger, Vie de Suger par le moine Guillaume, hg. von F. Gasparri: Suger, Oeuvres, 2, Paris 2001.

Thomas Becket: The Correspondence of Thomas Becket Archbishop of Canterbury, 1162–1170, hg. von Ann J. Duggan, 2 Bde., Oxford 2001.

Thomas of Walsingham: Gesta Abbatum Monasterii S. Albani, hg. von H. T. Riley, 3 Bde., RS, London 1867.

Wace: The History of the Norman People: Wace's Roman de Rou, hg. von Elisabeth van Houts, Woodbridge 2004.

Ders.: Wace's Roman de Brut, A History of the British, hg. von J. Weiß, Exeter 1999 ([2]2000).

Walter Map: De nugis curialium, hg. von C. N. L. Brooke und M. R. James, überarbeitete Ausgabe, Oxford 1983.

Ders.: Gautier Map: Contes pour les gens de cour, Turnhout 1993.

Walter of Coventry or Barnwell Chronicle, Memoriale Walteri de Coventria, hg. von William Stubbs, 2 Bde., RS, London 1872 f.

Westminster Abbey Charters, hg. von Emma Mason, London Record Society, 25 (1988).

William fitz Stephen: «A Description of London», in: F. M. Stenton: Norman London, New York 1990 (Neuauflage der Historical Association leaflets 93 und 94, London 1934).

William of Malmesbury: Willelmi Malmesbiriensis de Gestis regum, hg. von William Stubbs, 2 Bde., RD, London 1887 ff.

William of Newburgh: Historia Rerum Anglicarum of William of Newburgh, in: Chronicles, Stephen, Henry II and Richard I, hg. von R. Howlett, 4 Bde., RS, London 1885–1890; History of English Affairs Book I, hg. von P. G. Walsh und M. J. Kennedy Warminster 1988.
William of Tyre: A History of Deeds Done Beyond the Sea, hg. von Emily Atwater Babcock und A. C. Krey, 2 Bde., New York 1943.
William IX of Aquitaine: The Poetry of William VII, Count of Poitiers, IX Duke of Aquitaine, hg. von Gerald A. Bond, New York 1982.

Weiterführende Literatur

Accounts of Alphonse of Poitiers 1243–1248, hg. von Francis X. Hartigan, Lanham 1984.
Aliénor d'Aquitaine, Arts, recherches et création, hg. von Martin Aurell, Nantes 2004.
Amt, Emilie M.: The Accession of Henry II in England: Royal Government Restored 1149–1159, Woodbridge 1993.
Ariès, Philippe: Geschichte der Kindheit, München 1980.
Aurell, Martin L'Empire des Plantagenêts 1154–1224, Paris 2003.
Ders., «Aux Origines de la légende noire d'Aliénor d'Aquitaine», Royautés imaginaires (XIIe–XVIe siècle), Turnhout 2005.
Baldet, Irène: Essai d'itinéraire et regestes d'Aliénor reine d'Angleterre 1189–1204, mémoire de maîtrise, Poitiers 1963.
Baldwin, John W.: The Government of Philip Augustus: Foundations of French Royal Power in the Middle Ages, Berkeley und Los Angeles 1986.
Ders.: The language of Sex: Five Voices from Northern France around 1200, Chicago 1994.
Ders.: Aristocratic Life in Medieval France: The Romances of Jean Renart and Gerbert de Montreuil, 1190–1230, Baltimore 2000.
Barlow, Frank: Edward the Confessor, Berkeley 1970.
Ders.: The Feudal Kingdom of England 1042–1216, London 1984.
Ders.: Thomas Becket, Berkeley 1986.
Bartlett, Robert: Gerald of Wales 1146–1223, Oxford 1982.
Ders.: England under the Norman and Angevin Kings 1075–1225, Oxford 2000.
Bates, David: William the Conqueror, Stroud Gloucs. 2001.
Beech, George T.: A Rural Society in Medieval France: The Gâtine of Poitou in the Eleventh and Twelfth Centuries, Baltimore, 1964.
Blamires, Alcuin: The Case of Women in Medieval Culture, Oxford 1997.
Boswell, John: Christianity, Social Tolerance and Homosexuality, Chicago 1980.
Bouchard, Constance Brittain: «Those of My Blood»: Constructing Noble Families in Medieval France, Philadelphia 2004.
Boussard, Jacques: Le Gouvernement d'Henri II Plantagenêt, Paris 1956.
Bradbury, Jim: Philip Augustus King of France (1180–1223), Harlow/Essex 1998.
Bradford, Sarah: The Reluctant King: The Life and Reign of George VI 1895–1952, New York 1989.
Brandt, William J.: The Shape of Medieval History: Studies in Modes of Perception, New Haven 1996.
Brooke, C. N. L.: London 300–1216: The Shaping of a City, Berkeley 1975.
Camus, Marie-Thérèse und Robert Favreau: Églises de Poitiers: Parcours et visites, Poitiers 2006.
Cheney, Christopher R.: Hubert Walter, London 1967.
Cheyette, Frederic L.: Ermengard of Narbonne and the World of the Troubadours, New York 2002.
Chibnall, Marjorie: The Empress Matilda: Queen Consort, Queen Mother and Lady of the English, Oxford 1991.

Colvin, H. M.: Essays in English Architectural History, New Haven 1999.
Coss, Peter: The Lady in Medieval England 1000–1500, Stroud Gloucs. 1998.
La cour Plantagenêt (1154–1204), hg. von Martin Aurell, Poitiers 2000.
Courteault, Paul: Histoire de la Gascogne et de Béarn, Paris 1938.
Crouch, David: The Beaumont Twins: The Roots and Branches of Power in the Twelfth-Century, Cambridge 1986.
Ders./William Marshal: Court, Career and Chivalry in the Angevin Empire 1142–1219 Harlow/Essex 1990.
Ders.: The Image of Aristocracy in Britain, 1000–1300, London 1992.
Crozet, René: Histoire du Poitou, Paris 1949.
Culture politique des Plantagenêts, hg. von Roger Aubert, Poitiers 2000.
Cultures of Power: Lordship, Status and Process in Twelfth-Century Europe, hg. von Thomas Bisson, Philadelphia 1995.
Danziger, Danny und John Gillingham: 1215 the Year of Magna Charta, London 2003.
Davies, R. R.: Domination and Conquest: The Experience of Ireland, Scotland and Wales 1100–1300, Cambridge 1990.
Debord, André: La société laïque dans les pays de Charente X^e^–XIIe siècles, Paris 1984.
Devailly, G.: Le Berry du Xe au milieu du XIIIe siècle, Paris 1973.
Dillange, Michel: Les Comtes de Poitou: ducs d'Aquitaine (770–1204), Mougon 1995.
Duby, Georges: La société aux XIe et XIIe siècles dans la région mâconnaise, Paris 1953 (²1982).
Ders.: Ritter, Frau und Priester. Die Ehe im feudalen Frankreich, Frankfurt/M. 1985.
Ders.: Die drei Ordnungen: Das Weltbild des Feudalismus, Frankfurt/M. 1986 (²1993).
Ders.: Die Frau ohne Stimme. Liebe und Ehe im Mittelalter, Frankfurt/M. 1995.
Ders.: Guillaume le Maréchal oder der beste Ritter, Frankfurt/M. 1997.
Ders.: Héloïse, Isolde und andere. Frauen im 12. Jahrhundert, Frankfurt/M. 1997.
Duggan, Anne: Thomas Beckett, London 2004.
Dunbabin, Jean: France in the Making 842–1180, Oxford 2000.
Eleanor of Aquitaine: Lord and Lady, hg. von John Carmi Parsons, New York 2003.
Eleanor of Castile: Queen and Society in Thirteenth-Century England, hg. von John Carmi Parsons, New York 1995.
Elizabeth Salter: English and International Studies in Literature, Art and Patronage of Medieval England, hg. von Derek Pearsall und Nicolette Zeeman, Cambridge 1988.
Favreau, Robert: Histoire de Poitiers, Toulouse 1981.
Ferrante, Joan M.: To the Glory of her Sex: Women's Role in the Composition of Medieval Texts, Bloomington 1997.
Fildes, Valerie: Wetnursing: A History from Antiquity to the Present, Oxford 1988.
Flori, Jean: La chevalerie en France au Moyen Âge, Paris 1995.
Ders.: Richard Coeur de Lion, Paris 1999.
Ders.: Aliénor d'Aquitaine: La reine insoumise, Paris 2004.
Gillingham, John: Richard Coeur de Lion: Kingship, Chivalry and War in the Twelfth-Century, London 1994.
Ders.: Richard I, New Haven 1999.
Given-Wilson, Chris und Alice Curteis: The Royal Bastards of Medieval England, London 1984.
Gold, Penny S.: The Lady and the Virgin: Image, Attitude and Experience in Twelfth-Century France, Chicago 1985.
Guyotjeannin, Olivier: Atlas de l'histoire de France IXe–XIVe siècle, Paris 2005.
Hallam, Elizabeth und Judith Everard: Capetian France 987–1328, Harlow/Essex 2001.
Harvey, Ruth E.: The Poet Marcabru and Love, London 1989.

Henry II: New Interpretations, hg. von Christopher Harper-Bill und Nicholas Vincent, Woodbridge 2007.
Higounet, Charles: Histoire de l'Aquitaine, Documents, Toulouse 1973.
Hill, John Hugh und Laurita Lyttleton Hill: Raymond IV, Count of Toulouse, New York 1962.
A History of Women in the West. Silences of the Middle Ages, 2 Bde., hg. von Christiane Klapisch-Zuber, Cambridge 1992.
Hivergneaux, Marie: Recherches sur la reine Aliénor. Rôle et pouvoir d'une femme au XIIe siècle, mémoire de maîtrise, Paris/Val de Marne 1995.
Hollister, C. Warren: Henry I, Berkeley 2001.
Holmes, Urban T.: Daily Living in the Twelfth-Century, Madison 1964.
Howell, Margaret E.: Eleanor of Provence: Queenship in Thirteenth-Century England, Oxford 1998.
Ders.: Matilda of Scotland: A Study in Medieval Queenship, Woodbridge 2003.
Jaeger, C. Stephen: The Origins of Courtliness, Philadelphia 1985.
Johns, Susan: Noblewomen, Aristocraty and Power in the Twelfth-Century Anglo-Norman Realm, New York 2003.
Jolliffe, J. E. A.: Angevin Kingship, London 1963.
Kibler, William W. und Grover A. Zinn: Medieval France. An Encyclopedia, New York 1995.
Labarge, Margaret W.: Medieval Travellers, the Rich and the Restless, London 1982.
Langlois, Charles-Victor: La vie en France au Moyen Âge de la fin du XIIe siècle au milieu du XIVe siècle d'après des romans mondains du temps, 4 Bde., Paris 1926 ff.
Le Saux, Françoise H. M.: A Campanion to Wace, Woodbridge 2005.
Lewis, Andrew W.: Royal Succession in Capetian France: Studies on Familial Order and the State, Cambridge 1981.
Luchaire, Achille: Social France at the Time of Philip Augustus, New York 1912 (^{2}1967).
Maddox, Donald und Sara Sturm-Maddox: Melusine of Lusignan: Foundling Fiction in Late Medieval France. Essays on the Roman de Mélusine (1393) of Jean d'Arras, Athen 1996.
Markale, Jean: Aliénor d'Aquitaine, Paris 1979 (^{2}2000).
Meade, Marion: Eleanor of Aquitaine, New York 1977 (^{2}1991).
Medieval Mothering, hg. von John Carmi Parsons und Bonnie Wheeler, New York 1996.
Medieval Queenship, hg. von John Carmi Parsons, New York 1993.
Medieval Women and the Sources of Medieval History, hg. von Joel T. Rosenthal, Athen 1990.
Mitchell, Rosemary: Picturing the Past: English History in Text and Image 1830–1870, Oxford 2000.
Newman-Goldy, Charlotte A.: The Anglo-Norman Nobility in the Reign of Henry I: The Second Generation, Philadelphia 1988.
Norgate, Kate: Richard the Lion Heart, London 1924 (^{2}1966).
Dies.: England under the Angevin Kings, 2 Bde., London 1877 (^{2}1969).
Orme, Nicholas: From Childhood to Chivalry: The Education of the English Kings and Aristocracy 1066–1530, London 1984.
Ders.: Medieval Children, New Haven 2001.
Owen, D. D. R.: Eleanor of Aquitaine: Queen and Legend, Oxford 1993.
Pacaut, Marcel: Louis VII et son royaume, Paris 1964.
Painter, Sidney: William Marshal, Baltimore 1933.
Ders.: Studies in the History of the English Feudal Barony, Baltimore 1943.
Ders.: The Reign of King John, Baltimore 1949.
Partner, Nancy: Serious Entertainments: The Writing of History in Twelfth-Century England, Chicago 1977.
Paterson, Linda: The World of the Troubadours, Cambridge 1993.

Pernoud, Régine: Königin der Troubadoure. Eleonore von Aquitanien, München 1992.
Dies.: Leben der Frauen im Hochmittelalter, Freiburg 1998.
Phillips, Jonathan: The Second Crusade: Expanding the Frontiers of Christendom, New Haven 2007.
Plantagenêts et Capétiens. Confrontations et héritages, hg. von Martin Aurell und Noël-Yves Tonnerre, Turnhout 2006.
Pon, Georges: Histoire du diocèse de Poitiers, Paris 1988.
Ramsay James H.: A History of Revenues of the Kings of England, 1066–1399, 2 Bde., Oxford 1925.
Riley-Smith, Jonathan: Die Kreuzzüge. Kriege im Namen Gottes. Freiburg 1999.
Runciman, Steven: Geschichte der Kreuzzüge, München 2001.
Sassier, Ives: Louis VII, Paris 1991.
Seward, Desmond: Eleanor of Aquitaine, New York 1979.
Smail, R. C.: Crusading Warfare (1097–1193), New York 1995.
Smalley Beryl: Historians in the Middle Ages, New York 1974.
Stafford, Pauline: Queens, Concubines and Dowagers: The King's Wife in the Early Middle Ages, Athen 1983.
Strickland, Agnes: Live of the Queens of England from the Norman Conquest, 6 Bde., «Eleonora of Aquitaine», London 1893–1899.
Stubbs, William: Seventeen Lectures on the Study of Medieval and Modern History, New York 1967.
Trindade, Ann: Berengaria: In Search of Richard Lionheart's Queen, Dublin 1999.
The Troubadours: An Introduction, hg. von Simon Gaunt and Sarah Kay, Cambridge 1999.
Turner, Ralph V.: King John: England's Evil King?, Stroud Gloucs. 2005.
Ders. und Richard R. Heiser: The Reign of Richard Lionheart: Ruler of the Angevin Empire, 1189–1199, London 2000.
Van Houts, Elisabeth: History and Family Traditions in England and on the Continent, 1000–1200, Aldershot 1999.
Vaughn, Richard: Matthew Paris, Cambridge 1958.
Vincent, Nicholas: Peter des Roches: An Alien in English Politics, 1205–1238, Cambridge 1996.
Vones-Liebenstein, Ursula: Eleonore von Aquitanien. Herrscherin zwischen zwei Reichen Northeim 2000.
Waugh, Scott L.: The Lordship of England: Royal Wardships and Marriages in English Society and Politics, 1217–1327, Princeton 1988.
Weir, Allison: Eleanor of Aquitaine: By the Wrath of God, Queen of England, London 2000.
West, Francis J.: The Justiciarship in England 1066–1232, Cambridge 1966.
White, Graeme J.: Restoration and Reform 1153–1165: Recovery and Civil War in England, Cambridge 2001.
The World of Eleanor of Aquitaine: Literature and Society in Southern France between the Eleventh and Thirteenth Centuries, hg. von Catherine Léglu und Marcus Bull, Woodbridge 2005.
Writer of the Reign of Henry II. Twelve Essays, hg. von Ruth Kennedy und Simon Meecham-Jones, Basingstoke 2006.

PERSONENREGISTER